木簡에 기록된 古代 韓國語

이 저서는 2011년도 정부(교육과학기술부)의 재원으로
한국연구재단의 지원을 받아 연구되었음
(NRF-2011-342-A00014)

木簡에 기록된 古代 韓國語

이승재 지음

THE OLD KOREAN LANGUAGE INSCRIBED ON WOODEN TABLETS

일조각

이 책에 수록된 사진은 국립가야문화재연구소, 국립경주박물관,
국립부여박물관, 국립경주문화재연구소, 국립나주문화재연구소,
국립미륵사지유물전시관과 국립중앙박물관으로부터 게재허가를 받았다.
관계자 여러분께 이 자리를 빌려 깊이 감사드린다.

〈머리말〉
때늦은 글자 공부

연전에 姜信沆 선생님 초청 특강에 참석하여 '絶學'이라는 단어를 배웠다. 漢字音을 통하여 韓國語 音韻史를 재구하는 것이 평생의 연구 목표였음을 강조하시면서, 한자음 연구를 가리켜 절학이라고 하셨다. 절학은 명맥이 끊어져 후세에 계승되지 않은 학문을 가리킨다. 남들이 별로 관심을 가지지 않는 方言學, 吏讀, 口訣, 木簡, 漢字音 등을 공부해 왔으므로, 필자는 40년 동안 한결같이 명맥이 곧 끊어질 분야에만 집착해 왔다.

漢字 대상의 연구에서는 무엇보다도 기초적인 것이 '글자 공부'이다. 一筆揮之로 갈겨 쓴 서예 작품이나 그윽한 동양화에 작은 글씨로 써넣은 畵詩를 대할 때마다, 글자를 읽지 못하여 한숨지은 때가 한두 번이 아니다. 이런 경험이 있다면, 글자 공부야말로 절학의 대표적인 예라고 말할 것이다. 글자 공부, 거창하게 말하여 文字學 공부는 특히 筆寫本 연구에서 가장 필수적이다.

돌이켜보면, 南豊鉉 선생님으로부터 釋讀口訣 자료인 『舊譯仁王經』 복사본을 얻어 본 것이 문자학에 관심을 가지게 된 동기였던 것 같다. 그 뒤로 문자학 연구에 본격적으로 뛰어들 기회가 있었지만 능력 부족으로 얼른 도망쳤다. 安秉禧 선생님이 국립국어연구원장으로 계실 때에 施主帙 등의 자료에서 異體字를 수

집하는 프로젝트를 권하셨다. 덜컥 겁이 났다. 시주질에 필사된 글자는 모든 한자를 포괄하는데, 이처럼 방대한 작업을 어떻게 감당한단 말인가. 이두·구결에 나오는 몇 자야 읽어 내겠지만 필사한 한자를 모두 읽어 내기에는 역부족이었으므로, 자상하신 권유를 사양하고 도피할 수밖에 없었다.

2000년대에 들어서서 6~9세기의 敦煌本『華嚴經』과 일본의 古寫本을 대상으로 글자 공부를 지속해 왔는데, 뜻밖에도 실전적 기회가 찾아왔다. 서울대 국사학과의 노명호 교수와 함께 불국사 석가탑에서 나온 墨書紙片의 해독을 담당하게 된 것이다. 이 문서는 11세기 전반기의 이두로 작성되었으므로 이두를 모르면 아무리 뛰어난 漢學者라 하더라도 해독할 수 없다. 이 문서의 복원과 해독에 이두 전문가로서 참여했지만, 각종 書體와 이체자를 익힐 수 있었던 것이 무엇보다도 큰 소득이었다.

글자 공부를 기초로 하는 분야 중에 木簡 연구가 있다. 국어학자가 한국의 고대목간에 관심을 가지게 된 것은 2003년으로 거슬러 올라간다. 金永旭 교수가 부여 능산리사지 11호 목간에 百濟 최초의 詩歌가 기록되었다고 주장하면서부터, 목간 연구는 국어학에서 무척 중요한 연구 대상으로 부상했다. 그런데도 필자로서는 角筆口訣과 석가탑 重修文書의 해독에 쫓겨서 목간에 관심을 가질 여유가 없었다.

아이러니하게도, 절학의 위기감 덕택에 목간 공부의 기회를 잡았다. 韓國書藝史 전공인 손환일 박사와 古代木簡 전공인 이용현 박사를 모시고 목간 공부를 하고 싶다는 뜻을 밝혔더니, 두 분 다 쾌히 응낙했다. 특히 손 박사는 젊은 학자를 더 추가하자고 거꾸로 제안했다. 서예사 연구의 명맥이 끊어질 위기에 처했던 것이다. 이에 따라 박진호, 장경준 교수를 영입하여 五人의 목간 공부 모임을 조직했다.

동일한 목간 사진을 각자의 컴퓨터에 띄워 놓고 skype로 서로 의견을 나누면서 배우는 모임이었다. 기록을 보니 그 첫 번째 모임이 2008년 9월 8일에 있었고 일주일에 한 번씩 모임을 가졌다. 마지막 모임이 2009년 8월 27일이었으므로 거의 일 년 동안 두 분의 선생님을 모시고 50회가량 공부한 셈이 된다.

이 모임이 중단된 것은 전적으로 필자의 책임이다. 2009년 10월부터 일 년 동안 연구 휴가를 얻어 東京大의 국어연구실로 자리를 옮겼기 때문이다. 또한 심신이 지쳐 있어서 안식년을 핑계로 마냥 쉬고 싶었다. 따라서 책도 『韓國의 古代木簡』 딱 한 권만 들고 갔다. 휴식의 결과일까, 집중한 덕택일까, 白金臺의 숙소가 고요해서였을까? 2010년 어느 봄날, 한밤중의 적막을 깨고 큰 소리로 쾌재를 불렀다. 익산 미륵사지 1호 목간에 기록된 고대 한국어의 數詞를 해독해 낸 것이다.

이것이 계기가 되어 2011년에는 한국연구재단의 우수학자 연구지원사업에 『木簡에 기록된 古代 韓國語』라는 제목으로 응모했고, 여러 분의 도움으로 연구비(NRF-2011-342-A00014)를 받게 되었다. 이 책은 바로 이 연구의 결과 보고서이다. 5년 동안 연구비를 지원받아 다섯 명이 한 팀이 되어 목간 출토지를 답사하고 목간 실물을 관찰했으며 고대의 金石文을 탁본하는 시간도 가졌다. 일본의 목간학회에 꾸준히 참석하여 견문도 넓혔다. 또한 서양에서 두 분의 한자 연구자를 초청하고 일본에서 여섯 분의 목간 전문가를 초청하여 연구 경험 및 성과를 청취하기도 했다.

2011년에는 문화재청·국립가야문화재연구소에서 『韓國 木簡字典』을 편찬하게 되었는데, 이 편찬의 자문위원으로 활동하면서 양질의 적외선 사진을 얻을 수 있었다. 이 사진을 연구의 기초 자료로 삼았다는 것은 두말할 필요도 없다. 이 자리를 빌려 두 기관의 관계자 여러 분께 머리 숙여 감사드린다.

2011년 5월부터 2016년 4월까지의 연구 기간에, 아래에 열거한 논문을 발표했다. 이 책은 이들을 단행본 체재에 맞추어 재편집한 것이다.

(1) 古代 木簡의 單位名詞 解讀, 『동아시아 구전전통과 문자문화』, pp.43~77. 서울: 연세대 인문학연구원 HK문자연구사업단. 2011.5.27.

(2) 목간에 나오는 먹을거리와 그 셈법, 『문자, 그 이후』(한국고대문자전), pp.249~253. 서울: 국립중앙박물관. 2011.10.1.

(3) 彌勒寺址 木簡에서 찾은 古代語 數詞, 『國語學』 62, pp.3~46. 서울: 국어학회. 2011.12. 31.

→ On the Old Korean Numerals Inscribed on Wooden Tablet no.318, *Scripta* 2012, pp.27~68. Seoul: The Hunmin jeongeum Society. October 2012.

(4) 木簡에서 찾은 新羅 詩歌 二首,『제43회 구결학회 전국학술대회 발표논문집』, pp.17~45. 서울: 구결학회. 2012.2.22.

→ A deciphering of two Silla poetry fragments inscribed on wooden tablets, *Seoul Journal of Korean Studies* 26-1, pp.129~174. Seoul: The Kyujanggak Institute for Korean Studies. June 2013.

(5) 함안 성산산성 221호 목간의 해독,『한국문화』61, pp.3~32. 서울: 서울대 규장각한국학연구원. 2013.3.31.

(6) 新羅木簡과 百濟木簡의 표기법,『震檀學報』117, pp.169~213. 서울: 震檀學會. 2013.4. 30.

(7) Old Korean writing on wooden tablets and its implications for Old Japanese writing, *Seoul Journal of Korean Studies* 27-2, pp.151~185. Seoul: The Kyujanggak Institute for Korean Studies. December 2014.

(8) Some Korean/Japanese Linguistic Implications of Korean Wooden Tablet Inscriptions, *Japanese/Korean Linguistics* 22, pp.115~132. Stanford University: CSLI Publications. 2014.

(9) 韓國語學에서의 木簡 硏究 成果,『木簡 硏究의 成果』(韓日 木簡 워크샵 發表論文集), pp.13~46. 2016.3.12.

위의 (1)과 (9)는 발표논문집에 수록했지만, 공간한 적이 없다. (7)과 (8)은 처음부터 영어로 작성하여 영문 학술지에 게재했고, (3)과 (4)는 한국어로 먼저 발표한 다음에 조금씩 수정·보완하여 영어로 번역해 본 것이다.

위의 (1)과 (2)는 이 책의 4장 '單位名詞와 普通名詞'에, (3)은 3장의 '數詞'에, (4)는 6장의 '詩歌'에, (5)는 5장의 '文書'에, (6)은 7장의 '表記法'에, (7)은 8장의 '韓國字'와 9장의 '韓國字의 日本 傳播'에, (8)은 10장의 '音韻論'에, (9)는 12장의 '결론'

에 각각 수용했다. 이 수용 과정에서 대폭적으로 수정·보완하고 상당량의 내용을 새로 추가했지만, 논지가 크게 바뀐 것은 없다. 단행본의 체재에 맞추어 2장의 '한국 목간 개관', 11장의 '系統論', 부록의 '한국의 고대 목간 판독 안' 등은 새로 작성하여 추가했다. 한국어로는 대략 70% 정도의 내용이 이 책에서 처음으로 공간되는 셈이다.

이 책의 내용은 크게 보면 둘로 나눌 수 있다. 2~6장에서는 국어학적으로 의의가 있는 목간을 선별하여, 글자를 判讀하고 그 의미를 解讀하는 과정을 자세히 기술했다. 반면에, 7~11장에서는 목간의 해독 결과가 가지는 國語史的 意義를 논의했다. 여기에서 다룬 것은 거의 대부분 새로 밝혀진 것이므로 한국어의 역사를 기술할 때에 반드시 추가해야 할 것이다.

목간 연구의 결과로 새로이 드러난 것 중에서 중요한 것을 정리하면 다음과 같다. (1) 문법 형태를 포함하여, 대략 100개 정도의 고대어 單語를 한국의 고대목간에서 찾아냈다. 목간 이외의 자료에서 추출한 고대어 단어가 100개 정도이므로 이것은 적지 않은 양이다. (2) 고대어의 數詞가 익산 미륵사지 1호 목간에 기록되어 있다. 이 목간은 국어학에서 국보적 가치를 가진다. (3) 한국 최초의 이두문은 6세기 중엽의 함안 성산산성 221호 목간으로 거슬러 올라간다. (4) '万身歌'라고 지칭한 신라 鄕歌의 일부가 국립경주박물관 미술관 터 1호 목간에 기록되어 있다. 이것을 언론에서 크게 다룬 적이 있다. (5) 新羅木簡에서는 韓訓字 표기가 6세기 중엽에 이미 나오고 百濟木簡에서는 6세기 3/4분기에 나온다. 물론 이때에 이미 韓音字 표기도 공존했다. (6) 신라목간에서는 6세기 중엽에 이미 末音添記와 訓主音從의 표기가 시작되지만, 백제목간에서는 이 표기법을 전혀 찾을 수 없다. (7) 고대목간에는 한국에서 독자적으로 제작하여 사용한 韓國字가 적잖이 나온다. 한국자 중에서 '畓, 畠, 椋'처럼 한국에서 새로 만든 것은 韓製字라 부르고, '巳, 亇, 丨'처럼 한국에서 한자를 省劃하여 변형한 것은 韓半字라 불러 보았다. (8) 韓國字의 일부가 고대 日本에서도 그대로 사용되었다. 이것은 고대 한국의 서사문화가 고대 일본에 전파되었음을 주장할 때에 결정적 증거가 된다. (9) 韓半字 중에는 후대의 口訣字와 자형이 같은 것이 많다. 이들은 모두 신라목간에서 발견되므로, 구결자의 기원을 신라목간의 韓半字에서 찾을 수 있다. (10) 목간에 기록된 백제어와 신라어의 數詞는 거의 차이가 없지만, 이 數詞를 고구려어의 수사와 대비해 보면 아주 크게 차이가 난다. 이것은 백제어와 신라어가 南方 韓系語에 속하고 고구려어가 北方 夫餘系語에 속함을 증명해 준다.

목간 연구 성과를 간단히 요약했지만, 망외의 소득을 거둔 것도 있었다. 고대목간에서 表音字로 사용된 것을 모두 모아 고대어의 音韻體系를 재구할 수 없을까 궁리하다가, 백제목간의 표음자 연구가 『漢字音으로 본 백제어 자음체계』(태학사, 2013) 연구로 확대되었다. 한자음에 대한 관심이 더욱 커져서 결국에는 『漢字音으로 본 고구려어 음운체계』(일조각, 2016)라는 본격적인 한자음 연구서를 上梓했으니, 망외의 소득이라 아니할 수 없다.

440점에 이르는 한국의 고대목간 중에는 국어학적으로 거의 쓸모가 없는 것이 있는가 하면 몹시 귀중한 것도 있다. 이 분야에서 가장 귀중하여 국보적 가치를 가지는 것은 아마도 益山 彌勒寺址 1호 목간일 것이다. 고대의 수사, 표기법, 한국자, 음운론, 계통론 등의 국어학적 연구 주제에 두루 관련되기 때문이다. 이처럼 다방면의 주제에 관련되어 있어서, 여러 장에서 반복하여 거론한 목간이 적지 않다. 이 반복은 오로지 독자 여러 분의 편의와 체계적 기술을 위한 것이니, 널리 양해해 주시기를 바란다.

목간 연구는 글자 공부를 기초로 한다. 글자를 정확하게 판독하는 일은 목간 연구의 출발점이자 종착점이다. 이 책의 부록에 필자의 판독 안을 모두 제시했으니 참고하기 바란다. 판독이 정확하더라도 그 의미가 해독되지 않으면 그 가치가 퇴색한다. 국어학적 지식을 총동원했으나 빗나간 해독도 있을 것이다. 착오와 실수를 꾸짖어 가르쳐 주시기를 바란다.

漢字文盲인 후속 세대는 아마도 글자 인식을 컴퓨터에 맡길 것이다. 모든 문자 자료를 사진으로 찍어 '글자고' 또는 '字形庫'라는 자료 파일을 만들고, 글자를 구별하여 읽어 내는 '읽음세' 또는 '判讀眼'이라는 프로그램을 짜면 된다. 실제로, 글자 인식 프로그램뿐만 아니라 인간의 지문이나 홍채를 인식할 수 있는 프로그램이 이미 개발된 상태이다. 따라서 글자 공부의 명맥이 끊어질까 염려하는 것은 지나친 기우일지도 모른다.

문제는 이 프로그램의 판독 안이 바로 해독으로 이어질 것인가 하는 점이다. 이 의문과 관련된 예를 두 가지만 들어 둔다. 경주 월지 목간에 나오는 '汲上汁'과 '第二汁'을 읽어 낸 컴퓨터가 이곳의 '汁'이 무엇을 가리키는지도 알까? 北魏의 農書인 『齊民要術』에 '豉汁'이 아주 많이 나오고 일본어에서 '汁'을 'しる'로 훈독한다는 것을 알고 나서야 비로소 '汲上汁'이 현대어의 '醬'을 가리키고 '第二汁'이 '된장'에 해당한다는 것을 깨달았다. 나주 복암리 9호 목간의 '麻中練六四斤'을 판독한 컴퓨터가 '中練'이 무엇을 뜻하는지도 알까? 다행히도 '삼베'를 짜기까지의 가공 과정을 어린 시절에 직접 본 적이 있다. 다 자란 '삼[1]'(麻)을 큰 가마에 넣고 쪄서 '삼[2]'을 벗겨 낸 다음에 이것을 가공하여 물레로 '삼[3]' 즉 삼실을 자아낸다. 목간의 '中練'은 아마도 '삼[2]'의 둘째 단계를 가리킬 것이다.

이 예에서 볼 수 있듯이, 글자 공부와 국어학 공부만으로 목간 연구가 완성되는 것은 아니다. 목간을 해독할 때에는 주위의 언어와 문자에 대한 지식뿐만 아니라 농경문화 전반에 대한 체험이 무척 소중하다. 10년 동안 목간을 연구하면서 이것을 절감했는데, 농경문화 연구가 이제는 철학의 단계에 들어섰으므로 그저 안타까울 뿐이다.

"바둑 좀 두신다면서, 알파고 못 보셨어요? 걱정 마세요. '글자고'와 '읽음세'가 있잖아요."

"… "

"농경문화도 빅데이터로 다 해결할 수 있어요."

그렇다면 그나마 다행이지만 어쩐지 씁쓸해진다. 학문도 기계에 맡겨야 하는 세상이라니, 쩝. 물론 컴퓨터 덕분에 수월하게 이 책을 썼지만 말이다.

이 책이 나오기까지 손환일, 이용현, 박진호, 장경준의 네 분으로부터 정말 많이 배웠다. 문화재청을 비롯하여 국립가야문화재연구소, 국립경주박물관, 국립부여박물관, 국립경주문화재연구소, 국립나주문화재연구소, 국립미륵사지유물

전시관 등의 관계자 여러 분께는 열람 관계로 크게 신세를 졌다. 또한 귀중한 사진 자료를 실을 수 있게 허가해 주신 국립가야문화재연구소 金三基 소장님께 이 자리를 빌려 머리 숙여 감사드린다.

연구보조원으로서 궂은일을 도맡아 준 서울대 대학원의 도정업 군과 김미경 양에게도 감사드린다. 이 책의 결론 부분을 일본어로 번역해 준 일본 류코쿠대학(龍谷大學)의 이토 다카요시(伊藤貴祥) 교수와, 영어로 번역해 준 미국 캘리포니아 버클리대 박사과정의 마조리 그레이스 버지(Marjorie Grace Burge) 양에게도 마음으로부터 감사드린다. 번거로운 사진 작업을 깔끔하게 마무리하여 예쁘게 편집해 주신 일조각의 편집부 여러 분께도 감사의 뜻을 전한다.

2017년 9월

관악산 기슭에서 이승재 씀

차례

1. 서론

이 연구는 한국의 古代木簡에 기록된 고대 한국어를 모두 모아 정리하는 데에 목표를 둔다. 나아가서 이 고대 한국어 자료가 한국어의 역사에 암시하는 바를 논의하는 데에도 목표를 둔다.

木簡은 잘 다듬은 나무토막에 써 넣은 글을 뜻한다. 글을 써 넣을 목적으로 나무토막을 잘 다듬었지만 글씨를 써 넣지 않은 것은 목간이라고 하지 않는다. 목간을 정의할 때에 글의 유무가 가장 중요한 기준임을 여기에서 알 수 있다. 나무가 아니라 대나무에 글을 써 넣은 것도 있는데, 이것을 竹簡이라 지칭하기도 한다. 그러나 우리는 죽간이 목간의 일부분이라고 간주하므로 죽간이라는 용어는 사용하지 않는다. 그 대신에 목간을 총칭어처럼 사용하여 죽간을 포괄하기로 한다.

나무토막에 글을 써 넣은 것은 중국의 戰國時代로 거슬러 올라간다. 그 이전에는 甲骨이나 金石에 글을 써 넣는 것이 일반적이었다. 그러나 갑골, 금석 등의 書寫材料는 국가 단위의 기록에 주로 사용되었고, 문서 전달 등의 용도로는 불편했다. 그리하여 등장한 것이 錦綾이나 白綿 등의 섬유에 문서를 기록하는 것이었다. 그러나 이 섬유류도 매우 비쌌으므로 일상적인 목적의 서사에는 부적절한 재료였다. 반면에, 나무토막은 쉽게 구할 수 있기 때문에 일상적인 서사재료로는 안성맞춤이었다. 그리하여 전국시대부터 後漢末까지 크게 유행한 재료가 나무토막이다. 이 시기에 작성된 목간이 현재까지도 수십 만 점이 전해진다.

그런데 後漢 이후에 새로운 서사재료를 사용하기 시작한다. 바로 종이(紙)이다. 종이는 漢代의 蔡倫(?~121년)이 발명했다고 전하지만, 그 이전에 이미 종이 형태를 만들어 사용했다는 학설이 점점 힘을 얻고 있다. 아무튼 종이의 발명과 더불어 목간은 조금씩 자취를 감춘다. 나무토막에 글씨를 써 넣는 것에 비하면 종이에 글씨를 쓰는 것은 아주 편했기 때문이다. 이 서사재료의 변화에 따라 중국에서는 후한 말 이후에 목간도 자취를 감추게 된다.[1]

그렇다면 한국에서는 언제부터 목간을 사용하기 시작했을까? 현재까지 발굴된 목간을 기준으로 하면 6세기 중엽으로 거슬러 올라간다. 新羅木簡 중에서는 咸安 城山山城에서 발굴된 목간이 가장 오래된 목간이라 하고 그 작성 시기가 6세기 중엽으로 추정된다. 百濟木簡 중에서는 扶餘 陵山里寺址에서 출토된 목간이 가장 오래되었다고 하고 그 작성 시기가 6세기 3/4분기로 추정된다. 이보다 더 이른 시기에 이미 나무토막을 서사재료로 사용하기 시작했겠지만, 현재까지 출토된 목간을 기준으로 말하면 목간 사용의 시점은 6세기 중엽이다. 이때부터 9세기까지의 시기에 작성된 것을 우리는 한국의 古代木簡이라고 부른다.

마침 이 시기는 한국어사에서 흔히 古代國語라고 불리는 시기이다. 李基文(1972)에서는 삼국통일 시점부터 고려가 건국하기 이전까지의 한국어를 고대국어라고 부른다. 목간 기록은 6세기 중엽부터 시작되므로 6세기 중엽에서 7세기 중엽까지의 언어를 고대국어의 범주에서 제외하는 것이 원칙이다. 그러나 우리는 편의상 이 시기도 고대 한국어의 범주에 넣기로 한다. 목간 기록의 연속성을 무엇보다도 중시할 뿐만 아니라 실제로는 신라목간과 백제목간을 엄격하게 나

1 이른바 종이 시대에도 나무토막이 서사재료로 사용될 때가 있다. 배(船舶)로 운송할 때에는 종이를 사용하는 것이 아니라 나무토막을 사용한다. 종이가 물기에 약하기 때문이다. 泰安 앞바다 대섬 인근의 해저에서 수습한 목간, 태안 앞바다 馬島 인근의 해저에서 수습한 목간 등을 그 예로 들 수 있다. 이들은 모두 고려시대에 작성한 목간이다. 고려시대에는 종이가 일반적인 서사재료였지만, 배로 운송할 때에는 종이 대신에 나무토막에 물명, 발송자, 수신자 등을 기록하여 물건에 부착했다.

누어 기술하기 때문이다. 그러면서도 우리는 신라어와 백제어의 차이가 그리 크지 않다는 점에 방점을 둔다. 12장의 계통론에서 논의하겠지만, 신라어와 백제어는 同一言語의 두 방언에 비유할 수 있다. 이 두 방언을 합하여 우리는 고대 한국어라고 지칭한다.

1975년에 慶州 月池의[2] 바닥을 발굴하면서 목간이 비로소 고고학적 발굴 대상이 된다. 이때부터 각종 목제품과 더불어 목간이 연구 대상으로 부상한다. 그러나 이때까지만 하더라도 어느 지층에서 목간이 출토되었는지 자세히 기록하지 않았다. 고고학에서는 깊은 지층에서 출토된 것이 옅은 지층에서 출토된 것보다 더 오래된 유물이라는 명제가 성립한다. 그런데도 지층의 차이를 자세히 기록하지 않고 동일 지층에서 발굴된 것처럼 기술할 때가 적지 않았다.

이런 한계가 보이기는 하지만 出土地가 어느 곳인지 분명하기 때문에 적어도 신라목간인지 백제목간인지는 분명하게 구별할 수 있다. 단언컨대, 목간은 출토지가 명확한 고고학적 유물의 일종이다. 이 점을 활용하면 新羅語와 百濟語를 나누어 기술할 수 있다. 이것이 고대 목간 자료의 중요한 장점 중의 하나이다.

고대 한국어 자료 중에는 각종의 金石文이나 古文書가 포함된다. 이들은 1차 자료로서 가장 중요한 자료가 된다. 그런데, 백제어를 기록한 금석문이나 고문서는 눈을 씻고 보아도 찾기가 어렵다. 이 점에서 백제목간은 매우 귀중한 자료이다. 백제인이 직접 기록한 1차 실물 자료는 목간뿐이라고 해도 무방하기 때문이다.

기존의 자료 중에서 백제어 자료라고 부를 수 있는 것은 『三國史記』 지리지의 백제 지명 정도에 불과했다. 『삼국사기』와 『三國遺事』 등의 각종 史書에 기록된 人名이나 官名 등이 보조적인 역할을 담당했다. 그러나 이들은 대부분 후대에 편찬한 사서에 나오는 것이므로, 1차 실물 자료가 아니다. 편찬 과정에서 통일신라나 고려시대의 표기법이 적용되었을 가능성도 없지 않다. 반면에, 백제목간은 백제인이 직접 제작하고 작성한 것이기 때문에 신라나 고려의 표기법에 오염되

---

2 흔히 안압지라고 부르는 것을 우리는 신라 때의 명칭인 월지로 바꾸어 부르기로 한다.

거나 굴절되었을 가능성이 전혀 없다. 이 점에서 백제어 연구에 관한 한, 백제목간을 가장 정확한 最上의 자료라고 말할 수 있다.

신라의 1차 실물 자료는 적잖다. 금석문으로는 浦項中城里新羅碑(501년), 浦項冷水里新羅碑(503년), 蔚珍鳳坪里新羅碑(524년) 등을 비롯하여 4종의 眞興王拓境碑가 있다. 華嚴經寫經造成記(754~755년)와 같은 古文書도 있다. 신라목간도 이들과 더불어 1차 실물 자료에 속하므로 자료적 가치가 아주 크다.

그런데 각종의 금석문이나 고문서는 기록의 주체가 대개는 국가이거나 고위 관리이다. 반면에 신라목간의 기록 주체는 하급 관리가 대부분이다. 따라서 국가의 기록물에는 나오지 않는 地名, 人名, 物名 등이 적잖이 기록되어 있다. 이 점에서 신라목간은 신라의 금석문과 고문서를 보완해 주는 1차 실물 자료라고 할 수 있다.

위에서 목간 자료가 1차 실물 자료임을 강조했는데, 여기에서 기록 당시의 書體와 書風을 알 수 있다는 점도 아주 중요하다. 서체와 서풍은 시간의 변화에 따라 달라지므로, 후대에 편찬된 사서에서는 백제와 신라의 서체와 서풍을 확인할 수가 없다. 사서 편찬 당시에 유행한 서체와 서풍으로 板下本을 쓰기 때문이다. 이 점에서 목간 자료는 백제와 신라의 서체와 서풍을 관찰할 수 있는 귀중한 자료이다. 한마디로 말하면 한국 書藝史 기술에서 목간 자료가 필수적인 연구 대상이다.

지금까지 목간 자료의 중요성과 장점을 강조했지만, 목간 자료의 단점도 없지 않다. 첫째는 墨痕이 흐릿해져서 판독하기가 어렵다는 점이요, 둘째는 언제 작성한 목간인지 불확실할 때가 많다는 점이다.

한국의 고대 목간은 1,450~1,140여 년 전에 작성된 것이므로, 대부분은 글씨가 흐릿하여 잘 보이지 않는다. 이 어려움을 극복하기 위하여, 일본에서는 赤外線을 이용하여 나무속에 스며들어간 묵흔을 찍어내는 사진기를 제작하였다. 비유하면, 인간의 폐를 엑스레이로 찍어내는 것과 같다. 이 적외선 사진기를 이용하면 육안으로는 보이지 않던 묵흔이 훨씬 더 또렷하게 보인다.

적외선 사진을 이용한다 하더라도 글씨가 흐릿할 때가 많다. 그리하여 연구자에 따라 글자 판독이 서로 달라질 때가 많고, 서로 판독이 다르기 때문에 목간의 해독도 달라진다. 이러한 문제가 있기 때문에, 우리는 되도록이면 사진 자료를 많이 제시할 예정이다. 이 사진 자료가 가장 객관적인 자료임은 두말할 필요가 없지만, 동일한 사진을 사용했다 하더라도 연구자에 따라 판독의 결과가 서로 다를 때가 많다. 따라서 목간 연구에서는 판독의 객관성 확보가 아주 중요한 몫을 차지한다. 판독의 객관성을 높이기 위하여 우리는 기존의 판독 안을 두루 인용하면서 우리의 독자적 판독 안을 제시할 것이다. 한마디로 말하면, 判讀은 목간 연구의 출발점이자 종착점이다.

글자 판독이 끝나면 解讀에 들어가게 되는데, 이때에는 각종 지식이 총동원된다. 국어학적 지식은 물론이요, 국사학과 고고학의 지식도 두루 참고해야 한다. 서예사적 관찰도 매우 중요하다. 그러나 판독과 해독이 서로 맞물려 돌아간다는 점을 무엇보다도 강조해야 할 것이다. 일부의 판독이 문맥에 맞지 않다면 판독이 잘못된 것은 아닌지 재검토해야 한다. 그러면서도 문맥에 맞는 해독을 위하여 판독 과정에서 왜곡하지는 않았는지 반추해 보아야 한다. 이들은 모두 목간 기록의 객관성을 확보하기 위한 절차이다. 이 절차를 두루 거쳐야만 목간 자료의 단점을 비로소 극복할 수 있다.

목간 자료를 韓國語史 기술에 포함할 때에 가장 크게 문제가 되는 것은 목간 제작의 절대연도를 밝히기 어렵다는 점이다. 年號나 干支가 기록된 목간은 극히 일부분에 지나지 않는다. 경주 월지 1호 목간에 '寶應四秊'(765년), 3호 목간에 '天寶十一載壬辰十一月'(752년) 등이 나올 뿐이고, 여타의 목간은 작성의 절대연도가 표기되지 않았다. 이것이 목간 자료의 아주 중요한 단점이다.

그러나 이 단점을 극복할 방법이 전혀 없는 것은 아니다. 각종의 史料에 나오는 기술을 총동원하고, 발굴 층위에 대한 고고학적 기술을 최대한으로 활용하며, 서예의 발달 과정을 두루 참고하면 목간의 작성 시기를 어느 정도 짐작할 수 있다. 절대연도는 밝힐 수 없지만 100년을 4등분하여 6세기 3/4분기에 작성되었다고 하거나 7세기 1/4분기에 작성되었다고 추정할 수 있다.

위와 같은 방법으로 목간 기록을 判讀·解讀하고, 이것이 古代 韓國語 연구에 말해 주는 바를 기술하는 데에 우리의 연구 목표를 둔다.

2. 한국 목간 개관

한국의 고대 문헌에 목간을 사용했다는 기록은 거의 나오지 않는다. 다만, 『삼국유사』에 딱 한 번 '木簡'이 기록된 바 있어 주목된다.

(1) 『삼국유사』에 기록된 '木簡'

衆人曰 宜以木簡五十片書我輩名 沈水而鬮之 公從之 (『三國遺事』 奇異 第二 眞聖女大王 居陁知)

여러 사람이 말하기를 "나무 조각 50개에 우리의 이름을 써서, 물에 잠가 보아 가라앉는 제비뽑기 점을 쳐서 결정하는 것이 좋겠습니다." 公이 이 말대로 하였다.

이 설화에는 50人이 각자 자기의 이름을 써넣은 '木簡'이 나온다. 이 예를 통하여 목간에는 인명을 기입한다는 사실과 묵흔이 물속에서 잘 지워지지 않는다는 사실을 알 수 있다.

위의 기록을 제외하면 '木簡'이 문헌 기록에 거의 나오지 않는다. 그러나 종이(紙)가 일반화되기 이전에는 나무토막을 잘 다듬어서 여기에 각종의 글(텍스트)

을 기록하는 것이 일반적이었다. 앞에서 이미 서술한 것처럼 한국에서는 6세기 중엽부터 나무토막이 서사재료로 사용되었다. 서사재료로 나무토막이 사용된 시기를 木簡時代라고 부를 수 있다.

1. 목간 출토 현황

목간의 발굴은[1] 1900년으로 거슬러 올라간다. 스벤 헤딘(Sven Anders Hedin)이 1900년에 중국 신장(新疆) 뤄바오포(羅包泊) 북안의 루란(樓蘭) 유지에서 121점의 목간을 수습한다. 이것이 목간의 최초 수집 사례가 된다. 그 뒤로 마크 아우렐 스타인(Marc Aurel Stein), 폴케 베리만(Folke Bergman), 오타니 고즈이(大谷光瑞) 등의 탐사대가 중국 서북부 지역인 루란(樓蘭), 니야(尼雅), 뤄부포(羅布淖爾), 둔황(敦煌), 쥐옌(居延) 등에서 목간을 수집하였다. 당시에는 목간을 발굴한다기보다는 사막 지역의 모래 속에서 수습하는 상황이었고 목간에 학술적 의미를 부여하는 작업도 거의 이루어지지 않았다. 그렇다 하더라도 이들의 목간 수집이 목간 발굴의 초기 사례라는 사실은 부정할 수 없다.

중국의 서북부 지역에서 발굴된 것 중에서 가장 유명한 것은 1930년대에 내몽고 유역에서 발굴된 居延漢簡이다. 이때에 이미 木簡·木牘이 1만 점 이상 발굴되었고 1970년대에는 다시 2만 점 가까운 목간·목독이 발굴되었다. 1950년대에는 후난성(湖南省) 창사시(長沙市)에서 대량의 목간이 발굴되었는데, 내륙에서도 목간을 발굴한 대표적인 사례가 된다. 이를 흔히 長沙楚簡이라 부른다. 1970년대 이후에는 내륙 지방 곳곳에서 목간이 대량으로 발굴되었다. 번거로움을 피하여 두 가지 사례만 들어둔다. 첫째, 10여만 점에 달하는 삼국시대 吳나라의 죽간·목간·목독이 1996년에 후난성 창사시 조우마루(走馬樓)의 옛 우물터에서 발굴되었다. 이를 흔히 長沙吳簡이라 부른다. 둘째, 36,000점의 秦나라 죽간이

1 한·중·일 3국의 목간 출토 현황에 대해서는 李基東(1979)와 김경호(2011)에 잘 정리되어 있다.

2002년에 후난성 룽산현(龍山縣) 리예진(里耶鎭)에서 발굴되었다. 이를 里耶秦簡이라 부른다. 이처럼 대량으로 목간이 발굴되기도 하지만 한두 점의 목간이 발굴된 사례도 적지 않다. 이들을 모두 합하면 중국에서 발굴된 목간은 40만 점에 달한다. 이들은 戰國時代로부터 魏晉시대까지의 시기적 분포를 보이므로, 기원전 400년경부터 기원후 400년까지 대략 800년 동안, 목간이 대표적인 서사재료로 사용되었다고 할 수 있다.

일본에서 최초로 목간이 발견된 것은 1928년의 일이다. 미에현(三重縣) 유즈이(柚井) 유적지에서 38점의 목간이 발굴되었다. 1930년에는 아키타현(秋田縣) 홋타노사쿠(拂田柵) 유적지에서도 목간이 발굴되었지만 당시에는 큰 관심을 끌지 못하였다. 그런데 1961년에 헤이조궁(平城宮)에서 40점의 목간이 발굴되면서부터 본격적인 연구 대상으로 부상한다. 헤이조궁은 나라(奈良) 시대의 궁성이었기 때문에 일본 고대사 연구자들의 이목을 끌기에 충분했던 것이다. 1970년대에는 후쿠오카현(福岡縣) 다자이후(大宰府) 유적지에서 100점의 목간이 출토되고 미야기현(宮城縣) 다가조(多賀城) 유적지에서 64점의 목간이 출토됨으로써 고대 일본의 지방에서도 목간이 널리 사용되었음이 확인되었다. 드디어 1979년에는 木簡學會가 설립되어 목간의 형태, 용도, 판독 등을 종합적으로 연구하는 계기를 마련하였다. 1988년부터 헤이조궁 유적을 본격적으로 발굴하기 시작했는데, 지금까지 여기에서 무려 10만 점 이상의 목간이 출토되었다. 이 유적 안에 있는 나가야노오키미(長屋王) 저택과 니조대로(二條大路)에서 목간이 무더기로 쏟아져 나온 것이다. 2009년까지 일본에서 발굴된 목간은 22만 점 이상이라고 하는데(김경호 2011: 33), 절반에 가까운 목간이 헤이조궁 유적에서 출토되었다.[2]

일본에서 출토된 고대 목간은 주로 8~9세기에 제작된 것이 많다. 7세기 중엽에 제작된 목간도 있지만 8세기의 목간 수에 비하면 많은 양이 아니다. 이것은 일

2 나무토막에서 깎아낸 나무 부스러기도 포함된 수치이기는 하지만, 현재는 30만 점이 넘는다고 한다. 그런데 이것이 끝이 아니다. 목간의 수효가 대폭적으로 더 늘어날 것이다. 奈良文化財硏究所에는 헤이조궁 터에서 3~5m 높이로 통째로 떠낸 흙이 창고에 보관되어 있다. 이 土層에서 엄청난 양의 목간이 나올 것이라 추측할 수 있다.

본의 문자 기록이 7세기 중엽에 시작되어 8세기에 일반화되었음을 뜻한다. 따라서 일본은 7세기 중엽에서 9세기까지를 목간시대라고 부를 수 있다. 넓게 잡으면 300년 정도인데, 서사재료의 일종인 나무토막이 종이와 더불어 동시에 사용되었다는 점이 특징적이다. 그런데 종이가 일반화된 후대에도 나무토막이 사용되었다는 점이 주목된다.[3] 예컨대, 히로시마(廣島) 구사도센겐(草戶千軒) 유적에서 2,860점의 목간이 발굴되었는데, 이들은 13~16세기에 작성된 것들이다. 따라서 이것은 종이시대에도 사용 목적에 따라 나무토막이 두루 사용되었음을 보여 주는 좋은 사례가 된다.

이제 한국에서의 목간 출토 현황을 간단히 정리하기로 한다. 이용현(2006)과 김경호(2011)에 한국 목간의 발굴사가 잘 정리되어 있지만 여기에서는 독자의 편의를 위하여 재정리하기로 한다.

한국에서 목간이 처음 발견된 것은 1975년 8월 20일, 慶州 雁鴨池에서였다. 안압지는 후대의 명칭이고 신라시대의 명칭은 月池라고 하여, 요새는 안압지를 월지로 수정하여 부른다. 이에 따라 우리도 안압지 대신에 월지라는 지명을 사용하기로 한다. 1971년에 수립된 경주종합개발계획의 일환으로 월지를 발굴하게 되었고, 이 발굴조사로 월지의 밑바닥에서 수만 여 점의 유물을 수습하였다. 그중에 목간 51점이 포함되어 있었는데 이 발굴이 한국 최초의 목간 발굴이다. 경주 월지 출토 목간을 정리하여 보고한 李基東(1979)가 한국 최초의 목간연구 보고서이다.

이 보고서가 나왔음에도 당시에는 목간에 주목하는 학자가 별로 없었다. 월지에서 출토된 수만 점의 유물 중에서 목간은 품격이 뛰어나지 않았고, 목간보다 더 귀하고 소중한 유물이 훨씬 많았다. 따라서 목간이 고고학적 유물 즉 木製類 유물의 일종으로서 새로 추가되기는 했지만 80년대까지만 하더라도 목간은 세간의 관심을 끌지 못했다. 우리가 검토한 경주 월지 목간은 모두 49점인데,[4] 이

3 이것은 한국의 경우에도 마찬가지이다. 태안 앞바다의 대섬과 마도에서 발굴된 고려시대 목간이 이를 증명해 준다.

4 발굴 당시의 목간 수치인 51점과 이 책에서 다룬 49점은 수치상 차이가 난다. 그러나

들은 모두 묵흔을 가지고 있다.

1980년에 益山 彌勒寺址 바로 앞의 서쪽 연못에서 두 번째로 목간이 발굴되었다. 목간 2점이 발굴되었지만 정확한 판독이 몹시 어려워서인지 근 30년 동안 연구된 바 없었다. 익산 미륵사지 1호[5] 목간에 고대 한국어의 數詞가 기록되어 있다는(李丞宰 2011다) 주장이 나옴으로써 마침내 미륵사지 목간도 학계의 연구 대상으로 떠올랐다. 익산 미륵사지 목간은 백제 지역에서 처음으로 발굴된 목간이라는 의의를 가지지만, 공반 유물이 신라 통일기의 특징을 보이는 것이 많으므로 이 목간이 백제 시대에 제작된 것이라고 함부로 단정할 수가 없다.

1983년에는 충남대 박물관에서 扶餘 官北里의 국립부여문화재연구소 앞 지점을 발굴하였다. 이곳의 蓮池에서 2점의 목간이 나왔는데, 이것은 백제목간이 발굴된 최초의 사례가 된다(이용현 2006: 96). 이곳은 백제의 왕궁지로 추정되어 왔지만 여기에서 출토된 목간은 현재 부여 관북리 목간으로 명명하고 있다. 우리가 검토한 부여 관북리 목간은 모두 8점이고 그중의 6점에서 묵흔을 확인하였다.

1984년과 1985년에 慶州 月城垓字를 발굴했는데, 이 발굴로 약 30점의 목간이 햇빛을 보았다(국립경주문화재연구소 2006). 한 군데에서 대량의 목간이 출토된 것은 경주 월지의 발굴에 이어 두 번째가 된다. 경주 월성해자 2호 목간은 특히 고대의 문서행정을 보여 준다는 점과 이두문으로 작성되었다는 점에서 역사학자·국어학자의 초미의 관심사가 되기도 하였다. 우리가 검토한 경주 월성해자 목간은 모두 31점이고 그중의 25점에서 묵흔을 확인하였다.

1990년대에 들어서면 목간 출토가 급증한다. 한양대 박물관에서 경기도 河南市 春宮里의 二城山城에 대한 발굴조사를 실시했는데, 이 발굴에서 모두 21점의

발굴 당시에는 별개의 두 목간으로 보았던 것을 나뭇결이나 묵서 등을 고려하여 하나로 연결·조합할 때가 있다. 수치의 차이는 바로 여기에서 비롯된다.

5 그동안 목간을 지칭할 때의 번호로는 國立昌原文化財硏究所(2004)의 도록에서 매긴 일련번호를 사용해 왔다. 그러나 우리는 文化財廳·國立加耶文化財硏究所(2011)의 『韓國 木簡字典』에서 새로 부여한 번호를 사용하기로 한다. 새 번호는 출토지별로 구별하여 일련번호를 붙인 것이다.

목간이 출토되었다(한양대 박물관 1991, 1992). 이 중에서 묵흔이 확인된 것은 7점이다.[6] 이 목간이 高句麗 목간이라는 주장도 나왔지만 표기법의 관점에서 판단한다면 신라목간일 가능성이 훨씬 크다. 신라목간이 왕도 경주를 벗어난 지방에서 다량으로 출토되었다는 점에서 河南 二城山城 목간은 발굴사적 의의가 크다(이용현 2006: 95). 또한 산성에서 발굴된 목간으로는 첫 번째 사례가 된다. 하남 이성산성 1호 목간에 '戊辰'이라는 干支가 나오므로 하남 이성산성 목간은 603년 무렵에 제작된 것으로 추정하고 있다. 이와 같은 간지는 목간 제작의 編年을 정할 때에 결정적인 논거가 된다.

1994년에 慶州 皇南洞 376번지의 사택 신축 과정에서 동국대(경주캠퍼스) 박물관이 목간 3점을 수습하였다. 이 3점 중에서 2점에서만 묵흔을 확인할 수 있는데, 흔히 경주 황남동 목간이라고 부른다. 1995년도에는 국립부여문화재연구소에서 扶餘 宮南池를 조사하던 중에 목제품과 함께 목간 2점을 수습하였다(崔孟植·金容民 1995). 이 중의 하나가 國立昌原文化財硏究所(2004)의 315호 목간으로 널리 알려지게 되었는데, 이것을 우리는 부여 궁남지 1호 목간으로 칭한다. 나중에 2점이 추가되는데[7] 이들을 각각 扶餘 宮南池新 2호와 扶餘 宮南池新 3호로 부르기로 한다.

1992년부터 경남의 咸安 城山山城을 연차적으로 발굴하게 되었는데, 이 산성의 동쪽 벽 안쪽에서 대량의 목간이 출토되었다. 1992년에 6점, 1994년에 21점, 2000년에 2점, 2002년에 92점, 2003년에 1점, 2006년에 40점, 2007년에 76점, 2008년에 5점, 2009년에 31점, 총 274점이 출토된 것이다.[8] 이 중에서 묵서가 기록된 것은 총 218점에 이르므로 한국의 목간 출토지 중에서는 함안 성산산성이

6 21점과 7점의 차이에서 알 수 있듯이 河南 二城山城 목간에는 묵서가 없는 나무토막이 많았던 것 같다.

7 이 2점이 어떻게 발굴되었는지는 알 수가 없다.

8 이들은 국립가야문화재연구소·와세다대학조선문화연구소(2007)의 『함안 성산산성 출토목간』, 국립가야문화재연구소의 함안 성산산성 제12차 발굴조사 현장설명회 자료집(2007.12.13.), 함안 성산산성 제13차 발굴조사 현장설명회 자료(2008), 함안 성산산성 제14차 발굴조사 결과보고(2009) 등을 종합한 것이다.

최대의 출토지라고 할 수 있다.

扶餘 陵山里寺址에 대한 발굴조사는 1992년부터 1997년까지 5차에 걸쳐 실시되었는데, 百濟金銅大香爐(1993년 12월 12일), 百濟昌王銘石造舍利龕(1995년 10월)을 비롯하여 각종 유물이 출토되었다. 1999~2000년의 6차 발굴조사에서는 9점의 목간이, 2000~2001년의 7차 발굴조사에서는 20점의 목간이, 2002년의 8차 발굴조사에서는 1점의 목간이 출토되었다(국립부여박물관 2007). 총 30점(판독 불능 목간 1점 포함)의 목간이 출토되었으므로 백제 왕도 지역에서 발굴된 것으로는 가장 많은 수이다. 또한 백제목간 중에서 제작 시기가 가장 이른 6세기 3/4분기라는 점에서도 이 목간은 매우 귀중하다.

건축지에 대한 발굴조사가 의무화되면서 출토된 목간도 적지 않다. 1998년에 扶餘 雙北里 102번지 일대에서 2점의 목간이 출토되었다. 2000년에 國立慶州博物館 미술관 터에서 목제품 4점이 출토되었는데 이 중에서 묵서가 확인된 목간은 2점이다. 2001년 부산대학교 박물관이 金海 鳳凰洞에서 『論語』 公冶長篇의 일부를 기록한 목간 1점을 발굴하였다. 錦山 栢嶺山城에 대한 2004~2005년의 발굴조사 결과 문자가 기록된 목판[9] 1점이 출토되었다(姜鍾元 2009). 2005년에 仁川 桂陽山城에서 『論語』 목간 1점이 발굴되었다. 2005년에 昌寧 火旺山城의 3개 蓮池에서 7점의 목간이 출토되었고 그중에서 판독이 가능한 것은 4점이다(김재홍 2009). 2006년에 扶餘 東南里 216-7번지의 개인주택 터에서 1점의 목간이 출토되었다(姜鍾元 2009). 충청문화재연구원에서 2006~2007년에 발굴 조사한 扶餘 雙北里의 현내들에서 15점의 목간 형태가 출토되었다. 이 중에서 묵흔이 확인되는 목간은 8점이다.

2008년에 羅州 伏岩里의 고분군(사적 404호) 주변의 제철 관련 유적에서 65점의 목제 유물이 출토되었다(김성범 2010). 이 중에서 41점은 목간의 형태를 띠고 있고, 이 가운데 17점에서 묵흔이 확인된다. 발굴된 목간의 양이 적지 않고 백제의 남단 지방에서 목간이 발견되었다는 점에서 주목된다.

9 엄격히 말하면 목간이라기보다는 목판이라고 해야 하겠지만 묵서로 문자가 기록되었다는 점에서 논의의 대상으로 삼았다.

2008년에 扶餘 雙北里 280번지에서 2점의 목간이 발굴되었다. 그중 하나는 佐官貸食記라는 문서명을 가지고 있고 식량 대출과 환수에 대한 내용이 기록되어 있어서 주목되었던 목간이다. 2009년에 慶州의 (傳)仁容寺址에서 목간 1점이 출토되었다. 이 목간은 이두로 기록되어 있으므로 국어학 분야에서는 매우 귀중한 자료라고 할 수 있다. 2010년에 扶餘 舊衙里의 중앙성결교회 터에서 13점의 목제품이 발굴되었다. 묵흔이 있는 것은 10점이고, 문자가 한 자라도 판독된 것은 8점이다(심상육·이미현·이효중 2011). 2010년에 扶餘 雙北里의 뒷개 유적에서 3점의 목간형이 출토되었는데, 이 중에서 문자가 기록된 것은 1점이다. 2010년에 扶餘 雙北里 119안전센터 터에서 목간 1점이 출토되었다.

목간은 바닷속에서도 발굴되었다. 2008년에 泰安 대섬 앞바다에서 23점의 목간이 발굴되었다(임경희·최연식 2010). 여기에는 手決만 적혀 있는 것이 5점이 포함되었지만 고려시대에도 목간이 사용되었음을 증명해 준다는 점에서 태안 대섬 목간은 그 의의가 크다. 2008~2009년에 걸쳐 태안군 근흥면 마도 근역의 해저를 조사하였고, 이 조사에서 마도1호선과 이 배에 실린 각종 유물을 수습하였다. 泰安 馬島1號 목간은 총 69점인데, 나무로 만든 것이 16점이고 대나무로 만든 것이 53점이다(임경희·최연식 2010).

목간의 발굴 순서에 따라 지금까지 정리한 것을 요약해 보면 다음과 같다.

(2) 목간 출토지 및 출토 현황

	발굴 연도	출토지 (약칭)[10]	목간 형태	목간	작성 시기 추정
1	1975	慶州 月池 (월지)	51	49	752년, 765년
2	1980	益山 彌勒寺址 (미륵사지)	2	2	716년 이전
3	1983	扶餘 官北里 (관북)	8	6	7세기 2/4분기? 왕궁지 추정
4	1984~5	慶州 月城垓字 (해자)	31	25	7세기 전반기?

10 아래에서는 번거로움을 피하여 이 列에 적은 것처럼 목간 출토지를 약칭한다.

	발굴 연도	출토지 (약칭)	목간 형태	목간	작성 시기 추정
5	1990	河南 二城山城 (하남)	21	7	603년
6	1992 ~2009	咸安 城山山城 (함안)	224	218	561년 하한
7	1994	慶州 皇南洞 (황남)	3	2	7세기 후반기?
8	1995	扶餘 宮南池 (궁남)	4	3	7세기 2/4분기?
9	1998	扶餘 雙北里 102 (쌍북102)	2	2	7세기 중엽?
10	1999 ~2002	扶餘 陵山里寺址 (능사)	39	29	567년에 사찰 건립 (위덕왕)
11	2000	國立慶州博物館 미술관터 (경주박물관터)	4	2	722년?
12	2001	金海 鳳凰洞 (김해)	1	1	논어 목간
13	2004~5	錦山 栢嶺山城 (금산)	1	1	596~598년
14	2005	仁川 桂陽山城 (인천)	1	1	논어 목간
15	2005	昌寧 火旺山城 (창녕)	7	4	871년
16	2006	扶餘 東南里 (동남)	1	1	7세기 3/4분기?
17	2006~7	扶餘 雙北里 현내들 (현내들)	15	8	7세기 전반기
18	2008	泰安 대섬海底 (대섬)	23	23	고려
19	2008	羅州 伏岩里 (나주)	65	17	610년
20	2008	扶餘 雙北里 280 (쌍북280)	6	3	618년
21	2008~9	泰安 馬島1號 (마도)	69	25	고려
22	2009	慶州 (傳)仁容寺址 (인용사지)	1	1	9세기 전반기
23	2010	扶餘 雙北里 뒷개 (쌍북뒷개)	3	1	7세기 2/4분기?
24	2010	扶餘 舊衙里 (구아)	13	8	7세기 2/4분기? 7세기 중엽
25	2010	扶餘 雙北里 119안전센터 터 (쌍북119)	1	1	7세기 1/4분기?
			596	440	

文化財廳·國立加耶文化財硏究所(2011)의 『韓國 木簡字典』을 기준으로 삼으

면 한국에서 발굴된 목간 형태는 596점이고, 목간은 440점이다.[11] 이들은 25개 지점에서 출토되었다. 이 수치에서 주의할 것이 있다. 연구자에 따라서 목간 형태를 문자가 전혀 기록되지 않은 목제품으로 분류하기도 하고, 묵흔이 확인되지만 문자인지 확신할 수 없어서 목간 형태로 분류하기도 한다. 또한 묵흔의 존재 여부에 대한 판단이 연구자에 따라 서로 다를 수도 있다. 따라서 여기에서 제시한 수치가 절대적인 것이 아니라는 점을 강조해 둔다. 한국에서 출토된 목간의 현황을 파악하기 위하여 우리가 독자적인 관점에서 계산한 수치일 뿐이다.

이 목간 중에서 다음의 두 가지는 우리의 논의 대상에서 일단 제외하기로 한다. 첫째, 金海 鳳凰洞과 仁川 桂陽山城의 『論語』 목간처럼 기존의 텍스트를 그대로 옮겨 적은 목간은 논외로 한다. 우리는 목간에 기록된 한국어를 연구하는 데에 목적을 두므로 중국의 텍스트를 전재한 것은 당연히 논의 대상에서 제외한다. 둘째, 우리는 한국어 중에서도 古代語를 연구 대상으로 하므로 고려시대의 목간은 일단 제외한다. 한국어사의 시대구분에서 13세기까지를 고대어로 보는 南豊鉉(2003)의 견해도 있지만 통일신라 말까지를 고대어로 간주하는 李基文(1972)의 견해를 취하기 때문이다. 이에 따라 고려시대에 제작된 것이 분명한 泰安 대섬 목간과 泰安 馬島1號 목간은 우리의 논의 대상에서 제외한다. 이에 따르면 우리의 연구 대상이 되는 목간은 총 390점이다.

이처럼 한정하고 나면 우리의 연구 대상이 되는 목간의 출토지도 모두 21지점으로 줄어든다. 이 21지점은 지리적으로 모두 한수 이남의 지역에 분포한다. 출토지의 대부분은 왕도였던 경주와 부여 인근 지역이다. 하남 이성산성, 함안 성산산성, 창녕 화왕산성, 나주 복암리에서 출토된 목간만 지방 목간이라 할 수 있다. 익산 미륵사지는 부여에서 조금 떨어진 지역이기는 하지만 지방 목간에서

11 2011년 이후로도 목간이 계속 발굴되었지만, 국어학적으로 의미가 있는 목간은 많지 않다. 따라서 우리는 文化財廳·國立加耶文化財研究所(2011)의 『韓國 木簡字典』을 기준으로 삼되, 그 이후에 추가로 발굴된 목간에 대해서는 필요에 따라 개별적으로 논의를 덧붙일 것이다.

제외하는 것이 좋을 것이다. 미륵사가 백제의 왕실과 관계가 깊었다는 점이 미륵사 석탑에서 나온 舍利奉安記 등을 통하여 최근에 밝혀졌기 때문이다.

목간은 대개 동일한 지점에서 일괄적으로 출토되지만 扶餘 雙北里에서 출토된 목간은 그렇지 않다. 부여 쌍북리 목간은 쌍북리 소재의 102번지, 현내들, 280번지, 뒷개, 119안전센터 터 등에서 개별적이면서도 산발적으로 출토되었다.[12] 따라서 이들을 하나로 묶어서 하나의 출토지로 기술하는 것보다 5개의 별개 출토지로 기술하는 것이 좋을 것이다.

2. 목간 작성의 시기 추정

출토된 목간의 제작 시기를 추정하는 일은 무엇보다도 중요하다. 고고학·역사학·서예학 등의 여러 연구 분야에서뿐만 아니라 언어학에서도 어느 때의 자료인가를 밝히는 것은 가장 중요한 기초 작업에 속한다.

절대연도를 알려 주는 年號와 干支가 목간에 적혀 있다면 이것을 기준으로 목간의 제작 시기를 결정한다. 그런데 연호와 간지가 적혀 있는 목간은 극소수에 지나지 않는다. 400점 가까운 목간 중에서 제작의 절대 시기를 알 수 있는 것은 경주 월지 1호와 3호 목간밖에 없다.

(3) 연호가 있는 목간

1. [寶應四秊   ] (월지 1-1)
2. [\ 舍 舍 舍 舍 韓舍 天寶十一載壬辰十一月   ] (월지 3-1-1)

이 두 목간의 '寶應四秊'은 765년에, '天寶十一載'는 752년에 해당한다. 따라서 이 두 목간은 바로 이때에 제작된 것이 확실하다.

---

12 이것은 雙北里의 곳곳에서 차후에도 목간이 출토될 수 있음을 암시한다.

그런데 이 절대연도를 기준으로 하여 경주 월지에서 출토된 다른 목간도 8세기 중후반에 더 한정하여 8세기 3/4분기에 제작되었다고 말할 수 있을까? 이에 대해서는 함부로 답하기가 어렵다.

개별 목간의 제작 시기를 추정하는 방법으로는 출토지와 출토 지층에 주목할 필요가 있다. 일반적으로는 "동일 출토지에서 발굴된 목간은 동일 시기에 제작되었다"는 명제가 성립한다. 里耶秦簡, 長沙楚簡, 長沙吳簡, 居延漢簡 등의 명칭에서 볼 수 있듯이 거시적 관점에서는 이 명제가 대체적으로 성립한다. 한국에서도 山城이나 蓮池에서 발굴된 것은 그 축조 시기를 중심으로 목간의 편년을 결정한다. 그러나 이 명제가 항상 성립하는 것은 아니다. 동일 출토지라 하여도 출토 지층이 서로 다르다면 동일 시기의 목간이라 할 수 없다. 따라서 미시적 관점에서는 "동일 지점의 동일 지층에서 출토된 목간은 동일 시기에 제작된 것"이라고 수정할 필요가 있다.

이 점에서 개별 목간이 어느 지층에서 발굴된 것인지를 고고학적으로 정확하게 밝히는 일은 무엇보다도 중요하다. 고고학에서는 층위학적 분석을 통하여 "아래에 쌓인 흙은 위에 쌓인 흙보다 먼저 형성된 것"이라는 下古上新의 법칙을 적용한다.[13] 따라서 유물이 상층에서 발굴된 것인지 하층에서 발굴된 것인지 그리고 그 지층의 성분은 무엇인지 등을 발굴 과정에서 자세히 기록하는 것이 원칙이다.

그런데도 목간과 관련하여 그 발굴 과정을 자세히 기록하기 시작한 것은 최근에 들어서서의 일이다. 예컨대 경주 월성해자를 발굴할 때에 개개의 목간이 어느 지층에서 출토되었는지를 자세히 기록한 과학적이고도 체계적인 보고 자료가 없다. 발굴 후 20여 년이 지나서 이용현(2006)이 여러 발굴자들의 메모를 모아 목간의 출토 지층을 재구성했을 뿐이다.[14]

---

13 이 법칙은 Harris(1989)가 명명한 지층 누중의 법칙(Law of Superposition), 지층 수평의 법칙(Law of Original Horizontality), 지층 연속의 법칙(Law of Original Continuity) 등을 종합한 것이다. 역사언어학에서도 이 법칙은 그대로 적용된다. 역사언어학에서 上層, 底層 등의 용어를 사용할 때가 있는데, 이것은 고고학과 지질학의 연구 성과를 이어받은 것이다.

14 이 보고서를 토대로 이경섭(2008)과 이동주(2009)가 출토 지점 및 정황을 다시 정리

층위학적 분석을 체계적이고도 과학적으로 시도했다는 점에서 이성준(2007)이 눈길을 끈다. 분석 대상이 2006년과 2007년에 출토된 함안 성산산성 유물로 한정되어 있지만, 함안 목간이 腐葉土層에 일괄적으로 폐기되었고 그 시점은 성산산성 축조 이전이라고 하였다. 그런데 출토 지층에 따라서 개별 목간의 제작 시기가 서로 달라질 수 있다는 사실은 李炳鎬(2008)에 와서야 비로소 거론되었다. 지층학적 분석과 공반 유물 분석을 통하여 부여 능산리사지에서 출토된 목간이 미시적으로는 세 시기로 나뉜다는 점을 논의하고 각각의 개별 목간이 어느 시기에 속하는지를 자세히 밝혔다. 이 점에서 李炳鎬(2008)은 목간의 시기 추정 문제에 관한 한 최대의 업적이라 할 수 있다.[15] 동일 출토지에서 나왔다 하더라도 출토 지층에 따라 개별 목간의 제작 및 폐기 시기가 서로 달라질 수 있음을 충실하게 증명해 보였기 때문이다.

고고학적 연구에서는 공반 유물에 대한 자세한 분석도 아주 중요하다. 목간은 철제류, 瓦片類, 옹기류 등과 같이 출토될 때가 많은데, 이들의 편년에 비추어 보아 목간의 제작 연대를 추정해야만 합리적 설득력을 갖추게 된다. 인천 계양산성에서 출토된 『論語』 목간의 경우에 서예학적으로는 상당히 시기가 올라갈 수 있다는 것을 인정할 수 있으나 공반 유물에 대한 정확한 기술을 아직 갖추지 못하였다. 따라서 이 목간을 4세기 유물로 보는 견해에 회의적일 수밖에 없다.

그런데 이 공반 유물이 시간적으로 큰 편차를 보일 때에는 이 시기 추정 방법도 한계가 있다. 예컨대 익산 미륵사지에서 출토된 여러 유물 중에는 백제 시대에 제작된 것으로 추정되는 유물이 있는가 하면 통일신라 시기에 제작된 유물도 있어서 갑자기 시기 추정이 어려워진다. 미륵사지 발굴조사보고서인 국립부여문화재연구소(1996: 164)에 따르면 미륵사지의 서쪽 연못에서 "백제시대의 노유연목와, 수막새, 암키와, 통일신라시대의 암수막새, 평와편, 백제·통일기의 토기편, 목간, 인골 등이 출토되었다"고 하였다. 이 중에는 '開元四年'(716년)銘 와편이 있는데 이것을 중시하면 이곳에서 출토된 목간이 백제 때에 제작된 것인지 8세기

한 바 있다.

15 이 논문은 일본의 『木簡硏究』 33号(2011)에 번역되어 실린 바 있다.

초엽에 제작된 것인지 알 수가 없다. 언어학자에게는 미륵사지 목간에 백제어가 기록된 것인지 신라어가 기록된 것인지가 대단히 중요한 관심사이다. 그런데도 공반 유물의 시대 편차가 커서 이에 대한 답을 얻기가 어렵다. 이럴 때에는 공반 유물을 간접적으로만 이용할 수밖에 없는 한계에 부딪친다.

목간의 제작 시기를 추정할 때에 가장 핵심적인 논거는 역시 역사학 분야에서 나온다. 각종 지명, 인명, 관명 등의 자료뿐만 아니라 史書에 기록되어 있는 여러 기사가 연대 추정에 총동원된다.

그런데 역사학적 지식을 너무 강조하다 보면 아주 간단하고도 상식적인 것을 혼란에 빠뜨릴 때가 있다.[16] 함안 성산산성 목간에는 穀名의 '稗'와 그 수량 '一'이 아주 많이 나오는데, 이 '稗一'을 신라 外位의 관등명 '彼日'과 같은 것으로 보는 견해가 나온 적이 있다. 물론 함안 목간이 막 출토되기 시작한 초창기의 일이기는 하지만 곡명과 그 수량이 나올 자리에 '稗一'이 온 것임을 감안하면 '稗一'이 관등명일 수가 없다. 이러한 착시 현상은 전문 지식을 지나치게 강조할 때에 일어나지만 지나치게 논문 집필을 서두를 때에도 발생한다. 이 점에 주의해 가면서 역사학자의 시기 추정을 경청해야 할 것이다.

그렇다 하더라도 역사학적 연구는 시기 추정에서 역시 핵심적인 위치를 차지한다. 錦山 栢嶺山城의 축성 시기를 추정할 때에 이 산성에서 출토된 '栗峴 丙辰瓦', '耳淳辛 丁巳瓦', '耳淳辛 戊午瓦' 등과 '上卩'가[17] 인각된 기와는 결정적인 단서가 된다. '上卩'는 백제 왕도 五部의 하나이므로 이들이 백제의 기와임을 알 수 있고, '丙辰, 丁巳, 戊午' 등의 간지가 일 년 차이라는 점에서 동일시기에 제작되었다는 것도 알 수 있다. 그렇다면 이 干支 '丙辰'은 536년(성왕 14년), 596년(위덕

16 이 점에서는 우리도 예외가 아니다. 국어학적 지식을 총동원하여 戊戌塢作碑의 제작 시기를 120년 내려 698년이라 추정한 적이 있다. 당시까지 알려진 모든 국어학 자료를 종합해 볼 때에 이 비에 반영된 언어 표기가 주로 8세기의 자료와 일치하였기 때문이다. 목간의 표기를 두루 검토한 지금에 와서는 戊戌塢作碑의 제작 시기를 578년이라고 확신하고 있다.

17 '上卩'는 '上部'를 백제식으로 표기한 것이다. 9장에서 후술하겠지만, '部'를 '卩'로 표기하는 전통은 고대 일본에 그대로 전해진다.

왕 43년), 656년(의자왕 16년) 셋 중의 하나일 것이다. 여러 역사적 사실을 종합해 볼 때에 금산에 산성을 쌓을 만한 시기는 596～598년으로 한정된다(忠淸南道歷史文化院·錦山君 2007: 294). 이러한 판단은 역시 역사학자의 도움을 받지 않으면 안 된다. 이것을 참고하여 금산 백령산성에서 출토된 목판의 묵서는 6세기 말엽에 기입되었다고 추정한다.

書藝史的 관찰도 목간 제작의 시기 추정에 도움이 된다. 書風은 필사자에 따라 달라지는 것이 원칙이지만[18] 대개는 시대의 변화를 반영할 때가 많다. 어떤 書體가 유행하게 되면 그 서체가 넓은 지역으로 퍼져 나감으로써 일정한 시기에는 하나의 서체로 통일되는 경향이 있다. 중국 漢代에는 隸書體가 크게 유행했지만 唐代에는 楷書가 크게 유행하고, 南北朝 시대는 그 과도기에 해당한다. 그런데 이 과도기에서도 차이가 있어서 3·4세기와 5·6세기의 서체가 서로 다르다.[19] 특히 6세기 말엽에 이르면 예서풍이 거의 사라지고 해서가 완전히 자리를 잡는다. 따라서 목간의 서체를 기준으로 6세기의 서풍인지 7세기 이후의 서풍인지 구별할 수 있다. 이에 따르면 함안 성산산성과 부여 능산리사지에서 출토된 목간은 6세기의 서풍이지 7세기의 서풍이 아니다.

그런데 이 서체의 변화를 글로써 기술하는 것이 쉽지 않다. 書藝史 전문가는 서체 변화를 한눈에 알아볼 수 있지만, 비전문가는 미묘한 차이를 감지하지 못할 때가 많다. 따라서 서체를 기준으로 목간 제작의 시기를 추정할 때에는 보다 구체적인 논거를 제시할 필요가 있다.

그 논거의 하나로 우리는 字體의 변화를 강조하고자 한다. 한자는 字形·字音·字義가 하나로 결속된 문자이지만, 일부 한자는 字音·字義가 서로 같으면서도 유독 字形이 다른 것도 있다. 이것을 흔히 異體字라고 부른다. '寂'자를 예로 들어 보면, 남북조 시대에는 '家'이 유행하였고 수당 시대에는 '寂'이 유행하였다. 이

18 여러 필사자의 서체가 동일한 것처럼 느껴질 때도 있는데, 이 현상은 대개 동일 스승으로부터 붓글씨를 배웠을 때에 일어난다.

19 敦煌本의 서체 변화를 논의한 연구로는 趙聲良(2000)이 있다. 李丞宰(2006)의 『50권본 화엄경 연구』도 참고하기를 바란다.

둘은 남북조 시기의 규범자와 당 시기의 규범자가 서로 달랐음을 보여 주는 예이면서(池田證壽 2011), 동시에 자체 변화의 대표적인 예가 된다. 이처럼 古字와 새로 생겨난 新字의 자체가 서로 다를 때가 적지 않다. 이 자체 변화를 잘 활용하면 목간 기입의 시기를 추정할 수 있다.

李丞宰(2006: 130)에서는 6세기의 敦煌本에서 자주 보이는 古字로서 주목할 만한 것을 다음과 같이 정리한 바 있다.

(4) 6세기에 유행한 古字

剛, 孔, 惱, 腦, 尼, 導, 得, 亂, 禮, 老, 明, 發, 復, 分, 佛, 釋, 修, 往, 與, 亦, 因, 作, 障, 帳, 坐, 寂, 正, 體, 墮, 土, 匹, 幻, 吼

이들 한자의 자체를 잘 관찰하면 목간의 제작이 6세기에 이루어진 것인지 그렇지 않고 그 이후에 이루어진 것인지 추정할 수 있다.

언어학 분야로 눈을 돌리면, 이른바 吏讀字의 용법과 사용 시기 등이 목간 제작의 시기 추정에 이용될 수 있다. 문법 형태를 표기한 이두자 중에는 일정한 시기에만 한정되어 쓰이는 것이 있기 때문이다. 예컨대 종결어미 '-다'의 표기에 쓰인 '如'는 6세기 말엽에서 11세기 전반기까지의 금석문이나 문서 자료에 사용된 것으로 알려져 있다.

그러나 기존의 자료를 토대로 정리한 국어학적 사실 중에서 목간 제작의 시기 추정에 이용할 만한 것을 실제로는 찾기가 어렵다. 목간에는 기존의 금석문이나 고문서에서는 볼 수 없었던 언어 사실이 많이 들어가 있기 때문이다. 또한 기존의 자료보다 목간 자료가 시기적으로 이른 것이라서 기존의 국어사를 수정해야만 하는 때도 적지 않다. 예컨대 병렬의 '-나'가 출현하는 최초의 자료로는 華嚴經寫經造成記(754~755년)의[20] '-那'가 널리 알려져 있는데, 병렬의 '-여'에 해당하는 예가 경주 월성해자 4호 목간의 '生耶死耶'에 이미 나온다. 이 예의 '-耶'는

20 이것은 白紙墨書新羅華嚴經寫經의 卷尾에 첨부되어 있다.

병렬의 '-야/여'로서[21] 기존의 용례보다 시기적으로 100년 정도 앞선다. 이처럼 목간 자료를 통하여 새로이 국어사를 수정해야 할 것이 적지 않다. 목간 자료의 여러 국어학적 가치 중에서 바로 이 점에 가장 먼저 주목해야 할지도 모른다.

목간 작성의 시기를 추정할 때에, 고고학·역사학·서예학·언어학 분야에서의 시기 추정이 서로 합치한다면 가장 이상적이지만 실제로는 서로 합치하지 않는 경우도 있다. 이 점에 주의해 가면서 출토 지점별로 목간 제작의 시기를 추정해 보기로 한다. 출토지는 개별 목간을 분류하거나 지칭할 때에 가장 먼저 기술하는 것일뿐더러 목간의 시기 추정에서도 가장 먼저 고려해야 할 사항이다.

2.1. 咸安 城山山城 출토 목간

경상남도 咸安郡의 함안면 괴산리와 가야읍 광정리의 사이에는 조남산(해발 139.4m)이 있다. 함안 성산산성은 이 산의 정상부를 둘러싸고 있는 둘레 1.4km 정도의 석축성이고, 삼국시대에 축성되었다. 이 산성은 자연 경사면을 따라 서쪽이 높고 동쪽이 낮다. 城의 동쪽 경사면에는 배수구가 설치되어 있었는데, 이 배수구의 안쪽에서 대량의 목간이 발굴되었다. 여기에서 출토된 목간은 총 218점이므로 함안 성산산성은 한국 최대의 목간 출토지라고 할 수 있다.

먼저 고고학적 관점에서 함안 목간의 제작 시기를 추정해 보기로 한다. 이성준(2007)의 보고에 따르면 성산산성 목간은 해발고도 100.098m와 99.412m의 사이에 있는 29번 지층과 32번 지층의 사이에서 집중적으로 출토되었다. 그런데 이 지층은 일반적인 퇴적토가 아니라 腐葉土層이라고 한다. 인위적으로 木柵을 써서 나무울타리를 만들고 그 안에 각종의 풀, 나무, 씨앗 등을 채워 넣은 지층이라는 것이다. 공반 유물이 대부분 이형목제편, 결구목제, 방망이, 봉형목제품 등의 목제류라는 점이 이를 증명해 준다. 결국 이 지층은 식물 유기물을 써서 인위적으로 쌓은 것이고, 이 유기물의 일종으로서 목간이 여기에 폐기된 것이라고 할

21 병렬의 '-여'는 고려의 구결 자료에서 '-ㅑ[여]'로 표기된다.

수 있다. 이 유기물 층은 경사진 계곡에 성을 쌓을 때에 특히 효과적이다. 성 안에서 성 밖으로 계곡을 따라 갑작스럽게 대량의 물이 쏟아 내라면 성벽이 무너질 가능성이 있으므로 성 안쪽의 배수구 바로 앞에 浮葉工法으로 완충 장치를 설치한 것이다. 바로 이 부엽 지층에서 목간이 대량으로 출토되었으므로 함안 성산산성에서 출토된 목간은 성벽을 쌓기 이전에 일괄적으로 부엽토 층에 폐기된 것이라 할 수 있다(이성준 2007: 133).

그렇다면 함안 성산산성의 축조 시기가 바로 목간의 제작 시기가 된다. 축성 시기를 문헌자료를 통하여 밝힐 수 있다면 함안 목간의 제작 시기를 바로 추정할 수 있다. 이 축성 기사가 한국의 사료에는 보이지 않고『日本書紀』에만 나타난다(李成市 2000). 이 기사에 따르면 安羅(지금의 함안)에 波斯山(지금의 성산)에 성을 축성한 시기는 561년 정도가 된다.

(5) 성산산성 축성을 암시하는『日本書紀』의 기록

故新羅築城於阿羅波斯山以備日本 (日本書紀 卷19 欽明紀 22年, 561年)

{그러므로 (561년에) 신라가 阿羅의 波斯山에 성을 쌓아 일본에 대비했다.}

이성준(2007)의 논의에 따르면 함안 목간의 하한을 561년으로 잡을 수 있다. 그렇다면 상한은 어디까지로 올려 잡아야 할까? 安羅伽倻 시대까지 올려 잡을 수 있을까? 이것은 불가능하다. 함안 목간에 기록된 여러 관명, 지명 등을 논거로 이렇게 추정할 수 있다. 함안 목간에는 '一伐(24, 25, 26, 69, 84, 133, 156호), 一尺(29호), 上干支(3호)' 등의 신라 外位 관등명이 나온다.[22] 李成市(2000)은 이 '上干支'가 후대에 '上干'으로 바뀐 것으로 가정하고, '上干支'가 기록된 비석의 건립 시기인 545년에 주목하였다. 그리하여 安羅伽倻의 멸망 시기를 545년과 561년 사이로 추정하였다. 안라가야가 멸망한 이때로부터 561년 사이에 함안 목간이 제작되었다고 하는 것이 가장 정확할 것이다. 신라가 安羅伽倻를 정복한 다음에

22 신라 외위 11관등 중에서 '上干'은 여섯째, '一伐'은 여덟째, '一尺'은 아홉째 관등명이다.

신라인이 성산산성을 축성하는 과정에서 목간을 제작했다고 해야만 위의 관등명을 설명할 수 있기 때문이다.

함안 목간이 安羅伽倻 시대에 제작된 것이 아니라 안라가야가 멸망한 뒤에 신라인에 의해 제작되었다는 것은 언어학적으로도 증명된다. 가야의 표기법을 알려 주는 자료가 없어서 단정하기 어렵지만, 함안 목간이 신라의 표기법을 토대로 하고 있다는 점만은 분명하다. 여러 인명 및 물명의 표기가 신라의 표기법일뿐더러 신라 고유의 訓主音從의 표기 방식이 이 목간에서 발견되기 때문이다.

(6) 함안 목간의 훈주음종 표기

1. 마늘(蒜) – 蒜尸 (80호)
2. 글(文) – 文尸 (102, 148, 149호)
3. 실(絲) – 糸利 (158호)
4. 더덕(沙蔘) – 益丁 (127호)

실선 '__'으로 밑줄을 친 것은 韓訓字이고 점선 '......'으로 밑줄을 친 것은 韓音字이다.[23] 신라의 鄕歌에서 현대어의 '길(道)'을 '道尸'로, '날(日)'을 '日尸'로, '별(星)'을 '星利'로, '사람(人)'을 '人音'으로 표기한 것 등은 訓主音從의 대표적인 예인데(金完鎭 1980), (6)의 예들은 이 훈주음종 표기의 선구적인 예이다.[24] 이들은 함안 목간이 신라인의 기록임을 증명해 주는 결정적인 증거가 된다.

이제 書藝史的 논거를 들기로 한다. 6세기경의 중국 南北朝에서는 예서가 해서로 바뀌는 과도기적 서체를 보이는데, 함안 목간의 서체가 바로 이에 해당한다. 平壤 樂浪區域 貞柏洞에서 출토된 목간의[25] 서체와 함안 목간의 서체를 비교해 보면 큰 차이가 있음을 금방 알 수 있다. 중국 둔황(敦煌)에서 발굴된 여러 불

23 기존의 '訓借字/訓讀字'를 우리는 '韓訓字'라고 지칭하고, '音借字/音讀字'를 '韓音字'라고 지칭한다. 이에 대해서는 8장을 참고하기 바란다.

24 이들에 대해서는 7장에서 자세히 거론한다.

25 이 목간의 서체는 漢代의 隷書體이다. 이 목간은 평양 지역에서 출토되었지만, 고구려 목간이 아니라 漢四郡의 목간이다. 고구려 목간은 아직 보고된 바가 없다.

경의 서체와 대비해 보더라도 함안 목간의 서체는 5~6세기에 중국 北朝에서 주로 유행했던 서체와 비슷하다.[26] 이 서체가 7세기 초엽의 唐나라 시기가 되면 완전히 사라진다. 따라서 서체의 관점에서는 함안 목간이 6세기 중엽의 서체로 통일되어 있다고 말할 수 있다.

孫煥一(2004)는 함안 성산산성 목간에 나오는 서체와 각종의 碑銘에 나오는 서체가 일치하는 것을 정리하였는데, 그중에서 신빙성이 높은 것을 골라보면 다음과 같다.

(7) 함안 성산산성 목간의 서체와 유사한 서체

1. 居 - 迎日冷水里新羅碑銘(503년), 蔚珍鳳坪新羅碑銘(524년)
2. 谷 - 牟頭婁墓誌銘(5세기 전반), 明活山城碑銘(551년)
3. 禮 - 모두루묘지명, 丹陽新羅赤城碑銘(6세기 중엽)
4. 巨 - 봉평비, 적성비
5. 阿 - 봉평비, 적성비, 昌寧新羅眞興王拓境碑(561년)
6. 支 - 봉평비, 냉수리비, 적성비, 명활산성비
7. 珍 - 廣開土大王碑(414년), 적성비, 摩雲嶺眞興王巡狩碑(568년)
7. 鄒 - 광개토대왕비
8. 兮 - 마운령비, 黃草嶺新羅眞興王巡狩碑(568년)

이들의 서체는 상용의 해서체와는 큰 차이가 나서 아예 획수가 달라지는 것도 많다. 이들은 대개 남북조 시대까지 유행했던 古字이다. 이들이 자주 사용되었다는 점에서 함안 목간의 서체는 5~6세기 남북조 시대의 서체와 일치한다고 말할 수 있다. 이 남북조 시대의 서체가 隋唐 시대의 서체와 완전히 다르다는 것은 서예사적으로 널리 알려져 있으므로, 함안 목간의 편년을 6세기 말엽으로 내려잡을 수가 없다. 결국, 서예사적으로도 함안 목간의 서체를 6세기 중엽으로 추정

26 平川南(2007: 207)은 4세기 전반의 중국 樓蘭에서 발견된 李栢文書의 서체와 유사하다고 했지만 함안 목간의 서체를 그렇게까지 이른 시기로 올려 잡기가 어렵다.

하는 것이 옳다.

함안 성산산성 목간은 대체적으로 서체가 통일되어 있고 기재 내용도 발송하는 물건의 꼬리표 역할을 하는 것이 대부분이다. 함안 목간에는 성산산성에서 제작된 것도 있겠지만, 대부분은 여러 지방에서 성산산성으로 물건을 보낼 때에 물품에 부착할 목적으로 작성한 것이다. 일본 학계의 용어를 빌리자면 附札이 아니라 대부분 荷札이다. 발송지는 낙동강 상류와 중류에 걸쳐 있으므로(李鎔賢 2006) 그 지리적 분포가 넓은 편이다. 그런데도 서체의 편차가 크지 않다. 이것은 당시의 서체가 지리적으로도 통일되어 있었음을 뜻한다.

함안 성산산성 목간은 行書를 기본으로 한다. 偏旁으로 쓰이는 '氵, 口, 貝, 亻, 彳, 灬, 刂, 辶, 廴' 등의 결구는 한 획으로 처리되거나 획수가 생략된 草書의 자형으로 나타나는 때가 많다. 많이 쓰이는 偏旁을 초서의 운필로 서사하는 것은 현대까지도 이어지므로 이들을 행서에 넣을 수 있을 것이다. 부분적으로만 초서로 쓰고 나머지는 행서로 쓴 것을 초서의 예에서 제외하면 함안 목간에서 발견되는 초서는 많지 않은 편이다. 한자 전체를 초서로 써서 반드시 초서로 분류해야 할 것으로는 함안 21호 목간의 '得', 여러 목간에 자주 나오는 '兮, 斗, 稗, 發, 負' 등과(고광의 2008: 113~114), 221호 목간의 '爲'가 있다. 이들은 한국의 초서 자료로는 가장 이른 시기의 예가 된다.

지금까지 함안 성산산성에서 출토된 목간의 제작 시기를 추정해 보았다. 고고학적, 역사학적, 언어학적, 서예사적 관점을 두루 종합해 보면 성산산성 목간은 6세기 중엽에 제작된 것이 확실하다. 218점의 함안 목간을 상호 대비해 보면 미시적인 시차가 느껴지기는 한다. 그렇다고 하더라도 그 시차가 그리 큰 것은 아니다. 언어학에서는 세대 단위로 언어 변화가 나타난다고 하고, 역사학에서는 고대의 한 세대를 20~25년으로 잡는 때가 많다. 이에 따르면 함안 목간 상호 간에 시차가 있더라도 그 시차는 한 세대 이내의 변이에 불과하다. 이 점을 중시하여 218점의 함안 목간에 기록된 언어의 편년을 일괄하여 6세기 중엽이라 기술한다.

이주헌(2015)는 부엽토층의 下層과 上層에서 출토된 깨진 조각을 서로 맞추어 원래의 모습으로 盌과 土器를 조립할 수 있었다고 한다. 이것은 이 부엽토층이 일시에 한꺼번에 형성되었음을 의미하므로 함안 목간의 제작 시기를 추정할 때에 아주 중요하다. 부엽토층의 하층에서 출토되었는가 상층에서 출토되었는가에 관계없이 함안 목간의 편년을 일괄적으로 하나의 시점으로 추정해야 함을 뜻하기 때문이다.

그러면서 이주헌(2015)는 우리의 편년 추정과 달리 성산산성의 축성 시기를 7세기 전반기로 추정했다. 이 추정은 기존의 盌과 土器의 편년을 참고한 것이다. 그러나 고고학자들의 논의에 따르면, 대비 자료로 삼은 완과 토기의 편년이 불확실하다고 한다. 따라서 우리는 이 학설을 따르지 않는다. 함안 목간의 제작 시점을 일괄적으로 하나의 시점으로 추정해야 한다는 데에는 동의하지만, 우리는 書風을 논거로 삼아 그 시점을 7세기 전반기라 보지 않고 6세기 중엽이라고 본다.

2.2. 扶餘 陵山里寺址 출토 목간

扶餘 陵山里寺址는 충청남도 부여군의 부여 나성과 능산리 고분군 사이에 소재하는데, 여기에서 출토된 목간 형태는 총 39점이고 묵서가 기입된 목간은 29점이다. 이 능산리사지는 백제 지역 최대의 목간 출토지이다. 이 능산리사지는 1～5차 발굴조사 때에 金銅大香爐와 昌王銘石造舍利龕이 출토된 곳이다(國立扶餘博物館 2000). 이 사리감의 명문에 나오는 간지 '丁亥'를 기준으로 삼아 이 절의 목탑지가 567년에 조성된 것으로 본다.

(8) 창왕명석조사리감의 명문

百濟昌王十三秊太歲在　丁亥妹公主供養舍利

능산리사지 출토 목간의 편년을 결정할 때에 이 사리감의 '丁亥'만을 거론할 때가 많다. 그러나 또 하나 주목해야 할 유물이 있다. '乙丑'이 양각된 印刻瓦가 그것이다. 이 인각와는 S180, W50의 집수 유구에서 깊이 170cm 지점의 회색사질토에서 출토되었다(國立扶餘博物館 2007: 130～131). 이 '乙丑'년은 569년이 분명하므로 이곳에 지은 건물의 건축 시기를 직접적으로 알려 주는 유물이다.

그런데 능산리사지 목간의 출토 지점이 크게 5지점으로 나뉜다는 점이 문제가 된다. 이 목간은 모두 남북 60m와 동서 60m의 사방형 안에서 출토되었고, 지점 상호 간의 거리가 약 20~30m씩 떨어져 있다.[27] 따라서 목간의 폐기 시점에 약간의 차이가 있다고 할 수 있다. 李炳鎬(2008)은 치밀한 고고학적 분석을 통하여 그 폐기 시점의 선후 관계를 다음과 같이 밝혔다.

(9) 부여 능산리사지 목간의 폐기 순서[28]

1. 12호(306호) '斗之末', 16호(310호) '斑綿衣', 25호(능2) '支藥児' →6세기 후반
2. 5호(299호) 多段 목간 →목탑 건립 전후, 즉 567년 전후
3. 1호(295호) '天在奉義', 20호(314호) '飲广', 15호(309호) '出再拜' →6세기 중엽부터 567년 전후
4. 2호(296호) '广淸麥', 19호(313호) '子基寺', 3호(297호) '漢城下部', 4호(298호) '奈率加', 6호(300호) '三月綠椋', 7호(301호) '書亦從此法', 9호(303호) '上來事', 11호(305호) '宿世', 10호(304호) '寶憙寺', 13호(307호) '德干尒', 14호(308호) '三月十五日', 17호(311호) '百者', 18호(312호) '此是', 8호(302호) '大大聽成' →6세기 중엽부터 567년 전후

이에 따르면 (9.1)의 3점을 제외한 대부분의 능산리사지 목간은 6세기 중엽에서 567년 전후에 폐기되었다는 결론이 나온다. 우리는 이 시기를 6세기 3/4분기로 지칭하기로 한다. 문제가 되는 것은 (9.1)의 3점이다. 이들에 대해서는 6세기 4/4분기로 시기를 늦춰 잡는 것이 좋을 것이다. 여러 瓦當 형식 중에서도 가장 시기가 늦은 '마' 형식의 와당 출토 지층보다도 능사 25호(능2) 목간(즉 支藥兒食米記 목간)의 출토 지층이 훨씬 위쪽이라는 점을(李炳鎬 2008: 70의 도면4 참조) 중시할 필요가 있기 때문이다.

---

27 李炳鎬(2008:55)의 도면을 참고하였다.

28 괄호 안에 붙인 목간 번호는 『韓國의 古代木簡』(2006)에서 붙인 기존의 목간 번호이다.

서예사의 관점에서도 능사 목간 상호 간에 약간의 차이가 감지된다. 敦煌 사경에 비교하여 말한다면, 9호 '上來事' 목간과 8호 '大大聽成' 목간의 서풍은 특히 6세기 초엽의 서풍과 유사하다. 7호 '書亦從此法' 목간은 6세기 전반기의 서풍에 가깝고, 25호 支藥兒食米記 목간의 서풍은 6세기 중엽 이후의 서풍에 가깝다. 5호 多段 목간과 12호 '斗之末' 목간은 古拙한 서풍인 데에 비하여, 13호 '德干尓' 목간과 15호 '出再拜' 목간은 능숙한 솜씨를 보여 준다. 대체적으로 능사 목간은 예서에서 해서로 넘어가는 과도기인 6세기의 서풍을 보인다. 함안 목간의 서체와 비교하여 말한다면, 능산리사지 목간이 시기적으로 약간 늦다는 느낌을 강하게 받는다. 이 점에서도 위의 시기 추정이 정확하다고 할 수 있다.

이체자 중에서는 1호 '天在奉義' 목간의 '義', 7호 '書亦從此法' 목간의 '亦, 從, 此' 등의 古字가 눈에 띈다. 반면에 7호 '書亦從此法' 목간의 '作, 形'은 7세기 이후에 주로 보이는 新字이다. 이 신자의 출현은 매우 이른 시기의 것이므로 주목해 둘 필요가 있다. 초서의 예로는 4호의 '率', 10호의 '送', 7호와 13호의 '爲', 16호의 '兩', 7호와 24호의 '之', 25호의 '斗, 升' 등이 쓰였다.

2.3. 錦山 栢嶺山城 출토 목간

錦山 栢嶺山城은 충청남도 금산군 남이면 역평리와 건천리 사이에 있는 栢嶺(일명 잣고개)의 정상부에 자리 잡고 있다. 산성 정상부의 木槨 시설 안쪽에서[29] 묵서가 있는 목판 1점이 출토되었다. 형태로 보아 이것을 목간이라고 하기는 어렵지만 묵서를 중시하여 함께 다루기로 하였다. 앞에서 이미 논의한 바 있듯이 栢嶺山城은 596~598년에 축성되었다(姜鍾元 2009). 銘文瓦와 역사적 상황으로 볼 때에 이것은 틀림없다. 따라서 이 목판의 묵서도 6세기 말엽에 백제인이 기록했을 것이다.

29 목곽 내부의 퇴적토에는 탄재와 불에 타다 남은 목재편이 넓게 퍼져 있었으므로 누군가가 인위적으로 산성에 불을 지르고 시설을 파괴한 것으로 보인다(忠淸南道歷史文化院·錦山君 2007: 290).

2.4. 河南 二城山城 출토 목간

河南 二城山城은 경기도 하남시 춘궁동 산 36번지 일대에 소재한다. 성내의 A지구 2차 저수지의 바닥 가까운 곳(지표로부터 3.18m 깊이)에서 11점의 목간 형태가 출토되었는데, 이 중에서 7점은 토기병 속에서 발견되었다. 한양대학교박물관(1991)은 하남 이성산성 1호 목간에 나오는 '戊辰'년을 다음의 논거를 들어 608년(진평왕 30)으로 추정했다. 첫째로 '道使'가 나타나는 자료들은 대체로 6세기에서 7세기 초의 자료들이고,[30] 둘째로 묵서의 서체가 6세기와 7세기 초의 필법을 따르고 있으며, 셋째로 공반 유물들이 통일기 이전의 것들이다. 이 추정은 정확하다.

목간의 서체도 다음과 같이 온당하게 평가했다. 목간에 쓰인 서체는 해서체로 매우 숙련된 달필이다. 묵서의 형태나 필법으로 보아 남북조시대 말기(6세기 말)의 전통을 따르고 있음을 알 수 있으며 唐의 長楚金이 660년경에 찬한 『翰苑』의 서체와도 유사하다(한양대학교박물관 1991: 442).

그런데 2000년에 실시된 C지구에 대한 제8차 발굴조사 이후에는 한양대학교박물관의 기술이 대폭 바뀐다. C지구에서 새로 7점의 목간 형태가 출토되었고 그중에서 묵흔이 확인되는 목간은 3점이다(漢陽大學校博物館·河南市 2000: 280). 이 중에서 길이가 35cm이고 하단부가 파손된 하남 5호 목간에 간지 '辛卯'와 관직명 '褥薩'이 나오는데, 이 '褥薩'이 고구려의 지방 관직명임을 들어 하남 이성산성 목간의 편년을 끌어올린 것이다. 즉 이 5호 목간의 '辛卯'년은 511년이고 1호 목간의 '戊辰'년은 548년이라고 주장했다. '褥薩'을 논거로 삼아 하남 목간이 신라목간이 아니라 고구려 목간이라고 주장한 것이다.

결과적으로 漢陽大學校博物館·河南市(2000)은 한양대학교박물관(1991)의 추정을 스스로 부정한 것인데, 이 수정은 옳지 않다. 고구려 목간설이 논거로 삼은 것은 '褥薩'밖에 없다. 그런데 이것이 손환일(2011)과 우리의 판독으로는 '作䕨'이

30 통일 이후에는 州-郡-村 制에서 州-郡-縣의 행정 체계로 개편되어 촌이 단순한 자연 부락을 지칭하는 것으로 의미가 바뀌었다는 점도 덧붙였다.

다. ‘辛卯’로 판독한 간지도 손환일(2011)의 판독으로는 ‘軍車’이고 우리의 판독으로는 ‘單率’이다. 따라서 고구려 목간설은 믿을 수 없다.

이것이 고구려 목간이라고 하면 공반 유물이 고구려의 특징을 가지고 있어야 하는데, 이에 대한 기술이 결여되어 있다는 점에서도 고구려 목간설에 동의할 수가 없다. A지구와 C지구가 100m 이상 멀리 떨어져 있다는 점도 중시해야 한다. C지구에서 출토된 목간의 편년이 설령 511년이라 하더라도 A지구에서 출토된 목간까지 그 시점으로 끌어올린 것은 지나친 아전인수에 해당한다. 서로 별개인 두 지점에, 서로 다른 두 시점에 목간이 폐기되었을 수도 있기 때문이다. A지구에서 출토된 하남 이성산성 1호 목간에 대해서는 한양대학교박물관(1991)이 서체를 정확히 기술했지만, 漢陽大學校博物館·河南市(2000)은 C지구에서 출토된 목간의 서체를 자세히 서술하지 못했다. 이 점에서도 고구려 목간설에 동의하지 않는다.

하남 이성산성 목간의 편년은 한양대학교박물관(1991)에서 추정한 것처럼 608년 전후라고 하는 것이 안전할 것이다. 하남 목간이 고구려 목간이 아니라 신라목간이라는 증거는 언어학 분야에서 찾을 수 있다. C지구에서 출토된 하남 6호 목간은 ‘丨?沙巳月?’로 판독된다. 이것을 신라의 표기법으로 읽으면 ‘*다삽 둘’ 즉 현대어로 ‘다섯째 달’ 또는 ‘五月’이 된다. 이곳의 ‘丨’는 판독이 확실한 것은 아니지만 후대의 구결자 ‘丨’와 자형이 같은 것이고, ‘巳’은 ‘邑’에서 비롯된 韓國字이다. 이들은 대부분 신라목간에서만 확인되므로[31] C지구에서 출토된 목간까지도 모두 신라목간이라는 결론이 나온다.

하남 3호 목간에 나오는 세 글자를 손환일(2011)은 ‘庚子年’으로 읽었다. 이 판독이 옳다면 하남 목간의 상한이 580년까지 거슬러 올라갈 수 있고 거꾸로 하한이 640년으로 내려갈 수도 있다. 그런데 이 목간의 하단부를 살펴보면 4자 정도의 공간에 흐릿한 묵흔이 눈에 띈다. 이 묵흔은 ‘庚子年’과 농담이 현저하게 다르므로 재활용 목간임을 알 수 있다. 오른쪽 옆구리를 고의적으로 파괴한 것도 그

31 ‘巳’은 익산 미륵사지 1호 목간에서 여덟 번이나 쓰였다. 그러나 미륵사지 목간은 통일신라 시대의 목간이지 백제 시대의 목간이 아니다(李丞宰 2011다 참조).

징표의 하나이다. 따라서 하남 목간의 기준연도인 608년보다 이 목간의 '庚子年'이 가리키는 시점을 내리는 것이 안전하다. 이에 따르면 하남 목간의 편년은 7세기 전반기로 보는 것이 좋을 것이다.

하남 1호 목간은 널리 알려져 있듯이 단정한 해서체이다. 해서로 일관한 것은 이 목간이 아마도 최초의 예가 될 것이다. 이에 비해 2호 목간은 능숙한 붓놀림이 돋보이는 唐風의 행서에 속한다. 이처럼 능숙한 달필은 일반적으로 시기가 뒤떨어짐을 암시한다. 이성산성은 경주에서 멀리 떨어진 지방이라는 점도 감안할 필요가 있다. 이러한 특징을 감안하여 3호 목간의 '庚子年'을 640년으로 비정해 둔다. 1호 목간의 '戊辰'년 즉 608년과 시기적으로 큰 차이가 나지만, 그 원인을 목간의 폐기가 일률적으로 동시에 이루어진 것이 아니라는 데에서 찾을 수 있다.

2.5. 羅州 伏岩里 출토 목간

전라남도 羅州郡 다시면 복암리 875~877번지 일대에서 대량의 백제목간이 출토되었다. 金聖範(2010: 149)에 따르면 목간 형태를 띤 것이 65점이나 되고 묵서가 기입된 것은 13점이라고 한다. 필자가 관찰한 바로는 묵흔이 확인되는 목간은 모두 17점이다.

나주 11호 목간에는 '庚午'라는 干支가 나온다. 글씨가 희미하여 분명하지 않지만 백제 관등명이 적힌 나주 3호 목간, 백제계 선문기와, 발형 토기, 개배, 대형의 호형 토기, 금동이식 등의 공반 유물, 유적지 내의 다른 유구에서 출토된 '豆肹寺'銘[32] 토기와 벼루 등의 공반 유물을 두루 종합하여 金聖範(2010: 175)은 이 '庚午'년이 610년일 가능성이 크다고 하였다.

그런데 나주 목간 전체가 동일 지층에서 출토된 것은 아니다. 예컨대 복암리 1~2호 목간은 유구 상면에서 각각 110cm와 105cm 지점의 암회색 사질점토층에서 출토되었지만, 3호는 유구 상면에서 360cm 지점의 연회색 사질토층에서

32 『삼국사기』 지리지에서는 '會津縣 本百濟豆肹縣 景德王改名 今因之'라 했는데, 會津縣은 지금의 나주군 다시면 일대이다(金聖範 2009: 208).

출토되었다(金聖範 2009: 215~217). 이 두 지층 사이에는 여러 지층이 겹겹으로 쌓여 있고 두 지층의 간격은 대략 250cm 정도이다.

이처럼 큰 차이가 날 때에는 두 지층이 동시에 형성되었다는 논거를 제시할 수 있을 때에만[33] 나주 1~2호와 나주 3호 목간의 폐기 시점이 같다고 할 수 있다. 이 논거가 제시된 바가 없다는 점에서, 1~2호 목간과 3호 목간의 제작 및 폐기 시점이 서로 다르다고 보아야 할 것이다. 그런데 '庚午'라는 간지가 적힌 11호 목간이 어느 지층에서 출토된 것인지 金聖範(2010: 174)은 전혀 거론하지 않았다. 위쪽 지층에서 출토된 것부터 목간의 일련번호를 붙였을 것이므로 11호 목간은 아마도 3호 목간보다 깊은 지층에서 출토되었을 것이다. 이 추론에 따르면 나주 1~2호 목간은 3호 이후의 번호를 받은 목간과 구별할 필요가 있다.

나주 3호와 그 이후의 번호를 가진 목간을 A그룹이라고 한다면 A그룹은 11호 목간의 '庚午'년을 기준으로 삼아 편년을 610년 무렵이라 할 수 있다. 그러나 복암리 1호와 2호 목간을 B그룹이라고 하면 B그룹의 편년은 7세기 중엽 정도로 내려야 할지도 모른다. A그룹에 속하는 3호 목간에서는 백제의 관등명인 '柰率, 扞率, 德率'이 보이고, 5호 목간에서는 백제의 경작지 단위인 '形'이 보이며, 12호 목간에서는 백제의 관등명 '德率'이 보인다. 따라서 A그룹의 편년을 610년 전후라고 해도 무리가 없다. 이에 비하여 B그룹의 목간에서는 백제목간임을 증명해 주는 역사학적 증거가 얼른 눈에 띄지 않는다. 이 점을 강조하면 B그룹의 편년을 7세기 중엽으로 내려야 할지도 모른다.

서체의 관점에서 A그룹과 B그룹의 차이를 정리해 보자. A그룹에 속하는 나주 10호 목간에서는 '分'의 古字 자형이 그대로 유지된다. 그러나 新字가 등장하기도 한다. 예컨대 부여 능산리사지 목간에서는 '田'자의 첫 수직 획 '丨'이 없는 자형이었으나 나주 6호 목간에서는 이 첫 획을 갖추게 된다. 이것은 나주 11호 목간의 '庚午'가 550년으로 거슬러 올라갈 수 없음을 말해 준다. 이 서체상의 특징을 감안하여 A그룹의 편년을 610년 전후로 확정할 수 있다. 반면에 B그룹에 속

33 우물을 인위적으로 파괴하거나 폐기 처분할 때도 있는데, 이때에는 지층의 성분이 서로 같아질 수 있다.

하는 1호 목간에는 달필로 쓴 '背, 者'의 초서가 등장한다. 이처럼 능숙한 필체는 A그룹에서는 볼 수 없는 특징이다. 이 점을 중시하여 B그룹의 편년을 7세기 중엽으로 내릴 수 있다. A그룹과 B그룹이 지층학적으로 250cm가량 차이가 난다는 것은 아주 큰 차이이기 때문에 B그룹의 편년을 더 내려야 할지도 모르나, 후술할 부여 동남리 목간의 능숙한 초서 '爲教事'와 더불어 7세기 중엽의 서체로 추정해 둔다.

2.6. 扶餘 雙北里 280번지 출토 목간

충청남도 扶餘群 扶餘邑 雙北里 280-5번지에서 목간 형태 6점이 발굴되었다. 이 중에서 묵서가 있는 목간은 3점이다. 朴泰祐·鄭海濬·尹智熙(2008)의 발굴 보고서가 나오기는 했지만 고고학적 층위에 대한 기술이 충분하지는 않다.

3점 중에서 1호 목간은 '戊寅年六月中 佐官貸食記'라는 이름으로 널리 알려진 목간이다. 백제에 이미 '貸食' 제도가 있었음을 증명해 준다는 점에서 매우 귀중한 목간이다. 이때의 '戊寅年'은 618년으로 추정된다. 쌍북리 일대에서 출토된 목간 중에는 6세기로 소급하는 것이 없다. 따라서 부여 쌍북리 280번지에서 출토된 목간의 편년을 618년으로 확정한다.

2.7. 扶餘 雙北里 현내들 출토 목간

扶餘 雙北里 현내들 유적의 4구역에서 다량의 목간이 출토되었다. 이 4구역에서 백제시대의 남북도로1과 동서도로1이 교차하는데, 이 교차점의 측면에 위치한 수혈에서 발굴되었다. 지층의 차이 없이 동일한 지점에서 발굴되었으므로(이판섭·윤선태 2008: 293) 여러 목간의 폐기 시점도 동일하다고 볼 수 있다. 15점의 목간 형태 중에서 묵흔이 있는 것은 8점이다.

쌍북리 현내들 1호 목간에는 백제의 관등명 '奈率'이, 4호 목간에는 '德率'이 나온다. 2호 목간에는 왕도의 편재명 '上卩'가 나온다. 이들을 제외하면 쌍북리 현내들 목간의 편년을 암시하는 자료가 없다. 1호 목간의 '寂'자는 현내들 목간이 6세기로 거슬러 올라갈 수 없음을 암시한다. 앞에서 이미 거론한 것처럼 남북조 시대의 '寂'은 '家'의 마지막 두 획이 없는 '豕'이 표준인데, 수당 시대에 이것이 1호 목간의 '寂'으로 자형이 바뀌게 된다. 1호 목간의 '率'은 부여 능산리사지 목간처럼 초서로 쓰였다.

현내들 3호 목간의 '天'은 마치 則天文字 '天'을 연상하게 한다. 이것이 측천문자임이 분명하다면 현내들 목간의 편년을 7세기 말엽 이후로 내려야 할 것이다. 그러나 측천문자 '天'이 사실은 篆書를 부활하여 제정한 글자라는 사실을(藏中進 1995: 41) 감안하면 굳이 현내들 목간의 편년을 내릴 필요가 없다. 이 목간은 전반적으로 예서의 서풍을 그대로 간직하고 있다는 점에서 의고적 서풍을 가지고 있다. 의고풍의 일환으로 '天'을 독특하게 篆書로 쓴 것이라고 이해해 둔다. 서체의 관점에서는 쌍북리 현내들 목간의 편년을 7세기 전반기로 추정하는 것이 좋을 것이다.

2.8. 扶餘 雙北里 119안전센터 터 출토 목간

扶餘 雙北里 119안전센터 터에서 목간 4점, 묵서가 지워진 목간 1점이 출토되었다. 여기에서는 사진이 공개된 1점만을 다루기로 한다. 손호성(2011)은 여러 공반 유물의 편년을 검토하여 이 유적의 편년을 7세기 전반에서 중반에 걸치는 것으로 보았다. 이 유적지는 청동과 철을 용해하는 공방지의 성격을 가지므로(손호성 2011: 145), 나주 복암리 유적과 유사한 성격을 가진다.

청동 및 철의 공방지는 지방보다는 중앙에 먼저 세워졌을 가능성이 크다. 이 점을 감안하여 여기에서 출토된 목간의 편년을 7세기 1/4분기로 추정한다. 목간에 적힌 글자의 자형이 뚜렷하지 않아 서체를 분석하기가 쉽지 않지만 이 목간의 서체를 7세기 1/4분기의 것이라 하여도 큰 잘못은 없을 것이다.

2.9. 扶餘 舊衙里 출토 목간

2010년에 扶餘邑 舊衙里 319번지의 부여 성결교회 터에서 13점의 목간 형태가 출토되고 그중의 8점에서 묵흔이 확인되었다. 심상육·이미현·이효중(2011)의 보고에 따르면 백제시대 2단계 지층은 해발 6m(지표는 약 9.5m) 바로 아래에 위치하고 泗沘期 최말기인 7세기 중반의 지층으로 추정된다. 바로 그 아래 지층인 1단계 지층에서 목간이 출토되었다.

1단계 지층은 다시 셋으로 나뉘는데, 해발 5m 바로 아래에 1-1단계가 있고 바로 위에 1-2단계 지층이 있다. 1-1단계는 최하 지층에 해당하는데, 여기에서 부여 구아리 1, 4, 5, 6, 8호 목간이 출토되었다. 1-2단계 지층에서 2~3호 목간이, 이보다 더 상층인 1-3단계에서 7호 목간이 출토되었다. 이들의 출토 지점은 해발 5~6m 사이의 지층이고 지표로부터의 깊이는 3.5~4.5m이다. 이 보고에 따르면 구아리 목간은 7호 목간의 폐기 시점이 가장 늦고, 2~3호 목간이 그 다음이며, 1, 4, 5, 6, 8호 목간이 가장 이른 시기에 폐기되었다고 할 수 있다.

문제는 목간의 폐기 시점이 상호 간에 얼마나 차이가 나는지 전혀 가늠할 수 없다는 점이다. 공반 유물이 많지 않은 편이므로 역사학적·서예사적 추정만 가능할 뿐이다. 가장 깊은 지층에서 출토된 1호 목간에는 '中卩, 下卩' 등 백제 왕도의 편제명과 관등명 '奈率'이 나오고, 4호 목간에는 '前卩'가 나온다. 이에 비하여 2, 3, 7호 목간에서는 이러한 증거가 보이지 않는다.

서체 면에서 구아리 2호 목간은 여타의 구아리 목간에 비하여 아주 독특하다. 달필의 행서로서 모든 획이 아주 가늘게 처리되었다. 1, 4, 5, 6, 8호 목간에서는 이러한 서체가 보이지 않는다. 이러한 역사학적·서예사적 증거는 나주 복암리 목간의 A그룹과 B그룹의 차이와 유사하다. 나주 복암리 목간에서 이 두 그룹의 지층 차이가 2.5m에 달하였으나 부여 구아리 목간에서는 1m가 채 되지 않는다. 이 점을 감안하여 구아리 1, 4, 5, 6, 8호 목간의 폐기 시점은 7세기의 2/4분기로 추정하고 2, 3, 7호 목간은 7세기 중엽으로 추정해 둔다.

2.10. 扶餘 官北里 출토 목간

扶餘 官北里의 국립부여문화재연구소 앞 광장에서 백제시대의 方形蓮塘址가 발견되었다. 1982~1983년에 이곳을 발굴할 때에 2점의 목간 형태가 발굴되었고 1점은 문자가 기록된 목간이었다. 방형연당지의 지층은 크게 셋으로 나뉘는데, 최상층에서 중국 唐代의 초기 開元通寶가 2개가 출토되었고, 바닥층(ㄷ층)에서 부여 관북리 5호 목간이 출토되었다(尹武炳 1985: 39). 개원통보는 당나라 초기인 621년(武德 4년)에 처음으로 주조되었으므로 관북리 목간의 편년을 7세기 2/4분기로 보는 것이 좋을 것이다.

2.11. 扶餘 宮南池 출토 목간

宮南池는 부여군 부여읍 동남리 117번지 주변이며 사적 제135호이다. 『삼국사기』 백제 무왕조에 궁남지의 역사에 대한 기록이 남아 있다. 즉 "무왕 35년(634년) 3월에 궁남에 연못을 파서 물을 20여 리나 끌어들였다. 네 언덕에는 버드나무를 심고 연못 가운데에는 섬을 만들어 방장선산을 모방하였다." 또 같은 왕 "39년(638년) 봄 3월에는 왕과 왕비가 큰 연못에 배를 띄웠다"고 한다.[34] 이 기록을 기준으로 삼으면 궁남지 목간의 편년은 7세기 2/4분기로 추정할 수 있다.

水路의 어깨선에서 목간 1점이 드러났는데, 그 길이가 35cm에 이르므로 아주 길다. 백제시대의 1尺의 길이와 부합한다고 여겨진다. 소나무로 조성하였으며, 양면을 잘 다듬었다. 상·하단은 칼로 마름질한 것이 완연하고, 상면에서 4.5cm 되는 지점에 지름 0.5cm의 구멍을 관통하여 못에 걸거나 다른 목간과 함께 줄로 꿸 수 있도록 했다.

목간에 나오는 '西部, 後巷, 中口, 下口' 등은 백제 행정구역 연구에 중요한 단서를 제공한다. 『삼국사기』와 중국의 『周書』, 『隋書』, 『北史』 등에 백제가 都下를

34 국립문화재연구소(2001)의 『고고학사전』을 참고하였다.

5部로 나누고, 각 부에는 5巷을 두었다고 하였다. 그동안 5부는 백제 인장와에서도 前部, 中部, 後部, 上部, 下部가 모두 확인된 바 있으나, 목간에서는 처음으로 이 행정편제명이 확인되었다. 특히 '後巷'은 문헌에서만 존재했던 것인데, 실제로 목간에서 확인됨으로써 백제의 행정체계 연구에 중요한 단서가 된다.

2.12. 扶餘 雙北里 뒷개 출토 목간

扶餘 雙北里 뒷개에서 목간 형태 3점이 출토되었는데, 그중에서 문자가 기입된 목간은 1점이다. 유적의 발굴 결과 2단계로 구분되는 생활면이 확인되었고 목간은 그 하층 유구인 수로(유구5-3로)에서 다량의 유기물과 같이 출토되었다(심상육·이미현·이효중 2011: 135). 이 목간의 편년을 지시해 주는 증거는 아무것도 없다. 아직 공반 유물도 제시된 바 없고, 干支나 백제의 관등명이나 왕도의 편재명도 나오지 않는다. 따라서 서예사적으로 시기를 추정할 수밖에 없다. 막연히 7세기 2/4분기로 추정해 둔다.

2.13. 扶餘 雙北里 102번지 출토 목간

1998년 扶餘 雙北里 102번지 일대의 택지 조성과 관련하여 충남대학교 박물관에서 이곳을 발굴하게 되었다. 지표로부터 3m 내외의 깊이에 있는 개흙 지층에서 백제시대의 수로, 우물, 石列遺溝 등이 노출되었다. 수로 내부 및 주변에서 목간, 칠기를 비롯한 각종 목제품, '月卄·舍·大' 등이 새겨진 백제시대 명문 토기 조각, 인장문이 찍힌 기와 조각, 마노 석제 장신구 등이 씨앗류 및 동물뼈와 함께 출토되었다.

출토된 목간 2점 모두에 문자가 기입되어 있지만, 글씨가 흐릿하여 정확하게 판독하기가 어렵다. 國立昌原文化財硏究所(2004: 342)에서는 목간의 편년을 7세기 중엽으로 추정하였다. 추정의 논거가 부족하지만 이를 따르기로 한다.

2.14. 扶餘 東南里 출토 목간

이 목간은 부여군 동남리 216-17번지의 개인주택 터를 발굴조사하는 과정에서 출토되었다. 이 터에 잔존 깊이 410cm 정도의 우물이 있었고 그 내부의 최하 지층에서 발굴되었다. 忠淸南道歷史文化硏究院·扶餘郡(2007: 91)은 "우물의 바닥면에서 銅製鉢 2점과 木簡 1점이 출토되었다. 또한 바닥면에서 50cm 상부 지점에서 통일신라 때의 것으로 추정되는 완형의 扁甁 1점이 출토되었다"고 하였다. 이에 따르면 이 목간의 편년은 백제 말기나 통일신라 초기로 추정된다.

이 추정은 국어학적 관찰과 통한다. 국어학적으로는 목간의 끝에 온 이두 표현 '爲敎事'를 살피는 것이 중요하다. 백제 유물에서는 아직 '敎事'의 예가 보고된 적이 없지만, 신라목간에서는 경주 월성해자 2호(149호)의 '敎', 11호(153호)의 '敎事' 등의 이두 용례가 확인된다. 따라서 이 목간이 백제 시대의 목간이 아니라 통일신라 시대의 목간일 가능성도 있다. 이 점을 중시하여 부여 동남리 목간의 폐기 시점을 7세기 3/4분기로 추정해 둔다.

백제의 왕도였던 부여에서 출토되었지만 이처럼 시기를 늦춰 잡는 또 다른 논거로 서체를 들 수 있다. '爲敎事'는 아주 능숙한 초서로 적혀 있는데, 이것은 시기가 상대적으로 떨어짐을 말해 준다. '兄'자도 '口' 밑에 '兀'이 온 듯한 古形의 자형이 아니라 '儿'이 온 改新形의 자형이다. 즉 현재의 상용자와 같은 자형인데, 이것도 역시 시대가 떨어짐을 암시한다. 무엇보다도 중요한 것은 '田'의 자형이다. 부여 능산리사지 목간에서는 '田'자의 첫 획이 없는 자형이었는데, 이 목간에서는 이 수직 방향의 첫 획이 뚜렷하다. 이것도 시기를 올려 잡을 수 없게 하는 요인이다. 이러한 관찰에 따라 부여 동남리 목간의 폐기 시점을 7세기 3/4분기로 추정해 둔다.

2.15. 慶州 皇南洞 출토 목간

1994년에 경주 皇南洞에서 2점의 목간이 출토되었다. 지금까지 이 목간의 편년을 추정한 연구가 없었다. 그만큼 제작 시기를 추정하기 어려운 목간에 속한다.

그런데 이 목간에 나오는 '椋', '內', '之' 등의 용례를 고려하면 이 목간의 상대적 연대를 추정할 수 있다. '椋'은 부여 능산리사지 6호 목간, 부여 쌍북리280 2호 목간 등에 나온다. 신라목간 중에서 '椋'이 사용된 것은 경주 황남동 1호 목간이 유일하다. '內'가 문법 형태를 표기한 것으로는 경주 월성해자 2호 목간의 '使內'와 경주 황남동 1호 목간의 '▣內之'밖에 없다. 이곳의 '-之'는 단락 종결사(기존의 문장 종결사)에 해당하는데, 이 용법의 '-之'로는 함안 성산산성 221호 목간의 '治之', 부여 능산리사지 7호와 24호 목간의 '爲之'와 '受之', 경주 월성해자 2호와 15호 목간의 '在之'와 '作之' 등이 있다. 이들 출토지에서 발굴된 목간은 모두 7세기 중엽 또는 그 이전에 제작된 목간이다. 이것은 경주 황남동에서 출토된 목간의 편년을 8세기로 끌어내릴 수가 없음을 의미한다. 이에 따라 경주 황남동에서 출토된 목간의 편년을 안전하게 늦춘다고 하더라도 그 시기는 7세기 후반기가 될 것이다.

2.16. 慶州 國立慶州博物館 미술관 터 출토 목간

2000년에 경주 國立慶州博物館의 미술관 터를 발굴하는 도중에 4점의 목간 형태가 출토되었다. 이 중에서 묵흔이 확인되는 목간은 2점이다. 國立慶州博物館(2002)는 이 발굴에 대한 조사 보고서인데도, 어느 목간이 어느 우물의 어느 지점에서 출토되었는지 상세히 밝히지 않았다.[35] 지표로부터 약 7m 깊이의 우물에서 '南宮之印'명 수키와 및 '舍'명 토기편을 비롯하여 여러 공반 유물과 함께 목간이 출토되었다는 점만 보고했다. 공반 유물 중에는 편년을 지시해 주는 유물이 없고, 대부분이 통일신라 시대의 유물임을 강조하고 있다.

이 목간의 시기 추정에는 언어학적 지식이 효용을 발휘한다. 국립경주박물관

35 이때까지만 해도 목간이 중요한 기술 대상이 아니었음을 단적으로 드러내는 사례이다. 國立昌原文化財硏究所(2004: 284)에 와서야 비로소 연결통로 터의 우물 사진도 실리고, 출토된 목간에 대한 기술도 자세해진다.

미술관 터 1호 목간에는 한국어의 여러 가지 문법 형태가 나오므로 이 목간은 언뜻 보기에 이두로 작성된 문장인 것처럼 보인다. 1면에 나오는 '身中'의 '-中', '有史音', '爲-'와 2면의 '-旀'와 '-賜哉'가 그것이다. '-中'은 현대어의 처격조사 '-에'에 해당하고, '-賜-'는 주체존대의 '-시-'에 해당한다. '-中'은 5세기부터 그 용례가 보이고 후대까지 오랫동안 그 용법이 이어진다. '-賜-'는 월성해자 2호 목간에 그 첫 용례가 나타나고 이두문에서는 11세기 전반기까지 쓰인다. 따라서 이들은 시기의 폭이 너무 커서 국립경주박물관 미술관 터 1호 목간의 편년을 추정할 때에 별로 도움이 되지 않는다. 반면에 어말어미 '-哉'의 용례는 甘山寺阿彌陀如來造像記(720년)와 華嚴經寫經造成記(755년)의 두 예로 한정된다. 이것을 중시하면 이곳에서 출토된 목간은 8세기 전반기의 목간이라고 추정할 수 있다. 이 목간을 통하여 어말어미 '-哉'의 예를 하나 더 추가하게 된 것은 국어사적으로 큰 소득이다.

그런데 위에서 지적한 여러 문법형태는 이두뿐만 아니라 향찰에서도 두루 사용되는 것들이다. 이 목간에는 전체 25자가 기입되어 있고 판독이 가능한 것은 24자이다. 이 중에서 이두에서도 쓰인 바 있는 글자는 9자이고 향찰에서 쓰인 바 있는 글자는 적어도 16자이다. 이것은 이 목간의 표기가 이두보다는 향찰에 더 가까움을 암시한다.

이를 확인하기 위하여 내용을 파악해 보았더니 인간의 정서를 담은 詩歌임이 드러났고, 형식에서도 향가의 行 分節을 정확하게 지키는 것으로 드러났다. 10行體 향가의 8·9·10행의 세 행이 이 목간에 기록된 것이다. 이에 Lee SeungJae(2013)은 이 목간에 향가가 기록된 것으로 보고, 창작 시기를 722년으로 추정했다. 『삼국사기』 신라본기 聖德王 21년(722년) 기사에 '秋八月 始給百姓丁田' 즉 '가을 8월에 처음으로 백성들에게 丁田을 주었다'는 기사가 나오는데, 이 기사가 이 향가 창작의 동기가 된다는 점을 그 논거로 들었다.

2.17. 경주 (傳)仁容寺址 출토 목간

2009년에 국립경주박물관 남쪽에 소재하는 (傳)仁容寺址의 우물에서 목간 하나가 출토되었다. 길이가 24.4cm에 이르는데, 상단은 넓지만 하단은 좁아지는 양면목간이다. 仁容寺는 문무왕의 동생인 金仁問(629~694년)이 볼모로 唐나라 감옥에 갇혀 있을 때에, 당시의 신라인들이 그의 안녕을 기원하기 위해 세웠다고 전해진다. 이 전설을 따르면 인용사가 7세기 후반기에 축조되었다고 할 수 있다.

그러나 이 목간에 기록된 이두를 고려하면 이 목간의 제작 시기를 이처럼 올려 잡을 수가 없다. 더욱이 서체를 고려하면 이 목간의 제작 시기를 9세기 전반기로 내리는 것이 안전하다. 이 목간에 인명 '所貴公'이 나오는데, 이곳의 '所'가 古字가[36] 아니라 新字 자형이다. 이 新字 '所'는 '戶'의 오른쪽에 '斤'이 왔는데, 이것은 8세기까지의 자료에서도 찾기가 어려운 자형이다. 따라서 이 목간의 편년을 9세기 전반기로 추정해 둔다. 목간에 나오는 '主民渙次'가 '군주의 백성이 흩어지던 차에' 정도로 해독되므로, 정치적 혼란기에 이 목간이 제작되었다고 할 수 있다. 마침 9세기 전반기는 신라 말기의 정치적 혼란기이므로 이때에 이 목간이 제작되었다고 추정한다.

2.18. 昌寧 火旺山城 출토 목간

昌寧 火旺山城은 창녕군의 창녕읍과 고암면의 경계를 이루는 산 정상에 소재한다. 산성 안에는 세 곳의 蓮池가 있는데, 중앙의 연지에서 목간 형태 7점, 묵서가 기록된 목간 4점이 출토되었다. 박성천·김시환(2009: 203)에 따르면 전체 27층의 지층이 전형적인 퇴적토이고 아주 깊은 층인 23~26층에서 목간이 출토되었다고 한다. 공반 유물을 분석한 여러 학자들의 견해에(박성천·김시환 2009, 김재홍 2009) 따르면 이 목간이 9세기 후반기에 투기되었을 가능성이 크다. 창녕 화

36 '所'의 古字는 '一'의 왼쪽 밑에 '⺾'이 오고 오른쪽 밑에 '丂'가 온 자형이다.

왕산성 1호 목간에 간지가 나온다는 것은 이미 알려져 있었는데 이것을 최근에 손환일(2011: 144)이 '辛卯'로 판독한 바 있다. 필자도 이에 동의하므로 화왕산성 출토 목간의 편년을 871년으로 확정한다.

3. 목간의 형태와 판독문의 제시 방법

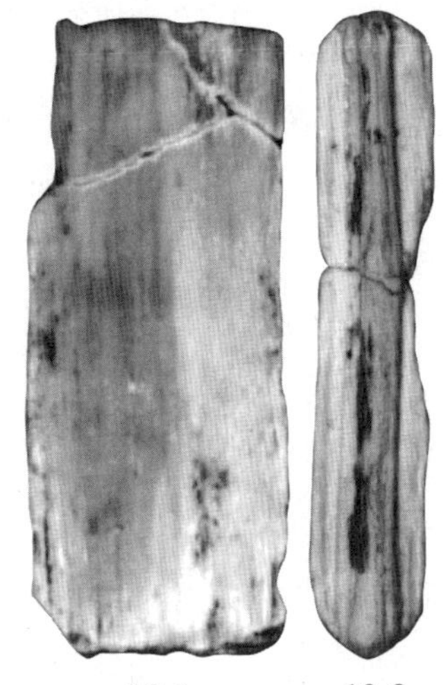

10.1　　10.2

목간은 기본적으로 나무토막에 기입된 글을 지칭한다. 이 기입 목적을 위하여 나무의 표면을 반듯하고 평평하게 다듬는 것은 당연하다. 그런데 목간의 양쪽 끝을 유심히 살펴보면 위험한 부분을 없애거나 미관상 보기 좋게 만들려고 노력한 흔적이 보인다.

오른쪽 사진에서 볼 수 있듯이, 나무의 양쪽 끝 부분을 마구리한 방법에 따라 나무의 외관상 형태를 일단 두 가지로 나눌 수 있다. 첫째는 양쪽 끝을 필사 방향과 직각이 되게 다듬는 방법이요, 둘째는 양쪽 끝을 둥그렇게 다듬는 방법이다. 둥그렇게 다듬는 것은 뾰족한 부분을 없애거나 아름답게 보이도록 하는 목적밖에 없다. 여기에서는 이러한 형태를 다음과 같이 표기하기로 한다.

(10) 양쪽 끝 마구리 방법

1. 나주 20: [　　　]
2. 하남 7: [(　　　　)]

구체적으로 설명하자면 '['는 나무의 상단부를, ']'는 하단부를 가리킨다.[37] 나

37 목간 문장의 일부분만 인용할 때에는 이 '[　]'를 생략한다. 이하 같다.

주 복암리 20호 목간처럼 나무의 양쪽 끝이 수평 방향일 때에는 아무런 기호도 추가하지 않는다. 반면에, 하남 이성산성 7호 목간처럼 둥그렇게 다듬었을 때에는 '[ ]'의 안쪽에 '('나 ')'를 추가한다. 이러한 유형이 목간의 기본 형태라고 할 수 있다. 이 기본 형태가 현재에도 그대로 남아 있다면 그 목간을 完形 목간이라 부를 수 있다.

'[ ]'의 안쪽 공백은 아무 글자도 없음을 나타낸다. 공백이 짧으면 '[ ]'의 안쪽을 좁히고 길면 벌려서 목간의 전체 길이를 나타내기로 한다. 이 공백의 길이는 물론 상대적인 것이지 절대적인 것은 아니다.

대부분의 목간 형태는 이처럼 양쪽 끝을 잘 마무리하여 만들었지만 현재에는 양쪽 끝이 파손되어 떨어져 나간 것이 적지 않다. 나무의 형태상으로 파손되었음이 바로 확인되는 것이 많지만, 글자의 일부만 남아 있는 것을 보고 파손되었다고 판단할 수도 있다. 파손된 것이 분명할 때에는 다음과 같이 '⌇'를 이용하여 파손되었음을 표시하기로 한다.

11.1

11.2

(11) 파손 표기

1. 함안 90: [⌇ ▣ ⌇]
2. 함안 95: [⌇ ▣]

한편, 목간의 용도에 따라 기본 형태에 인위적인 가공이 더해지기도 한다. 목간을 물품에 찔러 넣기 위하여 아래의 나주 복암리 32호 목간처럼 한쪽 끝을 뾰족하게 깎기도 하고, 함안 성산산성 30호 목간처럼 한쪽 끝 부분에다 홈을 파서 끈으로 매어 물품에 매달기도 한다. 이 두 가지 가공이 동시에 이루어지면 함안 성산산성 165호와 같이 男根形 목간이 된다. 함안 성산산성 5호 목간처럼 나무에 구멍을 뚫은 것도 있다. 이 구멍에 끈을 넣어 목간을 물품에 매달기도 하고 여러 개의 목간을 하나로 편철하기도 한다. 편철의 목적으로 뚫은 구멍을 따로 編綴孔이라 부른다. 검수를 위하여 나무의 안쪽에 홈을 판 것도 보인다. 부여 쌍북리 현내들 6호와 경주 월지 47호 목간이 그 예이다. 이것은 보안을 위한 封緘의 기능도 갖는다. 이들은 인위적으로 나무를 가공하거나 손질한 것이므로 목간의 형태를 제시할 때에 반드시 기록해야 할 것이다. 이들의 목간 형태를 각각 다음과 같이 표기하기로 한다.

(12) 꼬리표와 편철공 형태의 표기

1. 나주 32: [<   ]
2. 함안 30: [≍]
3. 함안 165: [<   ≍ >]
4. 함안 5: [⦚   ○]
5. 쌍북현내들 6: [○‖○   ]
6. 월지 47: [< ▭   ⦚]

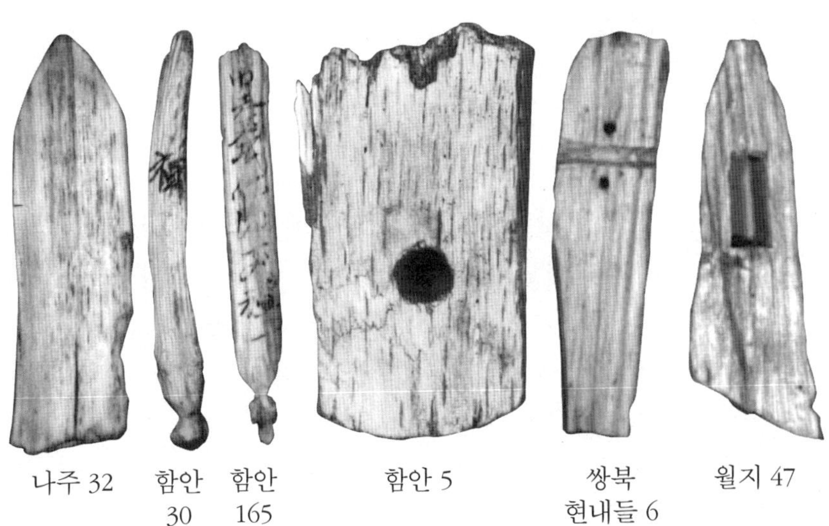

나주 32　함안 30　함안 165　함안 5　쌍북 현내들 6　월지 47

그런데 나무의 형태에 따라 나뭇가지를 육각형, 사각형, 삼각형이 되게 깎아낼 수도 있고, 양면 또는 단면만 사용할 수 있게 잘라낼 수도 있다. 글씨를 써 넣을 수 있도록 반듯하고 평평하게 깎은 표면이 몇 군데인가를 기준으로 1면 목간, 2면 목간, 3면 목간, 나아가서 6면 목간 등으로 구별할 수 있다. 3면 이상이 되게 다듬어 사용한 목간을 중국에서는 '觚'라고 불러 보통의 '牘'과 구별하기도 하지만 한국에서는 이 구별이 그리 중요하지 않다.

경주 월성해자 9호, 경주 월지 19호 목간은 6면 목간의 예이고, 인천 계양산성의 『論語』 목간은 5면 목간의 예이다. 이처럼 多面形으로 제작한 목간에는 기입 공간이 다면이기 때문에 대개는 많은 내용이 기입된다. 그런데 多面 木簡의 기입 내용을 유심히 살펴보면 내용이 하나로 통일되어 있음이 드러난다. 각각의 면에 서로 연결되지 않는 내용을 즉 별개의 내용을 적어 넣은 다면 목간은 거의 찾을 수가 없다. 이 점에서 다면 목간의 해독 결과가 하나의 내용으로 통일되어 있는지의 여부는 해독의 정확성을 가늠할 때에 중요한 기준이 될 수 있다.

그런데 이 다면 목간을 어떻게 기록할 것인지 그 방법을 구체적으로 제시할 필요가 있다. 우리는 다음과 같은 방법을 따르기로 한다.

(13) 面次의 표기 방법

1. 해자 9-6
2. 인천 1-5

(13.1)의 '해자 9-6'은 "경주 월성해자에서 출토된 9호 목간의 6면"을 가리키고, (13.2)의 '인천 1-5'는 "인천 계양산성에서 출토된 1호 목간의 5면"을 가리킨다. 즉 첫째 숫자는 목간의 號數를, 둘째에 온 숫자는 그 목간의 面次를 가리킨다. 만약에 한 면에만 문자를 기록할 수 있도록 나무를 다듬었다면 그 목간의 둘째 숫자는 항상 1로 한정된다. 이와 같이 표기하면 몇 개의 면을 활용한 목간인지 아주 쉽게 드러낼 수 있다.

그런데 판독할 때마다 느끼는 점이지만, 다면 목간의 경우에 어느 면이 1면이고 어느 면이 2면인지 판단하기가 쉽지 않다. 내용의 연결 상태로 몇째 면인지 결정하면 될 것 아니냐고 말할지도 모른다. 그러나 개별 글자를 판독하기도 어려울 뿐만 아니라 내용 파악이 전혀 불가능한 목간도 적지 않다. 이런 목간에서는 어떻게 면의 순서를 결정할 것인가?

글자 판독도 가능하고 내용도 어느 정도 파악할 수 있는 목간이라 하더라도 면의 순서를 결정하는 일은 쉽지 않다. 경주 월성해자 2호 목간을 그 예로 들 수 있는데, 이 목간은 어느 면이 첫째 면이고 어느 면이 마지막 면인지 목간 연구의 초기에는 논란의 대상이었다.[38] 우리는 경주 월성해자 2호 목간의 면을 (14)와 같이 정한다. 즉 '使內'가 기록된 면을 4면으로 보아 '해자 2-4'로 표기한다.

(14) 다면 목간의 필사 순서 결정 방법

해자 2-1: [大烏知郎足下可行白 |]
해자 2-2: [經中入用思買白不雖紣一二亇]
해자 2-3: [牒垂賜教在之 後事者命盡]
해자 2-4: [使內]

다면 목간의 면의 차례를 결정할 때에 가장 먼저 고려해야 할 것은 필사의 순서이다. 漢字文化圈에서는 공백을 두지 않고 모든 글자를 이어서 필사하는 것이 원칙이다. 이에 따라 필사하다 보면 마지막 면에는 공백이 남을 수 있다. 이 공백이 남아 있다면 그 면이 바로 마지막 면이 된다. 예컨대 (14)의 경우에는 '使內'만 기록하고 그 아래에 공백이 길게 남았으므로 이 면이 바로 마지막 면이 된다. 이 마지막 면을 기준으로 목간을 오른쪽이나 왼쪽으로 돌리면서 필사 방향을 결정하면 된다. 나무토막을 왼쪽이나 오른쪽으로 돌려가면서 순서대로 필사하는 것이 가장 자연스럽기 때문이다.

한자문화권에서는 대부분 縱書 방향으로 서사하되 한 행이 끝나면 그 왼쪽에

38 예컨대, 李成市(2007: 216)은 (14)의 3면을 1면으로, 1면을 3면으로 보았다.

다음 행을 적는다. 이에 따라 한국의 碑石은 거의 대부분 왼쪽으로 돌아가면서 1면에서 4면까지 자동적으로 필사 방향이 결정된다. 비석에서는 필사 공간이 가장 넓고 긴 면을 1면으로 택하는데, 이것은 목간에서도 그대로 적용된다. 가장 넓고 긴 면이 1면일 때가 많고 그 왼쪽으로 돌아가면서 필사하는 것이 가장 일반적인 방식이다. 이 방식을 적용하면 2면 목간의 경우에도 어느 쪽이 전면이고 어느 쪽이 후면인지 결정할 수 있다. 글자를 채우지 않은 채 비워 둔 쪽이 2면이 되고, 필사한 공간이 넓고 긴 쪽이 1면이 된다. 이것이 목간의 필사 순서를 파악하는 가장 자연스럽고도 객관적인 방법이라는 점을 다시 강조해 둔다.

일반적 방식으로 마지막 면을 결정하였다 하더라도 사진 자료만으로는 그 오른쪽 면이 어느 것인지 얼른 판단하기 어려운 때가 많다. 따라서 실물을 직접 눈으로 보면서 몇째 면인지를 결정하는 것이 가장 좋다.

필사 순서를 결정할 때에 공백이 중요한 기준이 된다는 점을 말하였는데, 우리는 공백을 빈칸으로 표기한다. 예컨대 경주 월성해자 2호 목간에서는 상부에 2자 정도의 빈칸을 두었는데, 이 공백은 (14)에서 볼 수 있는 것처럼 '[' 다음의 빈칸으로 표기한다.

그런데 이 공백이 무엇을 의미할까? 의도적인 공백일까[39] 우연히 생긴 공백일까? 한자문화권에서는 한 자의 공백도 허용하지 않고 글자를 붙여서 쓰는 것이 원칙이므로, 예외처럼 보이는 이 공백을 설명할 수 있어야 한다. 대부분의 공백은 무엇인가를 암시한다. (14)의 공백은 필사 자세와 관계가 있다. 오른손잡이가 나무토막에 글씨를 써넣을 때에는 왼손의 엄지와 나머지 손가락을 이용하여 나무의 하단과 상단을 잡고 오른손으로 글씨를 써넣는 것이 가장 편안하고도 정상적인 자세이다.

그런데 나무의 길이가 길면 나무의 양쪽 끝을 이런 방법으로 잡을 수가 없다. 경주 월성해자 2호 목간은 길이가 19.0cm에 이르는데, 이처럼 나무의 길이가 길면 변칙적인 자세를 택할 수밖에 없다. 필사 면의 양쪽 옆을 손가락으로 잡는 변

39 의도적 공백의 예로는 이른바 空隔(또는 空格)을 들 수 있다. 행의 내부에 황제나 왕 등 높여야 할 대상이 나오면 그 앞에 일정한 빈칸을 두는데, 이를 空隔이라 한다.

칙적인 자세를 취할 수도 있으나, 다면 목간에서는 이 자세가 허용되지 않는다. 다면 목간에서는 이미 필사한 면의 먹이 아직 마르지 않았다면 필사 면의 양쪽 옆을 잡고 필사하는 것이 불가능하다. 이미 써 넣은 글자에 손상이 갈 수 있기 때문이다. 이러한 상황이라면 나무의 상부나 하부를 엄지, 검지, 중지 등의 손가락으로 움켜쥐고 필사할 수밖에 없다. 이 자세에서는 움켜쥔 손가락 때문에 글씨를 써넣을 수 없는 공간이 생긴다. (14)의 상부 2자 정도의 공백은 바로 나무를 잡은 손가락의 공간이다. 따라서 이 공백은 변칙적 필사 자세에서 비롯된 것이기는 하지만 아주 자연스럽고도 비의도적인 공백이라고 할 수 있다.

15.1

하나의 면에는 한 행을 필사하는 것이 일반적이다. 그러나 나무의 폭이 넓을 때에는 하나의 면에 복수의 행을 기록하기도 한다. 부여 능산리사지 13호와 나주 복암리 3호 목간의 예를 들 수 있다. 이처럼 한 면에 2행이나 3행으로 적은 것을 우리는 다음과 같이 기록하기로 한다.

15.2

(15) 1면 多行의 표기법

1. 능사 13-2-1: [⦚ ▣爲資丁 ⦚]
   능사 13-2-2: [⦚ 追存耳若▣ ⦚]
2. 나주 3-1-1: [(⦚ 午?年自七月十七日至八月卄三日 ⦚]
   나주 3-1-2: [(⦚ 十 毛羅 ⦚]
   나주 3-1-3: [(⦚ 半?那比高墻人等▣▣▣ ⦚]

앞에서 이미 논의한 것처럼 (15.1)의 '능사 13-2-1'은 "부여 능산리사지 13

호 목간의 2면"을 뜻한다. 그 뒤의 셋째 자리에 온 1은 行次를 뜻한다. 따라서 (15.2)의 '나주 3-1-3'은 "나주 복암리 3호 목간의 1면 3행"을 가리킨다.

요약하면, 목간 판독문을 제시할 때에는 '出土地-號數-面次-行次'의 방법을 따르기로 한다. 첫째의 숫자는 동일 출토지에서 발굴된 목간 중에서 몇 번째 목간인지를, 둘째 자리 숫자는 面次를, 셋째 자리 숫자는 行次를 가리킨다.

그런데 비록 두 행으로 기록되어 있다 하더라도 하나의 행에 종속되는 행이 있다. 대표적인 예로 雙行割註를 들 수 있다. 주석을 단 것은 표제항에 종속되는 것이므로 외견상 2행으로 기록되었다 하더라도 1행으로 간주하여 제시하는 것이 좋다.

(16) 주석 형식의 표기

1. 함안 33-1-1: [仇利伐 肹谷村 仇礼支 負 ㅈ>]

2. 함안 178-1-1: [<仇利伐 習肹村 牟利之負 ㅈ]

(16)의 함안 성산산성 33호 목간과 178호 목간은 주석 형식으로 기술된 대표적인 예이다. 주석의 오른쪽 행에 온 것은 위에서처럼 위첨자로 표기하고 왼쪽 행에 온 것은 아래첨자로 표기하기로 한다. 컴퓨터 인쇄의 제약 탓으로 (16)에서는 아래첨자 부분을 위첨자의 뒤에다 적었지만, 위첨자의 바로 아래 위치에 아래첨자 부분이 온 것으로 이해해 주기 바란다.

기다란 필사 공간을 몇 개의 단으로 나누어 기록한 목간도 보인다. 대표적인 것이 아래의 사진 17에 제시한 부여 능산리사지 5호 목간이다. 이 목간에서는 수평선을 그어 필사 공간을 다섯 단으로 나누고 위쪽 단부터 채워 가면서 필사하였다. 이러한 방식을 多段 기재 방식이라 부를 수 있다. 다단 기재 목간은 다음과 같이 제시하기로 한다.

(17) 다단 기재 방식의 제시 방법

능사 5-1=1: [三貴·丑牟·▣▣]

16.1 16.2 17 18

능사 5-1=2: [至文·至夕·大貴]

능사 5-1=3: [今毋·安貴]

능사 5-1=4: [欠夕·▣文]

능사 5-1=5: [氵 ·▣▣·▣▣]

段의 차례는 셋째 자리 숫자로 표기하되, 행과 구별하기 위하여 그 앞에 '='를 넣는다. 예컨대 '5-1-3'의 3은 셋째 행을 뜻하지만 '5-1=3'의 3은 셋째 단을 가리킨다. 이처럼 행과 단을 부호로써 구별하면 구태여 넷째 자리 숫자를 사용하지 않아도 된다. 넷째 자리 숫자를 이용한다면 그것은 개별 글자를 가리키는 용도로 사용하는 것이 좋을 것이다. 예컨대 '5-1-3-4'는 '5호 목간의 1면 3행의 넷째 글자'를 지시하고, '5-1=3-4'는 '5호 목간의 1면 3단의 넷째 글자'를 지시한다.

앞에서 논의된 바를 적용하여 위의 사진 18에 제시한 경주 월지 5호 목간의 판독 결과를 제시해 보기로 한다. 이 목간은 큰 글자로 적은 것이 상하로 두 개가 배열되어 있다는 점에서 일단 2단 기재 방식을 취하고 있다. 이 2단에 주석 형식으로 각각 두 행이 첨가되어 있다. 따라서 이 목간의 판독문을 다음과 같은 방식으로 제시하는 것이 좋을 것이다.

(18) 다단 기재 방식에 주석 형식이 첨가된 것

월지 5-1=1: [⸾隅宮北門𨗉阿召⸾ 才者在]

월지 5-1=2: [閣宮衛𨗉元方在 馬叱下在]

지금까지 목간의 형태와 판독문의 제시 방법을 장황하게 기술하였다. 이에 대한 표준안 또는 통일안이 아직 제안된 바가 없다. 목간의 번호를 매기는 방법조차도 통일된 기준이 없다(이용현 2006: 219~258). 국립창원문화재연구소(2004)에서 붙인 번호에 따라 익산 미륵사지에서 출토된 목간을 '미륵사지 목간 318호'라고 지칭할 수 있다. 이와 동시에 "익산 미륵사지에서 2점의 목간이 출토되었다"고 기술한다면 이 두 가지가 서로 상충하여 오해를 불러일으킨다. "2점밖에 출토되지 않았는데, 번호가 318호라니?" 이러한 오해를 방지하기 위하여 우리는 출토지별로 목간을 먼저 분류한 다음, 여기에 일련번호를 붙이는 방식을 채택하였다. 이것은 文化財廳·國立加耶文化財硏究所(2011)의 『韓國 木簡字典』이 택한 방식과 같다.

현존 목간의 형태가 완형인지 파손된 것인지를 드러내 보이는 것도 매우 중요하다. 파손 여부에 대한 정보를 제공하지 않음으로써 여러 가지 오해를 불러일으킬 수 있다. 하부가 파손된 목간에서는 파손과 동시에 없어진 글자의 숫자를 감안하여 다음 면의 첫머리로 연결해야 한다. 이에 대해 관심을 보이지 않는다면 목간의 정확한 해독에 도달하기 어렵다. 또한 본문 형식으로 기록된 것과 주석 형식으로 기록된 것을 구별하는 것도 매우 중요하다. 이것은 달리 말하면 큰 글씨와 작은 글씨를 구별하지 않는다면 주석을 마치 본문인 것처럼 취급하는 잘못을 범하게 된다. 이러한 여러 가지 오해나 잘못을 바로잡기 위하여 목간의 형태와 판독문의 제시 방법을 장황하게 기술하였다. 이 책의 「부록」에서는 위에서 기술한 방법대로 우리의 판독 안을 제시할 것이다.

3. 數詞

1980년, 전북 익산의 彌勒寺址에서 한 점의 石簡과[1] 두 점의 木簡이 발굴되었다. 나무를 다듬고 가공하여 그 표면에 글을 써 넣은 것을 목간이라 하는데, 한국 전체에서 지금까지 600여 점의 목간 형태가 발굴되었고, 이 중에서 글자가 기입된 목간은 대략 440여 점에 이른다. 목간 중에서 미륵사지에서 발굴된 것은 318호와 319호라는 번호를 받았다. 발굴된 시간적 순서로 보면 꽤나 이른 편이지만 國立昌原文化財硏究所(2004)의 목간 사진 자료집에서 미륵사지 목간을 맨 뒤에 배치함으로써 목간의 번호가 각각 318과 319로 밀리게 되었다.

국립부여문화재연구소(1996)과 國立昌原文化財硏究所(2004: 448)에서 목간 318호에 대한 판독을 시도하였지만 미흡한 점이 적지 않았다. 본격적인 판독 안이 나온 것은 국립부여박물관·국립가야문화재연구소(이하 '부여·가야'로 약칭함)(2009)이다. 이들을 제외하면 이상할 정도로 이 목간을 방치해 왔다. 우리는 기존의 번호로는 318호인 목간을 益山 彌勒寺址 1호 목간이라 부르고, 이것을 해독하는 데에 연구 목표를 둔다.

1 평평하게 깎은 돌에다 붓으로 글씨를 써 넣은 석간은 국내에서는 이것이 아직도 유일하다.

[사진 4] 4면 [사진 3] 3면 [사진 2] 2면 [사진 1] 1면

이 목간이 방치되었던 원인은 다음의 세 가지로 요약할 수 있다. 첫째, 목간에 기입된 글자가 희미하여 잘 보이지 않는다는 점이다. 그러나 적외선으로 촬영한 사진과 컬러 사진을 적극적으로 활용하면 이러한 물리적 한계를 적잖이 극복할 수 있다. 둘째, 이 목간의 해독을 도와줄 고대 한국어 자료가 많지 않다는 점이다. 고대 한국어 자료가 부족하다는 것은 누구나 다 잘 알고 있으므로, 자료 부족을 한탄하는 것은 어찌 보면 핑곗거리에 불과하다. 셋째, 고대의 표기법에 대한 이해가 부족한 데에서 그 원인을 찾을 수 있다. 예컨대 고고학자나 역사학자는 韓訓字 표기와 韓音字 표기 등의 구별에 익숙하지 않다. 그리하여 처음부터 끝까지 음독하는 경향이 강하다. 그러므로 국어학자라면 이들의 해독에 안주해서는 안 된다. 訓字와 音字 표기가 뒤얽혀 있는 자료는 결국 국어학자들이 해결해야 할 몫이기 때문이다.

이러한 관점에서 미륵사지 1호 목간에 기입된 표기를 새로이 판독하고 해독해 보기로 한다. 이 목간에는 총 39자가 기입되어 있는데, 이들을 정확하게 판독하는 데에 일차적인 목표를 둔다. 判讀은 解讀의 출발점이자 종착점이다. 판독이 해독과 서로 맞물려 돌아간다는 뜻이다. 판독이 비록 정확하더라도 누구나 납득할 수 있게 해독되지 않는다면 그 판독의 의미는 퇴색한다.

판독 안을 해독하게 되고, 해독된 결과를 바탕으로 고대 한국어를 再構하게 된다. 재구의 방법에는 크게 두 가지가 있다. 첫째는 古代 漢字音을 이용하는 재구 방법이다. 崔世珍의 『訓蒙字會』에 나오는 한국 중세 한자음뿐만 아니라 목간이 기록된 시기의 漢語 中古音을 이용한다. 나아가서 日本의 이른바 吳音과 漢音의 차이도 이용하게 된다.[2] 둘째는 후대 한국어의 여러 어형을 이용하여 재구하는 방법이다. 한국어 자체의 변화를 도외시한 재구는 무의미하기 때문에 후대의 한국어 어형을 두루 이용하게 된다. 그런데 이 두 가지 방법으로 재구한 결과가 서로 상충될 때도 있다. 이 점을 감안하여 우리는 두 가지 방법으로 재구한 어형을 모두 제시할 것이다. 그런 다음 이 둘을 종합하는 방식으로 고대어를 재구하고자 한다.

해독된 어형을 재구한 다음에는 이 재구형이 갖는 국어학적 의의를 논의하기로 한다. 音節末 子音의 존재 여부 등을 비롯하여 한국어의 音韻史와 관련되는 것들을 우선적으로 다룰 것이다. 한국의 文字史와 관련되는 것으로는 한국에서 독자적으로 제작하여 사용한 韓國漢字 또는 韓國字와 이른바 口訣字 연쇄 '氵 +'가 중요하다. 이 목간에 나오는 '氵 +'는 이른바 구결자가 늦어도 8세기 초엽에는 이미 사용되었음을 말해 준다. 이 시기는 일본의 가타카나(片假名)의 출현 시기보다 약 100년 앞서므로 이 목간은 가나의 韓半島 母胎說을 제기할 때에 아주 중요한 자료가 될 것이다.

이 목간의 표기가 어느 언어를 기록한 것인지도 핵심적인 논의 사항이다. 이 목간은 전북 익산의 미륵사지에서 출토되었으므로 百濟語를 기록했을 가능성이 크다. 그러나 이 목간과 같이 출토된 공반 유물 중에서 통일신라 초기의 특징을

2 고대 한국 한자음에는 吳音에 해당하는 것이 적지 않을 것이다.

보이는 것이 적지 않다는(국립부여문화재연구소 1996) 점에서는 新羅語가 기록되었을 가능성도 있다. 이와는 달리 백제어와 신라어가 방언 정도의 차이에 지나지 않았을지도 모른다. 이 셋 중에서 어느 것에 해당하는지를 논의할 것이다. 표기법을 기준으로 말한다면 이 목간의 표기는 신라 향가의 표기법과 크게 차이가 난다. 訓主音從의 원칙이(金完鎭 1980) 보이지 않는다는 점에 주목하여 이 목간의 표기법이 신라의 표기법이 아니라 백제의 표기법임을 밝힐 것이다.

1. 익산 彌勒寺址 1호 목간의 판독

이 목간은 [사진 1~8]에서 볼 수 있듯이 전형적인 4面 목간의 하나이다. 위의 [사진 1~4]는 컬러 사진이고, 아래의 [사진 5~8]은 적외선 사진이다. 附札, 荷札

[사진 8] 4면

[사진 7] 3면

[사진 6] 2면

[사진 5] 1면

등의 꼬리표로 활용되는 목간은 하단부를 뾰족하게 깎아 물건에 꽂아 넣거나 목 부분에 V자 홈을 내어 끈으로 묶어서 물건에 매달 수 있도록 나무를 다듬는다. 문서 기록을 목적으로 하는 목간은 V자 홈을 내어 묶거나 목 부근에 구멍을 뚫어 쉽게 편철할 수 있도록 만든다. 그런데 이 목간에는 그러한 흔적이 없다. 무엇인가를 공식적으로 기록하기 위하여 만든 것 같기는 한데, 나무의 형태만으로는 목간 제작의 목적이 뚜렷이 드러나지 않는다.

이 목간의 길이는 17.5cm, 넓이는 5.0cm, 두께는 2.5cm이다.[3] 사진을 보면 이 목간의 상단부와 하단부가 파손되었지만 어느 정도가 파손되어 없어진 것인지 단정하기가 어렵다. 파손되기는 했지만 없어진 부분이 많지 않다는 것이 필자의 판단이다.[4] 목간의 기입 순서에서 그 근거를 찾을 수 있다.

이해의 편의를 위하여 우선 기존의 두 판독 안을 제시하기로 한다.

(1) 국립부여문화재연구소(1996)의 판독

　　　光? ?
1면: ・・・央以山五月二日…

　　　　　　　　?
2면: 新台□□□□善

　　　□□

　　?
　□伽□□

3면: □□・・・・・・

　　　　　　?
4면: □　□毛　長

(2) 全炅穆의 판독 (國立昌原文化財硏究所 2004: 448)

　　　光? ?
1면: ・・央以山五月二日人・・

　　　　　　　　(善)
2면: 新台□□□□一雨三十

3 이것은 國立昌原文化財硏究所(2004)에서 제시한 수치이다. 이 수치 중에서 두께는 가장 좁은 곳을 측정한 것으로 보인다.

4 이것은 실물을 직접 열람한 뒤의 감상이다. 실물의 열람을 허락해 준 미륵사지 유물전시관의 김종철 학예연구사께 깊이 감사드린다.

矣毛己

□伽(?)□□

3면: 艮(?)□□

4면: □艮今包(毛)己長

이 두 가지 판독에서 볼 수 있듯이 어느 면이 1면이고 어느 면이 2면인지 금방 확정할 수 있다. '五月二日'이라는 날짜가 들어가 있는 면이 1면이라는 것은 두말할 필요도 없고 그 왼쪽에 있는 면이 2면이 되는 것은 매우 자연스럽다. 비석을 세울 때 왼쪽으로 돌아가면서 글자를 새겨 넣는 것과 마찬가지 방식이다.

일반적으로 비석을 쓸 때에는 가장 넓고 반듯한 면을 첫째 면으로 삼는다. 그런데 이 목간에서는 특이하게도 폭이 좁고 긴 쪽을 1면으로 삼았다. 2면의 폭은 1면에 비하여 더 넓으므로 폭이 넓은 쪽을 기준으로 삼는다면 2면이 첫째 면이 되어야 마땅하다.

그런데도 폭이 좁은 쪽을 1면으로 삼은 까닭은 무엇일까? 혹시 가장 반듯하게 다듬어졌고 길이가 가장 긴 쪽을 택하여 첫째 면으로 삼은 것은 아닐까? 실제로 1면은 다른 면보다 평평하고 반듯하며 필사할 수 있는 공간이 가장 길다. 반면에 2~4면은 [사진 2~4]에서 볼 수 있듯이 위쪽이 비스듬히 깎여 있고 평평하지 않다. 경사지고 울퉁불퉁하여 이 상단부에는 아예 필사를 할 수 없을 정도이다. 따라서 첫째 면을 결정할 때에 이 필사 불가 공간을 감안하여 2~4면을 그 후보에서 배제했을 가능성이 크다.

이 2~4면 상단부의 경사지고 울퉁불퉁한 부분은 필사의 방향을 결정하는 데에도 가장 중요한 요인이 된 듯하다. [사진 1~4]에서 볼 수 있듯이 1면의 서사 방향은 2~4면의 서사 방향과 정반대이다. 1면에서는 나무의 굵은 부분이 위에 오고 점점 가늘어지는 부분이 아래에 오도록 필사하였다. 반면에 2~4면에서는 나무가 가는 곳을 위쪽에 놓고 점점 굵어지는 아래쪽 방향으로 필사하였다. 이처럼 방향을 바꾼 까닭도 2~4면의 상단부가 경사지게 깎여 있었다는 데에서 찾을 수 있다. 1면과 같은 방향으로 필사 방향을 잡는다면 비스듬히 깎여 나간 부분의 바로 아래에서 첫 글자를 시작해야 하는데 이것은 일반적인 필사 방향이 아니다. 그리하여 평평하게 잘 다듬어진 아래 부분이 위에 오도록 돌린 다음에, 다시 말하면 180도 회전한 다음에 필사한 듯하다. 이 회전을 반영하여 [사진 2～4]를 필사 방향으로 조정하면 [사진 6～8]이 된다.

이러한 논의에 따르면 결국 [사진 2～4]의 상단부가 애초부터 경사지게 깎여 나갔고 울퉁불퉁했다는 결론이 나온다. 반대로, 애초에는 나무가 평평하고 반듯하게 다듬어졌는데 세월이 흐름에 따라 [사진 2～4]의 상단부가 부분적으로 파손되어 없어졌다는 가정도 성립한다. 그러나 이 가정에 따른다면 2면보다 좁은 1면이 어찌하여 첫째 면으로 선택되었는지, 1면의 필사 방향과 2～4면의 필사 방향이 어찌하여 달라졌는지를 설명하기가 어렵다. 경사지고 울퉁불퉁한 부분이 나무토막을 다듬을 당시부터 있었다고 보아야만 이 두 가지를 모두 설명할 수 있다.

부여·가야(2009)에 실린 적외선 사진에 따르면 파손되어 없어진 부분은 유난히도 색깔이 하얗게 드러난다. 반면에, 2～4면의 위쪽 울퉁불퉁한 부분에서는 이 흰 빛이 거의 보이지 않는다. 목간의 위쪽과 아래쪽 끝 부분에서도 마찬가지이다. 따라서 이 목간의 나무가 부분적으로 조금씩 떨어져 나가기는 했지만 글자 하나가 완전히 없어질 정도로 파손되지는 않았다고 판단한다.

(1)과 (2)의 판독문에서는 이 목간의 해독에 핵심이 되는 '巳'이 '□'나 '己'로 잘못 판독되어 있다. 부여·가야(2009)는 이들을 '巳'으로 바로잡음으로써 훨씬 정확해졌다. 더군다나 "날짜와 사람 이름을 적은 기록 혹은 글씨 연습을 한 것"이라 하여 이 목간에 무엇이 기록되어 있는지를 처음으로 언급하였다.

(3) 부여·가야(2009)의 판독

1면: [×□光山五月二日人×][5]

2면: [×新台巳□□巳一雨×]

[× 矣毛巳 ×]

5 이곳의 '×'는 목간의 상단부나 하단부가 파손되어 없어졌음을 나타낸다. 이하 같다.

[×□□□邑　　　×]

3면: [×邑□□邑　　　×]

4면: [×□邑今毛邑□　×]

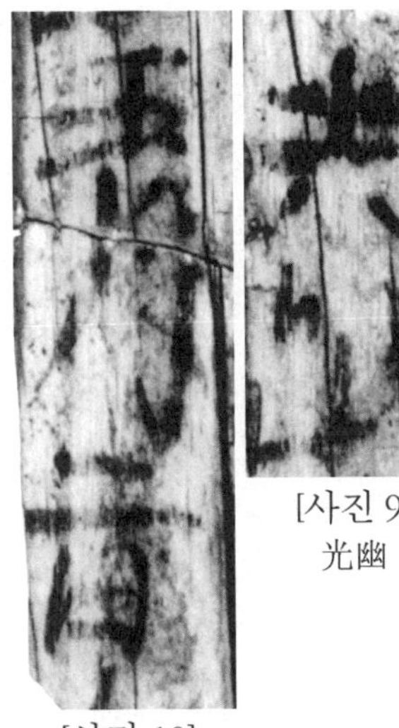
[사진 9]
光幽

[사진 10]
五月二日▣

부여·가야(2009)에서 이러한 발전이 이루어졌지만 정곡을 찌른 것은 아니다. 글자 판독에서 잘못된 것이 적지 않다. 이제 우리의 판독을 하나씩 제시하기로 한다.

우리는 1면을 다음과 같이 판독한다.

(4) 익산 彌勒寺址 1호 목간의 1면

[光幽五月二日▣] (필사 방향 →)

(3)의 처음과 끝에 넣은 × 기호는 나무가 파손되었음을 표시한다. 그러나 앞에서 이미 말한 바 있듯이 글자 하나가 완전히 없어질 정도로 목간의 상단부와 하단부가 없어진 것은 아니다. 이에 따라 (4)에서는 ×를 삭제하였다. 첫째 글자 '光' 앞에는 공백('　'로 표시함)이 있다. 옛날에는 공백을 두지 않고 상단부부터 바로 채워 쓰는 것이 원칙이므로 이 공백은 매우 독특한 것이다. 뒤에 오는 글자가 '王, 王妃, 王子'처럼 높임의 대상이 될 때에는 의도적으로 空隔(또는 空格)을 둔다. 이 공격을 감안하면 뒤에 온 '光幽'가[6] 높임의 대상일지도 모른다.

그렇다고 하여 이를 인명이라 할 수는 없다. 문서에서는 年月日 앞에 年號 또는 干支가 오고 年月日 뒤에 人名이 오는 것이 원칙이므로 '光幽'는 年號일 가능성이 크다. 연호를 空隔하여 높인다는 것이 이상하게 들릴지 모른다. 그러나 則天武后가 연호에 쓰이는 글자를 새로 만들어 높임의 대상으로 삼은 적이 있음을[7] 상기

6 둘째 글자를 '幽'로 읽어야 함을 가르쳐 주신 孫煥一 교수께 감사드린다.

7 '載, 初, 天, 授, 證, 聖' 등의 武后字를 그 예로 들 수 있다(藏中進 1995: 13). 마침, 이 목간의 제작 시기가 則天武后의 집권 시기, 즉 7세기 말엽에서 8세기 초엽으로 추정

할 필요가 있다. 연호 또는 간지와 연월일이 어느 글이나 문서의 첫머리에 오는 것이 원칙이므로 '光幽'를 연호로 간주하는 데에는 무리가 없다.[8] 다만 '光幽'가 연표에서 확인되지 않는다는 점이 문제인데, 고대에는 연표에 나오지 않는 연호 이른바 陷沒年號가 적지 않다고 한다.

마지막에 온 글자는 나무의 하단부 끝 부분이 약간 파손되어 없어짐으로써 확인할 수가 없다. 남아 있는 자획만으로는 이 글자가 '人'인지 '亼, 介, 今, 令, 余, 亽, 仒'인지 알 수 없다. 이처럼 일부의 자획이 남아 있지만 판독이 불가하거나 판독할 수 없을 때에는 ▣로 표기하기로 한다.

문제는 이 ▣의 아래에 글자가 더 있었을까 하는 점이다. 우리는 없었다고 본다. 앞에서 논의한 바 있듯이 '人'을 윗부분으로 하는 글자의 아랫부분만 파손되어 없어졌다고 본다. 고대의 인명은 두 글자일 때가 많은데, 이 ▣와 2면의 첫째 글자 ▣가 바로 이 인명에 해당하기 때문이다.

(5) 익산 彌勒寺址 1호 목간의 2면 1행

[士刀巳古日巳台新▣] (← 필사 방향)

앞에서 논의한 바 있듯이 2면의 필사 방향은 1면과 반대 방향이다. 이른바 밭갈이 방향이다. 그런데 2면 1행의 '新'자 바로 위에 약간의 묵흔이 있다. 1면의 마지막 글자에서 半 글자 정도가 없어졌듯이 2면 1행의 첫째 글자는 윗부분의 반 정도가 없어졌다. 따라서 이 목간의 1면 하단부 끝에서 약 半 글자 크기의 나무가 없어졌다고 추정된다. 1면의 마지막 글자와 2면 1행의 첫째 글자는 이 목간을 기록한 人名임이 분명하지만, 유감스럽게도 ▣▣으로 기록할 수밖에 없다.

(1)에서 2면 1행의 둘째와 셋째 글자를 '新台'로 판독한 것은 정확하다. 문제

된다(後述).

8 年月日의 年이 기입되지 않은 점이 흥미롭다. '光幽'가 1년으로 끝나는 연호였던 것일까? 則天武后가 집권했던 때에는 거의 매년 연호를 바꾸다시피 하였다(藏中進 1995: 13).

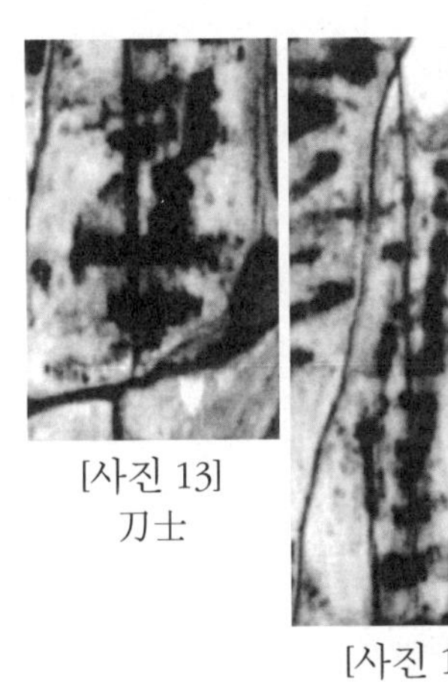

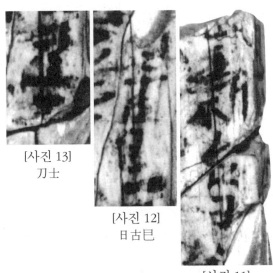

[사진 13]
刀士

[사진 12]
日古巳

[사진 11]
▣新台巳

는 그 다음에 온 글자이다. 이 글자의 마지막 획이 뚜렷하지는 않지만 희미하게나마 묵흔이 남아 있다. 이 마지막 획의 끝 부분은 나무가 파손되어 없어졌다. 그렇다 하더라도 吏讀의 자형을 아는 학자라면 이것을 금방 '巳'으로 읽을 수 있다. 이 글자는 이 목간에 모두 8번이나 나오기 때문에 의심의 여지가 없다. 이 글자의 용례로는 '巳只方言小兒之稱'(咸昌金氏准戶口, 1336년)의 '巳只'가 대표적이고, 그 기원이 사실은 廣開土大王碑(414년)과 蔚珍鳳坪新羅碑(524년)까지 거슬러 올라간다. 아주 일찍부터 그리고 생산적으로 사용된 글자인 것이다.

그 다음에 오는 글자는 나무가 부분적으로 떨어져 나갔다. 좌상 부분이 없어졌지만, 남아 있는 획을 활용하여 '日'로 읽을 수 있다. '日'의 첫 수직 획이 보이지 않는다는 반론을 제기할 수 있으나 이 목간에서는 수직 방향으로 길게 묵흔이 없어진 곳이 많다는 점에 주의해야 한다. 앞의 '巳'에서도 마지막 획 'ㄴ'의 수직 부분에 와야 할 묵흔이 많이 없어졌었다. 이곳도 그런 예의 하나로서, 묵흔이 없어진 흔적이 그 다음 글자까지 수직으로 이어진다. 그 다음 글자는 '古'인데, 그 첫 수평 획의 일부에서 묵흔이 없어졌음이 확인된다. 이처럼 없어진 묵흔 자리는 적외선 사진에서 오히려 하얗게 보일 때가 많고 이를 수직 방향으로 복원하면 '日'의 첫 획도 덩달아서 복원된다. 이 판독 방법에 따르면 두 글자를 무난히 '日古'로 판독할 수 있다.

읽어내기가 어려운 부분은 오히려 그 다음 부분이다. (2)와 (3)에서는 독립된 글자 '一'이 있는 것처럼 판독하였다. '一'처럼 보이는 부분을 따로 떼어내어 분절하면 그 위에 온 글자를 '巳'으로 읽을 수도 있다. 그러나 이 분절에 따르면 '巳'이 유난히도 작은 글자가 된다. 세 글자 위에 온 '巳'이나 바로 왼쪽에 기입된 '巳'과 비교해 보기 바란다. 또한 따로 분절된 '一'을 하나의 독자적인 글자로 가정하면 '一'이 오른쪽으로 치우쳐 필사되었을 뿐만 아니라 '一'의 수평 획 길이가 평균보다 훨씬 짧다는 문제에 봉착하게 된다. 더군다나 (2)와 (3)에서는 '一'의 바로 다음에 온 글자를 '雨'로 읽었는데, 어찌하여 '雨'가 되는지 얼른 납득하기 어렵다. 따라서 우리는 '一'을 독자적인 하나의 글자로 보지 않는다.

대신에 '一'처럼 보이는 획이 위에 온 글자의 아래 부분이라고 본다. 달리 말하면 '巳'의 마지막 획 '乚'의 수평 부분이라고 본다. 이 분절 방법에 따르면 '古'의 밑에 온 글자는 '巳'이 된다. 다른 곳에 적힌 '巳'의 마지막 획에 비하여 이 글자의 마지막 획이 부자연스러운 것은 사실이지만 이 부근에 '巳'이 와야 한다는 것은 분명하다. 전체 판독의 결과로 밝혀진 것인데, 이 목간의 표기는 '巳'을 단위로 삼아 분절되고 '巳' 앞에는 항상 두 글자나 세 글자가 온다. 이 점을 감안하여 이 자리에 온 것을 '巳'으로 읽어 둔다.

(2)에서는 '一' 밑에 온 글자를 '雨三十'으로 읽었는데 어찌하여 이렇게 읽었는지 이해할 수가 없다. 반면에 (3)에서는 이 '一'의 밑에 온 글자를 한 글자로 보아 '雨'로 읽었다. (2)보다 나아졌으나 역시 '雨'의 자형은 그려지지 않는다. 우리의 판독으로는 '巳' 바로 밑에 온 것은 '刀'와 '士'의 두 글자이다. '刀'는 古代의 異體字 'ㄱ'로 필사되어 있고 '士'는 원래의 자형대로 필사되었다.

이처럼 두 글자로 읽을 때에는 갑자기 글자의 크기가 아주 작아진 까닭이 무엇일까 하는 의문이 뒤따른다. 그러나 이 의문은 쉽게 풀린다. 행의 마지막 하단부에 두 글자를 필사해야 하는데 공간이 부족하다면 글씨를 작게 써서 두 글자를 써 넣을 수밖에 없다. 이에 따라 '刀'와 '士'의 크기가 작아졌다. 크기가 작아진 이 두 글자는 그 아래 부분이 글씨를 써 넣을 수 없는 상태였음을 암시한다. 따라서 [사진 6]의 아래 부분은 목간 제작 당시부터 이미 경사지고 울퉁불퉁했다고 말할 수 있다.

앞에서 '巳'을 기준으로 하여 이 목간의 표기가 분절된다고 했는데 2면 1행의 마지막 두 글자 '刀士'는 어느 '巳'에 연결되어야 할까? 2면의 2행과 3행은 첫째 글자가 '巳'이 아닌 데에 비하여 3면의 첫째 글자는 분명히 '巳'이다. 여기에서 2면 1행이 3면으로 바로 연결된다고 추정할 수 있다. 2면의 2행과 3행은 정상적인 행이 아니라 나중에 추가하여 보충한 행인 듯하다. 이 추정에 따라 2면의 2행과 3행에 대해서는 뒤에서 논의하기로 하고 바로 3면으로 넘어간다.

(6) 익산 미륵사지 1호 목간의 3면

[▣二十ゝ巳如以?巳] (← 필사 방향)

3면의 필사 방향은 2면과 같다. 경사지게 파손된 부분이 아래쪽에, 평평하게 잘 다듬어진 부분이 위쪽에 오게 하여 필사하였다. 3면의 첫째 글자는 (3)에서 이미 '巳'으로 판독된 바 있다. 그 윗부분에는 글자가 없었다고 추정된다. 반면에 '巳'의 아래에는 묵흔이 아주 많음에도 어느 누구도 판독 안을 제시하지 못하였다. 3면의 둘째 글자는 아래 부분이 파손되어 정확하게 판독하기가 어려우나 일단 '以'로 추정해 둔다.[9] 3면의 셋째 글자는 '如'로 읽을 수 있다. '如'의 첫 획이 수직 방향으로 길게 내려오는데, 중간 부분에서 묵흔이 떨어져 나갔다. 이것을 복원하면 '如'의 자형이 드러난다. 이와는 달리 '女'의 셋째 획을 윗글자의 하단부로 간주하여 셋째 글자에서 제외하는 방법도 있는데, 이 방법에 따르면 셋째 글자는 '段'과 비슷한 모양의 자형이 된다. 그러나 '段'으로 읽을 때의 셋째와 넷째 획은 사실은 먹으로 그은 묵흔이 아니라 나무에 흠이 가서 생긴 흔적이다. 이것은 컬

---

9 '也'일 가능성과 '亦'의 古代 草書體일 가능성도 있다.

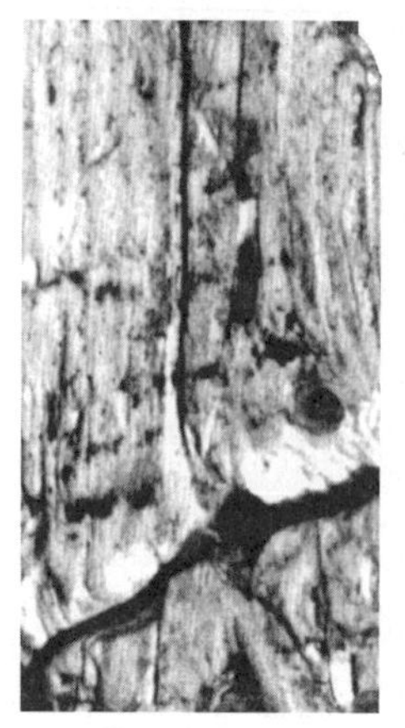
[사진 15]
氵十二■

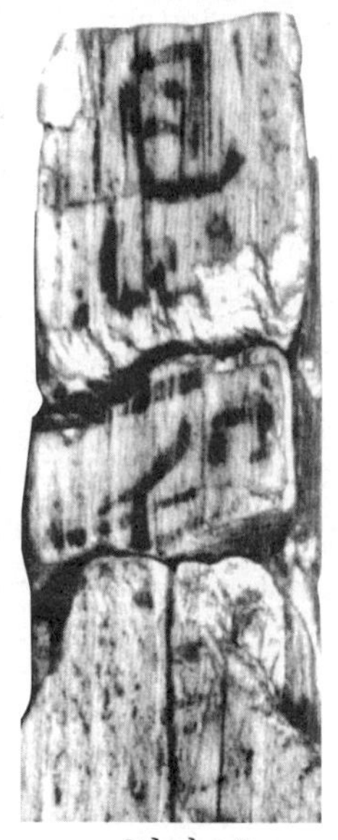
[사진 14]
巳以?如巳

러 사진에서 잘 드러난다. 나무에 흠이 가서 생긴 흔적을 제외하고 셋째 글자를 읽으면 역시 '如'가 가장 무난하다. 그 다음에 온 넷째 글자는 '巳'이다. 묵흔이 선명하지 않아서 얼른 눈에 띄지 않지만 다른 곳의 '巳'을 참고하면 그 자형을 그려낼 수 있다.

이 '巳'의 다음에 온 글자는 이른바 口訣字 '氵[아]'이다. 우리는 구결자라는 명칭 대신에 韓半字라는 명칭을 사용할 것이다. 이 목간은 기존의 텍스트에 구결을 단 것이 아니라 古代 한국인이 새로 창작한 것이기 때문에 구결자라는 명칭은 적합하지 않다. 이에 따라 고대 한국인이 漢字 字形을 대폭적으로 변형하여 사용한 글자를 韓國半字 또는 韓半字로 통칭하기로 한다. 이 정의에 따르면 위에서 거론한 '巳'도 '邑'을 대폭적으로 변형한 것이므로 韓半字의 일종이 된다(후술).

韓半字 '氵[아]'의 아래 부분에서 묵흔이 떨어져 나가 하얗게 보이지만, 이곳에 묵흔이 있는 것으로 간주하면 '氵'의 자형이 나온다. 이 한반자가 '良'의 초서체에서 온 것임은 李丞宰(2007)에서 이미 증명된 바 있다. '食'과 '養'의 하변에 온 '良'

을 '㇌'로 쓴 예들이 釋迦塔에서 나온 重修文書에 여러 번 쓰인 바 있다. '㇌'의 아래에 온 글자도 한반자 '+[긔]'로 읽을 수 있다. '+'는 '中'의 초서체에서 온 것으로 알려져 있다. 이 한반자 연쇄 '㇌ +[아긔]'가 석독구결 자료에서 처격조사로 쓰인다는 것은 주지의 사실이다.

이 목간에서 이 '㇌ +'를 찾아내고서 우리는 쾌재를 불렀다. 기존의 구결자처럼 보이는 글자가 經典을 한국어로 번역하여 읽을 때에만 사용된 것이 아니라 새 문서를 처음으로 작성할 때에도 사용되었다는 사실과, 그 용례가 7세기 말엽이나 8세기 초엽까지 거슬러 올라간다는 사실을 재삼 확인했기 때문이다. 석가탑 중수문서의 이두문에 구결자 '㫆[며]'와 '㇌'가 쓰인 바 있고(李丞宰 2007), 함안 성산산성 목간에서 구결자 'ㄘ[마]'와 자형이 같은 '亇'가 穀名 '마(薯)'를 표기한 바가 있다(李丞宰 2009가). '마(薯)'를 '亇'로 표기한 예는 작성 시기가 6세기 중엽(561년)으로 추정되는 함안 城山山城 127호 목간에 나오므로 구결자와 자형이 동일한 韓半字의 기원이 6세기 중엽까지 소급될 가능성이 있다. 이러한 사실을 지지해 준다는 점에서 미륵사지 목간에 적힌 한반자 연쇄 '㇌ +'는 韓國 文字史에서 매우 귀중한 자료가 된다.

그런데 한반자 '+'를 고대 한국에서 제작한 글자로 보지 않고 漢數字 '十'으로 보아야 한다는 견해도 성립한다. 자형의 차이가 거의 없을 뿐만 아니라 구결의 처격조사 '㇌ +'는 후대에 가서야 비로소 등장하기 때문이다. 이 견해가 성립한다는 것을 알고 있지만 우리는 이에 동의하지 않는다.

'中'이 처격조사로 기능하는 예는 이미 高句麗城壁刻字(446년?), 瑞鳳塚銀合杆(451년), 中原高句麗碑(474년?), 丹陽新羅赤城碑(551년?), 華嚴經寫經造成記(755년) 등의 여러 예를 통하여 이미 알려져 있고, 경주 月城垓子 2호 목간, 扶餘 쌍북리280 1호 목간(佐官貸食記), 羅州 복암리 1호 목간 등에서도 확인된 바 있다. 이런 자료를 감안한다면 처격조사의 기원적인 형태가 '中'임이 분명하다.

후대의 '良中(㇌ +)'는 이 '中(+)' 앞에 '良(㇌)'가 첨가된 것인데, 문제는 이 '良(㇌)'의 첨가 시기가 언제인가 하는 점이다. 이두 자료에서는 몇 년 전까지만 해도 이 시기가 1031년(淨兜寺伍層石塔造成形止記)이었지만 최근에 1024년(佛國寺

无垢淨光塔重修記)으로 앞당겨졌다. 구결 자료에서는 11세기 말엽 또는 12세기 초엽이었던 것이 晉本『華嚴經』卷第20의 발견으로 말미암아 10세기로 앞당겨졌다. 이것은 자료의 발굴에 따라 '良中(ㇾ +)'의 상한이 점점 거슬러 올라가는 추세임을 말해 준다. 더군다나 景德王代의 배경설화를 가지고 있는 禱千手觀音歌에 이미 '前良中'이 나오므로 한반자 연쇄 'ㇾ +'의 상한을 8세기 초엽까지 올린다 하여 크게 잘못될 것이 없다.

이러한 추세보다도 우리는 오히려 이 목간 자체 내의 표기법을 더 중시한다. 이 목간에는 고대의 數詞가 적혀 있다. 그런데도 이 수사를 '一, 二, 三' 등의 漢數字를 사용하여 표기한 예는 나오지 않는다(후술). 이 점을 고려하여 문제가 되는 글자를 漢數字 '十'으로 읽는 것보다 한반자 '+'로 읽는 것이 바람직하다고 본다.

한반자 '+' 바로 밑에 온 글자는 '二'이다. 이 '二' 바로 밑의 왼쪽에는 '一' 모양의 획이 부분적으로 남아 있다. 이것과 합하여 '三'으로 읽을 수도 있으나 이때에는 '三'의 둘째 획이 첫째 획보다 더 길어진다. 이 점과 나무토막의 마지막 위치에서는 글씨가 작아진다는 공통점을 감안하여 마지막 위치에 두 글자가 온 것으로 보고 이것을 '二▣'로 읽어 둔다. 그런데 이곳의 漢數字 '二'는 수사 2를 표기한 것이 아니라는 점에 주의할 필요가 있다. 앞에서 말했듯이 이 목간에는 訓으로 읽히는 漢數字가 쓰이지 않았다. 어떤 단어의 音相을 표기하기 위하여 '二'가 사용되었을 뿐이다. 마지막 글자 '▣'은 4면의 '口巳'으로 연결되므로 '乙'이나 '尸'일 가능성이 있다.

(7) 익산 미륵사지 1호 목간의 4면

[▣▣▣巳毛今巳口] (← 필사 방향)

4면도 2·3면처럼 나무가 가는 쪽에서 굵은 쪽 방향으로 표기되어 있다. 첫째 글자는 '口'가 분명하다. (1～3)에서는 이 글자를 판독하지 않았는데 아마도 이 글자의 윗부분이 파손된 것으로 보았던 것 같다. 그러나 우리는 그 윗부분에는 글자가 기입되지 않았다고 본다. 3면의 첫 글자 '巳'과 비교해 보더라도 '口'의 필

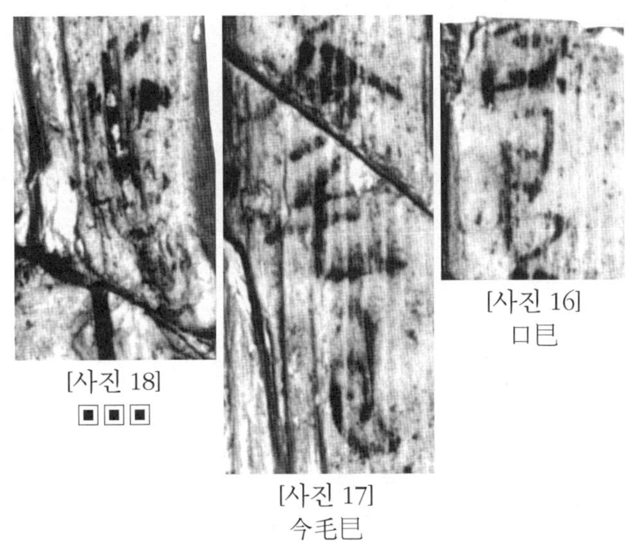

[사진 18]
▣▣▣

[사진 17]
今毛巳

[사진 16]
口巳

사 위치가 높으면 높았지 낮지는 않기 때문이다. 둘째 글자는 '巳'인데 마지막 획이 龍尾法을 과도하게 적용하여 위쪽으로 치켜 올라간 것이 특징적이다. 그 다음에 온 세 글자는 '今毛巳'이다. 이들은 (3)에서 이미 정확하게 판독한 바 있다. 그 다음에 온 글자를 (1)과 (2)는 '長'으로 읽었으나 확실하지 않다. 그 뒤에 온 묵흔을 감안하여 이들을 모두 '▣▣▣'으로 표기해 둔다. 두 글자로 보아야 할지 세 글자로 보아야 할지도 불분명하지만 '巳'을 단위로 하여 세 글자씩 분절되는 것이 많다는 점과 각 면의 하단부에서는 글씨의 크기가 작아진다는 공통점을 감안하여 세 글자로 추정해 둔다.[10]

이제 2면의 2행과 3행에 대한 판독으로 되돌아간다. 앞에서 이 두 행이 2면의 1행에 바로 이어지는 행이 아님을 간단히 언급한 바 있다. 이 두 행은 보충해서 필사한 행이다. 그 논거로는 다음과 같은 것을 들 수 있다. 첫째, 이 두 행이 정상적인 행이라면 1행의 '刀士'에 연결될 '巳'이 2행 또는 3행의 첫머리에 와야 한다. 그런데 이 두 행의 첫 글자는 '巳'이 아니므로 이 두 행은 정상적인 행이 아니다.

10 '▣▣▣'에 대해 필자가 막연히 가정하고 있는 판독 안은 '*아숩(9)'으로 해독될 '氵士巳'이다.

둘째, 두 행의 표기 위치가 기묘하다. 정상적인 행이라면 3행의 마지막 글자 '巳'의 바로 오른쪽 자리에 2행의 첫 글자가 적히는 일은 없다. 셋째, 정상적인 행이라면 공백을 두지 않고 바로 이어 쓰는 것이 원칙이다. 그런데 이 두 행의 마지막 글자인 '巳'의 아래쪽에 글자를 써 넣을 공백이 있음에도 글자를 써넣지 않았다. 따라서 이 두 행은 정상적인 행이라기보다는 4면까지 다 적어 넣은 다음에 2면의 빈 공간에 써넣은 보충행이다. 해독의 결과, 이 두 행은 각각 현대어의 '초하루'와 '이틀'에 해당한다. 따라서 1과 2에 해당하는 날짜를 보충해서 적어 넣은 것이라는 추론이 가능하다.

(8) 익산 미륵사지 1호 목간의 2면 2행

[　　巳毛矣　　] (← 필사 방향)

(9) 익산 미륵사지 1호 목간의 2면 3행

[　　　巳第伽坐] (← 필사 방향)

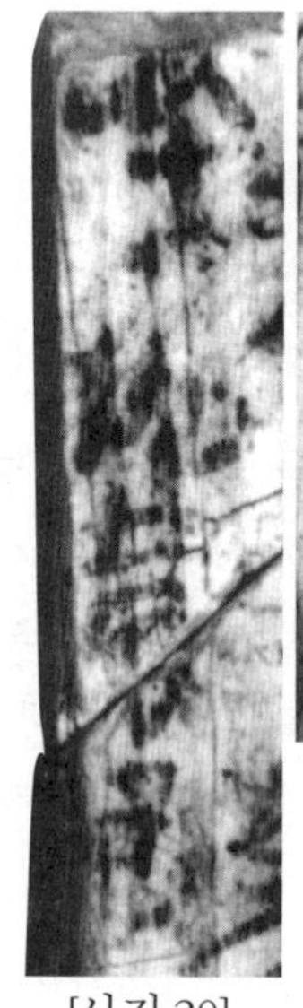

[사진 20]
坐伽第巳

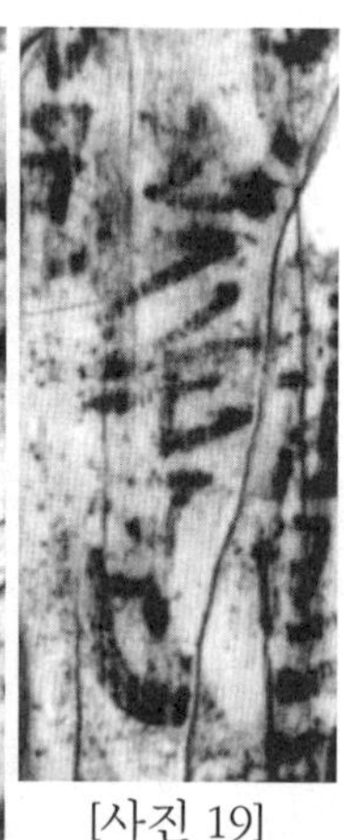

[사진 19]
矣毛巳

행의 순서로는 2면의 3행이 2행보다 뒤에 오지만, 3행을 써넣은 위치가 2행보다 위에 오므로 기록자는 3행을 먼저 쓴 다음, 이어서 2행을 썼다고 할 수 있다.

2면의 2행은 (3)에서 이미 정확하게 판독된 바 있으나 2면의 3행은 제대로 판독된 적이 없다. 3행의 첫 글자는 '坐'의 古字인 '㘴'임이 분명하다. 둘째 글자는 草書로 적혀 있어서 '伽'인지 '何'인지 판단하기 어렵다. (1)과 (2)에서 암시된 바 있듯이 자형으로 보면 '伽'에 가까우므로 '伽'를 택하기로 한다. 그 밑에 온 글자도 역시 확실하지는 않지만 '第' 또는 '婁'일 가능성이 있다. 불확실하기는 하지만, 여기에서는 이 두 글자를 각각 '伽'와 '第'로 읽어 둔다.

지금까지 판독한 결과를 모두 모아 정리해 보면 다음과 같다.

(10) 익산 미륵사지 1호 목간의 판독 결과 종합

1면: [光幽五月二日▣] (필사 방향 →)

2면 1행: [士刀巳古日巳台新▣] (← 필사 방향)

2면 2행: [巳毛矣] (← 필사 방향)

2면 3행: [巳第第坐] (← 필사 방향)

3면: [▣二十ㄋ巳如以[?]巳] (← 필사 방향)

4면: [▣▣▣巳毛今巳口] (← 필사 방향)

2. 목간의 해독 및 재구

미륵사지 1호 목간에 적힌 그대로를 제시하면 위의 (10)과 같다. 그런데 1면과 나머지 면의 필사 방향이 서로 달라 혼동하기가 쉽다. 혼동을 피하기 위하여 방향을 바꾼 다음, (10)을 필사 순서에 따라 다시 정리하면 다음과 같다.

(11) 판독 결과 정리

1면: [光幽五月二日▣]

2면 1행: [▣新台巳日古巳刀士]

3면: [巳以[?]如巳ㄋ十二▣]

4면: [口巳今毛巳▣▣▣]

2면 3행: [坐伽第巳]

2면 2행: [矣毛巳]

'光幽'는 陷沒年號, '五月二日'의 뒤에 온 '▣▣'는 기록자의 人名일 것이다. 문제가 되는 것은 '新台巳'부터 '矣毛巳'까지가 도대체 무엇을 기록한 것인가 하는 점이다. 앞에서 이미 말한 바 있듯이 이 부분은 본문에 해당하는 것으로서 모두 '巳' 단위로 분절된다. '以?如巳 ㇁ +'의 한반자 연쇄 '㇁ +'를 논외로 하면 이 분절 원칙에는 예외가 없다. 이 분절 결과를 필사 순서에 따라 제시하면 다음과 같다.

(12) 본문 표기의 분절 결과

新台巳, 日古巳, 刀士巳, 以?如巳 ㇁ +, 二■口巳, 今毛巳, ■■■, 坐伽第巳, 矣毛巳.

그렇다면 해독의 열쇠는 바로 이 '巳'에 있다. 南豊鉉(1985)는 이 '巳'의 자형이 '包'에서 비롯된 것으로 보아 '보'로 읽었다. 충분한 근거 자료가 제시된 바 있고 자형의 유사성도 수긍할 만하다. 이 견해에 따르면 이 목간의 본문에는 人名이 열거되어 있다는 결론이 나온다. '巳'은 '福, 伏, 卜, 巴' 등의 인명 접미사에 해당하므로 (12)는 兒童의 人名을 열거한 것이 된다.

그런데 우리는 南豊鉉(1985: 19)이 '巳'의 자형이 '巴'의 小篆體와 흡사하다고 기술한 것에 주목하고자 한다. 이것은 權仁瀚(2007)에서 다시 확인된 바 있는데, 이에 따르면 '巳'과 '巴'는 실질적으로는 동일한 글자라고 할 수 있다. 여기에서 우리는 '巳'의 字源이 '邑'이라는 가설을 새로이 제기하고자 한다. '邑'에서 '口'를 생략하면 '巴'가 되는데 이것이 마침 '巳'으로 기록되었다는 가설이다. 韓半字 중에는 이처럼 생획하여 만든 것이 적지 않은데, 이 '巳'도 생획한 한반자의 일종일 가능성이 있다. 이 가설에 따르면 '巳'을 '邑'의 음인 '읍'으로 읽을 수 있다.

이 '巳=읍'을 '日古巳'에 대입하면 현대어로는 정확히 '일곱(七)'이 되고 중세어로는 '닐굽/닐급'이 된다. 그렇다면 이 목간에 혹시 數詞가 기록된 것은 아닐까? 기록된 어형이 모두 '巳'으로 끝난다면 이들이 하나의 語族에 속한다는 것을 의미한다. 數詞는 마침 일련의 어족을 이루는 대표적인 예이므로 이 목간에 일련의 數詞가 기록되어 있다는 가설을 세울 수 있다.

이 목간의 표기를 해독하는 데에 참고가 되는 數詞 語族을 정리하면 다음과 같다.

(13) 數詞 語族

	목간 표기	소의 나이			날짜	서수사	양수사	십 단위
		표준어	제주방언	함북방언[11]				
1	坐伽第巳	하릅	금승[12]	하릅	ᄒᆞᄅᆞ	ᄒᆞᆫ	ᄒᆞ낳	엻
2	矣毛巳	이듭	다간[13]	이듭, 이들비	이틀	두	둟	스믏
3	新台巳	사릅	사릅	사릅	사ᄋᆞᆯ	세/석	셓	셜흔
4		나릅	나릅	나릅	나ᄋᆞᆯ	네/넉	넿	마ᅀᆞᆫ
5	刀士巳	다습	다습	다습	닷쇄	닷/다ᄉᆞᆺ	다ᄉᆞᆺ	쉰
6		여습	여습	여습	엿쇄	엿/여ᄉᆞᆺ	여ᄉᆞᆺ	여쉰
7	日古巳 二▣口巳	이릅	일곱		닐웨	닐굽	닐굽	닐흔
8	今毛巳 以?如巳 ʒ 十	여듧	여답[14] 여덥		여ᄃᆞ래	여듧	여듧	여든
9		아습	아홉		아ᄒᆞ래	아홉	아홉	아ᄒᆞᆫ
10		열릅, 담불[15]	열		열흘	엻	엻	온

위의 표 중에서 '소(牛)'의 나이를 셀 때에 사용되는 수사는 石宙明(1947: 157)과 李熙昇(1961)에서 제시한 표준어형, 石宙明(1947: 23)과 李崇寧(1956/78)에 채집된 제주도 방언형, Ramstedt(1939: 57)와 小倉進平(1944) 및 金泰均(1986)에 채집된 함북 방언형 등을 모두 종합한 것이다. 날짜, 서수사, 양수사 등은 모두 중세

11 함경도 방언에서는 독특하게도 '-이'가 첨가되어 '하릅'이 '하르비'로 실현된다. 이것은 '이듭'과 '이들비'의 공존에서 확인된다. 小倉進平(1944)에 채집된 평북의 慈城郡과 厚昌郡 자료도 함북 방언형과 유사하다.

12 이 '금승'이 漢字語 '今生'에서 온 것임은 石宙明(1947)에서 비롯된다.

13 金星奎(1984)에서 이미 '다간'이 몽골어 /dayayan/에서 비롯된 차용어임을 논의한 바 있다.

14 이 어형의 '여'는 'ᄋᆞ' 앞에 /j/가 온 /jɔ/로 발음된다(李崇寧 1956/78: 51).

15 '담불'은 국립국어연구원(1999)에서 인용한 것이다. 국립국어연구원(1999)에는 '하릅'과 '한습', '이듭'과 '두습'이 동시에 수록되어 있다.

어의 어형이다.

이 표에서 목간 표기의 '邑'이 소의 나이를 셀 때에 사용되는 수사의 '-읍/ㅂ'에 정확히 대응한다는 사실을 알 수 있다. 따라서 '邑'은 '邑'에서 비롯되었을 가능성이 커지고, 나아가서 인명 접미사가 아니라 수사에 통합되는 접미사일 가능성이 커진다. 이처럼 '邑'이 終聲의 'ㅂ'을 표기한 예로는 崔世珍이 『訓蒙字會』에서 'ㅂ'을 '非邑'으로 표음한 것이 유명하다. 제주 방언이나 함북 방언의 어형에서 접미사 '-읍/ㅂ'이 분석될 수 있듯이 목간 표기의 '邑'도 분석될 수 있다.

이제, '邑'의 앞에 온 표기가 數詞에 해당함을 증명해 보기로 한다. 이것이 증명되면 '邑'이 수사에 통합되는 접미사임이 증명된다. 일상생활에 사용되는 수사는 몇 개로 한정될 뿐만 아니라 개방성이 없으므로 수사인지 여부를 금방 증명할 수 있다. 반면에 '邑'을 人名 접미사라고 보는 견해에서는 '邑'의 앞에 온 표기가 인명임을 증명하기가 어렵다. 인명은 사람 수만큼이나 많고 개방성이 강하여 특정의 어형으로 한정되지 않기 때문이다.

목간 표기의 '日古邑'이 수사 '일곱(七)'에 대응한다는 가설을 세우기 전까지는 (13.1)의 '坐伽第邑'을 판독할 수 없었다. 이 가설을 세운 뒤에야 비로소 첫 글자를 '坐'로 판독할 수 있었고 그 다음의 두 글자를 '伽第'로 추정할 수 있었다. 우리는 '坐伽第邑'의 '坐'가 현대어 '초하루'의 '초(初)'에 대응하고 '伽第邑'이 '하릅'에 대응한다고 본다. '초하루'는 현대의 여러 방언형과 문헌에 등장하는 어형을 모두 고려하면 '*초ᄒᆞ둡'으로 거슬러 올라간다. 목간의 네 글자를 모두 『訓蒙字會』의 한자음으로 音讀하면 일단 '*좌가뎁'이 되는데, 이것은 '*초ᄒᆞ둡'과 음상이 유사하다.

'坐伽第邑'과 '*초ᄒᆞ둡'의 대응에서 '坐'와 '初', 즉 '*좌'와 '*초'의 음상 차이가 아주 크다는 점을 들어 이 대응을 의심할 수도 있다. 그러나 '초하루'의 '초'가 원래는 '*좌'에 가까운 음상이었는데, '初'로 시작하는 '初여름, 初저녁, 初벌' 등에 유추되어 '*좌 〉初'의 변화를 겪었을지도 모른다. 이 유추 변화를 가정한다면 '坐'가 '*초ᄒᆞ둡'의 '초'에 대응한다고 하여 이상할 것이 없다.

'伽第邑'이 '*ᄒᆞ둡'에 대응하는 것은 오히려 자연스럽다. 12세기 초에 편찬된

『二中曆』에 '一日'을 /*katana/로 전사한 예가 나온다. 이 예를 감안하면 '* ᄒᆞ 둡'의 'ᄒᆞ'를 '伽'로 전사한 것은 전혀 문제가 되지 않는다. 수사 1을 표기한 것으로는 鄕歌 祭亡妹歌의 '一等'과 『鷄林類事』의 '河屯'이 유명한데, 이들의 語中 '* ㄷ'이 'ㄹ'로 바뀌는 통시적 변화가 일어났다는 것은 주지의 사실이다. '차례'가 한자어 '次第'에서 비롯된 것임도 널리 알려져 있다. 이 변화를 감안하면 '伽第巳'에 '第'가 쓰인 것도 자연스럽다. 따라서 '伽第巳'과 '* ᄒᆞ 둡'의 대응을 인정하기로 한다.

이제, 漢語 中古音으로 '坐伽第巳'을 읽어 보기로 한다. '坐'는 [從合1上戈], '伽'는 [群開C平戈], '第'는 [定開4去齊], '邑'은 [影中B入侵]이다.[16] 이들을 그대로 종합하되 '邑'에서는 /*p/만 취하기로 하면 '坐伽第巳'은 /*dzwagwadeip/이 된다. 반면에, 후대 어형으로 추정한 '* ᄒᆞ 둡'과 16세기 한국 한자음으로 '伽第巳'을 읽은 '*가뎹' 등을 두루 참고하면 재구형이 달라진다. 한국의 자료를 중시하여 '坐伽第巳'을 재구한다면 아마도 '*좌가뎝' 즉 /*dzwagadep/ 정도가 될 것이다.[17]

(13.2)의 '矣毛巳'이 현대어 '이틀'에 대응한다고 하면 아마도 놀랄 것이다. 그러나 '毛'를 音讀하지 않고 {털}로 訓讀한다면 금세 수긍이 갈 것이다. 함북 방언형 '이들비'의 'ㄹ'은 '毛'를 {*털}로 훈독하였음을 증명해 주는 결정적인 자료이다. '毛'를 훈독하여 '털'로 읽되, '矣'를 한어 중고음 [云開C上之]로 읽고 '邑'을 [影中B入侵]으로 읽으면 矣毛巳은 /*ʔəiterəp/ 정도가 된다. 한국 자료를 중시하여 矣의 한국 한자음 '의'와 毛의 훈 '털'로 읽으면 '矣毛巳'은 일단 '* 의터릅'이 된다. 그런데 15세기의 복합어 '이듬ᄒᆡ(翌年)'와 표준어 및 함북 방언의 '이듭' 등의 어형

---

16 한어 중고음에 대한 정보와 표음은 이토 지유키(2011)을 따랐다. 이하 같다. [從合1上戈]은 [從母, 合口, 1등, 上聲, 戈韻]을 줄인 것이고, [影中B入侵]은 [影母, 中立, 3등 B, 入聲, 侵韻]을 줄인 것이다. 한자음의 이들 구성요소에 대해서는 이승재(2016)을 참고하기 바란다.

17 잠정적인 것이기는 하지만, 백제어의 모음체계는 /*a, *i, *u, *e, *o, *ə/의 6모음 체계였던 것 같다. 이에 따라 'ㅏ, ㅣ, ㅜ, ㅓ, ㅗ'에 해당하는 모음은 각각 /*a, *i, *u, *e, *o/로 전사하고, 중세 한국어의 'ㆍ'와 'ㅡ'에 해당하는 모음은 /*ə/로 전사한다. 백제어의 6모음체계는 현재의 경남 동남 방언의 6모음체계와 아주 유사하다. 따라서 신라어의 모음체계 역시 /*a, *i, *u, *e, *o, *ə/의 6개 모음으로 전사할 것이다. 이 모음체계에서는 'ㅓ'가 /*e/로 전사된다는 점에 주의하기를 바란다.

에서 볼 수 있듯이 한국어 단어 중에서 이중모음 '의'로 시작하는 고유어가 없다. 또한 '털'의 'ㅌ'은 고대어에서는 'ㄷ'이었을 가능성이 있다. 이들을 고려하여 '*의터릅'을 '*이더릅' 즉 /*iterəp/으로 수정할 수 있다.

(13.3)의 '新台巴'는 訓字와 音字가 복합된 표기이다. '新'은 훈독하여 '새'로, '台'는 음독하여 '틔'로 읽는다. 한어 중고음으로 '台'는 [透開1平咍]이므로 '新台巴'은 /*sait^{h}əip/ 정도가 된다. (13.3)에 제시한 방언형 '사릅'은 '*사듭'으로 거슬러 올라간다. 이것과 '新'의 훈 '*새'를 고려하여 '新台巴'을 '*새듭' 또는 '*사듭'으로 재구할 수도 있다. 앞에서 이미 언급한 바 있듯이, 고대에는 유기음이 많지 않았고 일부의 단어에서 어중의 '*ㄷ'이 'ㄹ'로 바뀌므로 어중의 '*ㅌ' 즉 /*t^h/를 /*t/로 조정하기로 한다. 첫음절의 모음을 /*ai/로 재구할 것인지 /*a/로 재구할 것인지도 문제가 되는데, 한국 한자음에서는 이중모음 /*ai/가 생산적으로 이용된다. 이들을 고려하여 '新台巴'을 '*새듭' 즉 /*saitəp/으로 재구해 둔다.

(13.5)의 '刀士巴'은 모두 음독하여 읽는다. 한국 한자음으로 '刀士巴'을 읽으면 '*도숩'이 된다. 한어 중고음으로 '刀'는 [端中1平豪]이고 '士'는 [崇開C上之]이다. 따라서 '刀士巴'을 /*taudzəp/ 정도로 재구할 수 있다.[18] 중고음에서 '刀'의 豪韻은 合口와 開口의 변별이 없는 效攝에 속하고 一等韻이므로 '刀'는 [*tɑu]로 추정된다. 반면에 '刀'의 한국 한자음 '*도'는 豪韻의 /*-au/가 'ㅗ'로 수용된 것이다. 따라서 '刀'를 /*tau/로 읽어야 할지 /*to/로 읽어야 할지 선택하기가 어렵다. 여기에서는 후대형 '다숩'의 'ㅏ'를 고려하여 '刀'를 /*ta/ 정도로 조정하여 읽기로 한다. '士'의 한국 한자음 'ᄉᆞ'의 'ㆍ'는 'ㅅ, ㅈ, ㅊ' 등의 뒤에 온 止攝이 독특하게 변화한 것이다. 이 변화를 고려하여 '刀士巴'을 재구하면 '*다습' 즉 /*tasəp/ 정도가 된다.

수사 7에 해당하는 것으로는 (13.7)의 '日古巴'과 '二■口巴'의 두 가지가 있다. '日古巴'은 이 목간 해독의 실마리를 제공했던 표기인데, 현대 한자음으로 모두 음

18 崇母의 한어 중고음은 무성 치조 마찰음 [*s]가 아니라 유성 권설 파찰음 [*ɖʐ]이다. 고대 한국어에는 권설음이 없었으므로 권설 파찰음 [*ɖʐ]를 치조 파찰음 /*dz/나 치조 마찰음 /*z/로 수용하게 된다.

독하면 '일곱'이고 이것은 15세기의 '닐굽/닐곱'으로 소급한다. 한국 한자음으로 '日'은 '실~일'이고 '古'는 '고'이다. 한어 중고음으로 '日'은 [日開AB入眞]이고 '古'는 [見中1上模]이다. 중고음을 중시하면 '日古巳'은 /*nitkop/으로 재구할 수 있다. 이와는 달리 후대의 '닐굽~닐곱'을 중시하면 '日古巳'을 '*닐곱' 즉 /*nirkop/으로 재구할 수 있다. 이 재구형과 (13.7)의 표준어형 '이릅'은 어중의 'ㄱ' 유무에서 차이가 나는데, 중부 방언의 '이릅'은 'ㄹ' 뒤에서 'ㄱ'이 약화·탈락한 것이다. 중부 방언에서 'ㄹ' 뒤의 'ㄱ'이 약화·탈락하는 현상은 두루 확인되므로 /*nitkop/의 /*k/를 /*g/로 조정해도 된다.

'二▣口巳'도 네 글자를 모두 음독한다. 중고음으로 '二'는 [日開AB去脂]이고, '口'는 [溪中1上侯]이다. 따라서 '二▣口巳'은 /*ni▣k^hup/으로 재구할 수 있다. 반면에 한국 한자음으로는 '二'가 'ᅀᅵ~이'이고 '口'는 '구'이다. 후대의 '닐굽~닐곱'과 'ㄹ' 뒤에서 'ㄱ'이 약화·탈락하는 현상을 감안하여 '二▣口巳'을 '*니▣굽' 즉 /*ni▣kup/으로 재구할 수 있다.

이 재구에 대하여, '日'과 '二'의 초성이 '*ㄴ'에 대응한다는 사실을 받아들일 수 없다고 이의를 제기할 수 있다. 중세어 시기의 이들 한자음은 각각 'ᅀᅵᆯ'과 'ᅀᅵ'이기 때문이다. '日'과 '二' 등의 이른바 日母字가 한국 중세 한자음에서 'ㅿ'으로 반영된다는 것은 상식에 속한다.[19]

그러나 이것은 중세 시기의 상황이고, 고대의 상황은 이와 다를 수 있다. Karlgren(1954)에서 /*ńź/로 재구한 바 있듯이, 日母는 일본 한자음에서 /*n/으로 반사되는 것과 /*z/로 반사되는 것의 두 가지가 있다. /*n/은 이른바 일본의 吳音이고 /*z/는 漢音인데, 이 둘은 한국 한자음으로 말하면 각각 '*ㄴ'과 '*ㅿ'이다. 寡聞의 탓이겠지만, 日母字가 한국 한자음에서 '*ㅿ'으로 반사된 예만 보고되었고 '*ㄴ'으로 반사된 예는 보고된 적이 없는 것 같다.[20] 그런데 (13.7)의 '日'과

---

19 일부에서는 日母字가 한국 한자음에서 아무 음가도 없는 'ㅇ'으로 바뀌었다고 주장하기도 한다. 그러나 중세어에서 '男人'을 '남진'으로 읽고, 현대어에서 三月三日을 '삼월삼진날'이라고 읽을 때의 'ㅈ'은 日母字가 'ㅿ'으로 반사되었음을 말해 준다(李基文 1977).

20 南豊鉉(2001)이 '누리(世)'의 의미를 가지는 '儒理≒儒禮'가 '弩禮'로도 표기되므로 日

'二'는 /*n/을 표음한 것이 확실하다. 이것은 한반도에 漢音이 수입되기 이전에 이미 吳音이 사용되었음을 웅변해 주므로, 이 목간의 '日'과 '二'는 한국 한자음의 역사에서 대단히 중요하다.

Lee Ki-Moon(1963)은 '難隱別'과 '七重'의 異表記에 주목하여 高句麗語 수사 '七'을 /*nanun/으로 재구한 바 있다. 이 /*nanun/과 이 목간 표기로 재구된 /*nirkop/, /*ni▣kup/은 음상이 아주 다르다. 따라서 이 둘은 서로 계통이 다른 수사라고 보는 것이 좋을 것이다. /*nanun/이 北方 夫餘系語 계통의 고구려어라고 한다면, /*nirkop/은 南方 韓系語라고 할 수 있다. 이것은 '十歲'를 뜻하는 (13.10)의 '담불'이 북방어인 데에 비하여 '열릅'이 남방어인 것과 같다. 결론적으로, 이 두 가지 수사는 北方語와 南方語가 언어 계통에서 차이가 있었음을 논의할 때에 둘도 없이 귀중한 자료가 된다. 북방어 /*nanun/과 '담불'이 남방어 /*nirkop/과 '열릅'에 밀려 底層化하였음은 두말할 필요도 없다.

(13.8)의 '今毛巳'도 이 목간에 수사가 표기되어 있음을 증명해 주는 중요한 자료이다. '今'의 훈은 『訓蒙字會』에서 '엳'으로 기록되어 있고 현대어 부사 '여태'의 '엳/엳'에 그 흔적을 남기고 있다. 이 '엳'을 뒤에 오는 '毛'의 훈 '털'과 연결하여 읽으면 '*여털'이 된다. 즉 '今'과 '毛'를 모두 훈독하여 '今毛巳'을 재구하면 '*여더릅' 즉 /*jeterəp/이 된다. 흥미로운 것은 華嚴經寫經造成記(755년)의 旨語에 '今毛大舍'가 나온다는 사실이다. 이곳의 '今毛'은 人名임이 분명한데, 이 인명은 수사 8에 기원을 두고 있다. 인명에 수사가 두루 사용된다는 것은 주지의 사실이므로 미륵사지 목간에 수사가 기록되어 있음을 논의할 때에 이 예는 중요한 방증 자료가 된다. 이 예는 또한 '巳'이 어근으로부터 분석되는 접미사임을 증명해 주기도 한다.

(13.8)의 두 번째 표기 '以?如巳 ㇰ ＋'에도 수사 8이 포함되어 있다. '以?如巳'의 '以?'는 '이'로 음독하고 '如'는 '다/더'로 훈독한다. '以?'는 아랫부분이 파손되어 판독이 여전히 의심스러운 글자인데, 중고음으로는 [羊開C上之] 즉 [*jɪəi] 또는 [*jəi]

母가 '*ㄴ'에 대응한다고 한 바 있다. 이것을 제외하면 日母와 /*n/의 대응은 믿을 만한 것이 없다.

이다. 여러 구결 자료에서 확인되듯이 '如'의 古訓은 '다ᄒᆞ-'이다.[21] 따라서 '汚去如'(第二新羅帳籍, 752년?), '寫在如, 入內如'(華嚴經寫經, 755년), '在內如'(永泰二年銘石毘盧遮那佛 造像銘, 766년), '此如爲'(永川菁堤碑其二, 798년) 등의 '如'는 훈독하여 '다'로 읽는다. 후대의 이두 자료인 '在如賜乙'(校里磨崖, 10세기 말엽?), '爲如乙, 教是如乎, 爲如乎'(尙書都官貼, 1262년)에서는 '더'로 읽기도 한다.

위의 여러 독법을 활용하여 '以?如巳'을 재구하면 일단 '*이답/이덥'이 된다. '*이답/이덥'은 앞에서 재구한 /*jeterəp/과 음상에서 차이가 난다. '以'가 '*여'를 표기한 예를 찾기가 어렵지만, 중고음의 羊母는 활음 /*j/이고 之韻은 /*ɪəi/ 또는 /*əi/로 수용된다는 점을 감안할 수 있다. 앞에서 재구한 /*jeterəp/의 '*ㄹ'도 '以?如巳'에는 반영되지 않았다. 음절말 자음 '*ㄹ'을 한어 중고음으로는 전사하기가 어렵다.

'以?'는 판독 자체가 확실하지 않으므로 이 부분은 '今毛巳' 즉 /*jeterəp/을 기준으로 재구하는 것이 안전할 듯하다. 반면에 '以?如巳'에 '*ㄹ'이 반영되지 않은 것은 표기 그대로를 믿기로 한다. 방언에 따라 '여덟'이 '여덥/야답'으로 나타나듯이, '*ㄹ'이 없는 방언형도 있고 '-더-'와 '-다-'의 교체가 '如'라는 표기에 함축되었을 가능성도 있기 때문이다. 이에 따르면 '以?如巳'은 /*jətap/으로, 또는 '*여덥' 즉 /*jətep/으로 재구할 수 있다.

앞에서 논의한 바 있듯이, '以?如巳'에 통합된 '㇌ +'는 韓半字 연쇄임이 분명하다. 이두의 처격조사 '良中'과 15세기의 처격조사 '-애/에'에 대응하는 것으로서 흔히 '-아긔/아희' 등으로 읽어 왔다. 중요한 것은 수사 8을 의미하는 '以?如巳'에 어찌하여 이 처격조사 '㇌ +'가 통합되었는가 하는 점이다. 여기서, 15세기의 '닷쇄, 엿쇄, 닐웨, 여ᄃᆞ래, 아ᄒᆞ래' 등의 어형을 잘 검토할 필요가 있다. 이들 형태를 분석해 보면 처격조사 '-애/에'가 통합된 어형임이 드러난다(李基文 1972: 148, 金星奎 1984). '以?如巳㇌ +'가 바로 이 처격조사 통합형이다. 따라서 '以?如巳㇌ +'는 기존의 연구에서 가정했던 처격조사를 실증해 주므로, 그 의미

21 '如'의 古訓 '다ᄒᆞ-'가 15세기에는 'ᄀᆞᄒᆞ-'로 교체되어 나타나는 것이 일반적이다.

가 자못 크다.

韓半字 연쇄 'ㄋ +'는 이른바 구결자의 용례 중에서 아주 이르고도 분명한 예이다. 경주 월성해자 목간에 구결자와 자형이 동일한 한반자 'ㅣ[다]'가 쓰인 바 있고(鄭在永 2008, 金永旭 2008), 성산산성 목간에서 역시 구결자와 자형이 동일한 '亇[마]'와 '丁[뎡]'의 용례를 찾을 수 있다(李丞宰 2009가). 그러나 韓半字의 연쇄가 확인된 것은 이 'ㄋ +'가 유일하다. 'ㄋ +'는 널리 알려져 있듯이 '*아긔'로 재구할 수 있다.

지금까지 미륵사지 1호 목간에 기록된 수사를 해독하고 재구해 보았다. 그 결과를 정리해 보면 다음과 같다. 최종 재구형 '*가둡'과 '*새둡'의 'ㄷ'은 후대에 'ㄹ'로 바뀐다. 이것을 감안하여 이 'ㄷ'을 /*d/로 전사했다.

(14) 목간 표기의 재구

	목간 표기	漢語 中古音 중심 재구	韓國 資料 중심 재구	수사의 최종 재구
1	(坐) 伽第巳	(*dzwa) gwadeip	(*dzwa) gadəp	*gadəp *가둡
2	矣毛巳	*ʔəiterəp	*iterəp	*iterəp *이더릅
3	新台巳	*saitʰəip	*saidəp	*saidəp *새둡
5	刀士巳	*taudzəp	*tasəp	*tasəp *다솝
7	日古巳	*nitkop	*nirkop	*nirkop *닐곱
	二■口巳	*ni■kʰup	*ni■kup	*ni■kup *닐굽
8	今毛巳		*jeterəp	*jeterəp *여더릅
	以?如巳 (ㄋ +)	*jəitep(agəi) *jəitap(agəi)	*jətep(agəi) *jətap(agəi)	*jətep *이덥 *jətap *이답

목간의 수사는 대부분 소나 말 등의 가축 나이를 셀 때의 수사와 일치한다. 이 일치를 강조하면 가축의 나이가 이 목간에 기록되어 있다고 할 수 있다. 그러나 이처럼 성급하게 단정할 일은 아니다. '坐伽第巳'의 '坐'는 '초하루'의 '초'에 해당하는데, 가축의 나이에는 이 '초'가 덧붙지 않는다. 반면에 이 목간에 날짜가 기록되어 있다고 하면 이 '坐'가 자연스럽게 설명된다. 또한 '以?如巳 ʒ +'의 처격조사 'ʒ +'도 가축의 나이에는 덧붙지 않는다. 반면에 이 목간이 '여드레'와 같은 날짜를 기록한 것이라면 처격조사 'ʒ +'가 자연스럽게 설명된다. 이 두 가지 형태론적 논거를 들어, 기억해야 할 날짜가 이 목간에 기입되어 있다고 본다.

3. 數詞 목간의 국어학적 함의

언어의 통시적 변화나 계통 관계를 논의할 때에 형태 분석이 필수적이다. '坐伽第巳'의 '坐'와 '以?如巳 ʒ +'의 'ʒ +'를 제외하면 이 목간에 기록된 수사 형태는 다음과 같이 분석된다.

(15) 수사의 형태 분석

	재구형	접미사 /*(ɨ)p/의 분석	접미사 /*ər/ 분석	어기
1	*gadəp	*gadə+p : *gad+əp		*gad
2	*iterəp	*iterə+p : *iter+əp	*it+er+əp	*it
3	*saidəp	*saidə+p : *said+əp		*said
5	*tasəp	*tasə+p : *tas+əp		*tas
7	*nirkop	*nirko+p : *nirk+op		*nirko
	*ni▣kup	*ni▣ku+p : *ni▣k+up		*nirku
8	*jeterəp	*jeterə+p : *jeter+əp	*jet+er+əp	*jet
	*jətep *jətap	*jəte+p : *jət+ep *jəta+p : *jət+ap		*jət

이 표에서 볼 수 있듯이, 이 목간의 수사는 語基에 '巳' 즉 '*-ㅂ/읍'이 통합된

것이므로 접미사 '邑' 즉 '*-ㅂ/읍'을 분석해 낼 수 있다. 매개모음 '*-으/ᄋᆞ-'를 고려하면 접미사 '邑'의 기저형이 /*-p/인지 /*-əp/인지 여부는 중요하지 않다. 음가를 /*-(ə)p/으로 표기하면 되기 때문이다.

오히려 이 접미사의 의미 기능이 훨씬 중요하다. 이 접미사는 현대어에서는 가축의 나이를 셀 때에 주로 통합되지만, 이 목간이 제작된 시기에는 날짜에도 통합된 것으로 보인다. 이 두 가지 용법에서 '순서대로 센다'는 공통 의미를 찾을 수 있다. 따라서 접미사 '邑'의 의미를 영어의 序數詞에 통합되는 '-th'의 의미에 비유하기로 한다.

이 목간의 접미사 '邑' 즉 /*-(ə)p/을 지지해 주는 것으로 구결 자료의 접미사 'ㅎ'이 있다. 이 'ㅎ'은 한자 '音'에서 비롯된 구결자이므로 음가가 /*-(ə)m/이다.

(16) 구결 자료의 접미사 'ㅎ' /*-(ə)m/

1. 二ㅎ 第ㄷ 㐅 → *이듬 자힛 㐅 (유가사지론 권제20 26:14)
2. 五ㅎ 第ㄷ 多聞藏 → *다솜 자힛 多聞藏 (화엄경소 권제35 09:04)
3. 六ㅎ 第ㄷ 施藏 → *여슴 자힛 施藏 (화엄경소 권제35 16:18)

李丞宰(2000가)에서 '이듬히'를 논거로 삼아 (16.1)의 '二ㅎ'을 '*이듬'으로 읽은 바 있다. 그 뒤로 『華嚴經疏』 卷第35가 공개되었는데, 여기에 '五ㅎ'과 '六ㅎ'이 나온다. '二ㅎ'을 참고하면 '五ㅎ'과 '六ㅎ'을 각각 '*다솜'과 '*여슴'으로 재구할 수 있다. 5와 6의 어기인 '*닷'과 '*엿'에 각각 접미사 'ㅎ'이 통합되었다고 기술할 수 있기 때문이다. 그러나 이 재구는 오직 '二ㅎ'에만 기댄 것이기 때문에 논거가 부족한 편이다. 이 논거 부족을 메워주는 것으로, 목간의 접미사 /*-(ə)p/과 (16)의 접미사 /*-(ə)m/ 상호 간의 음운론적 유사성을 들 수 있다.

/*p/와 /*m/은 양순음을 대표하는 두 가지 자음이다. 더군다나 서남방언에서 '수컷'을 뜻하는 접두사 '숩-'이 '숨-'과 공존한다.[22] '황소'와 '수캐'의 방언형

22 자료는 모두 한국정신문화연구원의 『韓國方言資料集』에 수록된 것을 이용하였다. '숩-' 계통의 '숩소'가 경기도 옹진에서도 쓰인다. 이 접미사가 '숙-'으로 나타나는 방

을 조사해 보면, 전라남도의 담양, 곡성, 구례, 광산, 화순, 신안, 전라북도의 부안, 정읍, 순창, 남원, 진안 등에서는 '숩-'이 주로 쓰이고, '숨-' 계통은 전라북도의 옥구, 김제, 충청남도의 서천, 금산에서 쓰인다. 주로 충청도와 전라도의 접경 지역에서 '숩-' 대신에 '숨-'이 쓰이고 있음을 알 수 있다. 미륵사지가 있는 전북 익산도 바로 이 접경 지역에 속한다. 이 둘의 대응을 감안한다면 미륵사지 목간의 '巳' 즉 /*-(ə)p/이 구결의 'ㅎ' 즉 /*-(ə)m/에 대응한다고 말할 수 있다. 이 점을 강조하여 접미사 /*-(ə)p/과 접미사 /*-(ə)m/을 설정하기로 한다.[23]

(15.2)와 (15.8)의 접미사 /*-er-/은 접미사 /*-(ə)p/의 앞에 왔기 때문에 언뜻 보기에 접요사인 것처럼 보인다. 그러나 語基에 /*-er/이 먼저 통합된 다음에 계기적으로 /*-(ə)p/이 통합되었다고 하면 /*-er/도 접미사로 분류할 수 있다. 이 /*-er/은 아마도 '구물구물, 구불구불'의 '-울', '까칠까칠, 번질번질'의 '-일', '비틀비틀, 선들선들'의 '-을' 등과 통한다. 이 첩어에서 볼 수 있는 접미사 '-울', '-일', '-을' 등은 모두 15세기의 '-올/을'로 소급한다. 방언형 '흐트러지다 : 흐터지다'와 '자빠라지다 : 자빠지다'의 대립 쌍에서 추출할 수 있는 '-을-'과 '-알-'도 마찬가지이다(李丞宰 1992). 이 방언형은 그 뒤에 '-어지/아지-'를 요구한다는 점에서 목간의 접미사 /*-er-/과 유사하다. 더 중요한 것은 첩어의 예들이 어떤 행위나 상태가 '여러 번 반복됨'을 의미하듯이 방언형의 '-을-'과 '-알-'도 '여러 번 반복됨'을 의미한다는 점이다. 수사 2와 8이 2배수 숫자라는 점을 강조하면 목간의 접미사 /*-er-/도 '여러 번, 중복됨'의 의미를 가진다고 추정할 수 있다.

분석된 語基의 語源에 대해서는 논의를 생략한다. 수사의 어원을 밝히려는 노력이 꾸준히 이어져 왔지만 이 어원론은 대부분 상상력에 의존한 것이다. 객관

언형도 있다. 경상남도의 함양, 산청, 의령, 진양, 사천, 통영, 거제, 전라남도의 신안, 광양 등에서는 '황소'의 방언형으로 '숙소' 계통이 쓰인다.

23 두 접미사에 차이가 있다면, 접미사 /*-(ə)p/이 독자적으로 쓰일 수 있었던 데에 비하여 접미사 /*-(ə)m/은 뒤에 '第ㄷ'을 요구한다는 점이다. 15세기의 '다슷'과 '여슷'을 고려하면 구결의 'ㅎ' 즉 /*-(ə)m/이 '-읏' 즉 /*-(ə)s/으로 대체되는 변화가 있었던 듯하다.

성을 확보하기가 어려우므로 어기의 어원은 논의 대상에서 제외한다.

이제, 여러 재구형의 語學的 意義를 논의해 보기로 한다. 재구형의 모음은 후대의 반사형과 조금씩 차이가 난다. 이 차이는 고대의 모음체계를 재구할 때에 중요한 자료가 되겠지만 현재로서는 고대어의 모음체계를 그려낼 수 있을 만큼 자료가 풍부하지 않다. 따라서 모음에 관련된 논의는 일단 거론 대상에서 제외하기로 한다. 반면에 자음에서는 재구형과 후대의 반사형이 현저하게 일치한다. 자료가 많지 않지만 음운론적 대응관계가 뚜렷하고 확실하므로 자음에 대해서는 음운사적 논의가 가능하다.

일부의 학자들은 고대 한국어에는 CVC의 음절구조가 없었다고 주장한다. 이 주장의 대표적인 논거는 『日本書紀』에 가나(假名)로 기입된 한국의 지명이나 인명이다. 이들을 살펴보면 실제로 음절말 위치의 자음이 보이지 않는다. 그러나 여기에는 함정이 숨겨져 있다. 일본의 가나는 모두 開音節로 이루어지는 음절문자이므로 閉音節을 표기하기에는 적합하지 않다. 'cup, cut, cook' 등의 영어 단어를 일본인이 'コップ, カット, クック' 등으로 표기한 것을 보고 영어에는 음절말 자음이 없다고 말한다면 그야말로 웃음거리가 될 것이다. 『日本書紀』의 한국어 표기를 보고 고대 한국어에 음절말 자음이 없었다고 말하는 것도 이와 마찬가지이다.

이 목간에서 '巴'이 음절말 자음 /*p/에 대응한다는 사실은 고대 한국어에 CVC의 음절구조가 있었음을 증명해 주는 가장 강력한 증거이다. 나아가서 '今'이 /*jet/으로, '毛'가 /*t^her/로 훈독되었다는 것도 이것을 지지해 준다. 실제로 한국 고유어에는 '톡, 손, 늘, 숨, 입, 옷, 덩' 등에서 볼 수 있는 것처럼 음절말 자음이 아주 많다. 한자음으로 이들을 정확히 표음하기가 어려워 韓國字 表記에서는[24] '只(ㄱ), 隱(ㄴ), 尸/乙(ㄹ), 音(ㅁ), 邑(ㅂ), 叱(ㅅ), 應(ㅇ)' 등의 일곱 글자를 마치 表音文字처럼 사용해 왔다. 뿐만 아니라 한국 한자음은 漢語 中古音의 入聲韻尾를 그대로 유지한 대표적인 예이다. 이것은 고대 한국어에 음절말 자음이

24 이것은 기존의 '借字表記'라는 용어에 대응한다. 후술하겠지만, 기존의 용어는 적합하지 않을 때가 많다. 따라서 그 대신에 '韓國字 表記'라는 용어를 사용한다.

아주 많았음을 전제로 한다. 한국의 고유어에 음절말 자음이 많았기 때문에 入聲韻尾字의 음절말 자음 /*-p, *-t, *-k/와 陽聲韻尾字 /*-m, *-n, *-ŋ/을 수용할 때에 아무 어려움 없이 수용할 수 있었다.

입성 운미 /*-t/는 한국 한자음에서 항상 '-ㄹ'로 반영된다. 그런데 /*-t 〉 -ㄹ/의 변화가 언제 일어났느냐 하는 문제에서 학자들의 견해가 갈린다. 이 점에서 이 목간의 '日古巳'은 암시하는 바가 아주 크다. 이 '日'은 (15.7)의 재구형 /*nirkop/의 /*nir/에 대응한다. 이 /*nir/을 표기하는 데에 '日'이 사용되었으므로 /*-t 〉 -ㄹ/의 변화 시기는 이 목간의 제작 시기보다 앞선다. 이 논리에 따르면, 이 목간의 제작 시기로 추정되는 7세기 말엽이나 8세기 초엽 이전에 /*-t 〉 -ㄹ/의 변화가 일어났다고 말할 수 있다.

'日古巳'을 아예 /*nitkop/으로 재구하여 이 변화가 없었다고 주장할 수도 있다. 그러나 한국의 고유어에는 음절말 자음 '*-ㄹ'로 끝나는 단어가 엄청 많은 데에 비하여 '*-ㄷ'으로 끝나는 단어는 거의 없다. 韓國字 표기에서 음절말 자음 '*-ㄹ'을 표기하는 '-尸/乙'은 생산적으로 사용되지만 음절말 자음 '*-ㄷ'을 표기하는 문자는 따로 마련된 적이 없다. 이것은 애초부터 음절말 자음 '*-ㄹ'을 설정해야 하는 단어가 한국 고유어에 아주 많았음을 말해 준다.

河野六郎(1968/79)는 한국 한자음의 입성운미에서 일어난 /*-t 〉 -ㄹ/의 변화 시기를 10세기 초엽으로 추정하였다. 이 추정에 따르면 '日'은 8세기 초엽까지 /*nit/으로 발음되었다. 이 /*nit/으로 7의 재구형 /*nirkop/의 /*nir/을 표기할 수 있을까? 우리는 이에 대해 부정적이다. '日'의 입성 운미 /*-t/가 7세기 말엽 이전에 이미 /*-ㄹ/로 바뀌었기 때문에 '日'이 /*nir/을 표기할 수 있었다고 본다. 이것이 아마도 가장 자연스러운 해석일 것이다.[25]

앞에서 이미 논의한 바 있듯이, 수사 7을 표기한 '日古巳'과 '二■口巳'은 이른바 日母字의 음가와 관련하여 암시하는 바가 크다. 중세 한국어 시기의 한자음에서는 日母字가 모두 'ㅿ'으로 반사됨으로써 /*n/으로 반사된 예가 보이지 않는

25 李基文(1981)은 /*-t 〉 -ㄹ/의 변화가 漢語의 서북방언에서 이미 일어났고 그 결과가 한국에 전파되었다고 하였다.

다. 그러나 이들의 '日'과 '二'가 각각 /*nir/과 /*ni/를 표기한 것이 확실하므로 이 목간이 기록된 시기에는 日母字의 음가가 /*n/이었다고 할 수 있다.

이것은 한국 한자음에 적어도 두 가지의 층위가 있었음을 암시한다. 첫째는 日母字가 /*n/으로 반사된 층위이고 둘째는 /*z/로 반사된 층위이다. 첫째 층위는 일본의 이른바 吳音에, 둘째 층위는 일본의 漢音에 비유할 수 있다. 일본의 吳音은 흔히 한반도를 거쳐 수용된 것이라 하는데, 고대 한국의 한자음에서 吳音이 실재했는지 아직 깊이 있게 논의된 적이 없다. 이 점에서 吳音 /*n/을 표기하는 데에 사용된 '日古巳'의 '日'과 '二▣口巳'의 '二'는 귀중한 존재이다. 이들은 고대 한국에서 吳音이 실재하였음을 증명해 주는 가장 강력한 자료이기 때문이다. 이 예는 나아가서 중국 魏晉南北朝 시대의 吳音 즉 前期 中古音과 일본의 吳音을 연결해 주는 다리가 될 것이다.

고대 한국어의 역사를 논의할 때에는 言語系統論의 관점에서 자료를 정리할 필요가 있다. 즉 이 목간이 어느 언어를 기록한 것인지를 밝혀야 한다. 국립부여문화재연구소(1996)에 따르면 이 목간은 미륵사지의 서쪽 연못 안에서 출토되었다. 이 연못의 내부에서 출토된 "통일대 초기 와편 중에는 開元四年(716년)銘과 같거나 이후의 기와들이 보이지 않으므로 이 연못의 조성 시기를 716년 이전으로 볼 수 있다"(p.170). 서쪽 연못 내부에서 "백제시대의 노유연목와, 수막새, 암키와, 통일신라시대의 암수막새, 평와편, 백제·통일기의 토기편, 목간, 인골 등이 출토되었다"(p.164). 이 보고에 따르면 미륵사지 목간은 늦어도 716년 이전에 제작된 것으로 보인다.[26] 이 시기를 우리는 7세기 말엽 또는 8세기 초엽이라고 본다. 이 시기 추정에 따르면 이 목간은 통일신라 시기의 목간이므로 여기에 기록된 언어도 新羅語일 가능성이 있다.

그렇다고 하여 이 목간에 신라어가 기록되었다고 단정할 수 있을까? 백제가 660년에 이미 멸망했지만 7세기 말엽 또는 8세기 초엽까지는 전라북도 익산 지방에서 여전히 百濟語가 사용되었을 가능성이 있다. 따라서 언어 외적 논거보다

26 이에 따라 부여·가야(2009)에서는 이를 신라목간으로 분류하였다.

는 언어 내적 논거를 중심으로 백제어가 기록된 것인지, 신라어가 기록된 것인지를 논의할 필요가 있다.

언어 내적 논거의 하나로 방언 분포를 들 수 있다. 이것은 이 목간에 기록된 수사의 사용 지역을 지리적으로 검토하는 방법이다. 이에 따라 '하릅, 이듭, 사릅 …' 계통의 수사가 쓰이는 지역을 조사해 보면 옛 백제 지역으로 한정되지는 않는다. 石宙明(1947)과 李崇寧(1956/78)에는 제주도에서, Ramstedt(1939: 57)와 小倉進平(1944)와 金泰均(1986)은 함경북도에서 채집한 어형을 제시했고, 石宙明(1947: 157)과 李熙昇(1961)에서는 이 계통의 단어가 아예 표준어로 수록되어 있다. 따라서 지리적 분포만으로는 이 목간에 백제어가 기록된 것인지 신라어가 기록된 것인지를 가릴 수가 없다.

두 번째 언어 내적 논거로 新羅의 鄕歌에서는 수사 2가 '二肹, 二尸'로 표기되는 데에 비하여 이 목간에서는 '矣毛巳'으로 표기되었다는 점을 들 수 있다. '二肹'과 '二尸'은 『鷄林類事』의 '途孛'과 더불어 /*tubər/ 정도로 재구되는데, 이 재구형은 이 목간의 재구형 /*iterəp/과 아주 차이가 크다. 이것을 강조하면 이 목간에는 백제어가 기록되어 있다고 말할 수 있다. 그러나 이 차이가 신라어와 백제어가 서로 말이 통하지 않을 만큼 차이가 컸다는 것을 보장해 주지는 않는다. 수사 2에서만 차이가 나고 나머지 수사에서는 차이가 없었을 가능성이 크기 때문이다. 이 가능성을 고려하여 우리는 백제어와 신라어가 언어의 차이라기보다는 방언 정도의 차이였던 것으로 추정한다.

이 추정을 뒷받침해 주는 논거로 고대어 단어 /*mora/를 들 수 있다. 이 단어는 '村'을 뜻하는 일본어 단어 /*mura/에 대응하는데, 南豊鉉(2003가)는 그 의미를 더 구체화하여 '요새가 있는 거주지'를 뜻한다고 하였다. 이 단어가 蔚珍鳳坪新羅碑(524년)에서는 '牟羅'로 표기되고 羅州 伏岩里 3호 목간(7세기)에서는 '毛羅'로 표기되었다(李丞宰 2009가). 신라의 '牟羅'와 백제의 '毛羅'는 음운론적으로 차이가 거의 없으므로 신라어와 백제어의 차이는 방언 정도의 차이에 불과하다고 말할 수 있다. 李基文(1972)에서는 신라와 백제를 하나로 아우르는 南方 韓系語를 설정한 바 있는데, 목간의 여러 표기는 남방 韓系語를 지지하는 좋은 예이다.

남방 韓系語說에 따르면 이 목간에 기록된 것이 백제어인지 신라어인지를 가리는 것이 무의미하다. 신라와 백제 등의 남부 지역에서 이 목간에 기록된 수사가 두루 사용되었을 가능성이 크기 때문이다. 이 점을 감안하여, 이 책의 제목을 정할 때에 '新羅語'나 '百濟語'로 한정하지 않고 '古代 韓國語'라고 하였다.

그러나 表記法의 관점에서 이 목간을 검토해 보면 이 목간은 백제인의 후예가 작성하였을 가능성이 크다. 백제의 표기법에 대해서는 지금까지 밝혀진 것이 거의 없다. 백제 이두라 하여 논의된 것은 대부분 語順이 한문의 어순이 아니고 한국어 어순이라는 점을 지적한 것에 지나지 않는다. 그 대표적인 예로 부여 능산리사지 11호 목간에 기록된 이른바 宿世歌를 들 수 있다. 金永旭(2003)이 百濟의 詩歌를 기록한 목간이라 하여 유명해진 것인데, '宿世結業 同生一處'는 한문의 어순이지만 '是非相問 上拜白來'는 한국어 어순이다. 중요한 것은 이 후반부에서 韓音字가 전혀 보이지 않는다는 점이다.[27] 그리하여 마치 신라의 이른바 誓記體 표기를 보는 듯하다. 語順만이 한국어 어순으로 조정되었기 때문이다.

이와는 달리 미륵사지 1호 목간에서는 韓音字와 韓訓字를 섞어서 표기하였다. '新台巳'의 '新', '矣毛巳'의 '毛', '以?如巳'의 '如', '今毛巳'의 '今'과 '毛'는 한훈자의 예이고 나머지는 모두 한음자이다. 백제 지역에서 발굴된 목간 중에서 이처럼 한음자와 한훈자를 섞어서 쓴 표기를 발견했다는 것은 아주 큰 의미가 있다. 백제에서도 표음자와 표훈자 표기의 두 가지 방법을 두루 사용하는 표기법이 있었음을 증명해 주기 때문이다.

이 목간에서는 대부분이 韓音字로 표기되었지만 '新, 毛, 如, 今'의 네 글자는 韓訓字로 사용되었다. 이처럼 소수의 예에 한정하여 한훈자를 사용한 까닭이 무엇일까? 이 물음에는 한국어와 漢語의 음절구조가 異質的이라는 점을 들어 답할 수 있다.

---

27 韓音字는 기존의 音借字/音讀字에 해당하고, 韓訓字는 기존의 訓借字/訓讀字에 해당한다. 李丞宰(2008나)에 따르면 이 목간은 慧暈師의 入寂揭나 涅槃頌을 적은 것이다. 여기에서는 이 후반부를 "是非를 서로 묻되 위로 절하고 사뢰러 오라"로 해석하였다. '是非'도 훈독할 수 있으므로 후반부에는 음독자가 없다고 할 수 있다.

상당히 많은 양의 한국어 음절은 한자음으로 정확하게 표기할 수 있다. 그러나 일부의 한국어 음절은 이 방법으로는 표기가 불가능하다. 예컨대 한국어의 /*sai/(新)를 한자음으로 표기하려고 할 때에는 이 음상과 음가가 일치하는 한자를 찾기가 어렵다. '塞'를 찾아낼 수 있지만, '塞'의 한어 중고음이 /*səi/로 추정되므로 정확하지 않을 뿐만 아니라 '塞'가 두 가지 음가를 가지는 破音字라는 점에서도 문제가 된다. /*te/(또는 /*ta/, 如)를 표기할 수 있는 한자도 찾기가 어렵고 /*tʰer/(毛)이나 /*jet/(今)의 음가를 가지는 한자도 찾을 수 없다. 이들은 모두 한국어의 음절구조와 중국어의 음절구조가 일치하지 않음을 보여 주는 예들이다.

여기에서 다음과 같은 결론을 끌어낼 수 있다. 한국어의 음절에는 있으나 중국 한자에는 이에 해당하는 음절이 없을 때에 韓訓字 표기법을 이용한다. 『訓蒙字會』에서 'ㄷ'과 'ㅅ'의 명칭을 '池末'과 '時衣'으로 표기할 때에, '디귿'의 '귿'과 '시옷'의 '옷'으로 읽히는 한자가 없어서 불가피하게 각각 '末'과 '衣'로 표기하되 圈을 둘러(즉 훈독하여) '귿'과 '옷'으로 읽도록 한 것이 대표적인 예라고 할 수 있다.

신라의 표기법에서는 韓訓字가 앞에 오고 韓音字가 뒤따르는 訓主音從의 원칙이 적용된다(金完鎭 1980). 향가에 나오는 '一等'과 '二尸'이 대표적인 예이다. 그런데 미륵사지 1호 목간에서는 '一'이나 '二' 등의 漢數字를 사용하지 않았다. 신라의 표기법에 따른다면 漢數字를 사용하여 1의 재구형 /*gadəp/과 2의 재구형 /*iterəp/을 각각 '*一巳'과 '*二毛巳'으로 표기할 수 있다. 그런데도 이처럼 표기하지 않고 각각 '伽第巳'과 '矣毛巳'으로 표기하였다. 이 표기로는 단어의 의미가 곧바로 드러나지 않는다. 훈주음종의 표기법이 적용되지 않았기 때문이다. 이 점에서 신라 향가의 표기법과 이 목간의 표기법은 차이가 아주 크다고 할 수 있다.

이 표기법의 차이를 어떻게 기술할 것인가? 우리는 이 목간의 표기법이 백제 특유의 표기법에서 비롯되었다고 본다. 훈주음종의 표기가 보이지 않는다는 점에서 이 목간의 표기법은 신라 향가의 표기법과 분명히 구별된다. 이 점을 강조하면 신라와는 다른 백제 고유의 표기법을 가정할 수 있다.

이 가정을 도와주는 것으로 古代 日本의 표기법을 들 수 있다. 단어의 첫 음절부터 마지막 음절까지 모두 表音字로만 표기한 예로는 일본의 『古事記』(712년)와 『日本書紀』(720년)에 수록된 詩歌가 유명하다. 이 시가에서는 表訓字(訓假名) 표기가 전혀 보이지 않고 表音字(音假名) 표기만 나타난다. 그런데 후대의 『萬葉集』에 수록된 萬葉歌에서는 표훈자를 적극적으로 활용하는 표기로 바뀐다. 『萬葉集』 卷5의 일부와 卷14, 卷15, 卷17, 卷18, 卷20에서는 표음자 표기가 그대로 이어지지만 나머지 卷次에서는 훈주음종의 표기를 새로 도입하여 표기한다. 최근에 이 변화를 증명해 주는 목간 자료가 발견되어 눈길을 끈 바 있다.[28]

(17) Asakayamano Uta (安積山歌)

1. asakayama　kagesahemiyuru　yamanowino
2. あさかやま　かげさへみゆる　やまのゐの
3. 阿佐可夜麻　加氣佐閇美由流　夜真乃井能 (萬葉歌 木簡)
4. 安積香山　影副所見　山井之 (萬葉集 卷16, 3807)

(18) Nanihaduno Uta (難波津の歌)

1. nanihaduni　sakuyakonohana　huyugomori
2. なにはつに　さくやこのはな　ふゆごもり
3. 奈迩波ツ尒　佐久夜己能波奈　布由己母理 (萬葉歌 木簡)
4. 難波津に　咲くやこの花　冬ごもり (古今和歌集 仮名序)

(17.3)과 (18.3)의 밑줄 친 부분이 이른바 萬葉歌 木簡에서 판독된 부분이다. 이 목간은 744～745년 정도에 제작된 것으로 추정되는데, 이 목간의 표기를 검

28 이 목간은 1997년에 滋賀縣 甲賀市 紫香楽宮 유적지에서 발굴되었고 2008년 5월에 해독이 끝났다. 이 목간 자료와 고대 일본의 표기법에 대해서는 康仁善 교수로부터 큰 도움을 받았다. 강 교수는 이 목간에 대한 언론의 보도 내용을 모두 스크랩해 두었는데, 우리는 이 자료를 이용하여 효과적으로 논의를 전개할 수 있었다. 이 사실을 밝혀 강 교수께 깊이 감사드린다. 이 목간에 대한 종합적 연구는 榮原永遠男(2011)을 참고하기 바란다.

토해 보면 모두가 표음자로 표기되어 있다.[29] 그런데 이 노래의 표기가 후대의 『萬葉集』(783~790년)과 『古今和歌集』(905년)에서는 각각 (17.4)와 (18.4)처럼 바뀐다. 즉 훈주음종을 이용한 표기로 바뀐다. 따라서 8세기 중엽까지는 표음자만으로 노래를 표기하다가 그 이후에는 훈주음종의 표기를 받아들였다고 말할 수 있다. 그런데 이 표기법 변화가 일어나기 전의 표음자 표기는 아마도 백제로부터 받아들였을 가능성이 크고, 변화가 일어난 후의 훈주음종의 표기는 신라로부터 받아들였을 가능성이 크다.

이를 뒷받침할 논거로는 다음과 같은 것을 들 수 있다. 첫째, 백제의 王仁이 (18)의 '難波津の歌'를 지었다는 전설이 전해진다. 이것은 일본의 초기 표기법이 백제와 관련되어 있음을 암시한다. 둘째, 8세기 중엽 이후에는 百濟系 渡海人의 영향이 줄어들고 新羅系 도해인의 영향이 커진다. 백제가 660년에 이미 망했으나 일본에서는 백제의 영향력이 당분간 지속된다. 그러나 시간이 흐름에 따라 신라와의 관계가 더 부각된다. 셋째, 신라에서는 景德王이 757년에 각종 지명을 한자식으로 개명한다. 넷째, 나라(奈良) 시기의 도해인들이 表音字로 표기해오던 씨족 이름을 表訓字 표기로 바꿔 달라고 황실에 자주 청원한다(Kiley 1969). 이러한 정황을 두루 종합해 보면, 고대 일본이 처음에는 백제의 표기법을 수용했지만 나중에는 신라의 표기법을 채택했을 가능성이 크다. 일본에서 表音字(音假名) 표기가 訓主音從 표기로 바뀐 것은 독자적으로 변화한 것이 아니라 한반도로부터 영향을 받은 변화였을 것이다. 특히 변화의 시기가 바로 8세기 중엽 이후라는 점에서 이렇게 말할 수 있다.

백제의 표기법은 표음자 표기를 기본으로 한다는 점에서 8세기 중엽까지의 고대 일본의 표기법과 같다. 그러나 백제에서는 필요에 따라 표훈자도 사용했는데, 『古事記』나 『日本書紀』에서도 표훈자 '眞, 津, 田' 등이 간혹 사용된다. 이 점도 공통점이라 할 수 있다. 백제어에는 한자의 음을 빌려 표기할 수 없는 음절 예컨대 /*ter/이나 /*jet/ 등을 표기할 때에 표훈자 '毛'나 '今'을 사용했지만, 고대

29 (17.3)의 '真'을 훈독하여 /ma/로 읽는 것은 예외에 속한다. 이처럼 독특하게 훈독하는 글자가 있지만, 많지는 않다.

일본에서는 이처럼 복잡한 음절이 없었다. 따라서 일본에서는 백제와는 달리 단어를 표기할 때에 표훈자를 사용할 필요가 애초부터 없었다. 일본어의 음절이 50개 정도에 지나지 않으므로 일본에서는 50개 정도의 표음자 즉 音假名만으로도 모든 일본어를 충분하고도 효과적으로 표기할 수 있었다.

그런데도 8세기 4/4분기의 『萬葉集』에서 訓假名 위주의 표기법으로 바뀐 것은 일본의 내부적 요인만으로는 설명하기가 어렵다. 반면에, 신라 표기법의 영향으로 이 표기법 변화를 기술하면 금방 이해가 된다. 훈주음종을 기본으로 한다는 점에서 신라의 표기법은 『萬葉集』 이후의 일본에서 채택한 訓假名 위주의 표기법과 같기 때문이다.

이와 같이 대비할 때에는 훈주음종의 표기가 언제부터 시작되었는지를 밝힐 수 있어야 한다. 鄕歌에서 이미 훈주음종의 방식으로 표기했다는 점을 논거로 들어 그 시기를 7세기 초엽까지 끌어올릴지 모른다. 그러나 이것은 적절한 논거가 아니다. 『삼국유사』와 『均如傳』의 편찬 시기가 『萬葉集』보다 늦기 때문이다.

이 점에서 咸安 城山山城 목간은 매우 귀중한 자료를 제공한다. 함안 목간에는 '文尸, 蒜尸, 糸利' 등이 나오는데 이들은 각각 현대어의 '글(文), 마늘(蒜), 실(絲)'에 대응하고 /*kər, *manər, *siri/로 재구된다(李丞宰 2009가). 이 세 예는 모두 훈주음종의 대표적인 예라고 할 수 있다. 그렇다면 신라에서는 훈주음종의 표기가 6세기 중엽으로 소급한다. 함안 성산산성은 561년경에 축조되었고 함안 목간은 대부분 이 성을 축조할 때에 조달되었던 물품을 기록한 것이다. 그렇다면 신라에서는 이미 6세기 중엽부터 訓主音從을 적용하였고 일본에서는 8세기 중엽 이후에 이를 수용하였다는 논의가 가능해진다.

지금까지 장황하게 미륵사지 1호 목간의 표기가 백제의 전통을 이어받은 것임을 논의하였다. 그런데 이 표기법을 언어와 동일시해서는 안 된다. 표기법으로는 백제의 표기법이지만, 표기된 언어를 백제어로 한정하기보다 南方 韓系語로 통칭하는 것이 바람직하다. 앞에서 논의한 바 있듯이, 백제어와 신라어 數詞는 방언 정도의 차이에 불과했기 때문이다. 한마디로 말하면, 이 목간은 古代 南方 韓國語의 數詞를 백제의 후예가 백제의 표기법으로 기록한 것이다. 언어적으로는 동일하지만 표기법에서는 백제와 신라가 서로 달랐다는 점, 이것을 다시 강조해 둔다.

이 목간에 韓半字 연쇄 '氵 +'가 적혀 있다는 사실은 문자론의 관점에서 대단히 중요하다. 한국의 口訣字는[30] 일본의 가타카나(片假名) 또는 히라가나(平假名)와 자형이 유사하여 일찍부터 눈길을 끌어왔다. 일본의 가나가 한국의 口訣字에 그 기원을 두고 있을 가능성 때문이었다. 그런데 가나보다 시기적으로 앞서는 구결자의 예를 찾기가 어려웠다. 최근에 小林芳規(2003)은 元曉가 저술한 『判比量論』에 각필로 표기된 문자를 논거로 삼아 가나의 한반도 기원설을 제기한 바 있다. 그러나 이 각필 표기는 현미경으로도 잘 보이지 않으므로 자료의 신빙성이 문제가 된다.

반면에 미륵사지 1호 목간의 '氵 +'는 표기가 선명할 뿐만 아니라 처격조사의 기능이 확인되기 때문에 문법적 기능에서도 정확하다. 이 목간은 7세기 말엽이나 8세기 초엽에 제작되었을 것으로 추정되는 데에 비하여, 가나가 등장한 것은 8세기 말엽이나 9세기 초엽으로 알려져 있다. 시간적으로 100년 정도 앞선 자료이므로 이 '氵 +'는 가나의 기원이 한국의 구결자에 있다는 것을 논의할 때에 매우 귀중한 자료가 될 것이다. 마침 7세기 말엽이나 8세기 초엽은 薛聰이 생존했던 때이다. 설총이 '以方言讀九經'했을 때의 '方言'이 구결에 가깝다는(李基文 1981) 것은 널리 알려져 있다.[31] 이 '氵 +'는 이것을 실증해 주는 자료가 될 것이다.

4. 木簡 자료의 국어학적 연구 방향

익산 미륵사지 1호 목간은 목간 대상의 국어학적 연구가 指向해야 할 논점을

30 정확하게 말하면 '口訣字'라는 명칭은 문자론적 명칭이 아니다. 우리는 韓國字의 일종인 '韓半字'가 더 정확한 명칭이라고 본다(Lee SeungJae 2016).

31 『續日本書紀』에 따르면, 薛聰의 손자인 薛仲業이 780년(선덕왕 1) 정월에 일본에 사신으로 갔는데 大判官 韓奈麻(大奈麻)로서 일본의 光仁王으로부터 從五品下의 일본 관직을 받았다고 한다. 이 薛仲業이 신라식 口訣을 일본에 전했을 가능성이 있다.

포괄적으로 제시하고 있는 목간이다. 지금까지 논의한 바를 간단히 정리함으로써, 목간 자료의 국어학적 연구가 지향해야 할 바를 제시하기로 한다.

첫째, 정확한 판독 안을 제시하고 이것을 해독할 수 있어야 한다. 판독은 목간 연구의 출발점이자 종착점이다. 그러나 해독이 불가능한 판독 안은 국어학적으로 의미가 없다. 따라서 판독과 해독이 맞물려 돌아가야 한다.

전북 익산의 미륵사 터에서 발굴된 1호 목간은 4면 목간의 일종이다. 여기에 39자가 적혀 있는데, 아직 판독된 바 없거나 誤讀된 글자가 적지 않다. 이들을 바로잡으면서 새로 판독하여 그 결과를 기록된 순서에 따라 분절해 보면 다음과 같다. '光幽五月二日▣▣, 新台巳, 日古巳, 刀士巳, 以?如巳 ㇌ 十, 二▣口巳, 今毛巳, ▣▣▣, 坐伽第巳, 矣毛巳'. 해독의 결과로 밝혀진 것이지만 흔적도 남기지 않고 없어진 글자는 없다.

1면의 필사 방향은 2~4면의 필사 방향과 반대 방향이다. 1면은 기록 날짜와 기록자를 적은 부분인데, 여기에는 '光幽五月二日▣'이 적혀 있다. '光幽'는 함몰 연호인 듯하고, 기록자의 인명은 1면의 마지막 글자 '▣'와 2면의 첫 글자 '▣'에 기입되어 있다.

2면의 둘째 글자부터는 본문의 내용에 해당한다. 이들은 모두 韓半字 '巳'으로 분절된다. 따라서 이들이 일련의 語族에 속함과 동시에 '巳'이 해독의 열쇠를 쥐고 있음을 알 수 있다. 우리는 '巳'이 漢字 '邑'에서 온 韓國漢字의 일종인 韓半字로 보고 이것을 /*(ə)p/으로 읽었다. 이에 따르면 '日古巳'을 곧바로 현대어의 수사 '일곱'이라 읽을 수 있으므로, 이 語族이 고대어의 數詞에 해당한다고 가정할 수 있다.

둘째, 목간 대상의 국어학적 연구에서는 고대 한국어의 재구형을 제시할 수 있어야 한다. 재구는 국어학적 논거로 뒷받침되어야 하고 재구형이 국어학적 의미를 내포하고 있어야 한다.

미륵사지 1호 목간이 數詞 語族을 기록한 것이라는 가정은 제주도와 함경도 방언에서 소의 연령을 가리키는 단어, 중세 한국어의 여러 수사 등에 의해 증명된다. 방언 자료와 문헌 자료를 두루 참고하여, 추출된 고대 한국어의 수사 여섯 개를 재구해 보면 다음과 같다.

(19) 목간 수사의 최종 재구

伽第巴 /*gadəp, *가듭/ (一日)

矣毛巴 /*iterəp, *이더릅/ (二日)

新台巴 /*saidəp, *새듭/ (三日)

刀士巴 /*tasəp, *다습/ (五日)

日古巴 /*nirkop, *닐곱/ (七日)

二■口巴 /*ni■kup, *닐굽/ (七日)

今毛巴 /*jeterəp, *여더릅/ (八日)

以?如巴 /*jətep, *jətap, *의뎝, *의답/ (八日)

재구된 어형은 형태론적으로 다시 분석될 수 있다. '巴' 즉 /*(ə)p/은 영어 서수사의 '-th'에 비유할 수 있는 것으로서 순서대로 세는 것이나 일련번호를 뜻하는 접미사이다. 이 접미사는 방언 자료에서는 동물의 연령을 가리킬 때에 쓰이지만 고대어에서는 날짜를 가리킬 때에도 두루 쓰일 수 있었다.

특히 '以?如巴 氵 十'에서 분석된 韓半字 연쇄 '氵 十'는 어학적으로 함의하는 바가 많다. 현대어 '여드래'가 수사에 처격조사가 융합된 어형임을 증명해 줄 뿐만 아니라, 한반자 연쇄가 늦어도 7세기 말엽이나 8세기 초엽에는 이미 사용되었음을 증명해 준다. 薛聰이 方言으로 九經을 읽었다는 기록에서, 方言이 구체적으로는 口訣을 가리킨다는 것도 증명해 준다. 이 한반자는 후대의 이른바 구결자와 자형이 같기 때문이다. 나아가서 이것은 일본의 가나보다 한국의 구결자가 훨씬 일찍부터 사용되었다는 증거가 되기도 한다.

우리가 재구한 어형은 한국어 음운사 기술에 암시하는 바가 적지 않다. 첫째로, 고대어의 음절구조에 閉音節 CVC가 이미 존재하였음을 증명해 준다. '巴'이 어말 자음 /*p/를 표음하므로 고대어의 음절말 자음을 부정해서는 안 된다. '日古巴'의 '日'이 음절말 자음 /*r/을 표음한 것도 보조적 논거이다. 둘째로, /*-t/

로 재구되는 漢語 中古音의 入聲韻尾가 '-ㄹ'로 수용된 것은 8세기 이전의 일이다. 한국 한자음이 8세기 말엽 이후에 형성되었다고 보는 견해에서는 '日古巳'의 '日'이나 '二▣口巳'의 '二▣'이 /*nir/에 대응하는 현상을 설명할 수 없다. 셋째로, 漢語의 前期 中古音에서 '日'과 '二'의 초성이 /*n/이므로 고대 한국 한자음에서는 日母의 음가가 /*n/이었다. 이것은 한국의 고대어에서 이른바 吳音(즉 前期 中古音)이 사용되었음을 말해 준다. 이 고대어의 吳音이 고대 일본에 전해져 일본의 吳音이 된다. 후대에는 日母가 일본의 漢音 /*z/로 대체된다.

셋째, 목간에 기록된 언어와 표기법을 특정하여 밝힐 수 있어야 한다. 어느 언어를 기록한 것인지 어느 표기법을 적용한 것인지를 밝혀야만 국어사 연구에 이용할 수 있기 때문이다. 중국은 땅이 넓고 목간의 출토지도 다양하다. 지리적 차이에 따라 서로 다른 언어였는지 동일 언어였는지를 밝힐 수 있어야 중국 漢語史 기술에 목간 자료를 활용할 수 있다. 이것은 한국의 고대 목간에서도 마찬가지이다. 미륵사지 1호 목간은 마침 백제어를 기록한 것인지 신라어를 기록한 것인지, 백제 표기법을 적용했는지 신라 표기법을 적용했는지 등의 문제를 제기해 준다.

이 목간의 발굴 지점이 전북 익산의 미륵사지이므로 재구된 어형이 百濟語일 가능성이 있다. 반면에 발굴 지점인 미륵사지 서쪽 연못이 통일신라 초기(716년 이전)에 만들어졌다는 점을 감안하면 이 목간에 新羅語가 기록되었을 가능성도 있다. 이를 가리기 위하여 '하릅, 이듭, 사릅 …' 등의 수사를 사용하는 방언의 분포를 검토해 보면 그 분포가 백제 지역과 합치하지 않는다. 이 목간의 수사 2가 /*iterəp/으로 재구되는 데에 비하여 신라 향가의 '二尸' 또는 '二肹'은 /*tubər/로 재구된다. 여기에서만 차이를 보일 뿐 다른 수사에서는 큰 차이가 없다. 또한 要塞村을 뜻하는 단어가 신라에서는 '牟羅'로, 백제에서는 '毛羅'로 표기되어 언어적 차이가 없다. 이러한 것을 두루 종합하면 백제어와 신라어는 방언 차이 정도에 불과했을 것으로 추정된다. 따라서 미륵사지 목간에는 南方 韓系語(또는 韓國語)가 표기되어 있다고 보았다.

백제와 신라 사이에 언어적 차이는 크지 않았지만 표기법에서는 현격한 차이가 있었다. 신라 향가에서는 수사 1과 2가 각각 '一等'과 '二尸, 二肹'로 전사된다. 첫째 글자에는 韓訓字가 사용되고 둘째 글자에는 韓音字가 사용된다. 訓主音從의 원칙이 적용된 것이다. 이에 비하여 미륵사지 목간에서는 '一, 二, 三' 등의 漢數字를 사용하는 표기법을 택하지 않았다. 이것은 신라의 표기법과는 전혀 다른 표기법이므로 表音字 표기를 기본으로 하는 백제 특유의 표기법이라고 할 수 있다. 이 표기법은 흥미롭게도 8세기 중엽 이전에 기록된 일본 萬葉假名의 音假名 표기법과 유사하다. 8세기 말엽에 편찬된『萬葉集』에서는 새로이 훈주음종의 원칙이 적용된다.

결론적으로, 彌勒寺址 1호 木簡은 7세기 말엽이나 8세기 초엽에 백제의 후예가 百濟의 表記法으로 南方 韓國語의 數詞 여섯 개를 기록한 것이 된다. 언어의 계통을 논의할 때에는 수사가 핵심적인 대상이다. 수사가 이 목간에 여섯 개나 기록되었다. 수사의 音相이 기록된 것으로는 最古의 자료일 뿐만 아니라 백제 고유의 표기법이 반영되어 있다. 따라서 이 목간은 국어학적으로 국보적 가치를 가진다고 말할 수 있다.

지금까지 논의된 바를 정리하였지만, 이 글에서 아예 다루지 않았거나 깊이 있게 다루지 못한 것이 적지 않다. 특히 이 목간에 적힌 글자를 崔世珍이 표음한 16세기 한자음으로 읽었다는 점에서 이 글은 일차적으로 한계를 가진다. 또한 고대어의 자음이나 모음의 음가를 정확히 추정하는 일도 완성하지 못하였다.[32] 글자의 판독에서도 아직 미심쩍은 부분이 없지 않다. 보다 정확하고 심도 깊은 논의가 나오기를 기대해 본다.

또한 이 목간의 기록 목적에 대해서도 논의하지 않았다. 미륵사지 목간의 수사는 기억해야 할 날짜를 기록했을 가능성이 가장 크다. 그러나 수사가 가지는 重義性 때문에 이렇게 성급하게 단정하고 싶지는 않다. 예컨대, 동원된 사람의 수, 노동한 날의 수, 산출된 곡물의 양 등을 숫자로 표기한 것일 수도 있다. 나아가서

32 이승재(2013다)에서 백제어의 자음체계를, 이승재(2016)에서 고구려어의 음운체계를 설정한 바 있다. 그러나 新羅語에 대해서는 아직 우리의 견해를 제시하지 않은 상태이다.

행정이나 지역의 집단, 군사 목적의 기밀 등을 숫자로 기록한 것일 수도 있다. 상상력을 발휘하여 이 중의 어느 하나로 기록 목적을 한정할 수도 있지만, 그것은 역시 상상력의 세계에 속한다. 기억을 위하여 날짜를 기록했을 가능성이 크다는 점만 지적하고 더 이상의 억측은 삼가기로 한다.

4. 單位名詞와 普通名詞

이 章에서는 목간에 기록된 單位名詞(또는 分類詞)를 판독하고 해독하는 데에 목적을 둔다. 단위명사 중에는 계량의 단위인 것이 많고 이 단위는 名詞의 종류에 따라 달라진다. 현재까지 한국에서 발굴된 목간은 약 440점에[1] 이른다. 이들을 대상으로 하여 古代 韓國語의 單位名詞와 이와 연계되어 있는 普通名詞를 정리해 보고자 한다.

단위명사는 사물의 수량을 헤아릴 때에 단위가 되는 명사를 가리킨다. 예컨대, 나이를 셀 때에는 '한 살, 두 살' 등의 '살'로 세고, 쌀을 계량할 때에는 '한 되, 두 되' 등의 '되'로 센다. 이 '살'이나 '되'와 같은 명사를 단위명사라 부른다. '살'은 사람의 나이를 셀 때로 용법이 한정되지만 '되'는 '쌀, 보리, 밀' 등의 곡물을 계량하는 단위로 두루 사용된다. 이처럼 계량의 대상이 무엇이냐에 따라 단위명사가 구별되고 다양해진다. 단위명사는 앞에 오는 수사의 수식을 받는 통사 구성에서

1 각종 사진 자료를 통하여 지금까지 공개된 목간과 목간 형태는 600여 점에 이른다. 이 중에서 글자가 표기된 목간은 440점이다. 사진 자료가 실린 도록으로는 國立昌原文化財硏究所(2004), 國立昌原文化財硏究所(2006), 국립부여박물관(2008), 국립부여박물관·국립가야문화재연구소(2009) 등이 있다.

만 쓰이는 것이 원칙이므로 단위명사를 흔히 依存名詞로 분류해 왔다.[2]

그런데 일상적인 구술발화에서는 '한 살, 두 살'이나 '한 되, 두 되' 등을 사용하면서도 문자기록에서는 이와는 달리 '壹歲, 貳歲'나 '一升, 二升' 등을 사용해 왔다. 즉 수사와 단위명사는 口語와 文語가 극명하게 달라지는 대표적인 예이다. 현재까지도 이 전통은 계속 이어지는데, 고대의 목간에 나타나는 '壹歲'나 '一升' 등의 문자기록을 어떻게 읽을 것인지 집중적으로 논의할 필요가 있다. 이에 초점을 맞추어, 우리는 고대 한국어에서 사용된 단위명사와 이와 연계되어 있는 보통명사를 정리할 것이다.

1. 韓國字 表記에서 본 단위명사의 특성

널리 알려져 있듯이, 한국 고유의 문자가 없던 시절에는 한자를 사용하여 한국어를 기록했다. 한자의 訓이나 音을 이용하여 한국어를 표기한 것을 흔히 借字表記라고 불러 왔으나 우리는 이것을 韓國字 表記라고 지칭한다. 이해의 편의를 위하여 먼저 한국자 표기의 기본적인 구조를 설명하기로 한다.

(1) 한자의 구조

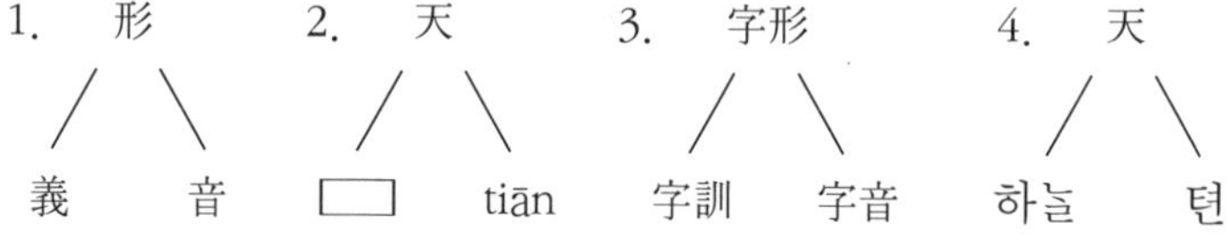

한자는 기본적으로 (1.1)에서 볼 수 있듯이 形·音·義로 이루어지는 구조를 가지고 있다. 중국에서는 (1.1)의 '義' 자리에 아무것도 오지 않는다. 예컨대 (1.2)

2 중국에서는 이 단위명사를 量詞라 부르되, 量詞를 독자적 문법범주로 간주한다. 이 量詞는 한어 통사구조의 통시적 변화를 논의할 때에 중요한 연구 대상이다. 數量詞句에서 어순 변화가 일어났기 때문이다.

의 '天'은, 모국어 화자인 중국인들에게는 의미가 개념화되어 있으므로 빈자리 즉 □로 기술된다. 그러나 한자를 학습하는 한국인이나 일본인 등의 외국인은 이 □ 자리에 自國語 단어를 넣을 수가 있다. 이 자리에 오는 것을 (1.3)의 字訓이라 하고, (1.4)의 한국 고유어 '하늘'을 □ 자리에 넣을 수 있다. '하늘'을 '天'으로 표기하는 것을 韓訓字 表記라 한다. 반면에, 한국어의 '텬'이라는 발음을 표기하기 위하여 '天'을 사용했다면 이것은 (1.3)의 字音을 활용한 표기이고, 이러한 표기를 韓音字 表記라 한다.

이처럼 한훈자 표기와 한음자 표기를 정의하면, 한국어 표기에 사용된 한자 즉 韓國字는 訓讀이나 音讀의 둘 중 한 가지로 읽히게 된다. 예컨대 수사 7에 해당하는 한국 고유어를 표기하기 위하여 漢數字 '七'을 사용했다면, 이 '七'을 훈독하여 한국 고유어 '일곱'으로 읽는다. 반면에 '칠'에 해당하는 한국어 발음을 표기하기 위하여 '七'을 사용하였다면 이 '七'을 한국 한자음으로 음독하여 '칠'로 읽는다. 이것은 일본에서 '七'을 /nana/로 훈독하기도 하고 /siči/로 음독하기도 하는 독법과 같다. 결론적으로 韓訓字는 표기 대상이 한자의 字義 자리에 온 것이고, 韓音字는 표기 대상이 字音 자리에 온 것이라고 할 수 있다. 이 관계를 간단히 도식화하여 그 실례를 들어 보이면 다음과 같다.

(2) 한국과 일본의 훈독과 음독의 실례

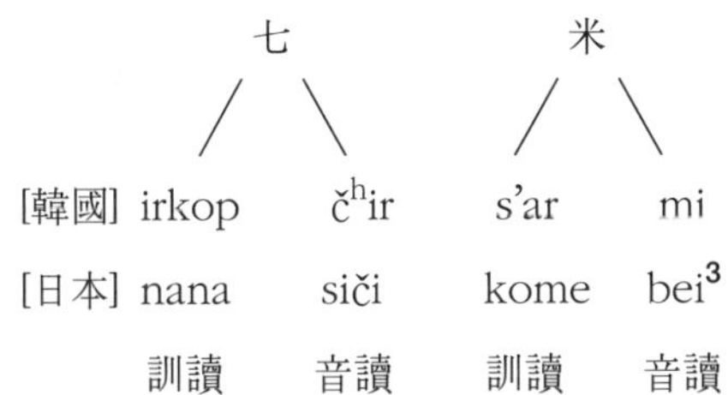

위의 개념 규정에 따라, 고대의 표기에 자주 등장하는 '米二斗三升'을 어떻게

3 일본의 漢音으로는 /bei/이지만 吳音으로는 /mai/이다.

읽을 수 있는지 간단히 소개하기로 한다. 다섯 개의 한자를 모두 한국 고유어로 훈독하면 이것은 /쌀, 두, 말, 석, 되/가 된다. 거꾸로 이 다섯 개를 모두 한국 한자음으로 읽어 음독하면 /미, 이, 두, 삼, 승/이 된다. 중국에서는 이 '米二斗三升'을 음독하여 /mi, èr, dǒu, san, shēng/으로 읽는 방법밖에 없지만, 한국과 일본에서는 훈독할 수도 있고 음독할 수도 있다.

(3) '米二斗三升'의 독법

讀法\資料		米	二	斗	三	升
1	韓國 訓讀	쌀	두	말	석	되
2	韓國 音讀	미	이	두	삼	승
3	中國 音讀	mi	èr	dǒu	san	shēng

이론적으로는 앞에서 말한 것처럼 '보통명사 # 수사 # 단위명사'를 두 가지 방법으로 읽을 수 있다. 그런데 실제적으로는 이것을 (3.1)의 훈독으로만 읽는다. 이 점이 한국어 數量詞句 '보통명사 # 수사 # 단위명사'의 중요한 특성이라고 할 수 있다.

구체적인 예를 들어 보기로 하자. 구술발화에서는 거의 대부분 '나이'라는 한국 고유어를 사용하면서도 이것을 문자로 기록할 때에서는 '年歲, 年齡' 등의 한자어를 사용한다. 다음의 대화는 구술문화와 기록문화가 서로 다름을 보여 주는 대표적인 예이다.

(4) 단위명사 '살'과 '歲'의 예

어른: 자네, {나이가, *年歲가} 몇인가?

청년: {스물일곱 살입니다. / *이십칠 세입니다.}

실례지만, 어르신은 {*나이가 / 年歲가} 어떻게 되세요?

어른: {예순세 살이네. / *육십삼 세네.}

이 예에서 볼 수 있듯이 고유어 '나이'와 한자어 '年歲'는 경어법에서 차이가 난다. 더 중요한 것은, 일상적 대화에서는 '수사 # 단위명사'를 '스물일곱 살, 예순세 살' 등의 한국 고유어로 말하고 '*이십칠 세, *육십삼 세' 등의 한자어는 사용하지 않는다는 사실이다. 이와는 달리, 각종 문서에서는 '스물일곱 살, 예순세 살' 등의 고유어로 기록하는 것이 아니라 '二十七歲, 六十三歲' 등의 한자어로 기록해 왔다. 여기에서 구술문화와 기록문화의 차이를 실감할 수 있다.

이처럼 구술할 때에는 한국 고유어를 사용하면서도 기록할 때에는 한자나 한자어를 사용해 온 현상을 흔히 言文不一致 현상이라 불러왔다. 이 불일치 현상은 고대로부터 19세기 말엽까지 변함없이 이어진다. 19세기 말엽부터 선각자들이 言文一致 운동을 벌여 왔음은 주지의 사실이다. 특히 1960년대부터 한자와 한자어 사용이 급격히 줄어들면서 '二十七歲, 六十三歲' 등으로 문서를 작성하는 일이 드물어지기 시작했다. 이제는 고유어로 구술하고 동시에 고유어로 기록하므로 21세기 현재는 언문일치가 거의 이루어진 듯하다. 그렇다면 19세기 말부터 100여 년 동안은 言文不一致에서 言文一致로 넘어가는 과도기라고 할 수 있다.

이 과도기에도 '수사 # 단위명사' 구성은 언문불일치의 대표적인 예가 된다. 이 불일치 현상은 달리 요약하면 '고유어 구술, 한자(어) 기록' 현상이다.[4] 이 점을 강조하면 19세기 이전의 문서에 기록된 것들의 독법을 추정할 수 있다. 비록 '二十七歲, 六十三歲' 등으로 기록되었다 하더라도 구술 발화에서는 이들을 '스물일곱 살, 예순세 살' 등으로 말했을 것이다. 이 현상은 고대에까지 소급하므로 목간에 '二十七歲'로 기록된 예가 나온다면 이것도 당연히 한국 고유어로 읽어야 한다. 고대의 한국 고유어가 현대의 고유어와 音相이 서로 차이가 날 수 있다. 이 차이를 염두에 두면서 목간에 기록된 단위명사와 보통명사를 해독하기로 한다.

4 古代 한국의 地名表記에서도 이 원칙을 두루 확인할 수 있다.

2. 고대 목간의 單位名詞와 普通名詞

國立昌原文化財硏究所(2004), 國立昌原文化財硏究所(2006), 국립부여박물관(2008), 국립부여박물관·국립가야문화재연구소[이하 '부여·가야'로 약칭함](2009)에 게재된 목간 자료 중에는 단위명사가 기록된 것이 적지 않다. 단위명사로 분류되는 것을 하나씩 거론하기로 한다.

2.1. 단위명사 '石, 斗, 升'

穀物을 계량할 때에 사용하는 단위명사로 현대어의 '섬{石}, 말{斗}, 되{升}' 등이 있다. 현재는 80kg을 단위로 '한 섬'이라 하지만, 통일신라에서는 '二十斗 = 一石', 신라 말기 이후에는 '十五斗 = 一石'이었다고 한다(李宇泰 2002). 이처럼 시기나 자료에 따라 단위명사 상호 간의 등식 관계가 달라지므로 이 관계에 대해서는

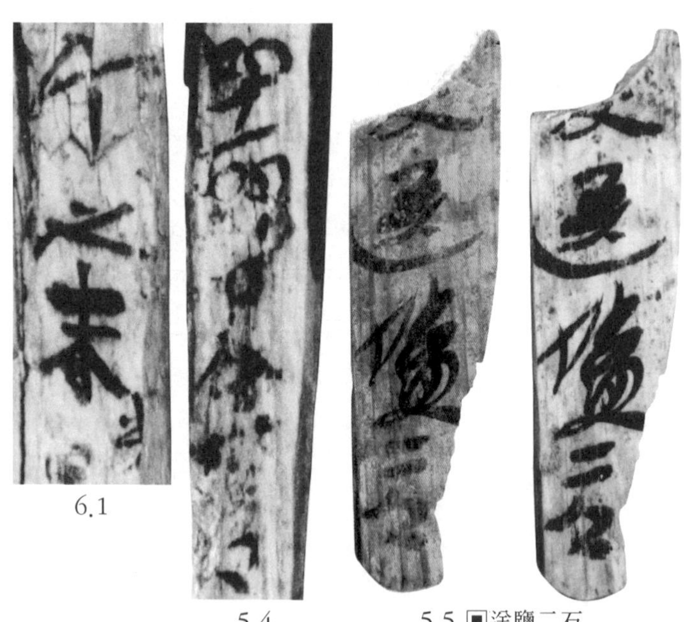

6.1 5.4 5.5 ■送鹽二石

논의를 생략하기로 한다. 그러나 '石'이 '斗'보다 큰 단위이고, '斗'가 '升'보다 큰 단위라는 것만은 분명하다.

고대의 목간에 '石, 斗, 升'이 기록된 것을 일단 모두 모아 보면 다음과 같다.

(5) 단위명사 '石/石'

1. 一石 (함안 100)
2. 稗石 (함안 27, 103, 117, 118, 128, 148, 149, 158, 159, 162, 172, 184, 185)
3. 稗一石 (함안 140, 153)
4. 器尺一石[5] (함안 119)
5. ■送鹽二石 (능사 10)
6. 習利一石五斗[6] (쌍북280 1)
7. 太子四石 (월지 39)
8. 仲椋有食卄二石 (황남 1)

(6) 단위명사 '斗'

1. 斗之末米[7] (능사 12)
2. 初日食四斗 (능사 25)
3. 二日食米四斗小升一 (능사 25)
4. 三日食米四斗 (능사 25)
5. 五日食米三斗大升一 (능사 25)
6. 六日食三斗大二[8] (능사 25)
7. 七日食三斗大升二 (능사 25)
8. 八日食米四斗大 (능사 25)

---

5 앞 쪽의 사진 5.5에서 볼 수 있듯이, 이 글자는 '石'의 첫 획이 없는 한국 고유의 韓製字이다.
6 佐官貸食記라는 帳簿名에서 계량의 대상이 '食'임을 알 수 있다.
7 '米'는 '末'의 右下에 작은 글씨로 기입되었다. 이것은 '米'가 일종의 註釋임을 뜻한다.
8 '大'는 '大升'에서 '升'이 생략된 표기이다.

9. 素麻一石五斗上一石五斗未七斗半 (쌍북280 1)

10. 辛卯年第二汁八斗 (월지 23)[9]

11. 南瓮汲上汁十三斗 (월지 15)

(7) 단위명사 '升'

1. 二日食米四斗小升一 (능사 25)

2. 五日食米三斗大升一 (능사 25)

3. 七日食三斗大升二 (능사 25)

(8) 단위명사 '代'

1. 召彡代 (월지 39)

(5)에서 확인할 수 있듯이 '石'은 '稗, 器尺, 鹽, 食, 太子' 등을 계량하는 단위로 사용되었다. (6)의 '斗'나 (7)의 '升' 단위로 세는 '米, 食米, 汁, 召' 등도 양이 많으면 '石' 단위로 세었을 것이다. 문제는 이들 가운데 무엇을 지칭하는지 확실하지 않은 것들이 있다는 점이다. '稗, 鹽, 米' 등은 각각 중세어의 '피, 소곰, 쌀' 등을 가리키지만 '食, 食米, 器尺, 太子, 汁, 召' 등은 무엇을 지칭하는지 분명하지 않다.

'食'은 복합어 '食米'를 감안하면 禾穀의 일종일 것이므로, 중세어의 '조(粟)'나 '기장(黍, 穄)' 둘 중 하나로 추정된다. '食'을 '조'라 하면 '食米'는 '조쌀 (>좁쌀)'이 되고, '기장'이라 하면 '食米'는 '기장쌀 (>기장쌀)'이 된다. 따라서 복합어 구성 여부만으로는 '食'이 '조'에 해당하는지 '기장'에 해당하는지 판단하기 어렵다. 『訓蒙字會』의 註釋을 참고해도 어렵기는 마찬가지다.

(9) '米' 관련 『훈몽자회』의 주석

1. 穄: 기장 :졔 [俗呼米曰黃米]

---

9 이것은 부여·가야(2009: 156)의 판독을 따른 것이다.

2. 粟: 조 속 [俗呼穀子 呼米曰小米]

이 주석의 '黃米'와 '小米'를 통해 『훈몽자회』의 '米'가 현대의 '쌀'에 대응함을 알 수 있다. '기장(稷)'은 '쌀'에 비해 색깔이 누렇고 '조(粟)'는 낟알의 크기가 작다. 이 차이가 있기는 하지만 '기장'이나 '조'를 넓은 의미의 '米'로 지칭하기도 했다는 점이 중요하다. 따라서 목간의 '食米'가 '기장'이나 '조'를 가리킬 가능성이 커진다. 그러나 이 둘 중에서 어느 것에 해당하는지는 아직 알 수 없다.

穀名 '조(粟)'를 그대로 音寫한 것이 (8)의 '召'인 듯하다. 경주 월지 39호 목간은 4면 목간이고, 글자가 비교적 선명하여 판독하기 쉽다. 이 목간의 3면을 '召彡代'로 판독하고 '조, 석 되'로 해독할 수 있다.

(10) 경주 월지 39호 목간의 판독 및 해독

1면: [奉 太子四石] {바침, 알콩 네 섬}

2면: [前實粙酒] {前實(의) 粙(로 빚은) 술}

3면: [召彡代] {조 석 되}

4면: [ ]

國立昌原文化財硏究所(2006: 191~192)에 실린 여러 판독 중에서 상호 일치하는 것은 1면의 '奉太子'밖에 없다. 하시모토 시게루(2007)과 부여·가야(2009: 159)에서는 3면을 '召彡代'로 판독하여 정곡을 찔렀으나 1면의 '四石'을 기존의 판독을 좇아 '君'으로 읽고 2면의 셋째와 넷째 글자는 판독하지 못했다. '四石'을 '君'으로 읽은 것은 '太子'를 인간명사 즉 '왕위를 이을 왕자'로 오해한 것이 아닌가 한다.

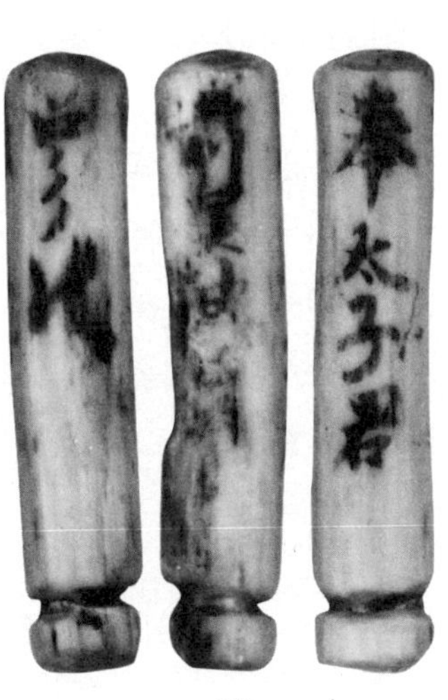

10

이곳의 '太子'는 사실은 곡물 '알콩' 즉 '낟콩'

을 뜻한다. '太'는 '大豆'를 상하로 合字하여 적는 관습에서 비롯된 韓國字이다. 그 논거로는 일본 쇼소인(正倉院)의 佐波理加盤 附屬 新羅文書에 나오는 合字 '大豆'를 들어 왔는데, 경주 월지 17호 목간에서도 이 글자를 확인할 수 있다. 上下 合字인 '大豆'의 '豆' 부분을 초서체로 쓰다가 '丶'으로 줄인 것이 '太'이다.

'太子'의 '子'는 주로 禾穀類에 통합된다. '子'는 원래 '씨(種子)'의 뜻이므로 화곡류에 '子'가 통합되면 그 화곡의 '알곡'을 뜻하게 된다. 『훈몽자회』에는 이 '알곡'을 뜻하는 '子'의 예로 (9.2)의 '穀子'를 비롯하여 '穈子(기장), 稷子(피), 稗子(피), 蘇子(듧깨)' 등이 나온다.[10] (10)의 목간에서 '子' 뒤에 온 글자는 '君'이 아니라 '四石'이 맞을 것이다. '四'와 '石'이 거의 붙어 있어서 마치 '君'인 것처럼 보이기도 하나, '君'의 運筆과는 거리가 멀다. 1면의 '奉 太子四石'은 '바침, 알콩 네 섬'으로 해독된다.

석가탑 중수문서 '酒'의 예

이 해독에 따르면 이 목간에 物目과 그 數量이 기록되어 있다고 할 수 있고, 이를 바탕으로 2면을 '前實粙酒'로 판독할 수 있다. '前實'이 무엇인지는 아직 확인할 길이 없으나 2면의 셋째 글자는 '벼의 알'을 뜻하는 '粙'로, 넷째 글자는 '酒'로 추정된다. 넷째 글자는 석가탑에서 나온 중수문서의 '酒'를 참고하면(위의 사진 참조) '酒'의 行書임을 바로 알 수 있다. 이처럼 판독하면 이 목간의 2면은 '前實(의) 粙(로 빚은) 술'로 해독된다.[11]

3면의 '召彡代'는 '조, 석 되'에 해당하는 표기이다. 첫째 글자는 '召'의 고대 이

10 화곡류에는 '子'가 통합되지만 菓實類에는 '兒'가 통합된다. 『훈몽자회』의 예로는 '李兒, 挑兒, 梨兒, 杏兒' 등의 예가 있다. 이 '兒'는 앞에 온 과실의 열매를 뜻한다.

11 함안 218호 목간의 '前▣酒四刂瓮'에서, ▣가 '實'이나 '粙'일 가능성이 있다. 아마도 '粙'일 가능성이 큰데, 고대에는 술의 주원료가 '粙'였음을 암시한다.
[羅兮▣仇伐尺幷作前▣酒四刂〤瓮] (함안 218-2)

체자임이 분명하고,[12] 셋째 글자는 '代'일 가능성이 가장 크다. '召'와 '代'를 음독하고 '彡'을 '三'과 같은 것으로 보면 3면은 현대어의 '조, 석 되'로 해독된다. 고대에는 '조'가 주식의 일종이었으므로 이것도 봉물이 될 수 있다. 따라서 이 목간은 1면에서 3면까지 모두 봉물을 기록한 것이 된다. 바치는 주체와 받을 수령인이 기록되지 않아 아쉽지만, 양이 많거나 귀한 것을 먼저 기록하고 양이 적거나 값이 싼 것을 나중에 적었다. 이 기록 순서도 이 목간에 봉물의 물명과 그 수량이 기록되었음을 말해 준다.

(10)의 '召彡代'에 나오는 '代'도 단위명사의 일종이다. 고대의 목간에서는 현대어의 단위명사 '되'가 주로 (7)의 '升'으로 표기되는데, (10)에서는 독특하게도 '代'로 표기되었다. '升'은 訓字 표기요 '代'는 音字 표기라고 할 수 있다. 단위명사 '되'의 고대 표기로는 新羅 村落帳籍의 '刀'가 널리 알려져 있다. 이 '刀'와 '代'의 한자음은 중세어에서 각각 '도'와 'ᄃᆡ'로 표음되었으므로 중세어의 단위명사 '되'와 음상이 조금씩 다르다.[13]

그런데 新羅 村落帳籍이 현재의 淸州에서 작성된 것인 데에 비하여 월지 목간은 慶州에서 작성되었다는 점을 고려하면 '刀'와 '代'의 음상 차이를 어느 정도 기술할 수 있다. 현재 청주 방언에서는 이 단위명사가 '되[tö]'로 발음되지만 경주 방언에서는 '대[tɛ]'로 발음된다. 쉽게 말하면 경상도 방언에서는 'ㅚ'를 단모음 [ö]로 발음하지 못하고 [ɛ]로 발음한다. 이 차이가 '刀'와 '代'의 차이를 불러일으켰다고 보면 이 '代'가 단위명사 '되'에 해당한다고 할 수 있다. 따라서 곡물을 세는 단위명사 '代'가 고대에도 사용되었다고 본다.

단위명사 '되'의 訓字 표기는 '升'이요 音字 표기는 '代'라는 위의 추정을 지지해 주는 자료가 있다. 중세어의 단위명사 '말'은 고대 목간에서 (6)의 '斗'로 표기하는 것이 원칙이다. 그런데 특이하게도 (6.1)의 '斗之末米'가 눈길을 끈다. 하시모토 시게루(2007)과 부여·가야(2009: 22)가 이것을 정확히 판독했는데, '斗'와 '末'의 관계가 두 눈을 번쩍 뜨게 한다. '斗'는 단위명사 '말'에 대한 韓訓字 표기요,

12 경주 월지 5호 목간에 나오는 인명 '阿召'에도 '召'가 나온다.
13 이들의 한어 중고음은 다음과 같다. 刀[端中1平豪]=도^{L}, 代[定開1去咍]=ᄃᆡ^{R}

'末'은 바로 韓音字 표기가 아닌가. '末'의 右下에 작은 글씨로 '米'라고 써넣었으므로, 이 '米'는 '斗之末' 또는 '末'에 대한 일종의 註釋임이 분명하다. '斗之末'의 '之'는 속격 또는 동격의 용법일 것이므로 '斗之末'은 '斗의 말' 또는 '斗인 말' 정도로 새길 수 있다. 그렇다면 '斗'로 적고, '*말' 즉 '末'로 읽는 독법이 고대에 이미 있었다고 할 수 있다. 현대어의 단위명사 '되'를 韓音字 '代' 또는 '刀'로 표기했듯이, 단위명사 '*말'을 韓音字 '末'로 표기한 것이다. '召彡代'의 '代'와 '斗之末'의 '末'은 고대 한국어에서 단위명사를 고유어로 발음했음을 말해 주는 좋은 증거가 될 것이다.

이와 마찬가지로, 중세어의 단위명사 '셤 (>섬)'도 고대에 이미 사용되었을 것이다. 고유어 '셤'을 음자로 표기한 예가 新羅 眞聖王代(887~897年) 자료인 慶州 崇福寺碑銘의[14] '稻穀合二千苫'에서 확인된다. 이 단위명사 '苫'은 한국 중세 한자음이 ':셤'이고 漢語 中古音으로는 [書中AB平鹽]이므로 '*셤'으로 재구된다.[15] 이에 따르면 목간에서 '石'이라 기록한 것도 '*셤'으로 훈독해서 읽었으리라 추정된다.

그러나 이 추정에는 주의할 것이 있다. 『심청전』에서 공양미 '삼백 석'이라 했지 '*삼백 섬'이라 하지 않았다. 마찬가지로 '천석꾼, 만석꾼'이라 하지 '*천섬꾼, *만섬꾼'이라 하지 않는다. 이 복합어에서 볼 수 있듯이 수치가 百 단위를 넘어갈 때에는 '石'을 음독하여 '셕 (>석)'으로 읽기도 한다. 이것은 9세기 전반기의 자료인 (11.2)의 開仙寺石燈記에서 다시 확인할 수 있다.

---

14 이 자료는 全北 淳昌郡 龜岩寺藏의 寫本으로 전한다. 이 사본에 (11.1)이 나온다.

15 '苫'은 多音字의 일종으로서 [書中AB去鹽]의 음가도 가진다. 중국에서는 聲調에서만 차이가 나지만 한국에서는 聲母도 달라진다. 徐兢의 『宣和奉使高麗圖經』에서 '苫'이 곡물을 담는 도구로 기록되기도 했지만(草苫之用 猶中國之有布囊也), 島嶼의 의미를 가지는 용법으로도 많이 사용되었다. 고려시대의 이 예를 통하여, '셤'이 동음이의어였음을 알 수 있다. 權仁瀚(2005)에 따르면, 島嶼의 의미인 '苫[셤]'은 /*sima/의 /*i/가 i-breaking을 겪어 후대에 'ㅕ'가 된 것이라고 한다.

(11) 단위명사 '苫'과 '碩'

1. 益丘壟餘二百結 酧稻穀合二千苫 (慶州崇福寺碑銘)

2. 油糧業租三百碩 (開仙寺石燈記 5행)

京租一百碩 (開仙寺石燈記 7-8행)

開仙寺石燈記의 '租一百碩, 租三百碩'에서는 단위명사를 '石' 대신에 韓音字 '碩'으로 표기했다.[16] 이것은 百 단위 이상에서는 '石'을 음독하기도 했음을 말해 준다. 이 자료를 논거로 삼아 十 단위까지의 '石'은 항상 '*셤'으로 훈독했지만, 百 단위 이상의 '石'은 '*셤'으로 훈독하기도 하고 '*셕'으로 음독하기도 했다고 말할 수 있다. '石'과는 달리 '斗'나 '升'은 百 단위를 넘어가는 경우가 없으므로 항상 훈독한다.

한편, (6)과 (7)에 '小升'과 '大升'의 두 가지가 나온다는 것도 흥미롭다. 고대로부터 '되'에 두 가지가 있었음을 확인해 준다는 점에서 이 자료는 의의가 크다. 국어학에서는 '小升'과 '大升'을 어떻게 읽었을까 하는 점이 고찰의 대상이다. 1960년대까지만 하더라도 '작은되'와 '큰되'라는 단위명사가 사용되었음을 감안하여 이들을 모두 훈독했으리라 추정한다. 고대어로 '小升'은 '*자근 되/*효근 되', '大升'은 '*한되/*큰되' 정도로 일단 추정되는데, '大升'을 '*한되'라 한다면 '一升'의 '*ᄒᆞᆫ 되'와 음상이 비슷해진다. 이 음상의 유사를 회피하기 위하여 '大升'을 '*한되'보다는 '*큰되'로 발음했을 가능성이 크다.

'石, 斗, 升'으로 계량하는 곡물 중에서 아직 거론하지 않은 것으로 (5.4)의 '器尺'과 (6.10~11)의 '汁'이 있다. 부여·가야(2009: 94)는 함안 119호 목간을 '器尺一石'으로 판독하여 정곡을 찔렀다. '石'은 '石'에 해당하는 한국자이다. '石' 단위로 세는 곡물이라는 점을 강조하여 李丞宰(2009가)는 이곳의 '器尺'을 중세어의 '기장(黍)'으로 해독하였다. 13세기 자료로 추정되는 『鄕藥救急方』에서는 '黍米'

16 平川南(2009)에 따르면 고대 일본에서는 '石'이 '斛, 尺, 碩'과 통용되었고 이들이 모두 '사카(さか)'로 읽혔다고 한다. 『類聚名義抄』에서는 이들을 '고쿠(こく)'로 읽었는데, 이것은 후대의 독법이라 한다.

의 鄕名을 '只叱'이라 하였으므로 중세어 '기장'은 '깆 + 앙'으로 분석될 수 있다.

부여·가야(2009: 156)에서는 (6.10)과 (6.11)의 마지막 글자를 '斗'로 판독하였다. 이 판독에 따르면 앞에 온 '汁'을 '斗' 단위로 센 것이지만, '汁'이 무엇을 지칭한 것인지 아직 논의된 적이 없다. 한자 '汁'의 의미를 감안하면 '酒'처럼 곡물을 가공한 것일 듯한데, '汁'의 재료가 무엇인지 표기에 반영되지 않아 해독하기가 어렵다. 이 '汁'은 월지 15호 목간의 '南瓮汲上汁十三斗'뿐만 아니라 23호 목간의 '辛卯年第二汁八斗'에도 나온다.

현대어의 '즙'은 고체가 액체에 녹아 있는 혼합물을 통칭할 때에 주로 쓰인다. 이것을 활용하여 고대의 목간에 나오는 '汁'이 '사과즙, 배즙'처럼 과일을 재료로 한 '즙'이라고 할 수는 없을 것이다. 과일즙을 '독' 즉 '瓮'에 보관한다는 것이 얼른 이해가 되지 않기 때문이다. 따라서 '汁'의 정체를 밝히려면 고대에 기록된 '汁'의 용례를 두루 검토해 보는 것이 필수적이고도 가장 확실한 연구 방법이다. '汁'은 北魏의 賈思勰이 편찬한 『齊民要術』에 자주 나온다. 여기에 '豉汁, 石榴汁, 研米汁, 鹽汁' 등의 예가 나오고 이들을 계량할 때에는 '升, 合' 등의 단위명사를 사용했다. 이 중에서 '豉汁' 즉 '메주 즙'이 가장 많이 나오므로 목간의 '汁'은 '豉'를 생략한 것일 가능성이 크다.

『제민요술』에는 '豉汁濃者二升'도 나오는데, 여기에서 '濃者'를 특별히 덧붙인 것으로 보아 '豉汁' 즉 '메주 즙'에는 짙은 것과 묽은 것의 두 가지가 있음을 알 수 있다. '메주'를 재료로 하는 가공품 중에 묽은 것으로는 '장'이 있고 짙은 것으로는 '된장'이 있다. 따라서 월지 15호 목간의 '汲上汁'은 현대어의 '장(醬)'을 지칭하고 월지 23호 목간의 '第二汁'은 '된장'을 가리킨다고 말할 수 있다. '장'은 메주를 담근 독에서 길어 올린(汲上) 액체를 달여 내어 빚고, '된장'은 장을 긷고 남은 메주 찌꺼기로 즉 이차적으로(第二) 빚기 때문이다.

'장'과 '된장'은 음식물을 조리할 때에 필수적인 조미료이므로 고대의 목간에 이들이 등장한다 하여 전혀 이상할 것이 없다. 목간의 '汲上'과 '第二'가 8세기의 醬類 제조법을 말해 준다는 점에서 이 목간은 오히려 귀중한 가치를 가진다. 목간의 '장'이 '十三斗' 즉 '열세 말'이고 '된장'이 '八斗' 즉 '여덟 말'이라면 결코 적은 양이 아니다. 그러나 월지에서 실제로 엄청난 크기의 독(瓮)이 발굴되었으므로 이들을 믿을 수 있다. 월지가 東宮에 속하고 동궁에서 각종 연회가 벌어졌다는 점을 감안하면 이처럼 큰 용량의 용기가 사용되었다고 믿을 수 있다. 일 년에 한 번씩 장을 담그는 관습을 고려하면, 월지 23호 목간에서 '辛卯年'이라는 연도만 표시하고 구체적인 제조 날짜 즉 月日을 생략한 것도 쉽게 이해가 된다.

2.2. 단위명사 '缸'

12.1 12.4

앞에서 이미 '太子'가 현대어의 '알콩'에 대응하는 것임을 말했는데, 함안 127호 목간에는 '알콩'을 계량하는 단위명사로 '缸'이 나온다. 주목해야 할 목간이므로 전체 판독을 먼저 제시하기로 한다.

(12) 함안 성산산성 127호 목간의 판독 및 해독

1면: [太一缸亇十一 村][17]
{ 알콩 한 항아리, 마 열하나, 村}
4면: [亇卄二益丁四 村]
{ 마 스물둘, 더덕 넷, 村}

이 목간은 부여·가야(2009: 102)에 처음으로 공개되었고 4면 목간이다. 부여·가야(2009: 102)에서는 1면을 '▣二▣丁十二村'으로, 4면을 '丁卄二

17 이 목간의 상부에는 묵흔이 없는데, 이처럼 여백을 둔 까닭이 무엇인지 알 수 없다. 마지막 글자 '村'도 아직 그 용법이 무엇인지 모르는 상태이다. 다만, 이 '村'의 용법이 나주 복암리 3호 목간의 '毛羅'와 같다는 점을 지적해 둔다. 이 둘은 목간의 맨 아래쪽에 기록되고, 그 의미가 '마을'이나 '요새' 등의 집단 거주지라는 점에서 공통된다.

益丁四村'으로 판독하였다.[18] 李丞宰(2009가)에서는 4면의 첫 글자를 '丁'이 아니라 '亇'로 판독하고 이 '亇'가 穀名 '마(薯)'를 표기한 것이라고 하였다. 이 곡명은 중세어로는 '맣'이고, 『鄕藥救急方』에서는 '薯蕷'의 鄕名을 '亇攴'라 했다.[19] 南豊鉉(1981: 211)은 '亇攴'의 '亇'를 '마'의 표기에 쓰인 音假字라 하였다.

따라서 이 목간의 '亇'는 '*맣' 또는 '*마'로 재구할 수 있다. 李丞宰(2009나)에서는 이와 더불어 4면의 '益丁'을 현대어의 '더덕(蔘, 沙蔘)'으로 해독하였다. 이처럼 이 목간에 곡명과 그 수량이 기록되어 있음을 주장하면서도 당시에는 1면을 제대로 판독하지 못했다.

이제 새로이 이 목간의 1면을 위의 (12)와 같이 판독한다. 1면의 첫째 글자는 '太'로, 둘째 글자는 '一'로 판독한다. '太'는 大豆에 해당하는 곡명이요 '一'은 수사이므로 이 판독에 따르면 셋째 글자가 단위명사일 것이다. 그런데 이 셋째 글자는 '石, 斗, 升' 등의 단위명사와는 字畫이 일치하지 않는다. 그리하여 새로운 대안으로 찾아낸 것이 '缸'이다. 이 셋째 글자의 우변 字形은 '그'인데, 이것은 '工'의 고대 이체자이다. 이것을 활용하여 셋째 글자가 항아리를 뜻하는 '缸'임을 알 수 있다.[20] 이 '缸'은 '항아리'를 뜻하지만 '한 말들이의 질그릇'을 뜻하기도 하므로 단위명사로 손색이 없다. 이 '缸'이 수사 '一'의 바로 다음에 왔다는 점에서 '항아리'를 뜻하는 보통명사라기보다 단위명사라고 하는 것이 좋다. 넷째 글자는 '亇'인데, 이 글자는 이 목간의 4면에도 나오므로 의심의 여지가 없다.

18 多面木簡의 경우, 各面의 기입 순서를 결정할 때에 기입의 방향이 매우 중요하다. 대개는 왼쪽으로 돌아가면서 글씨를 쓰게 되는데, 이 순서에 따르면 (12)의 4면이 1면이 되고, 1면이 2면이 된다. 그러나 가장 넓고 평평한 곳을 1면으로 삼는 때가 많으므로 여기에서는 부여·가야(2009: 102)처럼 面의 순서를 정하기로 한다. (12.1)처럼 가장 넓고 평평한 면인 1면에 글씨를 쓰고 그 왼쪽으로 돌아가면서 2면, 3면, 4면에도 글씨를 썼으나, 불행하게도 2면과 3면의 묵흔이 없어져서 현재는 1면과 4면에만 묵흔이 남은 것으로 이해한다.

19 '亇攴'의 '攴'는 李基文(1977: 85)을 따르면 'ㅎ'으로 읽히고, 金完鎭(1980)의 指定文字說에 따르면 음가가 없다.

20 임경희·최연식(2010)에 따르면 태안 마도 앞바다에서 출토된 0705-D17(대나무), 0731-F16(대나무), 0817-G14, 0913-I13(대나무), 0928-I15(대나무) 등에 '缸'이 나온다.

이 논의에 따르면 1면은 '太一缸亇十一 村'으로 판독되고, '콩 한 항아리(한 말), 마 열하나, 村'으로 해독된다. 따라서 1면도 4면과 마찬가지로 곡명과 그 수량을 기록한 것이 된다. 1면과 4면의 내용 일치를 통하여 이 판독에 확신을 가질 수 있다. 나아가서 多面木簡의 여러 면에 기록된 것은 그 내용이 한 가지로 통일된다고 정리할 수 있다. 이 내용 통일은 (10)의 경주 월지 39호 목간에서도 이미 확인한 바 있다.

2.3. 단위명사 '辻, 邉, 丨'

'斗, 升' 등이 애초부터 곡물을 계량하기 위한 도량형이라고 하면, 위의 '缸'이나 '瓮' 등은 사물을 보관하기 위하여 제작된 容器라는 점에서 차이가 난다. 이 밖에도 용기의 일종으로 '辻'이 있다.

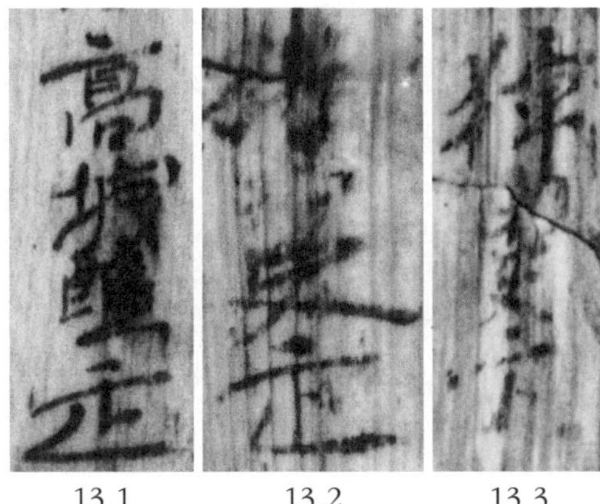

13.1 13.2 13.3

(13) 단위명사 '辻 (< 邊)'

1. 高城醢辻 (월지 4-1)
2. 猪助史辻 (월지 26-2)
3. 獐助史辻 (월지 36-1)

이 '辻'이 경주 월지에서 출토된 4, 26, 36호 목간에 나오는데, 이것을 올바르게 판독한 업적이 눈에 띄지 않는다. (13)의 세 목간을 판독한 하시모토 시게루(2007)과 부여·가야(2009: 142)는 마지막 글자를 모두 '缶'로 읽었지만, 목간의 이 글자는 '缶'의 운필과 차이가 크다.

(14) 경주 월지 4호 목간의 판독 및 해독

14 전면　14 후면

1. 전면: [立迷急得附?高城墟?武?] (문화재관리국 1978)
2. 전면: [立?迷急得?隮?高城▣正?] (李基東 1979)
3. 전면: [立迷急得附?高城墟?武?] (高敬姬 1993)
4. 전면: [▣遣急使牒高城壅走?] (李成市 2000)
5. 전면: [▣迷急使牒高城驢?疋]

   후면: [辛丑?▣▣▣▣▣▣] (尹善泰 2000)
6. 전면: [▣迷急得(借?)條高城▣正]

   후면: [辛▣▣▣▣▣▣▣▣] (국립경주박물관 2002가)
7. 전면: [▣遣急得牒高城壅走]

   후면: [辛番院宅▣▣▣一品伸上] (李鎔賢 2003)
8. 전면: [▣遣急使條?高城醢缶]

   후면: [辛番洗宅▣▣瓮一品仲上] (하시모토 시게루 2007, 부여·가야 2009)
9. 전면: [之迷急使條高城驢?一匹]

   후면: [辛▣洗宅▣▣▣亢一品仲上] (李均明 2008)
10. 전면: [< ㅈ云迷急得條高城醢迲　]

    {云迷急得條 高城(에서) 젓 (한) 갓}

    후면: [< ㅈ辛番洗宅臧醢瓮一品仲上]

    {辛番洗宅(에) 젓 담은 독 하나, 품질 中上}

위의 여러 판독에서 볼 수 있듯이 전면의 마지막 글자를 '武, 正, 疋, 走, 缶' 등으로 읽음으로써 판독이 서로 일치하지 않는다. 이것은 그 앞에 온 글자가 무엇인지 확실하지 않다는 점과도 관련된다. 하시모토 시게루(2007)은 그 앞에 온 글자를 '젓, 젓갈'을 뜻하는 '醢'로 읽었는데, 탁견으로 보인다. 그러나 마지막 글자를 '缶'로 판독한 것은 역시 재고할 필요가 있다.

경주 월지 41호 목간에서 '缶'의 자형을 확인할 수 있는데, 이 목간을 우리는 아래의 (15)와 같이 판독한다. 이곳의 '缶'는 (13.1~3)의 '辻'과 자형이 다르다.

(15) 경주 월지 41호 목간의 '缶'

전면: [(■己■禾卅]　{■己■벼, 사십}

후면: [(一[?]巳缶卌六龍]　{하둡 缶 사십여섯 龍}

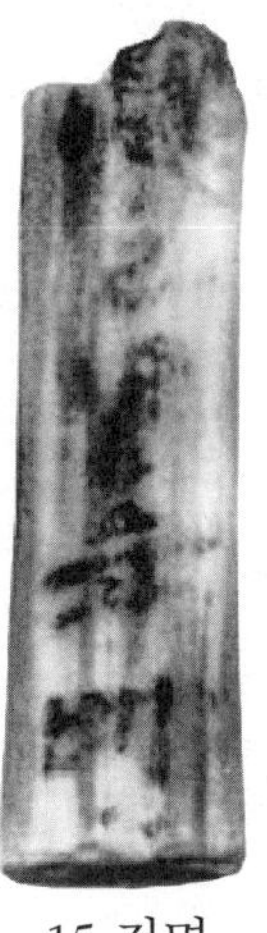

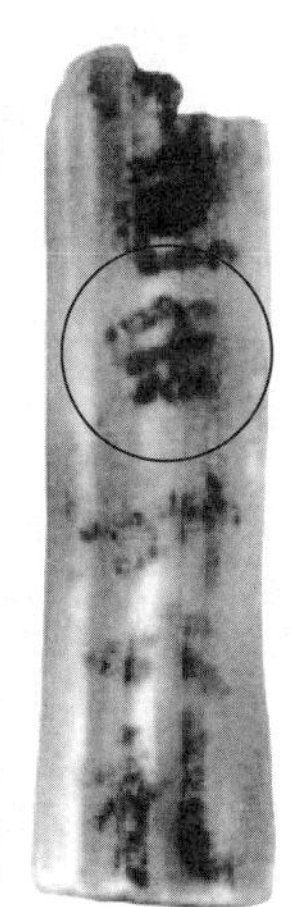

15 전면　15 후면

고대 중국의 '缶'는 입이 좁되 배가 불룩하여 그 모양이 마치 북처럼 생긴 용기이고, 술이나 음료를 담는 용기로 사용되었다. 현대 한국의 '장군'은 목재로 만들고 주로 배설물을 담는 용도로 사용되지만, 중국의 '缶'는 瓦器이고 술이나 음료 등의 음식물을 담는 용도로도 사용된다. 그러나 이것은 후대의 용도일 뿐이다. '缶'의 원래 용도는 消火用 물을 담아 두는 것이었다. 그리하여 4斛 즉 16斗에 이를 정도로 크기가 크다. 이와 비슷하게 경주 월지 41호 목간에서는 '禾' 즉 '벼'를 담는 용기로 사용되었다. 이것이 분명하므로, 젓갈 등의 음식물을 담는 용기로 '缶'를 사용했다고 하기가 어렵다. 또한 (15)의 '缶'와 (13)의 '辻'은 字形 차이가 아주 크다. 사진에서 (15)의 '缶'와 (14)의 '辻'을 대비하여 자형이 동일한지 살펴보기 바란다. 이 둘은 분명히 동일한 자형이 아니다.

(14)의 경주 월지 4호 목간에서 문제가 되는 전면의 마지막 글자는 '卞'의 아래쪽에 '辶'을 적은 자형 즉 '辻'인데, '辶'을 초서체의 'ㄴ'으로 쓴 것이다. 'ㄴ'과 '辶'을 동일시하지 못한 것이 아마도 오해의 요인일 것이다. 이 '辻'은 한국에서 독자적으로 만들어 사용한 韓國字의 일종으로서 '邊'의 俗字이다. 향가의 獻花歌와 석가탑에서 나온 중수문서에는 '过'도 나오는데 이것도 '邊'에서 비롯된 속자이다.[21] 일본에서는 '邊'의 속자로서 '辺'이 많이 쓰이지만 고대 한국의 자료에서는

21 이 중수문서에서는 '过'이 '痲'를 세는 단위명사로 쓰였다(李丞宰 2008가). 无垢淨光塔重修記 8행의 '痲三百卅余过'과 淨兜寺五層石塔造成形止記의 '痲壹过'을 그 예로

일단 '辻, 过, 這'의[22] 세 가지가 확인된다. '邊'의 15세기 訓은 'ᄀᆞᇫ'이고 이 'ᄀᆞᇫ'을 표기할 때에 '辻, 过, 這' 등이 사용된 것이다. 이 논의에 따르면 전면의 마지막 네 글자는 '高城醢辻'으로 판독되고, '高城(에서) 젓갈 (한) 갓'으로 해독된다. '갓(邊)'은 용기의 일종일 것이다.

후면의 마지막 다섯 글자는 '瓮一品仲上'으로 판독된다. 여기에서 '瓮'을 세는 단위로 '品'을 가정하기도 하지만 '독'을 '品'으로 계량하는 것은 아직 듣지 못하였다. 따라서 이때의 '瓮'은 용기의 일종이고, '品'은 하시모토 시게루(2007)이 추정한 것처럼 '물건의 품질'을 의미할 것이다. 이에 따르면 '瓮一品仲上'은 '독 하나, 품질 중상'으로 해독된다.

(13.2)의 월지 목간 26호와 (13.3)의 36호 목간에도 '辻'이 나온다. 이 두 목간에 대한 판독도 서로 일치하지 않으므로 여러 판독문을 먼저 보이기로 한다.

(16) 경주 월지 26호 목간의 판독 및 해독

1. 전면: [庚子年五月十六日]
   후면: [原?■■史武?] (문화재관리국 1978, 高敬姬 1993)
2. 전면: [庚子年五月十六日]
   후면: [原?■■史正(武?)] (李基東 1979)
3. 전면: [庚子年五月十六日]
   후면: [原?■■史正] (국립경주박물관 2002가)
4. 전면: [庚子年五月十六日]
   후면: [本■■■史走] (李鎔賢 2003)
5. 전면: [庚子年五月十六日]
   후면: [辛番猪助史缶] (하시모토 시게루 2007, 부여·가야 2009)

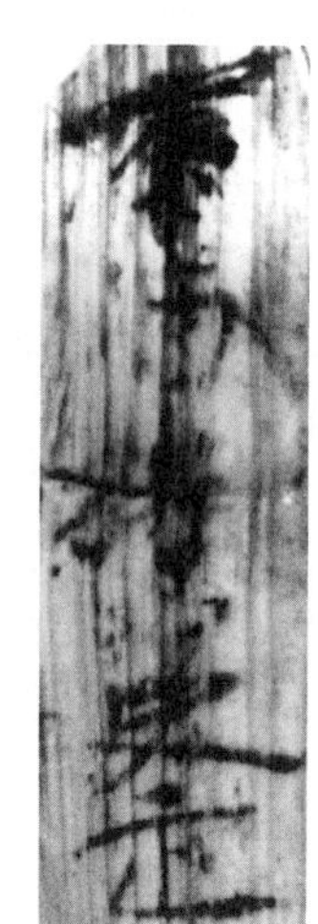
16 후면

들 수 있다. 그러나 중수문서에서는 '麻'를 세는 기본 단위가 '把'이므로 '过'은 기본 단위라기보다 용기의 의미가 강하다고 하겠다.

22 '這'에 대해서는 후술한다. 이용현(2010가: 203)에서는 월지 5호 목간에 나오는 韓國字 '迲'도 '邊'에 字源을 두고 있다고 하였다.

6. 전면: [⋈庚子年五月十六日] {庚子年 5月 16日}

후면: [⋈辛番猪助史䢺] {辛番(에) 멧돼지 음식 (한) 갓}

(17) 경주 월지 36호 목간의 판독 및 해독

1. 전면: [三月卄一日■■■■■■×]

(문화재관리국 1978, 李基東 1979, 李鎔賢 2003)

2. 전면: [三月卄一日作獐助史缶■×]

(하시모토 시게루 2007, 부여·가야 2009)

3. 전면: [<三月卄一日作獐助史䢺■ ⌇]

{3월 21일(에) 지은 노루 음식 (한) 갓}

17

이 두 목간에서 핵심이 되는 부분은 (16.5)의 후면에 나오는 '猪助史缶'와 (17.2)의 '獐助史缶'이다. 하시모토 시게루(2007)과 부여·가야(2009: 138)는 이들의 '助史'를 현대어 '젓'으로 해독하여 주목된다. 그 앞에 온 '猪, 獐'을 동물명 '멧돼지, 노루'로 보고 이 '助史'가 이들의 고기로 담근 젓갈을 지칭한다고 했다. 이 해독은 (14.8)의 '醓'와 관련될 뿐만 아니라 말음첨기자 '史'의 용법도 고려한 것이므로 훨씬 발전된 해독이라 할 수 있다.

그러나 '助史'가 과연 중세어의 '젓'에 대응한다고 할 수 있을지 의문이다. 전통적 한국자 표기에서는 한 음절을 두 글자로 표기할 때에 訓主音從의 원칙이 적용되는데(金完鎭 1980), '助'를 훈독하지 않고 음독했다는 문제가 남기 때문이다. 또한 '助'의 전통적 한자음이 '저'가 아니라 '조'이므로[23] 이 해독은 의심스럽다.

이 점에서 자형을 '助史'로 판독한 것이 정확한지 되돌아볼 필요가 있다. (16)과 (17)의 '助'는 글씨가 흐릿하여 잘 보이지 않는다. 따라서 더 선명한 자료에 나오는 자형을 참고할 필요가 있는데, 마침 경주 월지 7호 목간에 이 글자가 나온다.

23 '助'의 한어 중고음 음가는 [崇中C去魚]이고, 한국 중세 한자음은 '조R/H'이다.

(18) 경주 월지 7호 목간의 판독 및 해독

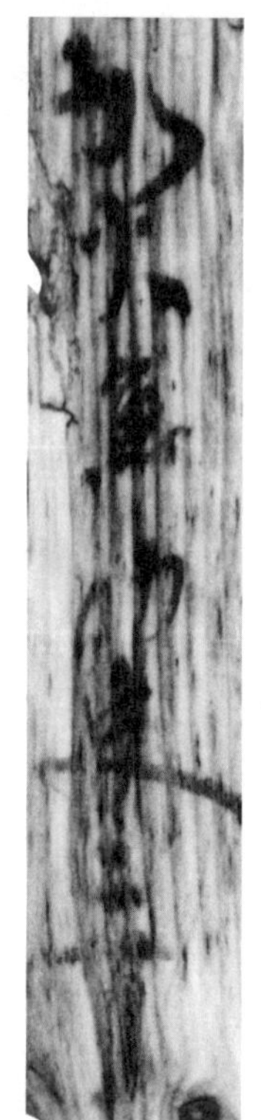
18 후면

1. 전면: [丙?午年四月]

   후면: [▣火魚▣史▣▣]

   (문화재관리국 1978, 高敬姬 1993, 국립경주박물관 2002가)

2. 전면: [丙?午年四月]

   후면: [▣火魚▣史三▣] (李基東 1979, 李鎔賢 2003)

3. 전면: [丙午年四月]

   후면: [加火魚▣史三▣] (金永旭 2007가)

4. 전면: [丙午年四月]

   후면: [加火魚助史三入?] (하시모토 시게루 2007)

5. 전면: [丙午年四月]

   후면: [加火魚助史三▣] (부여·가야 2009:145)

6. 전면: [(×丙午年四月] {丙午年 4月}

   후면: [(×加火魚䀏史三丨] {가오리 음식, 세 갓}

후면에 나오는 '加火魚'가 현대의 '가오리(鯡魚)'에 해당하는 魚名임은 金永旭(2007가: 175)가 이미 정곡을 찌른 바 있다. 그 뒤에 오는 두 글자를 하시모토 시게루(2007)과 부여·가야(2009: 145)는 '助史'로 판독했다. 이것은 이 두 글자가 (16)과 (17)의 '助史'와 같은 글자임을 뜻한다. 그런데 월지 7호 목간은 자획이 비교적 선명하므로 중세어 '젓'에 해당하는 표기가 '助史'인지 그렇지 않으면 '夘史'이나 '䀏史'인지를 가릴 때에 중요한 자료가 된다. 이 목간의 글자는 '助'라기보다는 '夘'이나 '䀏'라고 하는 것이 맞다. '助'라면 '且'의 마지막 획과 '力'의 첫 획을 연결하여 한 획으로 쓰는 것이 보통인데[24] 이 글자의 운필은 이

24 '助'가 목간에 쓰인 예로는 뒤쪽의 함안 35호와 179호 목간의 사진을 참고하기 바란다. 35호 목간은 [<內恩知 奴人居助支　負 ×]로, 179호의 前面은 [赤伐▣入呵村助史支稗　× >]로 판독된다. '呵'는 '口'가 '可'의 위에 온 글자인데, 컴퓨터 인쇄의 편의상

와 다르다. 오히려, '夕'이나 '日'을 쓰고 나서 붓을 들어 뗀 다음에, 오른쪽에다 '卩'나 '力'을 썼을 가능성이 크다.

'夘史'인지 '助史'인지 가릴 때에는 경주 월지 2호 목간이 결정적인 역할을 한다.

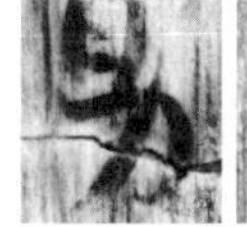

함안 35 함안 179

(19) 경주 월지 2호 목간의 판독 및 해독

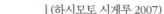

1. 1면: [∨■■■■■■■■月卄一日上北廂]
   2면: [∨猪水助史第一行瓷一入]
   3면: [∨五十五丙番] (하시모토 시게루 2007)
2. 1면: [∨猪水助史第一行瓷一入]
   2면: [∨五■■■■■丙]
   3면: [∨■■■■■■■■月卄一日上北相] (부여·가야 2009: 140)
3. 1면: [<ㅈ… ■月卄一日上■■ ⌇] {… ■月 21日에 올림, ■■}
   2면: [<ㅈ猪水助史這氵肉瓫一入 ⌇] {멧돼지 물 음식 (한) 그릇, 좋은 고기(를 담은) 오지그릇 하나(를) 들임}
   3면: [<ㅈ五十五■■ … ■■ ⌇] {55■■ … ■■}

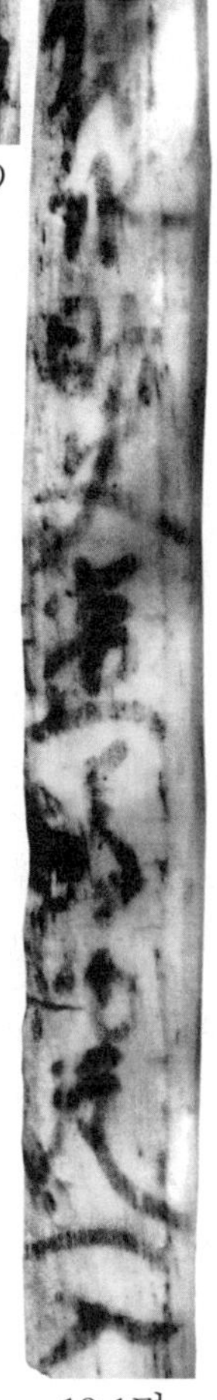

19 1면

이 목간은 어느 쪽부터 필사한 것인지 확실하지 않다. 그런데 비석을 쓸 때 가장 넓고 평평한 곳을 1면으로 삼고 그 왼쪽을 2면으로 택하여 쓰는 것이 원칙임을 감안하면 (19.3)과 같은 순서로 써 넣었을 것이다. 年月日이 기록된 면이 대개는 1면이기 때문이다. 중요한 것은 (19.3)의 2면에 '助史'의 예가 나온다는 점이다. 사진 자료를 참조하면 셋째와 넷째 글자는 '助

'呵'로 적었다.

史'나 '夘史'가 아니라 '叻史'이다. 이 사진 자료를 결정적인 자료로 삼아, 하시모토 시게루(2007)과 부여·가야(2009: 140)가 '助史'로 읽어 왔던 것을 '叻史'로 수정하기로 한다.

'叻史'의 앞과 뒤에 온 글자들이 이 판독을 지지해 준다. '叻史'의 앞에는 (16.7)에서는 '猪'가, (17.3)에서는 '獐'이, (18.6)에서는 '加火魚'가, (19.3)에서는 '猪水'가 왔다. 이들은 모두 음식의 재료로 쓰이는 어육류에 해당한다. '叻史'의 뒤에는 (16)과 (17)에서는 '辻'이, (18)에서는 'ㅣ'이, (19)에서는 '這'이 왔다. 후술하겠지만 '辻, ㅣ, 這'의 세 글자는 동일한 음상 '*ᄌᆞᆺ'을 표기한다. 이에 따르면 하시모토 시게루(2007)과 부여·가야(2009: 140)가 '助史'로 읽은 것이 사실은 사진 19의 '叻史'라는 결론이 나온다.

'叻'는 僻字이므로 문헌 자료에 거의 나오지 않지만, '旨'와 同字로서 韓國字의 일종이다. 훈은 '맛'이고 음은 '지'이다. 이 훈에 따르면 '叻史'은 '맛'에 해당하는 韓訓字 '叻'에 'ㅅ'을 표기하는 말음첨기자 '史'가 덧붙은 것이 된다. 訓主音從의 원리에 정확하게 맞는다.

그런데 중세어의 '맛'은 '味'의 뜻뿐만 아니라 '음식, 음식물'의 뜻도 가지고 있다.[25] '叻史'에 '음식(물)'을 대입하면 (16)의 '猪叻史辻'은 '멧돼지 음식 (한) 갓'으로, (17)의 '獐叻史辻'은 '노루 음식 (한) 갓'으로, (18)의 '加火魚叻史三ㅣ'은 '가오리 음식 세 갓'으로, (19)의 '猪水叻史這'은 '멧돼지 물 음식 (한) 갓'이 된다. '猪水'의 '水'는 멧돼지 고기를 고아서 우려낸 액체 상태를 지칭할 것이다. 이처럼 '叻史'로 판독하고 '음식(물)'으로 해독하게 되면, '助史'로 판독하고 '젓'으로 해독하는 것보다 훨씬 정확하고도 자연스러운 해독이 된다. '노루'나 '멧돼지'로 '젓'을 담가 먹는 조리법은 얼른 이해하기가 어렵지만, '노루'나 '멧돼지'를 재료로 조리한 '음식물'이라면 곧장 이해가 되기 때문이다.

---

25 古語辭典에는 다음과 같은 예가 나온다.
처ᅀᅥ믜 사ᄅᆞ미 ᄯᅡᇂ 마ᄉᆞᆯ 먹다가 漸漸 粳米 머근 後에 사ᄅᆞᄆᆡ ᄠᅳ디 漸漸 거츠러 (석보 9: 19)
혀ᄂᆞᆫ 마새 主ᄒᆞ니 丸과 糜와ᄂᆞᆫ 마ᄉᆡ 類라 (舌ᄋᆞᆫ 主味ᄒᆞ니 丸糜ᄂᆞᆫ 味類也ㅣ라) (능엄 8: 97)

20 전면 20 후면

경주 월지 29호 목간도 글씨가 선명한 편인데, 여기에도 '助史'이 나온다.

(20) 경주 월지 29호 목간의 판독 및 해독

1. 전면: [十一月卄一■■×]

   후면: [單■史■■×] (문화재관리국 1978, 李基東 1979, 高敬姬 1993, 국립경주박물관 2002가, 李鎔賢 2003)

2. 전면: [十一月卄七日左士×]

   후면: [單帥史卒言×] (孫煥一 2006)

3. 전면: [(十一月卄七日入白赤⦚] {11월 27일, 白赤 …}

   후면: [(單助史$_{\text{本言}}$⦚] {單 음식$_{\text{우리말}}$(을) 들임}

이 목간에서는 '助史'가 마치 '䏌史'인 것처럼 보인다. '䏌'는 '助'의 古字이므로

'助史 = 助史 = 잣'이라는 견해가 성립한다. 그런데 바로 위에 온 글자 '單'의 마지막 수직 획을 '助'의 좌변 '日'에 연결하여 쓰게 되면, '日'이 마치 '白'인 것처럼 보일 수 있다. 이 점을 강조하면 월지 29호의 후면은 '單助史$_{本言}$'으로 판독할 수 있다.

그런데 이곳의 '本言'이 행의 좌측으로 치우쳐 있고 글씨 크기가 조그맣다는 점에 주목할 필요가 있다. 이것은 '本言'이, '斗之末^{米}'의 '米'처럼, 註釋의 일종임을 뜻한다. 이 '本言'은 『삼국사기』와 『삼국유사』 등의 史書에 보이는 '方言'이나 '鄕言'과 같은 용법이고 현대어의 '우리말'에 해당한다고 할 수 있다. 이에 따르면 이 주석은 그 앞에 온 단어가 중국의 표기법으로 표기된 한자어가 아니라 韓國字 표기법으로 표기되었음을 지시한다. 즉 訓主音從과 末音添記의 방식으로 읽어야 함을 가리킨다. 따라서 문제의 글자를 '助'로 판독하든 '助'로 판독하든, 이 글자를 '助'의 한자음 '*조'나 '助'의 한자음 '*지'로 읽는 것은 바람직하지 않다. 이처럼 음독하는 글자였다면 '本言'이라는 주석을 굳이 달 필요가 없기 때문이다. '助'를 음독하면 '助史'가 한국어 단어가 되지 않지만, '助'를 훈독하면 앞에서 이미 말한 것처럼 '助史'가 자연스러운 한국어 단어 '맛'이 된다. 이 점을 중시하여 이 글자를 '助'로 판독하고 '助史'를 '맛'으로 해독하기로 한다.

지금까지의 논의에 따르면 (18)의 경주 월지 7호 목간은 '加火魚助史三丨'으로 판독된다. 이곳의 '加火魚助史'이 '가오리 음식(물)'을 뜻한다는 것도 설명했다. 그런데 그 뒤에 온 '三丨'은 아직 해결되지 않았다. '三'이 수사 3에 해당함은 두말할 필요도 없는데, 문제는 그 뒤에 온 '丨'이 무엇인가 하는 점이다.

이 글자는 후대의 口訣字 '丨'와 자형이 같은 韓半字이다. 구결자가 한자의 省畫體나 草書體에 그 기원을 두고 있다는 것은 널리 알려져 있다. 이 구결자 '丨'가 漢字 '之'에서 비롯된 것이라는 논의가 있지만(鄭在永 2008) '如'의 초서체 첫째 획에서 비롯되었을 것이다(李丞宰 1997가: 233). 數詞 뒤에 온 것은 단위명사로 읽는 것이 보통이므로 '丨'이 단위명사의 일종일 가능성이 크다. 이것이 '之'에서 비롯된 것이라면 '다'로 읽을 수밖에 없는데, '다'로 읽히는 단위명사는 존재하지 않는다. 반면에, '丨'이 '如'에 기원을 둔 韓半字(또는 후대의 구결자) '丨'과 같다고 하면 이 '丨'을 단위명사로 해독할 수 있다.

아래의 (24)와 (25)의 예에서 후술하겠지만, '집집마다'의 '-마다'를 향가에서는 '-每如'로, 구결에서는 '-㐃 丨'로 표기했다. 여기에서 '如=丨=丨'의 등식이 성립한다. '如'의 훈에는 '다ᄒᆞ-'와 'ᄀᆞᆮᄒᆞ-'의 두 가지가 있는데, 여기에서 'ᄀᆞᆮᄒᆞ-'를 택하면 목간의 '丨'을 'ᄀᆞᆮ'으로 읽는 독법이 가능해진다.[26] 이 독법의 'ᄀᆞᆮ'은 (14.10)의 '辻'을 'ᄀᆞᆺ'으로 읽은 독법과 같다. 이 독법의 일치를 통하여 '丨'이 'ᄀᆞᆮ'으로 해독된다는 것을 확신하게 된다. 'ᄀᆞᆮ'의 終聲 'ㄷ'과 'ᄀᆞᆺ'의 종성 'ㅅ'이 음가가 다르다 하여 '丨'과 '辻'의 대응을 부정할 수는 없을 것이다. 종성의 'ㄷ'과 'ㅅ'은 고대의 표기에서 '叱(七)' 하나로 표기되기 때문이다. 따라서 '加火魚助史三丨'을 '가오리 음식 세 그릇'으로 해독하고, 단위명사의 예에 '丨'을 추가한다.

'丨'은 경주 월지 9호 목간에도 나온다.

(21) 경주 월지 9호 목간의 판독 및 해독

1. 전면: [×■ 生軌十■仇利■ … ■]

   후면: [良■利逆札] (孫煥一 2006)

2. 전면: [⦚■ 生鮑十丨仇利■■■]

   {■ 생전복 열 갓}

   후면: [⦚ 良■■■■]

   {良■■■■ }

21 전면

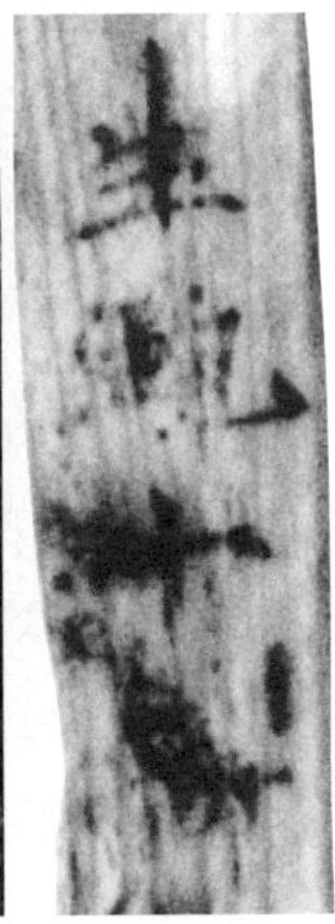
21 전면

이 목간의 상단부에는 묵흔이 일부 남아 있는데, 이것은 상단부가 파손되었음을 암시한다. 이 묵흔에서 한 글자를 띈 다음에 '生鮑十丨'이 이어진다. '生'의 다음에 온 글자를 '軌'로 판독하기도 했듯이(孫煥一 2006), 이 글자의 우변이 '九'에 가까운 자형임을 감안하면 '鮑' 대신에 '魷'로 판독할 수 있다. '魷'는 '오징어 우'자이고 오징어에는 '생오징어'와 '말린 오징어'가 있

26 구결에 밝은 분들을 위하여 비유한다면, 이 목간의 '丨'은 구결자 '𠆙'이 부기된 한자 '如'에 비유할 수 있다.

으므로 '生魷'는 자연스럽게 '생오징어'로 해독할 수 있다. 그런데 일반적으로 이 글자를 '鮑'로 판독하여 '전복'으로 새긴다. '생전복'은 왕실에서 즐겨 소비했던 어물이므로 우리도 이 견해를 따르기로 한다.

'十'의 아래에는 나무토막에 옹이가 있으므로 이를 피하여 '丨'을 오른쪽으로 치우쳐서 적었다. 기존의 판독에서는 옹이 부분에도 필획이 있는 것으로 판단하여 이 '丨'을 판독하지 못했던 것 같다. 그러나 판독 실패의 원인은 '丨'이라는 글자가 존재한다는 사실 자체를 잘 알지 못한 데에 있을 것이다. 앞에서 논의한 바 있듯이, 이 韓半字는 후대의 구결자 '丨'와 자형이 같고 '*갇'으로 읽을 수 있다. 이에 따르면 '生鮑十丨'은 '생전복 열 갓'으로 해독된다. 경주 월지 9호 목간은 '丨'이 단위명사로 쓰였음을 다시 확인해 준다는 점에서 매우 귀중하다.

(17)의 '辻', (18)과 (21)의 '丨', (19)의 '這'은 '醢, 助史, 生鮑' 등의 음식물을 담거나 계량할 때에 사용되는 容器 즉 그릇을[27] 가리킨다. 이 용기가 단위명사로 쓰일 수 있다는 것은 앞의 '缸'에서도 이미 확인한 바 있다. 특히 (18.6)의 수사 '三'과 (21.2)의 수사 '十'은 이들이 단위명사로 쓰일 수 있음을 증명해 주는 결정적인 증거이다.

그런데 고대 한국어로 '辻, 這'의 '갇'을 택할 것인가, '丨'의 'ᄀᆞᆮ'을 택할 것인가? 둘 다 15세기 어형이므로 고대어를 재구할 때에 이용하기가 썩 내키지 않지만 그렇다고 하여 이들을 제외해 버리면 고대어 재구가 아예 불가능해진다. 둘 다 'ᆞ' 모음을 가지고 있다는 공통점과 후대의 단위명사 '갓'을 중시하여 이들을 일단 '*갇'으로 재구해 둔다.

2.4. 단위명사 '尺'과 '件, 亇'

경주 월지 11호 목간에도 단위명사가 나온다. 이 목간에 대한 여러 판독문을 먼저 제시하면 다음과 같다.

---

27 따라서 '辻'과 '這'이 '邊'에서 비롯된 韓國字일 가능성도 커진다(후술).

(22) 경주 월지 11호 목간의 판독 및 해독

1. 전면: [▣席長十尺細?次我三件法次?北七▣▣▣×]
(문화재관리국 1978, 李基東 1979, 高敬姬 1993)
2. 전면: [郞席長十尺細?次代三件法次?代七▣▣×]
(李成市 2000, 李鎔賢 2003)
3. 전면: [郞席長十尺細?次我三件法次?代?七 ×]
(국립경주박물관 2002가)
4. 전면: [郞席長十尺細次杋三件法次杋七件法×]
(하시모토 시게루 2007, 부여·가야 2009)
5. 전면: [郞席長十尺細次杋三件法次杋七件▣×]
(李均明 2008)
{남자용 돗자리[28] 길이 열 자, 가는 (크기의) 숟가락 세 벌, 정식 (크기의) 숟가락 일곱 벌, ▣}

22

위의 여러 판독 중에서 하시모토 시게루(2007), 李均明(2008), 부여·가야(2009: 148)의 판독이 정확하다. 특히 해독에 결정적 열쇠를 쥐고 있는 여덟 번째 글자를 '숟가락'의 의미를 가지는 '杋'로 판독한 것이 돋보인다.

'席'은 중세어의 '돗'과 현대어의 '돗자리'에 해당하고, '長'은 15세기의 '기릐'와 현대어의 '길이'에 대응한다. 수사 '十' 다음에 온 '尺'이 단위명사임은 두말할 필요도 없다. 중국의 도량형이 수용되면서 동시에 단위명사 '尺'도 수용되었다. 고대로부터 이 '尺'을 음차하여 사용했음은 『계림유사』의 '尺曰作'에서 확인되고 이

28 李成市(1997)은 '궁중에서 사용한 깔개'라고 하였다.

‘作’이[29] 15세기의 ‘잫’으로 변화한다. ‘잫’의 ‘ㅎ’은 ‘尺’의 입성운미 /*-k/가 약화된 것이다(李基文 1977).

경주 월지 11호 목간에 나오는 일반명사 ‘朼’는 아마도 나무로 만든 숟가락일 것이다. ‘朼’의 앞에 온 ‘細次’와 ‘法次’는 뒤에 오는 ‘朼’를 수식하므로, 고대에는 숟가락에도 규격의 차이가 있었던 듯하다. 여기에서는 ‘細次’를 ‘가는 (크기)’로, ‘法次’를 ‘정식 (크기)’로 해독해 둔다.

중요한 것은 이 나무 숟가락을 셀 때에 사용된 단위명사 ‘件’이다. 李均明(2008: 134)은 ‘件’에 대하여 “추측컨대 ‘瓷’의 이체자로서 ‘件’이 量詞를 표현한 듯하다”고 하였다. 量詞로 추측한 것은 맞지만 그 字源을 ‘瓷’에서 찾은 것은 옳지 않다. 현재에도 숟가락을 ‘한 벌, 두 벌’ 등으로 세는 것을 고려하면 이 ‘件’을 음독하지 않고 훈독했을 것이다. ‘물명과 그 수량을 죽 벌여 적은 目錄’을 뜻하는 단어를 이두에서는 ‘件記’라 적고 ‘벌긔’라 읽는데, 이것은 ‘件’을 ‘벌’로 읽는 대표적인 예이다. 현대어의 단위명사 ‘벌’은 이 ‘벌’에 소급할 것이므로 우리는 이두 독법을 따라 ‘件’을 ‘*벌’로 읽는다.

이 ‘*벌’에 대응하는 고대어를 『삼국사기』 권제37의 ‘七重縣一云難隱別’에서 찾을 수 있다. 널리 알려져 있듯이, 이 고구려 지명에서 ‘七’은 ‘難隱’에, ‘重’은 ‘別’에 대응한다. 이 대응에서 ‘重’의 의미를 가지는 고구려어 ‘別’을 찾을 수 있는데(李基文 1968), 이 ‘別’이 월지 11호 목간에서 ‘件’으로 표기된 ‘*벌’에 해당한다. ‘重’과 ‘件’이 공통적으로 重疊의 의미를 가지기 때문이다.

‘別’의 한어 중고음이 [幫中B入仙]이므로 고구려어에서는 ‘別’이 /*pjet/ 정도의 음가였을 것이다.[30] 이 음가가 신라어의 ‘*벌’과 음절말 자음에서 차이가 나지만 고구려어의 /*pjer/을 한어 중고음으로 표기하다 보니 ‘別’을 택할 수밖에 없었다는 논의가 가능하다. 한어 중고음에는 음절말 자음 /*-r/이 없기 때문이다. 小川環樹(1980)은 北魏의 『齊民要術』과 『洛陽伽藍記』에서 ‘別’이 ‘-마다’의 의미를

29 ‘作’의 한어 중고음은 [精開1入唐]이고 한국 중세음은 ‘작’이다.
30 이 음가 추정에 대해서는 이승재(2016)을 참고하기 바란다.

가지는 예들을 찾아내고 이 '別'이 蒙古語의[31] 후치사 /büri/에 대응한다고 하였다. 이에 따르면 北魏의 /büri/, 고구려의 '別', 신라의 '件' 즉 '*벌'이 동일 계통의 단어가 될 것이다.

종이를 셀 때의 '장(張, 丈)'과 유사한 단위명사로 현대어의 '매(枚)'가 있다. 경주 월성해자 2호 목간에 이 '매'에 해당하는 듯한 '𠂉'가 나온다.

(23) 단위명사 '𠂉'의 예

1. 紙一二𠂉 (해자 2-2)

{종이 열두 매}

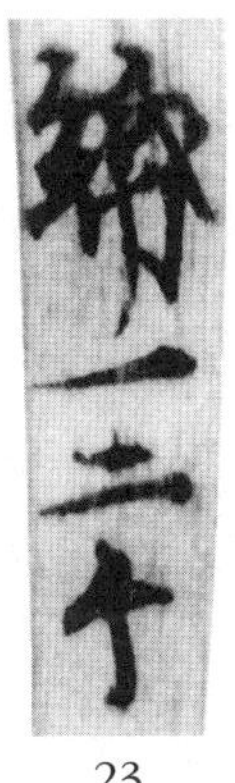

23

이 목간은 4면 목간의 일종이고 문서 양식을 갖추고 있어 일찍부터 주목되어 왔다. 2면의 하단에 '紙一二𠂉'가 적혀 있는데, 이곳의 '𠂉'를 '斤'(국립창원문화재연구소 2006: 142, 李成市 2005, 三上喜孝 2006), '个'(윤선태 2005, 김영욱 2007가), '斗'(深津行德 2006), '수'(孫煥一 2004) 등으로 다양하게 읽어 왔다. 그러나 이 글자는 고유의 韓國字로서 훈이 '마치, 망치'이고 음이 '마'인 '𠂉'이다. '𠂉'는 훈과 음이 '수'와 같지만, '斤, 个, 斗' 등과는 전혀 다르다.

앞에서 거론한 함안 성산산성 127호 목간에서는 이 '𠂉'가 穀名 '*맣(薯)'을 표기하는 데에 사용되었지만, 경주 월성해자 2호 목간에서는 종이의 수량을 세는 단위명사 '*마 (>ᄆᆡ)'를 표기한 듯하다. 종이를 '*마' 단위로 센다는 것이 얼른 이해하기 어려울지 모른다. 그러나 현대어에서도 '매(枚)' 단위로 종이의 수량을 세므로 이 '*마'가 '매'의 古代形이라 추정할 수 있다.

이때에는 '𠂉'와 현대어 '매'의 관계를 설명할 수 있어야 한다. '𠂉'는 전체적으로 자형이 한자 '每'와 닮았다. 이것을 근거로 '𠂉'가 '每'를 변형한 韓國字라고 추정한다. 이 추정을 도와주는 논거로는 향가의 '-每如'가 중세어의 '-마다'에 대응

---

31 北魏는 몽고어 계통에 속하는 언어를 사용하는 鮮卑族이 세운 나라라고 한다.

할뿐더러 구결에서는 '−ケ丨'로 표기된다는 점을 들 수 있다. 더욱이 후대의 구결자 'ケ'는 한국자 'ケ'와 사실상 자형이 같다. 이것을 논거로 삼아 'ケ = ケ = 每'라는 등식을 세울 수 있다.

(24) 향가의 '−每如'

1. 刹刹每如 邀里白乎隱 (예경제불가 6)
2. 手良每如 法叱供乙留 (광수공양가 6)

(25) 구결의 '−ケ丨'

1. 行ノ1 所3ケ丨 逆尸 無3ハ 一切 智乙 成刂ヒ立 (화엄 14: 八, 9)
2. 於彼十方世界セ 中3十 念念3十ケ丨 佛道 成トホ1の乙 (화엄 14: 十四, 19)
3. 能支 一1 手乙 以3 三千3十 偏ケ丨ソ3 (화엄 14: 十五, 16)
4. 一一國土3十ケ丨 佛: 及ハ 大衆: ノオ刂ソ白ろ1ム (구인: 二, 5)

이 논의에서 의심스러운 것이 있다면 '每'의 한국 중세 한자음이 '*마'가 아니라 '믹'라는 점뿐이다. 그러나 '每'가 '枚'와 같은 음가를 갖는다면 '每'가 '枚'처럼 단위명사로 쓰일 수 있고 이에 따라 '每'가 'ケ'로 표기되었다는 가설이 성립한다. '枚'는 『廣韻』의 한어 중고음으로 [明中1平灰]의 음가이고 '每'는 多音字로서 [明中1上灰]와 [明中1去灰]의 음가를 갖는다.[32] 이 두 글자는 성조만 다르고 나머지 음가는 완전히 같다. 그렇다면 단위명사 '枚' 자리에 通假字 관계였던 '每'가 올 수 있는데, 이 '每'가 이 목간에서 'ケ'로 표기된 것이라 할 수 있다. 이 가설은 '每如 = ケ丨 = 마다'의 등식을 가장 적극적으로 활용한 것이다.

한편, '㠲一二ケ'의 수사 '一二'를 '한두'로 읽어야 할지 '열두'로 해독해야 할

32 權仁瀚(2009가)와 이토 지유키(2011)에 따르면 '枚'의 한국 중세 한자음이 나오지 않는다. 權仁瀚(2009가: 63)는 '每'의 한어 중고음으로 蟹攝一等上聲賄韻明母 즉 /*mwʌi/와 蟹攝一等平聲灰韻明母 즉 /*mwʌi/의 두 가지를 제시하였는데, 『廣韻』에서는 '每'가 上聲賄韻과 去聲隊韻에 배치되어 있다.

지 확실한 논거가 없어서 단정하기가 어려웠다. 그런데 일본의 자료를 활용하면 '一'과 '二' 사이에서 단위 숫자가 생략된 것으로 보아 '열두'로 읽을 수 있다. 일본의 古辭典으로 유명한 『類聚名義抄』에는 주석 부분에 붓으로 써넣은 注記가 자주 나온다. 그런데 '三五四'라고 주기된 단어를 찾아보았더니 '三百五十四'라는 번호가 붙은 단어였다. 이 예는 '百, 十' 등의 단위 숫자를 생략하는 기록 방식이 있었음을 실증해 준다.[33] 현대 중국에서 1984년을 '一九八四年'이라 표기하는 것도 이와 같다. 이 예를 따라 이 목간의 '一二'를 12에 해당하는 수로 간주하고 '一二个'를 '열두 매'로 해독해 둔다.

이때의 단위명사 '个'는 '丈, 張'과는 구별되는 단위명사일 것이다. '丈, 張'은 대개 '재단된 낱장'을 가리키고 옛날에는 그 폭이 대개 한 자(尺)이고 길이가 50cm 안팎이다. 반면에, '个'는 종이를 제작할 때 발(簾)로 떠내어 말린 상태의 종이를 가리킬 것이다. 이 발은 대개 폭이 1m 이상이고 길이가 1m 50cm 이상이다. 발과 같은 크기의 종이를 셀 때에 사용한 단위명사가 '个'가 아닌가 한다. 최근까지도 이 크기의 종이를 지물포에서 판매하고 있다.

2.5. 단위명사 '兩, 分'과 '斤'

藥材를 달아서 재는 단위로는 '한 근, 두 냥, 세 푼'의 '근, 냥, 푼' 등이 있다. 약재의 계량 단위인 '兩'이 여러 목간에서 두루 확인된다. 부여·가야(2009: 25)에서는 부여 능산리사지 16호 목간의 전면을 [×■立卄■斑錦____]로 해독하여 '兩'을 판독하지 못하였고, 李炳鎬(2008)은 '方'으로 판독하였다.

(26) 부여 능산리사지 16호 목간의 판독과 해독

1. 전면: [×■立卄方斑錦衣一]

   후면: [×己] (李炳鎬 2008)

33 이 예를 가르쳐 주신 東京大의 月本雅幸 교수께 이 자리를 빌려 감사드린다.

2. 전면: [×■立廿■斑錦＿＿]

후면: [×己] (부여·가야 2009)

3. 전면: [≀■立廿兩斑綿衣一/]

{■立 스무 냥, 얼룩무늬 솜옷 하나}

후면: [≀■ ■ \]

{■ ■ }

중수문서
兩

26

그러나 이 글자는 '兩'의 초서체로서, 석가탑에서 나온 중수문서에도 나온다(오른쪽 위 사진 참조). 따라서 이 목간의 전면은 [≀■立廿兩斑綿衣一]로 판독되고 '■立 스무 냥, 얼룩무늬 솜옷 하나'로 해독된다. 목간의 상단부가 없어지고 '立'의 앞에 온 글자가 확인되지 않아 무엇을 '兩' 단위로 센 것인지 말하기 어렵다. '兩'이 金·銀 등의 貴金屬이나 藥材 등의 무게를 달 때에 사용하는 단위명사라는 것은 널리 알려져 있다. '兩'의 바로 뒤에 '얼룩무늬 솜옷'을 뜻하는 '斑綿衣'가 오는 것으로 보아 '■立'은 옷에 부착하는 귀금속의 일종일 것이다.

경주 월성해자 21호 목간은 4면 목간인데, 1면에 '天雄二兩'이 2면에 '漆利一兩'이 나온다. '天雄 두 냥'으로 해독되는데, '天雄'은 藥材의 일종임이 확실하지만, '漆利'는 확인되지 않는다. 부여·가야(2009: 170)는 2면에도 '二兩'이 나온다고 하였으나 착오일 것이다.

(27) 경주 월성해자 21호 목간의 판독 및 해독

1. 1면: [天雄二兩■■]

2면: [■刻子■物] (孫煥一 2006)

2. 1면: [天雄二兩＿萵]

2면: [■■二兩] (부여·가야 2009: 170)

3. 1면: [天雄二兩 ■■■■■>] {天雄 두 냥 ■■■■■}

2면: [漆利一兩 ■ ■/] {漆利 한 냥 ■ ■}

여러 약재와 그 수량이 기록된 것으로는 경주 월지 16호 목간이 대표적이다. 나무의 형태로는 4면 목간에 속하지만 글씨는 1면과 2면에서만 관찰된다. 전반적으로 글씨가 흐릿하여 잘 보이지 않으나 하시모토 시게루(2007)과 부여·가야(2009: 150~151)가 판독한 바 있다.

(28) 경주 월지 16호 목간의 판독 및 해독

1. 1면 1행: [大黃一兩 黃連一兩 皂角一兩 青袋一兩 升麻一兩]

2행: [甘草一兩 胡同律一兩 朴消一兩 ■■■一兩]

2면: [■■■■ 青木香一兩 支子一兩 藍淀三分] (하시모토 시게루 2007)

2. 1면 1행: [大黃一兩 ■■一兩 ■甫一兩 青袋一兩 升麻一兩]

2행: [甘草一兩 ■■■兩 ■門一兩 ■■三兩]

2면: [■■兩 青木香一兩 支子一兩 藍■三分] (부여·가야 2009)

3. 1면 1행: [ㇰ大黃一兩 ㇰ■■一兩 ㇰ■角一兩 ㇰ青袋一兩 升摩一兩][34]

2행: [ㇰ■■一兩 ㇰ■■■兩 ㇰ麥門一兩 ㇰ■■三兩]

{大黃 한 냥, ■■ 한 냥, ■角 한 냥, 青黛 한 냥, 升摩 한 냥,

■■ 한 냥, ■■ ■ 냥, 麥門 한 냥, ■■ 세 냥}

2면: [ㇰ■■一兩 ㇰ青木香一兩 ㇰ支子一兩 藍實三分]

{ ■■ 한 냥, 青木香 한 냥, 梔子 한 냥, 쪽 씨 세 푼}

하시모토 시게루(2007)이 '大黃, 甘草, 青木香, 支子' 등의 약재 이름을 찾아낸 것은 아주 큰 업적이라고 할 수 있다. (28.1)의 '青袋'는 '青黛'의 異表記이므로 한

34 약재의 첫째 글자 右上에는 'ㇰ' 모양의 부호가 적혀 있다. 이 'ㇰ'는 흔히 合點이라 부른다. 수량이나 유무 등이 맞음을 체크한 부호이다. 다만, 맨 밑에 적힌 1면 1행의 '升'과 2면의 '藍'에는 이 부호가 없다.

자음 연구의 자료가 된다. (28.3)의 '升摩'가 『鄕藥救急方』에서는 '升麻'로 표기된다. '摩'와 '麻'도 通假字 관계였던 것 같다. '支子'도 '梔子'의 이표기일 것이므로 한국의 고대 한자음 연구에 참고가 된다. 이들은 모두 약재이므로 이 목간을 '藥材 목간'이라고 별칭해도 좋을 것이다.

경주 월성해자 21호와 경주 월지 16호 목간은 약재 목간의 일종이다. 이 목간은 한국의 漢醫學史 서술에 매우 귀중한 자료가 될 것이다. 약재 계량의 단위명사인 '兩'과 '分'이 쓰였다는 점에서 이들은 국어학적으로도 귀중한 자료이다. 이 '兩'과 '分'은 중국에서 수용한 것으로서 음독하며, 각각 현대어의 '냥 (< 량)'과 '푼'에 해당한다. '分'을 '푼'으로 읽는 독법은 후대의 한자음 변화를 반영한 것이므로 고대에는 '*분'으로 읽었을 가능성이 크다. '分'의 한어 중고음은 [非中C平文]이므로 당시에는 '*분' 즉 /*pun/이었음이 거의 분명하다.

'兩'이나 '分'은 重量의 단위인데, 중량을 재는 단위로 '斤'이 있다. 나주 복암리 9호 목간에 '斤'이 나온다.

(29) 나주 복암리 9호 목간의 판독 및 해독

전면: [麻中練六四斤] (金聖範 2010: 172)

{삼, 中練한 (껍질 상태로 가공한) 예순네 근}

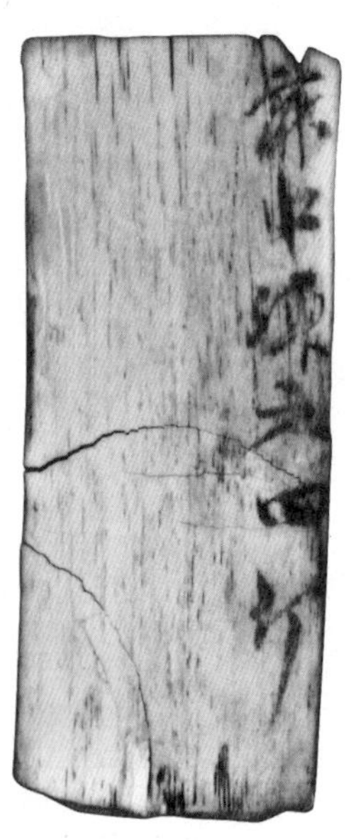

29

金聖範(2010: 172)의 판독이 정확하다. 金聖範(2010: 172)은 이 목간의 '中練'과 '六四'를 "麻의 中練을 6개씩 묶은 다발이 도합 4근"이라고 해석하였다. 그런데 이 해석에서는 '中練'이 무엇을 뜻하느냐 하는 의문이 여전히 남고, '다발'을 지칭할 때에는 '練'보다는 '束'이 훨씬 쉽고도 널리 쓰이는 글자라는 문제도 뒤따른다. 이에 '中練'과 '六四'에 대한 또 다른 견해를 제시하고자 한다.

'麻'의 기다란 줄기에 붙어 있는 껍질을 벗겨 내어

이 껍질을 가공하여 실을 뽑아내고 이 실로 삼베를 짠다. 따라서 식물명 또는 작물 이름의 '麻'가 있고, 줄기를 쪄서 벗겨 낸 껍질 상태의 '麻'가 있으며, 이 껍질을 다시 실로 가공한 상태의 '麻'가 있고, 織物 형태로 직조한 '麻'가 있다. 이 목간의 '中練'은 아마도 가공한 정도가 중간 단계임을 뜻하는 것으로 보인다. 따라서 '中練'은 '중간 정도로 가공한' 삼, 즉 줄기를 쪄서 벗겨낸 껍질 상태의 삼을 지칭할 것이다. 이때에는 수사 표기 '六四'를 어떻게 이해할 것인가 하는 문제가 남지만, 이것은 앞에서 논의한 '绨一二亇'와 같이 '十'이나 '百' 등의 단위가 생략된 것으로 해석한다. 이에 따르면 이 목간은 '삼, 껍질 상태로(中練한 것) 예순네 근'으로 해독된다. 가공하여 껍질을 벗기지 않은 상태 즉 식물명의 '麻'는 '斤' 단위로 셀 수 없다는 점을 덧붙여 둔다.

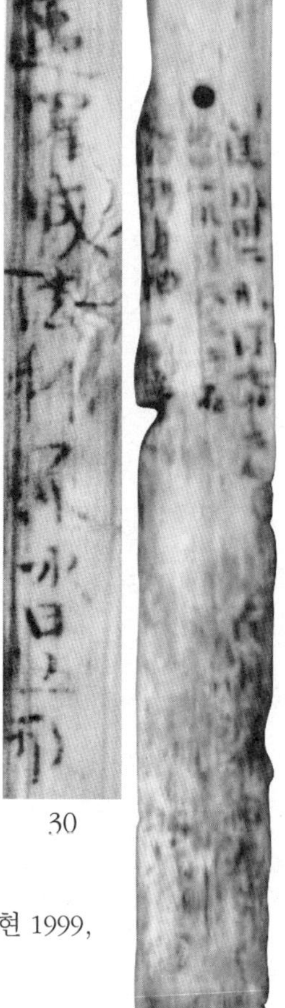
30

31

2.6. 단위명사 '形'

'논·밭'을 계량할 때에 쓰이는 단위명사 '形'이 부여 宮南池 1호[35] 목간과 나주 伏岩里 6호 목간에 나온다.

(30) 부여 궁남지 1호 목간의 단위명사 '形'

전면 1행: [西卩 ○ 後巷已達已斯卩　依活▣▣▣▣]
{서부 후항 已達已斯卩　依活▣▣▣▣ }

2행: [歸人 ○ 中口四 小口二 邁羅城法利源畓五形] (최맹식·김용민 1995, 박현숙 1996, 이용현 1999, 국립청주박물관 2000, 국립부여박물관 2003)
{귀화인 中口 넷, 小口 둘, 邁羅城 法利源(의) 논 다

35 이 목간 번호가 國立昌原文化財硏究所(2006: 232)와 부여·가야(2009: 67)에서는 295번으로 되어 있다. 315호가 맞다.

섯 골}

(31) 나주 복암리 6호 목간의 판독 및 해독

후면: [涇水田二形得七十二石 在月三十日者]

[○畠一形得六十二石]

[得耕麥田一形半] (金聖範 2010: 166)

부여 궁남지 1호 목간의 전면 2행에 대해서는 판독이 상호 일치한다. 나주 복암리 6호 목간의 판독은 金聖範(2010: 166)이 가장 정확하다. 이 두 목간에 나오는 '水田'을 두 개의 글자로 볼 것인지 그렇지 않으면 하나의 글자로 볼 것인지 하는 점에서, 약간의 견해 차이가 있을 수 있다. 이 두 목간의 '水田'은 韓國字인 '畓'의 기원적인 모습을 보여 준다고 할 수 있다. '水'와 '田'은 일본 쇼소인(正倉院) 소장의 新羅 村落帳籍에서 상하 합자인 '畓'으로 굳어지고 '논'의 의미를 갖는다. 이 점에서 이 두 목간의 작성 시기가 新羅 村落帳籍보다 앞선다고 말할 수 있다.

또한 나주 복암리 6호 목간의 '涇'은 '水田'이 흐르는 물을 이용하는 경작지임을 실증해 주므로 그 의미가 크다. 뿐만 아니라 金聖範(2010: 165)이 지적했듯이, 이 목간에서 상하합자 '畠'을 확인한 것은 문자 전파의 관점에서 그 의미가 실로 크다. '밭'을 뜻하는 '畠'은 일본 고유의 한자로 알려져 왔는데, 나주 목간에서도 이 글자가 발견되었으므로 이제 百濟에서 사용되던 '畠'이 日本에 전해진 것이라는 논의가 가능해지기 때문이다.

문제는 이 두 목간에 나오는 '形'을 어떻게 읽을 것인가 하는 점이다. 新羅 村落帳籍에는 '논'을 세는 단위로 '結'과 '負'가 나오지만 백제목간에서는 이들이 보이지 않는다. 그 대신에 백제에서는 (30)과 (31)의 '形'이 사용되었는데(이용현 2010가: 185), '形'을 훈독했을지 음독했을지 논의할 필요가 있다. '形'을 뜻하는 명사로 현대어 '꼴, 꼬라지, 꼬락서니' 등이 쓰이고, 한자어 '三角形'이나 '四角形'을 한때나마 '세모꼴'과 '네모꼴'로 바꾸어 사용한 적도 있다. 이들을 통하여 '形'의 훈이 '꼴'임을 알 수가 있다. 이 '꼴'은 '形'의 古代 訓 '*골'에 경음화가 일어난 것인

듯하다.[36]

'一形'당 소출이 '涇水田'에서는 36石, '畓'에서는 62石인 것으로 보아, '形'이 상당히 큰 경작지 단위임을 알 수 있다. 들판에서 어떤 자연적 경계에 의해 구획 지어지는 경작지, 골짜기 사이에 있는 전체 경작지 등을 아마도 '形'으로 지칭한 듯하다. 더 확실한 논거가 나오기를 기대하면서 여기에서는 일단 '形'을 '*골'로 재구해 둔다.

2.7. 단위명사 '瓸'

함안 성산산성 221호 목간은 4면 목간이고 여기에는 분량이 가장 긴 문서가 기록되었다. 이 목간에 독특한 단위명사인 '瓸'이 나온다.

(32) 함안 성산산성 221호 목간 2면의 '瓸'

2면: … 爲六瓸大城?従 …

2면의 여덟째 글자는 달필의 초서로 기록되었다. 이것은 '爲'임이 확실하다. 그 아래에 온 네 글자를 『목간자전』과 손환일(2011)은 '六語大城'으로 읽었다. 그런데 그 의미가 자연스럽게 연결되지 않는다.

따라서 이번에는 '瓦'의 좌변에 온 것을 '百'으로 읽는 방법 즉 '瓸'을 택해 본다. '瓸'은 '甅'의 '百'과 '瓦'가 서로 자리를 맞바꾼 이체자일 가능성이 있다. '甅'은 '우물벽돌 백'으로 읽지만, 漢語大詞典에 따르면 '韓用漢字' 즉 韓國字라 하고 그 의미는 '一百瓦'라고 한다. 이에 따르면 '瓸'은 한국에서 독자적으로 '百'과 '瓦'를 合字하여 만든 한국자이고, 기와나 벽돌 등의 건축용 자재를 100장 단위로 셀 때 사용한 단위명사일 것이다. 이 판독에 따르면 위에 오는 수사 '六'이나 아래에 온

36 『훈몽자회』에서는 '形'의 훈이 '얼굴'이지만 이것은 인간에 한정된 훈이지 사물의 형상까지를 포함한 훈은 아니다. '얼굴'은 인간의 속성 중 하나인 '얼'과 '形'을 뜻하는 '*골'로 분석될 것 같다. '몰골'의 '골'이 '形'을 '*골'로 읽는 것을 지지해 준다.

'大城?'과 잘 어울리므로 우리는 이 글자를 '瓺'으로 판독한다.

'六瓺'의 바로 아래 글자는 '大'가 맞다. '大'의 바로 밑에 온 글자를 『목간자전』, 손환일(2011), 손환일(2013)은 모두 '城'으로 판독했다. 이들을 따라 이 글자를 '城?'으로 판독해 둔다. 그 다음에 온 글자는 '従'이 확실하다. 그렇다면 이 목간의 2면 중간 부분에 온, 여덟째에서 열세 번째까지의 여섯 글자는 '爲六瓺大城?従'으로 판독된다. 이 구절은 '6백 벽돌(을) 위하여, 큰 성(을) 좇아서' 정도로 해독할 수 있다.

여기에서 우리는 벽돌을 100장 단위로 계량하는 단위명사 '瓺'이 있었음을 알 수 있다. 이것을 어떻게 읽었는지 알 수 없지만 단위명사로 사용된 것만은 분명하므로 여기에서 언급해 둔다. 함안 성산산성 221호 목간에 대해서는 5장의 文書木簡에서 다시 자세히 다룰 것이다.

2.8. 단위명사 '藏'과 '疊'

아래 (33.2)와 (34.2)의 '丬'도 韓國字일 것이다. 그런데 이 글자를 어떻게 읽는지 아직 밝혀진 바가 없고, 무엇을 지칭하는지도 확실하지 않다. 동물의 일종이라는 견해가 제시된 바 있지만[37] 우리는 이것을 짐승의 털가죽 즉 毛皮를 가리키는 것으로 이해한다. 짐승의 경우에는 고기(肉)보다도 털가죽(毛皮)이 훨씬 값어치가 있기 때문이다. 또한 이 글자의 자형에 들어가 있는 '彡'이 '터럭'을 뜻한다는 사실도 고려하였다. 이 판단이 맞다면 '丬'은 '彡'과 '丨'를 合字한 韓國字라고 할 수 있다.

일본 쇼소인(正倉院) 소장의 第二新羅帳籍에도 이 글자가 나오는데, '尾汚之'라 하여 '꼬리가 더럽혀졌다'는 표현이 나온다. 이것도 '丬'이 일반적인 동물명이 아니라 짐승의 털가죽을 지칭한 것임을 암시한다. 일반적인 동물명이라면 꼬리의 상태를 특별히 서술할 필요가 없지만, 털가죽이라면 이것을 서술할 필요가 있

---

37 權仁瀚(2007)은 야생동물의 일종인 '스라소니'를 지칭하는 것으로 보았다.

다. 또한 (33.2)에서 볼 수 있듯이 '𫝀'의 바로 앞에 '冶'가 나오는데, 이것은 털가죽이 가공된 상태임을 의미할 것이다. 만약에 '𫝀'이 일반적인 동물명이라면 바로 앞에 왜 '冶'가 왔는지를 설명하기가 어렵다. 반면에 毛皮는 항상 가공해야 하므로 '冶'가 '𫝀'의 바로 앞에 온 것을 자연스럽게 설명할 수 있다.

(33) 경주 월지 13호 목간의 '藏'

1. 「甲辰三月二日冶刀五藏」(손환일 2011)
2. [< ╳ 甲辰三月二日冶𫝀五藏]
   {甲辰三月二日, 가공한 털가죽 다섯 장}

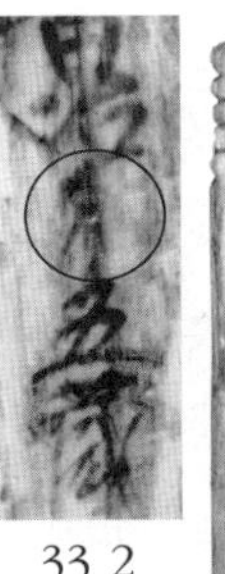
33.2

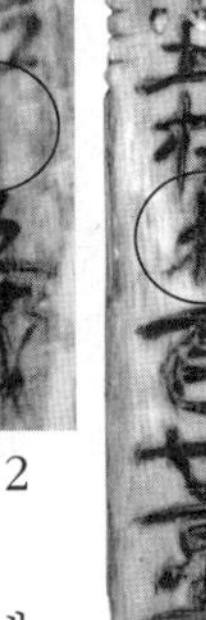
34.2

'𫝀'을 '털가죽'으로 해석하는 것이 옳다는 것은 뒤에 오는 단위명사가 '藏'이나 '疊'이라는 사실로도 증명된다. (33.2)의 '冶𫝀五藏'은 판독에 문제될 것이 전혀 없다. 현대에도 옷을 셀 때에 '한 장, 두 장' 등의 '장'으로 셀 때가 있는데, 고대에는 毛皮도 '藏'으로 셌던 것 같다.

(34) 경주 월지 21호 목간의 '疊'

1. 「□坪捧才百廿二品上」(손환일 2011)
2. [⁝ ▣坪捧𫝀百廿二疊]
   {▣坪(에서) 바친 털가죽 백스물두 첩}

반면에, (34.2)의 '疊'을 손환일(2011)에서는 '品上'의 두 글자로 나누어 읽었다. 그런데 (33)에서 단위명사 '藏'을 인정하면서 동시에 (34.1)에서는 단위명사가 생략되었다고 보는 것은 균형이 맞지 않는다. 따라서 '品上'처럼 보이는 글자를 한 글자의 단위명사로 읽을 수 없을까 하여 찾아낸 것이 '疊'이다. 단위명사 '疊'은 동일한 것을 중첩하여 포개 놓을 때에 주로 사용하므로, 털가죽 즉 毛皮도 '疊'으로 세는 대상이라 할 수 있다. 이런 추론뿐만 아니라 사진 34.2의 마지막 글자에서 확인할 수 있듯이 字形으로도 이 글자가 '疊'에 가장 가까운 글자라고 할 수 있다.

'⺘'은 특정 동물의 털가죽은 아닐 것이다. 여우, 늑대, 승냥이, 호랑이, 표범 등의 산짐승 털가죽을 두루 지칭한다고 보아야만 (34)의 수량 122를 이해할 수 있기 때문이다. 이 털가죽에 단위명사 '藏'과 '疊'이 잘 어울린다는 점을 다시 강조해 둔다.

2.9. 단위명사 '負, 丹, 發'

함안 성산산성 목간에서는 '負'와 '發'이 단위명사로 자주 사용되었다. 그런데 이들을 어떻게 읽어야 할지 분명하지 않다. 이 문제를 해결하는 데에 결정적인 역할을 하는 것이 河南 二城山城 5호 목간의 '九負三丹'이다.

(35) 하남 이성산성 5호 목간의 '負, 丹'

2면:「 … 郞[受]蔡二商公□九負生不長九負三丹□」(손환일 2011)

2면: [郞■蔡二■公■九負生不長九負三丹■■一]

{ 郞■蔡二■公■ 아홉 짐, 生不長 아홉 짐 세 단, ■■ 하나}

4면:「 … 蔡□商?長九負 … 」(손환일 2011)

4면: [■■■蔡ヽ商?長九負 ■ ⁝]

{ ■■■蔡ヽ商?長 아홉 짐 ■}

글씨가 흐릿하여 정확하게 판독하기가 어렵지만, 손환일(2011)이 '九負三丹'이라 판독한 것은 믿을 만하다. 이것을 어떻게 읽어야 할까? 우리는 이것을 '아홉 짐, 세 단'으로 해독한다. '짐'은 널리 알려져 있듯이, '지-(負)' 동사에 명사파생접사 '-음'이 통합된 명사이다. 그런데 (35)에서는 수사 '九'의 뒤에 옴으로써 단위명사로 사용되었다.

중요한 것은 (35)의 '負'를 동사 '지-'로 읽지 않고 파생명사 '짐'으로 해독하는 논거를 제시하는 일이다. 이것은 뒤에 온 '三丹'이 해결해 준다. '丹'은 '한 단, 두

단, 세 단' 등으로 헤아릴 때의 '단'이다. 여러 '단'을 하나로 묶으면 '한 짐'이 된다. 따라서 '負'로 표기된 '짐'이 '丹'으로 표기된 '단'보다 큰 단위임이 분명하다. 이 단위명사 '짐'과 '단'을 (35)에서 각각 '負'와 '丹'으로 표기한 것이라 할 수 있다.

'負'를 '짐'으로 해독하게 되면 다음의 여러 예에 나오는 '負'도 일관되게 '짐'으로 읽는 것이 바람직하다.

(36) 단위명사 '負'의 용례

1. [<　新村■利兮負　　　　ᆽ] (함안 17)
2. [仇利伐　朌谷村 仇礼支 負　　ᆽ>] (함안 33)
3. [<內恩知 奴人居助支　負　ᆽ] (함안 35)
4. [內只次奴 湏礼支負　　ᆽ>] (함안 37)
5. [⌇尓先利支負　　>] (함안 38)
6. [阿卜智村尓■負　　ᆽ] (함안 40)
7. [<弘■沒利負　　] (함안 56)
8. [借刀■支負　　○] (함안 109)
9. [吉西支負　　　ᆽ] (함안 111)
10. [<鄒文村內旦利負　ᆽ] (함안 120)
11. [仇尸伐 比夕智奴先能支負　　○ >] (함안 121)
12. [<十■■　■■一伐奴人毛利支負　　ᆽ] (함안 133)
13. [殆利夫智負　>] (함안 136)
14. [仇利伐　■■只■ 阿伐支負　　>] (함안 143)
15. [仇伐 部豆■奴人 ■支負　　ᆽ] (함안 152)
16. [<仇利伐 仇陁知一伐 奴人　毛利支負　ᆽ>] (함안 156)
17. [<仇利伐　習朌村 牟利之負　　ᆽ] (함안 178)
18. [仇利伐　訛?本礼支 負　ᆽ] (함안 203)
19. [⌇■智負　ᆽ] (함안 207)
20. [<■■谷伊酉比支負　　ᆽ >] (함안 208)

21. [▣▣村▣▣負≍>] (함안 209)

22. 전면: [< ≍此負刀寧負盜人有 >]

후면: [< ≍▣▣日七冠村 >] (함안 219)

위의 '負'는 항상 목간 기록의 끝에 온다. 따라서 앞에 온 인물이 '지고 왔다'는 해석이 가능하다. 그러나 함안 목간은 물건을 보내는 쪽에서 기록한 것이지 받는 쪽 즉 성산산성에서 기록한 것이 아니다. 이에 따르면 '負'를 '지고 왔다'로 해석할 수가 없다. 이 점에서도 '負'를 파생명사 '짐'으로 해독하는 것이 좋을 것이다.

'負'가 명사 '짐'에 해당한다는 것은 (36.22)의 '負'에서도 확인할 수 있다. 전면의 '此負刀寧負盜人有'는 '이 짐과 刀寧(에서 보낸) 짐에 도둑이 들었다'는 의미이므로, '負'를 명사 '짐'으로 해독해야만 하기 때문이다. 그런데 이 해석에 따르면, 이 목간은 보낸 곳에서 작성한 것이 아니라 성산산성에서 물건을 수취한 뒤에 작성한 것이 된다. 그러나 이 해석만 가능한 것은 아니다. 여러 하물을 중간 집적지에서 보관하다가 도둑맞았을 가능성도 있다. 이에 따르면 이 목간은 중간 집적지에서 작성한 것이 된다. 마침 이 목간의 2면에 '▣▣日七冠村'이 기록되었는데, 이것은 보통의 하찰 기록 방식과 다르다. 보통의 하찰목간에서는 '지명 # 인명 # 곡명 # 수량 # 단위명사'의 순서로 기입하는 것이 일반적이기 때문이다. 따라서 이 순서와 아주 크게 차이가 나므로, 이 목간의 '七冠村'은 하물의 중간 집적지라고 할 수 있다.

다음의 목간에서는 '負'가 穀名의 앞에 왔기 때문에 (36)의 기록 방식과 차이가 난다.

(37) '負'의 뒤에 穀名이 온 예

1. [可初智▣負一麥石 ≍] (함안 47)

2. [⦚ ▣支負稗 ⦚] (함안 189)

(37.1)의 '負一麥石'은 '▣ 짐 하나, 보리 (한) 섬' 정도로 해석되고, (37.2)의 '負

稗'는 '▣支의 짐, 피'로 해석된다. 따라서 기록 방식이 여타의 목간과 차이가 나지만, '負'가 파생명사 '짐'으로 해독된다는 점에는 변함이 없다.

'負'과 긴밀한 관계에 있는 단위명사로 '發'이 있다. '發'도 '負'와 마찬가지로 목간 문장의 끝에 온다.

(38) 단위명사 '發'의 용례

1. [仇得支稗發] (함안 21)
2. [稗發 ○] (함안 28)
3. [仇利酒?支稗發 㐅] (함안 123)
4. [<陀ゝ支稗發 㐅>] (함안 216)

위의 '稗發'은 모두 '피 (한) 발'로 해독되므로, '發'은 현대어의 '발'에 해당하는 단위명사일 가능성이 크다. '발'은 사전에서 '가늘고 긴 대를 줄로 엮거나, 줄 따위를 여러 개 나란히 늘어뜨려 만든 물건'이라고 풀이하였으나, 그 용도가 더 중요할 것이다. '발'은 지게의 위에 얹어서 물건을 받칠 때에 사용한다. 이 점에서는 '稗'에 한정하여 '發'을 사용했다는 특징이 눈에 들어온다. 이때의 '稗'는 아마도 탈곡을 하지 않은 상태 그대로 '發'에 얹어 지게로 지고 온 것이 아닌가 한다.

2.10. 보통명사 '歲'

사람의 나이를 기록할 때에는 주로 한자 '歲'를 사용한다. 현대어에서 이 '歲'를 음독하지 않고 '살'로 훈독한다는 것은 앞에서 말한 바 있다. 경주 (傳)仁容寺址 1호 목간에[38] '歲'가 세 번이나 기록되어 주목된다.

38 이 목간에 대해서는 5章의 3節에서 자세히 논의할 것이다.

(39) 경주 인용사지 1호 목간의 단위명사 '歲'

후면: [众者所貴公歲卅金侯?公歲卅五]

[是二人者歲▣是?亦在如巭与日?　　　　]

{무리는 所貴公 나이 서른, 金侯公 나이 서른다섯}[39]

{이 두 사람은 나이 ▣ 맞음이 있습니다. 일꾼(과) 더불어 날[시간]　　　　}

이 목간의 '所貴公歲卅, 金侯公歲卅五, 歲▣是亦'에 나오는 '歲'가 현대어의 단위명사 '살'이나 보통명사 '나이'에 해당한다는 것은 두말할 필요도 없다. '所貴公歲卅'과 '金侯公歲卅五'의 '歲'가 수사와 어울려 쓰였다는 점에서 '歲'가 일단 단위명사일 가능성이 있다. 그런데 일반적인 수량사구문과는 달리 여기에서는 수사 '卅, 卅五'의 바로 앞에 '歲'가 왔다. 이 語順을 강조하면, '歲卅'과 '歲卅五'를 각각 '서른 살'과 '서른다섯 살'로 해석하는 것보다 '나이 서른'과 '나이 서른다섯'으로 해석하는 것이 더 나을 듯하다. '나이 서른'과 '나이 서른다섯'은 아주 자연스러운 어순이지만, '*살 서른'이나 '*살 서른다섯'은 한국어에서 쓰이지 않는다.

'歲▣是亦在如'의 '歲▣是亦'의 해석에서도 '나이'가 바람직하다. 이곳의 '是'가 현대어의 '옳-, 맞-'에 대응하고 '亦'이 후대의 주격조사 '-이'에 대응한다고 하면, '歲▣是亦在如'를 '나이(가) 맞음이 있습니다'로 해석할 수 있다. 반면에 '*살(이) 맞음이 있습니다'로 해석하는 것은 아예 불가능하다. 따라서 '歲'를 단위명사 '살'로 해독하는 것보다 보통명사 '나이'로 해독하는 것이 좋을 것이다.

그런데, 이와는 달리 '歲▣是亦'의 '是'가 말음첨기의 일례라는 가설도 성립한다. 年齡이나 年歲를 뜻하는 현대어 '살'은 중세어로는 ':설'인데, 이 ':설'이 고대어에서는 '*서리'였을 가능성이 있다. '*서리'의 어말 모음 'ㅣ'를 표기하기 위하여 말음첨기자 '是'가 쓰였다고 말할 수도 있기 때문이다.

그런데 말음첨기자의 여러 용례를 유심히 관찰해 보면 이 가설이 잘못된 것임이 곧 드러난다. '*서리'를 말음첨기자를 이용하여 표기한다면 일반적으로는 '歲'

39 이곳의 '서른다섯'을 '삼십다섯'으로 새겨야 할지도 모른다. 경상도 방언에서는 65를 '예순다섯'이라 읽지 않고 '육십다섯'이라 읽기 때문이다.

에 '利'나 '理'를 첨기하는 것이 일반적이다. 함안 158호 목간에서 '*늘시리'를 '日糸利'로 표기하고(李丞宰 2009가) 향가에서 '누리'를 '世理'(怨歌 8행)나 '世呂'(請佛住世歌 4행, 常隨佛學歌 2행)로 표기한 예를 들 수 있다. 이처럼 마지막 음절의 '리'가 첨기의 대상이 될 때에는 '是'가 아니라 '利, 理, 呂' 등을 사용하는 것이 원칙이다. 따라서 '歲▣是亦'의 '是'가 '*서리'의 말음첨기자일 가능성은 크지 않다. 그렇다고 하여 현대어 '나이'를 이용하여 '歲▣是亦'의 '是'가 말음첨기의 일례인 것처럼 기술하는 것도 옳지 않다. '나이'는 중세어에서 '낳'이므로, 옛날에는 어말에 'ㅣ'를 가지는 단어가 아니었다. 여기에서도 '歲▣是亦'의 '是'가 말음첨기자가 아니라는 결론이 나온다.

이를 근거로 삼아, '是'를 '옳-, 맞-'에 대응하는 상태동사로 간주하고[40] '亦'이 주격조사를 표기한 것으로 간주한다. 이 해독에서는 주격조사 '亦'의 바로 앞에 와야 할 동명사어미가 보이지 않는다는 점이 문제로 남는다. 그러나 초기의 이두문에서는 동명사어미가 표기되지 않을 때가 많으므로 이것은 그리 큰 장애물이 아니다. 예컨대 이 목간의 전면에 나오는 '多乎去亦在'의 '亦' 앞에도 동명사어미가 오지 않았다. 따라서 이 목간의 후면에 나오는 '是二人者歲▣是亦在如'를 '이 두 사람은 나이가 맞음(적당함)이 있습니다'로 해독해 둔다. 의역하면 '이 두 사람은 나이가 적당합니다' 정도가 될 것이다.

40 이것은 金完鎭(1980)이 향가 '耆郎矣皃史是史藪邪'(讚耆婆郎歌 5행)의 '是'를 '옳-'로 해독한 것을 참고한 것이다.

5. 文書

목간은 그 기능에 따라 꼬리표 목간, 문서 목간, 기타 목간의 3종으로 크게 나눌 수 있다. 이 章에서는 기관 간에 주고받은 文書 목간 중에서 두어 개를 골라 해독해 보기로 한다. 함안 城山山城 221호 목간, 경주 月城垓子 2호와 20호 목간, 경주 (傳)仁容寺址 1호 목간 등이 그 대상이다. 문서 목간에는 문법 형태가 나오므로 국어학에서 아주 중요하다. 그러나 역사 서술에 관련되는 내용이 나온다는 점에서는 고대사 연구에도 매우 중요하다.

1. 함안 성산산성 221호 목간

1.1. 머리말

咸安 城山山城 221호 목간은 文化財廳·國立加耶文化財硏究所(2011)의 『韓國 木簡字典』(이하 『목간자전』으로 약칭함)을 통하여 공개되었다. 목간 번호 221호는 이 책에서 부여한 번호이다. 『목간자전』의 868쪽에서 이 목간이 25.0×3.4×

2.8cm의 크기이고 소나무로 제작되었으며 완형의 4면 목간이라 하였다. 523~4의 두 쪽에 걸쳐 이 목간의 적외선 사진을 수록했고, 259쪽에는 이 목간의 판독문을 실었다.

이 판독문에 따르면 4면에 걸쳐 68자가 기록되어 있으므로 글자의 양이 결코 적은 편이 아니다. 함안 성산산성에서 출토된 목간 중에서 기록의 양이 가장 많다. 넷째 면의 마지막 글자는 '사뢰다'를 뜻하는 '白'이 분명하므로 이 목간은 일정한 형식을 갖춘 문서목간일 가능성도 크다. 그런데도 이에 대한 본격적인 연구가 아직 시도된 바 없다. 『목간자전』, 손환일(2011), 손환일(2013) 등이 판독을 시도했으나[1] 텍스트 전체를 일목요연하게 해독하여 이 목간에 무엇이 기록되었는지를 밝힌 업적은 아직 눈에 띄지 않는다.

이제, 이 목간에 기입된 글자를 판독하고 전체 텍스트를 해독하기로 한다. 그리하여, 이 목간이 한국 最初의 文書木簡이고 여기에 기록된 문장이 한국 最初의 吏讀 문장임을 주장할 것이다.

1.2. 목간의 판독

『목간자전』에서 설명했듯이 이 목간은 제작 당시의 형태가 온전하게 보존된 완형 목간이다. 나무의 4면을 평평하게 마름질하여 글씨를 쓸 수 있게 다듬었는데, 4면의 폭이 일정하지는 않다. 글씨는 상단 첫 부분부터 하단 끝까지 적혀 있다. 하단의 마지막 부분에는 V자 홈을 내어 끈을 맬 수 있게 가공했고, 하단부의 끝을 남근형으로 제작했다.

비석을 쓸 때에 넓은 면을 1면으로 삼고 왼쪽으로 돌아가면서 글씨를 새기듯이, 이 목간에서도 상대적으로 넓은 면을 선택하여 1면으로 삼았다. 비석과 마찬

---

1 손환일(2011)과 손환일(2013)으로 지칭한 것은 사실은 원고본이다. 우리는 2011년에 손환일 교수로부터 이 목간의 판독 안을 받은 바 있다. 이 손환일(2011)을 보고 이 목간에 대한 우리의 판독 안을 손 교수께 보냈더니, 손 교수는 다시 수정한 판독 안을 보내 주셨다. 이것이 손환일(2013)이다. 이 자리를 빌려 여러 가지로 도와준 손 교수께 깊이 감사드린다.

[사진 1] 1면 [사진 2] 2면 [사진 3] 3면 [사진 4] 4면

가지로 이 목간은 1면과 3면이 2면과 4면에 비하여 폭이 넓은 편이다. 『목간자전』에서도 넓은 쪽을 1면으로 삼고 그 왼쪽으로 돌아가면서 순차적으로 2면, 3면, 4면을 삼았는데, 해독의 결과를 보더라도 이 面 指定은 정확하다. 특히 1면의 첫머리에 '六月中'이, 4면의 끝에는 '사뢰다'의 의미를 가지는 화법동사 '白'이 기입되어 있으므로 문장 작성의 순서로 보더라도 이 면 지정은 정확하다.

판독에 들어가기 전에 이해의 편의를 위하여 『목간자전』, 손환일(2011), 손환일(2013)의 판독을 먼저 제시하기로 한다.

(1) 함안 성산산성 221호 목간의 『목간자전』 판독

1면: 「六月十日孟□本□□阿主敬ㅣ之兩成□□成行之」

2면: 「□□來昏□□也爲六語大城從人□六十日」

3면: 「□云走石日來□□□□金有干□」

4면: 「卒日治之人此人烏□伐置不行遣乙白」

(2) 함안 성산산성 221호 목간의 손환일(2011) 판독

1면: 「六月十日卄□□成□□村主敎□□□□伐□□」

2면: 「□□來昏□□也爲六語大城從人百六十□」

3면: 「□云走石日來□□□□金有干□」

4면: 「卒日治之人卅人烏□伐置不行遣乙白」

(3) 함안 성산산성 221호 목간의 손환일(2013) 판독

1면: 「六月中□孟馮成□(部/邦)村主(敎/敬)白之馮訂馮成行之」

2면: 「馮□來昏□□也爲(六/大)語(大/人)城從人(百/丁)六十口」

3면: 「亅(云/彡)走□日來此□□□金有干□□」

4면: 「卒日(始/治)之人此人烏湞(咸/戟)置不行遣乙白」

1면의 첫째와 둘째 글자는 각각 '六'과 '月'임이 분명하다. 『목간자전』과 손환일(2011)에서는 셋째 글자를 '十'으로 판독했으나 손환일(2013)의 '中'이 맞다. 이처럼 수정하게 되면 넷째 글자를 '日'로 추독할 수 없게 된다. 넷째 글자를 '甲?'으로 판독할 수도 있으나, 여기서는 신중을 기하여 미판독 글자 ▣로 남겨 둔다.

다섯째에서 여덟째 글자는 판독하기가 매우 어렵다. 손환일(2013)은 이것을 '孟馮成□'로 읽었는데, 우리는 이것을 따르기로 한다. 우리는 아홉째 글자를 '邦?'으로 보았는데, 손환일(2013)도 '邦?'으로 읽을 수 있다고 하였다.

그 아래에 온 열 번째와 열한 번째 글자를 우리는 '村主'로 읽는다. 『목간자전』에서는 열 번째 글자를 '阿'로 보았으나, 좌변이 '扌'에 가까우므로 '阿'보다는 '村'이 더 나을 것이다. 이 '村'이 열한 번째 글자인 '主'와 합하여 '村主'가 된다는 점에서 손환일(2011)의 판독이 정확하다. 열두 번째와 열세 번째의 글자를 『목간자

전』에서는 '敬丨'로 손환일(2011)에서는 '敎□'로 판독했다. 열두 번째 글자는 '敎'보다는 '敬'에 가깝다. 이 글자의 좌하 부분이 '子'보다는 '句'에 가깝기 때문이다. 열세 번째 글자를 '丨'로 읽은 것은 글자 전체의 균형을 감안하지 않은 판독이다. 이 '丨'의 왼쪽에도 희미하지만 묵흔이 있으므로 이것을 감안하여 '曰' 또는 '白'으로 읽어야 할 것이다. '敬曰'과 '敬白' 중에서 경어법에 맞는 것은 '敬白'이다. '敬白'의 바로 아래에 온 글자를 『목간자전』은 정확하게 '之'로 읽었다.

'敬白之'의 아래에 온 1면 하단부의 여섯 글자도 판독하기가 아주 어렵다. 이들을 손환일(2013)은 '馮訂馮成行之'로 판독했다. '馮訂'과 '馮成'을 인명으로 간주한 듯하다. 그런데 이곳에서 '馮'으로 판독한 글자가 위에서 보았던 '孟馮成□邦?'의 '馮'과 자형이 서로 다르다. 이 점을 중시하여 우리는 이 여섯 글자를 '▣▣禡?成?行?之'로 판독한다. 이곳의 '▣▣'을 '局?訪?'으로 읽는 방법도 고려해 보았으나 확실하지 않아 '▣▣'로 처리했다. 바로 밑에 온 글자는 '禡?'일 가능성이 있다. 이 글자는 '군대에서 지내는 제의'의 뜻을 가지고 독음이 '마'이다. 『목간자전』에서는 마지막 세 글자를 '成行之'로 읽었는데, 확실하지 않지만 이 판독을 취하기로 한다. 이 세 글자 중에서 신빙성이 상대적으로 높은 것은 물론 '之'이다.

(4) 1면의 판독 결과

[六月中▣孟?馮?成?▣邦?村主敬白之▣▣禡?成?行?之　ㄨ]

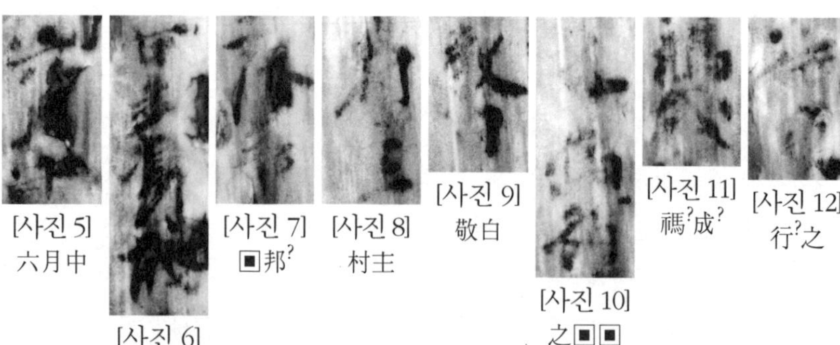

[사진 5] 六月中

[사진 6] ▣孟?馮?成?

[사진 7] ▣邦?

[사진 8] 村主

[사진 9] 敬白

[사진 10] 之▣▣

[사진 11] 禡?成?

[사진 12] 行?之

1면에는 모두 20자가 기입된 것으로 보인다. 그중에서 자획이 불분명하여 읽어낼 수 없는 글자가 적지 않다. 그렇더라도 '村主敬白之'을 판독할 수 있었던 것은 큰 수확이다. 문서 작성의 주체가 '村主'라는 사실과 '村主'가 누군가에게 공경하여 사뢰는 상황을 알려 주기 때문이다. 위의 논의를 종합하여 1면의 판독 안을 제시하면 위의 (4)와 같다.

2면의 상단부는 묵흔이 상대적으로 선명한 곳이지만, 우리의 역량이 부족한 탓으로 이들을 판독하기가 매우 어렵다. 『목간자전』과 손환일(2011)은 2면의 상단부를 '□□來昏□□也'로 판독했고, 손환일(2013)은 '馮□來昏□□也'로 판독했다. 판독이 바뀐 것은 첫째 글자인데, 이것을 우리는 '兜'로 판독한다. '兜'의 마지막 획 'ㄴ'가 '兜'의 중앙을 향하여 안쪽으로 굽어져 들어왔다. '兜'는 '투구'의 뜻이므로 둘째 글자는 '비단으로 꾸민 투구'를 뜻하는 '胄'일 듯도 하다. 그러나 이 둘째 글자는 '胄'의 '由' 부분과 필획이 일치하지 않는다. 이 글자가 '骨'일 가능성도 있는데, 여기에서는 신중을 택하여 '▣'로 남겨 둔다. 『목간자전』, 손환일(2011), 손환일(2013)은 셋째와 넷째 글자를 '來'와 '昏'으로 읽었는데, 이것을 따르기로 한다. 일곱째 글자는 '也'임이 확실하다. '也'는 문장의 끝에 오므로 여기에서 문장이 일단 끊어진다.

'也'의 바로 밑에 온 여덟째 글자도 '爲'의 초서임이 확실하다. 그 아래에 온 네 글자를 『목간자전』과 손환일(2011)은 '六語大城'으로 읽었다. '六'의 오른쪽에는 나무가 파손된 부분이 있어서 판독이 분명하지 않다. 그렇다 하더라도 '六'보다 나은 판독을 제시하기 어려울 것이다. '語'로 판독한 글자의 우변은 '吾'가 아니라 '瓦'이다. 필획의 순서를 잘 관찰하면 '瓦'임이 드러난다. '瓦'의 좌변에 온 글자의 필획을 일단 '镸'인 것으로 이해하면 이 글자는 '語'보다는 '瓺'에 가깝다. '瓺'은 '물장군 장'으로 읽는 글자이다. 그런데 그 의미가 위에 온 수사 '六'이나 아래에 온 '大城?'에 자연스럽게 연결되지 않는다.

따라서 이번에는 '瓦'의 좌변에 온 것을 '百'으로 읽는 방법 즉 '瓸'을 택해 본다. '瓸'은 '甅'의 '百'과 '瓦'가 서로 자리를 맞바꾼 이체자일 가능성이 있다. '甅'은 '우물벽돌 백'으로 읽지만, 『漢語大詞典』에 따르면 '韓用漢字' 즉 韓國字라 하고 그 의미는 '一百瓦'라고 한다. 이에 따르면 '瓸'은 한국에서 독자적으로 '百'과 '瓦'를 合字하여 만든 韓國字이고, 기와나 벽돌 등의 건축용 자재를 100장 단위로 셀 때 사용한 단위명사일 것이다. 이 판독에 따르면 위에 오는 수사 '六'이나 아래에 온 '大城?'과 잘 어울리므로 우리는 이 글자를 '瓸'으로 판독한다.

'六瓸'의 바로 아래 글자는 '大'가 맞다. '大'의 첫 획인 '一'의 묵흔이 불분명하여 이 글자가 마치 '人'처럼 보이기도 하지만 이 목간에 세 번 쓰인 '人'의 필획과 이 '大'의 필획이 서로 다르다. 이 점을 중시하여 이 글자를 '大'로 판독한다. '大'의 바로 밑에 온 글자를 『목간자전』, 손환일(2011), 손환일(2013)이 모두 '城'으로 판독했다. 이들을 따라 이 글자를 '城?'으로 판독해 둔다. 그 다음에 온 글자는 '従'이 확실하다. 그렇다면 이 목간의 2면 중간 부분에 온, 여덟째에서 열세 번째까지의 여섯 글자는 '爲六瓸大城?従'으로 판독된다. 이 구절은 '6백 벽돌(을) 위하여, 큰 성(을) 좇아서' 정도로 해독할 수 있다.

2면의 하단부에 온 다섯 글자를 『목간자전』은 '人□六十日'로, 손환일(2011)은 '人百六十□'로 읽었다. '人'은 정확하지만, 그 다음에 온 글자를 '□'와 '百'으로 읽어 판독이 서로 일치하지 않는다. '一'의 필획은 분명한데 그 밑에 온 필획이 거의 보이지 않아서 미상으로 남겨 두기도 하고, 뒤에 온 수사 '六十'과의 연결에 착안하여 '百'으로 읽기도 했던 것 같다. 그런데 이 글자는 '丁'이 맞을 것이다. 고대에는 '丁'을 쓸 때에 첫 획 '一'을 굵고 크게 써서 강조하고 아래의 '亅'은 가늘고 작게 쓰되 마치 '丿'처럼 기울여 쓰는 것이 일반적이다. 실제로 '丿'의 필획이 아주 희미하지만 일정한 공간을 차지하고 있다. '丁' 다음에 온 것은 수사 '六十'이 확실하다.

문제는 2면의 마지막에 온 글자이다. 이것을 『목간자전』은 '日'로, 손환일(2013)은 '口'로 읽었으나 이 글자는 '巪?'일 가능성이 크다. 이 글자의 마지막 획은 'ㄴ'임이 뚜렷한데, 'ㄴ' 모양의 필획을 '日' 또는 '口'에서는 기대할 수 없다. 따라서 우리는 이 글자를 '巪?'로 판독한다. 이 판독에서는 '巪'의 셋째 획이 얼른 보이지 않는다는 문제가 남는다. 그러나 '巪'이 '邑'에서 비롯된 韓國字로서 음절말 자음 '*ㅂ'을 표기할 때에 사용된 적이 있다는(3장 참조) 점을 감안할 필요가 있다. 이것을 활용하면 이곳의 '巳?'은 '十'을 음독한 '*십'의 말음 '*ㅂ'을 첨기한 것이 된다.[2] 즉 '十巳?'의 '巳'은 말음첨기의 용법으로 사용된 것이므로 이 글자를 '巳?'으로 판독한다.

(5) 2면의 판독 결과

[兜▣來?昏?▣▣也爲六甂大城?従人丁六十巳?　乂]

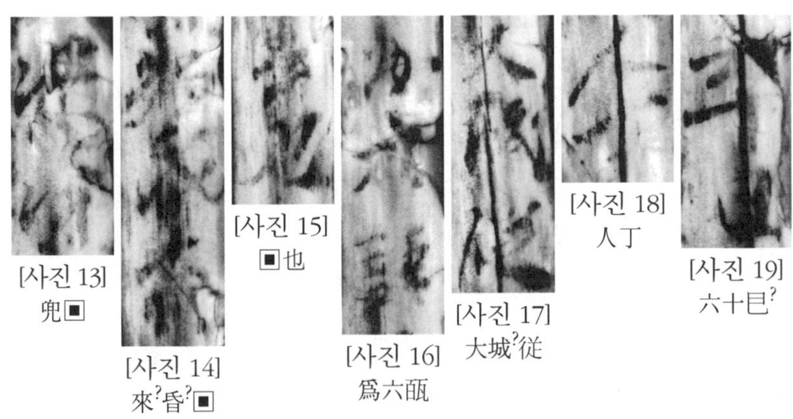

[사진 13] 兜▣

[사진 14] 來?昏?▣

[사진 15] ▣也

[사진 16] 爲六甂

[사진 17] 大城?従

[사진 18] 人丁

[사진 19] 六十巳?

2면에는 모두 18자가 기입된 것으로 보인다. 상단부에 온 여섯 글자는 판독이 확실하지 않으나 그 아래에 온 글자는 판독이 비교적 확실하다. 지금까지의 논의를 종합하여 2면의 판독을 제시하면 위와 같다.

『목간자전』과 손환일(2011)은 3면의 첫 글자를 미상으로 남겨 두었다. 그러나 이 글자는 수직 방향의 획 하나로 이루어지는 韓半字 'ㅣ'가 분명하다. 이 한반자는 '*다'로 읽히는 후대의 구결자 'ㅣ'와 자형이 같다. 석독구결에서는 '如'가 'ㅣ ㅋ -' 즉 '*다ㅎ -'로 읽히므로 '如'의 고대 훈에 '*다'가 있었다. 이것은 국어학자들 사이에는 상식에 속한다. 물론 이 목간의 한반자 'ㅣ'도 구결자 'ㅣ'처럼 '*다'로 읽는다. 3면의 둘째 글자를 『목간자전』과 손환일(2011)은 '云'으로 읽었다. 그

2 말음첨기는 주로 韓訓字에 적용되는 것이 일반적이다. 그런데 여기에서는 韓音字의 말음을 첨기했다는 점이 아주 독특하다.

러나 이 글자의 세 획 모두가 우상 방향에서 좌하 방향으로 그어져 있다는 점을 중시해야 한다. 이 점을 강조하면 이 글자는 역시 韓國字의 하나인 '彡'이라고 할 수 있다.

이 글자는 전통적으로 '터럭 삼'이라 읽어 왔다. 첫째와 둘째 글자를 합하면 '丨彡'이 되는데, 이 '丨彡'은 漢數詞 '五'에 대응하는 한국 고유어 수사 '*다숨'이다. 석독구결 자료인 『華嚴經疏』 卷第35에 '五ㅎ'과 '六ㅎ'이 나오는데, 'ㅎ'은 '音'에서 비롯된 구결자이므로 '五ㅎ'과 '六ㅎ'은 각각 '*다숨'과 '*여숨'으로 재구된다(李丞宰 2011다). 따라서 석독구결에서 '五ㅎ'으로 표기된 고유어 수사가 이 목간에서 '丨彡'으로 표기되었다고 할 수 있다. 더욱이, 우리의 판독에 따르면 2면의 끝에 온 '六十巨?'과 3면의 처음에 온 '丨彡'이 자연스럽게 연결되어 수사 65가 된다. 그렇다면 '六十巨? 丨彡'의 판독을 믿을 만하다.

『목간자전』과 손환일(2011)은 3면의 셋째에서 다섯째 글자를 '走石日'로, 손환일(2013)은 '走□日'로 판독했다. '走'와 '日'은 판독이 정확하지만 둘째 글자는 수정이 가능하다. 이 글자는 '石'이 아니라 '在'일 것이다. 고대에 사용된 '在'는 현재의 필순과는 달라서 마치 '衣'처럼 보일 때가 있다. 석가탑에서 나온 중수문서의 '在'와 경주 월성해자 20호 목간에 나오는 '第卄三大夲廨新立在節草辛'의 '在'가 그러하다. 이 함안 목간의 3면 넷째 글자도 이와 같아서 '在'일 가능성이 크다. 이 '在'는 이두의 용법으로 사용된 것이기 때문에 '있다' 동사로 풀이해서는 안 된다. 이것은 이두에서 '*견'으로 읽히고, 존경법 선어말어미 '*-겨-'에 동명사어미 '*-ㄴ'이 통합된 형태를 표기한다. 문맥에 따르면 이 목간의 '走在日'은 '(성인 남자 65명이) 서둘러 가려는 날' 정도의 의미가 된다.

3면의 여섯째에서 마지막까지의 글자를 『목간자전』과 손환일(2011)은 '來□□□□金有干□'으로 판독했다. 여섯째 글자를 '來'로 판독한 것은 정확하다. 그 바로 다음의 일곱째 글자는 '此'이다. 이 글자는 4면의 여섯째 글자로도 쓰였으므로 믿을 만하다. 여덟째에서 마지막까지의 글자들은 필획을 정확하게 파악하기가 아주 어려울뿐더러 몇 개의 글자로 분절해야 할지 막막하다. 이 불명확한 곳에서 뚜렷이 보이는 글자는 '有' 하나뿐이다. 『목간자전』과 손환일(2011)에서는 이

'有'의 바로 위에 온 글자를 '金'으로 판독했으나, '金'의 첫 두 획이라고 본 '人'이 사실은 그 위에 온 글자 '史' 또는 '吏'의 일부일 가능성도 있다. 그런데 '吏'는 한국 목간 전체를 통틀어 사용된 적이 없는 글자이고, '史'도 말음첨기의 예를 제외하면 독자적으로 쓰인 예가 거의 없다. 따라서 '有' 바로 위에 온 글자를 '金?'으로 판독하되 물음표를 달기로 한다.

'金'은 목간에서는 '열쇠' 또는 '쇠'의 의미를 가지는 보통명사로 사용되었지만, 고유명사에 사용되었을 때에는 신라 왕족의 姓氏가 된다. 경주 (傳)仁容寺址 1호 목간의 '金侯?公歲卅五'에 성씨 '金'이 쓰인 바 있다. '有'의 바로 밑에 온 글자는 후대의 구결자 '㭊'와 닮았다. '利'에서 온 '㭊'를 택하든 『목간자전』과 손환일(2011)의 '干'을 택하든 문제가 남는다. 위에 온 '有'와 비교해 보면 이 글자가 왼쪽으로 치우쳐 좌우 균형이 맞지 않고 글씨의 크기도 작다. 혹시 이 글자는 '禾'의 우변에 초서의 '口'가 온 '和?'가 아닐까? 이곳의 '金?有和?'는 당연히 인명이다. 뒤에 '죽다' 동사가 이어지므로 이 자리에 인명이 오는 것이 자연스럽다.

(6) 3면의 판독 결과

[丨彡走在日來此▣▣▣金?有和?▣　ㄨ]

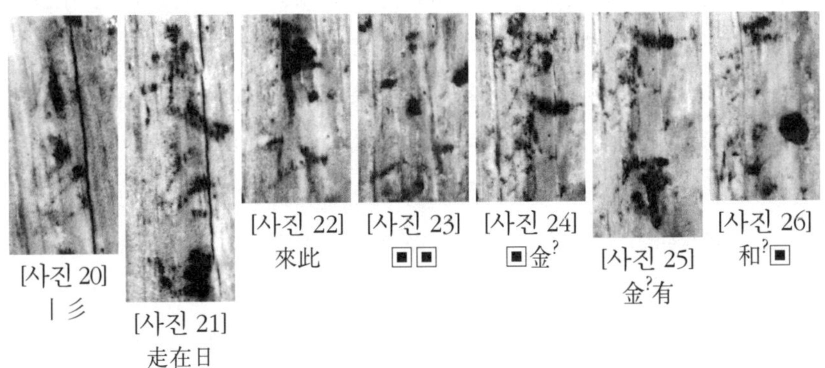

[사진 20] 丨彡 [사진 21] 走在日 [사진 22] 來此 [사진 23] ▣▣ [사진 24] ▣金? [사진 25] 金?有 [사진 26] 和?▣

3면의 중반부 이하에서는 글자의 분절이 확실하지 않아 3면에 모두 몇 자가 적혔는지 밝히기 어렵다. 여기에서는 막연히 14자가 기록된 것으로 추정해 둔다.

위에서 논의한 바를 요약하면 위의 (6)과 같다.

이제 4면으로 넘어간다. 4면은 다른 면에 비하여 판독하기가 쉽다. 『목간자전』과 손환일(2011)에서는 첫 부분의 네 글자를 '卒日治之'로 판독했고 손환일(2013)은 '卒日始之'의 가능성도 제기했다. 셋째 글자가 문제인데, 이 글자는 자획만을 기준으로 판단한다면 '始?'에 가장 가깝지만, '治'를 택하는 것이 좋을 것이다. '卒日治之'의 '治之'는 이 목간에서 '治喪'의 의미를 가지기 때문이다.[3] 다섯째에서 일곱째 글자를 『목간자전』과 손환일(2013)에서는 '人此人'으로 읽고 손환일(2011)은 '人卌人'으로 읽었다. 이 둘 중에서 '人此人'이 올바른 판독이다. '此'는 3면의 일곱째 글자로도 쓰인 바 있는데, 두 곳의 자형이 같기 때문이다.

4면의 여덟째에서 열한 번째까지의 글자를 『목간자전』과 손환일(2011)은 '烏□伐置'로, 손환일(2013)은 '烏湞?咸?置' 또는 '烏湞?戟?置'로 판독했다. 여덟째 글자를 우리는 '嗚'로 판독한다. '烏'와 '嗚'는 좌변 '口'의 유무에서만 차이가 난다. 이 목간에서는 이 '口'가 마치 한 점인 것처럼 초서로 쓰였고 이것이 '烏'의 첫째 획에 길게 연결되어 있다. 아홉째 글자는 벽돌을 뜻하는 '磚?'으로 판독할 수 있을 것이다. 이 글자의 좌변은 '石'이 확실하고 우변도 '專'에 가까우므로 이렇게 판독해 둔다. '磚?'은 '塼'과 '甎'의 俗字로서 벽돌을 뜻한다. 『목간자전』과 손환일(2011)은 열째 글자를 '伐'로, 손환일(2013)은 '咸?' 또는 '戟?'으로 읽었다. 이 글자는 '伐'보다는 획이 훨씬 많다. 문맥으로 보아도 '咸?' 또는 '戟?'은 이곳에 잘 어울리지 않는다. 우리는 이 글자를 '藏?'으로 읽는다. 자획의 유사성과 문맥을 고려하여 이렇게 추정한다. 열한 번째 글자는 '置'임이 확실하다.

4면의 마지막 위치에 온 다섯 글자를 『목간자전』과 손환일(2011)은 '不行遣乙白'으로 읽었다. 이 판독은 정확하여 이론의 여지가 없다. 다만, 이곳의 '遣乙'이 이두의 용법으로 사용되었다는 점을 지적해 둔다. '遣'은 음만을 빌린 韓音字이므로 '보내다'의 의미를 가지지 않는다. 음독하여 '*견'으로 읽는데, 이 '*견'은 존경법 선어말어미 '*-겨-'에 동명사어미 '*-ㄴ'이 통합된 것이다. 달리 말하면

3 서정목(2014)는 慕竹旨郞歌의 '去隱春皆理米'를 해독하면서 '理'를 '다슬-, 다ᄉᆞ리-'로 훈독하였다. 이곳의 '理'가 '治喪'의 의미를 가진다고 한 것이다.

이 '遣'은 3면의 넷째 글자인 '在'와 문법적 기능이 같다. 이 둘은 존경법 선어말어미와 동명사어미를 표기한 最古의 예가 된다. '遣'의 바로 뒤에 온 '乙'은 널리 알려져 있듯이 대격조사 '*-을'을 표기한 것이다. 대격조사를 표기한 '乙'의 용례 중에서 이 예가 역시 最古의 예에 해당한다. 이러한 의미에서 이 자료가 가지는 국어학적 가치가 아주 크다고 할 수 있다.

4면 전체에는 16자가 적혀 있는데, 대부분 판독이 가능하다. 논의된 내용을 정리하면 다음과 같다.

(7) 4면의 판독 결과

[卒日治?之人此人嗚碑?藏?置不行遣乙白　≍]

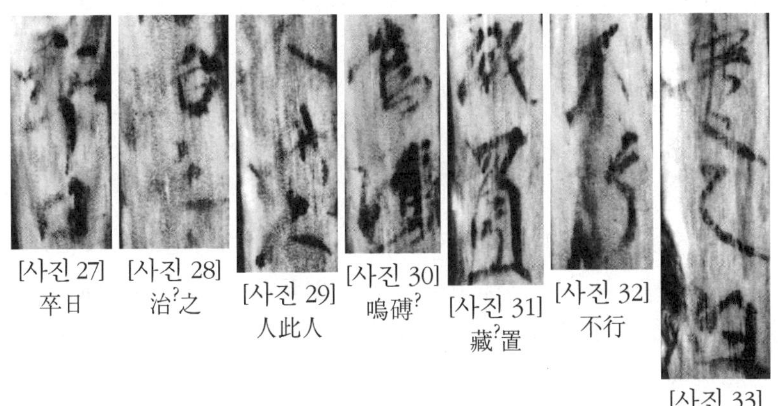

[사진 27] 卒日　[사진 28] 治?之　[사진 29] 人此人　[사진 30] 嗚碑?　[사진 31] 藏?置　[사진 32] 不行　[사진 33] 遣乙白

1.3. 목간의 해독

위의 판독에 따르면 이 목간에는 모두 68자가 기입되었다. 이것은 결코 적은 양이 아니다. 판독이 불가능한 글자가 10여 자에 이르지만, 판독이 가능한 50여 자만으로도 대체적인 내용을 파악할 수 있다. 이제, 이 목간의 판독을 한군데에 모아 전체 텍스트를 분석해 보기로 한다.

(8) 함안 성산산성 221호 목간의 판독 결과

1면: [六月中■孟?馮?成?■邦?村主敬白之■■禡?成?行?之　><]

2면: [兜■來?昏?■■也爲六瓸大城?従人丁六十巳?　><]

3면: [丨彡走在日來此■■■金?有和?■　><]

4면: [卒日治?之人此人鳴磚?藏?置不行遣乙白　><]

이 목간의 텍스트 구조는 크게 세 부분으로 나누어진다. 첫째는 1면의 '六月中'에서 '村主敬白之'까지이고, 둘째는 그 뒤로부터 4면의 '不行遣乙'까지이며, 셋째는 4면 마지막의 '白' 한 글자이다. 첫째는 문서의 작성 시기와 작성자를 기록한 부분이고, 둘째는 문서의 본문에 해당하며, 셋째는 '사뢰니다' 즉 현대어의 '보고합니다'에 해당하는 화법동사이다. 첫째와 셋째 부분은 문서에서 흔히 볼 수 있는 서식에 해당하고, 둘째 부분은 전달하고자 하는 메시지에 해당한다.

첫째의 서식 부분은 "6월에 ~ 村主가 삼가 사뢰니다" 정도의 문장이다. 널리 알려져 있듯이, '六月中'의 '中'은 한국어 처격조사 '-에'에 대응한다. '六月中'의 뒤에 온 여섯 글자를 우리는 일단 '■孟?馮?成?■邦?'으로 판독했다. 이 부분은 아마도 뒤에 오는 '村主'를 수식할 것이다. 함안 성산산성에서 출토된 꼬리표 목간에는 '~伐~村' 또는 '~城~村' 등이 올 때가 많다. 이것을 참고하면 '■孟?馮?成?■邦?'의 '成?'을 '城'으로 판독해야 할지도 모른다.

이 뒤에 온 '~村主'는 문서의 작성자이면서 동시에 발신자이다. 반면에 문서의 수신자는 기록되지 않았다. '■孟?馮?成?■邦?'의 일부가 수신자에 해당하지 않을까 하고 유심히 살펴보았으나 여기에 수신자가 명시된 것 같지는 않다. 이 목간이 함안 성산산성에서 출토되었다는 점에서 이 목간의 수신자는 아마도 성산산성 축조의 총책임자였을 것이다. 이 수신자는 관등이 '村主'보다는 높았던 것 같다. 1면의 '村主敬白之'에 공경을 뜻하는 '敬'이 들어가 있기 때문이다. 요약하면 첫째 서식에서는 문서의 작성 시기와 작성자 둘만 명기되었고 수신자는 생략되었다.

셋째의 서식 부분은 단 한 글자인 '白'으로 되어 있다. 이것은 첫째 서식에 온

'敬白之'의 '白'을 다시 반복한 화법동사이므로 잉여적인 것처럼 느껴지기도 한다. 그러나 이 '白'은 바로 앞에서 문서의 본문이 끝났음을 알리는 기능을 담당함과 동시에 그 앞에 온 '不行遣乙'의 대격조사 '乙'을 지배한다. 따라서 이 '白'이 '사뢰다' 동사의 기능을 실질적으로 가지고 있었음이 분명하다.

둘째의 본문 부분은 '村主'가 전달하고자 하는 메시지이다. 이 메시지는 다음과 같이 네 부분으로 다시 나눌 수 있다.

(9) 문서 본문의 분석

가. ▣▣禡?成?行?之

나. 兜▣來?昏?▣▣也

다. 爲六瓦大城?従人丁六十巳?丨彡走在日來此▣▣▣金?有和?▣卒日治?之

라. 人此人鳴磚?藏?置不行遣乙

(9가)의 메시지는 '▣▣禡?'의 '▣▣'가 불분명하여 정확히 알 수 없다. '禡?'도 추독한 것이기 때문에 확실한 것이 아니다. 굳이 해독하라고 한다면 "~의 군대 제의(禡?)를 이루러(成?) 갔습니다(行?之)" 정도가 될 것이다.[4] (9나)도 해독하기 어려운 것은 마찬가지이다. "투구(兜)와 ~가 오고(來?), 저물녘(昏?)에 ~했습니다(也)" 정도의 의미가 아닐까? 중요한 것은 (9가)와 (9나)가 내용상 서로 연결된다는 점이다. 군대 의식(禡?)에서 투구(兜)는 필수적인 용구일 가능성이 크기 때문이다. 반면에 (9가~나)의 내용이 뒤에 오는 (9다~라)의 내용에는 직접 연결되지 않는다. 비유한다면, 전자는 軍役에 대한 내용이고 후자는 勞役에 대한 내용이다.

(9다)는 내용 파악이 비교적 용이하다. "6백 벽돌(六瓦)을 위하여(爲) 큰 성(大城?)을 좇아서(従) 성인 남자(人丁) 예순다섯(六十巳?丨彡)이 서둘러 가려는(走在)

4 이와는 달리 "~의 군대 제의(禡?)가 되어(成?) 갑니다(行?之)"로 해독할 수도 있다. 이 때에는 '行'이 조동사로 쓰였다는 것을 전제로 하는데, 고대어에서 이 전제가 성립하는지 아직 의심스럽다.

날(日)에, 와서(來) 이(此) ~ 김유화(金?有和?)가 ~ 죽어서(卒日) 상을 치렀습니다(治?之).” 이것이 우리가 해독한 내용이다.

이것을 부연하여 설명해 보기로 하자. ‘六瓿’ 즉 ‘6백 벽돌’은 이 목간의 ‘村主’가 성산산성을 축조할 때에 할당받았던 책임량이라고 할 수 있다. ‘大城?’ 즉 ‘큰 성’이 어느 성인지 구체적으로 명시하지 않았지만 이 목간이 성산산성에서 출토되었다는 점을 고려하면 성산산성을 지칭할 것이다. ‘従’은 ‘좇다, 따르다’의 의미이지만 처소명사가 앞에 왔으므로 ‘향하다’로 해석할 수 있다. ‘人丁六十巳?丨彡’은 ‘성인 남자 예순다섯’이 분명하다. ‘走在’의 ‘走’는 ‘달리다, 빨리 가다’의 뜻이므로 문맥적으로 ‘서둘러 가다’의 의미를 가진다. ‘在’는 동사 어간 ‘走’에 통합된 문법 형태이다. 존경법 선어말어미 ‘*-겨-’에 동명사어미 ‘*-ㄴ’이 통합된 형태로서 뒤에 오는 ‘日’을 수식한다. ‘日’은 물론 ‘해, 태양’의 뜻이 아니라 시간명사 ‘날’이다. 따라서 ‘走在日’은 ‘서둘러 가려는 날에’ 정도의 의미를 갖는다. ‘來’는 ‘오다’ 동사이고 ‘此’는 지시대명사이며 ‘金?有和?’는 인명일 것이다. 문맥으로 보면 ‘此▣▣▣’는 ‘이곳에 머물던’으로, ‘金?有和?▣’는 ‘김유화가 갑자기’ 정도의 뜻이라고 추론할 수 있다. ‘金?有和?▣’의 바로 뒤에 ‘죽다’ 동사를 완곡하게 표현한 ‘卒日’과 ‘상을 치르다’의 의미를 가지는 ‘治?之’가 오므로 ‘金?有和?’가 인명일 가능성은 아주 크다. ‘卒日治?之’가 ‘죽어서 상을 치르다’의 의미를 가진다는 것은 뒤에 오는 (9라)에서 다시 확인된다.

(9라)의 메시지는 다음과 같이 해독된다. “사람들(人此人)이 슬피 울고(嗚) 벽돌(磚?)로 감추어(藏?) 두느라고(置) 못 갔음을(不行遣乙) 사룁니다(白).” 마지막의 ‘사룁니다(白)’는 앞에서 이미 논의했지만 이해의 편의를 위하여 여기에 덧붙였다.

이 부분을 부연하여 설명해 보자. ‘人此人’은 중국 한어의 ‘人人’에 대응하는 것으로서 ‘사람들이, 사람들마다’ 정도의 의미이다(후술). ‘嗚’는 ‘탄식하다, 슬피 울다’의 뜻이므로, 앞에 온 ‘卒日治?之’가 ‘죽어서 상을 치르다’의 의미임을 확인해 준다. 뿐만 아니라 (9다)와 (9라)가 서로 연결되는 내용이라는 것도 증명해 준다. ‘磚?’은 ‘塼’과 ‘甎’의 俗字로서, 흙을 이겨 사면체로 만든 다음 이것을 구워낸 벽돌을 지칭한다. 바닥을 깔거나 탑을 세울 때에, 또는 무덤을 쓸 때에 사용했다. 따라서 이 목간의 '磚?藏?'은 원래 '벽돌로 감추다'의 뜻이지만 실질적으로는 '무덤을 쓰다'의 의미인 듯하다. '藏?'은 물론 '감추다, 저장하다'의 의미를 가지는 동사이고, 그 뒤에 온 '置'도 '두다'의 의미를 가지는 동사이다. '磚?藏?置'를 한꺼번에 해석하면 '벽돌로 감추어 두다' 정도가 되는데, '감추어 두는' 대상이 屍身이라면 이것은 '葬'의 의미를 가질 수 있다(후술). '不行遣乙'의 '不'은 부정소 '아니, 못'에 대응하고, '行'은 '가다'의 뜻이다. 여기에 통합된 '遣'은 이두의 일종이므로 '보내다' 동사로 해석하면 안 된다. 이두에서는 이것을 음독하여 '*견'으로 읽는데, 이 '*견'은 존경법 선어말어미 '*-겨-'에 동명사어미 '*-ㄴ'이 통합된 것이다. 현대어로 알기 쉽게 번역한다면 '不行遣'은 '못 갔음' 정도가 된다. 여기에 통합된 '乙'도 이두로 쓰였는데, 대격조사 '*-을'을 표기한 것이다. 따라서 '不行遣乙白'은 '못 갔음을 사뢰니다'로 해석된다.

지금까지 (9다~라)의 내용을 축자적으로 해석해 보았다. 이것을 통하여 다음과 같은 사실을 확인할 수 있다. 첫째, '村主'는 성을 쌓는 데에 필요한 인력 동원의 명령을 받았다. 이 명령은 문면에 드러나지 않았지만 충분히 추론할 수 있다. 둘째, 할당된 책임량은 6백 벽돌 분량이었다. 셋째, 이 명령 이행을 위하여 65명의 성인 남자를 보내려고 했다. 넷째, 그때에 '촌주'의 관내에 와서 머물던 '김유화'가 갑자기 죽었다. 다섯째, 그의 죽음에 사람들이 슬퍼했다. 여섯째, 벽돌로 시신을 감추어 두었다(장례를 치렀다). 일곱째, 이 장례 때문에 (성산산성의) 勞役을 이행하러 가지 못했다. 여러 사건이 정확하게 인과 관계로 연결되므로, (9다)와 (9라)는 勞役에 대한 단일 내용이라고 할 수 있다.

이제 본문 전체 내용을 요약해 보자. 첫째 메시지는 軍役에 대한 것으로서, "군대에서 지내는 제의에 참석하여 ~을 했습니다."를 뜻한다. 둘째 메시지는 勞役에 대한 것으로서, "인력을 동원하여 할당량을 이행하려 했으나 갑작스러운 변고가 생겨 인력을 보내지 못했습니다."를 뜻한다. 이것이 우리가 이해한 문서의 본문 내용이다. 내용으로 보면 첫째 메시지의 군역 문건은 일상적인 보고서인 듯하고, 둘째 메시지의 노역 문건은 현대의 시말서 또는 해명서에 가깝다. 내용은 차이가 나지만, 크게 보면 둘 다 보고문의 일종이다.

여기에서 두 개의 보고문을 별개의 두 메시지로 볼 것인가, 동일한 하나의 메시지로 볼 것인가 하는 문제가 제기된다. 첫째 방안에 따르면 이 문서는 월례보고서의 일종일 가능성이 커진다. 본문이 두 개의 메시지이고 둘 사이에 아무런 관계도 없다면 '六月中에 일어난 일'을 병렬하여 보고하는 성격의 문서가 되기 때문이다. 둘째 방안에 따라 본문이 하나의 메시지라고 하면 군역 의무를 수행해야 했을 뿐만 아니라 갑작스러운 변고가 더해져서 인력을 보내지 못했다는 시말서의 성격이 커진다. 즉 군역 의무와 갑작스러운 변고의 두 가지를 사유로 들어 명령 불이행을 해명하는 문서가 된다. 이 둘 중에서 어느 것이 옳은지 분명하지 않으므로, 여기에서는 중의적 해석이 가능하다는 점만 지적해 둔다.

위에서 논의된 바에 따라 이 목간의 해독 안을 제시해 보면 다음과 같다.

(10) 咸安 城山山城 221호 목간의 해독 안

1면: [六月中▣孟?馮?成?▣邦?村主敬白之▣▣禡?成?行?之 ㅈ]

6월에 ▣孟?馮?成?▣邦? 촌주가 삼가 사뢲니다. "▣▣ 군대 제의를 이루러 갔습니다.

2면: [兜▣來?昏?▣▣也爲六瓸大城?従人丁六十巳? ㅈ]

투구와 ▣도 오고, 저물녘에 ▣▣했습니다. 6백의 벽돌을 위하여 大城?을 좇아서 성인 남자 육십

3면: [丨彡走在日來此▣▣▣金?有和?▣ ㅈ]

다섯이 서둘러 가려는 날에, 와서 이 ▣▣▣ 金?有和?가 ▣

4면: [卒日治?之人此人鳴磚?藏?置不行遣乙白 ㅈ]

죽어서 상을 치렀습니다. 사람들이 슬피 울고 벽돌로 감추어 두느라고 못 갔음"을 사뢲니다.

이와 같이 이 목간 텍스트의 大綱을 해독했을 때에, '爲六瓸大城?従', '卒日治?之', '磚?藏?置' 등이 각각 무엇을 뜻하는지 구체적으로 자세히 논의할 필요가 있다.

첫째로, '爲六瓸大城?従'을 어떻게 분절할 것인가 하는 문제가 제기된다. 이곳

의 '六瓸'이 6백 개의 벽돌을 가리킨다는 것은 4장에서 이미 말했다. 그런데, 이것이 뒤에 오는 '大城?' 즉 '큰 성'을 수식하는 것은 아닌 듯하다. 6백 개의 벽돌로 축조한 성이라면 성이라고 부를 수 없을 정도로 작은 규모이므로, '六瓸'이 바로 뒤의 '大城?'을 수식한다면 내용이 서로 모순된다. 따라서 이 두 명사 사이를 분절하여 '六瓸'을 앞에 온 동사 '爲'에 붙이고, '大城?'을 뒤에 온 동사 '従'에 붙이는 것이 좋을 것이다. 이렇게 분절하면 '爲六瓸'은 '6백 벽돌(의 책임량)을[5] 위하여' 정도로 해석할 수 있고, '大城?従'은 '큰 성(을) 좇아서' 정도로 해석할 수 있다. '큰 성(을) 좇아서'의 뒤에 오는 동사는 '走'이므로 '큰 성을 향하여 서둘러 간다'는 문장이 된다. '従'의 앞에는 사람이나 객관적 기준이 오는 것이 일반적이지만 이 목간에서는 처소명사 '큰 성'이 왔으므로 이곳의 '従'은 '향하다'의 의미가 강하다.

둘째로, 4면의 '卒日治?之'가 현대어의 '죽어서 상을 치르다'에 대응하는지 의심할 수 있다. '卒'이 동사로 쓰일 때에는 '盡'의 의미를 갖는다. 따라서 '卒日'은 수명이나 숨이 '다한 날'임이 분명하다. 그런데 李丞宰(2013가)에서는 이것을 '卒日始?之'로 판독하여 '卒日'이 '시작되다, 비롯되다'로[6] 해독했다. 그러면서도 '(숨이) 다한 날이 비롯(시작)되었다'가 과연 자연스러운 표현인가 하는 의문을 제기한 바 있다. 우리는 이제 '始' 대신에 '治'로 판독하는 안을 택하므로 이 의심을 떨칠 수 있다. '卒日'은 '죽은 날'이고 '治?之'의 '治'는 '治喪'을 뜻한다. '卒日治?之'가 '죽어서 상을 치르다'의 뜻임은 바로 뒤에 온 '人此人鳴' 즉 '사람들이 슬피 울었다'와 '磚?藏?置' 즉 '벽돌로 감추어 두었다(즉 장례를 치렀다)'가 증명해 준다.

셋째로, 4면에 나오는 '磚?藏?置'의 '藏?'을 '葬'과 동일시하여 '장례를 치르다, 장사 지내다'의 의미로 풀이해도 될까? '藏'의 기본 의미는 '감추다, 저장하다'이므로 '葬'의 의미와는 거리가 멀다. 그런데 장례는 한마디로 말하면 '시신을 처리하

5 성산산성 전체를 축조하는 데에 들어간 돌이 6만 개라고 가정해 보자. 이 가정에 따르면 이 목간의 '村主'가 담당한 축조 분량은 전체의 100분의 1이 된다. 이 가정에서는 100개의 촌락을 동원하여 성산산성을 축조한 셈이 된다.

6 동사 '始'의 원래 어간은 '*비릇-'이고, 여기에서 '비로소'라는 부사가 파생되었다. '始'는 '元'과 유의어 관계인데, '元'과는 달리 '始'가 조사 '-부터'의 뜻으로 사용된 예는 찾기 어렵다.

는 일'을 뜻한다고 한다.[7] 시신은 동서고금의 누구에게나 두려운 존재이므로, 일단 눈에 띄지 않게 하는 것이 장례의 기본이다. 중국의 평야 지방처럼 들이 넓은 곳에서는 野中에 風葬을 할 수도 있지만 한국에서는 대개 埋葬, 火葬, 水葬을 통하여 시신이 보이지 않게 한다. 이 목간의 '磚?藏?置'는 바로 이것을 묘사한 것으로 보인다. 즉 '벽돌로 (눈에 띄지 않게) 감추어 두는 것'이 당시의 장례였을 것이다. 이 목간에서는 '瓴' 또는 '磚?' 즉 돌이나 벽돌을 다루는 사람들이 동원된 것으로 보아 埋葬을 택한 것이 분명하다. 이 해석에 따르면 '藏'과 '葬'의 동의 여부를 굳이 따질 필요가 없어진다. '磚?藏?置' 전체가 바로 '葬'의 의미이기 때문이다.

신라와 가야에서는 적석목곽분, 수혈식 석곽묘, 횡혈식 석실묘 등이 유행했다고 한다. 이들 묘제는 항상 돌이나 벽돌을 중요한 재료로 사용하는데, 마침 이 목간의 '人丁' 65명은 돌로 城을 축조하는 데에 동원될 예정이었다. 왕족이나 고위직 관리가[8] 죽어서 급히 묘를 써야 하는 상황이라면 이들이 누구보다도 우선적으로 동원되었을 것이다. 따라서 '村主'의 발명이나 해명이 논리적 합리성을 갖는다.

이 목간에는 성을 쌓을 때에 하나의 촌락당 6백 개의 벽돌을 쌓도록 할당했다는 것이 구체적으로 기록되어 있다. 이 수치를 기록했다는 점에서 이 목간은 귀중한 가치를 가진다. 이 책임량에 따르면 성산산성의 축조에 수십 또는 수백의 촌락이 동원되었을 것으로 예상된다. 경주의 남산신성을 축조할 때에 여러 촌락에서 인력을 동원했다는 사실이 고고학적 유물을 통하여 확인된 바 있다. 그런데 이러한 인력 동원 사실을 문서로 기록한 것은 이 목간이 유일하다.

이 목간의 텍스트 구조를 분석해 보면 이 목간이 문서의 일종임이 분명하다. 작성자 및 발신자는 어느 '村主'이고 수신자는 성산산성 축조의 책임자이므로 전형적인 행정문서이다. 전달하는 메시지는 피치 못할 사정이 생겨서 인력 동원

---

7 이하 장례에 관련된 내용은 모두 『한국민족문화대백과사전』의 '장례' 항목(張哲秀 집필)을 참고했다.

8 '金?有和?'가 어느 신분에 속했는지는 드러나지 않았다. 그러나 인력 동원의 명령을 연기할 정도로 그의 죽음이 중차대했다는 점에서 왕족이나 고위관리였을 가능성이 크다.

날짜에 인력을 보내지 못했음을 보고하는 내용이다. 문서가 갖추어야 할 형식을 두루 갖추고 있는 것이다. 그렇다면 이 목간은 한국의 목간 중에서 가장 이른 시기에 작성된 文書木簡이라고 할 수 있다. 함안 성산산성 목간보다 시기가 올라가는 목간이 없기 때문이다.

1.4. 국어학적 분석 및 의의

함안 성산산성에서 출토된 목간은 6세기 중엽에 제작되었다. 이것은 성산산성 221호 목간의 書風을 보더라도 확실하다. 중국의 敦煌文書에 따르면 6세기 중엽의 南北朝 시대까지는 隸書의 서풍이 유지되지만 6세기 말엽에 들어서면 예서의 서풍이 완전히 사라진다. 그런데 이 목간에는 隸書의 서풍이 곳곳에 남아 있다. 서풍으로 판단하더라도 분명히 이 목간은 6세기 중엽에 작성되었다.

각종 금석문이나 고문서를 포함한다고 해도 6세기 중엽 이전에 작성된 문자 자료는 많지 않다. 더군다나 한국어 어순으로 작성하고 한국어의 문법 형태까지 표기한 자료는 거의 없다고 해도 지나친 말이 아니다. 따라서 한국어 어순의 문장과 한국어의 문법 형태를 성산산성 목간에서 찾아낼 수 있다면 그것은 바로 한국 最古의 예가 될 것이다.

(9)의 본문 분석을 통해서 '之'와 '也'의 용법이 심상치 않음을 이미 느꼈을 것이다. '六月中'의 '中', '敬白之, 成?行?之, 卒日治?之' 등의 '之', '■■也'의 '也' 등이 사용된 문장을 초기 이두문이라 부르기도 하고, '之'를 문장 종결사로 명명하기도 했다. 그런데 '中'과 '之'는 한국에서 처음으로 사용된 것이 아니라 중국에서 이미 사용되었음이 중국의 목간 자료를 통하여 증명된다(金秉駿 2009). 따라서 '中, 之, 也' 등이 사용되었다고 해서 그 문장이 바로 한국 고유의 이두 문장이 되는 것은 아니다. '之, 也' 등은 중국 한문에서도 문장 종결사로 쓰이기 때문이다.

'之'를 흔히 문장 종결사라고 지칭한 것도 다시 검토할 필요가 있다. 중국 秦漢代의 목간뿐만 아니라 長沙走馬樓에서 출토된 吳나라 목간에도 '之'가 아주 많이 나오는데, 이들은 대부분 단락이 끝나는 곳에 사용되었다. 한국의 용례에서도

'之'는 '문장' 종결사라는 명칭보다는 '단락' 종결사라는 명칭이 잘 어울린다(李丞宰 2008가).

(9)에서 이 목간의 본문을 넷으로 분석한 것은 바로 이 단락 종결사를 기준으로 한 것이다. 이 목간에 세 번 나오는 '之'가 한국 고유의 용법이 아니라 하더라도 단락 종결사의 기능을 담당한 것은 분명하다. 나아가서 이 목간의 '之'는 신라의 문자 자료 중에서 시기가 아주 이른 편에 속한다. 이보다 시기가 앞서는 것은 迎日冷水里新羅碑(503년)의 '令節居利得之'와 丹陽新羅赤城碑(6세기 중엽)의 '合五人之' 등에 나오는 '之'밖에 없다. 따라서 이 목간의 '敬白之', '成?行?之', '卒日治?之'는 매우 귀중한 자료가 된다.

그런데 '也'와 '之'의 용법이 서로 구별되는 것 같아 무척 흥미롭다. 앞에서 이미 비유한 바 있듯이 (9.가~나)는 軍役에 대한 보고요, (9.다~라)는 勞役에 대한 보고이다. 이 두 가지가 별개의 내용일 가능성을 이미 제기한 바 있는데, 이에 따르면 '也'와 '之'의 용법이 서로 구별되었을 가능성이 있다. '之'가 단락 종결사인 데에 비하여, '也'는 더 큰 단위인 메시지의[9] 종결사인 것 같다. 이것은 다음의 예가 방증해 준다.

(11) 부여 능산리사지 7호 목간의 '之'와 '也'

가. 書亦從此法爲之

書(式) 또한 이 법을 좇아야 한다.

나. 凡六卩五方又行之也

무릇 六部五方 또한 그것을 행한다.

다. 凡作形丶〻中了具

무릇 짓는 형식들에 갖추었다.

9 이에 어울리는 적당한 용어가 없어서 일단 '메시지'를 사용했다. '화제'라는 용어를 택할 수도 있다.

(12) 甘山寺阿彌陀如來造像記(720년)의 '之'와 '也'

가. 開元七年歲在己未二月十五日 奈麻聰 撰奉敎

나. 沙門釋京融大舍金驟源□□□亡考仁章一吉湌 年卌七 古人 成之

다. 東海欣支邊 散也

라. 後代 追愛人者 此 善 助在哉

마. 金志全重阿湌 敬生已前 此 善業 造 歲□十九 庚申年四月廿二日 長逝 爲 □之

(11)의 부여 능산리사지 7호 목간에도 '之'와 '也'가 나온다. '書'는 글자, 문서, 서식 등 다양한 의미를 가지는데, (11)에 제시한 해독에 따르면 이 목간에서는 '書'가 서식의 뜻으로 쓰인 듯하다. 중요한 것은 '之'가 '也'보다는 작은 단위를 종결하는 기능을 가진다는 점이다. (11.가~나)가 '서식'에 대한 일종의 법률 조항이라면, (11다)는 이 '서식'의 구체적 시행에 대한 것이다. 이 비유가 적절할지 자신할 수 없지만, 법률 조항과 시행령은 우선적으로 구별할 필요가 있다.

(12)는 甘山寺阿彌陀如來造像記의 텍스트 구조를 분석한 것이다. (12가)는 이 造像記를 언제 누가 撰한 것인지를 밝힌 부분이므로 함안 성산산성 221호 목간의 '六月中 ~ 村主敬白之'의 부분에 대응한다. (12나~다)는 '金驟源'의 죽음에 대한 것이요, (12라~마)는 그를 추종했던 '金志全'의 죽음에 대한 것이므로 이 둘의 죽음은 사실상 별개의 사건이라고 할 수 있다. 그런데 이 사건 분별을 (12다)의 마지막에 온 '也'가 담당하고 있다. 하나의 사건 내부에서 단락이 종결될 때에는 (12나)의 '成之'에서 볼 수 있듯이 '之'를 사용했지만, 하나의 사건 전체가 끝나는 곳에서는 (12다)의 '散也'에서 볼 수 있듯이 '也'를 사용한 것이다.

종결사 '之'와 '也'를 동시에 가지고 있는 자료로는 함안 성산산성 221호 목간, 부여 능산리사지 7호 목간, 감산사 아미타여래 조상기 등을 들 수 있다. 그런데 이 세 자료에서 공통적으로 '之'는 단락 종결사로 사용되고, '也'는 단락보다 더 큰 단위인 메시지 단위를 종결할 때에 사용되었다. 성산산성 목간의 '也'는 최초 출현 예이기 때문에 귀중할 뿐만 아니라 '之'와 '也'의 차이를 논의할 수 있게 해준다는 점에서도 매우 귀중하다.

함안 성산산성 221호 목간에 기입된 문장은 한국어 어순으로 작성된 최초의 문장일 것이다. 廣開土王碑(414년), 中原高句麗碑(장수왕 대), 浦項中城里新羅碑(501년), 迎日冷水里新羅碑(503년), 蔚珍鳳坪里新羅碑(524년), 4종의 眞興王巡狩碑 등의 비문에서는 좀처럼 한국어 어순이라 할 만한 것을 찾아내기가 어렵다. 그런데 이 목간은 대부분 한국어 어순으로 작성되었다. '大城?従(큰 성을 좇아서)', '走在日(서둘러 가려는 날)', '卒日治?之(죽은 날을 다스렸다)', '藏?置(감추어 두려고)', '不行遣乙白(못 갔음을 아뢥니다)' 등을 그 예로 들 수 있다. 중국 한어의 어순을 채용한 것은 '爲六甌(6백의 벽돌을 위하여)' 하나뿐이다. 한어 어순이 부분적으로 섞이는 것은 모든 이두문에 두루 나타나는 현상이므로 이 예외는 그리 중요하지 않다.

한국어 어순으로 작성된 최초의 문장으로 흔히 大邱戊戌塢作碑(578년)를 지목해 왔다. 이 비문의 '此 作 起數者 三百十二人 功夫如(이것을 지은 인원은 312인의 일꾼이다)'와 '文 作 人(글 지은 사람)' 등의 예에서 실제로 한국어 어순을 확인할 수 있다. 그런데 함안 성산산성 221호 목간에서 다수의 한국어 어순이 확인됨으로써, 한국어 어순으로 문장을 작성한 최초의 사례가 6세기 중엽으로 거슬러 올라가게 되었다.

20여 년을 앞당긴 것이 무슨 큰 의미가 있는지 반문할 수도 있다. 그러나 기존의 금석문이나 고문서 자료에서는 한국어 어순이 8세기 초엽 이후에야 비로소 확인된다는 점을 상기할 필요가 있다. 이 점에서 戊戌塢作碑는 사실상 예외적인 존재였는데, 이제 이 목간 자료를 통하여 戊戌塢作碑의 한국어 어순이 예외적이거나 특별한 존재가 아님이 드러났다.[10] 더 나아가서 7세기 초엽의 하남 이성산성 목간과 7세기 전반기의 경주 월성해자 목간에서도 한국어 어순이 두루 확인된다. 이 점에서 이 목간 자료는 국어사의 공백기를 메워 주는 귀중한 자료가 된다.

---

10 이 특수성을 강조하여 李丞宰(2001)과 李丞宰(2008가)는 戊戌塢作碑의 작성 시기를 698년으로 추정한 바 있다. 이제 이것을 578년으로 수정한다.

이 목간의 어순을 논의할 때에 '不行遣乙'의 '不行'을 새로운 시각에서 접근할 필요가 있다. 현대 표준어의 관행에 따르면 이 어순은 중국 한어의 어순이다. '不行'에 대응하는 가장 일반적인 한국어는 동사 뒤에 부정소가 오는 '가지 않는다'이기 때문이다. 그런데 남부 방언을 기준으로 삼으면 순서가 뒤바뀐다. 남부 방언에서는 부정소가 앞에 오고 동사가 뒤에 오는 어순이 오히려 표준이다. '안 간다' 또는 '못 간다'가 남부 방언의 전형적인 어순이기 때문이다. 그렇다면 신라나 백제 자료에 나오는 부정문의 어순에 대해서는 남부 방언을 기준으로 기술하는 것이 합리적이다.[11] 우리는 이 논리에 따라 '不行'도 한국어의 어순을 따른 것이라고 이해한다. 이에 따르면 이 목간에서 중국 한어의 어순으로 기록한 것은 '爲六瓬' 하나뿐이다.

함안 성산산성 221호 목간에는 한국어의 문법 형태도 기록되어 있다. 앞에서 거론한 것처럼 '中, 之, 也' 등은 한국 고유의 문법 형태를 표기한 것이 아니라는 논의도 가능하다. 이들에 대해서는 논란이 많으므로, 편의상 이들을 논의 대상에서 제외한다.[12] 그렇더라도, '走在日'의 '在'와 '不行遣乙'의 '遣'과 '乙' 등이 한국어 고유의 문법 형태를 표기한 것은 확실하다.

'走在日'의 '在'는 존경법 선어말어미 '*-겨-'에 동명사어미 '*-ㄴ'이 통합된 '*-견'을 표기한 것이다. 후대의 구결자로는 '-ナ 1'에 해당한다. 이 '在'는 동사 '走'에 통합되어 뒤에 오는 '日'을 수식한다. 이 논의에 대해 '在'의 '*-겨-'가 과연 존경법 선어말어미의 범주에 속하는지 의심할 수도 있다. 동사 '走'의 주어는 65명의 '人丁'인데, 이 주어에 존경법 선어말어미 '*-겨-'가 호응할 수 있을까? 우리는 이것이 가능하다고 본다. '人丁'이 '성인 남자' 정도의 의미를 가지는 下

11 이 목간에서 수사 65를 '六十巳? | 彡'으로 표기한 것을 보면 이 목간이 반영하는 방언은 지금의 경상도 방언이다. 한편 鄕歌에도 부정문이 많이 나오는데, 대부분 부정소가 동사 앞에 온다.

12 戊戌塢作碑와 華嚴經寫經造成記에서 '之'가 '如'와 교체된다(李丞宰 2008가). '如'는 석독구결 자료에서 '*다'로 읽히므로 '之'도 '*다'로 읽을 수 있다. 그런데 중국 한어에서는 '之'를 '*다'로 읽는 독법이 없다. 이 차이를 강조하면 '之'가 한국어의 문법 형태를 표기한 것이라고 할 수 있다.

位者임은 분명하지만 이들은 65명의 집단이다. 교장 선생님이 학생 집단 앞에서 훈화를 할 때에는 "다들 앉으세요"에서처럼 존경법 선어말어미 '-시-'를 넣어서 학생 집단을 높이기도 한다. '走在'의 '*-겨-'는 바로 이러한 용법으로 사용된 존경법 선어말어미이다. 그렇다면 경어법적으로 '走在'의 '在'는 잘못된 것이 아니다.

'不行遣乙'의 '遣'도 이와 마찬가지이다. '遣'을 음독하여 '*견'으로 읽는데, 이것도 존경법 선어말어미 '*-겨-'와 동명사어미 '*-ㄴ'이 통합된 형태이다. 즉 '遣'과 '在'는 형태론적 구성이 완전히 같다. 동명사어미 '*-ㄴ'의 표기 여부만 차이가 난다. '遣'은 동사 '行'에 통합되었고 이 동사의 주어는 65명의 '人丁'이다. 역시 사람 집단이므로 존경법 선어말어미 '*-겨-'에 호응할 수 있다. 그렇다면 '遣'과 '在'는 동일한 문법 형태를 서로 달리 표기한 異表記 관계임이 분명하다.

'不行遣乙'의 '乙'은 대격조사 '*-을'을 표기한 것이다. 뒤에 온 '白'이 타동사이기 때문이다. 대격조사 '乙'은 이두 자료에서 慈寂禪師碑陰(941년)의 '契乙 用'에 처음 나타나므로 출현 시기가 아주 늦은 편이다. 그런데 이 목간에 '乙'이 사용되었으므로 이제 이두 자료에 사용된 대격조사의 출현 시기를 400년 가까이 앞당기게 되었다. 이 대격조사 '乙', 앞에서 거론한 '在'와 '遣' 등은 각각 최초 출현의 예가 된다.[13] 이와는 달리 '遣乙'이 석독구결의 'ㄏ ㄱ ㄹ'에 대응하는 것으로 보되, 이곳의 '-ㄱ ㄹ'을 'ᄒᆞ거늘, ᄒᆞ야늘'의 '-늘/ᄂᆞᆯ'에 즉 연결어미에 해당한다고 할 수도 있다. 그러나 이 연결어미도 기원적으로는 동명사어미 '*-ㄴ'에 대격조사 '*-을/ᄋᆞᆯ'이 통합된 것이다. 따라서 이처럼 연결어미로 보더라도 '乙'이 대격조사를 표기한 것이라는 점은 변하지 않는다.

이 목간의 4면에 나오는 '人此人'의 '此'도 한국어의 문법 형태에 해당한다. 이곳의 '此'를 훈독하면 '이'인데, 이 '이'가 문자 석독구결에서는 구결자 'ㅣ'로 표기된다.

13 향가에는 '遣'의 용례가 많이 나오는데, 이 목간의 '遣乙'처럼 '遣'에 대격조사 '乙'이 직접 통합된 구성은 없다. 이 점에서도 '遣乙'에 주목할 필요가 있다.

(13) 문자 석독구결의 접속조사 '-刂'

가. 此刂 菩薩丨 過去七 諸丨 佛㔾刂 菩薩尸 有斗亦ㅣ丨 所七 功德乙 聞ナ hand (화소 35: 13, 1~2)

나. {於} 佛刂 菩薩尸十 常刂 淨信乙 生ソヒ立 (화엄 14: 6, 8)

다. 是 如支 慧覺刂 轉刂 明淨ソ丨入灬 故ノ (유가 20: 7, 6)

(14) 부점 석독구결의[14] 접속조사 '-刂'

가. C: 一切 諸 佛刂[15] 菩薩 具足(ソ)亦丨 如(乙ソ尸) 如(支) 善根 亦(ㄲ) 尒(X) (진본화엄 20: 10, 6~7)

D: 일체 여러 부처와 보살의 具足하신 眞如와 같이 善根도 그러하여

나. C: 諸丨 佛㔾刂[16] 菩薩乙 離支(尸) 不ノ尸入乙 知尸入灬 (주본화엄 34: 10, 10~11)

D: 모든 부처와 보살을 떠나지 아니함을 알기 때문에

(13가~나)는 문자 석독구결에서 '佛'과 '菩薩'이 '刂'로 접속되어 명사구를 이루는 예이고, (13다)는 '慧覺'과 '轉'이 '刂'로 접속된 예이다. (14)는 부점 석독구결에서 '佛'과 '菩薩'이 '刂'에 의해 한 덩어리가 되는 예이다. 부점 구결에서는 편의상 '佛'과 '菩薩'의 예만 들었지만, 동등한 자격을 가지는 두 명사를 하나의 단위로 접속할 때에 접속조사 '刂' 즉 '*-이'를 사용했다(박진호 2008: 314~315).

이에 따르면 이 목간의 '人此人'도 바로 이런 명사구라고 할 수 있다. 구결의 '佛刂 菩薩'이 '부처와 보살'로 해석되듯이, '人此人' 즉 '人刂 人'도 '사람과 사람'으로 해석된다. '人此人'에 대응하는 중국 한어는 당연히 '人人'이다. 여기에 한국어의 접속조사 '*-이'를 집어넣어 '人此人'이라 표기한 것이므로 이곳의 '此'는

14 李丞宰(外)(2009가, 2009나)의 해독문 중에서 번거로움을 피하여 A의 判讀과 B의 轉字를 생략하고, C의 解讀과 D의 飜譯만 제시했다.

15 이곳의 '刂'는 35(/)으로 표기되었다.

16 이곳의 '㔾'와 '刂'는 각각 35(·)과 24(|)으로 표기되었다.

한국어의 문법 형태를 표기한 것이 분명하다. (10)에서는 이 '人此人'을 '사람들이'로 해독했는데, '사람들마다'로 풀이해도 무방할 것이다.

이 접속조사 '*-이'는 10~13세기의 석독구결 자료에서만 나타나고 그 이후의 자료에서는 자취를 감춘다. 그런데 그 용례의 상한이 6세기 중엽까지 거슬러 올라간다니 그저 놀라울 뿐이다. 이 목간의 접속조사 '此'는 구결 자료의 보수성을 증명해 주는 결정적인 자료가 될 것이다.

결론적으로, 이 목간에서 한국어의 문법 형태를 표기한 것은 '中, 之, 也'를 별도로 친다 하더라도 '在, 遣, 乙, 此'의 네 가지가 된다. 한자를 빌려서 표기한 문장이 이두 문장인지 아닌지를 판정할 때에 한국어 어순의 적용 여부, 한국어 단어의 표기 여부 등을 중요한 기준으로 삼기도 한다. 그러나 무엇보다도 중요한 기준은 한국어의 문법 형태가 표기되었는가의 여부이다. 이 점에서 '在, 遣, 乙, 此'의 네 글자는 이 목간이 이두로 작성되었음을 증명해 주는 가장 결정적인 증거가 된다.

이제, 이 목간에 나오는 한국어 단어를 찾아보기로 한다. 이 목간의 '瓸'과 '丨彡'은 한국어 단어를 표기한 것이 분명하다.

'六瓸'의 '瓸'은 4장에서 이미 논의했듯이 韓國字로서 기와나 벽돌 100장을 가리킬 때에 사용하는 단위명사이다. 이것은 '百'과 '瓦'를 좌우로 합하여 만든 글자이므로 한국자임이 분명하다. 그렇다면 이 '瓸'은 한국어 단어를 표기한 것이라고 보아야 마땅하다.

이 목간에서는 수사 65를 아주 흥미롭게도 '六十巳? 丨彡'으로 표기했다. 이것은 아마도 '*육십다솜' 정도로 읽혔을 것이다. '六十巳?'의 '巳?'은 60을 고유어 계통의 수사 '예순'으로 읽지 않고 한자음 계통의 '*육십'으로 읽었음을 증명해 준다. '巳'은 '邑'에서 비롯된 한국자로서 고대의 목간에서는 음절말 자음의 '*ㅂ'을 표기할 때에 사용되었기 때문이다(李丞宰 2011다). 현재에도 경상도 방언에서는 65를 '육십다섯'이라고 한다. 이처럼 十 단위나 百 단위는 한자음으로 읽고, 單 단위는 고유어로 읽는 독법이 6세기 중엽의 이 목간에서 발견되어 무척 흥미롭다. 현대 경상도 방언의 언어 현상이 고대에까지 거슬러 올라갈 수 있음을 실증해 주는 대표적인 예이기 때문이다.

'丨彡'의 '丨'와 '彡'도 韓國字로서 각각 '*다'와 '*숨'을 표기한다. 이것은 거꾸로 單 단위 수사를 한자음으로 읽지 않고 한국 고유어로 읽었음을 말해 준다. '*다숨'은 15세기의 고유어 수사 '다숫, 다숩, 닷쇄, 닷(되)' 등과 어원이 동일하기 때문이다. 더욱이 이 '*다숨'이 11세기 말엽이나 12세기 초엽의 자료로 추정되는 『華嚴經疏』 卷第35에서 '五ㅎ' 즉 '五音'으로 표기된 바 있으므로 '丨彡'을 '*ㅁ'으로 끝나는 고유어 '*다숨'으로 읽는 독법을 믿어도 된다.

지금까지 한국어 어순, 한국어 문법 형태, 한국어 단어 등의 기준을 중심으로 이 목간의 국어학적 특징을 정리해 보았다. 이 목간은 이 세 가지 기준을 두루 갖추었다. 한국어 어순과 한국어 단어를 갖추는 것이 이두 문장의 필요조건이라면 한국어 문법 형태는 이두 문장의 충분조건이다. 이 목간은 두 조건을 두루 갖추었으므로 이두로 작성된 것이 확실하다. 그렇다면 이 목간을 한국 最初의 吏讀文書라고 할 수 있다. 위의 세 가지 기준을 두루 갖추고, 동시에 6세기 중엽 이전에 작성된 문서는 달리 찾을 수 없기 때문이다.

1.5. 마무리

함안 성산산성 221호 목간은 이곳에서 출토된 240여 점의 목간 중에서 가장 많은 글자가 기입된 목간이다. 전체 68자가 기입되었는데, 이 중에서 판독이 가능한 것은 50여 자에 이른다. 이 글자를 판독하고 텍스트를 해독하여 이 목간의 내용을 정리해 보면 다음과 같다.

6월에 어느 촌주가 두 가지를 삼가 사뢰었다. 첫째는 군대의 제의에 참석했음을 보고했고, 둘째는 인력을 동원하려고 했으나 피치 못할 사정이 생겨서 동원 명령을 이행할 수 없었음을 보고했다. 비유하면, 첫째는 軍役에 대한 것이고 둘째는 勞役에 대한 것이다. 군역에 대한 것은 판독이 불확실하여 더 이상의 추론을 삼갔다. 이에 비해 노역에 대한 것은 대부분 판독이 가능하고, 노역 불이행의 사유가 비교적 자세히 서술되어 있다.

해독 결과에 따르면 이 목간은 아주 많은 사실을 함의하고 있다. 첫째, 이 문서에 기록된 것은 일종의 行政文書이다. 한국의 목간에 기록된 문서 중에서 이것이 시기적으로 가장 앞선다. 둘째, 6세기 중엽에 이미 신라에서는 문서행정이 시행되었다. 이 문서는 지방에서 작성된 것이기 때문에 신라의 중앙 정부에서는 6세기 중엽 이전에 이미 문서행정이 시행되었을 것이다. 셋째, 산성처럼 국가적으로 중요한 시설물을 축조할 때에는 '村'을 단위로 하여 인력을 동원했다. 큰 시설물의 경우에는 수십 또는 수백의 촌이 동원되었을 것이다. 넷째, 촌 단위로 동원된 인력은 성인 남자 65명 정도이다. 이처럼 구체적인 숫자를 기입한 것은 아마도 이 목간이 유일할 것이다. 다섯째, 산성을 쌓을 때에는 한 '村'당 6백 개의 벽돌을 할당했다. 물론 이 책임량은 냇가에서 채집한 돌을 산으로 옮기고, 이것을 다듬어서 성벽을 쌓는 일까지를 포함할 것이다. 여섯째, 긴급한 상황이 발생하면 노역의 의무를 연기할 수 있었다. 고위직 인사의 葬禮로 인한 연기가 그 예가 된다. 일곱째, 6세기 중엽의 장례는 눈에 띄지 않게 시신을 감추어 두는 것이 기본이었다. 이 목간에서는 벽돌로 埋藏하는 방법을 택했다.

국어학적으로는 다음과 같은 것을 새로 주장할 수 있게 되었다. 첫째, 이 목간은 한국어의 어순에 따라 작성하고 한국어의 문법 형태를 드러내어 표기했으며 한국어 단어를 포함하고 있다. 따라서 이 목간은 이두로 작성되었다. 둘째, 성산산성 목간은 6세기 중엽에 제작된 것이므로 이 목간은 한국 最初의 吏讀 문장이라 할 수 있다. 이두 문장의 조건을 두루 갖춘 것 중에서 이것보다 시기가 앞서는 것은 없다. 셋째, 이 목간에서 한국어의 문법 형태를 기록한 것은 '在, 遣, 乙, 此'의 넷이다. 이들은 각기 한국 최초의 용례가 된다. '在, 遣'은 존경법 선어말어미와 동명사어미의 통합체 '*-견'에 대응하고 '乙'은 대격조사 '*-을'이며 '此'는 접속조사 '*-이'이다. 접속조사 '*-이'는 석독구결 자료에서만 확인되는데, 이 목간에서 이것이 '此'로 표기되어 주목된다. 넷째, 이 목간에서는 十 단위 수사는 한자음으로 읽으면서도 單 자리 수사는 한국 고유어로 읽었다. 이 독법은 지금의 경상도 방언과 일치한다. 다섯째, '六十巳?'의 '巳'은 말음첨기의 용법으로 사용되어 음절말 자음 '*ㅂ'을 표기했다. 이 예는 6세기 중엽에 이미 말음첨기의 표기법이 적용되었음을 말해 준다. 여섯째, 이 목간에는 '瓰, 巪, 丨, 彡' 등의 韓國字가 나온다. 6세기 중엽에 이미 한국자가 생산적으로 사용되었음을 말해 준다. 이러한 사실을 모두 고려한다면 기존의 古代 韓國語史를 다시 기술해야 할지도 모른다.

우리의 한계에서 비롯된 것이지만, 이 목간에는 아직 판독하지 못한 글자가 많이 남아 있다. 우리의 판독이나 해독에 의심스러운 곳도 있을 것이다. 미상의 글자를 읽어내고 우리의 착오나 오류를 바로잡아 주기를 바란다. 그리하여 이 목간에 대한 논의가 활발해진다면 더 바랄 나위가 없다.

2. 경주 月城垓子 2호 목간과 20호 목간

문서 목간 중에서 가장 먼저 논의 대상이 된 것은 경주 월성해자 2호 목간이다. 문서의 내용에 '牒'이 나오므로 古文書 연구자뿐만 아니라 古代史 연구자에게 이 목간은 초미의 관심사였다. 단락 종결사의 기능을 담당하는 '之'가 사용되었을 뿐만 아니라 구결자와 자형이 동일한 '丨'가 사용되었으므로 국어학에서도 일찍부터 이 목간에 주목해 왔다. 金永旭(2007나), 朴盛鍾(2007), 鄭在永(2008), 權仁瀚(2013) 등이 대표적인 예이다. 그런데도 이 목간에 대한 의문이 완전히 풀린 것이 아니므로 이 문서 목간을 논의 대상으로 삼는다. 나아가서 경주 월성해자 20호 목간도 검토할 것이다. 이 두 목간의 판독과 해독이 연구자에 따라 서로 다르기 때문이다.

2.1. 경주 月城垓子 2호 목간

慶州 月城垓子 2호 목간은 4면 목간이기 때문에 어느 곳이 첫 면인지 판단하기 어려웠고 학자마다 판독이 조금씩 엇갈렸다. 여러 판독을 종합하여 우리의 해독을 제시해 보면 다음과 같다.

(15) 경주 월성해자 2호 목간의 해독

1면: [　　大烏知郎足下可行白｜　][17]

大烏知郎 足下께 可行이 사뢰니다.

2면: [　　經中入用思買白不雖紙一二ケ　][18]

經에 들여 쓸 생각으로 白不踓紙 열두 매를 사겠습니다.

3면: [　　牒垂賜教在之 後事者命盡　]

牒을 내려 주신 教가 있습니다. 뒷일은 목숨이 다하도록

4면: [　　使內　　　　　　　　　　]

부리겠습니다(하겠습니다).

이 목간의 1면에 나오는 '可行'을 어떻게 판독할 것인지 학자들의 견해가 일치하지 않는다. 이것을 '万拜'로 읽어서 '万拜白｜'를 '만배하고 사뢰니다' 정도로 해독하는 것이 일반적이다. 그러나 '万拜白｜'의 '万'은 '可'를 잘못 읽은 것이다. '万'의 필사 순서는 '一'의 아래에 갈고리('力'의 첫째 획)를 먼저 쓴 다음에 삐침(ノ)을 하는 필순이다. 그런데 이 목간에서는 '一'의 아래에 'の'처럼 쓴 것이 분명하다. 이것은 '可'의 행서 또는 초서에 해당하므로, 이 글자를 '可'라고 판독해야 한다. 이 판독에 따르면 '拜'라고 판독한 것도 수정해야 한다. '拜'라고 판독한 것은 앞에 온 '万'에 이끌린 판독이기 때문이다.

'万拜' 즉 '만 번을 절하다'의 의미를 가지는 단어가 있을까? 죽을죄를 짓고 나서 목숨을 구걸할 때에 흔히 '百拜謝罪'라는 말을 사용한다. 죄인이 목숨을 구걸할 때에도 겨우 '百拜' 정도에 지나지 않는다. 그런데 종이를 살 때에 필요한 비용을 공식적으로 청구하는 내용에 '万拜'라는 말이 나올 수 있을까? 우리는 이에 대해서 회의적이다.

기존의 해독자들이 모두 1면의 '大烏知郎'을 이 문서의 수신자라고 한다. 만약

---

17 1면의 '｜'를 '了'로 판독한 견해도 있다. 상단부의 공백은 나무토막을 손으로 쥐는 자세와 관련되어 있다. 이에 대해서는 64~65쪽을 참고하기 바란다.

18 2면의 'ケ'를 '个'나 '斤'으로 판독한 견해도 있다.

에 '万拜'로 판독하면 이 문서는 발신자가 명시되지 않은 문서가 된다. 고대의 문서는 인편으로 전하는 것이므로 수신자는 생략할 수 있지만 발신자를 생략한 문서는 거의 없다. 앞에서 논의한 함안 성산산성 221호 목간에서도 수신자인 성산산성의 축조 책임자는 명시되지 않았지만, 발신자인 '~村主'는 명시되어 있다. 이 문제를 해결할 때에도 '万拜'로 판독하는 것보다 '可行'으로 판독하는 것이 바람직하다. '可行'은 인명으로서 이 문서의 작성자요 발신자라고 할 수 있기 때문이다.

이 목간에는 이두와 관련하여 주목되는 것이 적잖이 나온다. 우선 2면의 '-中'은 金永旭(2007나)가 이미 밝힌 바 있듯이 처격조사의 용법에 해당한다. 더불어 1면의 끝에 온 '-丨'도 눈길을 끈다. 손환일 교수는 이것을 '之'의 초서로 보았고,[19] 鄭在永(2008)은 口訣字 '丨'의 기원을 바로 이 '之'에 둔 바 있다. 탁견으로 생각되지만 '之'를 '丨'로 쓴 예가 이것밖에 없어서 우리는 이 견해에 동의하지 않는다. 이 목간의 3면에서는 단락 종결사 '-之'를 정확한 '之'자로 쓰고 있기 때문이다. 1면의 '丨'는 尹善泰(2007나)가 주장한 것처럼 懸針破策의 예일 가능성도 있다. 그러나 중국 목간에 나오는 현침파책은 세 글자 이상의 공간을 차지할 정도로 길이가 아주 길다. 이 목간의 '丨'는 딱 한 글자의 공간에 기입되었으므로 이 주장에 동의하지 않는다.

그런데도 우리는 '丨'가 후대의 구결자 '丨'와 자형이 동일하다는 데에는 동의한다. 2면 끝에 쓰인 '㐃'도 구결자 'ㅜ'와 자형이 동일하기 때문이다. 예컨대 한국어의 특수조사 '-마다'를 향가에서는 '-每如'로, 구결에서는 '-ㅜ丨'로 표기한다.[20]

이 대응에서 '㐃'가 '每'에서 변용된 글자라는 논의가 성립한다. '㐃'의 전통적인 독음 '마'와[21] '每'의 독음이 유사할 뿐만 아니라 字形도 서로 비슷하기 때문이다. '㐃'처럼 변용된 韓國字가 이 자료에 쓰였다면 '丨'도 변용된 한국자라고 할 수 있다. '㐃'와 '丨'는 비록 후대의 일이기는 하지만 독자적 문자체계인 구결에서 '-ㅜ

19 국립창원문화재연구소(2006: 143)을 참고하기 바란다.
20 이 대응 관계를 증명해 주는 자료는 4章의 (24)와 (25)에서 이미 제시한 바 있다.
21 이것은 物名 '마(薯)'의 표기에 '㐃'가 사용되었다는 점에서 다시 확인된다(후술).

丨’로 자주 사용되었다. 이 점을 강조하여 이 목간의 ‘亇’와 ‘丨’를 구결자와 동일한 한국자로 간주한다. 더 구체적으로 말하면 이 둘은 한국자 중에서도 韓半字에 속한다.

2면의 ‘一二’도 독법이 갈린다. 한국의 어림수 독법으로 읽어 ‘한두 (매)’로 읽기도 하고 ‘十二’와 동일시하여 ‘12’로 해독하기도 한다. ‘一二’의 뒤에 온 ‘亇’가 구체적으로 어느 정도의 길이를 지칭하는 단위명사인지 확실하지 않기 때문에 단언할 수는 없지만 이 ‘一二’를 ‘ᄒᆞᆫ두’에 해당하는 고유어 序數詞로 읽으면 ‘經을 필사할 때에 필요한 종이 분량’과 어울리지 않는다. 한 卷 분량의 經을 필사하려면, 폭이 한 자이고 길이가 대략 50cm인 종이가 대개 20장 정도가 필요하기 때문이다. 이 정도의 종이 분량이 되려면 이곳의 ‘一二’를 ‘열두 (매)’로 해독하는 것이 바람직하다.

폭이 한 자 정도이고 길이가 50cm 내외의 길이로 재단한 종이를 셀 때에는 ‘張, 丈’ 등의 단위명사를 사용한다. 그런데 종이 제작 과정에서 발(簾)을 사용하여 떠내어 말린 종이도 있다. 이 종이는 재단하기 이전의 종이인데, 폭이 1m 이상이고 길이가 1m 50cm 정도인 크기이다. 이것을 셀 때에 ‘枚’가 사용되었고, 이것을 ‘亇’로 표기했을 가능성이 있다. 4장에서 이미 논의한 것처럼, ‘亇’와 ‘枚’의 음가 차이가 거의 없다. 漢語 中古音으로 말하면 성조만 다를 뿐, 나머지 음가는 동일하다. ‘亇’와 ‘枚’는 同音通假字 관계라고 할 수 있다.

그런데 이 해석에서는 ‘十二’라고 표기할 수 있는데, 어찌하여 ‘一二’라고 표기했는가 하는 문제가 제기된다. 4章에서 이미 논의한 바 있듯이, 일본의 자료를 활용하면 ‘一’과 ‘二’ 사이에서 단위 숫자가 생략된 것으로 보아 ‘열둘’로 읽을 수 있다. 일본의 古辭典으로 유명한 『類聚名義抄』에는 주석 부분에 붓으로 써넣은 注記가 자주 나온다. 그런데 ‘三五四’라고 注記된 단어를 찾아보았더니 ‘三百五十四’라는 번호가 붙은 단어였다. 이 예는 ‘百, 十’ 등의 단위 숫자를 생략하는 기록 방식이 있었음을 실증해 준다. 현대의 중국에서도 1987년을 ‘一九八七年’으로 표기하여 ‘千, 百, 十’ 등을 생략한다. 이 예를 따라 이 목간의 ‘一二’를 12에 해당하는 수로 간주하고 ‘一二亇’를 현대어의 ‘열두 매’로 해독해 둔다.

월성해자 2호 목간에서 가장 중요한 이두는 오히려 3면의 '牒垂賜教在之'이다. 이것을 어떻게 분절하여 읽을 것인가 하는 문제가 국어학적으로는 훨씬 중요하고도 의미가 깊다. 이곳의 '教'가 名詞인가 動詞인가, '賜'와 '在'는 動詞인가 尊敬法 先語末語尾인가 등의 국어학적 논제가 남아 있기 때문이다.

(16) '牒垂賜教在之'의 분절 방법

가. 牒垂賜教在之 → 牒 垂 賜 教 在之

牒을 내려 주신 教가 있다{*겨다}

나. 牒垂賜教在之 → 牒 垂賜 教 在之

牒을 내리신 教가 있다{*겨다}

다. 牒垂賜教在之 → 牒 垂 賜 教在之

牒 내려 주심을 명령하시다{*이시겨다}

라. 牒垂賜教在之 → 牒 垂賜 教在之

牒 내리심을 명령하시다{*이시겨다}

(16.가~나)는 '教'를 명사로 해독한 것이고 (16.다~라)는 동사로 해독한 것이다. 후대의 이두 자료에서는 (16.다~라)처럼 '教'에 '在'가 직접 통합된 것은 보이지 않고 (16.가~나)처럼 '教'의 바로 뒤에 '在' 동사가 온 예도 보이지 않는다. 따라서 이곳의 '教'가 명사인지 동사인지 쉽사리 단정하기가 어렵다. 그러나 '夫只山村无盡寺 鐘 成 教 受內 成 記 時'(无盡寺鐘記, 745년)의 예에서 볼 수 있듯이 '教'의 바로 뒤에 동사 '受'가 온 예가 있으므로 이곳의 '教'는 명사적 용법일 것이다. 이에 따르면 '在'는 존경법 선어말어미가 아니라 동사 어간 '있-'에 해당한다.

이제 남은 것은 '賜'가 동사인가 존경법 선어말어미인가 하는 문제이다. 이 둘의 차이를 기술해 내기가 아주 어렵다. 왕이 동사 '賜'의 주체인 동사적 용법에서뿐만 아니라 '賜'가 존경법 선어말어미로 문법화한 용법에서도 존경 또는 주체존대의 의미가 들어가기 때문이다. 그러나 존경법 선어말어미 '-賜[*시]-'는 왕의 행위나 명령을 서술하는 동사에는 통합되는 일이 없다. 왕의 행위나 명령을 서술할 때에는 '教'를 사용하는 것이 일반적이었기 때문이다. '-賜[*시]-'는 오히려 왕 이외의 尊者에 대한 존경에 주로 사용되었다. 이 점을 감안하면 (16가)의 해독이 가장 바람직하다.

3면의 '後事者命盡'에 대한 기존의 해석에도 문제가 있었다. '後事者'는 '뒷일은'에 정확하게 대응하므로 異論의 여지가 없다. 이곳의 '者'가 현대어의 주제 보조사 '-은/는'에 해당한다. 그러나 이곳의 '命盡'을 '명령이 다하도록'으로 해석해 온 것은 잘못이다. 이곳의 '命'은 '명령'보다는 '목숨'으로 해석하는 것이 정확하다.[22] 앞에서도 이미 논의했지만 왕의 명령은 일반적으로 '教'라고 표기한다. 따라서 이곳의 '命'을 '왕의 명령'으로 해석할 수가 없다. 그 대신에 '목숨' 즉 '生命'의 '命'으로 해석하면 뒤에 오는 자동사 '盡'과의 결합 관계가 훨씬 부드러워진다. 전체 문맥을 보더라도 이것이 훨씬 자연스러우므로, '命盡'을 '목숨이 다하도록'으로 해석해 둔다.

慶州 月城垓子 2호 목간은 기존의 목간 연구에서 가장 많이 거론된 목간이다. 그런데도 미진한 점이 남아 있었고, 잘못된 길을 자청한 논의도 있었다. 상단부에 일정하게 남아 있는 空白을 설명한 논의도 여태껏 없었다. '可行'을 '万拜'로 誤讀함으로써 이 목간을 발신자가 없는 문서로 이해하기도 했다. '亇'를 '个'로 판독하여 종이를 '개'로 세었다는 비정상적인 논의를 장황하게 늘어놓기도 했다. '命'을 아무 생각 없이 '教'와 동일시한 것도 아주 큰 잘못이다. 이들을 수정하여 우리는 이 문서 목간을 (15)의 번역문과 같이 이해한다. 이것을 기존의 해독과 대비해 보면 훨씬 정확하고도 자연스럽다는 느낌이 들 것이다.

22 이것을 가르쳐 주신 서울대 국어국문학과의 이현희 교수께 이 자리를 빌려 감사드린다.

2.2. 경주 月城垓子 20호 목간

17 전면

이제, 경주 월성해자 20호 목간에 대한 논의로 넘어간다. 논의의 편의를 위하여 기존의 판독과 우리의 판독을 먼저 제시하기로 한다.

(17) 경주 월성해자 20호 목간

전면: 1. 「苐八巷 苐卄三大舍麻斷(?)立衣節草辛」(국립창원문화재연구소 2006: 143)

2. 「第八卷 第卄三大舍麻新五衣節草辛」(국립부여박물관 2009: 176)

3. 「第八卷 第卄三大奈麻新立在節草[言]」(손환일 2011)

4. [<第八巷 第卄三大亽麻新立在節草辛/]

여덟째 거리는 스물셋째 大舍인 麻新이 세우신 (것이다.) 때는 풀이 드문 (때다.)

후면: 3. 「奈食常□ … 卷第十七大奈麻」(손환일 2011)

4. [<奈食常▣▣▣ … ▣▣巷第▣▣▣大亽\]

奈食常▣▣▣ …… 거리 제 … 大舍

위에서 참고로 제시한 국립창원문화재연구소(2006: 143)과 국립부여박물관(2009: 176)의 판독에는 동의할 수 없는 것이 적지 않다. 전면의 첫째 글자는 '苐'가 아니라 '第'일 것이다. 이 목간에서는 이 글자가 서수사의 바로 앞에 오기 때문이다. 셋째 글자는 '卷'이 아니라 '巷'일 것이다. '卷'이라면 이에 호응하는 동사로 '造成, 作, 書, 記' 등이 나옴직한데, 이들 동사가 사용되지 않았기 때문이다. 이두에 자주 나오는 '節'은 '때(時節)'와 '감독자, 지휘관'의 두 가지 의미가 있는데, 이 목간에 사용된 '節'은 '때'의 의미로 사용되었다. 이 '節'의 앞에 온 '立在'는 '세우시다'의 의미를 갖는다. 이 '세우신 때'에 어울리는 대상은 '卷'이 아니라 '巷'이다. '卷'을 만드는 것은 '造成'이라 하는 것이 일반적이고, '卷을 立한다' 즉 '卷을 세운다'고 하지는 않는다.

(17.3)에서는 '第廿三'의 바로 뒤에 신라의 관명 '大奈麻'가 온다고 판독했지만 이것도 정확한 판독이 아니다. '大奈麻'의 둘째 글자는 '奈'가 아니라 '舍'에서 '口'를 덜어낸 자형이다. 이것이 후대의 구결자 '亼'와 자형이 동일하다는 것은 분명하다. 달리 말하면, '亼'는 韓半字의 일종이다. 이에 따라 이 석 자를 '大亼麻'로 판독해야 하고, 이곳의 관명은 '大奈麻'가 아니라 '大舍'가 된다. 후면에서도 관명 '大亼' 즉 '大舍'를 다시 확인할 수 있다.[23] 이처럼 판독하면 그 뒤에 온 '麻新'이 인명이 된다. 그의 관등이 '大舍'이다.

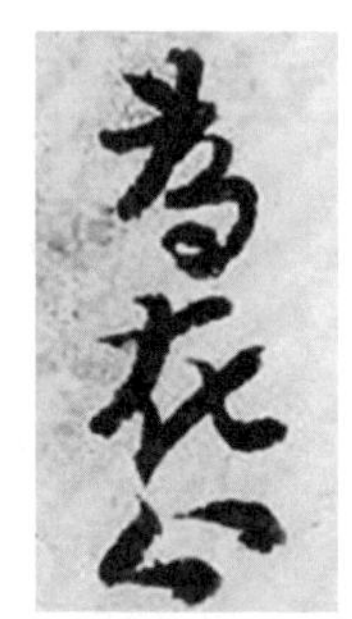
重修文書의 '爲在ㅅ'

인명 '麻新'의 뒤에 온 두 글자를 '立衣' 또는 '五衣'로 판독한 것은 잘못이다. 이것은 우리의 '立在'이 정확하다. '在'의 필순은 불국사 석가탑에서 나온 重修文書에서는 독특하게도 일상적인 필순과 아주 크게 차이가 난다. 그리하여 마치 '衣'인 것처럼 씌어 있다(오른쪽 사진의 둘째 자형 참고). 따라서 이 글자를 '衣'로 판독한 것이 무리는 아니다. 그러나 중수문서의 이두문에서 모든 '在'가 마치 '衣'인 것처럼 필사되어 있다는 점을 감안하면 이 글자를 '在'로 판독하는 것이 옳다.

이처럼 '立在'으로 판독하면 '세우신' 정도의 의미가 된다. 이것이 뒤에 오는 '節'을 수식한다. '立在節'는 이두로 '세우신 때'에 해당하므로 이곳의 '在'은 후대 구결의 존경법 선어말어미 '-ㄱ[겨/견]-'에 대응한다. 함안 성산산성 221호 목간의 '走在'에서 이미 이 문법 형태 '-在'을 확인한 바 있다. 6세기 중엽에 이미 이 문법 형태가 사용되었으므로, 7세기 전반기 자료인 月城垓子 목간에 '-在'이 등장하는 것은 아주 자연스러운 일이다.

기존의 金石文에서는 '此 成在□□者'(戊戌塢作碑, 578년), '此 善 助在哉'(甘山寺阿彌陀如來造像記 720년), '成在 願旨者'(无盡寺鐘記 745년), '二塔天寶十七年戊戌中

23 '大舍麻'라는 관명은 없지만 '大舍'라는 관명이 있다는 것은 상식에 속한다.

立在之 娚姉妹三人業以 成在之'(葛項寺石塔記 758년) 등의 자료에서 '-在-'가 존경법 선어말어미로 쓰였다.

지금까지 아주 간단하게 경주 월성해자 20호 목간을 새로 판독해 보았다. 이처럼 새로이 판독을 시도하는 까닭은 아주 간단하다. 판독의 결과가 문맥에 맞아야 하는데, 그렇지 않은 목간 판독이 너무나 많기 때문이다. 이 목간에서는 '옷'의 의미를 가지는 '衣'가 나올 만한 문맥이 아니다. '巷'을 '巻'으로 판독하는 것도 문맥에 맞지 않다. '立在' 즉 '세우신'의 대상으로는 '巻'보다는 '巷'이 더 잘 어울린다.

이 판독에 따르면, 이 목간은 수도였던 경주에 적어도 8개 이상의 거리(巷)가 있었음을 증언하고 있다. '第卄三大厼'는 '스물셋째 大舍'이므로, 수많은 '大舍' 사이에도 일정한 순서가 있었음을 말해 준다. 역사 연구자에게 참고가 될까 하여 특별히 지적해 둔다.

3. 경주 (傳)仁容寺址 1호 목간

2009년에 (傳)仁容寺址의[24] 우물에서 양면목간 한 점이 수습되어 2010년에 공개되었다. 길이가 24.4cm에 이르는데, 상단은 넓지만 하단은 좁아지는 형태이다. 따라서 자연 그대로의 나무토막을 활용한 목간이라 할 수 있고, 실용적 용도를 위한 가공이 눈에 띄지 않는다. 이것은 이 목간이 문서목간의 일종임을 말해 준다. 1면에는 한 행으로 기록했지만, 2면에는 2행이 기입되어 있다.

특이한 것은 서사 방향이 이른바 밭갈이형이라는 점이다. 1면의 하단부를 2면에서는 상단부로 삼았고, 2면 1행이 끝나면 다시 방향을 바꾸어 기입했다. 祭儀목간에 이 밭갈이형이 많다는 점에서 이 목간을 제의 목간의 일종으로 보는 견해가 우세하다(이용현 2010나, 이재환 2011).

이 목간이 언제 작성되었는지는 확실하지 않다. 仁容寺는 문무왕의 동생인 金

24 仁容寺는 경주 반월성 남쪽에 있었다고 전해지지만 확실하지 않으므로 그 앞에 (傳)을 붙였다.

仁問(629~ 694년)이 볼모로 唐나라 감옥에 갇혀 있을 때에 당시의 신라인들이 그의 안녕을 기원하기 위해 세웠다고 전해진다. 이 점을 감안하면 인용사가 7세기에 축조되었다고 할 수 있으므로 이 목간도 이때에 작성되었으리라 추정할 수 있다. 그러나 이 목간이 우물에서 출토되었다는 점을 감안하면 이것을 그대로 믿을 수는 없다. 이미 오랜 기간 동안 사용되었던 우물에 이 제의 목간을 투척했을 가능성이 크므로 사찰의 축조 시기와 목간의 작성 시기를 동일시할 수 없기 때문이다. 이 점에서 이 목간의 작성 시기를 확정하여 말하기 어렵다.

그런데 書體를 기준으로 판단하면 9세기 전반기로 그 시기를 내려야 할 듯하다. 이 목간에 인명 '所貴公'이 나오는데, 이곳의 '所'가 古字가[25] 아니라 新字 자형이다. 이 新字 '所'는 '戶'의 오른쪽에 '斤'이 오는데, 이것은 9세기 전반기까지도 좀처럼 찾기가 어려운 자형에 속한다. '衆'을 '众'으로 쓴 것도 마찬가지이다. 따라서 이 목간의 작성 시기를 9세기 전반기로 늦추는 것이 바람직할 것이다.

이 목간의 판독은 그리 어렵지 않다. 기존의 판독을 먼저 제시하면 다음과 같다.

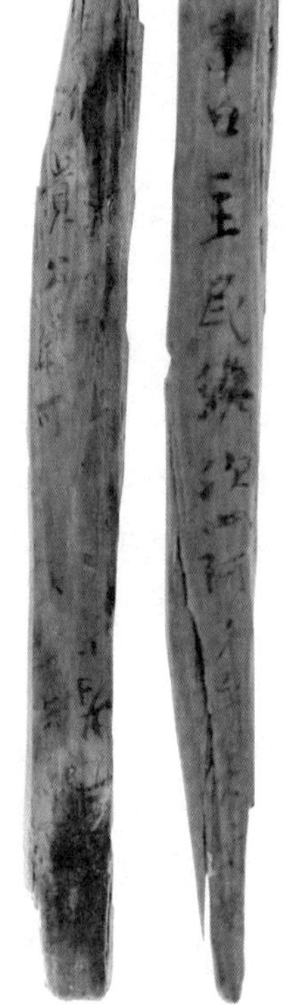
18.2 18.1

(18) 경주 (傳)仁容寺址 1호 목간의 판독

1. 「大龍王中白主民渙次心阿多乎去亦在」
   「众者所貴公歲卅金[侯]公歲卅五」
   「是二人者歲□[是]亦在如(功夫)与[日亦在如]」(손환일 2011)
2. [大龍王中白主民渙次心阿多乎去亦在]
   [亦在名者所貴公歲卅金□公歲卅五是二]
   [亦在如契与□□右如] (金永旭 2012)

25 '所'의 古字는 '一'의 밑에 '卄'과 '个'가 온 자형이다.

1면의 첫 부분 5자는 '大龍王中白'임이 틀림없다. 이곳의 '-中'은 처격조사 '*-긔'에 대응하고, '白'은 '사뢰다'의 의미를 가지는 화법동사이다. 문제는 '大龍王'이다. '大龍王'을 우물에 사는 龍王으로 이해하면 이 목간이 祭儀 목간이 될 것이다. 그런데 2면의 내용이 '所貴公(30세)'과 '金侯公(35세)'의 두 사람을 천거하는 것이므로 이 목간을 제의 목간이라고 함부로 단정하기가 어렵다.

천거하는 내용을 강조하여 손환일 교수는 이 목간을 史草 목간의 일종이라 한 바 있다. 그런데 이때에는 '大龍王'이 구체적으로 어느 왕을 가리키는지 특정할 수 없다는 점이 문제가 된다. 8세기 말엽의 신라 38대왕인 元聖王(재위 785~798년)에게는 惠忠太子, 憲平太子, 禮英匝干, 大龍夫人, 小龍夫人 등 다섯 명의 손자가 있었다고 한다(『삼국유사』 紀異 元聖大王). 이 기사의 大龍夫人이 이 목간에 기록된 大龍王과 동일 인물이었을 가능성을 고려할 수 있지만, 大龍을 '夫人'이라 지칭한 것과 '王'이라 부른 것의 차이를 무시할 수 없다. 또한 9세기 전반기라면 왕실에서는 이미 종이가 주요 서사재료로 사용되었을 것이므로 史草를 나무토막에 기록했다는 것이 얼른 이해가 되지 않는다.

따라서 우리는 이것이 祭儀 목간인지 史草 목간인지에 대한 판단을 유보한다. 이에 대한 논의보다 이 목간에 기록된 이두를 정확하게 기술하는 것이 우리에게는 더 중요하다.

'白'의 뒤에 이어지는 것은 일종의 인용문이다. '主民渙?次'의 '渙'은 판독이 확실하지 않다. 그렇더라도 아래의 사진 '渙?'에서 볼 수 있듯이, 이보다 나은 판독안을 제시하기가 어렵다. '渙'에는 '흩어지다'와 卦名의 두 가지 뜻이 있다. 그런데 뒤에 '次'가 온다는 점을 감안하면 '渙'이 64卦名의 일종이라 할 수가 없다. 앞에 오는 動詞가 뒤에 오는 '次'를 수식하는 것이 가장 일반적인 통사구조이기 때문이다. 따라서 '흩어지다'를 택하여, '主民渙?次'를 '군주(또는 주인)의 백성이 흩어지던 차에' 정도로 해독한다. 이러한 용법의 '次'는 이두의 범주에 넣을 수 있다. 이처럼 해독하면 9세기 전반기의 民心離叛 상황과 시기적으로 부합한다.

'次'의 바로 뒤에는 '心阿'가 온다. 金永旭(2012)는 이것을 '마음에'로 해독하여, '阿'를 처격조사 '*-아'로 읽고 처격조사 '良中'의 '良'을 '아'로 읽는 근거로 삼았다. 우리도 이에 동의한다. '心阿'의 뒤에 온 것은 '多乎去亦'이다. 이 판독은 손환일(2011)과 金永旭(2012)가 일치하므로 믿을 만하다.

그런데 '多乎去亦'이 아주 독특한 이두라는 점이 문제이다. 우선 상태동사 '多[하]-'에 결합된 '-乎'의 예를 달리 찾을 수가 없다. 상태동사 '多[하]-'를 부사화할 때에는 부사파생접사 '-이'를 결합하는 것이 원칙인데, 여기에서는 '-오' 또는 '-온'으로 읽히는 '-乎'가 왔다. 이것이 문제가 된다고 하여 '多乎去亦'의 '-乎去-'를 선어말어미의 연속체라고 하기도 어렵다. 轉倒된 '-去乎'의 예는 많지만,[26] '-乎去-'의 예는 이두에서 사용된 바 없기 때문이다. 따라서 이곳의 '去'를 선어말어미라고 할 수 없다. 이에 따라 '去'를 동작동사로 보고 그 앞에 온 '多乎'을 부사의 일종으로 간주하되, 특이한 부사화접사 '-乎'이 결합된 것이라고 이해한다.

'去亦'의 '-亦'은 명사나 동명사 어미 뒤에 결합되는 주격조사 '-이'임이 분명하다. 그 뒤에 존재동사의 기능을 담당하는 '在'가 오기 때문이다. 이러한 용법의 이두로서 시기가 이른 것으로는 '成造爲內臥乎亦 在之'(慈寂碑陰 2행)와 '事亦 在乙'(淨兜寺形止記 12행)의 예가 있다. 이들은 각각 941년과 1031년에 작성되었으므로 (전)인용사지 목간의 작성 시기를 9세기 전반기로 늦출 때에 참고가 된다.

위의 논의를 종합하여 1면을 판독하고 우리의 해독을 제시하면 다음과 같다.

(19) 경주 (傳)인용사지 1호 목간의 1면

[大龍王中白主民渙?次心阿多乎去亦在?]

大龍王께 사룁니다. 主民이 흩어지던 차에 마음에 많이 감이 있습니다.

이제, 2면 1행에 대한 논의로 넘어간다. 이 행의 서사 방향은 앞에서 이미 말한 것처럼 1면 1행의 서사 방향과 정반대이다. 2면 1행의 첫째와 둘째 글자는 손환일(2011)의 '众'과 '者'가 맞다. 이 '众者'는 '무리는' 정도로 해독되고 뒤에 오는 두

26 이때의 '-乎[온]'은 선어말어미가 아니라 동명사 어미의 용법이다.

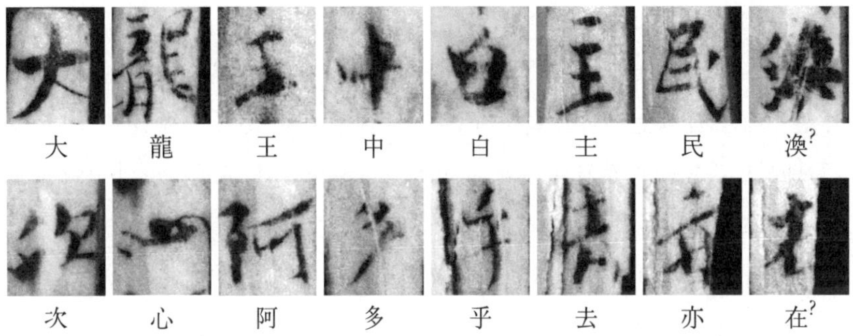

사람을 천거하는 주체가 된다. 다만, 이 두 사람이 어느 자리에 천거를 받은 것인지 문면에는 드러나지 않는다.

그 뒤에 온 글자는 '所'가 분명하다. 이 글자는 '戶'의 오른쪽에 '斤'이 온 자형으로서 8세기까지의 자료에서는 거의 사용된 바 없는 新字에 해당한다. '所貴公歲卅金侯?公歲卅五'에서 판독이 어려운 것은 '侯?'뿐이다. 이곳의 '歲卅'과 '歲卅五'는 각각 인명 '所貴公'과 '金侯公'의 나이이고, 일종의 주석에 해당한다. 이 판독에 따라 2면 1행을 판독해 보면 다음과 같다.

(20) 경주 (傳)인용사지 1호 목간의 2면 1행

[众者所貴公歲卅金侯?公歲卅五]

무리는 所貴公(나이 서른), 金侯公(나이 서른다섯)

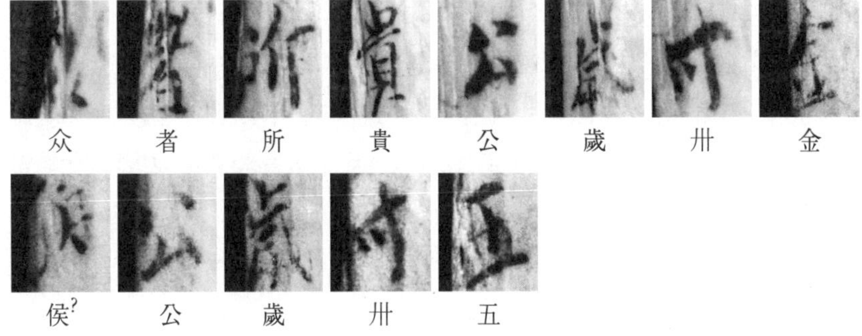

마지막으로, 2면 2행으로 넘어간다. 이 행도 2면 1행의 서사 방향과 정반대이다. 따라서 이 목간이 밭갈이형으로 서사되었다는 것은 분명하다. 金永旭(2012)의 판독에는 行의 분절이 정확하지 않고 빠진 글자도 있다. 손환일(2011)이 '歲□[是]亦'으로 판독한 것에서 □의 위치에 한 글자가 있다. '歲'와 '亦'의 사이가 두 글자 정도의 공간이므로 이렇게 말할 수 있다.

이 행의 첫 부분 4자는 아래의 적외선 사진에서 볼 수 있듯이, '是二人者'가 분명하고 '이 두 사람은'으로 해독된다. '是'는 지시대명사의 용법이므로 '이'로 훈독하고, '者'는 주제 보조사의 용법이므로 '-은/는'으로 새겨서 읽는다. '二人'은 두말할 나위 없이 앞에 온 '所貴公'과 '金侯公'을 가리킨다.

'者'의 뒤에는 '歲▣是?亦在如'가 왔다. 적외선 사진으로는 '歲'와 '亦'의 중간에 2자 정도의 공간이 있는데, 그 첫째 글자는 분명하지 않고 둘째 글자는 '是?'일 것이다. '歲▣'이 '나이, 年齡'에 대응하는 단어라면 그 뒤에 온 '是'는 '맞-, 옳-' 등의 의미를 가지는 동사류라고 할 수 있다. 이 동사는 '耆郎矣 皃史 是史 藪邪'(讚耆婆郎歌 5)의 '是史'를 金完鎭(1980)이 '올시'로 읽은 것에 해당한다. 이 목간에서는 '是'의 바로 뒤에 주격조사 '-이'에 해당하는 '亦'이 왔으므로 이 동사를 명사화해 주는 문법 형태가 생략되었다고 할 수 있다. '亦'이 주격조사로 사용되었다는 것은 그 뒤에 온 존재동사 '在'가 확인해 준다. 이 통사구조는 1면 1행의 마지막 두 글자 '亦在'에서 이미 논의한 바 있다. '在如'는 존재동사 어간 '*겨-'에 단락종결사 '如[*다]'가 통합된 것이다.

'在如'의 뒤에 온 것 중에서 확실한 것은 '巭与'뿐이다. 이 '巭'를 金永旭(2012)는 '契'로 판독했으나[27] 하변에 온 것이 '大'가 아니라 '夫'이다. '巭'가 '功'과 '夫'의 上下合字라는 사실과 '일꾼'을 뜻한다는 사실은 널리 알려져 있다. 그 뒤에 온 글자는 '与'가 분명하다. 문제는 그 아래에 온 글자의 유무이다. 손환일(2011)은 '日亦在如'의 4자가, 金永旭(2012)는 '□□右如'의 4자가 있는 것으로 보았다. 손환일

27 '契'는 慈寂禪師碑陰(941년)에 처음으로 나오지만, '巭'는 목간뿐만 아니라 여러 금석문에서 일찍부터 사용되었다.
十四州郡縣 契乙 用 成造 令賜之 (慈寂碑陰 6-7)

(2011)의 판독에 따르면 '(나이가 맞을 뿐만 아니라) 일꾼과 더불어 날(시간)도 있다'가 되어 문맥에 잘 어울린다. 우리는 '巭与'의 바로 아래에 '日?'만 있는 것으로 판독한다. 필획이 거의 보이지 않을 뿐만 아니라 '日?'의 아래 부분은 나무토막의 폭이 너무 좁아서 글자를 기입할 수 없었으리라 추정한다.

2면 2행에 기입된 것을 판독하고 해독해 보면 다음과 같다.

(21) 경주 (傳)인용사지 1호 목간의 2면 2행

[是二人者歲▣是?亦在如巭与日?　　　]

이 두 사람은 나이 맞음(옳음)이 있습니다. 일꾼과 더불어 날(시간)

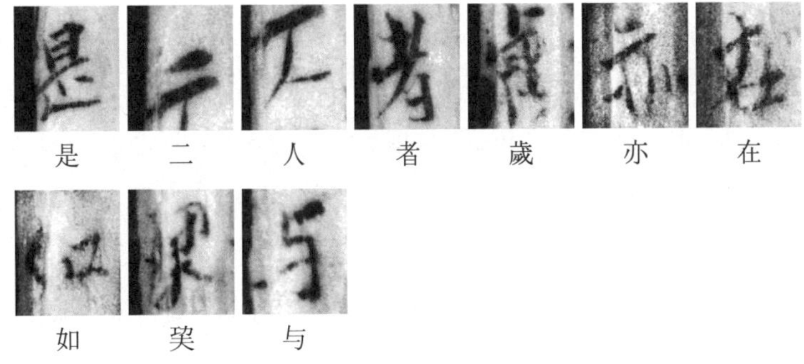

是　二　人　者　歲　亦　在

如　巭　与

위에 제시한 해독을 종합하여 현대어로 의역해 보면 이 목간에 기록된 내용은 다음과 같다.

(22) 경주 (傳)인용사지 1호 목간의 내용

大龍王께 사뢰니다. "主民이 흩어지던 차에 마음에 많이 감이(걸리는 바가) 있습니다. / 많은 사람들이 所貴公(30세)과 金侯公(35세)(를 추천합니다). / 이 두 사람은 나이가 맞음이 있습니다. 일꾼과 더불어 시간(도 있습니다)."

이 내용에 따르면 이 목간은 일종의 추천서라고 할 수 있다. 추천의 주체는 '众者'(많은 사람)이고 피추천인은 所貴公(30세)과 金侯公(35세)이다. 나이를 구체적으로 제시하여 나이가 딱 맞고, 일꾼과 시간이 있다는 점을 추천의 근거로 들었다.

문제가 되는 것은 이 추천의 수령자가 人間인가 龍王인가 하는 점이다. 인간이라면 이 목간은 민심의 수습을 위하여 所貴公과 金侯公을 어느 관직에 새로이 천거하는 추천서가 된다. 이것은 공문서의 일종이다. 그런데 용왕이라면 所貴公과 金侯公을 어찌하여 실명으로 거론했고 그 나이도 구체적으로 밝혔는지를 설명하기가 어렵다. 더욱이 이 목간을 작성할 시점에 이 둘이 생존해 있었던 것이 분명하므로, 祭儀文에 이들이 등장한다는 사실을 합리적으로 설명할 수 없다. 救福, 治病, 國泰民安 등을 기원하는 내용도 없다. 더군다나 이 목간에 '㕛' 즉 '일꾼'이 거론되었다는 것이 중요하다. 제의문에 '일꾼'이 등장한다는 것은 얼른 이해가 되지 않기 때문이다.

이 점에서 우리는 이 목간의 내용이 공직에 두 사람을 천거하는 추천서라는 견해를 택한다. 이 추천서의 수령자인 '大龍王'이 구체적으로 누구를 지칭하는지 밝히기 어렵다는 점이 우리의 한계이다. '王' 칭호를 붙일 수 있는 인물을 '大龍'에 비유하여 호칭했을 것이라고 막연히 추정해 둔다.

이 목간에 여러 문법 형태가 많이 기록되었기 때문에 국어학의 관점에서 이 목간은 매우 중요하다.

주격조사의 표기에 '亦'이 사용된 것으로는 이 목간이 最古의 예가 된다. 기존의 자료에서 '亦'이 주격조사의 용법으로 사용된 것은 '成造爲內臥乎亦 在之'(慈寂碑陰, 941년)의 '亦'이 시기적으로 가장 이른데, 이 목간의 '亦'이 더 이른 것 같다. 특히 이 慈寂禪師碑陰의 용례가 '~亦 # 在~'의 통사구조 즉 현대어의 '~이 # 있~'의 구조인데, 이 목간의 구조도 이와 같고 그 용례가 둘이나 된다.

'-中'이 처격조사인지 아닌지가 논란의 대상이지만, 이 목간에서는 '-中'이 처격조사(협의로는 여격조사) '*-긔'에 해당하는 것이 분명하다. '心阿'의 '阿'도 처격조사 '良[아]'에 대응하는 처격조사이다(金永旭 2012). '-者'가 주제 보조사로 사용된 것도 분명하다. '众者'와 '是二人者'의 '者'는 후대의 '-은/는'에 대응한다.

존재동사 '在'가 이 목간에 두 번 나온다. 1면 1행의 마지막에 온 '在?'는 어말어미가 통합되지 않았지만 어간 '在[겨]-'에 동명사어미 '*-ㄴ'이 통합된 것으로 보아 '*견'으로 읽는 것이 좋을 것이다. 2면 2행의 '在如'는 '*겨다'로 읽을 수 있다. 이곳의 '-如'는 단락 종결사 '*-다'로 사용되었고, 그 용례가 戊戌塢作碑(578년)에서 시작하여 11세기 전반기까지 이어진다.

'是二人者'의 '是'는 후대의 지시대명사 '이'에 해당한다. 반면에 '歲■是?亦'은 '나이 옳음이(맞음이)'에 대응하므로, 이곳의 '是'는 후대의 계사 '-이-'에 해당한다. '是'가 지시대명사 '*이'도 표기하고 계사 '*-이-'도 표기했으므로, 문법적 기능에 관계없이 '是'로써 음가 '*이'를 표기했다고 할 수 있다.

6. 詩歌

이 章에서는 본격적으로 논의된 바 없는 두 점의 新羅木簡을 판독하고 해독하는 데에 일차적인 목표를 둔다. 해독의 결과, 이들이 新羅의 詩歌를 기록한 것임이 드러난다. 하나는 不完全 漢詩이고 다른 하나는 신라의 鄕歌이다.

목간은 물건 확인의 기능을 가지는 것과 문서 기록의 기능을 가지는 것으로 대별된다. 전자를 흔히 꼬리표 목간이라 하는데, 일본에서는 이를 다시 荷札 목간과 附札 목간으로 나눈다. 하찰 목간은 물건의 발송자가 누구인지, 어떤 물건을 보내는지 등을 작성한 목간이다. 반면에 부찰 목간은 물건의 소유자가 내용물이 무엇인지를 기억하기 위해 작성한다. 이와는 달리, 文書 목간은 행정 과정에서 수반되는 각종 公的 사항을 기록한 목간이다. 행정 및 관리 행위와 관련되는 내용이 기록된다는 점에서 문서 목간은 꼬리표 목간과 내용에서 크게 차이가 난다. 꼬리표 목간도 아니고 문서 목간도 아닌 것은 흔히 其他 목간으로 분류한다.

기타 목간에는 學習 목간, 習書 목간, 詩歌 목간 등이 포함된다. 이른바 『論語』 목간은 학습 목간의 대표적인 예인데, 한·중·일 동양 삼국에서 두루 발굴된 바 있다. 습서 목간도 마찬가지이다. 한국의 詩歌 목간에 대한 관심은 金永旭(2003)에서 비롯된다. 金永旭(2003)은 부여 능산리사지 11호 목간을 宿世歌 목간이라 지칭하고, 여기에 百濟의 詩歌가 기록되어 있음을 처음으로 논의했다. 그리하여 기타 목간의 일종으로서 詩歌 목간을 따로 설정할 수 있음을 보여 주었다. 일본의 시가 목간으로는 1997년에 시가라키노미야(紫香樂宮) 遺跡에서 출토되어 사카에하라 도와오(榮原永遠男) 교수가 2008년에 해독한 萬葉歌 목간에 주목할 필요가 있다. 榮原永遠男(2011)은 시가 목간의 규격과 형태 등을 재구하면서 시가 목간의 설정을 제창하였다.[1] 이 두 사례는 한·일 양국의 언론에 대서특필되었을 만큼, 발견 그 자체만으로도 의미가 큰 것이었다.

우리는 시가를 상식적인 수준에서 정의한다. 첫째, 시가는 인간의 정서를 표현한 것이어야 한다. 이에 따르면 꼬리표 목간이나 문서 목간은 시가 목간에서 당연히 제외된다. 둘째, 시가는 韻文의 형식을 갖추어야 한다. 운문은 일정한 리듬이나 운율을 갖춘 문장을 가리키는데, 이 운율에는 押韻法, 音數律, 音步律 등이 포함된다. 이에 따르면 시가 목간은 인간의 정서를 운율 형식에 맞추어 표현한 목간이라고 정의할 수 있다.

新羅 詩歌가 기록된 목간은 경주 월지 20호 목간과 국립경주박물관의 신축 미술관 터 1호 목간이다.[2] 이들은 실용적 목적으로 제작된 목간이 아니다. 꼬리표 목간이나 문서 목간 등의 실용 목간은 그 형태만으로도 목간 제작의 목적이 드러난다. 나무를 뾰족하게 깎아 물건에 찔러 넣거나, 나무의 목 부근에 V자 모양의 홈을 파서 그곳에 끈을 묶을 수 있게 가공한 것은 대개 꼬리표 목간이다. 나무에 구멍을 뚫어 가공한 것은 編綴하기 위한 것이므로, 구멍이 있는 목간은 대개 문서 목간이다.[3] 그런데 우리가 논의할 목간에는 이러한 가공 흔적이 전혀 보이지 않는다. 이것만으로도 이들이 실용 목간이 아님을 금방 알 수 있다. 실용 목간이 아니라면 기타 목간의 일종일 수밖에 없다.

---

1 榮原永遠男(2011)에서는 출토된 萬葉歌 목간을 모두 논의 대상으로 삼았는데, 萬葉歌가 기록된 목간은 총 17점에 이른다.

2 國立昌原文化財硏究所(2004)의 번호로는 각각 206호 목간과 279호 목간이다. 2012년 2월 13일에, 국립경주박물관(당시 관장 이영훈)의 협조로 이 목간의 실물을 직접 조사할 수 있었다. 이를 밝혀 깊이 감사드린다.

3 기밀을 요하는 封緘 목간에서도 구멍을 이용할 때가 있다.

1. 경주 月池 20호 목간, 憂辱歌

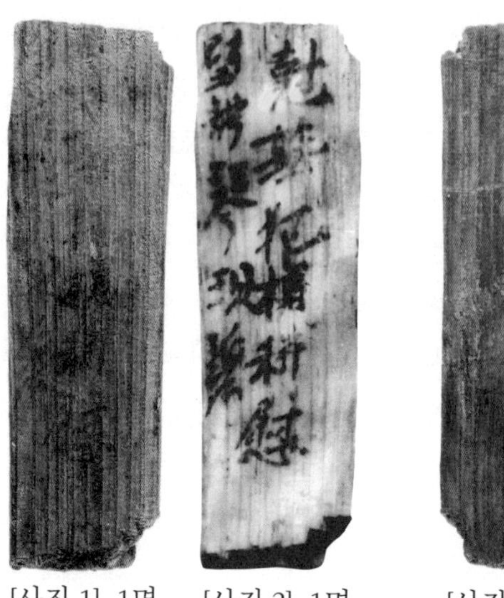

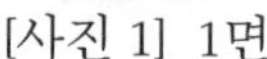
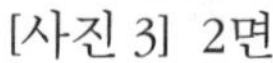

[사진 1] 1면　[사진 2] 1면　[사진 3] 2면　[사진 4] 2면

慶州 月池 20호 목간은 1975년에 출토되었으므로 발굴된 지가 벌써 40년이 넘었다. 그런데도 이 목간에 대해 언급한 것은 李基東(1979: 10)가 "宮廷宴會 때 宮廷人의 懷抱를 적은 듯한 것"이라고 추정한 것밖에 없다. 목간 연구자의 대부분이 역사학자·고고학자인데다 역사와 관련된 한자나 단어가 기록되지 않았기 때문에, 이 목간은 자연히 소외될 수밖에 없었다.

1.1. 목간의 판독

이 목간의 형태를 먼저 살펴보기로 한다. 크기(法量)가 14.5×4.2×1.0cm이므로 이 목간은 兩面 목간에 속하고, 상단과 하단이 온전하므로 完形 목간이다. 또한 재활용 흔적도 보이지 않으므로 原形 목간에 속한다. 경주 月池에서는 '天寶十一載'(752년)와 '寶應四秊'(765년)의 절대연도가 기록된 목간이 출토된 바 있으므로 이 목간의 제작 시기는 8세기 3/4분기로 추정된다(李基東 1979).

양면 목간이므로 어느 쪽이 1면이고 어느 쪽이 2면인지 표리를 가릴 필요가 있다. 목간의 형태만을 기준으로 한다면 이것을 가리기가 쉽지 않다. [사진 1～2]에서는 상단부가 온전하지만 [사진 3～4]에서는 상단부의 가운데 중간 부분이 일부 파손되었다. [사진 1]과 [사진 3]의 컬러 사진 하단부를 잘 살펴보면 목간 제작 당시부터 흠이 간 곳은 색깔이 검다. 이에 반하여 상단부의 가운데 부분은 최근에 쇠꼬챙이로 긁어낸 것처럼 상처가 났고 색깔이 밝은 살색이다. 이처럼 색깔이 밝은 것은 이 부분이 목간을 발굴할 때에 파손되었음을 의미한다. 다행히도 글자가 크게 손상되지는 않았다.

기존의 판독에서는 상단부가 온전한 쪽을 1면으로 삼고, 일부 파손된 쪽을 2면으로 삼은 듯하다. 목간의 내용을 파악하지 못한 상태에서는 이처럼 목간의 형태를 가지고 표리를 결정하는 수밖에 없다. 우연의 일치이긴 하지만 우리의 해독에 따르면 이 표리 결정은 올바른 것이었다.

꼬리표 목간에서는 한 면에 한 줄을 기입한 것이 많은데, 이 목간에서는 한 면에 두 줄을 기입했다. 나무의 폭이 4.2cm이므로 여타의 목간에 비해 넓은 편인데, 이것이 1면 2행 기입의 원인이었을 것이다. 각면의 첫째 줄에는 6자를 쓰고, 둘째 줄에는 5자를 썼다. 손환일(2011)은 2면 1행에 7자가 기입된 것으로 보았는데, 착오가 아닌가 한다. '壬'의 아래에 온 것은 묵흔이 아니라 나무에 흠이 간 것이다. 컬러 [사진 3]에서 이 흠집이 확인된다.

논의의 편의상, 이 목간에 대한 기존의 판독을 아래의 (1)에 제시했다. (1)은 國立昌原文化財硏究所(2006: 186)에 종합된 것 중에서 일부의 誤字를 바로잡고 우리의 판독을 덧붙인 것이다. 위의 여러 판독에서 볼 수 있듯이 몇 글자를 제외하고는 판독이 서로 일치하지 않는다. 이 목간의 글씨는 다른 목간에 비하여 그래도 선명한 편이므로, 이 불일치는 판독 미숙에 그 원인이 있다.

1면 1행의 첫째 글자부터 판독해 보자. 이 글자는 孫煥一(2006)이 처음으로 '剋'이라고 판독했다. 고대에는 '兄'을 쓸 때에 '口'의 아래에 '儿' 대신에 '兀' 비슷하게 쓸 때가 많은데, 아래의 [사진 5]에서도 '克'의 '儿'을 쓸 때에 이런 방법으로 썼다. '剋'의 '刂'는 [사진 5]에서처럼 '寸'으로 쓸 때가 있다. 魏의 鍾繇薦季直表와

北魏의 丘哲墓誌를 그 예로 들 수 있다(編輯部 2007: 319). 따라서 [사진 5]를 '剋'으로 판독한 것은 정확하다.

(1) 경주 월지 20호 목간의 판독

	發掘 報告書	慶州 博物館	高敬姬	李基東	李鎔賢	孫煥一	손환일 (2011)	필자
1면	壁 □ (?) 華? 琴 抱 現 相 榮? 耕? 慰	壁 □ 襂? 華? 琴 抱 現 相 榮? 耕? 慰	壁 □ (?) 榮? 琴 抱 現 相 榮? 耕? 慰	壁 □ 襂? 華? 琴 抱 現 相 榮? 耕? 慰	□ □ □ 琴 抱 現 相 □ 翢 慰	壁 剋 □ 藝 琴 犯 現 碧 栟 慰	壁 剋 □ 熟 琴 犯 現 構 碧 稱 慰	壁 剋 □ 熟 琴 犯 現 指 碧 栟 慰
2면						□ 憂 □ 石 是 五 法 □ □ □ 宿 □ 壬	是 憂 法 □ 念 □ □ 送 宿 □ □ □	是 憂 法 辱 念 □ □ 送 宿 日 壬

아래의 [사진 6]에 제시한 둘째 글자를 '華?'나 '榮?'으로 추정해 왔으나, 마치 '華'의 마지막 수직 획인 것처럼 보이는 것은 필획이 아니라 수직 방향으로 길게 이어진 나무의 나이테이다. 이 나이테를 제외하고 판독하면 마지막 획이 '一' 비슷해진다. 이 '一'이 '灬'를 草書로 쓴 것이라고 하면, [사진 6]은 손환일(2011)이 제안한 '熟'일 가능성이 크다.

1면 1행의 셋째 글자 즉 [사진 7]은 의심의 여지가 없는 '犯'이다. 이것을 '抱'로 읽은 것은 '扌'변과 '犭'변을 구별하지 못한 데에 원인이 있다. 넷째 글자 즉 [사진 8]에 나오는 글자의 '扌'변과 비교해 보면 그 차이가 드러난다.

[사진 8]의 좌변을 '木'변으로 보아 [사진 8]을 '相'으로 읽기도 했으나 이것은 잘못이다. [사진 8]에서 '木'의 넷째 획처럼 보이는 것은 필획이 아니라 나무의 흠집

에서 비롯된 것이다. 이것은 컬러 사진에서도 확인할 수 있다. [사진 8]의 우변을 '目'으로 본 것도 잘못이다. 이것은 '旨'의 古字일 가능성이 크다. 고대에는 '旨'의 '匕'를 '二, 느, 上' 등으로 쓸 때가 많은데, [사진 8]에서는 '느'에 가깝게 썼다. 이에 따라 [사진 8]을 '指'로 판독한다.

1행의 다섯째 글자인 [사진 9]의 좌변은 '禾'가 분명하고, 우변은 孫煥一(2006)이 제안한 것처럼 '幷'일 가능성이 크다. 좌변과 우변을 합치면 '秲'이 되는데, 이 글자의 발음은 何戈切이고 뜻은 棺頭이다(諸橋轍次 1984: 8734). 이 글자는 僻字이므로 선뜻 수용하기가 어렵다. 그런데 北魏에서는 이 글자가 '耕'의 異體字였다. 鄭道昭鄭羲下碑, 張猛龍碑, 劉根等造像記 등의 자료에 '秲'이 나온다(編輯部 2007: 2163). 이것을 중시하여 '秲'으로 판독하고 '耕'과 같은 글자로 해독한다. '耕'에는 '논밭을 갈다'의 의미와 더불어 '평평하게 하다'의 의미가 있는데, 여기에서는 후자의 의미를 취한다. 1면 1행의 마지막에 온 글자 즉 [사진 10]은 '慰'임이 분명하다.

지금까지 논의된 바를 정리하면 다음과 같다.

(2) 1면 1행의 판독

월지 20-1-1: [剋熟犯指耕慰]

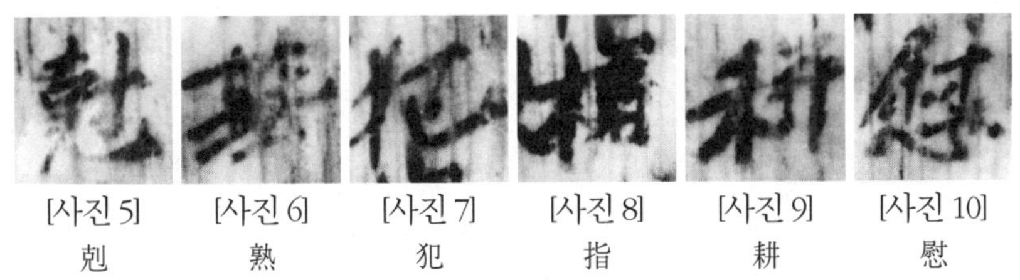

[사진 5] 剋　[사진 6] 熟　[사진 7] 犯　[사진 8] 指　[사진 9] 耕　[사진 10] 慰

이제, 1면 2행의 판독으로 넘어간다. 2행의 첫째 글자는 다들 '璧'으로 읽고 있다. 셋째 글자를 '琴'으로, 넷째 글자를 '現'으로 읽는 데에도 논란의 여지가 없다. 다섯째 글자를 '禁?'으로 판독하기도 했으나 이것은 '碧'임이 분명하다(손환일 2011).

문제는 두 번째에 온 [사진 12]의 글자이다. 이 글자의 판독으로 '襂?'을 제안하기도 했으나, [사진 12]의 좌변이 '音'의 초서에 가깝고 우변이 '甹'의 초서에 가깝다는[4] 점에서 이를 수용하지 않는다. 그런데 '[音+甹]'이라는 한자는 찾을 수 없다. 좌변에 '音'이 온 한자 중에서 [사진 12]와 근사한 것으로 '韶'의 草書를 고려할 수 있으나 우변의 '召'가 맞지 않는다. [사진 12]의 우변이 '甹'일 가능성이 높다는 점에서 '聘'으로 읽는 방안을 제안할 수 있으나 이때에는 거꾸로 좌변이 '耳'의 초서가 아니라는 점이 문제가 된다. '聘'의 이체자인 '[身+甹]'도 좌변이 맞지 않는다. 따라서 이 글자는 미상 즉 □로 남겨 둔다.

(3) 1면 2행의 판독

월지 20-1-2: [甓□琴現碧]

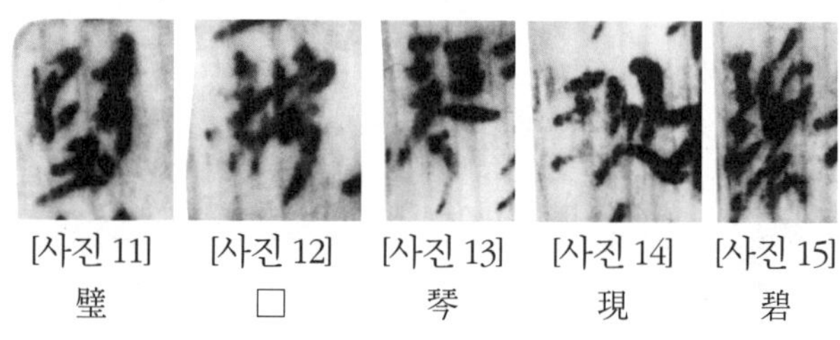

[사진 11]	[사진 12]	[사진 13]	[사진 14]	[사진 15]
甓	□	琴	現	碧

2면 1행의 첫째 글자는 [사진 16]의 '憂'이다. '憂'의 중간에 온 '心'을 한 획 '乛'으로 처리한 것만 이해하면 '憂'로 읽을 수 있다. 둘째 글자는 [사진 17]의 '辱'이다. 묵흔이 흐릿하여 이 글자를 아무도 판독하지 못했으나, '辰'의 밑에 '寸'이 온 것으로 이해하면 '辱'이 그려진다. 2면 1행의 첫째 글자 '憂'는 인간의 심리 상태를 나타내는 한자인데, 둘째 글자 '辱'도 이에 속한다.

셋째 글자는 [사진 18]에서 볼 수 있듯이 읽어낼 수 없을 정도로 흐릿하다. 이 글자는 상하 공간이 아주 좁은 글자라는 점에 유의할 필요가 있다. 여타 사진과 비교하여 말하면, [사진 18]을 1/4 정도로 축소한 크기라고 보면 된다. 이처럼 좁

4 사석에서 이것을 깨우쳐 주신 權仁瀚 교수께 감사드린다.

은 공간에 써 넣을 수 있는 글자로는 '一, 亦, 以' 등이 있지만 여기에서는 미상의 □로 남겨 둔다.

넷째 글자인 [사진 19]는 손환일(2011)이 판독한 것처럼 '送'이다. '送'의 '辶'을 草書로 써서 마치 '一'이나 '乚'인 것처럼 보인다. 다섯째 글자인 [사진 20]은 아무도 판독하지 못했으나 '日'일 가능성이 크다. '送' 다음에 '日'이 온 '送日'은 자연스러운 한자 결합이다. '送日'은 '(서쪽으로) 지는 해'의 의미를 가진다.[5]

(4) 2면 1행의 판독

월지 20-2-1: [憂辱□送日壬]

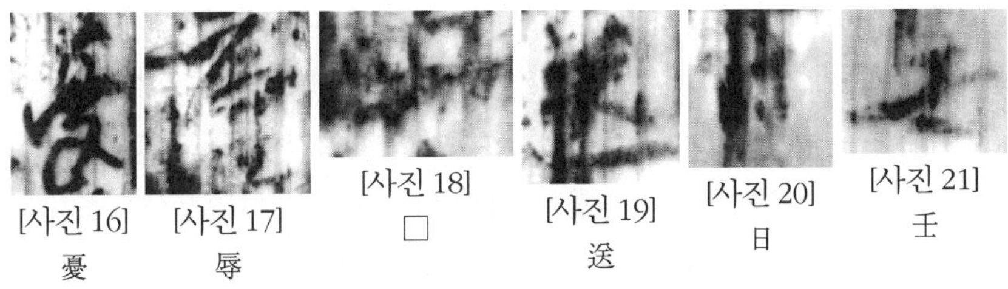

[사진 16] 憂 [사진 17] 辱 [사진 18] □ [사진 19] 送 [사진 20] 日 [사진 21] 壬

마지막 글자 즉 [사진 21]은 일견하여 '乇'에 가까운 글자이지만, 孫煥一(2006)을 좇아 '壬'으로 판독한다. '乇'이라면 마지막 획의 끝 부분에 龍尾法이 나옴직한데 이것이 보이지 않는다. 또한 셋째 획과 넷째 획이 마치 연결된 것처럼 보이는 것은 '壬'을 行書의 筆意로 쓰다가 그리된 것으로 보인다. 따라서 이 글자를 '壬'으로 판독한다. '壬'에는 '짊어지다'의 뜻이 있으므로, 2면 1행의 '憂辱□送日壬'을 '시름과 수치 [ ] 지는 해를 짊어지고' 정도로 해석한다. 만약 [사진 21]을 '乇'으로 판독하면, 이 행이 '시름과 수치 [ ] 지는 해를 부탁하고'로 해

5 이 글을 모 학술지에 투고했을 때에 익명의 심사자가 '送日'의 뜻이 '지는 해'가 아니라고 지적한 바 있다. 그러나 이것은 사실이 아니다. '送日'의 뜻으로 『漢語大詞典』은 '送太陽西下'와 '猶度日'의 두 가지를 들었고, '送太陽西下'의 의미는 특히 古代에 주로 사용되었다.

석되는데, 이것은 혼자서 고뇌하는 詩想과 어긋난다. 이 문학적 판단에 따르더라도 [사진 21]을 '壬'으로 판독하는 것이 좋다. 지금까지 논의된 바를 정리하면 위의 (4)와 같다.

이제 2면의 2행만 남았다. [사진 22～26]에서 볼 수 있듯이, 2면 2행의 첫째 글자는 '是'이고, 둘째 글자는 '法'이며, 셋째 글자는 '念'이요, 다섯째 글자는 '宿'이다(손환일 2011). [사진 23]에서는 '法'의 '氵'변을 초서로 처리했고, [사진 24]의 하변에 온 글자는 흐릿하지만, '今'의 밑에 '心'이 온 것으로 읽을 수 있다. [사진 26]에서는 '宿'의 첫 획이 잘 보이지 않지만, 고대에는 '宀'의 첫 획이 없는 '冖'가 오히려 일반적이라는 점을 지적해 둔다. '冖'의 아래에 온 것은 '佰'임이 분명하다.

문제는 [사진 25]이다. 이것을 어떻게 읽어야 할지 전혀 가늠할 수가 없다. 먹이 까맣게 번져 있을 뿐만 아니라 필획이 흐릿하여 읽어낼 수가 없다. 그렇다고 하여 이 자리에 글자가 없었다고 단정할 수도 없다. 위에 온 '念'과 아래에 온 '宿' 사이에는 한 글자를 기입할 공간이 있기 때문이다. 따라서 이 글자를 未詳 즉 □로 처리하되, '나 홀로, 외로이, 쓸쓸히, 뒤척이며' 등에 해당하는 부사가 올 자리로 추정해 둔다. 2면의 2행을 모두 정리하면 다음과 같다.

(5) 2면 2행의 판독

월지 20-2-2: [是法念□宿]

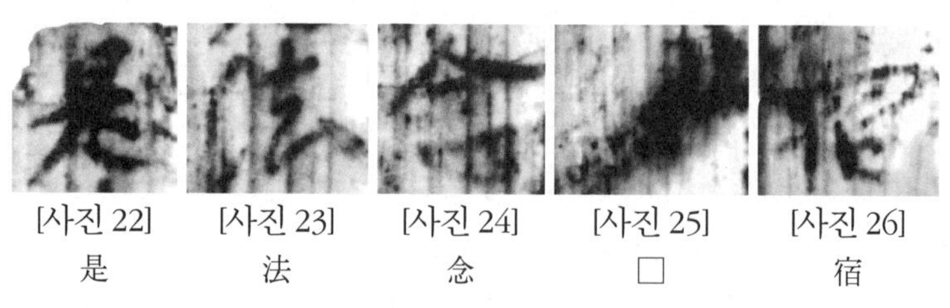

[사진 22] 是 | [사진 23] 法 | [사진 24] 念 | [사진 25] □ | [사진 26] 宿

지금까지 판독한 것을 한군데로 모아 보면 아래와 같다. 윗줄에는 판독을, 그 아랫줄에는 해독을 제시한다.

(6) 경주 월지 20호 목간의 판독과 해독

1면 1행: [剋熟犯指耕慰　]

熟犯을 이겼다고 밭 간 것을[6] 가리켜 위로하며

1면 2행: [璧□琴現碧　　]

둥근 玉 [　　] 거문고 소리 푸르게 울린다.

2면 1행: [憂辱□送日壬　]

시름과 수치 [　　] 지는 해를 짊어지고

2면 2행: [是法念□宿　　]

이 법을 염송하며 [　　] 잠든다.

1.2. 해독과 문학사적 의의

이처럼 종합한 결과, 이 목간에 四行詩가 기록되었다는 느낌을 강하게 받는다. 그 논거로는 목간의 하단부에 문자를 기록할 수 있는 공간이 남아 있는 데에도 모두 別行(改行)했다는 점을 들 수 있다. 한자문화권에서는 散文의 경우에 공백을 두지 않고 채워서 쓰는 것이 원칙이지만 韻文의 경우에는 이와 다르다. 예컨대 五言絶句의 一句(起句)를 쓴 다음에 아래쪽에 공백이 많이 남더라도 줄을 바꿔서 다음 행에 二句(承句)를 쓴다. 이 韻文 別行(改行)의 원칙은 동양 삼국에 두루 적용된다. 그런데 이 목간에서도 하나의 句가 끝나면 아래쪽에 공간이 남아 있더라도 줄을 바꿔 썼다. 이것은 이 목간에 기록된 4행이 운문의 일종임을 말해 준다.

이 목간에 기록된 운문은 기존의 형식과 다르다. 중국의 古體詩는 四言으로, 絶句는 五言이나 七言으로, 騈儷體는 四言과 六言을 번갈아 가면서 짓게 된다. 그런데 이 목간에서는 六言과 五言이 교차되고 있다. 이 형식은 기존의 운문 형식에서는 찾을 수 없다. 또한 각 행의 끝에 온 글자끼리 押韻도 맞지 않는다. 따

6 '밭 간 것을'을 직역하면 '뒤친(飜) 것을, 뒤엎은 것을' 정도의 의미가 되고 의역하면 '평정한 것을'이 될 것이다.

라서 이 목간에 시가가 기록되었다고 할 수 있을지 의문이다. 그러나 이 의문은 중국의 漢詩 형식을 기준으로 삼았을 때에만 성립한다. 한시 형식과는 다른 운율 형식이 신라에 존재했을지도 모른다. 신라 鄕歌의 三句六名이나 日本 俳句의 音數律 5·7·5처럼 한시의 형식과 전혀 관계가 없는 운율 형식이 있을 수 있다. 이 가능성을 인정하여 이 목간에 시가가 기록되었다고 판단한다.

시가 목간으로 분류하려면 기록 내용에 인간의 정서가 담겨 있어야 한다. (6)의 해독에서 살필 수 있듯이 고뇌하는 인간의 심리 상태가 이 목간에 묘사되어 있다. 이것을 확인하기 위해 이 목간의 내용을 분석해 보기로 한다.

이 시가의 1행에 나오는 詩語 '熟犯'은 아마도 '익숙한 범죄'를 뜻할 것이다. 작게는 사소한 범죄일 수도 있으나 크게는 반역 범죄일 수도 있다. 범죄가 잦다 보니[7] 익숙한 범죄 즉 '熟犯'이 되었을지도 모른다. 반역이나 모반이라는 표현을 피하여 의도적으로 '熟犯'이라는 시어를 택했을지도 모른다. 모반이 있었음을 암시하는 시어로 '𦓤'이 있다. 이것은 '耕'의 이체자로서 '논밭을 갈다, 평평하게 하다'의 의미를 갖는다. 혹시 모반을 평정하거나 진압한 것을 '耕' 즉 '𦓤'으로 표현한 것은 아닐까?

사소한 범죄든 모반이든, 그 평정의 임무를 맡았으므로 이 시가의 作者는 將軍일 것이다. 이 장군을 위로하고(慰) 칭송하는 연회가 月池에서 열렸다. 이 목간이 경주 월지에서 발굴되었다는 점에서 이렇게 말할 수 있다. 월지는 東宮의 안에 설치된 연못으로서 여기에서 연회가 자주 열렸다.[8] 이 연회에는 2행에서 볼 수 있듯이 거문고(琴) 연주가 곁들여진다. 평정의 공을 세운 장군을 위로하는(慰) 연회가 1·2행에 묘사되었다고 본다.

---

7 신라에서는 8세기 후반의 惠恭王 때에 반역 사건이 아주 많았다. 『삼국사기』 신라본기에 따르면 惠恭王 4년(768년)에 한 번, 6년(770년)에 한 번, 11년(775년)에 두 번, 16년(780년)에 두 번의 반란이 있었고, 16년의 두 번째 반란으로 혜공왕이 죽었다.

8 월지 출토 목간 중에는 연회에 소요되는 각종 음식물과 그 수량을 기록한 것이 유난히 많다. 이것은 월지가 연회 장소였음을 증명해 준다. 景德王 때에는 특히 연회가 많았다. 『삼국사기』 신라본기 경덕왕 22년(763년) 기사에는 淫樂을 즐기는 왕에게 大奈麻였던 李純이 경계하여 諫奏하는 내용이 나온다.

이 고급 연회에 참석하기는 했지만 이 시가의 작자는 마음이 즐겁지 않다. 이것은 3행과 4행에 잘 드러나 있다. 지난날을 회고해 보면 시름(憂)으로 지샌 날과 수치(辱)로 얼룩진 날이 많았다. 임무를 수행했지만 지는 해를(送日) 짊어진(壬) 듯한 느낌이 엄습한다. 이에 法을 염송하면서(念) 잠을(宿) 청한다. 고뇌가 깊다는 점에서 1행의 '熟犯'은 사소한 범죄가 아니라 반역 등의 중차대한 범죄였을 것이다. 공적으로는 칭송의 대상이 되었지만 개인적으로는 심리적 동요를 느끼고 있는 장군의 고뇌가 담겨 있기 때문이다. 1·2행이 시간적·공간적 배경을 이룬다면, 3·4행은 작자의 심리 상태를 드러내는 역할을 한다. 이것은 시가에서 흔히 볼 수 있는 대칭적 이미지 구조이다.

전체 구조나 이미지의 흐름을 이와 같이 분석하게 되면, 인간의 정서가 이 목간에 기록되어 있음을 확신하게 된다. 이에 따라 이 목간을 시가 목간으로 분류하고, 이 시가를 '憂辱歌'라고 지칭하기로 한다. '憂辱'은 첫 행이 아니라 3행에 나오지만 작자의 심리 상태를 드러내는 핵심어이므로 詩題로 삼을 만하다.

이 목간을 시가 목간으로 분류하면서도 여전히 마음에 걸리는 것이 있다. 시가 형식에 六言과 五言이 교차하는 형식이 없다는 점과 平仄이나 押韻이 적용되지 않았다는 점이다. 내용이나 정서로 보면 시가임이 분명하지만, 시가의 형식 요건을 살피면 과연 시가인지 의심하게 된다. 이 의문을 어떻게 해소할 것인가? 漢詩의 作詩法을 염두에 두는 한, 이 의문은 풀리지 않는다. 한시의 작시법에서 벗어나서 신라에서만 통용되는 작시법을 가정할 수도 있고, 표기는 운문 형식을 취하되 읽을 때에는 신라어로 풀어 읽었다는 가설을 세울 수도 있다. 신라 고유의 작시법인 三句六名이 적용되고, 표기된 한자를 신라어로 釋讀하는 것으로는 鄕歌가 있다.

그렇다면 이 목간에 혹시 鄕歌가 기록된 것은 아닐까? 우문우답이지만, 이 목간에 기록된 것은 향가가 아니다. 향가는 대중성을 가지고 있는 노래인 데에 비하여, 이 목간의 내용은 대중성이 없다. 거꾸로, 귀족적 개인적 취향이다. 고위 관리나 장군이 어떤 연회에서 떠올린 즉흥시라고 답하는 것이 오히려 자연스럽다.

표기법의 관점에서도 이것은 향가가 아니다. 향가 표기라면 訓主音從을 중심으로 하면서(金完鎭 1980) 각종의 조사나 어미가 표기에 드러나야 한다. 音從 표기 즉 末音添記가 전혀 보이지 않을 뿐만 아니라 문법 형태도 표기되지 않았다. 따라서 이것은 향가가 아니다.

표기법의 관점에서 흥미로운 것은 語順이다. 1·2행에서는 '剋熟犯(熟犯을 이기다)'와 '指耕(耕을 가리키다)'의 예에서 볼 수 있듯이 漢文의 어순을 따른다. 이에 반하여 3·4행에서는 한국어의 어순을 따르고 있다. 3행 '憂辱□送日壬'은 '시름과 수치 [ ] 지는 해를 짊어지고'로 해석되고, 4행 '是法念□宿'는 '이 법을 염송하며 [ ] 잠든다'로 해석된다. 완전한 한국어 어순이다. 起承句는 한문어순을 따르되 轉結句는 한국어 어순을 따르는 방식이다. 이처럼 起承句의 한문어순과 轉結句의 한국어 어순이 복합되어 있는 어순을 混成語順이라 부르기로 하자.

그런데 이 혼성어순이 부여 능산리사지에서 출토된 宿世歌 목간에서 이미 확인된 바 있다. 起承의 '宿世結業 同生一處'는 한문어순이지만, 轉結의 '是非相問 上拜白來'는 한국어 어순이다(金永旭 2003, 李丞宰 2008나). 이처럼 혼성어순은 新羅의 운문에서뿐만 아니라 百濟의 운문에서도 확인된다. 이것은 범상한 일이 아니다. 혼성어순이 백제와 신라에 공통되었고, 최소 200년 동안 이러한 작시법이 적용되었음이 새로 드러났기 때문이다.

(7) 부여 능산리사지 11호 목간(宿世歌 목간)의 판독과 해독

	판독	해독
起:	宿世結業	전생에 맺은 인연으로
承:	同生一處	한 곳에 같이 났으니
轉:	是非相問	시비를 서로 묻되
結:	上拜白來	위로 절하고 사뢰러 오라[9]

능산리사지 11호 목간의 편년은 6세기 3/4분기로, 월지 목간은 8세기 3/4분기

9 金完鎭(2005)는 '白來'를 '숣보라'(사뢰라)로 읽어 '來'가 본동사가 아닌 것으로 보았다.

로 추정된다.[10] 적어도 200년 동안 혼성어순이 사용되었다는 것은 한시 수용 및 정착 과정이 꽤나 길었다는 것을 의미한다. 한자·한문에 익숙해졌다 하더라도 자신의 정서를 바로 한시 형식에 맞춰 정확하게 표현한다는 것은 쉽지 않은 일이다. 宿世歌처럼 평측이나 압운이 맞지 않은 시 형식이 출현하기도 하고, 憂辱歌처럼 六言과 五言이 교차하는 등 음수율이 맞지 않은 시 형식이 나타나기도 하며, 한문어순과 한국어 어순이 결합된 혼성어순으로 한시를 짓기도 한다. 이러한 범주에 속하는 한시를 不完全 漢詩라고 부른다면, 이 범주의 한시를 새로 설정할 필요가 있다. 正格 漢詩가 출현하기까지, 200년 이상의 오랜 기간이 소요되었기 때문이다.

(8) 시가 형식의 발전 과정

	한자·한문 수용	어순의 특징	시가 형식(시기)	실례
1	무문자 시대	漢譯詩로 기록	口傳民謠 (BCE 1세기~)	黃鳥歌 龜旨歌
2	한자 습득	한국어 어순	鄕歌 (7~10세기)	安民歌 제망매가
3	한자·한문 습득	혼성어순	不完全 漢詩 (6~8세기)	宿世歌 憂辱歌
4	한자·한문 완성	한문어순	正格 漢詩 (9세기 이후)	崔致遠의 漢詩

지금까지의 한국 문학사에서는 이 표의 셋째 단계를 설정하지 않았다. 이 단계를 불완전 한시 단계라 부를 수도 있고 초창기 한시 단계라고 불러도 좋다. 이 단계를 거치지 않고 바로 넷째 단계 즉 정격 한시의 단계에 들어선다는 것은 상상하기가 어렵다. 셋째 단계의 독자성을 시사한다는 점에서 宿世歌과 憂辱歌는 문학사적 가치가 대단히 크다.

10 이 추정은 정확하다. 고고학·역사학·서예학 등의 분야에서 여러 증거가 제시된 바 있다.

(9) 불완전 한시의 실례

我今誓願盡未來　所成經典不爛壞　假使三灾破大千　此經与空不散破
若有衆生於此經　見佛聞經敬舍利　發菩提心不退轉　修普賢因速成佛

(화엄경사경조성기, 755년)

그렇다면, (9)에 인용한 것은 불완전 한시일까 정격 한시일까? 필자는 이를 불완전 한시의 범주에 넣는다. 七言律詩의 음수율은 갖추었으나, 평측법과 압운법이 갖추어지지 않았기 때문이다. 불교의 發願詩 중에는 이처럼 불완전한 한시가 많다.[11] 그러나 9세기 중엽 이후가 되면 정격 한시가 등장한다. 대표적인 예로 崔致遠의 한시를 들 수 있다. 고려시대의 墓誌銘에 나오는 한시도 대부분 평측법과 압운법을 정확하게 지킨다(伊藤貴祥 2008).

백제는 신라에 비하여 한문의 수준이 높았다. 최근에 발굴된 미륵사지석탑의 金製舍利奉安記(639년)에서 이를 확인할 수 있다. 한시 형식도 훨씬 빨리 수용했던 것 같다. 위에 든 宿世歌를 비롯하여 砂宅智積碑(654년)에 기록된 四六騈儷體의 시가가 이를 말해 준다. 신라에서는 四六騈儷體의 시가를 찾기가 어렵고 聖德王神鐘(771년)에 이르러서야 비로소 金石文에 시가 형식이 기록되기 시작한다. 백제가 宿世歌와 사택지적비의 쌍을 가지고 있다면, 신라에서는 憂辱歌와 성덕왕신종의 쌍을 들 수 있다. 이 쌍에 따르면 백제와 신라는 한시의 수용 과정에서 120년에서 200년 정도의 차이가 난다.[12] 백제에는 고유의 시가 형식이 없었으므로 한시 수용이 빨랐다. 반면에, 신라에서는 향가 형식이 일찍부터 이미 자리 잡았기 때문에 한시 수용이 그만큼 늦어졌던 것이 아닌가 한다.

---

11 漢譯 『華嚴經』에 나오는 偈頌이나, 一然이 『삼국유사』에 수록한 偈頌 또는 讚詩도 대부분 이 부류에 든다(權仁瀚 1997나: 291). 한편, 신라의 眞德女王이 당 태종에게 지어 보냈다고 하는 五言의 漢詩가 『삼국사기』와 『삼국유사』에 전한다. 이 한시가 압운법을 정확하게 지켰다는 점에서 정격 한시로 분류할 수도 있으나, 평측법이 맞지 않는다는 점에서 불완전 한시로 분류해 둔다.

12 문자생활과 관련된 각종의 역사적 사실과 각종의 銘文 자료 출현 시기 등을 종합하여 宋基豪(2002: 57)는 신라가 백제보다 문자사용 시기가 150년가량 늦다고 하였다. 한시 창작에서도 이 정도의 시차가 있었던 듯하여 흥미롭다.

2. 국립경주박물관 미술관 터 1호 목간, 万身歌

2000년에 國立慶州博物館의 미술관 신축 부지를 발굴하는 과정에서 4점의 목간 형태가 출토되었다. 이 중에서 묵흔이 확인되는 목간은 2점이다. 지표로부터 약 7m 깊이의 우물에서 '南宮之印'銘 수키와 및 '舍'銘 토기편을 비롯하여 여러 공반 유물과 함께 출토되었다. 공반 유물 중에서 절대연도를 가지고 있는 유물은 없지만, 대부분이 통일신라 시대의 유물이라고 한다(國立慶州博物館 2002나).

국립경주박물관 미술관 터에서 출토된 1호(기존의 279호) 목간의 제작 시기를 추정할 때에는 국어학적 증거가 가장 중요하다. 이 목간에 종결어미 '哉'가 나오는데, 이 '哉'는 甘山寺阿彌陀如來造像記(720년)와[13] 華嚴經寫經造成記(755년)의 두 자료에만 사용되었다. 이를 근거로 이 목간의 제작 시기를 일단 8세기 전반기로 한정할 수 있다.

[사진 27] 1면 [사진 28] 1면 [사진 29] 2면 [사진 30] 2면

이 목간의 사진을 제시하면 [사진 27~30]과 같다. 이 목간의 크기(法量)는 24.1×1.8×0.3 cm이다. 兩面 목간이

13 이 자료가 이두 자료임은 安秉禧(1984)에서 처음으로 논의되었고, 이 자료의 '哉'가 종결어미를 표기한 것임은 南豊鉉(1991)에서 처음으로 논의되었다.

면서 상단부와 하단부가 온전한 完形 목간이다. 적외선 사진으로는 이것이 확인되지 않지만 컬러 사진을 활용하면 상단부의 위쪽에는 글씨가 없었음을 알 수 있다. 재활용 흔적도 보이지 않는다. 반면에 이 목간을 폐기할 때에 중간 부분의 측면을 고의적으로 파괴했다. 이 목간이 다섯 토막으로 분리되어 발굴되었다는 점에서도 고의적 파괴가 확인된다.

이 목간의 표리를 결정하는 것은 어렵지 않다. 양면 목간이므로 하단부에 공백이 남아 있는 쪽이 2면이 되고, 그 반대쪽이 1면이 된다. 이 목간에는 뾰족하게 하단부를 깎거나 V자 홈을 낸 흔적이 보이지 않으므로 꼬리표 목간이 아니다. 구멍을 뚫은 흔적도 없으므로 문서 목간도 아니다. 따라서 이 목간은 기타 목간에 속한다. 내용을 파악하여 기타 목간 중에서 어느 부류에 속하는지 논의하기로 한다.

2.1. 목간의 판독

이 목간은 지금까지 본격적인 연구의 대상이 된 적이 없다. 판독을 시도한 학자도 孫煥一(2006, 2011)과 이용현(2010나)를 제외하면 눈에 띄지 않는다. 이제 이 목간의 글자를 하나씩 판독하고 내용을 파악해 보기로 한다. 논의의 편의상 기존의 판독을 먼저 제시한다.

(10) 기존의 판독

1. 전면: [万本□□□□□□□□□□□□□]
   후면: [ ] (國立慶州博物館 2002나)
2. 전면: [百本隶身中有叺五月□□□□主時南從□]
   후면: [□策□□□哉] (손환일 2006)
3. 전면: [万本來身中有史□□今白龍王時爲□內]
   후면: [時策施故暘哉] (이용현 2010나)
4. 전면: [万?本來身中有口入五日□今日□壬時爲儀□□]

후면: [時策旅欲□哉□] (손환일 2011)

5. 전면: [万本來?身中有史音叱? | 今日▣三時爲從?支?]

후면: [財?叢?旀?放賜哉]

전면의 첫째 글자는 '万'이나 '百'으로 판독해 왔다. 아래의 [사진 31~32]를 보면 '万'일 가능성이 크다. 둘째 글자를 '本'으로 읽는 데에도 이의가 없다. 손환일 교수는 [사진 35~36]의 셋째 글자를 '隶' 또는 '來'로 읽을 수 있다고 했다. 여기에서는 '來'를 택하되 의문부호를 붙이기로 한다. 넷째 글자는 '身', 다섯째 글자는 '中', 여섯째 글자는 '有'가 분명하다.

[사진 43~44]의 일곱째 글자는 손환일 교수가 '叺'과 '口入'의 두 가지로 읽었다. 바로 위에 온 '有'와 바로 아래에 온 '音'의 글자 크기를 고려하면, '有'와 '音' 둘 사이의 공간은 딱 한 글자의 공간이다. 목간을 파기할 때에 이 글자의 중간 지점을 부러뜨린 결과, 원래는 하나의 글자였던 것이 마치 두 글자인 것처럼 분리되었을 뿐이다. 따라서 이용현(2010나)가 제안한 것처럼, 이 자리에 온 글자를 '史' 하나로 판독한다.

[사진 45~46]의 여덟째 글자를 손환일 교수는 '五月' 또는 '五日'로 판독했다. 그러나 이 자리에도 한 글자가 왔을 것이다. 이 목간은 하나의 글자가 차지하는 공간이 전반적으로 일정하다. 이 점을 강조하여 하나의 글자인 '音'으로 판독한다. 자획이 분명하지 않지만, 이 글자는 '音'의 행서일 가능성이 가장 크다.

Lee SeungJae(2013)에서는 [사진 47~48]의 아홉째 글자를 판독하지 못했다. 왼쪽 측면이 떨어져 나간 곳은 목간을 파기할 때에 의도적으로 파손한 곳이다. 이곳이 파손되었을 뿐만 아니라 필획이 흐릿하여 어느 글자인지 알 수가 없었다. 그리하여 여기에 온 글자를 미상 즉 □로 남겨 두었다. 그러나 목간 실물을 확인한 결과 글자의 가운데 위치에 온 '匕'가 묵흔임이 확인되었고, 그 오른쪽 어깨 부분에 온 '丨' 역시 묵흔이었다. 그렇다면 가운데에 온 글자는 '叱'로 추정할 수 있는데, 목간을 의도적으로 파괴할 때에 '叱'의 '口' 변이 없어진 것이라고 할 수 있다. 이 추정에 따라 Lee SeungJae(2013)에서 □로 남겨 두었던 것을 이제

'叱? ㅣ'로 판독하기로 한다.

지금까지 논의된 바를 요약하면 다음과 같다.

(11) 국립경주박물관 미술관 터 1호 목간의 판독 (1)

전면 상단부 9자: [万本來?身中有史音叱? ㅣ

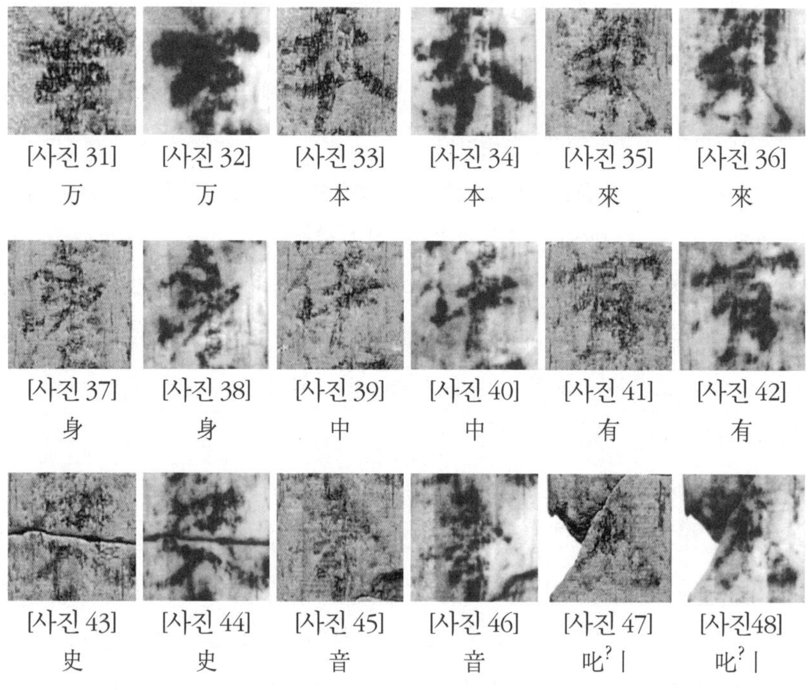

[사진 31] 万　[사진 32] 万　[사진 33] 本　[사진 34] 本　[사진 35] 來　[사진 36] 來

[사진 37] 身　[사진 38] 身　[사진 39] 中　[사진 40] 中　[사진 41] 有　[사진 42] 有

[사진 43] 史　[사진 44] 史　[사진 45] 音　[사진 46] 音　[사진 47] 叱? ㅣ　[사진48] 叱? ㅣ

이제 전면의 하단부에 온 글자를 판독하기로 하자. 묵흔이 선명하지 않지만, 아래의 [사진 49~50]은 '今'으로(이용현 2010나, 손환일 2011), [사진 51~52]는 '日'로 읽을 수 있다(손환일 2011). 이 둘이 '今日'이라는 단어가 된다는 점에서 믿을 만하다. 이용현(2010나)는 '今日'의 '日'을 '白'으로 읽었으나 '白'의 첫째 획이 보이지 않는다는 문제가 남는다.

[사진 53~54]는 나무가 평평하지 않고 손상을 입은 부분이라 읽기가 어렵다. 이용현(2010나)가 '龍'을 제안했으나, 미상의 □로 남겨 둔다. [사진 55~56]의 판

독으로 손환일 교수가 '主'와 '壬'을, 이용현(2010나)가 '王'을 제안했다. 이용현 박사는 앞의 글자를 '龍'으로 판독하고 이 글자를 '王'으로 판독하여 이 목간이 우물 속 '龍王'에게 祭儀를 올리는 목간으로 이해했다.[14] 서사 순서가 밭갈이형이 아니라는 점에서 제의 목간이 아닌 것 같고, '白'과 '龍'이 정확한 판독일지 여전히 의문이다. '今白龍王時'를 한문 구성으로 보아 '이제 용왕께 사뢴 때'로 해독하는 방안인데, 이 목간은 처음부터 끝까지 한국어 어순이라는 점에서 이 해독을 수용하지 않는다.

반면에 [사진 55~56]을 '三'으로 판독하면 '今日□三'은 '오늘 □을 삼다'라는 한국어 어순이 된다. 고려시대의 구결 자료에서 동사어간 '삼-'을 표기할 때에 韓音字 '三'을 이용한 예가 적지 않으므로 이것을 참고하여 이 글자를 '三'으로 판독한다. 그 다음 글자 즉 [사진 57~58]은 손환일(2006)과 이용현(2010나)의 판독처럼 '時'가 정확하다. [사진 59~60]은 '爲'가 분명하다(이용현 2010나, 손환일 2011).

[사진 61~62]의 판독으로 손 교수는 '従'과 '儀'를 제안했다. 그런데 이 글자의 좌변은 '氵'임이 분명하지만 우변은 불분명하다. 古代에는 '彳'도 초서체에서 '氵'으로 쓸 때가 있다는 점을 감안하여(예, 淂=得) '従?'을 택하기로 한다.[15]

전면의 마지막 글자 즉 [사진 63~64]는 좌하 방향에 있는 나무 흠집을 피해 오른쪽에 치우쳐서 작은 글씨로 기입했다. 이 글자는 이용현(2010나)가 '內'로 읽었으나, '支'일 가능성이 크다. '支'의 셋째 획이 높이 올라간 위치에서 시작되고 넷째 획 '乀'이 짧다는 점을 들어 '支'를 의심할 수 있다. 그러나 한국 고대 목간의 수많은 '支'자 중에는(문화재청·국립가야문화재연구소 2011: 107~9) 셋째 획이 높이 올라간 위치에서 시작되는 것이 많고, '乀'의 길이가 아주 짧거나 마지막 점 즉 '丶'이 없는 것도 적지 않다. 또한 이 글자를 기입할 공간의 좌하 위치에 애초부터 나무 흠집이 있었다는 점에도 유의할 필요가 있다. 이 흠집 부분을 피하여 필사하다 보니 공간이 좁아졌고 이로 말미암아 넷째 획 '乀'이 짧아지고 '丶'도 찍지

14 이것은 史學界에서 널리 통용되는 견해이다.

15 이 글자를 '従'의 초서로 판독할 때에, 좌변 '氵'의 첫 획인 것처럼 보이는 것이 사실은 우변의 첫 획이라는 점에 주의할 필요가 있다.

않은 것으로 본다. 이 논리에 따라 이 글자를 '支?'라고 추정한다.

논의된 바를 요약하면 다음과 같다.

(12) 國立慶州博物館 미술관 터 1호 목간의 판독 (2)

전면 하단부 8자: 今日▣三時爲從?支?]

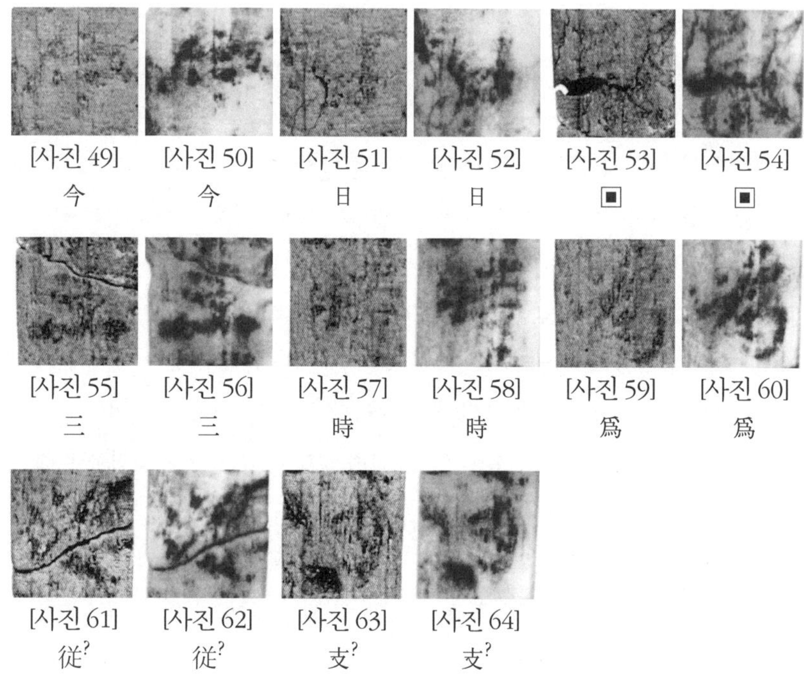

[사진 49] 今 [사진 50] 今 [사진 51] 日 [사진 52] 日 [사진 53] ▣ [사진 54] ▣

[사진 55] 三 [사진 56] 三 [사진 57] 時 [사진 58] 時 [사진 59] 爲 [사진 60] 爲

[사진 61] 從? [사진 62] 從? [사진 63] 支? [사진 64] 支?

이제 후면을 판독해 보기로 한다. 후면의 첫째 글자를 이용현(2010나)와 손환일(2011)이 '時'로 읽었으나 이것은 1면에서 보았던 '時'와는 다르다. 좌변은 후술할 '賜'의 좌변과 같이 '貝'일 가능성이 크다. '貝'변의 오른쪽에 올 것으로서 수평 획과 수직 획이 뚜렷이 교차하는 한자로는 '財'밖에 없다. 따라서 이 글자를 '財?'로 판독한다.

둘째 글자를 이용현(2010나)와 손환일(2011)이 '策'으로 읽었다. 그러나 '朿'로 파악한 하변이 '取'인 것이 분명하다. 글자의 모양으로 보면 이 '取'의 상변에 무엇인가가 온 한자임이 분명하다. '取'의 바로 위에 온 것을 따로 떼어 독자적인 글자를 설정할 수도 있다. 그리하여 이것을 '以'로 읽을 수 있지만 이 글자만 유독 글자 크기가 작아진다는 문제가 남는다. 따라서 '以' 비슷한 모양의 것과 '取'가 상하로 결합된 글자로 판독해야 하는데, 상용자 중에는 정작 이런 한자가 없다. 따라서 이 글자가 혹시 '冣(쌓을 취, 모을 취)', '叢(모일 총)' 등의 이체자가 아닐까 한다. 마침 '叢'의 이체자 중에 '取'의 위에 '林' 또는 '++'가 온 한자가 있다. 이 이체자가 기록된 것으로 추정하여 이것을 '叢?'으로 판독해 둔다.

셋째 글자를 이용현(2010나)는 '施'로 읽고 손환일(2011)은 '旅'로 읽었으나 이것은 아마도 '於?'일 것이다. 향찰·이두·구결에 익숙한 학자라면 어렵지 않게 '於?'라고 추정할 수 있다. 넷째 글자를 이용현(2010나)가 '故'로 읽고 손환일(2011)이 '欲'으로 읽었지만 이 판독을 따르지 않는다. 좌변은 '古'보다는 '方'에 가깝고 우변은 '欠'보다는 '攵'에 가까우므로, 이것을 '放'으로 판독한다.

다섯째 글자는 '賜'의 초서이다. 좌변 '貝'의 마지막 두 획을 '◡'처럼 처리한 것은 이 행의 첫째 글자 '財'에서도 확인할 수 있다.[16] 이 '賜'의 우변은 후대의 구결자 'ㅠ'와 같은 것이므로 다섯째 글자를 '賜'로 확정한다. 이 '賜'는 이 글의 실마리를 제공했던 글자이다.

여섯째 글자는 손환일(2006)과 이용현(2010나)의 '哉'가 정확하다. 손환일(2011)은 '哉'의 아래에 한 글자가 더 있는 것으로 보았는데, 컬러 사진으로 확인해 보면 이것은 나무에 생긴 흠집이다. 이 흠집 아래에는 글자가 없다.

논의된 바를 정리하면 다음과 같다.

(12) 國立慶州博物館 미술관 터 1호 목간의 판독 (3)

후면 상단부 6자: [財?叢?於?放賜哉]

16 이에 따르면 河南 二城山城 2호(기존의 119호) 목간의 [사진 77]을 '貝'로 읽을 수 있다. 인명 표기에 사용된 이 '貝'는 아직 판독된 바 없다.

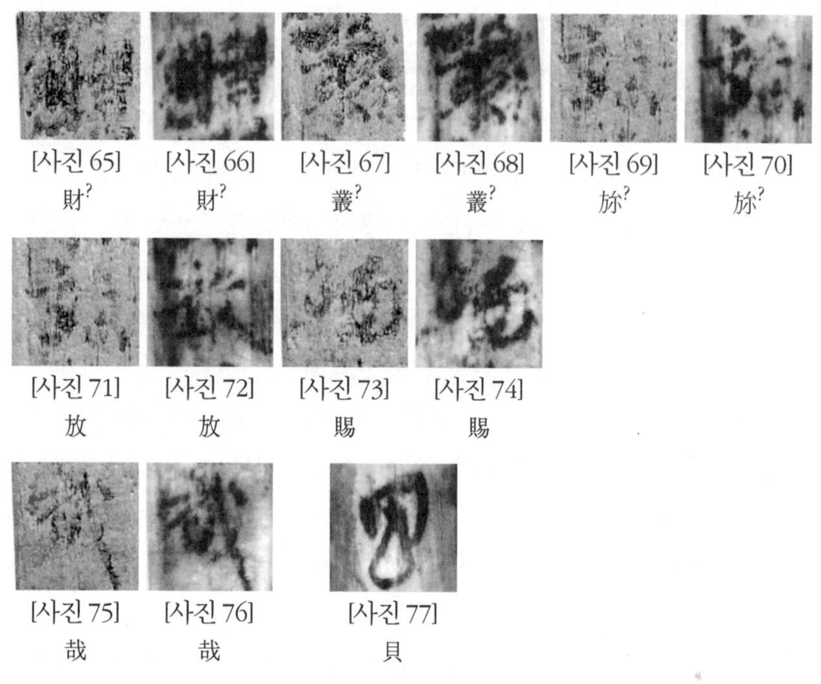

[사진 65] 財? [사진 66] 財? [사진 67] 叢? [사진 68] 叢? [사진 69] 旀? [사진 70] 旀?

[사진 71] 放 [사진 72] 放 [사진 73] 賜 [사진 74] 賜

[사진 75] 哉 [사진 76] 哉 [사진 77] 員

지금까지 이 목간을 세 부분으로 나누어 판독해 보았다. 판독 결과를 하나로 종합하면 아래와 같다.

(13) 國立慶州博物館 미술관 터 1호 목간의 전체 판독

전면: [万本來?身中有史音叱? | 今日▣三時爲從?支?]

후면: [財?叢?旀?放賜哉]

2.2. 목간의 해독

여기에 사용된 글자들을 잘 살펴보면 중요한 특징이 눈에 띈다. 향찰·이두·구결 등의 이른바 文章表記에서 흔히 사용되는 글자들이 많다는 점이다. 목간에 인명·관명·물명 등의 語彙表記가 나오는 것은 널리 알려져 있지만, 이처럼 문장

의 형식을 갖추고 각종 문법 형태가 표기된 목간은 소수에 지나지 않는다. 그렇다면 이 목간이 향찰이나 이두로 표기되었다고 가정할 수 있다. 이제 이 목간에 사용된 글자들을 이른바 향찰자·이두자·구결자 등과 대비함으로써 이 목간이 어느 표기에 가까운지를 논의하기로 한다.

'万'은 '萬'의 통용자로서 고대에도 많이 사용되었다. 향찰에서는 '萬'이 표음자로 사용되었다. '于萬隱'(도천수관음가, 칭찬여래가), '身萬隱'(예경제불가), '千萬'(청불주세가) 등에 쓰였다. 이두에서는 '萬'이 韓國字 표기의 용법으로 쓰인 예가 없고 한자의 용례만 보인다. 그런데 수사 '萬'에 구결자 'ㄕ'을 첨기한 예가 석독구결에 나와 눈길을 끈 바 있다. '百ㄱ 萬ㄕ 阿僧祇ㄷ 陀羅尼ㄹ'(화엄경소 35: 25)의 '萬ㄕ'은 '*골'로 훈독된다(李丞宰 2000가). 즉 이 예의 '百ㄱ 萬ㄕ'은 고유어 '*온 *골'로 읽히고 현대어의 '100만'에 해당하는 의미를 가진다. 이 목간에서도 '万'이 '*골'을 표기한 것으로 본다.

'本'이 향찰에 쓰인 것으로는 '本矣'(처용가)의 예 하나밖에 없다. 이것을 '본ᄃᆡ'로 읽으면 '本'이 韓音字가 되고 '밑ᄋᆡ'로 읽으면 韓訓字가 된다. 이두에서는 '此以 本爲內'(선림원종 804년), '本來 瑠璃筒一'(정토사형지기 1031년)의 두 예가 눈에 띈다. 특히 둘째 예는 뒤에 오는 '來'와 합해져서 '本來'가 되고 이것이 뒤에 오는 명사 '瑠璃筒'을 수식한다. 이 목간의 '本來'도 뒤에 오는 동사구를 수식하는 부사인 듯하다.

'身'은 향가에서 '此 身'(원왕생가), '身萬隱'(예경제불가), '身乙'(칭찬여래가), '吾衣身'(수희공덕가, 보개회향가), '身靡只'(상수불학가) 등에 사용되었다. 이들은 모두 훈독하여 '몸' 또는 '모마'로 읽으므로 이 목간에서도 '몸'으로 훈독할 수 있다. 이두에서는 '身'을 훈독하는 자료가 13세기 이후의 자료에 나오므로 이 목간의 표기는 이두보다는 향찰 표기에 가깝다고 할 수 있다.

'中'은 향가에서 '巷中'(모죽지랑가), '世呂中'(청불주세가), '根中'(항순중생가), '汀理也中'(찬기파랑가), '前良中'(도천수관음가), '一念惡中'(칭찬여래가), '海惡中'(보개회향가) 등에 사용되었다. 모두 처격조사의 기능을 담당한다. 이 처격조사의 용례로는 高句麗城壁刻字(446년), 瑞鳳塚銀合杆(451년), 丹陽新羅赤城碑(551년?),

華嚴經寫經造成記(755년) 등의 이두 예가 더 유명하다(李基文 1981). 구결자 '+'는 '中'에서 비롯된 것으로서 처격조사로 사용된 예가 아주 많다. 따라서 이 목간의 '中'은 향찰, 이두, 구결 표기에서 두루 확인된다. 목간 자료에도 '中'이 자주 쓰여 주목된다. 함안 성산산성 218호 목간(6세기 중엽)의 '正月中', 부여 능산리사지 7호 목간(6세기 3/4분기)의 '形丶〻中', 경주 월성해자 2호 목간(7세기 전반기)의 '經中', 나주 복암리 1호 목간(7세기 중엽)의 '三月中', 부여 쌍북리 佐官貸食記 목간(618년)의 '六月中', 경주 (전)인용사지 목간(9세기 전반)의 '大龍王中' 등의 '中'을 들 수 있다. 특히 백제목간에서도 처격조사의 용법을 가지는 '中'이 사용되어 주목된다.

'有史'는 중세어의 '이시-'(현대어의 '있-')를 표기한 것이 분명하다. '有'는 韓訓字이고 '史'는 말음첨기자이다. '有'를 훈독한 것으로는 '有叱下是'(모죽지랑가), '有如'(원왕생가), '有阿米'(제망매가), '有叱如'(혜성가), '有叱故'(혜성가), '有叱下呂'(수희공덕가, 보개회향가) 등이 있다. 이두 자료에서는 '有在等以'(정토사형지기 1031년)의 '有'가 最古의 자료이다. 향찰에서는 '有'를 음독하지 않고 항상 훈독한다. 그런데 이두에서는 '有'를 훈독하는 예가 11세기 전반기가 되어서야 비로소 출현한다. 이것은 이 목간의 '有'가 이두보다는 향찰에 가까운 표기임을 암시한다.

'有史'의 '史'는 말음첨기자임이 분명한데, 이 용법의 '史'가 향찰에서 확인된다. '皃史'(모죽지랑가, 찬기파랑가, 원가, 우적가), '毋史'(안민가), '栢史'(찬기파랑가, 원가), '无史'(보개회향가) 등의 예가 있다.[17] 향가에서는 이 '史'가 '有' 뒤에서는 '有叱下是, 有叱如, 有叱故, 有叱下呂' 등의 '叱'로 표기된다. 그러나 '史'와 '叱'이 음절말의 'ㅅ' 또는 '시'를[18] 표기한다는 점에서는 일치한다. 중요한 것은 이두와 구결에서는 말음첨기의 용법으로 쓰인 '史'가 보이지 않는다는 점이다. 이것은 이 목간의 표기가 이두나 구결보다는 향찰과 가깝다는 것을 의미한다. 목간 자료에서는 '맛(飮食)'을 '助史'로 표기하는데, 이곳의 '史'도 말음첨기의 용법이다(4章 참조).

---

17 '深史隱'(원왕생가)의 '史'는 존경법 선어말어미 '-시-'를 표기한 것이다.

18 '史'의 한국한자음 'ᄉᆞ'는 '*시 > ᄉᆞ'의 통시적 변화를 겪은 다음의 음가이다(權仁瀚 1997가). 語中의 '叱'이 '시'를 표기한 예도 있다(李丞宰 1997나).

'有史音'의 '音'은 '이시-' 어간에 통합된 문법 형태를 표기한 것이다. '音'이 문법 형태를 표기한 것으로는[19] '就音'(모죽지랑가), '執音乎'(헌화가), '獻乎理音如'(헌화가), '太平恨音叱如'(안민가), '誓音'(원왕생가), '岳音'(혜성가), '執音馬'(광수공양가), '出隱伊音叱如支'(참회업장가), '潤只沙音也'(청전법륜가), '友伊音叱多'(상수불학가) 등의 '音'이 알려져 있다. 이에 비하여 이두 자료에서는 문법 형태를 표기한 '音'의 예가 거의 보이지 않는다.[20] 이것은 이 목간의 표기가 이두보다는 향찰에 가까움을 뜻한다.

'今日'이 중세어의 '오늘'(현대어의 '오늘')로 해독된다는 것은 이미 상식에 속한다. 文語의 '今年'이 口語의 '올해'에 대응한다는 사실을 감안하면, '오늘'은 '올(今) # 날(日)'의 형태론적 구성에서 'ㄹ'이 탈락한 어형이라 할 수 있다.[21] 향가에서는 도솔가, 칭찬여래가, 참회업장가의 세 곳에 '今日'이 쓰였다. 중요한 것은 '오늘'을 표기한 '今日'이 향찰에서만 보이고 이두에서는 보이지 않는다는 사실이다. 그렇다면 이 '今日'도 이 목간의 표기가 이두보다는 향찰에 가까움을 증명해 주는 자료가 된다.

이 목간의 '三'은 동사어간 '삼-(爲)'의 '삼'을 표기한 것이다. 석독구결에서는 이 '삼-' 어간이 '爲三'의 구결자 '三' 또는 '爲氵'의 구결자 '氵'으로 표기된다.[22] 이두에서는 '삼-' 어간을 '三'으로 표기한 예가 없다. 향찰에서는 '삼-' 어간을 다른 방식으로 표기한다. 항순중생가의 '覺樹王焉 迷火隱乙 根中 沙音賜焉逸良'에 나오는 '沙音'이 바로 그것이다. 悼二將歌를 향가의 일종이라고 하면 이 '三'이 향가

19 이 글에서는 파생접사도 문법 형태의 일종으로 간주한다. '沙音賜焉逸良'(항순중생가)와 '餘音良'(총결무진가)의 '音'은 문법 형태를 표기한 것이 아니라 어간의 말음을 첨기한 것이다.

20 14세기 자료인 慶州戶長其一의 '順音可', 張戩所志의 '逢音, 持音' 등의 예가 있을 뿐이다.

21 앞에서 말한 익명의 심사자는 '今日'을 '오늘'로 해독하는 것이 상식이 아니라고 하면서 "한문 구성소로 보는 것이 훨씬 더 상식적인 태도"라고 평했다. 이것은 향가 연구자들에게는 대단히 중요하고도 새로운 주장이므로, 이 주장을 독자적인 논문으로 발표하기를 기대한다.

22 『華嚴經疏』 卷第35에서는 '三'으로, 『華嚴經』 卷第14, 『金光明經』 卷第3, 『舊譯仁王經』 上, 『瑜伽師地論』 卷第20 등에서는 '氵'으로 표기된다.

에서도 확인된다고 보아야 한다. '中 三烏賜 敎'의 '三'은 동사어간 '삼-'을 표기한 것이 분명하기 때문이다.

'三時'를 현대어의 '세 시'로 해독하면 안 된다. 19세기까지도 하루의 일정 시간을 가리킬 때에는 '子時, 丑時, 酉時' 등의 十二支를 이용했기 때문이다.[23] 따라서 이곳의 '三時'는 시간 개념과는 전혀 관계가 없는 표기이다. 우리는 이것을 '삼-' 어간에 존경법 선어말어미 '-시-'가 통합된 것으로 본다. 이 견해에 따르면 '時'는 韓音字로서 '시'를 표기한 것이 된다. 그러나 향찰에는 한음자 '時'의 예가 전혀 나오지 않고, 이두에서는 '時'가 주로 韓訓字의 위치에 온다. '成 記 時'(무진사종기 745년), '經 寫 時中'(화엄경사경조성기 755년), '誓內 時'(선림원종 804년), '石 練 時乙'(정토사형지기 1031년) 등의 예가 있다.

훈독의 예밖에 없음에도 '時'를 음독하여 존경법 선어말어미 '-시-'로 읽는 것은 그 다음에 온 '爲'를 고려했기 때문이다. '爲'의 독법에 여러 가지가 있지만 이곳의 '爲'는 '-ᄒᆞ-'로 읽는다. 그 논거로는 석독구결에서 독특한 분포를 보이는 'ソ' 즉 '爲'를 들 수 있다.

석독구결의 '有ナホ下[겨시하], 莫七ホ下ハ[없으시학], 有ナハ二下[격시하], ソ二下[ᄒᆞ시하], 樹リ二下[樹이시하]' 등과 '入ソ二ソㄱ[入ᄒᆞ시ᄒᆞᆫ], 得二ソㄱ[얻으시ᄒᆞᆫ]' 등의 여러 예에서 볼 수 있듯이, 존경법 선어말어미 '-시-'의 뒤에 모음으로 시작하는 어미가 통합될 때에 'ㅎ'이 개재하는 때가 많다. 특히 '入ソ二ソㄱ[入ᄒᆞ시ᄒᆞᆫ]'과 '得二ソㄱ[얻으시ᄒᆞᆫ]'이 주목된다. 이들은 존경법 선어말어미 바로 뒤에 동명사어미 'ㄱ[ᄋᆞᆫ/은]'이 통합된 것인데, 둘 사이에 'ㅎ'이 개재하여 'ソㄱ[ᄒᆞᆫ]'으로 표기되었다(李丞宰 2000나). 'ソㄱ[ᄒᆞᆫ]'의 'ソ'가 '爲'의 구결자임은 두말할 나위도 없다. 바로 이 존경법 선어말어미 '-시-'와 동명사어미 '-ᄋᆞᆫ/은'의 통합 상태를 이 목간에서는 '時爲'로 표기한 것이다. 이 점을 강조하여 '時'를 존경법 선어말어미

23 훈민정음 해례본에서 '酉時'를 'ᄃᆞᆰᄣᅢ'로 읽은 것을 보면 시간을 지칭하는 '子時, 丑時' 등도 모두 훈독했으리라 추측된다. 앞에서 말한 익명의 심사자가 지적한 것처럼, '三時'가 명사로 쓰일 때도 있다. 중국의 용법에 '春夏秋三季農作之時'의 의미가 있고, 한국의 용법에 '세ᄢᅵ' 등의 용법이 있다. 그런데 이런 뜻일 때에는 '三時'가 뒤에 온 '爲'와 자연스럽게 연결되지 않으므로 이러한 해독을 택하지 않는다.

'-시-'로 읽고, '爲'를 '-ᄒᆞ-'로 읽어 둔다. 이 목간 표기에서는 동명사어미 'ㄴ'이 생략되었다.

이두 자료에서는 'ᄒᆞ-로 읽히는 '爲'가 '長逝爲□之'(감산사아미타여래조상기 720년)을 필두로[24] '伎樂爲弥'(화엄경사경조성기 755년), '頂禮爲那, 隨喜爲內那'(영태이년명석비로차나불조상명 766년) 등의 자료에 나온다. 향가에서는 '爲賜尸知, 爲內尸等焉'(안민가), '爲理古'(처용가) 등의 예가 있다.

前面의 끝에서 둘째 위치에 온 글자는 '從?'으로 추정했다. 이 '從'은 향가와 이두 자료에서는 보이지 않는다. 그런데 석독구결에서 '從'이 '隨, 逐' 등과 같은 의미일 때에, '從'의 뒤에 'ㅌ'이 현토된다.[25] 이 '從ㅌ'을 '좇-' 동사의 어간으로 훈독했음을 알 수 있다.

전면의 마지막에 온 글자는 '支?'로 추정했다. 향가에서는 '支'이 앞에 온 글자를 훈독하라고 지시하는 指定文字의 기능을 가지는데(金完鎭 1980), 이것이 석독구결에서는 주로 '攴' 즉 '支'로 표기된다(李丞宰 1993). 이 목간에서도 '支?'가 사용되었다는 점이 무척 흥미롭다. 역시 지정문자의 기능을 갖는다.

이제 후면의 표기법을 검토하기로 한다. 후면의 첫째 글자는 '財?'로 추정했다. '財'는 향찰이나 이두 표기에 나오지 않고, 석독구결 자료에서도 그 예가 보이지 않는다. 대응하는 15세기 고유어도 얼른 찾기가 어렵다.

둘째 글자도 추정하여 '叢?'으로 읽었다. '叢'은 향찰, 이두, 구결 등의 자료에 전혀 나오지 않는다. '叢?'의 뒤에 온 글자를 '於?'로 추정했는데, 이 글자는 韓國字 표기에 자주 등장한다. 향가에서는 '古召於'(도천수관음가), '爲於'(광수공양가) 등에 '於'가 나온다. 이두에서는 '言寂法師在於, 照文皇太后君妃在於'(갈항사석탑기 758년)에 '於'가 나오고, 이와 동일한 음가와 기능을 가지는 '弥'가 '令弥, 食弥'(화엄경사경조성기 755년), '白弥, 分析爲弥'(정토사형지기 1031년) 등에 나온다. 석독

24 경주남산신성비(591년)의 '爲聞教令'에 '爲'가 나오는데, 이것을 우리는 '~함을 듣고, 내리신 명령' 정도로 해석한다. 이 해독에 따르면 '爲'에 후대의 'ᄒᆞ-'가 대응하는 예가 6세기 말엽으로 거슬러 올라간다.

25 이와 달리 '隨'는 '隨ㅎ'나 '隨ノ'로 현토된다. 향가에서는 '逐好'(상수불학가)의 예가 나온다.

구결에서는 '旀'와 '弥'가 '〻'로 표기된다. 이들은 모두 연결어미 '-며'를 표기하므로, '叢?旀?'는 중세어의 '모ᄃᆞ며'(현대어의 '모으며')로 해독할 수 있다.

넷째 글자는 '放'임이 분명하다. 이두 자료에는 '放'을 훈독한 예가 나오지 않지만, 향가에는 '放教遣'(헌화가), '放'(도천수관음가) 등의 예가 있다. 석독구결에서는 '放'에 'ㅛ[ᄒᆞ]'를 붙여 '放ㅛ-'을 어간으로 할 때가 많다. 이 목간에서는 '放'을 동사어간 '놓-'으로 훈독했음이 분명하다. 바로 뒤에 존경법 선어말어미 '賜'가 왔기 때문이다.

이 목간에 우리가 주목하게 된 것은 '賜'를 판독하고 나서의 일이다. 이 글자의 우변은 구결자 'ホ'와 비슷하므로 이 글자가 '賜'임을 금방 알 수 있었고, 이에 따라 그 앞에 온 글자를 동사로 보아야 한다는 생각도 하게 되었다. '賜'가 존경법 선어말어미 '-시-'를 표기한다는 것은 상식에 속한다.[26] 향가에서는 '好支賜烏隱'(모죽지랑가), '慚肹伊賜等'(헌화가), '愛賜尸, 爲賜尸知'(안민가), '持以支如賜烏隱'(찬기파랑가) 등 '賜'의 예가 많은 편이다. 이두에서는 '爲賜'(무진사종명 745년), '爲內賜, 欲爲賜以, 成賜乎'(화엄경사경조성기 755년), '過去爲飛賜, 靈神賜那'(영태이년명석비로자나불조상명 766년), '令賜矣'(영천청제비其二 798년) 등의 8세기 자료부터 시작하여 11세기 전반기의 자료까지 '賜'가 사용된다. 목간 자료에는 8세기 전반기의 자료인 국립경주박물관 미술관 터 1호 목간에 쓰인 '賜'도 아주 이른 시기의 예가 된다.

후면의 마지막에 온 '哉'도 필자의 눈길을 끌기에 충분했다. 이 '哉'는 '助在哉'(감산사아미타여래조상기 720년)와 '若大小便爲哉 若臥宿哉 若食喫哉 爲者'(화엄경사경조성기 755년)의 예를 통하여 익히 알고 있던 것이다. 전자는 종결어미의 예이고 후자는 연결어미의 예이다. 향찰에서는 이 '哉'가 '齊'나 '制'로 바뀌어 표기된다(南豊鉉 1991). '墮支行齊'(모죽지랑가), '逐內良齊'(찬기파랑가 8), '多支行齊'(원가), '禮爲白齊'(예경제불가), '捨齊'(참회업장가), '行齊'(상수불학가), '悟內

26 앞에서 말한 익명의 심사자는 '賜'를 '하사하다'를 의미하는 동사로 보는 것이 더 상식적이라고 했다. 이것은 小倉進平으로 대표되는 일제 강점기의 상식이고, 양주동·김완진 등의 향가 해독에서는 '賜'를 존경법 선어말어미로 보는 것이 상식화되어 있다.

去齊'(보개회향가), '捨齊'(총결무진가) 등의 '齊'와 '讚伊白制'(칭찬여래가), '供爲白制'(광수공양가) 등의 '制'가 있다. 이 '齊'가 석독구결에서는 구결자 '〻'로 바뀌어(李丞宰 1993) 두루 사용된다. 이 목간의 '放賜哉'는 현대어의 '놓으시는구나'에 대응하므로 이곳의 '哉'는 종결어미의 용법으로 쓰였다.

(14) 國立慶州博物館 미술관 터 1호 목간의 표기 글자

목간	향찰	이두	구결
万	○	×	○
本來	×	○	×
身	○	×	○
中	○	○	○
有	○	×	○
史	○	×	×
音	○	×	○
今日	○	×	×
三	○	×	○
時	×	○	×
爲	○	○	○
従	×	×	○
支	○	×	○
財	×	×	×
叢	×	×	×
旀	○	○	○
放	○	×	×
賜	○	○	○
哉	×	○	×
叱	○	○	○
丨	○	○	○

지금까지 장황하게 이 목간의 표기법을 검토해 보았다. 이 목간의 표기법이 향찰, 이두, 구결의 표기법 중에서 어느 것에 가장 가까운지를 실증하기 위하여, 번거롭지만 이미 알려진 것들도 빠뜨리지 않고 논의했다. 위에서 논의된 바를 요약하여 정리하면 위의 (14)와 같다. 목간의 표기 글자가 향찰, 이두, 구결 등의 자료에서 확인되는 것은 ○로 표시하고, 보이지 않는 것은 ×로 표시했다. '本來'와 '今日'은 하나의 단위로 처리했고, 'ㅣ'는 '如'로 대체하여 판단하였다.

이 표에 따르면 이 목간의 전체 표기 항목 21개 중에서 향찰에 나오는 것이 15개, 이두에 나오는 것이 9개, 구결에 나오는 것이 13개로 집계된다. 특이하게도 이 목간의 표기가 이두 표기와 일치하는 것이 가장 적다. 이것은 이 목간의 표기가 이두 표기가 아님을 말해 준다. 이 통계에 따르면 향찰과 구결이 거의 동등한 비율이지만, 실질에 있어서는 향찰 표기와 일치하는 것이 가장 많다. 향찰에 나오는 '本矣'와 이 목간의 '本來', 향찰의 '逐'과 목간의 '従', 향찰의 '齊'와 목간의 '哉'도 서로 일치하는 예에 넣을 수 있기 때문이다. 이들을 포함하면 목간과 향찰의 표기 글자가 일치하는 것은 18개로 늘어나고, 일치하지 않는 것은 '時, 財, 叢'의 셋으로 한정된다. 이 정도의 일치를 보인다면 이 목간이 향찰로 표기되었다고 말해도 무리가 없다.

그렇다고 하여 이 목간의 21개 항목 중에서 18개가 향가에서 확인된다고 주장하는 것은 아니다. 18개 중에서 5개 글자는 아직도 판독이 확실하지 않다는 것을 스스로 인정하기 때문이다. 이렇게 양보하더라도 이 목간의 표기는 구결보다는 향찰에 더 가깝다. 구결은 한문 텍스트를 한국어 문장으로 번역하는 과정에서 첨가되는 것인 데에 비하여, 이 목간은 신라인이 기존의 텍스트를 참고하지 않고 새로 창작한 것이다. 번역문이 아니기 때문에 이 목간 표기가 구결일 가능성은 전혀 없다. 향가가 창작문의 일종이듯이 이 목간 문장도 창작문의 일종이므로, 이 목간의 표기가 향찰에 가장 가까울 수밖에 없다.

그렇다면 이 목간에 혹시 鄕歌가 기록된 것은 아닐까? 이 질문에 '그렇다'고 답하려면 이 목간이 일정한 운율 형식을 갖추었음을 증명해야 하고 나아가서 이 목간에 인간의 정서가 표현되어 있음을 입증해야 한다.

이 목간에서는 行 단위로 別行(改行)하지 않았다. 이 점을 들어 여기에 기록된 것이 韻文이 아니라고 주장할 수 있다. 그런데 이 주장의 기준이 되는 것은 역시 중국 漢詩이다. 한시에서는 행 단위로 별행하는 것이 맞지만, 향가에서는 이 기준이 적용되지 않는다. 『삼국유사』와 『균여전』에 실려 있는 향가의 수록 양상을 살펴보면 詩行 단위로 별행을 한 예는 보이지 않는다. 대개는 시행 단위를 구별하기 위하여 한 자의 空隔(空格)을 두는 방법을 이용한다. 따라서 이 목간의 기록 양상은 향가와 같다고 할 수 있다. 이 기록 양상의 일치는 이 목간에 향가가 기록되었다는 가설을 오히려 지지해 준다.

이 목간에는 8行體 또는 10行體[27] 향가의 세 行만 기록된 것으로 보인다. 행 단위로 분절하여 제시하면 다음과 같다.

(15) 목간 표기의 行 분절과 해독

甲행: 万本來$^{?}$身中有史音叱$^{?}$丨

골 本來 몸ᄀᆡ 이심ㅅ다.

乙행: 今日▣三時爲從$^{?}$支$^{?}$

오ᄂᆞᆯ [ ] 삼ᄋᆞ 시ᄒᆞ(ㄴ) 좇

丙행: 財$^{?}$叢$^{?}$旀$^{?}$放賜哉

財 몯ᄋᆞ며 놓ᄋᆞ시ᄌᆡ

이와 같이 목간의 표기를 분절한 것은 순전히 국어학적 기준에 따른 것이다. (15)에서 편의상 甲행이라 칭한 행은 종결어미로 끝난다. Lee SeungJae(2013)에서는 '有史音▣'의 ▣가 어느 글자인지 밝히지 못했지만, 이것을 '如'에서 비롯된 후대의 口訣字(정확하게는 韓半字) '丨'로 추정하면 향찰이나 구결의 표기 용례와 정확하게 맞아떨어진다. 이 추론이 가능하여 실물을 직접 관찰하게 되었고, 그 결과로 ▣를 '叱$^{?}$丨'로 수정할 수 있었다.

27 기존의 연구에서는 8行體나 10行體의 '行'보다는 8句體나 10句體의 '句'를 즐겨 사용한다. 여기에서는 '句'가 가지는 重義性을 피하여 '行'을 택하기로 했다.

구결에는 '-亣ヒ丨'로 끝나는 문장이 아주 많다. 이해의 편의를 위하여 구결자를 原字로 바꾸면 이것은 '-音叱如'가 되고 '-음ㅅ다'로 읽힌다. 이때의 '-音叱-'는 서법 선어말어미에 속하고 '의지, 당위, 가능, 능력' 등의 의미를 가진다(南豊鉉 1993: 144, 박진호 1997). '-如'는 물론 종결어미 '-다'이다. 그런데 석독구결의 '-音叱如'가 향찰에서는 '獻乎理音如(헌화가), 太平恨音叱如(안민가), 出隱伊音叱如支(참회업장가), 友伊音叱多(상수불학가)' 등의 '-音如, -音叱如, -音叱如支, -音叱多'로 표기된다(李丞宰 1989: 220). 이 서법 선어말어미 '-音-' 또는 '-音叱-'는 항상 종결어미 '-如/多' 앞에만 온다. 석독구결에서도 두 가지 예외를 제외하면[28] 이 원칙을 준수한다(박진호 1997).

이 목간에서도 서법 선어말어미 '-音叱-'의 '叱'이 '獻乎理音如'(헌화가)에서처럼 생략된 것으로 보고, '有史音▣今日'의 ▣ 자리에 종결어미 '如' 또는 '丨'나 '多'를 넣을 수 있다. 실제로 실물을 관찰한 결과, '丨'가 '叱[?]'의 오른쪽 어깨 자리에 있었다. 이 국어학적 논리에 따라 ▣ 자리를 종결어미 '-다'로 채우는 것은, 국사학에서 백제의 관명 '奈率扞▣德率'을 보고 이곳의 ▣를 한결같이 '率'로 채우는 것에 비유할 수 있다. 이 자리에 종결어미 '-다'가 오는 것이 그만큼 확실하다는 뜻이다. (15)는 이 종결어미 '-다'를 기준으로 분절한 것이다.

이 분절이 옳다는 것은 乙행의 첫머리에 온 '今日'로도 확인할 수 있다. 도솔가와 칭찬여래가에서는 '今日'이 노래의 1행 첫머리에 왔고, 참회업장가에서는 7행의 첫머리에 왔다. 세 예가 모두 홀수 행의 첫머리에 온 것이다. 따라서 (15)처럼 '今日'이 행의 첫머리에 오도록 분절해야 한다. 나아가서, 향가에서는 '今日'이 항상 홀수 행의 첫머리에 오므로, 이 목간의 '今日'도 홀수 행에 온 것일 가능성이 크다.

이제 甲행이 몇째 행일지를 추적해 보기로 한다. 앞에서 논의한 것처럼 목간의 甲행은 종결어미 '-다'로 끝난다. 그런데 향가에서는 '-다'로 끝나는 행이 주로 4

---

28 『화엄경소』 권제35, 『화엄경』 권제14, 『구역인왕경』 上에서는 예외가 없다. 『금광명경』 권제3의 '傾動ノ亣ヒ可ソヿ不矢ㅌ人'(7장 2~3행)과 『유가사지론』 권제20의 '-亣ヒ人 雖十'만 예외적이다.

행, 8행, 10행이다. 4행의 끝에 '-다'가 온 것으로는 헌화가의 '獻乎理音如', 안민가의 '知古如', 서동요의 '去如', 도천수관음가의 '置內乎多', 풍요의 '來如', 우적가의 '未去遣省如', 참회업장가의 '出隱伊音叱如支', 상수불학가의 '友伊音叱多' 등이 있다. 8행 끝에 '-다'가 온 것으로는 안민가의 '知古如', 혜성가의 '有叱如'를 들 수 있고, 10행 끝에 '-다'가 온 것으로는 안민가의 '太平恨音叱如', 제망매가의 '待是古如', 우적가의 '宅都乎隱以多'를 들 수 있다. 따라서 이 목간의 甲행은 4행과 8행, 둘 중의 하나일 것이다. 즉 甲·乙·丙행은 4·5·6행이거나 8·9·10행이거나, 둘 중의 하나이다.

(15)에서 乙행과 丙행을 나눈 기준은 우선 목간에서의 표기 위치를 고려한 것이다. 위의 [사진 27~28]을 참고하면 전면의 마지막 끝에 한 글자를 기입할 정도의 공간이 남아 있다. 그런데도 여기에 글자를 기입하지 않고 후면으로 넘어간 것은 이곳이 행 단위로 분절되는 곳임을 암시한다. 문장의 내용을 보더라도 이곳이 다음 행의 '財?'와 분절되는 곳임을 금방 알 수 있다. 乙행 끝의 '從?支?'는 '(무엇을) 좇아'의 의미를 가지므로 선행절의 마지막 부분이라 할 수 있고, '財?'로 시작하는 丙행이 이에 이어지는 후행절이라 할 수 있기 때문이다.

丙행의 마지막에 온 '哉'를 감안하면, '今日'이 첫머리에 온 乙행은 10행체의 9행이요 '財?'로 시작하는 丙행을 10행이라 추정할 수 있다. 앞에서 이미 논의한 것처럼, 이 목간의 '哉'는 향가 표기로는 '齊'나 '制'에 해당한다. 그런데 향가의 '齊'나 '制'는 대부분 4행, 8행, 10행의 마지막 위치에 온다.[29] 모죽지랑가에서 '墮支行齊'는 4행, 찬기파랑가에서 '逐內良齊'는 8행, 예경제불가에서 '禮爲白齊'는 8행, 참회업장가에서 '捨齊'는 10행, 상수불학가에서 '行齊'는 10행, 보개회향가에서 '悟內去齊'는 4행, 총결무진가에서 '捨齊'는 10행의 끝에 왔다. '制'도 마찬가지여서, 칭찬여래가의 '讚伊白制'와 광수공양가의 '供爲白制'는 8행의 끝에 왔다. 이를 종합하면, '齊'는 4행(2회), 8행(2회), 10행(3회)의 마지막 위치에, '制'는 8행(2회)의 마지막 위치에 온다. 향가 형식을 흔히 4행, 8행, 10행의 세 종류로 나누는

29 원가의 '多支行齊'는 3행의 중간에 왔으므로 예외적이다.

데, '齊'와 '制'는 이들의 마지막 위치에 온다.

앞에서 거론한 종결어미 '-다'의 위치를 고려하면, 이 목간에는 4·5·6행의 세 행이 기입되었거나 8·9·10행이 기입되었다. 그런데 목간의 '哉'와 같은 기능을 가지는 향가의 '齊'와 '制'가 6행에 오는 일은 없다. 따라서 이 목간에 기록된 것은 10행 향가의 8·9·10행이다.

이 결론은 丙행 즉 10행이 목간의 후면 중간 부분에서 끝난다는 점에서 다시 확인된다. 후면 중간 아래쪽에는 글자를 기입할 공간이 많이 남아 있다. 그런데도 이 공간을 공백으로 남겨 두었다. 이 공백은 기록해야 할 내용이 후면의 중간 부분에서 끝이 났음을 의미한다. 즉 향가의 10행을 모두 기입했으므로 그 아래 하단부는 공백으로 남겨 둔 것이다. 따라서 이 공백도 이 목간의 후면에 기록된 丙행이 향가의 10행임을 증명해 준다. 그렇다면 이 목간에 10行 향가의 뒷부분 세 행이 기록되었다고 말할 수 있다.

지금까지, 이 목간의 행 분절이 향가의 행 분절에 부합함을 논의했다. 향가의 운율 형식으로는 흔히 三句六名을 든다. 그런데 '句'와 '名'이 무엇을 지칭한 것인지 모르는 상태이다. 학자마다 견해가 달라 결론을 내리기가 어렵다.[30] 따라서 이 목간의 표기가 구체적으로 어떤 운율을 가지고 있는지에 대해서는 논의를 유보한다. 향가에서 흔히 사용되는 글자가 두루 활용되었다는 점과 향가의 10행 형식에 맞게 행 분절이 잘 된다는 점, 이것까지만 확인해 두기로 한다.

이제 이 목간의 내용에 인간의 정서가 담겨 있음을 논의하기로 한다. 이해의 편의를 위하여, 8행의 판독, 해독, 현대어 번역을 다시 제시한다. 현대어 번역은 직역과 의역의 둘로 나누어 제시한다. 직역에서는 통사구조를 현대화하기도 하

30 崔行歸가 『均如傳』에서 향가의 형식을 '三句六名'이라 한 바 있는데, 이곳의 '句'와 '名'이 무엇을 지칭한 것인지 의견이 분분했었다. 그런데 최근에 발표된 김성규(2016: 203)에 따르면, 10행체 향가는 "두 개의 연으로 이루어져 있고 각 연의 끝에 '後句'로 표시되어 있는 후렴이 들어가며, 각 연은 후렴을 포함하여 3구로 이루어져 있다"고 보았다. 쉽게 말하면 기존의 2행이 각각 하나의 '句'가 되고, 하나의 연을 구성하는 6개의 행이 '六名'이 된다. 즉, '名'이 우리의 '行'에 해당한다. 경청할 만한 新說이므로 여기에 특별히 인용해 둔다.

고, 의미를 고대어에 가깝게 하려고 ( ) 안에 문법 형태나 단어를 보충하기도 한다. 의역에서는 상징화되어 있는 단어를 문맥에 맞게 구체화한다.

(16) 8행의 판독과 해독

판독: 万本來?身中有史音叱? ㅣ

해독: 골 本來 몸ㄱ 이심ㅅ다

직역: 골(은) 본래 (당연히) 몸에 있다

의역: 君主는 본래 (당연히) 臣下나 百姓들에게 있다

이 현대어 직역에서는 통사구조의 이해를 위하여 '-은'을 보충하고, '有史音叱? ㅣ'에 포함되어 있는 서법의 의미 즉 '당위'를 드러내기 위하여 '당연히'를 보충했다. '본래'와 '당연히'는 서로 잘 어울리는 부사어이다. 이 시행의 통사구조는 'X(는) Y에 있다'이다.[31] 아주 간단하고도 쉬운 구조이지만, '있다'가 所在의 의미를 가지는지 所有의 의미를 가지는지 주의할 필요가 있다. 판독문의 동사가 '在'가 아니라 '有'이기 때문에 이 시행에는 所有의 의미가 들어가 있을 것이다. 이에 따르면 이 시행의 통사구조를 'X는 Y를 가지고 있다'로 이해해도 된다.[32] 달리 말하면 X가 Y에 포함된다는 해석도 가능하고 X가 Y를 가지고 있다는 해석도 가능하다. 이 점에서 8행은 중의적인 문장이라 할 수 있다.

이 구조의 X 자리에 '골'이 들어가고 Y 자리에 '몸'이 들어가면 바로 이 8행이

---

31 앞에서 말한 익명의 심사자는 'A中 有B'는 'A에 B가 있다'를 의미하는 전형적인 한문 구성이라 하였다. 이 견해에 따르면 '史' 또는 '史音'이 명사 B 자리에 오는데, 이것이 어떤 명사인지 궁금하다. 또한 맨 앞에 온 '万'을 'A中 有B'의 구조에서 어떻게 처리하는지도 궁금하다. 즉 'X (本來) A中 有B'의 문장 구조에서, 'B'를 '有'의 주어라 하면 맨 앞에 온 'X'의 문장 성분이 무엇인지 설명하기가 어렵다. 이러한 어려움은 모두 이 문장을 한문 구성으로 보는 데에서 비롯된다. 한문과 이두문·구결문을 구별하지 못하는 것일까? 우리의 해독처럼 'X (本來) Y中 有-'의 한국어 어순으로 보면 해독이 훨씬 간단하고도 쉬워진다.

32 즉 위의 의역을 "君主는 본래 (당연히) 臣下나 百姓을 가지고 있다"로 이해할 수도 있다.

된다. 그런데 X 자리에 온 '골'이 무엇을 지칭하는지 분명하지 않아서 이 시행의 의미를 포착하기가 쉽지 않다. '골'은 앞에서 논의한 바 있듯이 수사 '萬'의 고유어이다. '万은 몸에 있다'나 '萬은 몸을 가지고 있다'는 분명히 일상언어의 어휘선택 제약에 어긋난다. '골'이나 '万'을 숫자로 이해하는 한, 어휘선택 제약을 위반할 수밖에 없고 덩달아서 의미 파악도 어려워진다.

이 시행이 일상언어의 문법으로 이루어진 것이 아니라 시가의 문법으로 이루어져 있다고 하면 이 비문법성을 해소할 수 있다. 예컨대, 이 시행이 수사로서의 '골'이 아니라 인체명사로서의 '골'을 활용한 것으로 이해해 보기로 하자. '몸(身)'이 인체명사이므로 '골'을 인체명사로 이해하는 것은 아주 자연스럽다. 이에 따르면 '골'은 '몸(身)'에 대립하는 '골(髓)'이 된다. 이 시행의 '골'을 '골이 아프다, 골을 쓰다, 골이 빠지다' 등의 관용구에 나오는 '골'로 이해하면, 이 시행은 자연스럽게 '골(髓) : 몸(身)'의 대립구조를 갖게 된다.[33] 인체를 떠나서 이 대립구조를 추상적으로 이해하면, '髓'는 '정수, 핵심, 중심' 등을 지칭하는 데에 반해 '身'은 '표상, 지엽, 주변' 등을 가리킨다. 이러한 시적 변용이 전제되어야 한다는 점에서 이 목간은 실용적 용도를 목적으로 하는 목간이 아니라 문예 창작을 목적으로 하는 詩歌 목간이라고 할 수 있다.

이제 9행으로 넘어간다.

(17) 9행의 판독과 해독

판독: 今日▣三時爲從?支?

해독: 오ᄂᆞᆯ [ ] 삼ᄋᆞ시ᄒᆞ(ㄴ) 좇

직역: 오늘 [ ] 삼으심(을) 좇(아)

의역: 오늘 [ ] 삼으신 것을 따라서

9행의 맨 앞에 온 시간 부사 '今日' 즉 '오늘'은 이 목간이 시가 목간에 속함을

33 南豊鉉(1981)의 용어에 따르면 '万'은 正訓 '골'로 읽힌다는 점에서 訓借字이다. 그러나 '골(万)'이 '골(髓)'의 의미로 변용되었다는 점에서 '万'은 訓假字이다.

말해 주는 또 다른 논거가 된다. 꼬리표 목간에서는 年月日을 명기하여 물건의 발송 날짜나 제작 날짜를 기록한다. 문서 목간에서도 문서 작성 날짜를 年月日로 표기한다. 이들 실용 목간에서는 절대 날짜가 기록되고 '今日'과 같은 상대적인 날짜는 전혀 사용되지 않는다. 마찬가지로 사실 기록을 목적으로 하는 이두에도 시간 부사 '今日'이 나오지 않는다. 이것은 이 목간이 기타 목간의 일종임을 말해 준다. 도솔가, 칭찬여래가, 참회업장가 등에 '今日'이 사용되었으므로 이 목간도 향가처럼 문학 작품의 일종일 것이다. 이것을 시사한다는 점에서 '今日'은 대단히 중요한 단어라고 할 수 있다.[34]

9행의 셋째 글자는 아직 판독하지 못했다. 그렇더라도 통사구조를 파악하는 데에는 거의 지장이 없다. '삼-' 동사의 기본 구조는 'A가 B를 C로 삼다'이다. 물론 'A가 B를 C를 삼다'도 가능하고 'A가 B를 C 삼다'도 가능하다. 즉 C에는 격조사 '-로, -를' 등이 통합될 수 있고 격조사 생략도 가능하다.

詩歌 文法에서는 필수적인 문장 성분을 의도적으로 생략할 때가 많다. 이 목간에서는 'A가' 부분이 겉으로 드러나지 않아서, A 자리에 구체적으로 무엇이 왔는지 알 수가 없다. '삼-' 동사의 경우, 일상 언어에서는 A의 자리에 무생물 명사보다는 인간 명사가 오는 것이 일반적이다. 마침 9행의 동사 '삼-'에 존경법 선어말어미 '-(ᄋᆞ)시-'가 통합되었으므로 A는 존경의 대상이 되는 인물이다. 8행에서

34 10행체 향가에서는 9행의 첫머리에 감탄사가 오는데, 이 목간에서는 이 감탄사가 보이지 않는다. 기존의 향가에서 9행 첫머리에 온 '阿耶, 阿也, 阿邪, 阿邪也' 등이 감탄사 /*aja/ 정도의 언어형식을 표기한 것은 분명하다. 그런데 역시 이 자리에 온 '後句, 歎曰, 落句, 後言, 打心, 病吟, 隔句' 등이 일정한 발음을 가지는 언어형식일지는 확실하지 않다. 즉, 이들은 분절음으로 표기되는 언어형식이 아닐 가능성도 있다. 음악 용어에 비유한다면, '後句, 後言'은 '후렴구'에 해당하고 '歎曰, 打心, 病吟, 隔句' 등은 '감탄조로, 가슴을 치듯이, 아주 슬프게, 사이를 두고' 등의 연주 방식을 가리키는 것이라고 해석할 수도 있다. 이에 따르면 감탄사가 반드시 9행의 첫머리에 와야 한다는 논리는 성립하지 않는다. 한편, 기존의 학설에서는 10행체 향가를 세 부분으로 나누어 흔히 3구체 형식이라 하는데, 이때에는 4행과 8행의 마지막에 오는 종결어미가 가장 중요하고도 우선적인 분절 기준이다. 이 종결어미보다 감탄사를 더 중시하여 10행체 향가를 2구체로 분절할 수도 있지만, 이런 학설은 아직 제기된 바가 없다. 따라서 9행 첫머리에 오는 감탄사는 잉여적 기준인 데에 비하여, 4행과 8행의 끝에 오는 종결어미는 필수적 기준이라 할 수 있다.

보았던 '골(髓) : 몸(身)'의 대립구조를 활용하면 이 인물은 '골'의 범주에 드는 인물이다.

신라에서 '골'로 표현되는 대표적인 인물에는 聖骨과 眞骨이 있다. '골(髓)'과 '뼈(骨)'는 엄격히 말하면 지칭하는 바가 서로 다르다.[35] 그러나 '골 : 몸'의 二元 대립구조에서는 '뼈'가 '골'의 범주로 분류되고 이에 따라 '骨髓'라는 복합어도 만들 수 있다. 이 구조에 따르면 聖骨과 眞骨이라는 명칭의 기원이 고유어 '골'이 복합된 '聖골(聖髓)'과 '眞골(眞髓)'에 있을 가능성이 있다. 이 목간에서는 고유어 '골'을 韓音字 '骨'로 표기하지 않고 韓訓字 '万'으로 표기했기 때문이다. 나아가서 '聖'이나 '眞'도 훈독했을지도 모른다.

아무튼, 9행의 '삼-' 동사의 주체는 '聖골/聖骨'이나 '眞골/眞骨'과 같은 존귀한 인물임에 틀림없다. 그렇다면, 이에 대립하는 '몸(身)'은 일반 관리나 백성을 상징할 것이다. 安民歌에 나오는 시어로 비유한다면, '골(万)'은 '君'이요, '몸(身)'은 '臣'이나 '民'이다.[36] 이것을 따라 (16)의 의역에서 "君主는 본래 (당연히) 臣下나 百姓들에게 있다"고 하였다. 달리 말하면 8행은 君과 臣民이 一心同體 또는 渾然一體인 상황을 강조한 것으로 이해한다. 이 목간의 시어 '万'과 '身'이 안민가의 시어 '君, 臣, 民'보다 문학적 상징의 수준이 더 높다는 것은 두말할 필요도 없다.

9행의 ▣ 자리는 B 또는 C가 올 자리이다. '삼-' 동사의 성분 B와 C 사이에는 'B가 C이다'의 지정 관계가 성립한다.[37] 따라서 ▣ 자리에 B가 온 것인지 C가 온 것인지 확정하기가 어렵다. 해독과 번역에서 [ ]으로 남겨 두었지만, 悼二將歌에서는 이 자리에 '中'이 왔기 때문에 중요한 참고 자료가 된다. 우리는 구휼 또는 징세의 '기준'이나 '표준' 등이 [ ] 자리에 왔으리라 추정한다.

이 시가는 신라 聖德王 때에 창작된 것으로 추정되는데(후술), 『삼국사기』 신라

35 '뼈'는 몸이나 구조물을 지탱하는 단단한 조직체이고, '골'은 뼈 안에 들어 있는 진액의 유기물이다. 腦髓는 머리뼈(頭蓋骨) 안에 들어 있고, 骨髓는 기타의 뼈(骨) 안에 들어 있다. 따라서 '골(髓)'과 '뼈(骨)'를 엄격히 구별할 필요가 있다.

36 안민가에서는 君, 臣, 民을 각각 父(아비), 母史(어ᅀᅵ), 阿孩(아ᄒᆡ)에 비유했다.

37 예컨대, "철수를 사위로 삼았다"에서 "철수가 사위이다"가 성립한다. 이것은 석독구결에서도 같았다(李丞宰 2011나).

본기 聖德王 6년(707년)의 기사에서 "봄 정월에 백성들이 많이 굶어 죽으므로, 한 사람에게 하루 조 석 되씩을 7월까지 나누어 주었다"고 하였다.[38] 『삼국유사』에서는 이것을 "한 사람당 하루에 석 되를 式(기준)으로 삼았다. 일을 마치고 계산해 보니 30만 5백 석이었다"라고[39] 기술했다. 同一 내용이 두 史書에 기록되었으므로 이 내용은 매우 중시되었다고 할 수 있다. '一口一日三升爲式'의 '爲式'이 9행의 '▣三時爲'에 대응하는 것으로 가정한다. 즉 '한 사람당 하루에 석 되를 式으로 삼았다'의 '式'을 9행의 ▣ 자리에 넣을 수 있다고 본다. 이 '式'은 구휼의 기준이지만, 거꾸로 세금 징수의 기준이 되기도 했을 것이다.

9행의 끝에 온 '從?攴?'은 '좇'으로 해독되고 '좇아'로 번역된다. 이처럼 '從'을 훈독하는 것은 뒤에 온 지정문자 '攴'의 기능과 합치한다. '좇아'의 앞에는 명사 또는 명사문이 와야 한다. 여기에서는 동사어간 '삼-'에 존경법 선어말어미 '-ᄋᆞ시-'가 통합된 것이 앞에 왔으므로 '삼ᄋᆞ시-'를 명사화하는 절차가 필요하다. 이에 따라 '三時爲'를 해독할 때에 동명사어미 '-ᄋᆞᆫ'을 보충했다. 고대에는 동명사어미가 표기되지 않을 때가 많다는 사실을 고려하면 이 보충은 문제될 것이 없다. 존경법의 '-ᄋᆞ시-' 바로 뒤에 동명사어미 '-ᄋᆞᆫ'이 통합되면 독특하게도 'ㅎ'이 개입한다는 것은 앞에서 이미 거론했다. 원래는 '三時爲'가 '삼+ᄋᆞ시+ᄋᆞᆫ'의 형태론적 구성인데, 이 'ㅎ'의 삽입으로 말미암아 마치 '삼+ᄋᆞ시+ᄒᆞᆫ'의 구성인 것처럼 보이게 된다. 이것을 이 목간에서는 '三時爲'로 표기한 것이다.

이제, 마지막 10행으로 넘어간다.

(18) 10행의 판독과 해독

판독: 財?叢?於?放賜哉

해독: 財 몯ᄋᆞ며 놓ᄋᆞ시직

직역: 재물(을) 모으며 (내)놓으시는구나

의역: 재물을 모으면서 (동시에) 내 놓으시는구나

---

38 春正月 民多饑死 給粟人一日三升 至七月.

39 一口一日三升爲式 終事而計 三十萬五百碩也.

10행의 첫머리에 온 '財?'는 뒤에 오는 동사 '叢?'과 '放'의 목적어이다. 그런데 '財'의 우리말 훈을 찾기가 쉽지 않다. ':쳔량'(월인석보 12, 22)이 보이기는 하지만 이것은 한자어 '錢粮'에 기원을 둔다. '物'의 훈 '갓'과 '富'의 훈 '가ᄉᆞ멸-' 등을 고려해 보기도 했지만 이들 한자가 '財'와 同義일지 의심스럽다. 따라서 위의 해독에서는 '財'를 훈독하지 않고 그냥 두었다. 더 좋은 해독이 나오기를 기다린다.

둘째 글자 '叢?'은 훈독하여 동사 '몯-'으로 읽는다. 중세어에서는 이 동사가 자동사로도 쓰이고 타동사로도 쓰인다. 현대어에서 자동사는 '모이-'로, 타동사는 '모으-'로 분화했다. '旀?'가 현대어의 연결어미 '-며'에 대응한다는 것은 이미 상식이다. 이곳에서는 [동시]의 의미가 강한 것으로 본다. 즉 '(재물을) 모으기도 하면서 (동시에) 내놓기도 하시는구나'의 뜻으로 이해한다.

넷째 글자 '放'도 '놓-' 동사로 훈독한다. '賜'는 존경법 선어말어미 '-(ᄋᆞ)시-'에 해당한다. 존경법 어미가 통합되었으므로, '모으거나(叢)' '(내)놓는(放)' 주체는 '聖골, 眞골' 등의 존귀한 인물, 안민가의 시어로는 '君'이다. 『삼국사기』 신라본기 聖德王 21년(722년) 기사에 '秋八月 始給百姓丁田' 즉 '가을 8월에 처음으로 백성들에게 丁田을[40] 주었다'는 기사가 나온다. 이 기사의 '처음으로(始)'라는 부사는 이 목간의 '오ᄂᆞᆯ(今日)'에 대응하고, '丁田'은 목간의 '財?'에 대응하는 것 같아 무척 흥미롭다. 『삼국사기』 전체 기사 중에서 丁田을 나누어 주었다는 기사는 오직 이것뿐이므로 이 기사와 목간 기록의 합치를 믿기로 한다. 이 합치에 따르면, 이 목간의 '골(万)'은 바로 聖德王이 될 것이고 이 목간의 제작 시기는 바로 722년이 될 것이다. 종결어미 '哉'가 720년과 755년의 이두 자료 두 곳에만 사용되었는데, 이것도 이 시기 추정을 지지해 준다.

마지막에 온 '哉'는 향가의 '齊'나 '制'에 대응하는 종결어미이다. 한국 중세 한자음을 좇아 '哉'를 '징'로 읽으면 '齊'의 '졔'나 '制'의 ':졔'와 음가가 조금씩 차이가

---

40 이 丁田은 성년 남녀에게 나누어 준 농토를 뜻한다. 고대에는 농토가 가장 중요한 재물이었다.

난다.[41] 여기에서는 일단 '哉'를 종결어미 '-직/져'로 읽어 둔다. 이보다 더 중요한 것은 종결어미 '哉'에 [감탄]의 의미가 있는지의 여부이다. 일반적인 종결어미 '-다'와는 달리 이 '-직/져'에는 [감탄]의 의미가 들어가 있다고 본다. 이것은 문맥적 판단에 따른 것이다. 존귀한 인물 즉 君主는 재물을 그러모으는 데에는 익숙하지만 내놓는 데에는 인색할 때가 많다. 그런데도 존경법의 '-賜-'에 호응하는 이 목간의 '골(万)' 즉 군주는 분명히 재물을 '내놓고(放)' 있다. '몸(身)' 즉 '臣民'의 처지에 있는 이 목간의 話者는 이에 감격하여 '골' 즉 군주를 칭송한다. 이것이 필자가 이해하는 이 목간의 핵심 내용이다. 따라서 [감탄]의 의미가 종결어미 '哉'에 담겨 있다고 본다.

이 목간에서는 '골(万)'로써 '君'을 지칭하고 '몸(身)'으로써 '臣民'을 가리키고 있으므로 고도의 비유법이 적용되어 있다. 이 8행은 기존의 安民歌보다 훨씬 문학성이 높다. 나머지 부분은 일상 언어에서 그리 멀지 않다. 적절한 기준, 구체적으로는 '一口一日三升爲式'의 '式'을 마련하여 세금을 걷어 들이고, 이를 공평하게 분배해 주기를 바라는 소망이 9행과 10행에 담겨 있다. '오늘(今日)'이라는 시간 부사를 감안한다면, 君主가 이미 그렇게 하였음을 臣民의 처지에서 칭송한 것일 가능성이 더 크다. 이러한 소망이나 칭송은 곧 인간 정서의 발현이다. 따라서 이 목간에 詩歌가 기록되어 있다고 해도 전혀 지나친 말이 아니다. 이 시가의 형식은 향가의 10행 형식과 일치하며 그 표기법도 향찰과 거의 일치한다. 한 마디로 요약하자면, 이 목간에 기록된 것은 新羅의 鄕歌이다.

이 향가의 詩題로는 '万身歌' 또는 '万財家'가 먼저 떠오른다. 내용으로는 '万財家'가 어울리지만 '財?'의 판독이 확정된 것이 아니라는 점이 마음에 걸린다. 판독이 확실할 뿐만 아니라 고도의 비유법이 들어가 있다는 점에서 '万身歌' 즉 '골몸 노래'를 택하기로 한다.

지금까지 두 편의 신라 시가가 목간에 기록되었음을 논의하였다. 첫째의 憂辱

---

41 중국 중고음으로 '哉'는 [精開1平咍], '齊'는 [從開4平齊], '制'는 [章開AB去祭]의 음가이다. 서로 조금씩 차이가 난다.

歌는 귀족 취향의 시가인 데에 비하여 둘째의 万身歌는 서민 취향의 시가이다. 憂辱歌가 불완전하기는 하지만 漢詩의 형식을 택한 데에 비하여, 万身歌는 고유어를 기반으로 하는 鄕歌 형식을 취했다. 신분 계층에 따라서 향유하는 문학 장르가 달라질 수 있음을 이 두 시가는 잘 보여 준다.

憂辱歌의 작자는 개인의 고뇌를 시상으로 삼았지만 万身歌는 신하와 백성들의 기쁨을 시상으로 삼았다. 전자가 개인적 정서라면 후자는 집단적 정서이다. 전자가 우울하고 번민하는 상황이라면 후자는 희망차고 즐거운 상황이다. 우연한 대립이겠지만, 두 개의 시가 목간에서 정서가 서로 대립된다는 점이 무척 흥미롭다. 이처럼 서로 대립하는 정서가 표현된 것은 아마도 두 시가가 시대 상황을 그대로 반영했기 때문인 듯하다.

憂辱歌는 전체 詩句를 다 찾아낸 것이지만 万身歌는 전체 10행 중에서 마지막의 3행 분량을 찾아낸 것에 불과하다. 10행 형식의 향가를 세 점의 목간에 나누어 기록했을 것이라 추측된다. 나머지 두 점의 목간을 찾아낸다면 이보다 더 기쁜 일은 없을 것이다.

논의가 장황했음에도 이 글에는 부족한 점이 적지 않다. 글자 판독이 아직 불확실하거나 논의 과정에 비약이 있는 곳도 있을 것이다. 다방면의 비판을 환영하면서, 더 정확하고 훌륭한 판독 및 해독이 나오기를 기대한다.

7. 表記法

3~6章에서 우리는 구체적인 예를 들어 목간을 어떻게 판독하고 해독하는지 그 방법을 기술해 왔다. 이제부터는 목간 기록이 의미하는 바를 국어학적 연구 주제에 맞추어 논의하기로 한다.

이 章에서는 먼저 表記法을 논제로 삼는다. 목간 자료를 중심으로 신라의 표기법과 백제의 표기법을 각각 정리한 다음, 이들을 서로 대비하여 그 異同을 논의하는 데에 목적을 둔다.

널리 알려져 있듯이, 『삼국사기』와 『삼국유사』 등에 기록된 백제의 지명, 인명, 관명 등을 제외하면 백제어 자료라고 할 만한 것이 거의 없다. 그런데 이 고유명사도 사실은 백제 당시의 표기라고 하기가 어렵다. 『삼국사기』 지리지 권제35와 권제37의 백제 지명도 사실은 백제가 멸망한 이후 약 100년이 지나서 신라 경덕왕 때에 기록되었기 때문이다. 이 시차에서 다음과 같은 의문이 제기된다. 『삼국사기』 지리지의 백제 지명 표기가 멸망 이전의 백제 표기를 그대로 수용한 것일까? 백제 지명 표기에 삼국 통일 이후의 신라 표기법을 적용한 것은 아닐까? 이 문제는 고대의 언어 자료를 연구할 때에 반드시 짚어 보아야 할 문제이지만, 백제의 실물 언어 자료가 거의 전해지지 않은 상태라서 이 기초적인 문제조차도 제기된 바가 없다.

이에 반하여, 80점[1] 가까이 출토된 百濟木簡은 백제의 표기법을 여실히 보여준다. 백제목간은 위에서 제기한 문제를 해결하는 데에 결정적인 자료가 된다. 목간 자료는 고대의 一次 實物資料이므로 기록 당시의 표기법과 언어를 그대로 전해 주기 때문이다. 출토된 양도 많지 않고 아직 판독되지 않은 글자도 적지 않아서 백제의 표기법을 논의하는 것이 시기상조일지도 모른다. 그런데도 이 章에서 백제목간의 표기법을 굳이 연구의 대상으로 삼은 까닭은 백제목간의 국어학적 가치가 그만큼 크기 때문이다.

현재까지 주로 이용해 왔던 고대어 자료에는 각종의 金石文, 古文書, 鄕歌 등이 두루 포괄되는데, 이들은 거의 대부분 신라의 자료이다. 이 章에서는 이들을 대상으로 하여 먼저 신라의 표기법을 정리한 다음, 이것을 新羅木簡의 표기법과 대비할 것이다. 그리하여 신라목간의 표기법이 기존의 고대 신라어 자료에 적용된 표기법과 다르지 않음을 논의할 것이다.

나아가서 신라목간의 표기법과 백제목간의 표기법을 대비하여, 그 차이점과 공통점을 정리할 것이다. 신라의 표기법을 대표하는 것으로 흔히 訓主音從의 원리와 末音添記를 드는데(金完鎭 1980), 이들이 백제의 표기법에도 적용되었을까? 현재까지 출토된 백제목간에서는 단어를 韓音字 爲主로 표기했으므로, 韓訓字를 사용한 훈주음종의 예는 찾을 수 없다. 말음첨기의 예도 찾기가 어렵다. 이 점을 중시하여 신라와 백제의 표기법이 서로 달랐음을 논증할 것이다.

1. 신라목간의 표기법

고대의 표기법을 정리하는 기준으로 다음의 세 가지를 들 수 있다.

1 최근에 출토된 백제목간을 포함하면 80점이 넘는다.

(A) 문장은 한국어 어순에 따라 표기한다.

(B) 문장은 한국어의 문법 형태를 드러내어 표기한다.

(C) 한국어 단어는 훈주음종과 말음첨기의 원리로 표기한다.

(A)는 한국어의 어순과 중국 漢語의 어순이 서로 다르기 때문에 설정한 표기 원리이다. 이 원리를 위반한 것은 한국어 문장 자료에서 배제한다. (B)는 한국어 문장이 표기되었음을 증명해 주는 핵심적인 조건이다. (C)는 고대의 표기법에 대한 기존의 논의에서 가장 중시해 왔던 기준이다.

1.1. 금석문의 표기법

廣開土大王碑의 비문은 거의 대부분 중국 한어의 어순을 따랐으므로 한국어 문장 표기의 예에서 제외하는 것이 일반적이다. 5세기 중엽의 瑞鳳塚銀合杅과 平壤城壁刻字도 마찬가지이다.

(1) 漢語 어순

1. 延壽元年 太歲在卯三月中 太王敬造合杅 用三斤六兩 (瑞鳳塚銀合杅, 451년)
2. 丙戌十二月中 漢城下後卩 小兄文達 節 自此 西北行 涉之 (平壤城壁刻字, 446년? 506년?)

'三月中'과 '十二月中'의 '中'이 처격조사로 사용되었다는 점과 (1.2)의 '涉之'의 '之'가 문장 종결사로 사용되었다는 점을 들어, (1)을 이두문의 일종으로 간주하기도 한다(李基文 1981). 그러나 이보다 시기가 이른 중국의 목간에서도 이러한 예가 적지 않게 발견되므로 이들의 '中'과 '之'를 한국에 고유한 표기가 아니라 중국 한어의 표기라고 해석할 수도 있다(金秉駿 2009). '中'과 '之'의 용법에 대해서는 이처럼 이견이 있지만, (1.1)의 '用三斤六兩'과 (1.2)의 '自此'가 한국어 어순이 아니라 중국 한어의 어순이라는 점에는 이견이 전혀 없다. 이것을 강조하면 (1)

의 예들은 (A)의 기준을 벗어난 것이 된다.

6세기 전반기에 제작된 浦項中城里新羅碑(501년), 迎日冷水里新羅碑(503년), 蔚珍鳳坪里新羅碑(524년), 永川菁堤碑丙辰銘(536년), 丹陽新羅赤城碑(545년?, 551년?) 등과, 6세기 3/4분기에 세워진 신라 진흥왕의 북한산순수비(555년), 창녕순수비(561년), 황초령순수비(568년), 마운령순수비(568년) 등에서도 한국어 어순에 따라 비문이 작성되었다는 증거를 찾기가 어렵다. 따라서 한국어 어순이 본격적으로 등장하기 시작한 것은 6세기 4/4분기라고 하는 것이 좋을 듯하다. 그 대표적인 예로 大邱戊戌塢作碑(578년)와 慶州南山新城碑(591년)를 들 수 있다.

(2) 戊戌塢作碑(578년)의 텍스트 분석 및 해독

1. 完工記: 戊戌年 四月 朔十四日 另冬里村 高□塢 作 記之
   무술년 4월 14일, 영동리촌(에) 高□ 둑(을) 지어 기록한다.
2. 參與者: 此 成在 □□者 都唯那 寶藏 □□□ 都唯那 慧藏 阿尺干 … 另冬里村 沙木乙 一伐 珎得所利村 也得失利 一伐 珎伊叱木利 一尺 伊助只彼日
   이(를) 이루신 □□는 都唯那 寶藏 … 伊助只 彼日(이고)
   塢大: 此 塢 大 廣卄步 高五步四尺 長五十步
   이 둑(의) 크기(는) 너비 20보, 높이 5보 4자, 길이 50보(이며)
   人夫數: 此 作 起數者 三百十二人 功夫如
   이(를) 지은 인원은 312인(의) 일꾼이다.
3. 完工日: 十三日 了作 事之
   13일(에) 다(완료하여) 지은 일이다.
4. 文作人: 文 作 人 壹利兮 一尺
   글 지은 사람(은) 壹利兮 一尺

(3) 慶州南山新城碑(591년)의 해독

辛亥年二月卄六日 南山新城 作 節 如法以 作 後 三年 崩破者 罪 教事爲聞 教

令[2] 誓 事之

신해년 2월 26일, 남산신성(을) 지을 때(에) 법대로 지은 뒤 3년(안에) 무너지면 죄 내리실 일이라 함을 듣고 내리신 명령에 맹세하는 일이다.

(2)의 '高□塢 作', '此 成在 □□者', '此 作 起數者', '文 作 人' 등과 (3)의 '南山新城 作 節', '作 後 三年 崩破者' 등은 한국어 어순임이 분명하다. 무술오작비는 578년에, 남산신성비는 591년에 세워진 것으로 추정되므로, 이 편년 추정에 따르면 신라 금석문에서 한국어 어순에 따라 문장을 표기하기 시작한 것은 6세기 4/4분기의 일이다. 壬申誓記石도 한국어 어순으로 기록된 대표적인 자료이지만 이것은 편년 추정이 아직 확실하지 않다.[3] 따라서 여기에서는 한국어 어순으로 작성된 문장의 초기 예로서 무술오작비와 남산신성비의 두 비문만을 들어 둔다.

그런데 이 두 비문에서는 (B)의 표기 원리도 확인된다. (2.2)의 끝에 온 '功夫如'의 '如'는 문법 형태의 일종인 단락 종결사 '*-다'를 표기한 것임이 분명하다(李丞宰 2008가). 널리 알려져 있듯이, 韓訓字로 사용된 '如'는 고유어 어간 '*다ᄒᆞ-'의 '*다'에 해당한다. 그렇다면 (2.1), (2.3), (3)의 끝에 온 종결사 '之'도 고유어의 문법 형태 '*-다'를 표기한 것일 가능성이 크다. 첫째로, 단락이 끝나는 자리에 온다는 점에서 '如'와 '之'는 문법적 기능이 동일하다. 둘째로, 이 용법의 '如'와 '之'가 동일 자료에서 교체되어 사용되었다. 예컨대 무술오작비와 8세기 중엽의 자료인 華嚴經寫經造成記에서 '如'와 '之'가 서로 교체되어 사용되었다. 따라서 '如'와 '之'가 한국어의 문법 형태 '*-다'를 표기한 것은 분명하다.

한편, (2.2)의 처음에 온 '此 成在 □□者'에도 문법 형태가 표기되었다. 이곳의 '在'는 석독구결의 'ㄱ 1 (견)'에 대응하는 것으로서 존경법 선어말어미 '*-겨-'와

2 이 '爲聞敎令'을 어떻게 해석해야 할지 아직 확실하지 않다. '함을 듣고 내리신 명령에' 정도로 해석해 보았다.

3 흔히 612년으로 추정하지만 여기에 기록된 『詩經』, 『尙書』, 『禮記』, 『左傳』(또는 春秋傳) 등의 儒學書를 612년 이전에 이미 교육하였다는 기록을 찾기가 어렵다. '誓'가 반복적으로 사용되었다는 국어학적 논거만을 기준으로 삼는다면 이용현(2016)이 주장한 것처럼 552년에 제작되었을 가능성도 있다.

동명사어미 '*-ㄴ'의 결합체를 표기하고, '者'는 주제 보조사 '*-은/는'에 대응한다(李丞宰 2001). (3)의 '如法以'에 사용된 '以'는 문법 형태 '*-로'에 대응하고(安秉禧 1987: 1025), '崩破者'의 '者'는 조건·가정의 '*-면'에 대응한다(南豊鉉 1975). 여기에서 거론한 것들이 모두 문법 형태의 일종임이 분명하므로, 무술오작비와 남산신성비의 비문은 (A)의 한국어 어순을 따르면서 동시에 (B)의 한국어 문법 형태를 드러내어 표기한 대표적인 예가 된다. 이 두 자료에서는 (C)의 훈주음종과 말음첨기의 표기가 보이지 않는다는 공통점도 눈에 띈다.

문제가 되는 것은 무술오작비의 편년이 과연 578년까지 거슬러 올라갈 수 있느냐 하는 점이다. '在'의 용례와 단락 종결사로 사용된 '如'의 용례가 주로 8세기 자료에 나타난다는 국어학적 논거를 들어 李丞宰(2001, 2008가)에서는 무술오작비의 편년을 698년으로 추정한 바 있다. 그런데 이 추정은 몇 가지 문제를 미처 고려하지 않은 것이었다. 삼국통일 이후에는 신라의 지방관에게도 京位를 부여함으로써, 무술오작비에 나오는 外位 관등명 '阿尺干, 一伐, 一尺, 彼日' 등이 674년에 폐지되었다. 그런데 이 비문에 이 관등명이 나오므로 이 비문의 戊戌年은 578년이나 638년이 되어야 한다. 여기에다 이 비문의 서풍이 南北朝 시대의 隸書風을 띤다는 점을 덧붙인다면 무술오작비의 편년은 638년보다는 578년일 가능성이 더 커진다. 예서의 서풍은 6세기 말엽에 사라지기 때문이다.

1.2. 신라목간의 한국어 어순과 문법 형태

지금까지는 대개 신라의 금석문을 중심으로 한국어의 고대사를 기술해 왔다. 그런데 신라의 목간 자료를 연구 대상에 포함하면 무술오작비의 편년을 578년으로 수정할 수밖에 없다. 예컨대 경주 월성해자에서 출토된 목간은 기존의 금석문 자료가 안고 있는 한계를 보여 주는 데에 결정적인 역할을 한다.

(4) 경주 월성해자 2호 목간의 해독

1면: [　大烏知郎足下可行白ㅣㅣ]

大烏知郎 足下(께) 可行(이) 사뢰니다.

2면: [經中入用思買白不踓紙一二个]

經에 들여 쓸 생각(으로) 白不踓[4] 종이 열두 매(를) 사겠습니다.

3면: [牒垂賜敎在之 後事者命盡]

牒(을) 내려 주신 敎(가) 있습니다. 뒷일은 목숨이 다하도록

4면: [使內]

부리겠습니다(하겠습니다).

(5) 경주 월성해자 20호 목간의 해독

전면: [<第八巷 第卄三大舍麻新立在節草辛/]

여덟째 거리(는) 스물셋째 大舍(인) 麻新(이) 세우신 (것이다.) 때(는) 풀(이) 드문 (때다.)

(6) 경주 월성해자 4호 목간의 해독

전면: [▣▣▣▣一伐▣使內 生耶死耶]

… 一伐▣ 부리겠습니다. 삶이나 죽음이나(살든 죽든)

(4)는 문서목간의 일종인데, '買白不踓紙一二个' 부분을 제외하면 모두가 한국어 어순으로 작성되었고 전면 끝에 온 '丨'는 '*다'로 읽는다(鄭在永 2008). 이 '丨'는 후대의 口訣字 '丨[다]'와 같은 것으로서 그 字源은 '如'이고 단락 종결사 '*-다'에 해당한다(李丞宰 2008가). 2면의 '中'은 처격조사로 사용된 것이 분명하고(金永旭 2010), 3면의 '者'는 주제 보조사 '*-은/는'에 해당한다.

(5)도 한국어 어순을 따르고, 이곳의 '立在'에 사용된 '在'는 존경법 선어말어미 '*-겨-'에 동명사어미 '*-ㄴ/은'이 통합된 형태를 표기한다. (6)은 문장이 짧아서 한국어 어순인지 중국 한어의 어순인지 드러나지 않는다. 그렇지만, 이

4 이 부분의 해독은 아직 확실하지 않다.

두에 자주 사용된 '使內'가 나온다는 점이 주목된다. '使內'의 '內'는 문법 형태의 일종일 가능성이 크기 때문이다. (6)의 '使內'는 (4)의 '使內'와 더불어 7세기 전반기에 이두문이 널리 사용되었음을 말해 주는 결정적인 증거이다. 또한 '生耶死耶'의 '耶'는 명사구 병렬의 기능을 가지는 석독구결의 '-ㆍ[여]'에 해당한다. 만약에 '耶'를 '那'로 판독할 경우에는 '那'가 선택 또는 열거의 의미를 가지는 문법 형태 '-ㄗ[나]'에 대응한다(李丞宰 2009가). 그렇다면 경주 월성해자 목간에서는 (A)의 한국어 어순과 (B)의 한국어 문법 형태가 두루 확인된다고 말할 수 있다.

월성해자에서는 31점의 목간이 출토되었는데, 발굴 기록이 자세하지 않아서 각각의 목간이 어느 지층에서 수습된 것인지 분명치 않다. 그런데도 학자들은 7세기 전반기에 제작되었을 것으로 추측하고 있다. 일부의 학자는 제작 시기가 6세기까지 거슬러 올라간다고 주장하지만 서풍으로 보면 월성해자 목간에서는 남북조 시대의 예서풍이 거의 보이지 않는다. 전부터 존재했던 자연적인 해자를 문무왕 때에 개축했다는 기록이 나오는데, 목간은 이 개축 이전의 자연 연못 형 해자에서 출토되었으므로 월성해자 목간의 제작 시기는 문무왕 이전일 것이다. 이 두 가지를 중시하여 이 글에서도 7세기 전반기 제작설을 따르기로 한다.

그렇다면 7세기 전반기의 월성해자 목간과 6세기 4/4분기의 무술오작비 및 남산신성비의 표기법이 서로 공통되고 시간적으로도 서로 자연스럽게 연결된다. 즉, (A)와 (B)의 표기법이 이들 자료에 두루 적용되었다. 이 점을 강조하면 무술오작비의 편년을 578년으로 잡더라도 큰 문제가 발생하지 않는다. 무술오작비의 '-在'는 (5)의 '立在'의 '-在'로 이어지고, 무술오작비의 단락 종결사 '-如'는 (4)에서 '白ㅣ'의 '-ㅣ'로 이어진다. 이 국어학적 연속성을 중시하면 (A)와 (B)의 표기법이 6세기 4/4분기부터 적용되었다고 확신하게 된다.

7세기 초엽에 제작된 것으로 추정되는 河南 二城山城 목간도 당연히 분석의 대상으로 삼아야 한다. 그런데 하남 목간은 판독이 확실하지 않아서 한국어 어순인지 중국 한어의 어순인지 확실하지 않을 때가 많다. 하남 목간에는 한국어 문법 형태를 표기한 것처럼 보이는 글자들이 나오는데, 이들이 대개는 후대의 구결자와 유사하다는 점에서 주목할 만하다.[5] 그러나 이 판독이 확실한 것일지 필자 스스로 확신하지 못하고 있다. 따라서 하남 목간에 한국어 어순이 적용되었는지, 한국어 문법 형태가 기록되었는지 등의 여부는 차후의 연구 과제로 남겨둔다.

咸安 城山山城 목간은 6세기 중엽에 제작된 신라 最古의 목간이다(李成市 2000). 함안 목간에 과연 (A)의 한국어 어순에 따르고 (B)의 한국어 문법 형태를 표기한 것이 등장할까? 만약 등장한다면 이들은 기존의 금석문보다 이른 시기의 자료가 되므로 국어학적으로 아주 큰 가치를 가진다. 결론부터 말하면 함안 목간에서도 한국어 어순과 한국어 문법 형태를 찾을 수 있다.

문장 표기는 주로 文書木簡에서 찾을 수 있고, 4면 목간에 특히 문서 기록이 많다는 것은 널리 알려져 있다. 다음의 함안 성산산성 221호와 223호 목간은 문서 목간의 일종이면서 4면 목간이다.

(7) 함안 성산산성 221호 목간의 해독

1면: [六月中▣孟?馮?成?▣邦?村主敬白之▣▣禡?成?行?之 ㅈ]

6월에 ▣孟?馮?成?▣邦? 촌주가 삼가 사뢰닙니다. "▣▣ 군대 제의를 이루러 갔습니다.

2면: [兜▣來?昏?▣▣也爲六瓯大城?従人丁六十巳? ㅈ]

투구와 ▣도 오고 저물녘에 ▣▣했습니다. 6백의 벽돌을 위하여 大城?을 좇아서 성인 남자 육십

3면: [丨彡走在日來此▣▣▣金?有和?▣ ㅈ]

다섯이 서둘러 가려는 날에, 와서 이 ▣▣▣ 金?有和?가 ▣

4면: [卒日治?之人此人嗚磚?藏?置不行遣乙白 ㅈ]

죽어서 상을 치렀습니다. 사람들이 슬피 울고 벽돌로 감추어 두느라고 못 갔음"을 사뢰닙니다.

---

5 아래의 (17.1)을 참고하기 바란다.

성산산성 221호 목간은 총 68자가 기록되었을 정도로 분량이 많고, 기록 내용의 요지도 파악되므로 대단히 중요한 목간이다. 5章에서 이 목간에 대해 이미 논의한 바 있으므로, 기록 내용을 반복하지 않고 생략한다.

중요한 것은 이 목간의 내용이 대부분 한국어 어순으로 기록되었다는 점이다. '大城?從(큰 성을 좇아서), 走在日(서둘러 가려는 날), 卒日治?之(죽어서 상을 치렀다), 藏?置(감추어 두려고), 不行遣乙白(못 갔음을 사뢰니다)' 등을 그 예로 들 수 있다. 중국 한어의 어순을 채용한 것은 '爲六甋(6백의 벽돌을 위하여)'밖에 없다. 이처럼 한어 어순이 부분적으로 섞이는 것은 여타의 이두문에서도 두루 확인되므로 낯선 것이 아니다. 그렇다면 신라목간에서는 함안 성산산성 목간부터 즉 6세기 중엽부터 한국어 어순에 따라 문장을 작성했다는 결론이 나온다.

이 목간에는 한국어의 문법 형태도 많이 표기되었다. '六月中'의 '中'은 한국어의 처격조사에 대응한다. '敬白之, 成?行?之, 卒日治?之'의 '之'는 단락 종결사에 해당하고 2면에 온 '▣▣也'의 '也'도 이 부류에 든다. 이들이 한국어 문법 형태인가 漢語의 語助辭인가에 대해서는 논란의 여지가 있으나 '走在日'의 '在', '不行遣乙'의 '遣'과 '乙', '人此人'의 '此'는 한국어의 문법 형태를 표기한 것이 분명하다. '在'와 '遣'은 존경법 선어말어미 '*-겨-'에 동명사어미 '*-ㄴ'이 통합된 '*-견'이고, '乙'은 대격조사 '*-을'이며, '此'는 접속조사 '*-이'이다. '不行遣乙'의 '-遣乙'은 음독하여 '*-견을'로 읽을 수 있다.[6] '人此人'의 '此'를 훈독하여 '이'로 읽으면 '人此人'은 석독구결의 표기로 '人 リ 人'이 된다. 석독구결의 '佛 リ 菩薩'에 온 '- リ'는 일종의 접속조사로서 현대어의 '-와/과' 정도의 의미를 가지는데(박진호 2008), 이에 따르면 이 목간의 '人此人'과 석독구결의 '佛 リ 菩薩'이 통사론적 구성이 같아진다. 따라서 '人此人'의 '此'도 한국어의 문법 형태 '*-이'를 표기한 것이다.

종합하면 이 목간에 사용된 '中, 之, 也, 在, 此, 遣, 乙'의 일곱 글자가 한국어의

6 향찰과 이두에서는 이 '遣'자가 주로 연결어미 '*-고'의 표기에 사용되었고, '遣'에 대격조사 '乙'이 바로 뒤따르는 형태론적 구성은 보이지 않는다. 반면에, 석독구결의 형태론적 구성에 따르면 이 '*-견을'은 존경법 선어말어미 '-ナ[겨]-'에 동명사어미 '-ㄱ[은]'이 통합된 다음에 다시 대격조사 '-ㄹ[을]'이 통합된 구성이다.

문법 형태를 표기한 셈이 된다. 이 중에서 논란의 소지가 있는 '中, 之, 也'를 제외한다 하더라도 '在, 此, 遣, 乙'의 네 글자가 한국어의 문법 형태를 표기한 것은 분명하다. 이 넷은 모두 한국어 문법 형태를 표기한 最古의 용례가 된다.

(8) 함안 성산산성 223호 목간

1면: [■■奇■ ■■ … ■■耳■久■■■■■■■■ 丨]

{… 奇 … 耳■久 … 다}

위의 함안 성산산성 223호 목간도 자획이 분명하지 않아서 판독되지 않은 글자가 아주 많다. 그러나 1면의 끝에 온 '丨'는 단락 종결사 '*-다'일 것이다. 이 글자는 (4)의 경주 월성해자 2호 목간에 나오는 '白丨'의 '丨'와 문법적 기능이 같다. 따라서 한국어의 문법 형태가 성산산성 목간부터 표기된다는 사실을 믿어도 될 것이다.

지금까지의 논의를 알기 쉽게 요약해 보자. 기존의 신라 금석문 자료에 따르면 (A)의 한국어 어순에 따라 표기하고 (B)의 한국어 문법 형태를 표기한 예가 6세기 4/4분기에 등장한다. 그런데 신라목간 자료에 따르면 7세기 전반기의 경주 월성해자 목간뿐만 아니라 6세기 중엽의 함안 성산산성 목간에서도 (A)와 (B)의 표기를 찾을 수 있다. 따라서 목간 자료에 따르면, 한국어 문장이 6세기 중엽부터 표기되기 시작한다고 결론지을 수 있다.

이 결론을 무술오작비의 비문에 적용해 보자. 기존의 금석문과 고문서 자료만으로 무술오작비의 제작 시기를 698년으로 끌어내리기도 했다(李丞宰 2001, 2008가). 이 비문에는 존경법 선어말어미와 동명사어미의 결합체인 '-在-'와 단락 종결사 '-如'가 나오는데, 이들 문법 형태는 주로 8세기 자료에 처음으로 표기되기 때문이다. 그런데 이들 문법 형태가 7세기 전반기의 경주 월성해자 목간뿐만 아니라 6세기 중엽의 함안 성산산성 목간에서도 사용되었다. 그렇다면 이제 이 비문의 제작 시기를 578년이라 하여도 국어사적으로 전혀 어긋날 것이 없다. 이러한 수정이 가능해진 것은 월성해자나 성산산성에서 출토된 신라목간 덕택임은 두말할 나위도 없다.

1.3. 신라목간의 末音添記와 訓主音從 표기

이제, (C)의 표기법 즉 말음첨기와 훈주음종의 원리가 언제부터 적용되었는지 논의하기로 한다. 널리 알려져 있듯이, (C)는 향가를 해독하는 과정에서 설정되었다(金完鎭 1980). (A)와 (B)의 표기법과 더불어 말음첨기와 훈주음종의 원리까지 준수하여 표기한 대표적인 자료가 향가이다.

『삼국유사』에 수록되어 전하는 향가는 모두 배경설화를 가지고 있다. 이 설화를 통하여 노래가 불린 시기를 추론할 수 있는데, 시기적으로는 신라 眞平王(재위 579~632년) 때의 노래인 薯童謠와 彗星歌가 가장 이르다. 서동요는 서동이 백제 武王(재위 600~641년)으로 즉위하기 이전에 불린 동요이므로 6세기 4/4분기의 노래이다. 彗星歌는 7세기 1/4분기의 노래라고 추정할 수 있다. 그런데, (9)의 예에서 볼 수 있듯이 薯童謠와 彗星歌에 훈주음종의 표기가 아주 많이 나온다. 이에 따르면 훈주음종의 표기는 6세기 4/4분기와 7세기 1/4분기에 이미 적용되었다고 말할 수 있다.

(9) 서동요와 혜성가의 훈주음종 표기

1. *ㄱ – 密只 '그슥~그슥' (서동요)
2. *ㄹ – 道尸 '길' (이하 혜성가)
3. *ㅁ – 岳音 '오롬'
4. *ㅅ – 城叱 '잣', 有叱如 '잇다', 有叱故 '잇고'
5. *리 – 舊理 '녀리', 倭理 '여리', 星利 '벼리'
6. *아 – 望良古(2회) 'ᄇᆞ라고'
7. *ᄫᆞᆫ – 白反也 '숣ᄫᆞᆫ여~ᄉᆞᆯᄫᆞᆫ여'

그런데 (9)와 같은 훈주음종 표기가 신라 진평왕 때에 이루어진 것이 아니라는 주장도 성립한다. 서동요는 동요의 일종이고 혜성가는 화랑도와 관련된 노래이므로, 처음에는 구전되다가 후대에 와서야 문자화되어 정착했을 가능성을 배제할 수 없다. 모든 향가가 1차 자료가 아니기 때문에 숙명적으로 이 가능성을 안고 있다. 이 주장에 따르면 훈주음종의 표기가 언제부터 시작되었는지 함부로 말할 수 없게 된다.

(10) 華嚴經寫經造成記의 훈주음종 표기

經 寫 時中 並 淳淨爲內 新淨衣 悠水衣 臂衣 冠 天冠 等 莊嚴 令只者 二 靑衣童子 灌頂針 捧弥 (4~5행)

더군다나 기록의 절대연도가 분명한 이두 자료를 두루 검토해 보더라도 훈주음종이 적용된 표기는 (10)의 '令只者'을 제외하면 거의 보이지 않는다. 10세기까지의 이두 자료에서 훈주음종의 원리가 적용되었다고 할 만한 자료는 이것밖에 없다.[7] '令只者'은 사역동사 어간 '*시기-' 또는 '*ᄒᆞ기-'를 표기한 것이고, 이곳의 '只'는 사역동사의 파생접사 '*기'를 첨기한 것이다. 華嚴經寫經造成記는 755년에 작성된 것이므로, 기존의 이두 자료에서는 말음첨기와 훈주음종의 표기가 8세기 중엽에 적용되기 시작했다는 결론이 나온다.

향찰을 기준으로 하면 6세기 4/4분기에, 이두를 기준으로 하면 8세기 중엽에 훈주음종의 표기가 시작된다는 시간적 괴리를 어떻게 해소할 것인가? 두 가지 방안이 떠오른다. 첫째는 앞에서 논의한 것처럼 향찰 표기가 후대에 예컨대 8세기 중엽에 정착했다고 보는 방안이고, 둘째는 말음첨기와 훈주음종의 표기법이 향찰에만 적용되고 이두에는 적용되지 않았다고 보는 방안이다.

이 문제는 향찰과 이두 표기가 가지는 특수성을 논의할 때에 반드시 짚고 넘어가야 할 것이다. 그러나 신라목간 자료를 포괄하여 국어사를 기술하게 되면 이 문제는 사소한 문제로 전락한다. 뒤에서 자세히 논의하겠지만, 신라목간 자료에

7 11세기에 들어서면 이두에서도 훈주음종의 표기가 많아진다.

서는 6세기 중엽에 이미 말음첨기와 훈주음종의 표기가 나타나기 때문이다. 이것이 국어사적 핵심이요, 정곡을 찌르는 결론이라 할 수 있다.

이 결론에 따르면, 신라 진평왕 때의 서동요와 혜성가에서 말음첨기와 훈주음종의 원리에 맞춰 표기한 것을 그대로 믿어도 된다. 나아가서, 이두에서 이 표기가 거의 발견되지 않는다는 점을 지적할 필요도 없다. 목간의 표기는 기본적으로 이두 표기인데, 목간에 말음첨기와 훈주음종을 준수한 표기가 아주 많이 나오기 때문이다.

먼저, 6세기 중엽의 자료인 함안 성산산성 목간에서 말음첨기와 훈주음종의 표기 예를 찾아보기로 한다. (11)의 네 자료에서 인명 표기의 '文尸'이 공통된다. 이곳의 '文'을 훈독하고 '尸'를 [ᅀᆞᆶ/ᅀᅳᆶ]로 음독하면 '文尸'이 15세기의 '글'이 된다 (李丞宰 2009가).[8] 이 해독은 당연히 '文'이 인명 표기에 쓰인 韓訓字이고 '尸'이 음절말의 'ㄹ'을 표기한다는 점을 전제로 한다.

(11) 文尸 = *글

1. [陽 ﾞ 村文尸只 稗 〻] (함안 102)
2. [及伐城文尸伊稗石 〻] (함안 148)
3. [及伐城文尸伊急伐尺稗石 〻] (함안 149)
4. [及伐城文尸▣稗石〻 >] (함안 214)

이처럼 '文尸'을 훈주음종 표기로 이해할 때에는 '尸'를 음절말 자음 '*ㄹ'로 읽을 수 있느냐 하는 문제가 제기된다. 향가에서 '尸'이 '*ㄹ' 말음을 첨기할 때에 자주 사용되었다고 하여 목간에서도 그랬을 것이라고 함부로 단정해서는 안 되기 때문이다. 그런데 함안 목간에서 '尸'이 음절말 자음 '*ㄹ'을 표기한 예가 또 발견된다.

8 『삼국사기』 지리지 권37의 '文峴縣一云斤尸波兮'도 참고가 된다.

(12) '尸'의 음절말 자음 '* ㄹ' 표기 예

1. [陽村上入尸只　　×] (함안 43)

2. [⸾ 蒜尸子　　　　] (함안 80)

(12.1)의 '上入尸只'에서 '尸'는 동사 '*들-(入)'의 '* ㄹ'을 첨기한 것으로 판단된다. (12.2)는 權仁瀚(2009나)가 '蒜尸子'로 판독한 바 있다. 이 판독에 따라 '蒜'과 '子'를 훈독하고 '尸'를 음독하면, '蒜尸子'는 15세기의 '마늘 씨'에 대응한다. '蒜尸'과 '마늘'의 대응에서 '尸'이 음절말 자음 '* ㄹ'을 표기한 것임이 잘 드러난다. 그렇다면 '文尸'과 '蒜尸'의 두 예에서 공통적으로 '尸'이 음절말 자음 '* ㄹ'에 대응하는데, 이것은 범상한 일이 아니다. 이것을 논거로 삼아, 향가에서와 마찬가지로 신라목간에서도 '尸'가 韓音字로 사용되었고 음절말 자음 '* ㄹ'을 표기했다고 결론지을 수 있다.

(9.5)에서 이미 예를 들었듯이, 향가에서는 다음절 단어의 마지막 음절 '* 리'를 음차자 '理' 또는 '利'로 첨기한다. 그런데 6세기 중엽의 함안 목간에서도 말음첨기의 '利'가 사용되어 주목된다. 언뜻 보기에 아래 (13.1~3)의 '沒利'와 '勿利'에서도 '-利'가 말음첨기의 용법으로 사용된 듯하다. 그런데 이것은 훈주음종의 예가 아니다. 앞에 오는 韓音字 '沒'과 '勿'이 음절말 자음 'ㄹ'을 가진다는 것을 확인해 주기 위하여 '-利'가 첨기되었다고 할 수 있지만, '沒'과 '勿'을 훈독한 것이 아니라 음독한 것이라서 훈주음종의 예에 넣을 수가 없다.

(13) 말음첨기의 '利'

1. [<弘▣沒利負　　　　　] (함안 56)

2. [勿利乃亢藏支稗 ○] (함안 57)

3. [勿利村 倦益尔利 ×] (함안 103)

4. [< 日糸利稗石　　　　　×] (함안 158)

그러나 (13.4)의 인명 표기 '日糸利'는 훈주음종의 표기라고 할 수 있다. 이곳의 '日'과 '糸'를 훈독하고 '利'를 음독하면 '日糸利'는 '*날시리'가 된다. 즉, 이곳의 '糸利'에 15세기의 '실(絲)'이 대응하므로 고대 신라어 '*시리'를 재구할 수 있다(李丞宰 2009가).

일찍이 金完鎭(1980)은 鄕歌의 '星利'(彗星歌)와 15세기의 '별(星)'의 대응을 논거로 삼아 고대 신라어 '*벼리'를 재구한 바 있다. '糸利'와 '星利'는 음절 구성이 CVCV라는 점에서 서로 같고, 여기에 적용되는 통시적 음운규칙과 聲調도 서로 일치한다. 따라서 이 '糸利'도 훈주음종의 원리에 따라 표기된 것이 분명하다. 이에 따르면, 말음첨기와 훈주음종의 원리는 6세기 중엽의 함안 성산산성 목간에서 이미 적용되었다고 할 수 있다.

그런데 '利'로 말음을 첨기한 예가 '糸利' 하나밖에 없다면 아무래도 불안하다. 이것을 해소해 준다는 점에서 (14)의 '四刂'는 아주 귀중하다. 이곳의 '刂'는 '利'의 우변을 딴 것으로서 後代의 口訣字 'ㅣ[리]'와 사실상 같다. 따라서 이 글자는 '利'에서 비롯된 韓國字(구체적으로는 韓半字)이고, '*리'로 읽을 수 있다.

(14) 말음첨기와 훈주음종의 '刂'

[羅兮■仇伐尺并作前■酒四刂ㄨ瓮] (함안 218-2)

이곳의 '作前■酒四刂瓮'은 '前■로 빚은 술, 네 독'으로 해독된다. 경주 월지 39호 목간의 '前實粬酒'를 참고하면 이곳의 ■는 '粬'일 가능성이 크다. 그런데 '四刂'를 훈주음종의 원리에 따라 '四'를 훈독하고 '刂'를 음독하면 '*너리'가 된다. '四'의 15세기 훈은 '네~넿'이지만, 金星奎(1984)는 여러 음운론적 논거를 들어 수사 '三'과 '四'의 고대어를 각각 '*서리~*서릻'과 '*너리~*너릻'으로 재구한 바 있다. 이때의 재구형 '*너리'가 위의 목간에서 '四刂'로 표기되었다고 할 수 있다. '四刂'가 수사라는 점은 문맥으로도 확인된다. (14)는 "… 아울러 前■로 빚은 술, 네 독" 정도로 해석되기 때문에, '四刂'가 단위명사 '瓮' 앞에 온 수사임이 확실하다. 이렇게 해독하면 '四刂'는 (13)의 '糸利'와 더불어 훈주음종 표기의 훌륭한 예가 되고, 말음첨기와 훈주음종 표기가 6세기 중엽에 이미 시작되었음을 증명해 준다.

다음의 목간도 역시 함안 성산산성 목간인데, 역사학자들 중에는 (15)의 첫 글자를 '丁'으로 판독하여 사람이나 인부의 뜻으로 새기는 이들이 많다. 그러나 이 글자는 '丁'이 아니라 韓國字 '亇'이다. 이 '亇'가 '마'를 표기하는 데에 사용되어 온 한국자라는 사실은 널리 알려져 있다. '마'의 음상을 가지는 것 중에는 곡식이나 약재로 이용되는 '마(薯蕷, 山藥)'가 있다. 이 목간의 1면에 '콩'을 뜻하는 '太'가 나오는 것으로 보아 이 목간에 穀名이 표기되었다는 것은 분명하다. 따라서 이 '亇'를 薯蕷나 山藥을 지칭하는 고유어 '*마', 즉 15세기의 '맣'으로 읽어 둔다.

(15) 말음첨기 '丁'의 예

[<　　　　　　亇卄二益丁四　村] (함안 127-2)

문제는 그 뒤에 온 '益丁'이다. 이 목간에 곡명이 기록되었다는 사실을 중시하여 '益丁'도 곡명이나 식물명으로 해독하는 것이 바람직하다. 이에 따라 '益丁'이 15세기의 '더덕(蔘)'에[9] 대응한다고 가정할 수 있다. '益'을 '더으- 〉더ᄒᆞ-'의 '더'로 훈독하고 '丁'을 '뎡'으로 음독하면 '益丁'은 '*더뎡'으로 재구된다(李丞宰 2009). 이 '*더뎡'과 '더덕'의 음상 차이가 사뭇 크다는 문제점을 지적할 수도 있다. 그러나 '구멍(穴)'의 방언형에 '구먹, 구녁'이 있다는 점과 15세기의 '바당(底)'이 현대어에서 '바닥'으로 변화했다는 점을 감안하면 이 음상 차이는 그리 큰 것이 아니다. 또한 파생접미사 '-앙/엉'과 '-악/억'은 의미 차이가 거의 없다. 따라서 이 명사의 語基를 '*더디'라 하고 여기에 파생접미사 '-*앙/엉'이 통합된 것이라고 가정할 수 있다. 기본형 '*더디+엉'에서 /i/ 모음 삭제 규칙이 적용되면(李秉根 1976) '*더덩'이 되고 그렇지 않으면 '*더뎡'이 된다. 이처럼 음운론적 기술이 아주 자연스러우므로 古代의 어기 '*더디'와 파생접미사 '*-엉/앙'을 재구할 수 있다. 이 재구에 따르면 '益丁'도 훈주음종 표기의 일례가 된다.

이러한 논리에 따르면 (16)의 '彡利'도 훈주음종의 표기라고 할 수 있다. 널리

9 『訓蒙字會』에서는 '蔘'을 '더덕 숨'이라 하고 '俗呼沙蔘山蔘又人蔘藥名 亦作葠'이라는 주석을 달았다.

알려져 있듯이, '彡'은 '터럭 삼'으로 읽히는데, 이때의 '터럭'은 어기 '털(毛)'에 파생접미사 '-억'이 통합된 형태이다. 어기 '털'이 고대어 단계에서는 '*터리'였을 가능성이 있으므로, '彡利'가 바로 이 '*터리'를 표기한 것이라고 가정할 수 있다. '彡利'의 '利'가 앞에서 논의한 '四刂'의 '刂'에 대응함은 두말할 필요도 없다.

(16) 훈주음종의 표기 '彡利'

[<秋彡利村　　　〻 >] (함안 160-1)

그런데 흥미롭게도 이 '彡'이 음독자로 쓰인 예도 있어서 주목된다. 앞의 (7)에 인용한 함안 성산산성 221호 목간의 2면과 3면에 걸쳐 수사 65가 '六十巳[?]丨彡'으로 표기되어 있다. 이곳의 '丨彡'이 數詞 5에 해당한다는 것은 그 앞에 60을 가리키는 '六十巳[?]'이 온다는 점에서 틀림없다. '丨彡'의 '丨'는 후대의 구결자 '丨[다]'와 같은 것으로서, '如'에서 비롯된 韓國字이다. '如'의 옛날 훈은 '*다ᄒᆞ-'이므로 '丨'를 '*다'로 훈독한다. 여기에 '彡'을 음독하여 덧붙이면 '丨彡'은 '*다ᄉᆞᆷ' 정도가 된다. 그런데 석독구결 자료인 『華嚴經疏』 卷第35에 수사 '五ㅎ[*다ᄉᆞᆷ]'과 '六ㅎ[*여ᄉᆞᆷ]'이 나오고 『瑜伽師地論』 卷第20에 '二ㅎ[*이듬]'이 나온다(李丞宰 2011다: 30). 이들은 고유어 수사 어기에 접미사 'ㅎ[음]'이 덧붙은 것이다. 목간의 '丨彡'과 석독구결의 '五ㅎ'은 둘 다 '*다ᄉᆞᆷ'으로 읽히므로 독법이 서로 일치한다. 이 일치를 통하여 '丨彡'이 훈주음종의 일례임을 알 수 있다.

함안 성산산성 221호 목간의 2면 끝에 온 수사 '六十巳[?]'은 무척 흥미로운 표기이다. 수사 '十'에 '巳[?]'을 첨기한 것은 '六十'을 고유어 수사 '예순' 계통으로 훈독하지 않고 한자음 계통인 '*육십'으로 음독했음을 의미한다. 李丞宰(2011다)는 '巳'을 '邑'에서 비롯된 韓國字로 보아 '巳'이 음절말 자음 '*ㅂ'을 표기한다고 주장했다. 이 주장을 증명해 준다는 점에서 '六十巳[?]'의 '巳[?]'은 그 가치가 아주 크다. 또한, 현재의 경상도 방언에서는 수사 65를 '예순다섯'으로 읽지 않고 '육십다섯'으로 읽는데, 이 독법의 기원이 6세기 중엽의 신라목간까지 거슬러 올라간다는 점이 목간의 '六十巳[?]'을 통하여 새로 드러났다. 이 점에서도 이 자료는 가치가 아주 크다.

그런데 '六十巴?'을 훈주음종의 표기라고 할 수 없다는 점에 주의할 필요가 있다. 훈주음종은 앞에 韓訓字가 오고 그 뒤에 韓音字가 덧붙는 표기법을 가리킨다. 이곳의 '巴?'이 한음자로서 '六十'에 덧붙은 것은 맞지만, 앞에 온 '十'을 훈독하지 않고 음독했으므로 '十巴?'은 훈주음종의 표기가 아니다. 이곳의 '巴?'이 '*십'의 '*ㅂ'을 첨기한 것은 맞지만, 훈으로 읽는 글자의 말음을 표기한 것은 아니다. 우리는 훈주음종이란 용어의 범위를 엄격히 한정하여 앞에 온 글자를 훈독할 때에만 이 용어를 사용한다. 그 대신에 말음첨기라는 용어는 앞의 글자가 韓訓字이든 韓音字이든 관계없이 두루 적용한다.

지금까지 함안 성산산성 목간에서 '文尸, 入尸,[10] 蒜尸, 糸利, 四刂, 益丁, 彡利, 丨彡' 등 모두 8개의 훈주음종 표기를 찾아내었다. 앞에 온 '文, 入, 蒜, 糸, 四, 益, 彡, 丨' 등은 모두 韓訓字이고 뒤에 덧붙은 '尸, 利, 刂, 丁, 彡' 등은 모두 韓音字이다. 언뜻 보면 용례가 적은 듯하나, 함안 목간의 전체 분량과 해독 가능한 단어가 많지 않다는 점을 감안하면 이 숫자는 결코 적은 것이 아니다. 이 점을 강조하면 6세기 중엽의 함안 성산산성 목간에서 이미 말음첨기와 훈주음종의 원리가 적용되었다는 결론이 나온다.

이제, 7세기 초엽의 河南 二城山城 목간과 7세기 전반기의 경주 月城垓子 목간에서 발견되는 '大舍'의 예를 들어 본다.

(17) '大舍'의 예

1. [▣▣氵十丁▣大舍▣六▣▣氵⺀] (하남 4-1)
2. [▣▣大舍廿等敬白 廚典列先▣] (해자 9-5)
3. [<第八巷 第廿三大亼麻新立在節草辛/] (해자 20-1)
4. [\ 舍 舍 舍 舍　韓舍　天寶十一載壬辰十一月　] (월지 3)

10 이것을 훈주음종의 예에서 제외할 수도 있다. 이곳의 '尸'이 동사 어간 '*들-'의 '*ㄹ'을 표기한 것인지 동명사어미를 표기한 것인지 확실하지 않기 때문이다.

(17.1～3)에서 확인할 수 있듯이, 이들 목간에는 신라의 관등명 '大舍' 또는 '大亽'가 나온다. 그런데 이것이 8세기 3/4분기의 자료인 (17.4)의 경주 월지 3호 목간에서는 '韓舍'로 표기된다. '大舍/大亽'와 '韓舍'가 동일 관명을 표기한다는 것은 널리 알려져 있다.

그런데 '大舍/大亽'를 훈주음종의 표기에 넣을 수 있을까? 李丞宰(2013나)에서는 '大'를 '한'으로 훈독하고 '舍'를 음독한다는 점을 들어 '大舍/大亽'를 훈주음종의 예에 넣었다. 그러나 이것은 앞에 온 '大'가 뒤에 온 '舍/亽'를 지배하지 않는다. 즉, 앞에 온 韓訓字와 뒤에 온 韓音字의 연결고리가 전혀 없다. 달리 말하면, 뒤에 온 '舍/亽'가 앞에 온 고유어 단어의 일부를 첨기한 것이 아니다. 韓訓字와 韓音字가 나란히 병렬되었을 뿐이다. 우리는 이 두 가지가 竝列된 것이 아니라 結合되어 있을 때에만 訓主音從 표기라고 인정한다. 따라서 '大舍/大亽'를 이제 훈주음종의 예에서 제외하기로 한다.

흥미로운 것은 7세기까지 사용되었던 '大舍/大亽'가 8세기 3/4분기의 경주 월지 목간에서 '韓舍'로 바뀌었다는 점이다. 8세기 중엽의 華嚴經寫經造成記에서는 '大舍'와 '韓舍'가 동시에 나타난다. 이것은 8세기 중엽부터 '韓舍'가 일반화되기 시작했음을 증명해 준다. 韓訓字와 韓音字를 마음대로 병렬하여 사용하던 관습이 7세기까지 이어졌는데, 8세기 중엽이 되면 韓音字 한 가지로만 표기하는 변화가 있었음을 알 수 있다. 흔히 한음자 표기가 한훈자 표기보다 시기적으로 앞설 것이라고 추정하는데, 이것이 잘못된 추정임을 이 변화가 잘 보여 준다.

(18) 훈주음종의 표기 '赤居'

[▣▣里[受] 代宿▣[受] 赤居伐[受] 麻火[受] 旦▣喙仲里[受] 新里[受] 上里[受] 下里[受]] (해자 8)

(18)의 경주 월성해자 8호 목간에는 여러 지명이 기록되어 있다. 전후에 '-里'로 끝나는 지명이 열거되어 있으므로 그 중간에 온 '赤居伐'도 지명이다. 이곳의 '赤居'는 15세기의 '블거'에 대응하므로 '赤'을 '*븕-'으로 훈독하고 '居'를 '*거'로 음독했을 것이다. 따라서 '赤居'를 훈주음종의 표기에 넣을 수 있다.

6章에서 목간에 기록된 신라 詩歌를 해독하면서 (19)의 '有史音叱? ㅣ'가 석독구결의 '有ㅌㅎㅌㅣ[*이심ㅅ다]'에 대응한다고 하였다. 그렇다면 '有史音叱? ㅣ'의 '有史'는 훈주음종 표기의 예가 된다.

(19) 훈주음종 표기의 '有史'

[万本來?身中有史音叱? ㅣ 今日■三時爲從?支?] (경주박물관터 1)

고대어 수사에는 '巨'이 통합된 것이 많다. 아래의 경주 월지 목간에서도 '三巨'과 '一?巨'이 등장하여 눈길을 끈다. (20.1)의 '三巨'은 東門을 지키던 문지기의 이름이므로, 한국어 수사를 인명으로 삼은 예가 된다. '三巨'을 '*새둡' 또는 '*사둡'으로 읽으면, '三巨'도 훈주음종의 원리에 따른 표기가 된다.

(20) 훈주음종 표기에 사용된 '巨'

1. [⸾ 東門迖三巨在] (월지 5-2)
2. [(■己■禾卌] (월지 41-1)
   [(一?巨缶卌六龍] (월지 41-2)

(20.2)의 '一?巨'은 후면의 첫 부분이므로 앞면의 마지막 글자 '卌'에 연결되는 수사일 가능성이 크다. 경주 월지 41호 목간은 윗부분이 파손되었으므로 이 연결이 확실하지는 않다. 그러나 후면 상단의 왼쪽에는 목간 제작 당시에 나무의 상단부를 둥그렇게 마름질한 흔적이 그대로 남아 있으므로, 그 오른쪽만 부분적으로 파손되었다고 보아야 한다. 이에 따르면 앞면의 끝 글자 '卌'에 뒷면의 첫 글자 '一?'이 직접 연결되고, 이 목간에 기록된 수사는 '卌一?巨'이 된다. 이곳의 '一?巨'을 '*ᄒᆞ둡'으로 읽으면[11] 이것도 훈주음종의 예가 된다.

마지막으로, 경주 月池 목간에 기록된 '助史'도 훈주음종 표기의 일종이다. 5章

11 '三巨'을 '*새둡' 또는 '*사둡'으로 읽고 '一?巨'을 '*ᄒᆞ둡'으로 읽는 까닭은 3章을 참고하기 바란다.

에서 이미 논의한 바 있듯이, '助史'의 '助'는 韓國字의 일종으로서 '旨'와 뜻이 같다. 즉, '助'와 '旨'는 둘 다 훈이 '*맛'이다. 이 '*맛'의 'ㅅ'을 첨기하기 위하여 '史'가 덧붙은 것이다.

(21) 훈주음종의 표기 '助史'

1. [< 〤猪水助史這 ⺆ 肉瓮一入 ⦚] (월지 2-2)
2. [(〤加火魚助史三 |] (월지 7-2)
3. [〤辛番猪助史㳒] (월지 26-2)
4. [〤日作▣猪助史　] (월지 25-1)
5. [(單助史$_{本言}$ ⦚] (월지 29-2)
6. [<三月卄一日作獐助史㳒▣ ⦚] (월지 36-1)

지금까지, 신라목간에 나오는 훈주음종 표기를 모두 들어 보았다. '文尸[*글](4회), 入尸[*들], 蒜尸[*마늘], 糸利[*시리], 四刂[*너리], 彡利[*터리], 益丁[*더뎡], 丨彡[*다숨], 赤居[*블거], 有史[*이시], 三巳[*사둡], 一$^{?}$巳[*ᄒᆞ둡], 助史[*맛](6회)' 등, 신라목간에서 모두 13개의 예를 찾을 수 있었다. 이들은 6세기 중엽의 함안 성산산성 목간, 7세기 초엽의 하남 이성산성 목간, 7세기 전반기의 경주 월성해자 목간, 8세기 전반기의 국립경주박물관 미술관 터 목간, 8세기 3/4분기의 경주 월지 목간에 기록되었다. 이것은 6세기 중엽부터 8세기 후반기까지 훈주음종의 원리가 꾸준히 적용되었음을 말해 준다.

그렇다고 하여 신라목간에서 찾을 수 있는 훈주음종의 표기가 위의 13개로 한정되는 것은 아니다. 훈주음종 표기라고 확정할 수는 없지만, 훈주음종의 원리를 가정할 수 있는 단어가 두어 개 더 있다.

(22) 신라목간 표기의 '竹'

1. [甘文本波必村旦利村伊竹伊] (함안 6-1)
2. [<竹尸▣牟$^{\surd}$干支稗一　　〤] (함안 14-1)

3. [千 ○ 竹利 ⌇] (함안 66-1)

4. [⌇ 千竹利 Ⅹ] (함안 67-1)

5. [<▣▣谷竹伊西比支負 Ⅹ >] (함안 208-2)

함안 성산산성 목간에서는 '竹'의 바로 뒤에 항상 '利, 尸, 伊' 등이 뒤따른다. 이것은 '竹'이 韓訓字일 가능성과 그 훈의 마지막 음절이 '*리'였을 가능성을 암시한다. 이에 따르면 '竹'을 뜻하는 신라어가 '*다리'였을 가능성이 있고, 이 '*다리'가 '竹利, 竹伊, 竹尸▣'의 세 가지로 표기되었다고 할 수 있다. 수사 4의 재구형 '*너리~*너릥'에서 '*ㄹ'이 탈락하여 15세기의 '네~넿'이 되듯이, '*다리'에서 '*ㄹ'이 탈락하여 15세기의 '대'가 되었다고 할 수 있다. 그런데 15세기의 '대(竹)'는 上聲이 아니라 去聲이다. 성조가 해결되지 않으므로, '竹利, 竹伊, 竹尸▣'가 훈주음종의 표기라고 확신하지는 않는다.

(23) 신라목간 표기의 '旦'

1. [甘文本波必村旦利村伊竹伊] (함안 6-1)

2. [<鄒文村內旦利負 Ⅹ] (함안 120-1)

3. [<屈斯旦利今部牟者足 ▣] (함안 181-1)

4. [麻旦斯之 Ⅹ] (함안 200-1)

함안 성산산성 목간의 '旦' 바로 뒤에는 대개 '利'가 온다. (23.1)의 '旦利村'은 지명이고 (23.2)의 '內旦利'는 인명이므로 '旦利'를 일반명사라고 할 수 있다. 그런데 정작 '旦'의 훈 중에서 '*리'로 끝나는 명사를 찾기가 어렵다. 굳이 찾는다면 元旦을 뜻하는 단어 '설'을 들 수 있다. 이 '설'의 15세기 성조가 마침 上聲이므로 신라어에서는 元旦이 '*서리'였다고 가정할 수 있다. 이 가정에서는 '旦利'가 '*서리'를 표기한 것이 되므로 훈주음종의 원리에 잘 들어맞는다. 그런데 이때에는 목간의 '旦'이 '아침'의 뜻이 아니라 '元旦'의 뜻이었음을 증명할 수 있어야 한다.[12]

12 이때에 참고할 수 있는 것이 '薛聰'과 '元曉'에서 '薛'이 '元'에 대응하는 현상이다.

'竹利'와 '旦利'를 각각 '*다리'와 '*서리'로 읽을 때의 문제나 의문이 아직 풀리지 않았지만, 이들을 훈주음종 표기의 후보 자리에는 올릴 수 있다. 후보는 확신할 수 없지만 가능성이 열려 있는 상태를 지칭한다. 이러한 후보에 들 수 있는 것으로는 '仇利'가 대표적이다.

(24) 신라목간 표기의 '仇'

1. [<仇利伐　仇陀知一伐 奴人　毛利支負　〤>] (함안 156-1)
2. [<十■■　■■■一伐奴人毛利支負　〤] (함안 133-1)

(24.1)과 (24.2)의 대응관계를 중시하면 '仇利'를 훈주음종 표기의 후보에 올릴 수 있다. 이 두 목간은 필사자가 동일인이라고 할 만큼 서체가 서로 일치하고 목간 제작 방법이 동일하며 목간에 기록된 내용도 거의 같다. 특히 '一伐奴人毛利支負'가 완전히 일치한다. 그렇다면 이곳의 인명 '毛利支'가 살던 곳 즉 주소도 동일해야 하므로, 맨 앞에 기록된 '仇利伐'과 '十■■'이 동일 지명이어야 한다. 여기에서 '仇利'와 '十■'가 동일 지명을 서로 다르게 표기한 것이라는 논리가 성립한다. 즉, 이 둘은 異表記 관계이다.

15세기의 數詞 '十'은 고유어로 上聲의 '열~엃'이다. 15세기의 수사 '세~셓(三)'과 '네~넿(四)'이 신라어 '*서리~*서릻'과 '*너리~*너릻'으로 재구되듯이(金星奎 1984), 이 '열~엃(十)'의 신라어로 '*여리~*여릻'을 재구할 수 있다. 이처럼 재구하면 (24.2)의 '十■'는 '*여리~*여릻'을 표기한 것이 된다. 그런데 (9.5)에서 이미 거론했던 것처럼, 혜성가에 나오는 '倭理'의 재구형이 흥미롭게도 또한 '*여리'이다. 목간의 '仇利'와 혜성가의 '倭理'가 같은 의미를 가진다면, 목간의 '仇利'도 '*여리'로 읽을 수 있다. '仇'의 훈은 '원수'이다. 이 목간이 제작된 6세기 중엽은 신라가 승승장구하여 영토를 넓히던 때인데, 혹시 이때에 '倭'가 유독 원수처럼 여겨졌던 것이 아닐까? '倭'가 원수의 대명사였다면 '仇'를 '倭'로 대체할 수 있다. 이 가정에 따르면 '仇利'를 '*여리'로 읽을 수 있다.

이 논의에 따르면 신라어 '*여리'는 두 가지 의미를 가졌다고 할 수 있다. 첫째는 수사 '十'의 의미이고 둘째는 '仇' 또는 '倭'의 의미이다. 달리 말하면 이 둘은 동음이의어 관계이다. 이 동음성을 피하기 위하여 수사 '十'에서는 '*여리'의 '* ㅣ' 모음이 탈락하여 15세기의 '열~옔'이 되고, '仇'와 '倭'에서는 '* ㄹ' 자음이 탈락하여 '예'가 되었다는 가정도 성립한다.

결국, 신라목간에서 발견할 수 있는 훈주음종 표기가 적으면 13개이고 많으면 16개가 된다. 신라목간에서 이처럼 많은 양의 훈주음종 표기를 찾아낼 수 있으므로 말음첨기와 훈주음종의 원리가 신라에서는 6세기 중엽부터 보편적인 표기 원리였다고 말할 수 있다.

지금까지의 논의를 두루 종합하면 신라목간에서는 (A), (B), (C)의 표기 원리가 6세기 중엽부터 8세기 후반기까지 두루 적용되었다는 결론이 나온다.

2. 백제목간의 표기법

이제, 百濟木簡의 표기법을 검토해 보기로 한다. 백제목간이 출토되기 이전에는 백제의 문자 자료라고 할 만한 것이 거의 없었다. 따라서 고대의 표기법을 논의할 때에 백제와 신라의 표기를 구별하지 않고, 신라의 표기법을 바로 고대 한국어의 표기법인 것처럼 기술할 때가 많았다. 그러나 이제는 백제목간이 적잖이 발굴된 상황이므로 더 이상 이러한 기술에 만족할 수 없다.

백제목간의 표기법을 정리할 때에도 앞에서 제시한 (A), (B), (C)의 표기 원리를 적용하기로 한다. 백제 표기법의 특징을 드러낼 때에는 (C)의 말음첨기와 훈주음종의 원리에 대한 논의를 먼저 시작하는 것이 효과적이다. 백제목간과 신라목간은 여기에서 가장 크게 차이가 나기 때문이다.

2.1. 말음첨기와 훈주음종 표기의 有無

백제목간에 기록된 지명과 인명 89개를 모두 열거해 보면 (25~26)과 같다. 이 수량은 『삼국사기』 지리지 권제36에 기록된 백제 지명이 140여 개인 것을 감안하면 결코 적은 양이 아니다. 이들과 백제목간에 나오는 모든 글자를 대상으로 삼아 말음첨기와 훈주음종의 원리가 적용되었는지 검토하기로 한다.

(25) 백제목간의 지명 – 12개

漢城 (능사 3), 竹山 (능사 9), 眠席 (능사 9), 毛羅 (나주 3), 錫非頭 (나주 3), 大礼村 (나주 6), 弥首山 (나주 6), 久川▣▣ (나주 10), 栗嵎城 (관북 5), 穾▣城 (관북 5), 邁羅城 (궁남 1), 法利源 (궁남 1)

(26) 백제목간의 인명 – 77개

踈加鹵 (능사 3), 加▣白加, 急明, 静腦, ▣八 (이상 능사 4), 三貴, 丑牟, 至文, 至夕, 大貴, 今毋, 安貴, 欠夕, ▣文 (이상 능사 5), ▣大大聽成 (능사 8), 智亮, 華▣ (이상 능사 10), 慧暈 (능사 11), 干尓, 追存耳若▣ (이상 능사 13), ▣己 (능사 16), 牟己兒▣▣ (능사 23), 豬耳, 牟氏, 牟祋 (이상 능사 25), 化之▣, 川▣▣ (이상 능사 28), 半?那, 比高, 墻人, 尢?戸智次, 夜之間?徒, 法戸匊次, 烏胡留, 麻進 (이상 나주 3), 高嵯支▣, 好二▣西 (이상 나주 4), 行遠, 行悅, 行麻, 漆道 (이상 나주 7), ▣▣▣分 (나주 10), 至安 (나주 12), 固淳多, 上夫, 佃目之, 佃麻那, ▣至, 習利, 素麻, 今沙, 佃首行, 刀ᄾ邑佐 (이상 쌍북280 1), 那▣▣ (쌍북102 2), 牟氏, 寂信不, ▣及酒, ▣九▣, 冥▣▣, 吳加宋工 (이상 쌍북현내 1), 首?比 (쌍북현내 4), 彔▣ (쌍북현내 5), 漢谷▣ (쌍북현내 8), 向▣ (관북 1), 已達, 已斯卩 (이상 궁남 1), 嵎或 (관북 2), 得進, 韓牟礼 (이상 구아 1), 堪波▣牟 (구아 3), ▣文, 烏▣▣, ▣雀磨, 烏古滿, 牟多, 烏乎留 (이상 구아 5), ▣眞 (구아 6)

우리는 앞에 온 글자가 韓訓字자이든 韓音字이든 상관하지 않고 그 말음을 덧붙여 표기하는 것을 末音添記라고 정의한다. 이 정의에 따르면 훈주음종은 말음첨기의 부분집합에 해당한다. 말음첨기는 크게 보면 음절말 자음을 첨기한 것과 다음절 단어의 마지막 음절을 첨기한 것의 두 가지로 나뉜다. 訓主音從의 표기에서 말음첨기자로 사용된 글자를 신라목간에서 찾아보면 '利, 刂, 尸, 伊, 丁, 彡, 居, 史, 巳' 등의 아홉 글자가 나온다. 훈주음종의 표기는 향가에서 가장 많이 나타나는데, 향가 표기에 사용된 말음첨기자는 '只, 隱, 尸, 乙, 音, 叱, 史, 知, 理, 里, 利, 呂, 烏, 次, 等, 冬, 萬, 惡, 反, 察, 寸, 未, 米, 波' 등이다. 이 중에서 사용 빈도가 높은 첨기자를 중심으로, 신라목간과 백제목간의 표기법을 대비해 본다.

(27) 신라목간의 '只'

阿足只 (함안 15), ▣斯只 (함안 18), 內只次 (함안 37), 上入尸只 (함안 43), 舌只 (함안 51), 夫鄒只 (함안 59), 毛利只 (함안 100), 文尸只 (함안 102), 居所?只 (함안 115), 豆只 (함안 140), 豆留只 (함안 146), 夫酒只 (함안 153), 須只 (함안 160), 牟只 (함안 177), 蒲子只 (하남 1)

(27)에서 볼 수 있듯이, 신라목간에서는 '只'의 용례가 아주 많다. 그러나 백제목간에서는 '只'의 용례가 아예 없다. 아주 중요한 차이가 아닐 수 없다. 따라서 백제목간에서는 '只'가 첨기자로 사용되지 않았다고 단정할 수 있다.

(28) 신라목간의 '尸'

比尸 (함안 10), 竹尸 (함안 14), 次尸智 (함안 31), 比尸河 (함안 39), 上入尸只 (함안 43), 力尸▣ (함안 61), 蒜尸子 (함안 80), 文尸只 (함안 102), 仇尸 (함안 121), 文尸伊 (함안 148, 149), 於勞尸兮 (함안 198), 文尸▣ (함안 214), 古尸沙 (함안 218)

신라목간에서는 '尸'의 용례가 아주 많다. 더욱이 (28)에서 확인할 수 있듯이 '尸[*ㄹㅎ]'이 모두 함안 성산산성에서 출토된 목간에 기록되었다. 이것은 '尸'이 생산적으로 사용된 시기가 6세기 중엽임을 말해 준다. 말음첨기자 '只'의 용례인 (27)에서도 대부분의 예가 성산산성 목간에 나온다. 따라서 신라에서는 6세기 중엽에 이미 末音添記가 보편적이었다고 말할 수 있다. 그런데 백제목간에서는 '尸'이 아예 보이지 않는다. 역시, 신라목간과 백제목간은 표기법에서 아주 크게 차이가 난다.

(29) 신라목간의 '乙'

居珎尺乙支 (함안 65), ■乙 (함안 193), 不行遣乙 (함안 221), 乙勿■ (해자 12), 市乙 (해자 13)

신라목간에는 '乙'이 다섯 번 나온다. 이것은 '尸'의 용례에 비하여 많은 편이 아니다. '居珎尺乙支'의 '乙支'는 '乙支文德' 장군의 '乙支'와 같은 것일까?[13] 이 '乙支'의 '乙'이 말음첨기의 용법이 아니라는 것은 자명하다. '不行遣乙'과 '乙勿■'의 '乙'도 말음첨기의 용법으로 쓰인 것이 아니다. 그렇다면 신라목간에서 말음첨기의 용법으로 사용된 '乙'은 '■乙'과 '市乙'에 나오는 '乙' 정도에 지나지 않는다.

그런데 이보다 더 중요한 것은 백제목간에서는 '乙'이 한 번도 사용되지 않았다는 점이다. 역시, 말음첨기자의 유무에서 신라와 백제는 아주 크게 차이가 난다.

(30) 신라목간의 '巳'

兮刀巳 (함안 11), 巳兮支 (함안 20, 41), 巳珎兮 (함안 58, 58), 六十巳? (함안 221), 丨?沙巳月? (하남 6), 沙喙巳 (해자 13), 三巳, 小巳乞 (이상 월지 5), 卌一? 巳 (월지 41)

(31) 백제목간의 '巳/邑'

刀〻邑佐 (쌍북280 1), 新台巳, 日古巳, 刀士巳, 以?如巳, 二■口巳, 今毛巳, 坐伽?第巳, 矣毛巳 (이상 미륵사지 1)

신라목간에서는 (30)의 '巳'이 사용되고 '邑'은 사용되지 않았다. 거꾸로 『삼국

13 '居珎尺乙支'의 '乙支'가 '乙支文德' 장군의 '乙支'보다 시기적으로 앞선다는 점에 주의할 필요가 있다.

사기』 지리지에서는 '巳'이 보이지 않고 '邑'만 보인다. 이러한 상보적 분포는 '巳'이 '邑'에서 비롯된 韓國字임을 뜻한다. '巳'은 신라의 함안 성산산성, 하남 이성산성, 경주 월성해자, 경주 월지 등의 목간에서 두루 사용되었다. 이 중에서 월지 목간의 '三巳'과 '一?巳'이 훈주음종의 원리에 따라 표기되었다는 것은 앞에서 이미 논의한 바 있다. '六十巳?'(함안 221)과 '丨?沙巳月?'(하남 6)은 엄격한 의미에서 훈주음종 표기가 아니지만, 음절말 자음 '*ㅂ'을 표기하기 위해 첨기한 것이 분명하다. '六十巳?'과 '丨?沙巳'이 각각 정확하게 '*육십'과 '*다습'에 대응하기 때문에 이곳의 '巳'도 말음첨기의 용법으로 사용되었다.

백제목간에서는 인명 표기 '刀〻邑佐'(쌍북280 1)가 나온다. '巳'은 '邑'과 기원이 동일한 글자이므로 이 둘을 '巳/邑'로 묶을 수 있고, 백제목간에 이 '巳/邑'의 예가 나온다고 보아야 한다. 그런데 '刀〻邑佐'의 '邑'은 말음첨기의 용법으로 사용된 것이 아니다. 앞에 오는 글자가 반복됨을 뜻하는 부호인 '〻'가 '邑'의 앞에 왔으므로 이렇게 단정할 수 있다.

익산 미륵사지 1호 목간에서는 이 '巳'이 고대 한국어 수사에 덧붙는 접미사 '-*ㅂ/읍'을 표기한다. 그런데 이 미륵사지 목간을 신라목간으로 볼 것인가 백제목간으로 볼 것인가 하는 문제가 제기된다. 7세기 말엽이나 8세기 초엽의 통일신라 때에 제작되었다는 점을 강조하면 이 목간을 신라목간으로 분류해야 하지만, 백제인의 후예가 작성했다는 점을 강조하면 백제목간으로 분류할 수도 있다(3章 참조). 미륵사지 목간의 '巳'은 신라 표기법의 영향을 받은 글자일 가능성이 크다(후술). '刀〻邑佐'의 예에서 볼 수 있듯이, 백제목간이 분명한 부여 쌍북리 280의 1호 목간에서는 '邑'을 사용했기 때문이다. 이에 따르면 순수한 백제목간에는 '巳'의 용례가 없는 셈이다. 이것도 신라목간과 백제목간의 표기법 차이를 거론할 때에 중시할 필요가 있다.

(32) 신라목간의 '叱'

口叱世貝 (하남 2), ▣▣叱時四 (해자 9), 馬叱下 (월지 5)

신라목간에서는 '叱'의 용례가 세 번 나타난다. '叱'의 용례가 의외로 적다는 점이 인상적이다. '口叱世貝'와 '馬叱下'는 인명 표기임이 확실하지만, 월성해자 9호 목간의 '■■叱'이 무엇을 표기한 것인지는 알 수 없다. 그런데 백제목간에서는 '叱'이 전혀 사용되지 않았다. 신라 향가에서는 음절말 위치의 '*ㅅ'을 표기하는 데에 '叱'이 생산적으로 사용되었지만, 백제목간에서는 '叱'이 한 번도 쓰이지 않았다.

위에서 거론한 '只, 尸/乙, 邑, 叱' 등은 신라에서 '*ㄱ, *ㄹ, *ㅂ, *ㅅ' 등의 음절말 자음을 말음첨기의 방법으로 표기할 때에 사용했던 글자이다. 여기에 음절말 자음 '*ㅁ'을 표기할 때에 이용되었던 '音'을 추가할 수 있는데, 이 '音'도 백제목간에서 전혀 보이지 않는다. 신라목간에서도 '有史音叱? ㅣ'(경주박물관터 1)를 제외하면 그 용례를 찾을 수가 없다. 향가에서는 '音'이 생산적으로 사용되었으므로, 신라목간에서 '音'이 거의 보이지 않는 것은 우연의 소치일 것이다.

그러나 백제에 대해서는 이와는 다른 해석이 가능하다. 백제목간에서는 '只, 尸/乙, 邑, 叱' 등을 말음첨기의 용법으로 사용한 바가 없으므로, '音'도 당연히 사용하지 않았을 것이다. 즉 백제에서는 체계적이고도 구조적인 원인 때문에 '音'의 용례가 보이지 않는다고 해석해 둔다.

이러한 논의를 모두 종합하면, 음절말 자음의 표기를 위하여 글자를 덧붙이는 말음첨기법이 신라에는 있었지만 백제에는 없었다는 결론이 나온다. 백제에 말음첨기법이 없었다는 것은 달리 말하면 백제에 훈주음종의 표기법도 없었다는 뜻이 된다. 아래에서 이 결론을 다시 확인해 보기로 한다.

(33) 신라목간의 '利'

仇利 (함안 1, 13, 25, 26, 33, 34, 116, 143, 156, 178, 180, 203, 208, 월지 9), 旦利 (함안 6), 居利支 (함안 9, 44), 乞利 (함안 13), ■利兮 (함안 17), 伊骨利 (함안 21), 尓利知 (함안 22), 伊骨利 (함안 28), 卜利古支 (함안 28), 智利知, 豆亐利智 (이상 함안 29), 一古利 (함안 31, 136, 139, 142, 150, 158, 216), 尓利牟■ (함안 39), 弘■没利 (함안 56), 勿利乃 (함안 57), 千竹利 (함안 66, 67), 覔?利次 (함안 75), 亐利沙 (함

안 85), 毛利只 (함안 100), 勿利, 倦益尓利 (이상 함안 103), ■歆■利 (함안 106), 內旦利 (함안 120), 丈■利 (함안 124), ■利■ (함안 126), 尓利■尓 (함안 129), 毛利支 (함안 133, 156), 殆利夫智 (함안 136), 支烏利礼 (함안 137), 奈■利 (함안 147), 日糸利 (함안 158), 秋彡利 (함안 160), 居利烏人 (함안 166), ■尓利 (함안 174), 屈斯旦利 (함안 181), 勿礼利 (함안 184)

(34) 백제목간의 '利'

習利 (쌍북280 1), 法利源 (궁남 1)

신라목간에서는 용례가 60개에 이를 정도로 '利'가 많이 사용되었다. 반면에 백제목간에서는 인명 '習利'와 지명 '法利源'의 단 두 곳에만 사용되었다. 이처럼 큰 차이가 나게 된 원인은 어디에 있을까? 신라어에 '-利' 즉 '*-리'로 끝나는 고유명사가 많았던 데에 비하여 백제어에는 이러한 고유명사가 많지 않았다고 추정할 수도 있다. 그러나 이것은 피상적인 관찰에 지나지 않는다. 백제 지명에 많이 사용된 '夫里'의 '里'가 백제어에도 '*-리'로 끝나는 명사가 많았음을 웅변해 주기 때문이다.

따라서 이 차이를 言語의 차이가 아니라 表記法의 차이로 해석해야 한다. 신라와 백제의 표기법이 근본적으로 달랐을 것이다. 즉, 신라에서는 표기법의 일종인 말음첨기가 생산적으로 적용되었지만, 백제에서는 이 말음첨기 방식이 아예 없었다. 이것이 둘 사이의 차이를 가장 간단하고도 쉽게 기술하는 방법이다.

(35) 신라목간의 '居'

居利支 (함안 9, 44), 居助支 (함안 35), 居■■ (함안 63), 居珎尺乙支 (함안 65), 夫知居兮 (함안 72), 居須智 (함안 73), 居所?只 (함안 115), 居利烏人 (함안 166), 赤居伐 (해자 8)

(36) 신라목간의 '伊'

伊竹伊 (함안 6), 烏多伊伐支 (함안 7, 108), 文尸伊 (함안 148, 149), 弥伊▣▣ (함안 150), 小伊伐支 (함안 171), 竹伊酉比支 (함안 208)

(37) 신라목간의 '史'

啓?史尔支 (함안 74), 助史支 (함안 179), 卒史 (함안 198), 有史音叱? | (경주박물관터 1), 助史 (월지 2, 7, 25, 26, 29, 36), 史▣ (월지 6)

(38) 신라목간의 '知'

夫知居兮 (함안 72), ▣蔦知支 (함안 87), 知弥留 (함안 118), ▣知 (월지 21)

위의 여러 예에서 확인할 수 있듯이, 신라목간에서는 '居, 伊, 史, 知' 등이 널리 사용되었다. 그런데 백제목간에서는 이들의 용례가 아예 보이지 않는다. 이 차이를 자연스럽게 기술하려면, 신라와 백제의 표기법이 서로 달랐음을 인정할 수밖에 없다. 예컨대, 신라목간에서는 말음첨기와 훈주음종의 원리가 적용되었지만 백제목간에서는 이들이 적용되지 않았다고 하면, 이 차이를 아주 간단하고도 정확하게 기술할 수 있다.

논자에 따라서는 너무 적은 양의 자료를 가지고 성급하게 결론을 내린 것 아닌가 하고 의구심을 품을 수도 있다. 이것을 해명하기 위하여 백제목간과 신라목간에 사용된 글자 수를 모두 헤아려 보았다. 백제목간에서는 대략 401개의 글자가 1,068회 사용되었다. 반면에 신라목간에서는 496개의 글자가 2,354회 사용되었다.[14] 전체 표기의 분량으로는 백제목간이 신라목간의 45% 정도에 불과하

14 이른바 論語木簡은 계산 대상에서 제외했지만 동일 글자를 반복하여 習書한 것은 계산에 넣었다. 백제목간과 신라목간을 합하여 한국 전체 목간에서 사용된 글자 수는 686개이다. 이것은 백제목간의 401개와 신라목간의 496개를 합산하되 중복되는 것을 뺀 수치인데, 『韓國木簡字典』(2011)에서는 688개의 표제항을 제시한 바 있다. 판독하기 어려운 글자를 적극적으로 추독하는 학자에게는 이 수치가 커질 것이고 신중을 택하여 소극적으로 판독하는 학자에게는 이 수치가 작아질 것이므로 이 수치가 유

지만 글자의 수만 따지만 백제목간이 신라목간의 81%에 이른다. 즉 백제목간에 사용된 글자 수와 신라목간에 사용된 글자 수가 그리 차이가 나지 않는다.

그런데 신라목간에서 末音添記의 표기에 생산적으로 사용되었던 '只, 尸, 乙, 音, 巳, 叱'와 韓音字로 사용되었던 '居, 伊, 史, 知'가 백제목간에서는 아예 사용되지 않았다. 그렇다면 백제목간과 신라목간의 표기법이 달랐다고 하여도 무리가 없을 것이다. 백제목간에서는 신라목간과는 달리 말음첨기와 훈주음종 표기의 예를 찾을 수 없다는 것도 이 차이의 일종이다. '*-리'를 표기할 때에, 백제에서는 '里'를 주로 사용했지만 신라에서는 주로 '利'를 사용했다는 것도 표기법의 차이에 포함된다.

2.2. 백제목간의 韓音字 표기

그렇다면 백제에서는 단어를 어떻게 표기했을까? 결론부터 말하면 韓音字 爲主로 단어를 표기했다. 한음자 위주의 표기법은 단어의 개개 음절에 각각 하나의 한음자가 대응하는 표기법을 가리킨다. 예컨대 인명 '*오호류'를 '烏胡留'(나주 3)나 '烏乎留'(구아 5)로, 지명 '*모라'를 '毛羅'(나주 3)로 표기하는 방법이다. 훈주음종의 원리에서는 첫 글자가 항상 韓訓字이어야 하고 여기에 韓音字가 뒤따르면서 이 둘이 결합되어 있어야 한다. 그러나 한음자 위주의 표기에서는 단어의 첫 음절도 한음자로 표기하는 것이 원칙이고, 이에 따라 말음첨기도 없다.

韓音字 위주의 표기법을 적용한 대표적인 예는 위의 (31)과 아래의 (39)에 제시한 익산 미륵사지 1호 목간이다. 이 수사 목간에서는 대부분의 음절이 한음자로 표기되었고, 첫째 음절부터 한음자일 때가 많다. 이와 같은 표기법을 韓音字 위주의 표기법이라 할 수 있다.

동적임은 두말할 나위도 없다.

(39) 익산 미륵사지 1호 목간의 韓音字 표기법[15]

	목간의 표기	訓字와 음자	중세어 어형	고대형 재구
1	伽第巳	음+음+음	*ᄀᆞᄃᆞᆸ(ᄀᆞᄅᆞᆸ)	*gadep
2	矣毛巳	음+訓+음	이틀(읍)	*iterəp
3	新台巳	訓+음+음	*사ᄃᆞᆸ	*saidəp
5	刀士巳	음+음+음	다ᄉᆞᆸ	*tasəp
7	日古巳	음+음+음	닐곱	*nirkop
	二▣口巳	음+▣+음+음	닐굽	*ni▣kup
8	今毛巳	訓+訓+음	여듧	*jeterəp
	以?如巳	음+訓+음	*여덥	*jətep

그런데 한국어의 음절 중에는 한자음을 빌려서 표기하기가 어려운 음절이 있다. 예컨대, 한국어의 '블{火}, 털{毛}, 옷{衣}, 밤{夜}, 봄{春}' 등의 음절을 중국 한자음으로 표기하는 것은 구조적으로 불가능하다. 한어 중고음에는 음절말 자음 '* ㄹ'이나 '* ㅅ'을 가지는 한자가 아예 없을뿐더러 '밤'이나 '봄'의 음가를 가지는 한자가 없기 때문이다. 이처럼 한국어와 중국 한어의 음절구조가 서로 다르기 때문에 불가피하게 韓訓字를 수용하게 된다(李丞宰 2011다). 예컨대, '*털'과 '*블'을 각각 훈차자인 '毛'와 '火'로 표기하게 된다. (39)에서도 '毛, 新, 今, 如' 등이 한훈자임에도 불구하고 사용되었다. 결론적으로, 한음자 위주의 표기법이란 한국어 단어를 音字로 표기하는 것을 원칙으로 하되 필요에 따라 訓字도 부분적으로 수용하는 표기법을 가리킨다.

여기에서 익산 미륵사지 1호 목간을 백제목간으로 볼 것인가 신라목간으로 볼 것인가 하는 문제가 제기된다. 이 목간이 백제목간이라면 백제의 표기법은 韓音字 위주의 표기법이었다고 말할 수 있기 때문이다. 李丞宰(2011다)는 이 목간을 "7세기 말엽이나 8세기 초엽에 백제의 후예가 百濟의 表記法으로 南方 韓國語의 數詞 여섯 개를 記錄한 것"이라고 하였다. 한국어 數詞를 표기할 때에 신라 향가에서는 첫 글자에 '一, 二, 千' 등의 漢數詞를 사용했는데, 미륵사지 목간에서는

15 이 표는 李丞宰(2011다)의 표를 이 글의 취지에 맞게 일부를 수정한 것이다.

한수사를 전혀 사용하지 않았다는 점을 가장 중요한 논거로 들었다.

이제, 향가에 나오는 수사에다 신라목간에 나오는 수사를 더하여 신라어 數詞를 종합해 보자.

(40) 신라목간의 수사 표기

1. (卌)一[?]巳 = *(사십)ᄒᆞ ᄃᆞᆸ (월지 41)
2. 三巳 = *사ᄃᆞᆸ (월지 5)
3. 四刂 = *너리 (함안 218)
4. (六十巳[?])丨彡 = *(육십)다ᄉᆞᆷ (함안 221)
5. 丨[?]沙巳(月[?]) = *다ᄉᆞᆸ(ᄃᆞᆯ) (하남 6)

(40)은 앞에서 이미 논의한 신라목간의 수사를 한군데에 모아 본 것이다. (40.1~3)의 예들은 漢數詞 '一', '三', '四'의 바로 뒤에 '巳' 또는 '刂'가 왔으므로 훈주음종의 원리에 따른 표기이다. 반면에, (40.4~5)에서는 漢數詞 '五'를 사용하지 않고 '丨彡'과 '丨[?]沙巳'으로써 각각 고유어 수사 '*다ᄉᆞᆷ'과 '*다ᄉᆞᆸ'을 표기했다. 수사의 표기에 漢數詞를 사용하지 않았다는 점을 강조하면 이 둘은 훈주음종의 표기가 아니다. 그런데 '丨'가 '如'에서 비롯된 韓國字이고 '如'의 훈이 '*다(ᄒᆞ)-'라는 점을 강조할 수 있다. 이에 따르면 '丨'가 한훈자임이 분명하고 여기에 한음자 '彡' 또는 '沙巳'이 뒤따른다는 점에서 (40.4~5)의 예들도 훈주음종의 원리에 어긋나지 않는다. 南豊鉉(1981)의 용어를 빌리면, 漢數詞 '五'는 訓讀字인 데에 비하여 (40.4~5)의 '丨'는 訓假字가 된다. 두 가지 다 訓字라는 점에서는 차이가 없다. 이 기술에 따르면 신라에서는 單자리[16] 수사를 항상 훈주음종의 원리로 표기했다고 말할 수 있다.

앞에서 이미 논의한 것처럼, 백제목간에서는 훈주음종의 원리에 따라 표기하거나 말음을 첨기한 예를 찾을 수 없다. 미륵사지 1호 목간에서도 훈주음종의 원

16 十자리 이상의 수사는 '六十巳[?]'에서 볼 수 있듯이 음독했으므로, 여기에 '單자리'를 넣어 적용 범위를 한정했다.

리를 찾을 수 없다. 이 점에서 미륵사지 1호 목간을 백제목간에 넣을 수 있다.

그런데 (39)의 '伽第巴', '矣毛巴' 등의 '巴'을 말음첨기에 넣을 것인지 여부에 대해서는 더 자세한 논의가 필요하다. 이들의 '巴'은 한국어 수사에 덧붙는 접미사 '*-ㅂ/읍'을 표기한 것이므로(李丞宰 2011다), 선행하는 語基와는 표기법적으로 전혀 관계가 없다. 즉 선행하는 어기가 자음으로 끝나든 모음으로 끝나든 아무 관계가 없다. 어기의 문법 범주가 수사이면 음운론적 환경에 관계없이 '巴'이 통합된다. 이 점에서 미륵사지 목간의 '巴'은 말음첨기의 용법으로 사용된 것이라기보다 접미사의 용법으로 사용된 것이라고 보는 것이 좋을지도 모른다.

그러나 표기법의 용어인 말음첨기와 언어학적 용어인 접미사를 혼동해서는 안 된다. 이 둘을 엄격히 구별하여 표기법의 관점에서 '巴'을 정의한다면 '巴'은 음절말 자음 '* ㅂ'을 표기하는 말음첨기자일 수밖에 없다. 이러한 논의에 따르면 미륵사지 1호 목간은 韓音字 위주의 표기법으로 기록된 것이 분명하고, 나아가서 백제목간의 범주에 포함된다.

그렇다고 하여 미륵사지 1호 목간에 신라 표기법의 영향이 없었던 것은 아니다. 이 목간의 '巴'은 함안 성산산성, 하남 이성산성, 경주 월성해자, 경주 월지 등의 신라목간에서만 사용되었으므로, 음절말 자음 '* ㅂ'의 표기에 사용된 '巴'은 新羅에 기원을 둔 韓國字임이 분명하다. '刀丶邑佐'(쌍북280 1)의 예에서 볼 수 있듯이, 백제에서는 '巴' 대신에 '邑'을 사용했다. 그런데도 '巴'을 생산적으로 사용했다는 점에서, 미륵사지 1호 목간은 신라 표기법의 영향을 받은 것이 분명하다.

(39.8)의 '以?如巴'에 구결자 연쇄 'ㄋ +'가 붙어 있다는 점도 중요하다. 백제와 신라의 목간에서는 자획을 줄이거나 생략한 韓半字가 많이 발견된다. 그런데 신라 기원의 韓半字 중에는 후대의 구결자와 자형이 같은 것이 특히나 많다. 따라서 구결자의 기원을 신라에서 제작한 韓國字에서 찾을 수 있다(Lee SeungJae 2012b). 이 논의에 따르면 이 목간의 구결자 연쇄 'ㄋ +'는 신라에서 영향을 받은 것이지 백제에서 비롯된 것이 아니다. 이 점에서도 미륵사지 1호 목간은 분명히 신라 표기법의 영향을 받은 것이다. 李丞宰(2011다)에서는 이 영향에 대해 미처 주목하지 못했는데, 여기에서 이것을 보완해 둔다.

지금까지의 논의를 요약하면 다음과 같다. 미륵사지 1호 목간은 韓音字 위주의 표기를 기본으로 삼았으므로 백제목간의 일종이라 할 수 있다. 그런데 신라 표기법에 특유한 '巳'과 '氵+'를 수용했다는 점에서 통일신라 표기법의 영향을 받았음이 분명하다. 언뜻 보기에 이 두 가지가 상충하는 것 같지만, 이 목간의 제작 시기가 7세기 말엽이나 8세기 초엽이라는 점을 강조하면 서로 모순되지 않는다. 이 시기에 제작되었다면, 백제의 표기법을 기본으로 하되 여기에 신라의 표기법이 뒤섞였을 가능성이 상존하기 때문이다.

2.3. 신라 표기법의 영향을 받은 백제 지명 표기

백제와 신라의 표기법이 뒤섞인 현상은 『삼국사기』 地理誌에서도 관찰된다. 앞에서 기술한 것처럼 신라목간에 사용된 '只, 尸, 乙, 音, 叱, 居, 伊, 史, 知' 등의 9개 글자가 백제목간에는 사용되지 않았다. 그런데 지리지에서는 백제 지명을 표기할 때에도 '只, 尸, 乙, 音, 居, 伊, 史, 知' 등의 8개 글자를 사용했다. 이것은 景德王이 지명을 개편할 당시의 신라 표기법이 『삼국사기』 지리지의 백제 지명에 적잖이 반영되었음을 뜻한다. 백제목간과 『삼국사기』 지리지에서 공통적으로 사용하지 않은 글자는 '叱, 舍'의 2자인데, 흥미롭게도 이 두 글자는 지리지에서 신라나 고구려의 지명을 표기할 때에도 사용되지 않았다. 이것도 8세기 중엽의 신라 표기법이 삼국의 지명에 일률적으로 적용되었음을 암시한다.

(41) 『삼국사지』 지리지의 백제 지명 표기

1. 完山[一云比斯伐, 一云比自火] (권37)
2. 新良縣本百濟沙尸良縣 (권36)
3. 大山郡本百濟大尸山郡 (권36), 帶山縣本大尸山 (권37)
4. 多岐縣本百濟多只縣 (권36)
5. 水川縣[一云水入伊] (권37)

(41.1)의 '完山'에 '比斯伐' 또는 '比自火'이라는 주석이 달려 있어서 논란의 대상이 된 바 있다. 지리적 위치는 백제 지역의 '完山' 즉 지금의 '全州'인데, 이것을 신라식 표기인 '伐'이나 '火'로 표기했기 때문이다. 백제식 표기라면 '伐'이나 '火' 대신에 '夫里'를 쓸 곳이므로, '比斯伐'과 '比自火'은 신라식 표기가 섞여 들어간 백제 지명이라 할 수 있다. (41.2~4)에서는 백제목간의 표기에서는 전혀 사용된 바 없는 '尸'와 '只'를 사용했다. (41.5)에서는 '*(믈)들이'를 '(水)入伊'로 표기했는데, 이러한 훈주음종의 표기법을 백제목간에서는 전혀 찾을 수 없다. 따라서 (41)의 예들은 모두 신라 표기법의 영향을 받은 지명 표기라고 할 수 있다.

(42) 신라 표기법의 영향이 보이는 백제 지명

1. 尸 - 馬尸山郡, 沙尸良縣, 大尸山郡, 豆尸伊縣(一云富尸伊), 古尸伊縣, 武尸伊郡 (6)
2. 只 - 伐首只縣, 奴斯只縣, 豆仍只縣, 仇知只山縣, 只良肖縣, 只伐只縣, 所力只縣, 豆夫只縣, 多只縣, 古祿只縣, 武珍州(一云奴只) (11)
3. 伊 - 豆伊縣, 也西伊縣, 豆尸伊縣(一云富尸伊), 伯伊郡, 古尸伊縣, 武尸伊郡, 古西伊縣, 水川縣(一云水入伊) (8)
4. 乙 - 進仍乙郡, 加知奈縣(一云加乙乃) (2)
5. 居 - 勿居縣, 居斯勿縣, 居知山縣, 居拔城 (4)
6. 史 - 比史縣 (1)
7. 知 - 仇知縣, 知六縣, 仇知只山縣, 加知奈縣, 古馬旀知縣(古馬未知縣), 松彌知縣, 居知山縣 (7)
8. 勿 - 今勿縣, 勿居縣, 甘勿阿縣, 居斯勿縣, 勿阿兮郡 (5)

『삼국사기』 지리지의 백제 지명 가운데 '尸, 只, 伊, 乙, 居, 史, 知, 勿' 등이 포함된 지명은 백제 고유의 표기법이 아니라 통일신라의 표기법으로 표기되었다고 의심할 필요가 있다. 문제의 심각성은 이런 표기 예들이 아주 많다는 데에 있다. 지리지 권제36에서 백제 지명이라고 밝힌 것은 138개 항목이고 권제37에 열거된 백제 지명은 146개 항목이다. 평균을 취하면 백제 지명이 142개 항목인 셈인데, 개별 글자를 기준으로 하면 (42)에서 볼 수 있듯이 44개 항목이 통일신라 표기법의 영향을 받은 것으로 드러난다. 이 중에서 중복되는 항목 5개를 제외하면 39개 항목이 되는데, 이것은 전체 백제 지명 항목의 27.5%에 이른다.

이 점에서 『삼국사기』 지리지에 기록된 백제 지명은 백제의 표기법을 그대로 계승한 것이 아니다. 백제 표기법과 경덕왕 때의 신라 표기법이 뒤섞인 표기법으로 백제 지명을 표기했다고 해야만 정확하다. 이 점에서 『삼국사기』 지리지의 지명 표기에 대한 새로운 인식이 필요할 것이다.

그런데 주의할 것이 하나 있다. 백제의 표기법을 韓音字 위주의 표기법이라 하고 신라의 표기법을 末音添記와 訓主音從의 표기법이라 할 때에, 신라에서도 한음자 위주의 표기법을 적용했다는 점이다.

(43) 신라목간의 韓音字 표기

1. 伊夫兮村 (함안 81), 密鄒加尔支 (함안 82), 知弥留 (함안 118), 阿伐支 (함안 143), 器尺一石 (함안 119)
2. 比尸河村 (함안 39), 巳珎兮城 (함안 58), 買谷村 (함안 117, 184), 加火魚 (월지 7, 35)

(43.1)에서 밑줄을 친 글자는 신라의 표기인데도 모두 韓音字로 표기되어 있다. (43.2)의 물명 '器尺'은 '*기작'(현재의 穀名 '기장') 정도로 재구되므로(李丞宰 2009가) 한음자 위주의 표기이다. (43.2)의 나머지 표기도 한음자 위주의 표기에 해당하는데, 한음자 뒤에 한훈자 '河{*믈}, 珎{*돌}, 谷{*실}, 火{*블}' 등이 뒤따른다. 이들이 모두 음절말 자음 '*ㄹ'을 가지고 있다는 점이 흥미롭다. 한어 중고음에는 음절말 자음의 '*ㄹ'이 없으므로 당시의 한자음으로는 이 '*ㄹ'을 정확하게 표기할 수 없다. 따라서 부분적으로 한훈자를 사용한 것이 분명하다.

(44) 音訓交用 표기

1. [ㅈ仇伐阿那內欣買子] (함안 162-1)

   [ㅈ一石買稗石　　　　] (함안 162-2)

2. [⦚ ▣行還去收面++里石 食二 |] (해자 3-1)

(44.1)의 전면에 나오는 '內欣買子'는 곡명의 일종으로서 '內欣'이 무엇을 표기한 것인지 아직 확실하지 않지만, '買子'가 '*메씨'에 대응하는 듯하다.[17] 그렇다면 '買'는 한음자이고 '子'는 한훈자가 된다. (44.1)의 후면에 나오는 곡명 '買稗'가 '*메피'에 대응한다면 이곳의 '買'도 한음자이고 '稗'는 한훈자이다. (44.2)의 '面++里'는 곡명 '겉보리'에 대응하는 듯하다. '面'은 한훈자로, '++'와 '里'는 한음자로 사용되었다. 이들도 모두 한음자와 한훈자가 뒤섞인 표기인데, 일본에서는 이러한 표기를 音訓交用 표기라고 부른다. 이 음훈교용 표기법은 사실은 音字 爲主의 표기법 밑에 오는 하위 개념이다. 音字 위주로 표기하다가 그럴 수 없을 때에 訓字를 섞어서 사용한다는 점에서 이렇게 말할 수 있다.

백제목간에서도 이러한 음훈교용 표기의 예를 충분히 예상할 수 있다. 그런데 미륵사지 목간 1호를 제외하면 음훈교용 표기를 찾기가 아주 어렵다. 신라목간 자료에 비하여 백제목간 자료가 양이 아주 적어서 그런 것인지, 구조적 원인이 있어서 그런 것인지 확인하기가 어렵다. 일단 표기법 원리 (C)와 관련하여, 百濟木簡에는 末音添記와 訓主音從의 표기가 나오지 않는다는 점만 확정해 둔다.

2.4. 백제목간의 어순과 문법 형태

이제, 백제목간을 대상으로 (A)와 (B)의 표기법을 검토해 보기로 한다. 문장을

17 현대어에서도 '멥쌀'과 '찹쌀'을 구별한다. 이들은 각각 '메+ᄡᆞᆯ'과 '차+ᄡᆞᆯ'에서 온 어형이다.

표기한 목간은 百濟木簡이 15점 정도이고 新羅木簡이 16점 정도이다.[18] 백제목간이 신라목간에 비하여 전체 수량이 상대적으로 아주 적지만, 문장 자료만을 대상으로 한다면 백제목간의 수량이 결코 적은 편이 아니다.

먼저, 백제목간에서 (A)의 한국어 어순에 따라 표기한 것을 찾아보기로 하자.

(45) 부여 능산리사지 11호 목간의 어순

전면 1행: [宿世結業同生一處是]

전생에 맺은 인연으로, 한곳에 났으니

전면 2행: [非相問上拜白來]

是非를 서로 묻되, 위로 절하고 사뢰러 오라

이 목간은 백제의 詩歌가 기록되었으므로 金永旭(2003)이 宿世歌 목간이라 명명한 목간이다. 이 목간의 '宿世結業'과 '同生一處'는 중국 한어의 어순인 데에 비하여, '是非相問'과 '上拜白來'는 한국어 어순이다. 이 목간의 어순은 起句와 承句에서는 한어 어순을, 轉句와 結句에서는 한국어 어순을 택한 混成語順이다(Lee SeungJae 2013). 비록 후반부에서만 한국어 어순이 나타나지만, 백제가 한국어 어순에 따라 문장을 표기했다는 사실을 보여 주는 데에는 손색이 없다. 부여 능산리사지 목간은 6세기 3/4분기에 제작된 것이라고 추정되므로(李炳鎬 2008) 백제에서는 이때부터 이미 한국어 어순에 따라 표기했다고 말할 수 있다.

(46) 부여 官北里 1호 목간의 어순

전면 1행: [(二月十一日兵与詔 ⌇]

2월 11일, 兵与에게 알린다 …

전면 2행: [(中方向▣ ▣ ⌇]

中方의 向▣ ▣ …

---

18 신라의 꼬리표 목간(荷札 목간과 附札 목간)은 문장 표기 목간에서 모두 제외하고 계산했다.

(46)의 부여 관북리 1호 목간은 7세기 2/4분기에 제작된 것으로 추정된다. 하단부가 파손되었지만 '兵与詔'의 어순이 주목된다. 이것은 한국어 어순으로서 '兵与에게 알린다'의 의미를 가진다. '兵与'는 인명이 아니라 '병사'로 구성된 '부대'를 뜻할 것이다. 상급부대에서 하급부대에 내린 일종의 통지문이라 할 수 있는데, 통지의 주체는 2행에 기재되어 있다. '中方'의 하위 부서로 '向■'이 있었고 여기에 속한 '■…'가 통지의 주체가 된다.

(47) 부여 東南里 1호 목간

전면: [ㅅ宅敎禾田ㄱ犯■兄害爲敎事]

宅이 관할하는 禾田들을 범한 ■兄을 害하라고 명령하신 일

(47)은 부여 동남리 1호 목간인데, 이 목간은 7세기 3/4분기, 즉 백제 멸망 시기의 목간으로 추정된다. 필자는 이 목간을 일종의 판결문으로 보아 (47)의 번역문처럼 해독한다. 이에 따르면 이 목간은 처음부터 끝까지 한국어 어순을 따랐다. 끝에 온 '害爲敎事'에는 신라의 이두에서 흔히 볼 수 있는 '敎事'가 포함되어 있어 주목된다. 이것은 신라에서처럼 '분부하신 일, 명령하신 일' 정도의 의미로 쓰였고, 그 앞에 온 '害爲'의 '爲'는 '*ᄒᆞ-' 동사를 표기한 것이 분명하다. 백제목간에서 '*ᄒᆞ-' 동사를 표기한 것은 이것이 유일하다. 이 목간은 백제와 신라의 언어가 별로 차이가 없었음을 주장할 때에 아주 귀중한 예가 된다.

위의 세 목간을 통하여 백제목간에서도 한국어 어순이 두루 확인된다는 결론을 얻었다. 한국어 어순이 적용된 최초의 백제목간은 6세기 3/4분기에 제작된 (45)의 능산리사지 11호 목간 즉 宿世歌 목간이다.

그런데 위의 세 목간에 표기법 원리 (B)의 한국어 문법 형태가 표기되었을까? 金完鎭(2005)에서는 (45)의 '白來'를 '*ᄉᆞᆲ보라'로 해독하여, '來'가 '*ᄉᆞᆲ-' 동사에 후속하는 語尾 부분을 표기한 것으로 보았다. 이 견해에 따르면 6세기 3/4분기부터 한국어 문법 형태가 표기되었다고 할 수 있다. 이에 대해 李丞宰(2008나)에서는 '來'를 '*오-' 동사로 읽어, 어미 부분이 표기되지 않은 것으로 보았다. '來'

가 문법 형태를 표기한 예를 달리 찾기가 어려울뿐더러 백제목간에서 문법 형태를 표기한 것은 후술할 '之, 也, 中, 以, 者' 등으로 한정되기 때문이다. 위의 (46)과 (47)에서도 문법 형태는 보이지 않는다. (47)의 '爲'와 '敎事'는 각각 '* ᄒᆞ-' 동사와 '명령하신 일'에 대응하므로 문법 형태가 아니라 어휘 형태이다.

(48) 부여 능산리사지 4호 목간

전면: [ㅇ 奈率加■白加之恩以■淨]

奈率 加■白加의 은혜로 ■ 깨끗하며

후면: [ㅇ 急明 靜腦右■法師■八]

급히 밝아짐. 靜腦 右■ 法師 ■八

(49) 부여 쌍북리102 1호 목간

전면: [⦚ ■來時伎兄來■■■]

■(가) 온 때에 伎兄(이) 와 ■■■

후면: [⦚ ■言以聞■成]

■ 말로/을 듣고 ■ 이룸.[19]

(48)은 부여 능산리사지에서 출토된 완형 목간이다. 부여 쌍북리 102번지에서 출토된 (49)는 윗부분이 파손되어 앞면과 뒷면의 문장이 직접 연결되지 않고, 7세기 중엽에 작성된 것으로 추정된다. 이들을 (48)과 (49)의 번역문처럼 해독하면 한국어 어순을 자연스럽게 지키는 문장이 되므로 이들도 한국어 어순에 따라 작성되었다고 할 수 있다. 그렇다면 (A)의 한국어 어순이 확인되는 백제목간은 (45~49)의 5점이나 된다.

그런데 (48)의 원문 '加■白加之恩以'에서 '之'를 한국어의 속격조사 '-의'로 번

19 이 목간에는 尹善泰(2009)가 강조한 바 있는 '口頭 傳言'의 내용이 담겨 있다. 이것은 '文字 傳言'과 대립되는 개념이다. 이 목간을 통하여 당시에 이 두 가지가 공존했음을 확인할 수 있다.

역하더라도, 원문이 한어의 문법에 더 가까운 용법이므로 이 '之'는 한국어 문법 형태를 표기한 것이 아니다. 반면에 이 원문의 '恩以'에서는 '以'를 경주 남산신성비의 '如法以'의 '以'처럼 '*-로'로 읽을 수 있다. 이와는 달리 '以'가 문법 형태를 표기한 것이 아니라 동사를 표기한 것으로 보아, '恩以'를 '은혜를 써서' 또는 '은혜를 가지고'로 해석할 수도 있다. 이때에는 한국어 어순에 따른 것이 된다.

(49)에서는 '▣言以'의 '以'를 대격조사 '*-을'로 읽으면 가장 자연스러운 한국어 문장이 되지만, '以'는 대격조사보다는 구격조사 '*-로'로 읽는 것이 더 일반적이다. 또한, 이 '以'를 뒤쪽에 붙여서 '以聞▣成'의 한문 구성으로 보아야 할지도 모른다. '言'의 앞에 온 글자를 판독하기 어려우므로 어느 방안을 택해야 할지 여기에서는 판단을 유보해 둔다.

결론적으로, 위의 다섯 개 백제목간만으로는 (B)의 한국어 문법 형태를 표기했는지 여부가 확실하게 드러나지 않는다.

(50) 부여 능산리사지 7호 목간

전면: [(書亦從此法爲之凡六卩五方]

書(式) 또한 이 법을 좇아야 한다. 무릇 六卩五方

후면: [(又行之也凡作形` ㆍ中了具]

또한 그것을 행한다. 무릇 짓는 형식들에 갖추었다.

(B)의 한국어 문법 형태와 관련하여 주목되는 목간은 (50)의 부여 능산리사지 7호 목간이다. 이 목간의 어순을 살펴보면 전체적으로 중국 한어의 어순에 가깝다. '從此法'과 '行之'가 두드러진 예이다. '行之'의 바로 뒤에 '也'가 통합된 것으로 보아 이곳의 '之'는 대명사임이 분명하다. 그런데 이 목간에 나오는 '爲之'의 '之'는 한국어의 단락 종결사에 해당하고, '行之也'의 '也'도 단락 종결사 또는 메시지 종결사로 쓰인 듯하다.[20] '形` ㆍ中'의 '中'도 한국어의 처격조사에 해당하는

20 李丞宰(2013가)에서는 '之'가 단락 종결사인 데에 비하여, '也'는 단락보다 큰 단위인 '메시지' 또는 '화제'를 분절하는 기능을 갖는다고 하였다.

듯하다. 따라서 '之, 也, 中'의 세 글자가 한국어 문법 형태를 표기한 것이라는 가설을 세울 수 있다.

그런데 金秉駿(2009)에 따르면 '之'와 '中'은 중국의 목간에서도 널리 사용되었다고 한다. 따라서 (50)의 '之, 也, 中'이 한국어의 문법 형태를 표기한 것인지 그렇지 않으면 중국 한어의 문법에 따른 것인지 결정하기가 어렵다. 이 둘 중에서 어느 하나를 택할 때에 기준이 되는 것은 이들의 독법이다. 만약 '之'가 중국 한어와 달리 '*다'를 표기한 것이라면 이것은 한국어 고유의 종결사를 표기한 것이라고 보아야 한다.

신라에서는 이 '之'가 '*다'로 읽혔음이 확인된다. 戊戌塢作碑(578년)와 華嚴經寫經造成記(755년)의 두 자료에서 '之'가 '如'와 교체된다(李丞宰 2008가). '如'는 훈독자로서 '*다'를 표음하므로 교체 관계에 있는 '之'도 '*다'로 읽을 수 있다. 그런데 중국 한어에서는 이러한 독법이 아예 없다. 이 점에서 신라의 '之'가 한국 고유의 문법 형태를 표기한 것이라고 할 수 있다.

그런데 백제 자료에서는 이러한 논거를 찾을 수가 없다. '之'가 신라에서 '*다'로 읽혔으므로 백제에서도 '*다'로 읽혔다고 바로 단정할 수 있을까? 잘못하면 섣부른 일반화의 오류에 빠질 수 있으므로 주의할 필요가 있다. 우리는 (50)의 '之, 也, 中'이 백제어의 문법 형태를 표기한 것 같기는 하지만 결정적 증거가 아직 없는 상태라고 기술해 둔다.

그런데 (50)에 제시한 부여 능산리사지 7호 목간에 서식을 규정한 내용이 기록되어 있어 주목된다. 이 목간은 首尾가 온전한 완형 목간이므로 기록 당시의 텍스트가 그대로 남아 있는 목간이다. 또한 글자가 선명하여 판독의 어려움도 전혀 없다. 이 목간의 첫 글자 '書'는 '글씨, 문서, 서식' 등의 다양한 의미를 가지는데, 문맥으로 보면 이 '書'가 '서식'에 해당한다. 법을 좇아야 하고 각종 국가기관에서 행해야 하며 미리 갖추어져 있어야 하는 것으로는 '서식'이 가장 적당하기 때문이다. 이 '서식'을 갖추었다는 것은 6세기 3/4분기에 이미 백제에서 문서행정이 이루어졌음을 의미한다. 이것은 부여 능산리사지 25호 목간의 문서명 '支藥兒食米記'와 부여 쌍북리280번지 1호 목간의 문서명 '佐官貸食記'에서 확인된다. 신라목간에서는 '~記'로 명명한 문서 형식을 찾을 수 없다는 점에서, 현재로서는 '~記'가 백제목간 고유의 특징이라 할 수 있다.

(51) 부여 능산리사지 24호 목간

1면: [■■ … ■■言■■ … ■■]

… 말 …

2면: [則憙拜而受之伏願常上此時]

(하면) 기뻐 절하고 받을 것입니다. 엎드려 원컨대, 늘 이것을 올릴 때

3면: [道■■ … ■■死■■礼礼]

道 ■■ … ■■ 죽음 ■■ 礼(마다)

4면: [經德此幸值員因故■灼除八永仰者斷四地]

經(과) 德 이것은 다행히 값진 사람(의) 원인(인) 까닭(에) 살라 제거한 여덟 (명을) ■(하고) 길이 우러르면 四地를 그칠 것입니다.

國立扶餘博物館(2007: 255)은 (51)의 2면에 '伏願'이 나오는 것으로 보아 이 목간을 국왕에 올리는 상소문이나 외교문서로 추정했다. 문서의 일종임은 분명하지만, 내용은 일종의 청원서가 아닐까 한다. 판독이 불가능한 글자가 많아 단정할 수 없지만, 청원의 내용은 둘 중의 하나일 것이다. 첫째는 지위를 박탈당한 여덟 명을 사면해 달라고 청원하는 것이요, 둘째는 불살라 없앤 경전 여덟 가지를 복원하여 받들자고[21] 청원하는 것이다. 이 목간이 청원서의 일종이라는 사실은 백제에서 문서 행정이 6세기 3/4분기에 이미 시행되었음을 증명해 준다. 이 목간은 기본적으로 한어 어순을 따르고 있다. 그런데도 2면의 '之'는 단락 종결사의 기능을 가지는 듯하고, 4면의 '者'는 조건·가정의 어말어미 '-면'에 대응하는 듯하다.

위의 여러 목간을 통하여 백제의 문장 표기에서는 '之, 也, 中, 以, 者' 등이 핵심적인 연구 대상임이 드러난다. 이들이 백제어의 문법 형태를 표기한 글자라는

21 첫째는 4면의 '員'에, 둘째는 '經'에 중점을 둔 해독이다. 끝의 '四地'를 어떻게 해독할 것인가 하는 문제가 남기 때문에 이 둘 다 만족스러운 해독은 아니다.

결정적인 증거는 없다. 그런데 이들이 가장 이른 시기의 신라 자료에서도 사용되었다는 점이 주목된다. 이들의 문법적 용법에서도 백제목간과 신라목간의 차이가 없다. 이 공통점을 강조한다면 6~7세기의 문장 자료를 대상으로 했을 때에, 백제와 신라의 문장표기 방식이 서로 일치한다고 할 수 있다. 이것은 우연의 일치가 아니라 아마도 체계적 일치일 것이다.

백제에서 6세기 3/4분기에 완성된 (A)와, 독법이 불명확하지만 가정할 수 있는 (B)의 표기법은 7세기 자료에도 그대로 이어진다.

(52) 부여 궁남지(新) 2호 목간

전면: [蘇君節軍曰今敬白有之心▣▣▣]

蘇君의(이) 節軍이(에게) 말하기를 "이제 삼가 사뢰어 둡니다. 마음 ▣▣▣

후면: [死所可依故皆▣三月▣日間▣]

죽어(도) 의지할 수 있으므로, 다 ▣ 3월 ▣일 사이에 ▣(하겠습니다)"

(53) 나주 복암리 1호 목간

전면: [⦚午?三月中監數髮人]

후면: [⦚出背者得捉得工奴]

(54) 부여 관북리 5호 목간

전면 1행: [攻栗嵎城 ○ 中卩朱?軍 ┌]

2행: [攻㮚▣城中卩▣使? ┌]

3행: [▣ ┌]

후면 1행: [▣晨自中部▣ └]

2행: [○南吉次 ▣▣城自▣▣ └]

(52)의 부여 궁남지(新) 2호 목간은 백제 무왕 때에 제작된 것으로 추정되고, (53)의 나주복암리 1호 목간은 7세기 중엽의 목간으로 추정된다. 이들에 '之, 中,

者'의 용례가 나오므로 백제가 멸망할 때까지 '之, 中, 者' 등이 사용되었다.

(54)의 부여 관북리 5호 목간은 '攻栗嵎城'과 '攻榮■城' 등이 나오므로 군대의 작전명령을 기록한 목간임이 분명하다. 서체로 보아 7세기 중엽의 목간일 가능성이 큰데, 이 목간에 '-부터'의 의미를 가지는 '自'가 두 번 쓰여 주목된다. '■晨自'는 '■새벽부터'로, '■■城自'는 '■■城부터'로 해독된다. 이 '自'가 한국어 어순을 따랐다는 점에서 신라의 壬申誓記石에 나오는 '今自三年'의 '自'와 용법이 일치한다. 이 일치는 백제목간의 표기법과 신라 금석문의 표기법이 일맥상통함을 보여준다.

지금까지의 논의를 종합해 보자. (A)의 한국어 어순에 따라 표기한 예가 백제목간에서도 두루 확인된다. (B)의 한국어 문법 형태를 표기한 듯한 '之, 也, 中, 以, 者' 등이 백제목간에 많이 나오지만, 이들이 백제어 문법 형태를 표기한 것이라는 결정적 증거를 제시하기가 어렵다. 증거 부족의 원인은 660년에 멸망한 뒤로 백제 자료가 이어지지 않는다는 데에서 찾을 수 있다. (B)를 논의할 때에 강조해야 할 것은 백제와 신라의 문장 표기에서 '之, 也, 中, 以, 者' 등의 글자가 공통된다는 점이다. 이 글자들이 6세기 중엽의 목간부터 7세기 중엽까지의 목간에 두루 사용되었다는 것도 양국에 공통된다. 이에 따르면 백제목간의 문장 표기가 신라와 별로 차이가 없었다고 말할 수 있다.

2.5. 백제 문장표기의 특징

그런데 백제목간에서는 신라목간에 비하여 중국 한문의 문장 형식이 훨씬 자주 수용된다. 능산리사지 24호 목간 2면의 '則憙拜而受之', 4면의 '此幸値員因故' 등에서 한어 문법의 '則, 而, 故' 등을 그대로 수용했다. 신라목간에서는 이러한 예들을 쉽사리 찾을 수 없으므로 백제가 신라보다 한문 수용이 빨랐고 한문 작성 능력도 뛰어났다고 말할 수 있다.

백제목간의 문장 표기가 가지는 또 하나의 특징을 든다면 아마도 그 난해성을 들어야 할 것이다.

(55) 부여 능산리사지 25호 목간

3면: [食道邊■■次如逢使治豬耳其身者如黑也 道使後後彈耶方牟氏牟祋 　梲耶]

밥 먹는 길가(에서) ■■(하던) 次(에), 관리 돝귀(를) [그 몸은 검정과 같다] 맞이했듯이 道使(를 맞이한) 뒤(에), (그) 뒤(에) 彈耶方[牟氏, 牟祋](과) 梲耶(方)을 (맞이했다)

부여 능산리사지 25호 목간은 '支藥兒食米記'라는 문서명을 가지고 있는데, 이 목간의 3면에는 (55)의 문장이 기록되어 있다. 이에 대한 전반적인 해석은 아직도 이루어진 바 없으므로 이것이 난해한 문장임은 분명하다. 이 난해성은 바로 한국어 문법 형태를 표기하지 않은 데에서 비롯된다.

하나의 가설이지만 우리는 이 문장을 (55)의 번역문과 같이 해독한다. 이처럼 해독할 때에 '其身者如黑也'가 해독의 열쇠가 된다. 이 문장은 'P者Q也' 형식의 주석문임이 분명하다. 주석문은 앞에 온 단어에 부속되는 것이므로 일반적으로 전체 본문에서는 삭제해도 무방하다. 이 주석문은 앞에 온 인명 '豬耳'에 대한 주석이다. 金永旭(2011가)는 이 두 글자를 모두 훈독하여 인명 '*돝귀'로 해독했는데, 우리도 이에 동의한다. 이 인명 앞에는 신분이 관리임을 나타내는 '使治'가 덧붙었고, 뒤에는 '豬耳'의 외관상 특징을 나타내는 주석문 '그 몸은 검정과 같다'가 덧붙었다.

밥 먹는 길가에서 무엇인가를 하던 차에 이 관리를 손님으로 맞이했다. 맞이한 주체는 支藥兒(지금의 醫藥局)에 소속된 관리일 가능성이 크지만 문면에 구체적으로 드러나지는 않았다. 이 지약아 관리가 '豬耳'를 손님으로 맞이한 것처럼, 그 뒤에 '道使'를 맞이했다. 또 그 뒤에 '彈耶方' 소속의 '牟氏'와 '牟祋'를 맞이하고 또 '梲耶'를 맞이했다. '彈耶方'은 화살촉을 제조하는 부서이고 '梲耶(方)'은[22] 창을 제조하는 부서일 것이다. '彈'은 '탄알'을 뜻하고 '梲'는 '창'의 일종이므로 이러한 추정이 가능하다. 이 해독에 따르면 이 문장의 동사는 '如逢'의 '逢' 하나이고

22 이 목간의 '梲耶'는 '梲耶方'의 '方'이 생략된 표기일 것이다. 이때의 '耶'는 '冶'의 의미가 아닐까?

목적어는 그 뒤에 순차적으로 나열된 여러 명의 관리이다. 이 관리들은 다치거나 몸이 아파서 지약아를 방문했을 것이다.

(56) 부여 구아리 2호 목간

1면: [所▣信來以敬辱之於此貧薄]

▣ 믿어(信) 온(來) 바(所)를 써서(以), 존경(敬)이나 치욕(辱)이 된다(之). 이(此)에(於) 가난하고(貧) 얄팍한(薄) (원인의)

2면: [一无所有不得仕也 莫睊好耶荷陰之後 永日不忘]

하나(一)는, 가진(有) 것(所)이 없으면(无) 벼슬(仕)도 못(不) 얻는다는(得) 것이다(也). [좋은 것(好耶)에 눈멀지(睊) 말고(莫), 그늘(陰)의(之) 뒤(後)를 책망하라(荷). 길이(永日) 잊지(忘) 말라(不).]

(56)의 부여 구아리 2호 목간도 일부를 제외하면 해독하기가 아주 어렵다. '无所有不得仕也'는 '가진 것이 없으면 벼슬도 얻지 못한다'로, '永日不忘'은 '길이 잊지 않는다'로 바로 해독된다. 그러나 '所▣信來以敬辱之於此貧薄一'과 '莫睊好耶荷陰之後'는 무슨 뜻인지 얼른 알 수가 없다. 구태여 해독해 본다면 (56)의 번역문이 될 것이다. 이 번역문의 '바(所)를 써서(以)'는 '바로써'의 축자적 해석이고, '敬'과 '辱'은 내용상 서로 대립되는 개념이다. 돈으로 벼슬을 사는 것과 같은 부정이 횡행하는데, 이런 유혹에 빠지지 말고 그늘 뒤에 감춰진 것을 비난하라는 내용인 듯하다. 처음부터 끝까지 한문으로 작성되었으므로, 한국어적인 요소를 찾을 수 없다.

(55)와 (56)은 비록 가설이기는 하지만 위와 같이 해독해 볼 수 있다. 이 두 목간에서는 한국어적인 요소라고 할 만한 것이 전혀 없고, 모두 중국 한문으로 되어 있다. 이 공통점과 해석하기가 난해하다는 것도 공통점 중의 하나이다.

(55)와 (56)은 억지로라도 해석해 볼 수 있으나 다음의 목간은 무엇을 기록한 것인지 전혀 가늠조차 할 수 없다.

(57) 부여 능산리사지 22호 목간

1면: [(馳聖辛露隋憲壞醞强▣>]

(57)의 부여 능사 22호 목간은 4면 목간의 일종이므로 문서를 기록한 목간일 가능성이 크다. 이 목간의 2～4면은 판독이 거의 불가능하지만 1면은 그래도 판독이 가능하다.[23] 그런데 판독 결과를 해독하려고 하면 바로 막막해진다. 아마도 한국어의 문법 형태를 전혀 표기하지 않았기 때문에 이처럼 느껴질 것이다. (57)은 한문 문장이라는 보장조차도 확실하지 않아서, 난해한 암호문인 것처럼 느껴진다.

(55～57)의 목간에서는 한국어 어순이나 한국어의 문법 형태라고 할 만한 것이 보이지 않는다. 그러면서도 신라목간에 비하여 해독하기가 아주 어렵다. 이것은 신라목간보다 백제목간에서 중국 한문을 수용하여 작문을 한 경우가 많았음을 증명해 준다.

2.6. 백제목간 표기법의 특징

이제 백제목간의 표기법을 정리해 보자. 백제목간에서는 (C)의 말음첨기와 훈주음종의 표기가 눈에 띄지 않는다. 그 원인은 크게 두 가지로 정리할 수 있다. 첫째로 백제에서는 韓音字 위주로 단어를 표기했고, 둘째로 말음을 첨기하는 표기법이 없었다. (A)의 한국어 어순은 적어도 5점 이상의 백제목간에서 확인된다. 따라서 백제어는 현재의 한국어처럼 SOV 언어였음이 분명하다. 백제목간에서 (B)의 한국어 문법 형태를 표기한 것으로는 '之, 也, 中, 以, 者' 등을 들 수 있다. 이들이 한국어 문법 형태를 표기한 것이라 하여 적극적으로 논의를 전개할 수도 있지만, 이것이 아직 증명되지 않았다는 점을 들어 신중론을 택할 수도 있다.

위의 (C)에 대한 정리를, 백제 표기법에 韓訓字 표기가 없었다는 뜻으로 오해

23 (57)은 손환일(2011)의 판독에 의지했다.

하면 안 된다. 백제에도 한훈자 표기가 분명히 있었다. (45)에 제시한 宿世歌의 '是非相問 上拜白來'는 훈독하는 글자 8개를 한국어의 어순에 따라 배열한 것이므로 백제에 한훈자로만 문장을 표기한 예가 있었다고 보아야 한다. 신라의 誓記體 문장이라는 것도 사실은 한훈자 문장 표기에 속하므로, 백제와 신라는 한훈자 표기에서 전혀 차이가 없다. (47)에 제시한 부여 동남리 목간의 '害爲教事'를 '*害홀 이신 일'로 재구하고 (55)에 제시한 支藥兒食米記의 '豬耳'를 '*돋귀'로 재구한다면, 이들도 한훈자를 사용한 단어 표기이다. 예가 많지 않지만 단어 표기에서도 한훈자 표기를 인정하는 것이 좋다.

그렇다면 백제에서는 韓音字 표기와 韓訓字 표기가 공존했을 가능성이 크다. 이것은 신라에서도 마찬가지이다. 백제와 신라가 차이가 난다면, 신라에서는 말음첨기법이 확실히 적용되었지만 백제에서는 그런 예를 찾을 수 없다는 차이뿐이다. 백제에 말음첨기법이 없었으므로 그 부분집합인 훈주음종의 표기가 없었다는 것은 두말할 필요도 없다.

(B)에 대한 정리에서도 첨언해 둘 것이 있다. 앞에서 지적한 대로, 백제목간의 '之, 也, 中, 以, 者' 등은 초기의 신라 이두에서도 흔히 볼 수 있다. 이 공통점을 강조하여 신라목간뿐만 아니라 백제목간에서도 한국어 문법 형태를 표기했다고 주장할 수 있다. 반면에 이들의 백제식 독법을 알 수 없다는 점과 이들이 중국 한어의 虛辭와 별로 차이가 없다는 점을 강조하면 이들을 (B)에 대한 증거로 삼을 수 없다. 백제목간의 '之, 中, 者, 以, 也'에 대해서는 이 두 가지 해석이 모두 가능하다.

(A)의 한국어 어순을 지키는 백제목간에서는 (B)의 한국어 문법 형태를 찾기가 어렵고 반대로 (B)의 조건을 갖춘 백제목간에서는 (A)의 조건을 갖추지 못할 때가 많다. (A), (B), (C)의 세 조건을 두루 갖춘 백제목간은 (47)의 부여 동남리 1호 목간밖에 없다. 이 목간은 7세기 3/4 분기, 달리 말하면 백제 멸망기의 목간이다. 반면에, 신라목간에서는 6세기 중엽의 함안 성산산성 221호 목간에서부터 이미 위의 세 가지 조건이 두루 갖추어졌다.

위에서 논의한 것을 요약해 보자. 지금까지의 고대어 표기법에 대한 연구는 사실상 신라의 표기법에 대한 연구였다. 백제어 자료가 거의 없는 상태였으므로 신라의 향가나 이두 자료를 대상으로 고대 한국어를 연구할 수밖에 없었다. 그러나 백제 지역에서 적잖은 양의 목간이 출토됨으로써 이제는 신라 자료와 백제 자료를 엄격히 구별해야 할 필요가 커졌다. 이 필요에 맞추어 신라목간과 백제목간에 기록된 문자 자료를 중심으로 양국의 표기법을 대비하는 데에 이 章의 최종 목표를 두었다.

백제에서는 단어를 어떻게 표기했을까? 자료가 많지 않아서 속단할 수는 없지만 백제에서는 韓音字 위주의 표기로 단어를 표기한 것 같다. 그 대표적인 예로 익산 미륵사지 1호 목간을 들 수 있다. 이 목간에는 고대의 수사가 기입되어 있는데, 단어의 첫째 음절조차도 韓音字로 표기했다. 7세기 말엽이나 8세기 초엽에 제작되었다는 점에서, 이 목간을 백제목간으로 볼 것인가 신라목간으로 볼 것인가 하는 문제가 제기된다. 그런데 향가뿐만 아니라 신라목간에서는 單자리 숫자를 항상 훈주음종의 원리에 따라 표기했다. 이와는 달리 미륵사지 1호 목간은 韓音字 위주의 표기법을 택했으므로 이것을 백제의 후예가 작성한 목간으로 분류했다.

그런데 미륵사지 1호 목간에서는 '巳'이 여러 번 사용되었고 구결자 연쇄인 'ʒ +'도 나온다. 이들은 신라목간에서만 사용되는 글자이므로 이 목간이 부분적으로 신라 표기법의 영향을 받은 것이 분명하다. 그렇다면 『삼국사기』 지리지에 나오는 백제 지명 표기도 신라 표기법의 영향을 받았다고 말할 수 있고 이것이 실제로 실증된다.

(A)의 한국어 어순에 따라 표기한 백제목간은 적어도 5점에 이르고 그 시기는 6세기 3/4분기의 부여 능산리사지 목간으로 거슬러 올라간다. 백제에서는 이미 이때부터 한국어 어순 표기가 일반화되어 있었다. 백제목간에서 (B)의 문법 형태를 표기한 것은 '之, 也, 中, 以, 者' 등으로 한정된다. 그런데 백제에서는 이들을 어떻게 읽었을지 전혀 알 수가 없다.

결론적으로 신라목간과 백제목간은 (C)에서 가장 크게 차이가 난다. 신라목간에서는 말음첨기와 훈주음종이라는 표기법을 적용했으나 백제목간에서는 이런 표기법을 찾을 수가 없다. 백제에서는 단어를 韓音字 위주로 표기했기 때문에 이들이 적용될 여지가 아예 없었다. (B)에서도 약간 차이가 난다. 백제목간에서는 중국 한어의 虛辭에 해당하거나 이에 준하는 글자들을 문법 형태의 표기에 사용했다. 그러나 신라목간에서는 이들뿐만 아니라 實辭에 해당하는 글자로도 문법 형태를 표기했다. (A)의 한국어 어순에서는 신라목간과 백제목간이 전혀 차이가 없었다.

音字 위주의 표기법을 채택한 것 중에서 가장 유명한 것은 일본의 『古事記』(712년)와 『日本書紀』(720년)에 수록된 記紀歌謠이다. 萬葉歌 중에서 이 두 史書에 수록된 記紀歌謠는 『萬葉集』(783~790년)에 처음 수록된 萬葉歌와 표기법이 다를 때가 많다. 記紀歌謠는 문장 표기이면서도 처음부터 끝까지 音字(音假名)로 표기하는 것이 원칙이다. 일부의 訓字 예컨대 '間, 田, 津' 등이 사용되기도 하지만 이것은 예외적이다.

그런데 지금까지는 記紀歌謠의 표기법을 한국의 가요와 비교할 때에, 신라의 향가를 예로 들 때가 많았다. 記紀歌謠는 音字(音假名) 위주의 표기법으로 기록되었고 향가는 훈주음종의 원리로 표기되었으므로 이 둘은 표기법의 계통이 완전히 다르다. 반면에 백제목간의 인명 및 지명 표기법과 記紀歌謠의 표기법은 둘 다 音字 위주의 표기법이라는 점에서 계통이 같다. 따라서 이제부터는 백제목간과 記紀歌謠의 표기법을 비교하는 것이 바람직할 것이다.

8. 韓國字

지금까지 우리가 목간에서 해독해 낸 고대 한국어 단어를 모두 모아 정리해 보기로 한다. 이들을 수사, 단위명사, 보통명사, 동사, 문법 형태의 다섯으로 나누어 정리하면 다음과 같다.

(1) 수사

1. 伽第巳 [*가ᄃᆞᆸ, 1]
2. 矣毛巳 (*이더릅, 2)
3. 新台巳 (*새ᄃᆞᆸ, 3)
4. 刀士巳 [*다ᄉᆞᆸ, 5]
5. 日古巳 [*닐곱, 7]
6. 二▣口巳 [*닐굽 7]
7. 今毛巳 (*여더릅, 8)
8. 以?如巳 (*의덥, 8)
9. 一?巳 (*ᄒᆞᄃᆞᆸ, 1)
10. 三巳 (*사ᄃᆞᆸ, 3)
11. 彡 {*석, 3}
12. 四刂 (*너리, 4)
13. 丨彡 (*다ᄉᆞᆷ, 5)
14. 丨?沙巳 (*다ᄉᆞᆸ, 5)

(2) 단위명사

1. 石/石 {*셤}
2. 斗 {*말}
3. 末 [*말]

4. 升 {*되} 5. 代 [*딕] 6. 缸 [*항]
7. 瓮 {*독} 8. 辻/這 {*갓} 9. 丨 {*갓/*다}
10. 缶 (??) 11. 龍 (??) 12. 尺 [*작]
13. 件 {*볼} 14. 亇 [*미] 15. 兩 [*량]
16. 㐅 [*량] 17. 分 [*분] 18. 斤 [*근]
19. 形 {*골} 20. 瓯 (??) 21. 藏 [*장]
22. 疊 [*덥] 23. 丹 [*단] 24. 發 [*발]

(3) 보통명사[1]

1. 食 (??) 2. 米 {*ᄡᆞᆯ} 3. 面++里 (*겉보리)
4. 買子 {*메씨} 5. 稗 {*피} 6. 召 [*조]
7. 器尺 [*기작] 8. 太 {*콩} 9. 亇 [*마]
10. 益丁 (*더뎡) 11. 蒜尸 (*마ᄂᆞᆯ) 12. 怏 (??)
13. 加火魚 (*가ᄫᆞ리) 14. 醢 {*젓} 15. 助史 (*맛)
16. 汁 (??) 17. 席 {*돍} 18. 杌 {*술}
19. 支子 [*지ᄌᆞ] 20. 畓 {*논} 21. 畠 {*밭}
22. 扌 {*털가족} 23. 負 {*짐} 24. 歲 {*낳}
25. 文尸 (*글) 26. 糸利 (*시리) 27. 彡利 (*터리)
28. 椋 (??) 29. 筽 (??) 30. 教事 {*이신일}
31. 豬耳 {*돋귀}

(4) 동사류

1. 入尸 (*들) 2. 赤居 (*블거) 3. 多 {*하-}
4. 是 {*옳/이-} 5. 在 {*겨-} 6. 白 {*ᄉᆞᆲ-}
7. 走 {*ᄃᆞᆮ-} 8. 治 {*다ᄉᆞᆯ-} 9. 置 {*두-}

1 여기에 '竹利(*다리), 旦利(*서리), 仇利(*여리)' 등을 포함할 수도 있다.

10. 行 {*가/니-}　　11. 去 {*가-}　　12. 垂 (??)
13. 盡 {*다ᄋᆞ-}　　14. 使 {*브리-}　　15. 立 {*셔-}
16. 有史 (*이시-)　　17. 三 [*삼-]　　18. 爲 {*ᄒᆞ-}
19. 從 {*좇-}　　20. 叢 {*몯-}　　21. 放 {*놓-}
22. 作 {*짓-}

(5) 문법 형태

A. 조사류

1. 亦 [*-이]　　2. 者 {*-은/는}　　3. 乙 [*-을]
3. 阿 [*-아]　　4. 中 {*-긔}　　5. 十 {*-긔}
6. 3 {*-아}　　7. 此 {*-이}　　8. 耶 [*-여]

B. 선어말어미류

7. 賜/時 [*-시-]　　8. 在 {*-겨-}　　9. 遣 [*-견]
10. 內 {*-안/ᄂᆞ-}　　11. 音叱 [*-음ㅅ-]

C. 어말어미류

12. 旀 [*-며]　　13. 哉 [*-지]　　14. 丨/之/如/也 {*-다}

위에 포함하지 않은 것으로는 '禾, 鹽, 麻, 馬, 酒' 등의 명사와 '來, 鳴' 등의 동사가 있다. 이들에는 조사나 어미가 붙지 않았기 때문에 일반적인 漢文에 사용된 것이라고 주장할 수 있다. 문맥으로 보면 이들을 우리말 단어로 訓讀했을 가능성이 크지만 말음이 첨기되거나 문법 형태가 붙지 않았으므로 확실한 증거가 없다. 이에 따라 이들을 漢字語의 일종으로 처리하여 위의 목록에 넣지 않았다.[2]

위의 107개 항목에는 일부 중복되는 것이 있다. 이 중복을 제외하되 문법 형태를 계산에 포함하면, 목간에 기록된 한국어 단어는 어림잡아 100개 안팎이라고 할 수 있다. 이 논문에서 아직 거론하지 못한 것들을 포함하면 그 숫자는 더 늘어

2 이 태도를 취하면 (2)의 '缶, 龍, 瓨', (3)의 '食, 汁, 使, 椋, 奚', (4)의 '垂' 등도 그 독법을 확정할 수 없으므로 논의 대상에서 제외하는 것이 좋을지 모른다.

날 것이므로, 목간에서 확인할 수 있는 고대어 단어가 적지 않다고 할 수 있다.

각종 金石文, 古文書, 『삼국사기』나 『삼국유사』 등의 史書에서 찾아낼 수 있는 고대어 단어에서 믿을 만한 것은 100개가 채 되지 않는다. 따라서 목간에서 찾은 고대 한국어 단어가 적지 않은 양임이 분명하다. 목간 연구의 성과를 여러 가지 측면에서 기술할 수 있지만, 목간에서 이처럼 많은 양의 古代語 單語를 찾아냈다는 것이 아마도 가장 큰 성과일 것이다.

1. 韓國字의 정의

그런데 이들 단어를 표기할 때에 한국에서 독자적으로 제작하여 사용한 글자가 적지 않다는 점이 눈에 띈다. 우리는 이들을 통칭하여 韓國漢字 또는 韓國字라고 불러 왔다. 이 章에서는 이들만 따로 골라 정리해 보기로 한다.

(1~5)에서 구별해 놓았듯이, 우리의 해독 안을 [ ]로 표시한 것이 있는가 하면 { }로 표시한 것도 있다. [ ]로 표시한 것은 목간 표기를 音讀한 것이고, { }로 표시한 것은 訓讀한 것이다. 이 두 가지가 병렬되어 있거나, 음독했는지 훈독했는지 불분명할 때에는 ( )로 표시했다. 이 표기는 대부분 漢字를 빌려서 표기한 것이므로, 지금까지 이들을 借字表記로 지칭해 왔다(南豊鉉 1981). 그리하여 借字를 크게 보아 音借字/音讀字와 訓借字/訓讀字의 둘로 나눈다.

그런데 기존의 '借字'나 '口訣字' 등의 용어가 포괄적인 용어가 아니다. (1~5)에 제시한 글자 중에는 '차자'라는 명칭으로 아우를 수 없는 글자들이 적지 않고, 후대의 구결자와 자형이 같지만 吏讀文에 사용된 것이라서 이들을 '구결자'라고 한정할 수가 없다. 이승재(2015)에서 이미 거론한 바 있지만, 새로 발굴된 자료가 제기하는 문제점을 간단히 요약하면 다음과 같다.

첫째, 2000년대에 들어서서 이른바 點吐口訣 자료가 발견되었는데, 여기에 나오는 '·, :, ··, −, /' 등의 점토가 발견되었다. 이들은 중국의 漢字를 빌린 자형이 아니다. 따라서 기존의 '借字'라는 용어를 이들에는 적용할 수가 없다. 따라서 '차자'라는 용어 대신에 우리는 '韓國字'라는 용어를 사용하여 이들을 포괄한다.

둘째, 지금까지는 '㇋, ゕ, 丨' 등의 이른바 口訣字가 구결 자료에서만 배타적으로 사용된 것으로 알려져 있었다. 그러나 석가탑에서 나온 重修文書의 이두문에서 '㇋'와 'ゕ'가 생산적으로 사용되었고, 목간 자료에는 구결자 '㇋, 十, 丨, 尸, 刂, 亇, 全, 這' 등과 자형이 동일한 '㇋, 十, 丨, 尸, 刂, 亇, 全, 這' 등이 사용되었다. 중수문서와 목간 자료는 이두문의 일종이므로, 구결자가 구결에서만 사용된다는 기존의 이해가 잘못된 것임이 드러난다. 더욱이 '丨'는 6장에서 논의한 鄕歌 즉 万身歌에서도 사용되었다. 따라서 이들을 구결자로 지칭하는 것은 잘못이다. 이들은 구결, 이두, 향찰에서 두루 사용되었으므로 韓國字의 일종인 韓國半字 또는 韓半字라는 용어가 더 잘 어울린다.

셋째, 기존의 구결자뿐만 아니라 이두자, 향찰자라는 용어도 문자론적 관점에서 부여한 명칭이 아니다. '구결, 이두, 향찰'은 표기 대상이나 용도에 따라 붙인 명칭이므로 이제 새로이 문자론적 관점에서 새로운 명칭을 부여할 필요가 있다.

새로운 용어의 필요성을 예를 들어 설명해 보자. (2.2)의 '斗'가 한국어 단어 '*말'을 표기한다고 할 때에 이 '斗'가 漢字인가 아닌가? 이 '斗'는 '*말'이라 읽히므로 漢字가 아니다. 그렇다면 문자론적으로 무엇이라 지칭해야 할까? 이 질문에 지금까지는 借字 또는 訓借字라고 답해 왔다.

그런데 이 '斗'는 萬葉假名의 일종인 '田' 또는 '加'에 비유할 수 있다. 고대 일본에서는 '加'라 쓰고 음독하여 /*ka/라고 읽어 왔다. 일본어의 /*ka/ 음절을 '加'로 표기할 때에는 '加'에 '더하다'의 의미는 없고 '加'의 음가만을 취한 것이다. 이러한 용법의 '加'를 일본에서는 萬葉假名라고 부른다. 이 萬葉假名를 略體化하거나 그 偏旁만을 취하여 假名의 일종인 'カ/か'라는 글자가 발생한다. 다시 말하면, 萬葉假名로 사용된 글자 '加'에 변형이 일어나서 假名의 일종인 'カ/か'라는 글자가 생성된다. 그런데 '加'와 더불어 萬葉假名라고 불리는 것으로 '田'이 있다. 萬葉假名 '田'은 훈독하여 /*ta/라고 읽는다. 이 /*ta/는 '田'의 한자음을 버리고 '田'의 일본어 訓만을 취한 것이다. 중요한 것은 日音字 '加'뿐만 日訓字 '田'도 萬葉假名라고 부른다는 사실이다.

이에 반하여 우리는 '*말'을 표기하는 데에 사용된 '斗'를 借字 또는 訓借字라고 불러 왔다. 그러나 이것은 漢字 자형을 빌렸다는 것을 강조한 편의상의 명칭일 뿐이지 독자적인 문자 명칭이 아니다. 일본에서 '田'을 萬葉假名라고 부르듯이, '斗'에 문자론적 명칭을 부여할 필요가 있다. 이 필요성을 강조하여 우리는 '*말'로 읽히는 '斗'를 韓國漢字 또는 韓國字라고 부르기로 한다. 이 독법의 '斗'는 중국의 한자와는 독법이 완전히 다르기 때문에 진정한 의미의 한자가 아니다. 한국의 독자적 독법을 강조하여 韓國漢字 또는 韓國字라는 명칭을 세울 수 있다. 韓國字는 독자적인 문자 명칭이고, '斗'는 韓訓字로서 한국자의 일종이 된다.

萬葉假名에서 假名로 발전하는 과정에서는 字形 변화가 아주 크게 일어난다는 점을 들어 우리의 논의를 반박할 수 있다. 그러나 앞에서 든 '氵, 十, 丨, 尸, 刂, 亇, 厼, 這' 등도 자형 변화가 크게 일어난 것이므로 이 비판은 성립하지 않는다. 실제로 부여 능산리사지 12호 목간에서는 '斗'가 마치 후대의 구결자 '+'처럼 적혀 있다(4章의 사진 6.1 참고). 따라서 이들에 독자적 문자 명칭을 부여하는 것이 마땅하다.

그 명칭으로 기존의 '口訣字'를 상정할 수 있다. 그런데 '氵, 十, 丨, 尸, 刂, 亇, 厼, 這'과 '+'는 구결에 사용된 것이 아니다. 널리 알려져 있듯이, 기존의 한문 텍스트를 전제할 수 있을 때에만 구결이라는 용어를 사용할 수 있다. 목간의 문장은 기존의 한문 텍스트를 전제하지 않으므로 구결 문장이 아니라 이두 문장이다. 따라서 목간에 사용된 '氵, 十, 丨, 尸, 刂, 亇, 厼, 這, +' 등을 구결자라고 칭할 수가 없다. 그렇다고 하여 이들을 '이두자'라고 지칭하는 것도 마땅치 않다. '氵, 十, 丨, 尸, 刂, 亇, 厼, 這, +' 등이 구결에 사용되면 구결자라고 하고 이두에 사용되면 이두자라고 하는 것은 이현령비현령에 지나지 않기 때문이다.

이러한 문제점을 해소하기 위하여 韓國漢字 또는 韓國字라는 용어를 제안한다.[3] 이것을 줄여서 韓字라고 부를 수도 있다. 韓國字는 그 독법을 기준으로 韓訓字와 韓音字의 둘로 나눌 수 있고, 자형을 기준으로 韓半字와 韓製字의 둘로

3 이에 대한 자세한 논의는 Lee SeungJae(2016)을 참고하기 바란다.

나눌 수 있다. 韓半字는 한자의 자형을 크게 변형하여 줄임으로써 중국의 한자라고 부르기가 어려운 글자를 지칭한다. '阝, 十, 丨, 尸, 刂, 亇' 등이 韓半字의 예가 된다. 반면에, 韓製字는 중국이나 일본에서 사용한 적이 없고 한국에서 독자적으로 제작하여 사용한 글자를 지칭한다. 예컨대, 후대의 '媤, 乭, 麀' 등을 그 예로 들 수 있다.

앞에서 이미 거론한 바 있듯이, '*말'로 읽히는 '斗'는 韓訓字의 일종이다. 이제, 韓音字의 예를 들어 보기로 한다. 위의 (2.3)에서는 고유어 '*말'을 '末'로 표기하였다. 이 '末'에 '끝'의 의미가 있으면 이것을 한자라고 할 수 있다. 그러나 이곳의 '末'은 '끝'의 의미는 없고 단순히 /*mar/의 음가만을 갖는다. 따라서 이것을 한자라고 부를 수가 없다.

이러한 용법의 글자를 지금까지는 音借字/音讀字라고 불러 왔다. 그러나 이 /*mar/은 원래부터 고대 한국어에 있었고 이것을 '末'로 表音한 것이다. 漢語中古音에서는 이 '末'의 음가가 [明中1入桓]이므로 중국 한어의 음가는 /*mat/이었다. 한어 중고음에서는 韻尾가 /*-r/인 한자가 없고 /*-t/인 한자가 있을 뿐이다. 따라서 고대 한국어의 /*mar/을 '末'로 표기한 것은 한어의 운미 /*-t/를 /*-r/로 대체하여 수용한 결과이다. 이 대체 수용이 일어나기 때문에 이 '末'은 진짜 漢語音과는 거리가 있다. 이 점을 강조하려면 한국의 음으로 읽는다는 뜻으로 '末'을 韓音字의 일종이라고 할 수 있다. 즉, 지금까지 音借字/音讀字라고 불러온 것을 우리는 韓音字라고 지칭한다.

위에서 우리는 새로이 포괄적 문자 명칭인 韓國漢字 또는 韓國字를 사용할 것을 제안했다. 그 하위 분류에서 독법을 기준으로 韓訓字와 韓音字라는 용어를 사용할 수 있다. 韓製字와 韓半字는 자형을 기준으로 하위 분류한 것이다. 韓製字는 한국에서 새로 제작하여 사용한 글자라는 의미이지만 자획의 감소가 필수적인 조건은 아니다. 반면에 韓半字는 중국 한자의 자획을 크게 줄이거나 偏旁만을 따서 새로 만든 글자이다. 韓半字는 특히 이두, 구결, 향찰 등의 용도에 관계없이 두루 사용되었다.

訓民正音 창제 이전에 우리의 독자적 용법으로 사용된 글자를 하나로 통칭할

때에는 韓國字가 좋을 것이다. 이것은 한자를 변형하여 제작한 일본의 假名, 베트남의 字喃, 서하의 西夏字, 거란의 契丹字, 金의 女眞字 등의 文字名을 참고한 것이다. 이들과 달리, 우리만 유독 '빌린 漢字' 즉 '借字'라고 부른다면 이상하지 않은가?

2. 韓訓字와 韓音字

고대 한국어를 재구할 때에 韓訓字로 기록된 것은 후대의 한국어 어형으로 재구하는 수밖에 없다. 반면에, 韓音字 표기로 기록된 것은 중국 南北朝나 隋唐 代의 한자음을 반드시 참고하여 재구해야 한다. 달리 말하면 韓訓字는 내적 재구의 방법으로 재구하지만, 韓音字는 내적 재구뿐만 아니라 외적 재구의 방법도 동원하여 재구해야 한다는 뜻이다. 이 점에서 지금까지 검토해 온 글자들을 한훈자와 한음자로 양분하여 정리할 필요가 있다.

2.1. 韓訓字

먼저, 위의 (1～5)에서 韓訓字로 사용된 것을 골라 보면 다음과 같다.

(6) 韓訓字 目錄

1. 毛{*털}, 新{*새/사}, 今{*연}, 如{*다/더}, 一{*ᄒᆞ둡}, 三{*사둡}, 彡{*석}, 四{*너리}, 丨{*다}
2. 石/石{*셤}, 斗{*말}, 升{*되}, 大升{*큰되}, 小升{*효근되}, 瓮{*독}, 辶/這{*갓}, 丨{*갓/*다}, 缶(??), 龍(??), 件{*볼}, 形{*골}
3. 食(??), 米{*ᄇᆞ솔}, 面{*겉}, 買子{*메삐}, 稗{*피}, 太{*콩}, 益{*더}, 蒜{*마늘}, 怏(??), 火{*블/볼}, 助{*맛}, 醢{*젓}, 席{*돗}, 朼{*술}, 畓{*논}, 畠{*밭}, 丬{*털가죽}, 負{*짐}, 歲{*낳}, 文{*글}, 糸{*실}, 彡{*털}, 椋(??), 㚆(??), 教事{*이신일},

猪耳{*돋귀}

4. 入{*들}, 赤{*븕}, 多{*하-}, 是{*옳/이-}, 在{*겨-}, 白{*숣-}, 走{*돋-}, 治{*다슬-}, 置{*두-}, 行{*가/니-}, 去{*가-}, 垂{??}, 盡{*다ᄋᆞ-}, 使{*브리-}, 立{*셔-}, 有{*잇-}, 爲{*ᄒᆞ-}, 從{*좇-}, 叢{*몯-}, 放{*놓-}, 作{*짓-}
5. 者{*-은/는}, 中{*-긔}, 十{*-긔}, 氵{*-아}, 此{*-이}, 在{*-겨-}, 內{*-안/ᄂᆞ-}, 丨/之/如/也{*-다}

(6.1)은 수사의 표기에 사용된 韓訓字이다. '一{*ᄒᆞᄃᆞᆸ}, 三{*사ᄃᆞᆸ}, 四{*너리}'의 '一, 三, 四'는 漢數詞이지만 진정한 의미의 漢字로 사용된 것이 아니다. 이들은 각각 '*ᄒᆞᄃᆞᆸ, *사ᄃᆞᆸ, *너리'를 표기하고 있기 때문에 韓訓字로 보아야 한다.

(6.2)의 '石/𥐟'을 {*셤}으로 훈독할 때에 참고할 수 있는 자료가 있다. 慶州 崇福寺碑銘의 '稻穀合二千苫'에서 {*셤}을 '苫'으로 표기했고, 이것은 중세어의 '셤'에 대응한다. 『高麗圖經』에서는 '島嶼'를 '苫'으로 표기하기도 했으므로 '苫'이 '*셤'의 음가를 가진다는 것은 분명하다. '苫'은 한국 중세 한자음이 ':셤'이고 漢語 중고음으로는 [書中AB平鹽]이므로 '石'의 훈을 '*셤'으로 재구할 수 있다.

'斗'에 대응하는 중세어는 '말'인데, 백제목간의 '斗之末'을 논거로 삼아 '斗'가 한훈자 표기요 '末'이 한음자 표기임을 위에서 이미 거론했다. 여기에 『鷄林類事』의 '斗曰抹'을 추가하면 안심하고 고대어 '*말'을 재구할 수 있다. '抹'의 한어 중고음 [明中1入桓]은 목간의 '末'과 音相이 정확히 일치하기 때문이다(후술).

'升'은 중세어로 '되'인데, 이것이 일본 쇼소인(正倉院) 소장의 新羅 村落帳籍과 석가탑에서 나온 重修文書에서는 한음자 '刀'로, 경주 월지 39호 목간에서는 한음자 '代'로 표기되었다. 따라서 이들을 이용하여 고대어 '*되'를 재구할 수 있는데, 이 '*되'를 『계림유사』의 '升曰刀[音堆]'가 지지해 준다. '升曰刀'의 '刀'는 高麗人의 서사 관습을 孫穆이 그대로 받아 적은 것이므로 단위명사의 음가를 재구하는 데에 큰 도움을 주지는 못한다. 그러나 割注에서 '音堆'라 한 것은 '升'에 대응하는 고유어를 정확하게 '堆'로 音寫한 것이므로 참고가 된다. '堆'는 중세 한자음으로 '퇴'이고 한어 중고음으로는 [端合1平灰]이다. '퇴'와 [端合1平灰], 중세어의 '되' 등의 모음이 서로 일치하므로 '升'의 훈을 '*되'로 재구할 수 있다.

'大升'과 '小升'을 재구할 때에는 『계림유사』의 '大曰黑根'과 '小曰胡根'이 참고가 된다. '黑根'은 중세어의 '큰'에 대응할 가능성이 높고(박성종 1988) '胡根'은 '효곤'에 대응할 것이다. 그렇다면 '大升'과 '小升'을 각각 '*한되'와 '*자곤 되'로 재구하는 것보다 '*큰되'와 '*효곤 되'로 재구하는 것이 나을 것이다.

'食'은 '조{粟}'나 '기장{黍}'을 지칭한 것일 가능성이 크므로 한훈자 범주에 들어간다. 이 둘 중에서 어느 것을 지칭한 것인지는 아직 분명하지 않다. '米'는 중세어의 '뿔'과 『계림유사』의 '白米曰漢菩薩'을 참고하여 '*ㅂ솔' 정도로 재구할 수 있다. '稗'는 일단 '*피'로 추정되지만 고대에는 유기음 'ㅍ'이 많지 않았다는 점을 감안하면 '*비'로 재구해야 할지도 모른다.

목간의 '太'는 '大豆'의 상하 결합자에서 비롯된 것으로서 현대어의 '콩'에 해당한다. 이 上下合字가 하나의 글자로 굳어지는 중간 단계가 목간 자료에서 확인된다(4.2.1 참조).

'彡'은 옛날부터 '터럭 삼'으로 읽어 왔다. 이것이 '三'의 이체자임은 '召彡代'의 '彡'을 통하여 알 수 있지만, 그렇다고 하여 '彡'과 '三'의 의미가 완전히 같다고 할 수 있을지 의문이다. 계량의 대상에 따라 '彡'과 '三'을 구별하여 사용했던 것은 아닐까? '三'을 뜻하는 중세어는 '셓'인데 아마도 이때의 'ㅎ'이 '석 (되)'의 'ㄱ'과 관련이 있을 것이다. 중세어의 '셓'이 '*서릏'으로 소급할 가능성이 있다는(金星奎 1984) 점까지를 고려하여, 고대어를 '*서릭'으로 재구할 수도 있다. 종성의 'ㄱ'이 'ㅎ'으로 약화되는 예가 적지 않기 때문이다.

'醢'는 중세어로 '젓'이다. 중국 한자에서는 肉을 재료로 한 것은 '醢'라 하고 魚를 재료로 한 것은 '鮓'라 하여 '醢'와 '鮓'를 구별한다. 그러나 한국에서는 이 둘을 다 '젓'이라 하여 구별하지 않았는데, 이것은 『계림유사』의 '魚肉皆曰姑記'에서 다시 확인된다. 따라서 '젓'은 통칭의 '姑記[*고기]'를 재료로 하여 발효시킨 음식물을 가리킨다. 이 '醢'는 물론 '*젓'으로 재구할 수 있다.

'件'은 이두에서 '件記'를 '볼긔'로 읽는 독법을 참고하여 '*볼'로 재구할 수 있다. 이것이 고구려 지명 표기의 '七重縣一云難隱別'의 '別'에 대응한다. 이 지명의

'重'은 한훈자로, '別'은 한음자로 '* 벌'을 표기했다. 이것은 고구려에서도 한음자뿐만 아니라 한훈자도 사용했다는 증거가 된다. '* 벌'을 신라목간에서는 한훈자 '件'으로 표기했다.

경작지 단위를 나타내는 '形'은 '*골'로 재구해 보았다. 이것은 백제목간에서만 확인되고 신라목간에는 나오지 않는다. 백제에도 韓訓字 표기가 있었음을 말해 준다는 점에서 이 '形'은 큰 의의를 가진다.

함안 성산산성 목간에서 자주 사용된 '負'는 '한 짐, 두 짐'의 단위명사 '* 짐'으로 사용될 수도 있고 '이 짐, 저 짐'의 보통명사 '* 짐'으로 사용될 수도 있다. 이 '* 짐'은 '지-' 어간에 명사파생접사 '-옴/음'이 통합된 것이므로 명사파생접사 '* -옴/음'의 존재가 6세기 중엽까지 거슬러 올라간다고 할 수 있다.

'歲'는 중세어의 '낳'과 현대어의 '나이'에 해당하는 보통명사로 사용되었다. 이것을 '한 살, 두 살'의 단위명사 '살'로 읽어야 한다는 증거는 보이지 않는다.

지금까지 아주 간단하게 韓訓字로 표기된 고대 한국어를 정리하였다. 여기에서 주목되는 것이 한 가지 있다. '*셤, *말, *되, *큰(되), *혹(은되), *더(덩), *젓, *맛, *블/벌, *벌, *골, *낳' 등의 音節은 한국어에서는 아주 흔한 것이지만 중국 한자의 中古音에서는 거의 찾아볼 수 없는 음절이다. 예컨대, '더'나 '되'로 읽히는 한자는 찾기가 무척 어렵다. 또한, 종성이 'ㄹ'이나 'ㅅ'인 한국 고유어가 아주 많은데, 南北朝나 隋唐 대의 한자음에는 韻尾가 /* -r/이나 /* -s/인 것이 아예 없다.

이처럼 한자의 字音으로 정확하게 音寫할 수 없는 고대 한국어의 음절은 어떻게 표기할 것인가? 韓訓字로 표기할 수밖에 없다. 여기에서 바로 訓字 발생의 기본 원리를 찾을 수 있다. "한국어의 음절 중에서 한자의 字音을 빌려 표기할 수 없는 것은 韓訓에 대응하는 한자를 빌려 표기한다"는 원리이다.

'더'나 '되'로 읽히는 한자가 없다는 것은 우연한 공백일지 몰라도 韻尾에 'ㄹ'이나 'ㅅ'이 오는 한자가 없다는 것은 분명히 체계적인 공백이다. 이 체계적인 공백 탓으로 韓訓字를 사용하여 한국 고유어를 표기한 다음에, 여기에다 말음을 첨기하는 방법이 고안되었다. 韓國字 표기에서 음절말의 'ㄱ, ㄴ, ㄹ, ㅁ, ㅂ, ㅅ, ㅇ' 등을 따로 떼어 내어 각각 '只, 隱, 尸/乙, 音, 邑, 叱, 應'으로 표기하는 방법이 개발된 것이다. 결국, 한국어와 중국 漢語가 音節構造에서 보여 주는 체계적인 異質性에서 韓訓字 발생의 원인을 찾을 수 있다.

韓訓字의 발생 시기가 어느 때로 거슬러 올라가느냐 하는 점도 중요한 논점 중의 하나이다. 함안 성산산성 목간은 6세기 중엽으로, 경주 월성해자 목간은 7세기 전반기로, 경주 월지 목간은 8세기 3/4분기 정도로 그 제작 시기를 추정하고 있다. 이에 따르면 함안 성산산성 127호 목간에 나오는 '⿱太皿丁'의 '⿱太皿'과 '콩'을 표기하는 데에 쓰인 '太'가 가장 이른 시기의 한훈자라고 할 수 있다. 함안 목간에 여러 번 나오는 '石'과 '稗'도 6세기 후반의 한훈자 목록에 넣을 수 있다. 이것을 기준으로 하면 아무리 늦춰 잡더라도 6세기 후반기에는 이미 신라에서 한훈자가 사용되기 시작했다고 할 수 있다.

한편, 백제에서도 한훈자를 사용했는지 검토하는 것도 중요하다. 목간 자료를 제외하면 백제에서 訓字가 사용되었음을 증명해 주는 자료가 좀처럼 보이지 않는다. 그런데 미륵사지 1호 목간에서 '新, 毛, 如, 今' 등이 훈자로 사용된 예가 나온다(李丞宰 2011다). 이 목간은 7세기 말엽이나 8세기 초엽에 제작된 것으로 추정되기 때문에 엄격히 말하면 백제목간이라고 하기가 어렵다.

이 점에서 '食, 米, 石, 斗, 升' 등이나 '形'이 기록된 백제목간에 특히 주목할 필요가 있다. 부여 능산리사지 10호와 12호 목간, 부여 쌍북리280 1호 목간의 佐官貸食記, 부여 능산리사지 2호 목간, 부여 궁남지 1호, 나주 복암리 6호 목간 등이 이들이다. 능산리사지 목간은 6세기 3/4분기에, 나머지 목간은 7세기에 제작된 것으로 추정하고 있다.

여러 백제목간 중에서 '斗之末[米]'가 기록된 능산리사지 12호 목간은 무엇보다도 중요하다. '斗'를 훈독하여 '末'로 읽었음을 증명해 줄 뿐만 아니라 능산리사지 목간의 작성 시기가 6세기 3/4분기로 추정되기 때문이다. 더욱이 '食, 米, 石, 升'과 '形' 등이 모두 한훈자인 것으로 추정되므로 그 예도 적은 편이 아니다. 따라서 백제에서도 이미 6세기 3/4분기부터 韓訓字가 사용되었다고 결론짓는다.

2.2. 韓音字

이제 韓音字로 사용된 것들을 정리해 보기로 한다.

(7) 韓音字 目錄

1. 伽[*가], 第[*뎨], 邑(邑)[*읍/ㅂ], 矣[*의/이], 台[*태], 刀[*도/다], 士[*ᄉᆞ], 日[*닐], 古[*고], 二[*니], 口[*구], 以[*의], 刂(利)[*리], 彡[*ᄉᆞᆷ], 沙[*사]
2. 末[*말], 代[*ᄃᆡ], 缸[*항], 尺[*작], 𠂉[*ᄆᆡ], 兩[*량], ㇁[*량], 分[*분], 斤[*근], 瓹(??), 藏[*장], 疊[*뎝], 丹[*단], 發[*발]
3. ++(菩)[*보], 里[*리], 召[*조], 器[*기/긔], 𠂉[*마], 丁[*뎡], 加[*가], 史[*ᄉᆞ], 汁(??), 支[*지], 子[*ᄌᆞ], 利[*리]
4. 居[*거], 三[*삼]
5. 亦[*이/익], 乙[*을], 阿[*아], 耶[*여], 賜[*시], 時[*시], 遣[*견], 音[*음], 旀[*며], 哉[*ᄌᆡ]

위에서 볼 수 있듯이, 동사류를 韓音字로 표기한 것은 (7.4)의 '居'와 '三'밖에 없다. '居'는 말음첨기의 용법으로 사용되었으므로 사실은 동사 어간을 표기한 것이 아니다. '三'은 후대의 구결 자료에서 '삼-' 동사를 표기할 때에 자주 사용되었다. 그렇다면 동사류 표기에 사용된 것은 '三' 하나뿐이라고 할 수 있다. 이 희소성을 감안하여, 동사류를 표기할 때에는 韓訓字로 표기하는 것이 원칙이었다고 말할 수 있다.

(7.1)은 수사의 표기에 사용된 한음자이다. 미륵사지 1호 목간에 나오는 한음자에 대해서는 그 음가를 3장에서 자세히 거론했으므로 여기에서는 논의를 생략한다. '刂'는 '利'에서 '刂'를 딴 것이므로, '利'의 음가를 가진다. '利'의 음가는 뒤에서 거론한다.

(7.1)의 '彡'은 '터럭 삼'으로 읽어 왔다. 이 '삼'이 고대에는 '*ᄉᆞᆷ'이었을 가능성이 있지만, 신라어에서는 '彡'의 음가가 /*sam/이었을 가능성이 여전히 남는

다.[4] 신라어에서는 중세어의 '·'에 해당하는 모음이 아직 분화하지 않았을 가능성이 있기 때문이다.

(7.2)의 '末'은 중세어의 '·말{斗}'에 대응한다. '末'은 중세 한자음으로 '·말'이고 중고음으로는 [明中1入桓]이다. 『계림유사』의 '斗曰抹'에 나오는 '抹'도 이 음가와 동일하다. 이 중고음은 중세 한자음 '·말'과 사실상 일치하므로 '末'을 '*말'로 재구한다. 문제는 중고음의 입성운미 /*-t/에 한국어의 'ㄹ'이 대응한다는 점이다. 고대 한국어의 음절 중에는 '*말{斗}'처럼 '*ㄹ'로 끝나는 것이 아주 많지만 한어 중고음에는 /*-r/ 운미가 없기 때문에 '*ㄹ'을 정확하게 표기할 방법이 없다. /*-t/의 음가를 가지는 舌內入聲字를 동원하여 고대 한국어의 '*ㄹ'을 표기하는 것이 그나마 최선의 방책이었을 것이다.

(7.2)의 韓音字 '代'는 중세어 '·되(升)'에 대응하지만, 중세 한자음으로는 ':ᄃᆡ'이며 중고음으로는 [定開1去咍]이다. 한국 중세 한자음과 한어 중고음의 표음이 일치하므로 '*ᄃᆡ'로 재구해 둔다. 신라의 수도였던 경주에서 '代'가 사용되었으므로 '*되'보다는 '*ᄃᆡ'가 더 바람직하다. 현대의 경주 방언에서는 도량형의 '되'가 '대'로 발음되기 때문이다.

(7.2)의 '缸'은 중세 한자음으로 '항'이고 한어 중고음으로는 [匣中2平江]이다. 『훈몽자회』에서는 '缸 항 항'이라 하고 '罎 항아리 담'이라 하였으므로[5] 중세어 단계에서 접미사 '-아리'가 통합되기 시작했다고 말할 수 있다. 그런데 [匣中2平江]의 江韻 2등이 고구려어에서는 /*-oŋ, *-ok/으로 재구된다. 아직 신라어 한자음을 분석하지 못한 상태이므로 단정할 수 없지만, '缸'을 /*haŋ/ 대신에 /*hoŋ/으로 재구할 수도 있다.

(7.2)의 '兩'은 중세 한자음으로는 ':량'이고 중고음으로는 [來開C上陽]이다. 따라서 한국의 고대 한자음은 '*량'으로 재구된다. 그런데 석가탑에서 나온 중수문

4 '彡'은 한어 중고음에서 [心開A平鹽]과 [生開2平銜]의 두 가지 음가를 갖는다. 鹽韻과 銜韻은 한국 중세 한자음에서 각각 'ㅕㅁ'과 'ㅏㅁ'으로 반영되는 것이 원칙이므로 '彡'은 /*sjem/ 또는 /*sam/의 음가를 갖는다.

5 『훈몽자회』에 따르면 '甖 대항 영'과 '岡瓦 독 강 [大曰_]'은 '缸'보다 큰 것이고 '瓮 독 옹 [小曰_]'은 '缸'보다 크기가 작다.

서에서 '良'이 단위명사로 쓰이고 있을 뿐만 아니라(오른쪽 사진 참고), 후술할 목간의 '良'도 단위명사로 쓰인 듯하므로 이에 대해서도 간단히 언급하기로 한다. '良'은 중세 한자음으로 '량'이고 중고음으로는 [來開C平陽]이다. 이에 따르면 '兩'과 '良'은 성조에서만 차이가 나고 나머지 음가는 동일하다. 이 일치는 '良'도 단위명사의 일종일 가능성을 높여 준다.

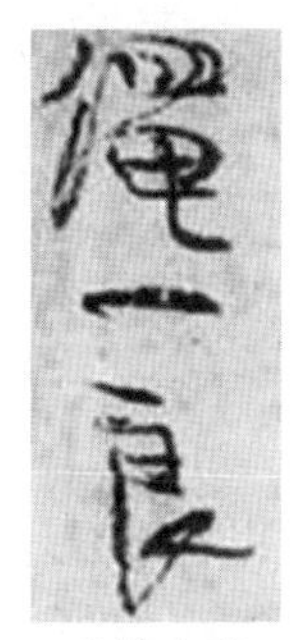
重修文書
小名記 30

단위명사로 쓰인 (7.2)의 '分'은 한어 중고음으로는 [非中C平文]이지만, 중세 한자음으로 ':분'이고 근대 한자음으로는 '푼'이다. 이 두 가지 한국 한자음은 한국에서 한자음을 수용한 시기가 적어도 둘 이상임을 말해 준다. 이 점에서 '分'의 한자음은 한국 한자음의 층위를 연구할 때에 매우 귀중한 연구 대상이 된다. 한국의 고대 한자음으로는 '*분'을 취하여 /*pun/으로 재구하는 것이 좋다. 고대 한자음에서는 幇母와 非母가 하나로 통합되어 있는 /*p/였는데,[6] 중국에서는 후대에 非母가 분화하여 독자적인 음소 /*f/가 된다. 한국의 근대 한자음 '푼'은 이 분화 이후의 음가 /*f/를 수용한 것일 가능성이 크다.

나주 복암리 9호 목간에는 (7.2)의 단위명사 '斤'이 나온다. '斤'은 중세 한자음으로 '근'이고 중고음으로는 [見開C平欣]이다. '*근'으로 재구할 수 있다.

(7.2)의 단위명사 '疊'은 한어 중고음으로 [定開4入添]의 음가이다. 定母는 유성음 /*d/로 재구하는 것이 일반적이므로 '*뎝'으로 재구할 수 있다. 즉 애초부터 유기음 '*ㅌ'을 가지는 것이 아니었다. 후대의 한어에서 濁音淸化가 일어나 한국 중세 한자음에서는 '*뎝'이 '텹'으로 반영된다.

하남 이성산성 5호 목간의 단위명사 '丹'은 한국 중세 한자음으로 '단'이고, 한어 중고음으로는 [端開1平寒]이다. 따라서 이것을 '*단'으로 재구할 수 있다.

함안 성산산성 목간에 나오는 단위명사 '發'은 한국 중세음이 '발'이고, 한어 중고음으로는 [非中C入元]이다. 元韻 입성의 음가는 /*-wet/으로 추정되므로

6 이것은 백제어와 고구려어에서 공통된다(이승재 2013다, 이승재 2016).

'發'을 '*발'로 재구해야 할지, '*벌'로 재구해야 할지 확실하지 않다. 만약에 신라어에서 元韻과 桓韻의 구별이 없었다면 '發'을 '*발'로 재구할 수 있지만, 구별되었다면 '*벌'로 재구해야 한다. 그러나 '짐'을 세는 한국어의 단위명사에 '발'은 있지만 '벌'은 없다. 외적 재구와 내적 재구의 결과가 서로 불일치하는 예에 속한다.

(7.3)의 '器尺'은 중세어의 '기장'에 대응하고 『鄕藥救急方』의 鄕名으로는 '只叱'이다. 이 향명에 따르면 '기장'은 '깃 + 앙'으로 분석된다. '器尺'은 접미사 '-앙/엉' 대신에 '-악/억'이 온 것이라 할 수 있으므로 '器尺'을 일단 '*기작'으로 재구할 수 있다.

여기에서도 內的 재구와 外的 재구의 결과가 서로 일치하지 않는다. 여기에서 내적 재구라 함은 후대의 한국어 자료를 이용하여 고대어를 재구하는 것을 말하고, 외적 재구는 漢字音 정보를 이용하는 재구하는 방법을 말한다. '器'는 중세 한자음으로는 '·긔'이고 한어 중고음으로는 [溪開B去脂]이다. '器'의 성모는 중고음에서 次淸의 /$^{*}k^{h}$/이지만 신라에서는 이것을 /*k/로 수용했을 가능성이 크다. 한국 한자음에서는 牙音의 次淸字가 그대로 수용되지 않을 때가 많은데, '器'가 바로 그런 예에 속한다. 즉, 내적 재구형 '기장'의 /*k/와 외적 재구의 /$^{*}k^{h}$/가 서로 상충한다.

韻母에서는 '器'가 止攝의 脂韻에 속한다. 脂韻字는 한국 한자음에서 'ㅣ'로 반영되는 것이 원칙이지만, 牙音 뒤에서는 'ㅢ'로 반영되기도 한다. 중세 한자음에서는 '니:*늬, 리:*릐, 미:*믜, 비:*븨, 지:*즤, 치:*츼, 피:*픠, *히:희' 등의 대립 쌍에서[7] 볼 수 있듯이 喉音 이외의 환경에서는 'ㅣ'로 반영되는 것이 원칙이

7 중세 한자음에서 '긔, 희'로 표음된 것을 제외하면, 자음 뒤에서 'ㅢ'나 '·ㅣ'로 표음된 것은 '圮 븨, 僡 븨, 緋 ᄇᆡ, 嘶 싀, 柴 싀, 猜 싀, 媤 싀, 腮 싀, 豺 싀, 釃 싀, 顋 싀, 菑 즤, 緇 츼, 輜 츼, 錙 츼' 등에 불과하다. 이들 중에는 일상생활에서 거의 사용하지 않는 僻字가 많다. 이 점을 강조하여 고대 한국어에서는 'ㅢ:ㅣ'의 대립이 없었다고 말할 수도 있다. 중세어에서 '긔'나 '의'로 시작하는 고유어가 거의 없다는 점도 이를 뒷받침한다. 그러나 앞에 자음이 없는 한자 즉 '이'와 '의'에서는 분명히 음운론적 대립이 존재한다. 어두에서는 '긔, 의'를 확인하기 어렵지만 중세어의 어중에서는 '-긔, -의'를 얼마든지 확인할 수 있다. 따라서 'ㅢ:ㅣ'의 대립을 일단 인정하기로 한다.

다. 이와는 반대로 후음 'ㅎ' 뒤에서는 항상 'ㅢ'를 택한다. 'ㅣ'와 'ㅢ'가 마치 상보적 분포를 보이는 듯하여 흥미롭다.

그런데 독특하게도 牙音 'ㄱ'과 喉音 'ㅇ'의 뒤에서는 'ㅣ'뿐만 아니라 'ㅢ'로도 반영된다. 중세 한자음에서 '긔'로 표음된 한자는 52개이고 '기'로 표음된 것은 18개이므로[8] 'ㄱ, ㅎ' 등의 [−anterior, −coronal] 자음 뒤에서는 'ㅢ'를 택하는 것이 원칙이었던 듯하다. 이것을 중시하여 '器'를 '*긔'로 재구할 수도 있다. 곡물 '기장'은 箕子가 東來할 때 가져온 것이라서 '기장'이라는 명칭이 붙었다는 설화가 전하는데, 箕子의 '箕'도 중세 한자음으로 '긔'이다. 따라서 외적 재구를 중시하면 '器'를 '*긔' 즉 /*kəi/로 재구할 수 있다.

'尺'은 한국 중세 한자음으로는 '·쳑'이고 한어 중고음으로는 [昌開AB入淸]이다. 이와 더불어 고려해야 할 표음으로 『계림유사』의 '尺曰作'이 있다. 이 '作'은 중국 宋代의 한자음으로 읽어야 하지만 중고음으로는 일단 [精開1入唐]이다. '尺'은 중고음에서는 次淸字이지만 孫穆이 표음한 '作'은 全淸字이고 '尺'에서 비롯된 단위명사 '자(尺)'의 'ㅈ'도 전청자에 속한다. 따라서 '尺'의 고대 한국 한자음은 '*작'으로 추정된다. 한자음의 음절말자음 '*ㄱ'은 한국에서 'ㅎ'으로 약화된 다음에 사라지는데, 차용된 '尺'이 후대의 단위명사 '자'로 정착할 때에 '*작 > 잫 > 자'의 변화가 일어났다고 할 수 있다(李基文 1977).

韓音字 '尺'과 관련하여 흥미를 끄는 것은 경주 월지 3호 목간의 '文辶'이다. 이것의 '辶'을 '쉬엄쉬엄 갈 착'으로 읽는다면 '文辶'이 '文尺'과 거의 같은 음가를 가진다. 더욱이 둘 다 '文作人'(戊戌塢作碑)의 의미였을 가능성이 있다. 이 둘을 同音異表記 관계라고 하면 '尺'의 운미 /*−k/가 '辶'에서도 확인되므로, 7세기 전반기에는 '*ㄱ > ㅎ'의 약화가 아직 일어나지 않았다고 할 수 있다. 다만, '辶'의 한국 중세 한자음과 한어 중고음을 알 수 없어서, 단정할 수는 없다.

그런데 '*기작' 또는 '*긔작'으로 재구되는 '器尺'이 어찌하여 중세어에서 '기장'이 되었을까? 이에 대해서는 음운론적 변화로 기술하는 것보다 접미사의 교체로

8 權仁瀚(2009가)에 정리된 것을 이용하여 계산하였다.

기술하는 것이 나을 듯하다. 4장에서 중세어의 '기장'이 '깆 + 앙'으로 분석될 수 있음을 말하였는데, 고대어에는 語基 '*깆/*긪'에 접미사 '-악/억'이 통합되었지만 중세어에서는 '-앙/엉'이 통합되었다는 논의가 가능하다. 결론적으로 '器'는 '*기/*긔'로, '尺'은 '*작'으로 재구된다. 내적 재구의 방법으로는 '器尺'을 '*기작'으로 재구하는 것이 바람직하지만 외적 재구의 방법으로는 '*긔작'으로 재구할 수 있다.

(7.3)의 '召'는 중세어의 '조(粟)'에 대응한다. 『향약구급방』에서는 '藍'의 鄕名을 '靑乙召只'로, '牧蠣甲'을 '屈召介甲, 屈召介'로 표기했는데, 南豊鉉(1981: 213)은 이들의 '召'가 '조'를 표음한 音假字라 하였다. 따라서 내적 재구의 방법으로는 '召'를 '*조'로 재구할 수 있다.

'召'는 중세 한자음으로는 ':쇼'이고 한어 중고음으로는 [常中AB去宵]이다. 常母字는 중세 한자음에서 대부분 'ㅅ'으로 반영되므로 ':쇼'는 결코 이상한 표음이 아니다. 중세 한자음의 ':쇼'를 중시한다면 목간의 '召'를 '조'로 읽을 수 없다. 그러나 常母字 중에서 '召'와 '辰'[常開AB平眞]은 유별나게도 한국 한자음에서 각각 '소 : 조'와 '신 : 진'의 두 가지 음가를 가지고 있다.[9] 이 점에 주목한다면 '召'를 '쇼'로도 읽을 수 있고 '조'로도 읽을 수 있다. 여기에서는 외적 재구보다 내적 재구를 중시하여 '召'를 '*조'로 재구해 둔다.

경주 월지 16호 목간에는 藥材名으로 (7.3)의 '支子'가 나온다. 이것은 '梔子'의 同音異表記임이 분명하다. 중세 한자음에서 '支'와 '梔'는 平聲의 '지'로 동일하다. 한어 중고음으로도 '支'와 '梔'는 둘 다 [章開AB平支]이다. 이 둘의 음가가 동일하므로 '支'는 '*지'로 재구된다.[10] '子'는 물론 두 표기에 공통되므로 굳이 언급할

9 聲符가 '召'와 '辰'인 한자를, '아래아 한글'의 현대 표음을 기준으로 정리해 보면 다음과 같다. 이 두 표음 중에서 '조'와 '진'이 '소'와 '신'보다 일찍 들어온 한자음이 아닐까 한다.

1. 소: 紹 沼 邵 炤 佋 劭 卲 柖 昭 玿 袑 昭 笤
   조: 詔 蛁 駋 昭 笤
2. 신: 娠 晨 蜃 宸 裖 鋠 蜃 脤
   진: 震 賑 桭 侲 蜄 裖 謓 䟴 眹

10 '支'는 支韻 대표자이고, 한어 중고음에서 支韻 3등의 음가는 /*je/로 추정하는 것이

필요가 없지만, 중세 한자음으로 '·ᄌᆞ'이고 중고음으로는 [精開C上之]이다.

7章에서 우리는 훈주음종 표기에 속하는 것을 일일이 거론한 바 있다. 이들을 편의상 여기에 모아 보기로 한다.

(8) 훈주음종 표기의 예

1. 一ˀ巴(*ᄒᆞ둡, 1), 三巴(*사둡, 3), 四刂(*너리, 4), 丨彡(*다ᄉᆞᆷ, 5), 丨ˀ沙巴(*다ᄉᆞᆸ, 5)
2. 蒜尸(*마ᄂᆞᆯ), 叻史(*맛), 文尸(*글), 糸利(*시리), 彡利(*터리)
3. 入尸(*들), 赤居(*블거), 有史(*이시-)

(8.1)의 '一ˀ巴'과 '三巴'에 나오는 '巴'은 수사 접미사 '*-읍/ㅂ'을 표기하는 데에 사용되었다. '巴'은 음절말자음의 'ㅂ'만을 표기하는데, 이것은 후대의 '邑'과 용법이 같다. 따라서 '巴'을 韓音字에 넣어도 손색이 없다. 漢數詞 '一'과 '三'은 훈독하고 그 뒤에 결합된 '巴'은 음독하므로 '一ˀ巴'과 '三巴'은 훈주음종 표기의 대표적인 예가 된다.

(8.1)의 '四刂'도 훈주음종 표기에 속한다. 훈독하는 漢數詞 '四'에 음독하는 '刂'가 결합되었다. '刂'는 후술할 '利'에서 '刂'만을 딴 것으로서, 자형상으로는 위의 '巴'과 더불어 韓半字에 속한다. '刂'의 자형이 후대의 구결자 'ㅣ'와 동일하다고 하여 이 '刂'를 구결자라고 부를 수 있지만, 이때에는 '巴'이 구결자로 사용된 예가 없다는 문제가 제기된다. 반면에, 이 둘을 韓半字로 지칭하면 목간에 사용된 '刂'와 '巴'을 두루 포괄할 수 있다.

(8.1)의 '丨彡'과 '丨ˀ沙巴'의 '丨'도 훈독하고 그 뒤에 결합된 '彡'과 '沙巴'은 음독한다. 따라서 '丨彡'과 '丨ˀ沙巴'도 훈주음종 표기의 예가 된다. 4장에서 내적 재구의 방법으로 '彡'의 음가를 '*ᄉᆞᆷ' 또는 '*삼'으로 추정했는데, '沙巴'의 '沙'가 [生開2平麻]의 음가를 가지는 麻韻字라는 점에서 '*삼'을 택하는 것이 나을 것이다.

일반적이다. 한국 한자음의 'ㅣ'는 이 /*je/와 脂韻 3등의 /*ji/가 /*ji/로 합류한 다음의 음가이다.

(8.2)의 '蒜尸, 文尸'과 (8.3)의 '入尸'에 '尸'가 사용되었다. '尸'는 널리 알려져 있듯이 '주검 시'로 읽고, 한어 중고음으로는 [書開AB平脂]이다. 따라서 '尸'를 韓音字의 부류에 넣는다면, '시'로 읽는 것이 옳다. 그러나 향가나 각종의 고유명사 표기에서 '尸'가 '-읈/욿'에 대응할 때가 많다. 이 대응관계는 한자음으로는 해결할 수 없다.

이 문제를 해결하기 위하여, 한어 上古音에서 '尸'가 複聲母 /*sl-/을 가졌던 것으로 추정하고 이곳의 /*l/이 '-읈/욿'의 'ㅀ'에 대응한다고 주장하기도 한다. 그런데 이 주장에는 세 가지 문제가 도사리고 있다. 첫째, '尸'는 신라에서만 사용한 韓國字라는 점이다. 고구려나 백제에서는 이 '尸'를 사용한 적이 없다. 고구려나 백제의 고유명사 표기에 사용된 '尸'가 있더라도 이것은 신라 표기법의 영향을 받은 것이다. 둘째, 신라의 漢字 수용은 고구려나 백제에 비하여 상대적으로 시기가 늦은 편이다. 고구려나 백제에서 한어 상고음을 수용했다는 것도 믿기가 어려운 상황이므로, 신라에서 상고음을 수용했다는 것은 더욱더 믿기가 어렵다.[11] 셋째, '尸'가 '-읈/욿'의 'ㅀ'에 대응하는 예들은 모두 '尸'가 음절말 자음을 표기한 것이다. 이것은 앞에서 거론한 '巳'도 마찬가지이다. 반면에 한어 상고음의 複聲母 /*sl-/은 성모 즉 音節頭音에서의 음가이다. 따라서 음절 두음의 /*l/로 음절말 자음 'ㅀ'을 표기했다는 것은 믿기가 어렵다.

그렇다면 '尸'와 '-읈/욿'의 대응관계를 어떻게 설명할 것인가? 한국어에는 음절말 위치에 '-ㄹ'이 오는 단어가 아주 많다(후술). 반면에 한어 중고음 이래의 漢語音에는 음절말 위치에 /*-r/이 오는 예가 없다. 따라서 음절말 위치에 온 '-ㄹ'을 표기하기 위하여 신라인들이 독자적으로 개발한 것이 '尸'라고 본다.

이때에 '尸'의 字源이 무엇인가 하고 질문할 수 있는데, 이에 대한 납득할 만한 답변을 찾기가 어렵다. 그러나 문자의 恣意的 제작이라는 관점을 택하면 이 문제는 그리 중요하지 않다. 한자음으로는 표기할 수 없는 것을 표기하기 위하여 신라인들이 자의적으로 독특한 자형을 제작하여 사용할 수 있기 때문이다. 신라목

11 姜信沆(2011가, 2011나)에서는 魏晉南北朝 시대에 비로소 한자음이 대량으로 유입되었다고 했다.

간에 사용된 자형을 두루 살펴보면, 漢字의 자형에 얽매이지 않고 신라인들이 독자적인 자형을 제작해서 사용했다는 점이 드러난다. 음절말 자음의 '-ㅅ'을 표기하기 위하여 '叱'을, '-ㄱ'을 표기하기 위하여 '只'를 개발했다. 음절말 자음 '-ㅅ'과 '-ㄱ'을 표기하는 '叱'과 '只'를 漢字音으로는 설명할 수 없다. 이처럼 신라에서 독자적으로 개발하여 사용한 글자에 '尸'도 포함된다. 결론적으로, '尸'는 음절말 자음 '-ㄹ'을 표기하기 위하여 신라인들이 새로 제작한 문자였을 것이다. 새로 제작한 문자의 字源은 공통적으로 제시하기가 아주 어렵다. 문자 제작의 자의성 탓이다.

(8.2)의 '糸利, 彡利'에 말음첨기자 '利'가 사용되었다. '利'의 한국 중세음은 '리'이고, 한어 중고음은 [來開AB去脂]이다. 따라서 이 '利'의 고대음을 '*리'로 재구하는 데에 어려움이 없다. 중요한 것은 이 '利'가 신라와 고구려에서는 생산적으로 사용되었으나 백제에서는 용례가 거의 없다는 점이다. 이것은 백제의 표기법에 말음첨기와 훈주음종의 표기법이 없었음을 암시한다.

(8.2)와 (8.3)의 '史'는 각각 '助史'과 '有史'에 쓰여 '*맛'의 말음 'ㅅ'과 '*이시-'의 '시'를 표기한 것이다. 이 두 예에서 '史'가 말음첨기자로 사용되었다. 이러한 용법의 '史'로는 향가의 '皃史, 毋史, 栢史' 등이 유명하다. '助史'의 '助'은 '旨'와 동일한 글자로서 훈이 '맛'이고 음이 '지'이다. 중세어의 '맛'은 '味'의 뜻뿐만 아니라 '음식, 음식물'의 뜻도 가진다. 따라서 '助史'을 '음식(물)'로 해독하고, '助'을 '*맛'으로 재구한 바 있다(4.2.3 참조).

'史'는 중세 한자음으로는 ':ᄉᆞ'이고, 중고음으로는 [生開C上之]이다. '史'의 고대음을 재구할 때에는 止攝字의 고대 한국어 음가를 '*이' 즉 /*i/로 볼 것인가 그렇지 않으면 '*ㆍ' 즉 /*ʌ/로 볼 것인가 하는 문제가 뒤따른다. 고구려어에서는 之韻의 음가가 /*ɪəi/(또는 /*əi/)로 재구되지만[12] 신라어에서도 이 음가일지를 아직 확인하지 못했다. 이 /*ɪəi/(또는 /*əi/)가 중세 한자음의 'ㆍ' 즉 /ʌ/에 대응한다. 물론, '助史'에 쓰인 '史'는 음절말 자음 'ㅅ'만을 표음한 것이므로 모음의 음가

---

12 이에 대해서는 이승재(2016)을 참고하기 바란다.

가 사실은 그리 중요하지 않다.

그런데 訓主音從은 위의 예에서 볼 수 있듯이, 앞에 오는 글자가 항상 韓訓字이어야 하고 뒤에 오는 글자가 韓訓의 일부를 다시 표기하는 것이어야 한다. 따라서 이 훈주음종 표기는 앞에 오는 글자가 뒤에 오는 글자를 지배하는 고도의 표기법이라 할 수 있다.

이 점에서 音訓交用 표기는 훈주음종 표기와 다르다. 앞에 오는 글자가 뒤에 오는 글자를 지배하는 관계가 없이, 제멋대로 音字와 訓字를 섞어서 표기하는 것을 음훈교용 표기라고 할 수 있다. 둘 이상의 글자가 하나로 연결되어 하나의 단어를 표기한다는 점에서는 훈주음종과 음훈교용이 공통되지만, 이 지배 관계의 유무에서 크게 차이가 난다.

音訓交用의 범주에 드는 것을 모두 모아 보면 다음과 같다.

(9) 음훈교용 표기의 예

1. 矣毛巨(*이더릅, 2), 新台巨(*새ᄃᆞᆸ, 3), 今毛巨(*여더릅, 8), 以?如巨(*인덥, 8)
2. 面++里(*겉보리), 益丁(*더뎡), 加火魚(*가ᄇᆞ리)

언뜻 보기에 음훈교용의 예가 아주 적은 것 같지만, 우리가 언급하지 못한 인명이나 지명에서 이 표기법이 아주 많이 사용되었을 가능성이 있다. 현대인이 알 수 없는 고대어 단어를 이 음훈교용의 방법으로 표기했을 가능성이 아주 크기 때문이다.

(9.1)의 여러 수사에 대해서는 3장의 수사와 7장의 표기법에서 자세히 논의한 바 있으므로 이에 대한 논의를 생략한다.

(9.2)의 '面++里'는 '面'을 '*겉'으로 훈독하고 '++里'를 '*보리'로 음독한 것이다. 일종의 복합어이므로 이 둘을 나누어 기술하는 것이 바람직하다. '++'는 '菩'에서 비롯된 글자이므로 한음자에 속한다.[13] 이 예는 복합어에서 한훈자와 한음자가

13 고대 중국의 佛經에서 '菩薩'의 두 글자를 표기할 때에, 그 편방만을 따서 '++'를 상하로 合字하여 표기한 예가 있다. 이 관습이 고대의 한국에도 유입된 것으로 이해한다.

얼마든지 섞여서 사용될 수 있음을 암시한다. 중요한 것은 '艹' 즉 '菩'가 뒤에 오는 '里'를 지배하지 않는다는 점이다. 따라서 '艹里'를 훈주음종 표기의 예에 넣을 수가 없다.

(9.2)의 '葐丁'에서 '丁'은 '*더덩'의 '-덩'을 표기하였다. 이 '葐丁'은 '山藥, 沙蔘'을 표기한 것인데, 이곳의 '葐'은 '沙蔘'과 전혀 관계가 없다. 달리 말하면, 南豊鉉(1981)의 용어로 '葐'은 訓假字이다. 이럴 때에는 '葐丁'의 '葐{*더}'과 '丁[*덩]'의 지배 관계가 성립하지 않는다. 이것을 중시하면 7장의 논의와는 달리 '葐丁'을 훈주음종의 예에서 제외하여, 음훈교용 표기에 넣어야 할 것이다. '丁'이 '덩'을 표기한 예로는 조선시대에 '금덩이'를 '金丁'으로 표기한 예를 들 수 있다.

'丁'은 중세 한자음으로 '뎡'이고 중고음으로는 [端開4平青]이다. 4등자이므로 한어 중고음에는 介音 /*j/가 없지만, 한국 중세 한자음에는 개음이 있다. 이 개음은 '丁'에서 비롯된 구결자 '丁'이 '뎌'나 '뎡'을 표음하므로 다시 확인된다. 따라서 외적 재구에 따르면 '丁'은 '*뎡' 즉 /*tjeŋ/으로 재구되고, 내적 재구에서는 '*더덩'의 '*덩' 즉 /*teŋ/으로 재구된다. 여기에서도 역시 내적 재구와 외적 재구의 차이를 발견할 수 있다.

(9.3)의 '加'는 중세어 '가오리(⿰魚共魚)'의 '가'를 표음하는 데에 쓰였는데, 중세 한자음으로는 '가'이고 중고음으로는 [見開2平麻] 즉 /ka/이다. 두말할 것 없이, '*가'로 재구할 수 있다. '加火魚'의 '火'가 '*블/블'에 대응하는 한훈자임은 金永旭(2007가)에서 이미 지적된 바 있다. 현대어 '가오리'는 '*가블[加火] + 이'에 소급되고 이것이 '*가ᄇᆞ리 > *가ᄫᆞ리 > 가오리'의 변화 과정을 거쳤을 것이다.

3. 韓製字와 韓半字

이제, 한국에서 독자적으로 제작하여 사용한 韓國字에 대한 논의로 넘어간다.

'菩'를 '艹'로 표기한 것으로는 경주 월성해자 3호 목간(7세기 전반기)의 '艹'가 한국 최초의 예이다.

韓國字는 독법에서 중국의 한자와 차이가 나는 것을 총칭하는데, 그 하위 부류에 漢韓字, 韓製字, 韓半字, 韓點字 등이 있다.[14]

漢韓字는 자형이 漢字와 동일하되, 독법이나 의미 기능이 韓國的인 글자를 지칭한다. 예컨대, 인명 '仇得支'(함안 21)의 '仇, 得, 支'는 자형이 중국의 한자와 같다. 신라에서 이들을 읽을 때에는 아마도 각각 /*gu, *tək, *ʨi/ 등으로 읽었을 것이다. 그러나 이들에는 각각 {원수, 얻다, 가르다/지탱하다} 등의 의미 기능이 없다. 이 점에서 이들은 진정한 의미의 漢字가 아니다. 한자에는 假借字도 포함되므로 이들을 한자의 영역에 넣어야 한다고 주장할 수도 있다. 그렇더라도 이들은 중국의 음가가 아니라 신라의 독자적 한자음으로 읽혔다고 보아야 한다.

이것을 알기 쉽게 비유해 보자. 영어의 'fan'을 영국에서는 /fæn/으로 발음하지만 한국에서는 '팬'으로 수용한다. 이때의 한글 표기 '팬'을 영어 단어라고 해야 할까 한국어 단어라고 해야 할까? 영어 단어라고 답하는 사람이 많지만, 이것은 옳지 않다. 한국인이 '팬'으로 발음하는 단어를 영국인은 'fan'이 아니라 'pan'으로 알아듣기 때문이다. 그렇다면 이 '팬'은 영어 단어가 아니라 한국어 단어이다. 영어에서 들어오기는 했지만 한국어의 음운체계에 맞추어 음가를 대체하여 수용했기 때문이다. 이와 마찬가지로 '뉴욕, 모스크바, 동경, 북경' 등은 그 기원이 외국에 있지만, 한국적 대체 수용이 이미 적용되었으므로 이들은 한국어의 일종이다. 外來語가 한국어의 일종임을 잊어서는 안 된다.

이 논리에 따르면, 신라의 인명 표기에 사용된 '仇, 得, 支' 등도 漢字가 아니라 漢式 韓國字의 범주에 넣을 수 있다. 비유하면, '仇, 得, 支' 등의 음가는 영어의 'fan'이나 'pan'에 해당하는 것이 아니라 한국어의 '팬'에 해당하기 때문이다. 결국, 우리가 漢韓字라고 지칭하는 것은 자형이 중국 漢字와 동일하지만 讀法이나 의미 기능이 韓國的인 것을 총칭한다. 인명 '仇得支'에 사용된 '仇, 得, 支' 등의 세 글자는 韓國字 중에서 자형이 한자와 동일한 글자이므로 漢韓字라고 부른다. 달리 말하면, 우리의 漢韓字는 南豊鉉(1981)의 '借字'에 해당한다. 이때에는 한자

14 이에 대한 자세한 논의는 Lee SeungJae(2016)을 참고하기 바란다.

자형을 그대로 빌린 것이므로 '借字'라는 용어가 적절할 수 있다.

그런데 목간에는 漢韓字 즉 借字만 나오는 것이 아니다. 중국에서는 전혀 사용한 적이 없는 글자가 적잖이 나온다. 漢韓字 또는 借字와는 달리 韓製字와 韓半字라는 용어는 중국에서는 사용한 적이 없는 자형일 때에 사용한다. 목간에 나오는 한제자와 한반자는 다음 절에서 자세히 거론하기로 한다.

그런데 4장에서 이미 거론한 것처럼 '靑黛'가 '靑袋'로, '梔子'가 '支子'로 표기되기도 한다. 이러한 대체 현상은 일반적인 漢字의 용법이 아니다. 자획이 많거나 복잡한 한자를 同音인 쉬운 한자로 고쳐서 표기한 것에 해당한다. 고대에는 이러한 대체 표기가 아주 많은데, 이것을 通假字 표기라고 부를 때가 많다. 이 통가자는 고대의 문자 기록을 이해하는 데에 귀중한 자료가 되므로 항상 주의해야 한다. 중요한 것은 이 通假字를 韓製字나 韓半字의 부류에 넣지 않는다는 점이다. 쉽고 간단한 글자로 대체했다 하더라도 그 글자가 여전히 漢字 字形을 유지하기 때문이다.

쉬운 한자로 고쳐서 사용한 글자의 예를 더 들어 보자. 함안 성산산성 108호 목간의 끝에 나오는 '卜烋'이 그 예에 든다. 이 '卜烋'를 한자 자체의 의미 즉 '점을 치다'와 '경사롭다'의 뜻으로 해석하면 목간의 일반적인 結句와 맞지 않는다. 그런데 이를 '伏乙'과 같은 것으로 간주하면 이것이 왜 마지막 위치에 왔는지 금방 이해가 된다. '烋' 대신에 '乙'을 사용하지 않았으므로 이렇게 단정하기 어렵지만 '乙'을 '烋'로 표기했을 가능성을 배제할 수 없다. 경주 월지 22호의 '受丁石'도 사실은 보석의 일종인 '水晶石'일 가능성이 없지 않다. 자획이 많거나 쓰기가 복잡한 한자는 동음이면서 쓰기 쉬운 한자로 고쳐 쓰는 일이 많았다는 것만은 분명하다. '升摩'를 『향약구급방』에서 '升麻'로 표기한 것도 이 通假字 부류에 든다.

3.1. 韓製字

실제로 목간 자료에는 한국에서 독자적으로 省畫하거나 특수하게 만들어 사용한 韓國韓字 또는 韓國字가 아주 많이 나온다. 그중에서 韓製字는 한국에서 독자적으로 제작한 한자이지만 한자 자형의 틀을 여전히 유지한 글자를 가리킨다. 이제 목간에 나오는 韓製字를 정리해 보기로 한다. 아래의 아홉 글자는 자형에서 중국의 한자와 다를 것이 없지만 중국에서는 사용된 바 없는 글자이다.

(10) 목간의 韓製字 目錄

太{*콩}, 畠{*밭}, 畓{*논}, 椋(??), 㑌{??}, 助{*맛}, 丯{*털가죽}, 瓰(??), 筽(??)

'太'는 함안 성산산성 127호 목간과 경주 월지 39호 목간에 사용되었다. '大豆'의 上下合字에 字源을 두고 있고 '*콩'으로 읽는다. 이 '太'가 '*콩'의 의미라는 것은 『계림유사』의 '豆曰太'에서 확인된다. 이곳의 '太'는 孫穆이 고려인의 발음을 듣고 音寫한 것이 아니라 고려인의 表記 '太'를 보고 그대로 인용한 것이다.

'畠'과 '畓'도 '白田'과 '水田'을 상하로 합자하여 만든 글자이다. 이들이 나주 복암리 6호 목간에 나오지만 합자로 보지 않고 각각 두 글자로 나누어 읽는 방법도 있다. 그러나 金聖範(2010)에서 합자로 보았으므로 우리도 이를 따른다.

'椋'은 곡식을 보관하는 창고를 뜻한다. 이것이 일본의 고대 목간에서도 사용되었으므로 문자의 전파 과정을 거론할 때에 이 글자는 대단히 중요한 역할을 한다. 이에 대해서는 뒤의 11장에서 자세히 다루기로 한다.

'㑌'는 부여 능산리사지 25호 목간에 사용되었다. '… 㑌治豬耳其身者如黑也…'의 문맥에 사용되었는데, '豬耳'라는 인명을 가진 이의 관직으로 추정된다(金永旭 2011가). 이 글자의 좌하 위치에 작은 글씨로 써 넣은 '治'가 그 논거가 된다.

'助, 丯, 瓰, 筽'의 네 글자는 우리가 독자적으로 판독하여 새로 추가한 韓製字이다. '助, 瓰'는 좌우합자의 예이고, '筽'는 상하합자의 예이다. 반면에 '丯'은 '彡'과 '丨'이 겹쳐진 듯한 합자이므로,[15] 여타의 한제자 제작법과 차이가 난다.

위의 여러 韓製字는 한국에서 독자적으로 '媤'라는 글자를 만들어 사용한 것과 제작 방식이 사실은 같다. 중국에서는 '시집'이라는 개념이 없었지만, 한국에서

15 고대 인도의 문자에서 이처럼 겹쳐진 문자를 'ligature'라고 부른다.

는 이것이 중요한 개념이었으므로 '媤'를 새로 제작하여 사용했다. '돌(石)'을 '石'으로 표기하지 않고 고의적으로 '乭'을 사용할 때가 있다. 단위명사 '섬'과 구별하기 위한 목적도 있고, 음절말 자음 'ㄹ'을 드러내어 표기하려는 목적도 있다. 이처럼 한국적 필요에 맞추다 보니 한국에서 독자적으로 한제자 '乭'을 만든 것이다. 음절말 자음 'ㅅ'을 드러내어 표기한 것으로는 '곳'으로 읽히는 '廤'이 있다. '媤, 乭, 廤' 등과 (10)에 열거한 것을 우리는 韓製字라고 지칭한다.

3.2. 韓半字

이제, 한자의 자형을 크게 줄이거나 그 일부만을 따서 제작한 韓半字로 넘어간다. 위에서 거론한 韓製字는 자형이 중국 한자의 틀을 유지하지만 중국 한자에서는 동일 자형을 찾을 수 없는 것들이다. 즉, 중국에 기원을 둔 글자가 아니다. 그러나 韓半字는 중국의 한자 字形에 그 기원을 두고 있다는 점에서 韓製字와 차이가 난다. 자형의 기원을 한자에 두고 있기는 하되, 자형 변형이 아주 심한 것을 韓半字라고 정의할 수 있다. 목간에 나오는 韓半字를 모두 열거하면 다음과 같다.

(11) 목간의 韓半字 목록

巴[*읍/ㅂ], 丨{*다, *긋}, 彡(*서릭, *털, *삼), 刂[*리], 石{*셤}, 亇[*마/망, *믜],
辻/這{*긋}, ㄋ(*량/*아), 戸[*읈/읈], 十{*긔}, 仐[*사], 卩[*部]

(12) 韓半字에서 제외된 것

卄[*보]

(11)에 열거한 것처럼, 목간에 나오는 韓半字는 모두 12자에 이른다. 韓半字를 정의할 때에 (12)의 '卄[*보]'는 대단히 중요한 역할을 한다. 각종의 佛經에서 '菩薩'을 표기할 때에 偏旁인 '卄'를 상하로 반복하여 표기한 글자가 중국 南北朝 때에 이미 나온다. 따라서 경주 월성해자 3호 목간에 나오는 '面卄里'의 '卄'를 한국

자의 범주에 넣을 수가 없다. 반면에, (11)에 열거한 11자는 중국에서 예를 찾기가 어렵다. 이 점을 중시하여 이들을 한국자의 범주에 넣는다.

(11)의 韓半字 중에는 省劃하거나 偏旁을 따서 줄인 글자가 많다. 따라서 이들을 省劃字라고 부를 수도 있다. 그러나 한반자의 '半字'가 한국의 전통적인 용어일 뿐만 아니라(金斗燦 1987, 柳鐸一 1989) '半'에 이미 생략하거나 줄인다는 의미가 들어가 있다. 따라서 우리는 韓半字라는 용어를 택한다.

이제, (11)의 한반자를 하나씩 기술해 보기로 한다.

(11)의 '亇'는 '每'의 草書에서 字源을 찾을 수 있고 '*마/*맣' 또는 '*ᄆᆡ'로 읽는다. 이 '亇'는 곡명 '*맣(薯)'을 표기하기도 하고 종이를 셀 때의 단위명사 '*ᄆᆡ(枚)'를 표기하기도 하므로 고유의 의미는 없고 字音만 가지는 글자라고 할 수 있다. '마치' 또는 '망치'라는 훈은 아마도 글자의 모양을 본 따 후대에 붙인 것이 아닌가 한다. 또한 '亇'의 字源을 '每'에서 찾는다면 둘 사이의 음가가 어떤 관계인지 논의되어야 한다.

(13) 목간에 나오는 '亇'의 용례

1. [<　　　　　　　太一缸亇十一　村]
   [<　　　　　　　亇卄二益丁四　村] (함안 127)
2. [　　經中入用思買白不雖紙一二亇] (해자 2)

'亇'는 한국에서 제작한 韓半字이므로 중세어 '맣(薯)'을 고려하면 (13.1)의 '亇'를 /*mah/으로 재구하지 않을 수 없다. 이와는 달리, 후대의 구결자 'ㄚ'가 향가의 '-每如'의 '每'에 대응하는 현상을 고려하면 '亇'의 음가를 '每'에서 찾을 수 있다. '每'는 중세 한자음으로 ':ᄆᆡ'와 'ᄆᆡ'이고, 한어 중고음으로는 [明中1去灰]와 [明中1上灰]의 두 가지가 있다. 灰韻은 항상 合口인데, 脣音 바로 뒤의 합구음 /*w/는 잉여적이므로 중고음의 음가는 한국 중세 한자음의 음가와 사실상 같다. (13.2)의 '亇'는 단위명사에 사용된 것으로서 '枚'와 동일한 기능을 갖는다. '枚'의 한어 중고음은 [明中1平灰]이므로 그 음가는 /*mʌi/ 정도로 추정된다. 중요한 것은 내적 재구형 /*mah/의 음절말 자음 /*-h/가 중고음의 陰聲韻尾 /*-i/에 대응한다는 사실이다. 혹시, 한어 上古音의 운미 /*-ʔ/ 또는 /*-s/가 고대 한국에서는 /*-h/로, 중고음에서는 /*-i/로 발달한 것은 아닐까?

(11)의 韓半字 '⿺辶卞'은 '邊'에 기원을 두고 있고, 그 音價는 '邊'의 훈에서 온 '*ᄀᆞᆺ'이다. 이 글자는 偏旁 '⻌'의 윗부분을 '邊'과 음상이 같고 획수가 적은 '卞'으로 대체한 글자인데, 이 대체 방식은 '燈'에서 비롯된 '灯'에서도 확인할 수 있다. '过, 辺' 등도 이처럼 '邊'의 자획을 줄이는 과정에서 생성된 略字이다. '过'은 중국에서는 '過'의 簡體字로 사용되지만, 향가의 獻花歌에서는 '邊'의 뜻으로 사용되었고, 석가탑에서 나온 중수문서에서는 '⿸广林'를 세는 단위명사로 사용되었다. 이것은 '过'의 용법이 중국과 한국에서 서로 다름을 의미한다.

이두에서는 '낱낱이'의 의미를 가지는 '這這'이 '갓갓' 또는 'ᄀᆞᆺᄀᆞᆺ'으로 읽히는데, '這'의 독법이 어찌하여 '갓' 또는 'ᄀᆞᆺ'인지 그동안 합리적으로 설명할 수가 없었다. 한자 '這'의 字訓이나 字音에는 '갓, ᄀᆞᆺ'과 일치하는 것이 없기 때문이다. 그런데 아래의 (14.4)에 사용된 '這'과 (14.1～3)의 '⿺辶卞'이 동일한 단위명사로 사용되었다. 여기에서 '這'의 字源이 '邊'에 있다는 논리가 성립한다.

(14) 목간에 나오는 '⿺辶卞'와 '這'의 용례

1. [< 乂[云]迷急得條高城醢⿺辶卞] (월지 4)
2. [乂辛番猪助史⿺辶卞] (월지 26)
3. [<三月卄一日作獐助史⿺辶卞▣ ⸾] (월지 36)
4. [< 乂猪水助史這ㄋ 肉瓮一入 ⸾] (월지 2)

『華嚴經』 卷第14와 『舊譯仁王經』 등의 고려시대 釋讀口訣 자료에서는 '如'를 구결자 '這'으로 注音해 놓은 예가 많이 나온다. 이 구결자 '這'은 외형상의 字形으로는 한자의 '這'이지만 실상으로는 '如'의 훈 'ᄀᆞᆮ(ᄒᆞ)-'의 'ᄀᆞᆮ'을 표기한 것이다. 이두에서 '這'가 '갓, ᄀᆞᆺ'으로 읽히는 독법에 의존하여 지금까지 구결자 '這'을 'ᄀᆞᆮ'으로 읽고 있다. 그러나 이것은 이두의 '這'가 어찌하여 '갓, ᄀᆞᆺ'으로 읽히는지를 밝히지 않은 것이므로 일종의 순환론적 미봉책이다.

이제, 이두의 '這'과 후대의 구결자 '這'이 모두 '邊'에 字源을 두고 있다고 하면, 모든 의문이 해소된다. '邊{ᄀᆞᆺ}=這{ᄀᆞᆺ}=這{ᄀᆞᆮ}'의 등식이 성립하기 때문이다. 앞에서 이미 거론한 것처럼, 경주 월지 2호 목간의 '猪水助史這'에서 '這'가 단위명사 '*ᄀᆞᆺ'을 표기하고 있으므로 이 등식을 믿어도 될 것이다.

(11)의 韓半字 '丨'은 '如'의 초서체 첫 획을 딴 글자로서, '*다'를 표음하기도 하고 '*ᄀᆞᆺ'을 표음하기도 한다. 경주 월성해자 2호 목간의 1면에 나오는 '可行白丨'의 '丨'는 단락 종결사 '*다'로 읽히지만, 경주 월지 7호 목간에 나오는 '加火魚助史三丨'의 '丨'은 단위명사 '*ᄀᆞᆺ'으로 읽힌다.

(15) 목간에 나오는 '丨'의 용례

1. 人丁六十巳?丨彡 (함안 221)
2. [<丨?沙巳月?　　] (하남 6)
3. [　　大烏知郎足下可行白丨] (해자 2)
4. [⦚▣行還去收面++里石 食二丨] (해자 3)
5. [(ㄨ加火魚助史三丨] (월지 7)
6. [⦚▣　生鮑十丨仇利▣▣▣　　　] (월지 9)

(15.1~3)의 '丨'는 '*다'로 읽고, (15.4~6)의 '丨'는 '*ᄀᆞᆺ'으로 읽는다. 이 두 가지 독법은 '如'의 훈에 '다(ᄒᆞ)-'와 'ᄀᆞᆮ(ᄒᆞ)-'의 두 가지가 있다는 사실로 증명된다. 나아가서 '加火魚助史三丨'의 '丨'은 경주 월지 4호 목간에 나오는 '高城醢迏'의 '迏'과 독법이 같다. 둘 다, 음식물의 일종인 '*맛'과 '*젓'을 담는 용기로 사용되었고 음상이 '*ᄀᆞᆺ'으로 일치한다. 이 일치를 자연스럽게 기술하려면 '丨'의 字源을 '如'에 두는 것이 좋다(李丞宰 1997가: 233). '丨'이 '如'에서 비롯된 한국자라고 해야만 '丨'을 '*ᄀᆞᆮ/*ᄀᆞᆺ'으로 읽을 수 있고, 이 '*ᄀᆞᆮ/*ᄀᆞᆺ'이 '邊'에서 비롯된 '迏'으로도 표기될 수 있기 때문이다.

韓半字 '太, 亇, 迏, 丨' 등은 대부분 新羅 지역에서 출토된 목간에 나온다. 이

사실을 중시하여 독특하게 새로 만든 韓半字가 신라에서만 사용되었다고 말할 수 있을까? 결론부터 말하면 百濟에서도 韓半字가 사용되었다. 그 논거로는 (16.9)의 'ㅣ'를 들 수 있다. 부여 궁남지 1호 목간의 후면에 대한 여러 판독을 들어보면 다음과 같다.

(16) 부여 궁남지 1호 목간의 판독

1. 후면: [西ア中ア▣夷?] (崔孟植·金容民 1995)
2. 후면: [西部中部] (朴賢淑 1996)
3. 후면: [西▣丁 ア夷?] (國立扶餘文化財硏究所 1999)
4. 후면: [西阝中▣阝 夷] (國立淸州博物館 2000)
5. 후면: [西阝中▣ 夷] (國立扶餘博物館 2003)
6. 후면: [西卩中▣ 夷] (李均明 2008:134)
7. 후면: [西▣ ア利] (부여·가야 2009:67)
8. 후면: [西▣ 阝利] (박민경 2009:63)
9. 후면: [覀ㅣ ○ 卩夷]

16

위의 여러 판독을 보면 부여 궁남지 1호 목간 후면에 몇 글자가 적혀 있는지 알 수가 없다. 우리의 판독으로는 '覀ㅣ 卩夷'의 네 글자가 적힌 것으로 보인다. 첫째 글자는 '西'와 '十'(또는 '斗')의 上下合字이다. 문제는 그 밑에 온 둘째 글자이다. 이 글자를 셋째 글자와 동일시하여 둘 다 'ア'나 '卩'로 판독하는 경향이 있다. 그러나 엄격히 말하면 둘째와 셋째 글자는 서로 다른 자형이다.

둘째 글자는 경주 월성해자 2호 목간의 '可行白ㅣ'와 경주 월지 7호 목간의 '加火魚助史三ㅣ'에 나오는 'ㅣ'와 자형이 같다. 셋째 글자는 '西部, 中部' 등의 '部'를 省畫한 글자로서 컴퓨터 인쇄에서는 '卩'나 'ア'로 표기하는 글자이다. 이처럼 판독하면 이 목간에는 적어도 두 개의 韓半字가 사용된 셈이다. 둘째 글자 'ㅣ'가 신라목간에서처럼 '如'에서 비롯된 것인지 현재로서는 알 수가 없다. 그렇다 하더라도 이 ‘丨’가 백제에서 한자를 변형하여 제작한 글자라는 점에는 변함이 없다.

(16)의 ‘卩’ 또는 ‘ア’는 ‘部’의 ‘阝’에서 비롯된 것으로서, 고대 일본에서의 독법 /*be/와 ‘部’의 한어 중고음 [並中1上侯]를 참고하여 ‘*부’로 읽을 수 있다. ‘丨’와 ‘卩’의 두 글자는 백제에서도 독자적으로 한자를 변형하여 사용했음을 증명해 주는 대표적인 예이다. 6세기 3/4분기에 작성된 것으로 추정되는 부여 능산리사지 7호 목간에서도 ‘六卩五方’의 ‘卩’가 쓰인 바 있다. 목간에 사용된 ‘卩’의 용례를 모두 들어 보면 다음과 같다.

(17) 목간에 나오는 ‘卩’의 용례

1. [書亦從此法爲之凡六卩五方] (능사 7)
2. [外椋卩鐵] (쌍북280 3)
3. [○上卩] (현내들 2)
4. [攻栗嵎城○中卩朱?軍 ⸾]
   [攻symbol■城中卩■使? ⸾] (관북 5)
5. [西卩○後巷已達已斯卩 依活■■■■]
   [𠕒丨○卩夷] (궁남 1)
6. [⸾者中卩奈率得進 下卩韓牟礼] (구아 1)
7. [大一中一實前卩 赤米二石 ㅈ] (구아 4)

위의 여러 예에서 볼 수 있듯이 백제목간에서는 ‘卩’가 생산적으로 사용되었다. 이들을 참고하면, 신라뿐만 아니라 백제에서도 韓半字를 사용했다고 말할 수 있다.

목간에 나오는 韓半字에는 ‘中’에서 비롯된 ‘+’도 있다.

(18) 목간에 나오는 ‘+’의 용례

1. [■■氵+乛■大舍■六■■氵⸾] (하남 4)
2. [巳以?如巳氵+二■] (미륵사지 1)

하남 이성산성 4호 목간은 글씨가 흐릿하여 판독하기가 어려운 목간이다. 그런데 이 목간의 전면에 ‘ȝ 十 ㄱ’이 있는 것 같다. 이 판독이 옳다면 이곳의 ‘ȝ, 十, ㄱ’의 세 글자가 모두 韓半字가 된다. 이와는 달리 익산 미륵사지 1호 목간의 ‘ȝ 十’는 판독이 확실하다. 따라서 ‘十’도 韓半字의 범주에 넣어야 할 것이다.

‘ȝ’의 용례에는 (18)의 예뿐만 아니라 다음의 예도 있다.

(19) 목간에 나오는 ‘ȝ’의 예

1. [陽ȝ村文尸只 稗　　ㄨ] (함안 102)
2. [▣▣十▣ … ▣ ȝ ㄱ ⦚] (함안 115)
3. [次ȝ支村知弥留　　ㄨ] (함안 118)
4. [<陀ȝ支稗發　　　　ㄨ>] (함안 216)
5. [ȝ·▣▣·▣▣] (능사 5-1=5)
6. [<ㄨ猪水助史這ȝ肉瓮一入 ⦚] (월지 2)
7. [重兮朩 處二ȝ] (월지 19)

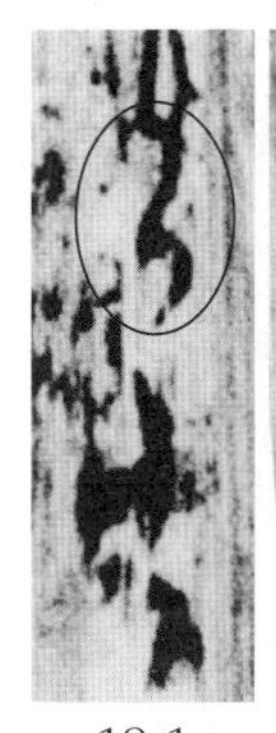
18.1

19.3

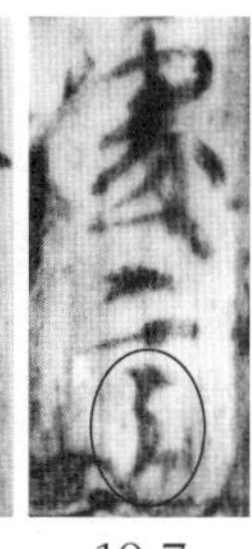
19.7

(19)의 여러 예에서 문제의 글자 ‘ȝ’이 사용되었다. 부여·가야(2009: 93)는 (19.3)의 ‘次ȝ支村’을 ‘次次支村’으로 판독했는데, 이것은 ‘ȝ’를 반복부호로 간주하여 앞에 온 ‘次’를 반복한 것이다. 그러나 후대의 구결자 자형을 알고 있는 학자라면 이 ‘ȝ’가 후대의 구결자 ‘ȝ’와 자형이 같다는 사실을 먼저 지적할 것이다.

후대의 구결자 ‘ȝ’는 ‘良’의 초서체에서 온 것이다. 석가탑에서 나온 중수문서에는 ‘食’과 ‘養’의 하변에 온 ‘良’을 ‘ȝ’으로 표기한 예가 여러 번 나온다(李丞宰 2009나). 따라서 ‘ȝ=良’이라는 등식이 성립하고, 이것을 활용하여 (19.3)의 ‘次ȝ支村’을 ‘次良支村’으로, (19.7)의 ‘處二ȝ’을 ‘處二良’으로 치환하여 판독할 수 있다. ‘次良支村’의 ‘良’은 지명 표기에 쓰인 것이므로 ‘ȝ’을 ‘良’으로 치환하더라도 ‘ȝ=良’ 등식의 시비를 가리기 어렵다. 그러나 (19.7)의 경주 월지 19호 목간에서는 사정이 다르다. ‘處二ȝ’을 ‘處二良’으로 치환하면 ‘두 냥을 처방한다’는 의미가 된다. 이곳의 ‘良’은 4장에서 거론한 단위명사 ‘兩’과 동일한 단위명사이고 음

가도 동일하므로 이렇게 해독할 수 있다.[16]

(19.6)의 경주 월지 2호 목간에도 '氵'이 나오는데 이를 '良'으로 치환하면 뒤의 '肉'과 합하여 '良肉' 즉 '질이 좋은 고기'가 된다. 아주 자연스러운 명사가 되는 것이다. 하남 이성산성 4호 목간은 사실상 아무도 해독을 하지 못하고 있는 목간이다. 그 원인이 여러 가지이지만 그중의 하나로 '氵, 十, 丁' 등의 독특한 글자가 많이 쓰이고 있다는 점을 들 수 있다. 이들도 구결자 '氵, 十, 丁'과 자형이 같다고 할 수 있다.[17] 특히 '氵'와 '十'가 쓰인 것은 다른 자료에서도 확인되므로 신빙성이 높다. 이처럼 예가 적지 않으므로 한국자 '氵'과 구결자 '氵'가 동일 字源에서 비롯되었고 자형이 동일함을 믿기로 한다.

그런데 '氵, 十, 丁' 등을 口訣字라고 지칭해도 될까? 口訣은 기존의 經典 텍스트에 다는 것이 일반적이다. 목간에 기록된 텍스트는 경전이 아니므로 목간의 '氵, 十, 丁' 등을 구결자라고 지칭할 수가 없다. 반면에 이들을 韓國字의 일종인 韓半字라고 부르면 전혀 잘못될 것이 없다. 고대 한국에서 독자적으로 제작하여 사용한 글자임이 분명하기 때문이다.

앞에서 정리한 韓半字 중에는 특이하게도 후대의 口訣字와 자형이 같은 것이 적지 않다. 한반자 '㐃'와 '丨'는 각각 후대의 구결자 '㐃'와 '丨'의 자형과 정확히 일치한다. 나아가서 한반자 '辶'도 사실상 구결자 '辶'과 같은 것이라 할 수 있다. 둘 다 '邊'에 기원을 둔 글자이고 표음이 '*갓/*갇'으로 일치하기 때문이다. 또한 '文尸, 蒜尸' 등에 사용된 '尸'도 구결자 '尸'과 자형이 같다. 더욱이, 월성해자 20호 목간에서는 관명 '大舍'를 '大厼'로 표기했는데, 이곳의 '厼'가 후대의 구결자 '厼'와 자형이 일치한다. 수사 '四刂'의 '刂'도 마찬가지이다.

16 구결에서는 '氵'가 '-아'를 표음하지만 목간의 '處二氵'에서는 '氵'이 '량(>냥)'을 표음한다. 이 차이가 '氵=良'이라는 등식을 부정하는 것은 아니다. 한자 '良'이 訓字와 音字의 두 가지로 사용되듯이, '良'에서 비롯된 구결자 '氵'는 훈자 표기이고, 한국자 '氵'은 음자 표기라고 할 수 있기 때문이다.

17 (18.1)에 나오는 '氵十丁'은 후대의 구결에 나오는 '氵十丁'에 대응하는 것은 아닐까? 이것이 옳다면 목간의 '十'와 구결의 '十'의 대응 예도 한반자와 구결자의 字源이 동일함을 말해 준다.

지금까지의 논의에 따르면 목간에 나오는 韓半字 중에서 후대의 口訣字 자형과 동일한 것은 '亇, 丨, 㳄/這, ㇇, 十, 尸, 厼, 刂'의 8자나 된다.[18] 이들의 구결자 자형은 각각 '亇, 丨, 這, ㇇, 十, 尸, 厼, 刂'이다. 이 일치 숫자는 결코 적은 수치가 아니다. (11)에 정리한 韓半字는 모두 12자인데, 이 중에서 8자 즉 전체의 8/12이 구결자 자형과 같기 때문이다. 그렇다면 바로 이 일치 현상에서 구결자 발생의 기원을 찾아도 될 것이다. 후대의 구결자 '亇, 丨, 這, ㇇, 十, 尸, 厼, 刂' 등은 목간에 나오는 한반자 '亇, 丨, 㳄/這, ㇇, 十, 尸, 厼, 刂'에 근거를 두고 있다. 이것을 일반화하여 "후대의 口訣字는 한국에서 독자적으로 변형하여 제작한 韓半字에 그 기원을 두고 있다"고 말할 수 있다.

이렇게 말할 때에 순환론에 빠지지 않으려면, 총칭인 韓國字와 그 하위 개념인 韓製字와 韓半字의 개념을 정확하게 정의할 필요가 있다. 韓國字는 한국적 독법으로 읽는 글자를 총칭한다. 자형이 중국의 漢字와 동일하더라도 독법이나 발음이 한국 고유의 것이면 韓國字에 넣는다. 여기에서 韓訓字와 韓音字라는 용어가 성립한다.

그런데 자형이 중국의 漢字와 전혀 달라서 한국에서만 독자적으로 사용한 자형이 있다. 이들을 지칭할 때에는 韓國字의 하위 개념으로 韓製字와 韓半字라는 용어를 사용한다. 한제자는 자형이 한자의 자형 구조와 동일하지만 중국에서는 사용한 적이 없는 글자이다. 반면에 한반자는 자형 구조에서 이미 중국의 한자와 크게 다른 글자이다. 예컨대, '畓, 怏, 瓸' 등은 자형 구조가 중국의 한자와 유사하거나 동일하지만 중국 한자에서는 아예 찾을 수 없는 자형이므로 한제자로 지칭한다. 반면에, '丨, ㇇, 十' 등은 한자 구조를 크게 변형하여 중국과 달라졌거나 자획이 대폭적으로 줄어들었으므로 한반자로 지칭한다. 후대의 口訣字에는 한자의 일부만을 딴 것들이 많은데 이러한 구결자들은 모두 한반자의 일종이다.

18 이 밖에도 '斗, 兮, 等'에 字源을 두고 있는 구결자 '斗, 丂, 木'도 각각 목간에 나오는 '斗, 兮, 朩'의 자형과 유사하다. 이를 근거로 '斗, 兮, 朩'도 이 목록에 넣을 수 있으나, 이들의 자형이 한국에서 독자적으로 제작한 자형임이 아직 증명되지 않았으므로 일단 이 목록에 넣지 않았다.

그런데 자형 중심의 정의에 따르면 '콩'의 의미를 가지는 '太', '*갓'으로 읽히는 '這' 등을 한국자에서 제외하는 일이 벌어진다. '太'와 '這' 등은 중국의 한자에 이미 존재하는 자형이기 때문이다. 따라서 자형이 비록 중국 한자와 같거나 유사하더라도 字形의 變形 과정이 전제됨과 동시에 字音이나 字義가 중국 한자와 다른 것도 한국자에 포함할 필요가 있다. 이 부차적 기준에 따르면 '太, 這' 등도 한국자가 된다. '太'는 '大豆'의 상하 합자에 기원을 둔 자형이고 '這'은 '邊'의 자획을 줄여 변형한 자형인데, '太'는 중국 한자와는 달리 字義가 '콩'이고 '這'은 字音이 독특하게도 '*갓'이므로 이들은 한국자가 된다.

이처럼 정의할 때에 주의할 것이 있다. 목간의 '石, 斗, 升, 末, 代, 缸, 尺, 兩, 分, 件, 斤, 形' 등은 자형 변형이 일어나지 않았지만 읽는 방법은 분명히 한국적 독법이다. 이들을 韓訓字 또는 韓音字로 지칭할 수 있으려면 이들도 넓은 의미의 韓國字에 포함해야만 한다. 이때에 동원할 수 있는 것이 이들의 문자 구조가 漢字의 形·音·義 구조와 다르다는 점이다. 韓訓字는 字音을 버리고 字義만을 취한 것이고, 韓音字는 字義를 버리고 字音만을 취한 것이다. 이처럼 자형은 중국의 한자와 동일하지만 문자구조 또는 독법이 다른 것은 漢韓國字 또는 漢韓字라 통칭할 수 있다. 기존의 용어인 '借字'는 대체적으로 우리의 漢韓字에 대응한다.

결국, 포괄적 용어인 韓國字를 문자구조의 측면에서 새로이 정의할 수도 있다. 漢字의 기본구조인 形·音·義의 三元構造로 기술할 수 없으면서 동시에 한국에서 독자적인 독법으로 사용한 글자를 韓國字라고 정의할 수 있다.

한편, 구결자의 기원이 고대의 목간에 나오는 韓半字에 있다고 하면, 그 기원이 어느 시기까지 거슬러 올라가게 될까? 경주 월지 목간에는 '*갓'으로 읽히는 '辻/這'과 'ㅣ'가 나오고, 경주 월성해자 목간에는 '*마/먹'로 읽히는 '亇'와 '*다'로 읽히는 'ㅣ'가 나오며, 함안 성산산성 목간에는 곡명 '太{*콩}'과 '亇[*맣]'이 나온다. 미륵사지 1호 목간에는 중세어의 수사 '여듧'에 대응하는 '以?如巳ㄋ +'가 나오고 여기에 구결자와 자형이 같은 韓半字 'ㄋ'와 '+'가 쓰였다(李丞宰 2011다). 월지 목간은 8세기 중엽 이후로, 미륵사지 목간은 7세기 말엽이나 8세기 초엽으로, 월성해자 목간은 7세기 전반기로 그 제작 시기가 추정되므로 7세기부터는 구결자와 자형이 같은 한반자가 본격적으로 사용되었다고 말할 수 있다.

그런데 성산산성 목간은 6세기 중엽에 작성되었다고 추정되므로 구결자와 자형이 동일한 韓半字의 사용 시기가 늦어도 6세기 후반기까지 거슬러 올라갈 수 있다. 따라서 新羅에서는 이 한반자의 용례가 6세기 후반기부터 나오기 시작하고 7세기 후반기부터 본격적으로 사용되었다고 결론지을 수 있다. 백제의 경우도 이와 큰 차이가 없었던 것 같다. 6세기 3/4분기에 제작된 것으로 추정되는 부여 능산리사지 7호 목간에서 이미 '六卩五方'의 '卩'가 한반자로 사용되었다. 7세기 자료로 내려오면 그 예가 많아지는데, 부여 궁남지 1호 목간에 한국자 'ㅣ'와 '卩'(또는 'ア')가 사용되었다. 따라서 늦어도 6세기 후반기에 백제에서도 한반자가 발생하였고 7세기에는 본격적으로 통용되었으리라 추정된다.

위의 논의에도 불구하고 韓製字와 韓半字의 경계를 정확하게 규정하기가 대단히 어렵다. 이것은 다음의 표에서 어실히 드러난다. 대비를 위하여 기존의 용어인 口訣字, 吏讀字, 鄕札字 등과 符點口訣에서 사용되는 '·, :, ··, −, ㅣ, /, \' 등의 韓點字도 포함하였다.

(20) 한국의 고대 문자 분류

문자 / 자질	漢字	吏讀字 鄕札字	韓製字 韓半字	口訣字	韓點字
독법 변형	−	+	+	+	+
자형 변형	−	−	+	+	+
텍스트 의존성	−	−	−	+	+
위치 의존성	−	−	−	−	+

위의 표에서 볼 수 있듯이, 고대 한국의 문자를 讀法 變形의 유무, 字形 變形의 유무, 텍스트 依存性의 유무, 위치 依存性의 유무 등을 기준으로 분류할 수 있다. 그런데 韓製字와 韓半字는 이들 구별 자질만으로는 거의 차이가 없다. 따라서 이 둘은 대단히 가까운 문자라고 할 수 있다. 이와 마찬가지로 기존의 吏讀字와 鄕札字도 거의 차이가 나지 않는다. 따라서 이들 두 짝을 하나의 열에 배열했

는데, 이두자와 향찰자는 대개 우리의 漢韓字에 해당한다.

중요한 것은 韓製字/韓半字와 후대의 口訣字가 텍스트 의존성에서만 차이가 난다는 점이다. 이 차이를 강조하여 이 둘을 엄격하게 구별할 수 있다. 그러나 '亇, 丷, ろ, 丨, 刂' 등이 구결 자료에서만 사용된 것이 아니라 이두나 목간 자료에서도 사용되었다는 점을 강조할 필요가 있다. 이두나 목간 자료에 사용된 '亇, 丷, ろ, 丨, 刂' 등을 口訣字라고 지칭할 수는 없다. 여기에서 기존의 구결자라는 명칭을 대체할 명칭을 찾을 필요가 있는데, 이것이 바로 韓半字이다. 이 용어를 수용하게 되면 기존의 구결자라는 명칭을 구태여 사용할 필요가 없어진다. 구결자는 韓半字의 일종이기 때문이다.

符點口訣에 사용되는 '·, :, ··, −, |, /, \' 등은 중국의 한자와는 전혀 관계가 없는 자형이다. 이들을 포괄하여 지칭할 때에도 '차자'보다는 '한국자'가 좋다. 그런데 이들 點吐는 기입 위치가 중요하다. 기입 위치가 어디인지가 결정되어야 한다는 특성을 위의 (20)에서는 위치 의존성이라 했다. 이들도 기입 위치가 확정되면 음가를 가지므로, 한국의 고대 문자에 넣어야 한다. 이 문자에 우리는 韓點字라는 문자 명칭을 부여한다.

위의 韓製字/韓半字와 韓點字를 포함하는 넓은 의미의 문자 명칭이 필요하다. 이것을 우리는 韓國字라고 부른다. 기존의 '借字'로는 韓製字/韓半字와 韓點字를 포괄할 수 없기 때문에 기존의 借字表記라는 용어 대신에 韓國字 表記를 제안한다. 이처럼 새로이 제안할 때에 핵심적 논거 중의 하나가 목간에서 두루 사용된 韓製字/韓半字임은 두말할 필요도 없다. 한마디로 말하여, 木簡은 석가탑에서 나온 重修文書와 더불어 한국자 연구의 寶庫이다.

9. 韓國字의 日本 傳播

목간에 기입된 표기는 기입 당시의 字形을 그대로 보여 준다는 점에서 매우 귀중하다. 한국의 『삼국사기』나 『삼국유사』는 후대의 인쇄본으로만 전해지고, 일본의 『古事記』(712년)나 『日本書紀』(720년) 등도 후대의 필사본으로만 전해진다. 따라서 이들 史書만으로는 원래의 字形을 얻을 수 없다. 반대로, 한국과 일본의 고대 목간은 기입 당시의 자형을 원래대로 가지고 있으므로, 목간 표기는 자형 연구의 보물 창고에 비유할 수 있다. 원본 자료가 그대로 전해지는 것으로는 일본의 쇼소인(正倉院)에 보존되어 있는 각종의 문서가 유명하지만,[1] 일본의 목간 자료도 이에 못잖은 가치를 가진다(岸俊男 1977/2011). 그리하여 "地上의 正倉院, 地下의 木簡"이라는 對句가 나오게 된다.

마찬가지로 한국의 목간 표기도 자형 연구의 보물 창고이다. 한국의 고대 목간에는 문자론에서 매우 귀중한 자형이 많이 기입되어 있기 때문이다. 무엇보다 중요한 것은 韓國字가 목간에 많이 나온다는 점이다. 한국자는 한국에서 독자적으로 제작하여 사용한 글자를 가리킨다. 한국의 목간에서는 '畓, 畠, 巭, 太, 㐅,

1 중국 자료로는 敦煌本이 유명하다.

使, 㠯, 卩, 石, 助, 迲, 這, 丨, 亇, 𠄎, 刂' 등의 한국자가 발견된다. 이 중에서 '畓, 畠, 𥝢, 太, 扌'은 두 글자를 하나로 합하여 만든 글자이고, '㠯, 卩, 石, 迲, 這, 丨, 亇, 𠄎, 刂' 등은 한자를 단순화하거나 일부를 생략하여 만든 글자이다.

그런데, 이들 한국자의 일부가 일본의 고대 목간에 그대로 전해진다는 점이 중요하다. 이 章에서는 고대의 한국자가 고대 일본에 전해졌음을 밝힘으로써 文字의 傳播 양상을 논의하는 데에 목적을 둔다. 이 목적에 따라 한국자 중에서 고대 일본에 전해진 것만 골라 하나씩 하나씩 논의하기로 한다.

1. 고대 일본에 전해진 古代 韓國字

한국에서는 중국이나 일본과 달리 '밭'과 '논'을 엄격히 구분하여, '밭'은 한자 '田'으로 표기하고 '논'은 '水'와 '田'을 상하로 합한 '畓'으로 표기한다. 이 '畓'이 한국자임은 널리 알려져 있는데,[2] 부여 궁남지 1호 목간에 나오는 '畓'이 그 최초의 예가 된다.

(1) 한국자 '畓'

[… 邁羅城法利源畓五形] (궁남 1)

{邁羅城의 法利源(에 있는) 논 다섯 골}

(2) 한국자 '畠'

[… 畠一形得六十二石 …] (나주 6)

{밭 한 골(에서) 62섬을 수확함}

1

그런데 나무가 우거진 야산에 불을 놓아서 밭을 일구는 일이 옛날에는 아주 많

---

2 일본 쇼소인(正倉院) 소장의 新羅村落文書에 나오는 '畓'이 유명하다.

았다. 이러한 밭을 이미 개간된 '밭(田)'과 구별하여 표기할 때에는 '火田' 또는 '白田'으로 표기했다. 이 '白田'을 상하로 결합한 글자 '畠'이 (2)에 사용되었다. 이 글자는 한국에서는 사용되지 않고 일본에서만 사용되므로 지금까지 일본 고유의 일본한자라고 해 왔다. 이 '畠'을 일본에서 /hatake/ 또는 /hata/로 읽는데, 이 /hata/가 한국어의 '밭'과 同源語라고 한다(李基文 1972: 25). 그런데 百濟木簡의 일종인 나주 복암리 목간에서 '畠'이 확인됨으로써 이 글자가 일본 고유의 일본한자가 아니라는 사실이 새로 드러났다. 따라서 일본에서 /hata/로 읽히는 '畠'은 독법과 자형 모두 백제로부터 차용한 것이라고 해야 할 것이다.

(1)과 (2)의 예는 모두 백제목간에 속하는데, 흥미롭게도 이 두 목간에 단위명사 '形'이 나온다. 이 '形'은 밭이나 논 등의 경작지를 계량하는 단위명사임에 틀림없다. 후대의 한국어에는 단위명사 '形'이 사용된 바가 없으므로, 이 '形'은 백제에서만 사용되었다가 사라진 단위명사일 것이다.[3] 일본의 고대 목간에 단위명사 '形'의 용례가 있었는지, 있다면 어떻게 읽었는지 궁금하다.

그런데 자형은 중국의 한자와 같지만, 그 의미나 발음이 한자와 다른 글자들이 적지 않다는 사실에 유의할 필요가 있다. 이러한 글자를 흔히 吏讀字라고 통칭해 왔는데, 목간에서도 이두자가 많이 나온다. 여기에서는 '椋'과 '味'의 두 예를 들기로 한다.

'椋'과 '味'의 자형은 중국의 한자에서도 쓰이지만, 한국과 일본의 용례와는 그 의미가 완전히 다르다. 한국과 일본의 고대 목간에서 '椋'은 국가나 지방정부가 곡물을 보관하는 창고를 가리키며(李成市 2005, 金永旭 2008), '味'는 일본 측 자료에 따르면 '軍門에 세우는 和表'일 가능성이 크다(近つ飛鳥博物館 2011: 32).

(3) 한국자 '椋'

1. [〻三月綠椋內上田] (능사 6)
2. [外椋卩鐵] (쌍북280 3)

3 일본 쇼소인(正倉院) 소장의 新羅村落文書에는 경작지를 계량하는 단위명사로 '結, 負, 束' 등이 나온다.

3. [(五月卄六日椋食▣內之　下椋▣ ⌇]
[(仲椋有食卄二石 ⌇]
(황남 1)

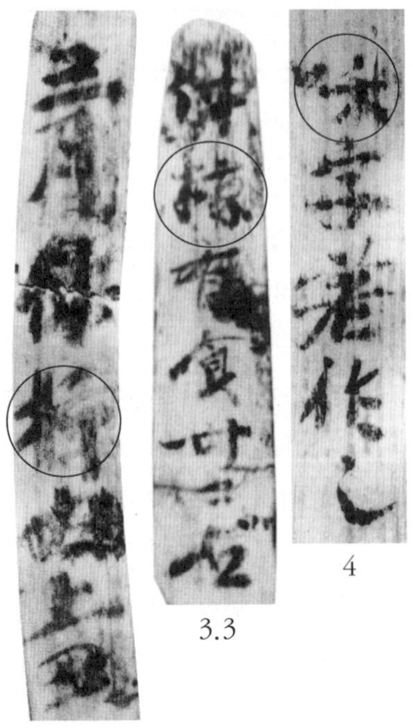

3.1　3.3　4

(4) 한국자 '咊'

[　咊字差作之　　ᅟ] (해자 15)

중요한 것은 이들이 일본에서도 자주 발견된다는 점이다. '椋'은 니시가와라(西河原) 遺跡 2호 목간, 나가타(永田) 遺跡 1호 목간 등을 비롯하여 그 예가 많다. '咊'는 후쿠오카(福岡)縣 이토시마(糸島)市 미쿠모(三雲) 遺跡에서 출토된 대형 토기에 새겨져 있는데, 판독이 확실하지는 않다. 이 토기는 야요이(弥生) 後期의 것이라 하므로 여기에 적힌 '咊'는 (4)의 '咊'보다 시기가 이르다.

곡물을 계량할 때에 고대의 중국과 일본에서는 주로 '斛, 斗, 升'의 단위명사를 사용했다. 그런데 한국에서는 '斛'을 거의 사용하지 않는 대신에 '石'을 사용하여, '石 〉斗 〉升'의[4] 도량형 체계를 가지고 있었다. 한국에서는 이들을 각각 한국 고유어 '*셤, *말, *되'로 읽는다. 글로 쓸 때에는 '石, 斗, 升'으로 표기하면서도 읽을 때에는 한국 고유어로 읽는 훈독 전통은 지금까지도 이어진다.

그런데 중요한 것은, 아래의 사진 (5.1∼5.3)에서 볼 수 있듯이, '石'의 첫째 수평 획 '一'이 없는 '石'으로 표기한 예가 한국의 고대 목간에 많이 나온다는 점이다. 이처럼 韓國字 '石'을 새로 만든 것은 '돌'을 가리키는 '石'과 단위명사 '*셤'을 지칭하는 '石'을 구별하기 위한 조치였던 것으로 보인다.

4 일본 쇼소인 소장의 佐波理加盤 문서(신라 第二帳籍)에서는 '升' 대신에 '刀'를 사용했다.

(5) 한국자 '𠁽'

1. [⦚器尺一𠁽]

(함안 119) {기장 한 섬}

2. [■送鹽二𠁽] (능사 10)

{■ 소금 두 섬을 보낸다}

3. [… 食卄二𠁽 ⦚]

(황남 1)

{… 食 스물두 섬}

5.1

5.2

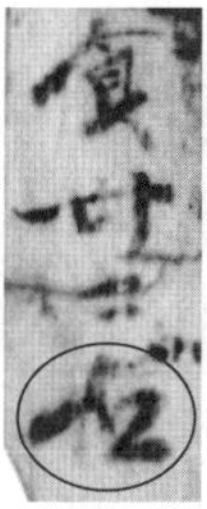

5.3

(6) 일본에 전해진 '𠁽'

1. [祈檟八合韋籠二口]

(地下の正倉院展 - コトバと木簡, 奈良文化財研究所 2011)

2. [祈檟八合韋籠二𠁽]

{기도용 궤짝 여덟 홉, 가마 두 섬}

6 일본 平城宮 목간

그런데 흥미롭게도 이 '石'이나 '𠁽'이 일본의 고대 목간에서도 발견된다. 일본에서는 중국에서 들어온 '斛'을 사용하는 것이 원칙이지만, 일부의 지방 목간에서는 '石'이 사용되었다(平川 南 2003: 5, 20, 388, 391, 445, 452, 454, 498, 500). 이것은 중국뿐만 아니라 한국의 도량형 문화도 일본에 유입되었음을 증명해 준다.

더욱이 한국에 고유한 韓國字 '𠁽'이 일본의 중앙 목간에서도 발견되어 주목된다. 奈良文化財研究所에서는 2011년에 '地下の正倉院展 - コトバと木簡'을 기획 전시하였다. 전시된 목간 중에 (6.1)로 판독한 목간이 있는데, 이 판독에서는 '𠁽'을 '口'로 誤讀했다. 앞에 온 '祈檟八合'은 '기도용 궤짝 여덟 홉'으로 해독되고, 이곳의 '合'은 용량을 계량할 때의 단위명사이다.[5] 따라서 뒤에 온 '韋籠'에도 크

5 이 도량형의 '合'을 현대어에서 독특하게도 '홉'으로 읽는다. '合'의 한어 중고음은 [匣中1入覃]이므로 고대에는 아마도 '*합'에 가까운 음가였을 것이다. 이것이 도량형에

기나 용량을 계량하는 단위명사가 이어진다고 보아야 한다.

그런데 '輂籠' 즉 '가마(轎)'의 크기를 계량하는 단위명사에 '口'가 없기 때문에, (6.1)처럼 '輂籠二口'로 판독하면 의미가 통하지 않는다. 반대로 이 '口'를 '⿸丆口'으로 판독하면 容器의 용량을 측정하는 단위명사에 '⿸丆口'이 있으므로 판독의 신빙성이 높아진다. 이에 따라 (6.2)처럼 [祈櫝八合輂籠二⿸丆口]으로 수정하고, 그 의미는 (6.2)의 번역문에 제시한다. 이처럼 해독하면 '기도용 궤짝'과 '가마'가 모두 목제품이 되고, 이들의 크기를 계량하는 단위명사가 각각 '홉(合)'과 '섬(⿸丆口)'이 되어 일관성을 유지할 수 있다.

그런데 이 '⿸丆口'이 일본의 고대 목간에 자주 나온다는 점이 중요하다. 木簡學會編(1994: 8)의 50번 사진을 木簡學會編(1994: 102)에서는 [汙奴麻里五百木マ加西□]로 판독했는데, 이곳의 '百'은 '⿸丆口'을 잘못 판독한 것이 분명하다. 木簡學會編(1994: 33)에 수록된 169번 사진의 [遠江國山⿸丆口郡 …]에도 '⿸丆口'이 나오는데 이것을 木簡學會編(1994: 125)에서는 '名'으로 오독했다. 반면에 木簡學會編(1994: 27)의 141번 사진에 나오는 '⿸丆口'은 정확하게 '石'으로 읽었다. 일본학자들이 韓國字 '⿸丆口'의 존재를 알지 못하여, '⿸丆口'을 '口, 百, 名' 등으로 판독하는 실수를 범하였다. 적어도 위의 네 개 예는 奈良時代에 한국자 '⿸丆口'을 자주 사용했음을 증명해 주는 결정적인 증거가 된다.

(7) 한국자 '卩'

1. [… 六卩五方] (능사 7)
2. [○上卩] (현내들 2)
3. [西卩 …] (궁남지 1)
4. [⺀者中卩奈率得進 下卩韓牟礼] (구아 1)
5. [大一中一實前卩 赤米二石 乂] (구아 4)

서 독특하게 '홉'으로 바뀐 까닭이 무엇인지 궁금하다.

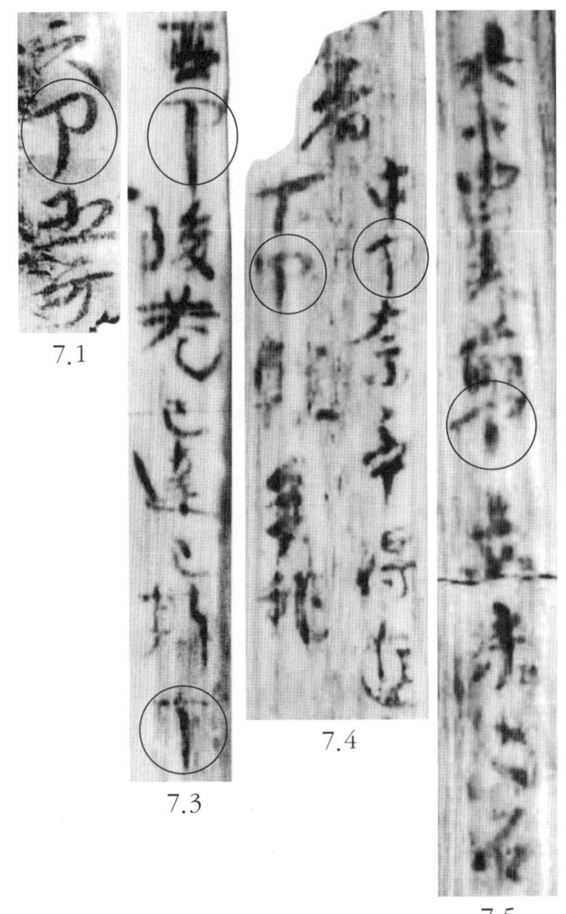

7.1 7.3 7.4 7.5

한국자 '卩'는 '部'의 우변을 딴 것으로 그 예가 많은 편이다. 위의 '六卩, 上卩, 中卩, 西卩, 下卩, 前卩' 등은 모두 백제 중앙 행정조직의 부서명이다. 따라서 이 '卩'를 '部'에서 비롯된 한국자라 할 수 있고 '*부'로 읽을 수 있다.

이 글자는 모두 백제목간에서 발견되고 신라목간에서는 발견되지 않는다. 그렇다고 하여, 이 글자가 백제에서 제작된 것이라고 단정할 수는 없다. 고구려의 平壤城石片(469년?)에 이미 이 글자가 나오기 때문에 고구려에서 먼저 사용했을 가능성이 더 크다. 따라서 이 글자는, '椋'과 마찬가지로, 고구려에서 백제로 전해지고 다시 백제에서 일본으로 전해졌다고 하는 것이 바람직할 것이다.

일본에서 사용한 '卩'의 용례는 아주 많아 다 열거하기가 어렵다. 그중에서도 '額田卩臣'(近つ飛鳥博物館 2011: 67)의 '卩'(べ, /*be/)가 가장 유명하고, 고대일본의 목간 자료에서는 '矢卩, 丈卩'(滋賀縣立安土城考古博物館(外) 2008: 5)와 '物卩'(滋賀縣立安土城考古博物館(外) 2008: 9) 등에 '卩'가 사용되었다.

이 '卩'는 8세기 중엽 이후에는 'マ'로도 적히는데, 일본학자들은 이 '卩'와 'マ'를 上代의 特殊文字라고 지칭해 왔다. 이들의 자형을 일본의 假名 발달 과정으로 설명하기가 어렵기 때문에 특수문자라는 명칭을 붙이고, 이들의 기원이 백제문자로 거슬러 올라간다고 추정해 왔다. 이 추정이 올바른 것이었음을 증명해 준다는 점에서 (7)에 열거한 '卩'의 예들은 매우 귀중한 가치를 가진다. 백제목간에 기록된 '卩'는 백제에서 '卩'가 사용되었음을 증명해 주는 실증적 증거이기 때문이다.

(8) 일본 목간의 '㇁'

[請繩參拾了 …] (木簡學會編 1990: 22, 117)

흥미롭게도 한국자 '㇁'이 일본에도 전해진 듯하다. 木簡學會編(1994: 117)에서는 이 글자를 (8)의 '了'로 판독했는데, 이곳의 '了'를 한국자 '㇁'으로 판독할 수 있다. 새끼줄(繩)이나 밧줄을 계량할 때에 사용하는 단위명사에는 (8)의 '了'가 없는 대신에 '良'이 있다. 단위명사 '良'은 석가탑 중수문서의 '繩一良'과 '紲一良'에서 확인된다. 따라서 (8)의 마지막 글자를 '了'로 판독해서는 안 되고, '良'에서 비롯된 한국자 '㇁'으로 판독해야 할 것이다.[6] 이 판독에 따르면 한국자 '㇁'이 고대일본에 그대로 전해졌다는 결론이 나온다.

6 이와는 다른 해석을 제시할 수도 있다. 이 글자를 '了'로 판독하되 '了'(/ryo/)가 동일한 음가를 가지는 '良'(/ryō/)을 대체한 것이라는 견해이다. 그러나 '了'와 '良'은 음운론적으로 /*-ŋ/의 유무에서 또는 音長에서 차이가 나므로 이 견해를 택하지 않는다.

2. 한국자 전파의 해석 방법

한국의 고대 목간에 기록된 한국자 중에서, 일본에 전해져 사용된 것으로 '畠, 椋, 卩, 石, 辻, ろ' 등이 있다. '部'에서 비롯된 한국한자 '卩'가 일본에 전해져 '卩' 또는 'マ'로 표기된다는 것은 일찍부터 알려져 왔다. 그러나 나머지 '畠, 椋, 石, 辻, ろ' 등의 한국자가 일본에 전해졌다는 사실은 목간의 표기를 통해서 비로소 드러났다. '椋'의 일본 전파에 대해서는 李成市(2005), 金永旭(2008), 三上喜孝(2008) 등이, '畠'에 대해서는 金聖範(2010)이, '辻'에 대해서는 하시모토 시게루(2007)이 논의한 바 있으나, '石'과 'ろ'의 전파는 Lee SeungJae(2014a)가 처음으로 언급했다.

이들 한국자가 고대 일본에서도 사용되었다는 사실을 어떻게 설명해야 할까? 초창기 일본의 문장작성을 백제 계통의 渡海人이 담당했다고(三上喜孝 2008: 209, Tsukimoto 2011: 46) 하면 이 사실이 쉽게 이해가 된다. 일본은 七支刀 명문에서 볼 수 있듯이 372년 이후로 백제와 동맹 관계였고, 書寫文化를 백제로부터 수용했다. 일본어를 表音字로 표기한 최초의 예는 稻荷台一号墳鐵劍銘(471년)인데, 이 문장은 백제에서 도래한 문장작성 전문가가 지은 것이라고 한다(沖森卓也 2009: 14). 8세기 초엽까지 도해인 계통이 문장작성의 실무자였음은 널리 알려져 있다. 7세기 말엽의 宮庭歌人으로서 많은 노래를 남긴 히토마로(人麻呂)도 도해인이었을 가능성이 있다. 『日本書紀』 30권 중에서 ß군 권차를 저술한 것으로 추정되는 야마다노후히토미카타(山田史御方)도(森博達 1999) 신라에 유학한 승려였다. 이러한 사실을 감안하면 백제와 신라의 표기 관습이 일부나마 일본에 그대로 전해졌을 가능성이 크다.

그 가능성의 하나로, 일본어를 훈차의 방법으로 표기한 최초의 예인 岡田山一号墳鐵刀銘(6세기 3/4분기)의 '各田マ臣'을 들 수 있다. 이곳의 'マ'가 '部'의 우변 '卩'에서 비롯된 것임은 이미 말했는데, 사실은 '各'도 '額'의 획을 생략한 글자이고 훈독하여 /nuka/(ヌカ)로 읽는다(沖森卓也 2009: 22). 그렇다면 이 생획자 '各'도 'マ'처럼 백제로부터 일본에 전해진 글자일 가능성이 크고, 나아가서 백제계 도해인이 이 鐵刀銘을 작성했을 가능성도 커진다.

(9) 同字符號 'ミ'

1. [三月十二日梨田ミ　…] (능사 2)

2. [… 凡作形丶ミ中了具] (능사 7)

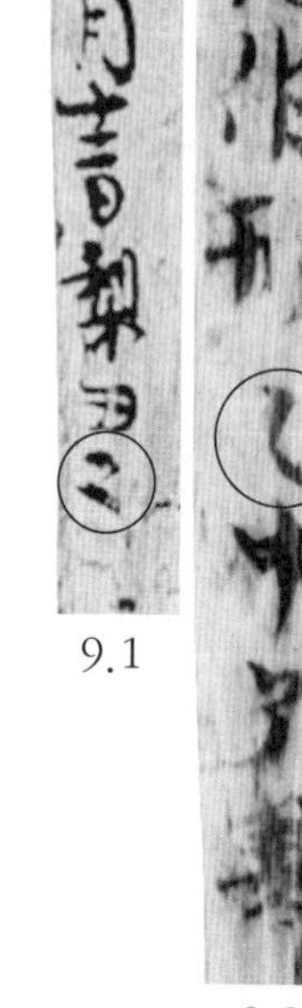

9.1

9.2

표기 관습에는 符號도 포함되는데, 백제와 일본의 同字符號가 서로 일치한다. 신라목간과는 달리 백제목간에는 같은 글자가 반복됨을 지시하는 부호 'ミ'가 두 번 쓰였다. 그런데 이것과 같은 자형의 동자부호가 일본의 목간에서 자주 보인다. 후지와라 궁터(藤原宮跡)의 27호 목간(木簡學會 編 1994: 5)과 도코지(東光寺) 遺跡 1호 목간(滋賀縣立安土城考古博物館 2008: 67)의 'ミ'를 비롯하여 예가 적지 않다. 동자부호를 현대 일본어에서는 '々'로 표기하지만, 고대에는 백제와 일본에서 모두 'ミ'로 표기했다.

백제목간이 발견되기 이전에는 백제의 문자 자료라고 할 만한 실물 자료가 거의 없었다. 그런데 부여와 나주에서 백제목간이 출토됨으로써 백제에서 작성된 문자 자료를 실물 그대로 볼 수 있게 되었다. 그중에서 '𠕁, 畠, 椋, 𠀋, ㇋' 등의 한국자는 비록 양이 많지 않지만 질적으로 매우 가치가 큰 글자라고 할 수 있다. 이들은 고대의 한국자가 일본에 전파되었음을 실증적으로 증명해 주는 결정적인 글자이기 때문이다.

문자 전파 방향을 논의할 때에는 일본보다 이른 시기에 백제에서 訓字 표기를 사용했음을 증명할 수 있어야 한다. 전파의 방향을 결정할 때에 訓字 표기도 보조적인 지표가 되기 때문이다. 沖森卓也(2009: 22)에 따르면 /*nukatabe-no omi/로 읽히는 '各田マ臣'가 일본 최초의 訓字 표기이고, 이것이 기록된 시기는 6세기의 3/4분기라고 한다. 그렇다면 이 시기보다 이른 시기의 백제 자료에서 훈자 표기를 찾아낼 수 있어야 한다. 그래야만 백제에서 일본으로 글쓰기 문화가 전파되었음을 확신할 수 있기 때문이다.

(10) 백제목간의 표훈자 예

[斗之末^{米} …] (능사 12)

{'斗'의 '말' [쌀]}

10

(10)의 목간에는 '斗之末'이 큰 글씨로 적혀 있고 '末'의 우하 방향에 작은 글씨로 '米'가 적혀 있다. 이처럼 작은 글씨로 적어 넣은 것은 앞에 온 글자나 단어에 대한 주석일 때가 많다. '米'가 '斗之末'에 대한 주석임을 강조하면, '斗之末'은 '米'를 계량하는 단위명사 '斗'의 한국 고유어가 '末' 즉 /*mar/임을 기술한 것이다. 이 기술에 따르면 '斗'는 訓字 표기인 데 반하여 '末'은 音字 표기가 된다. 이것은 '斗'로 표기된 것을 '末' 즉 /*mar/로 훈독하는 관습이 이미 백제에 있었음을 말해 준다. 부여 능산리사지 목간은 고고학적 층위 분석 결과 6세기 3/4분기에 폐기한 것이라고 하므로(李炳鎬 2008), (10)도 이때에 작성된 것으로 보아야 한다.

부여 능산리사지 목간은 백제에 訓字 표기가 있었음을 알려 주는 결정적인 증거가 된다. 金完鎭(2005)는 宿世歌 목간에 나오는 '上拜白來'의 네 글자를 모두 훈독하여 '절 올이 숣보라'로 해독하였고, 金永旭(2011가: 178)는 부여 능산리사지 25호 목간의 '豬耳'를 훈독하여 인명 '*돋귀'로 읽었다. 이들에는 훈독의 징표가 겉으로 나타나 있지 않아서 의심의 여지가 있지만, (10)의 '斗之末'에서는 '斗'를 '末' 즉 /*mar/로 훈독했음이 분명히 드러나 있다. 이 세 예를 모두 고려하면 늦어도 6세기 3/4분기에는 훈자 표기가 백제에 일반화되었다고 말할 수 있다.

그렇다면 일본과 백제에서 표훈자 표기를 시작한 때가 6세기 3/4분기로 일치한다. 고대에도 문화 전파의 속도가 결코 느리지 않았고 백제와 일본은 특히 인적 교류가 아주 빈번했다는 사실을 감안하면, 백제의 훈자 표기가 이 시기에 일본에 전해졌다고 할 수 있다. 현재까지 발굴된 자료를 기준으로 할 때에 이것이 가장 합리적인 해석이다.

그런데 신라에서도 6세기 중엽의 함안 성산산성 목간에 이미 韓訓字 표기가 나온다. 경주 월성해자 3호 목간의 '面++里', 함안 성산산성 80호 목간의 '蒜尸'과 127호 목간의 '益丁'을 그 예로 들 수 있다. '面++里'의 '面'은 훈독하여 '*겉'으로, '益丁'의 '益'은 훈독하여 '*더'로 해독할 수 있다. '蒜尸'의 '蒜'을 '*마늘'로 훈독하면 '蒜尸'은 전형적인 훈주음종 표기가 된다. 이 예에 따르면 신라에서도 이미 6세기 중엽에는 훈차 표기가 일반화되었다고 보아야 한다. 함안 성산산성 목간은 모두 지방에서 제작된 목간이기 때문에 이 가능성은 더욱 커진다.

신라는 백제에 비하여 문자 기록의 시기가 평균적으로 150년 정도 늦다고(宋基豪 2002) 한다. 이 점을 감안하면 백제에서는 6세기 이전에 이미 訓字 표기를 시작했을 것이라고 추론할 수 있다. 이 추론을 입증할 증거가 아직 발견되지 않았지만, 고구려에서는 이미 5세기 중엽에 훈차의 방법으로 표기한 예가 나온다고[7] 한다.

사진 A
구결자

3. 구결자의 기원과 그 전파

한국자에서 발견되는 두 번째 특징은 한국자 중에는 후대의 구결자와 자형이 일치하는 것이 많다는 점이다. 한국자 '氵, 十, ㅣ, 尸, 亇, 仒, 這, 刂' 등이 후대의 구결자 '氵, 十, ㅣ, 尸, 亇, 仒, 這, 刂'와 각각 자형이 같다. 이

7 金永旭(2011다: 72)에 따르면 牟頭婁碑(5세기 중엽 추정)에 나오는 '大開土'가 광개토왕비문의 '廣開土'에 대응하고, 이들의 '大'와 '廣'을 동일한 훈 /*han/으로 해독할 수 있다고 한다. 이에 따르면, 한국의 훈차 표기에 관한 한, 이것이 最古의 자료가 된다. 그런데 '大'의 판독이 확실하지 않다는 점과 '大'와 '廣'의 同意性을 의심할 수 있다는 점이 문제로 남아 있다.

일치를 토대로, 8장에서 이미 한국 口訣字의 기원이 고대의 韓國字, 그 중에서도 韓半字에 있다는 가설을 세운 바 있다.

한국의 구결은 간단히 말하면 일본의 訓點에, 서양의 'gloss'에 해당한다 (Whitman *et al*. 2010). 중국의 한문 텍스트를 自國語로 읽는 방법을 지시한다는 점에서, 한국의 구결과 일본의 훈점은 그 기능이 같다. 한문 텍스트를 자국어로 읽을 때에, 처음에는 點이나 線을 이용했으나 나중에는 고유의 문자를 사용하게 된다.

한국에서는 중국의 텍스트를 한국어로 읽기 위하여 원전에 구결을 달고, 일본에서는 훈점을 단다. 이때에 한국에서는 구결자를 사용하고 일본에서는 가타카나(片假名)를 사용한다. 그런데, 위의 사진 A에서 확인할 수 있듯이, 구결자의 자형이 가타카나의 자형과 아주 비슷하다. 이 점을 강조하여 한국 학자들은 일본의 가타카나가 한국의 구결자에 기원을 두고 있을 것이라고 추정해 왔다. 그러나 한국의 구결자 중에서 일본의 가타카나보다 시기적으로 더 이른 용례가 없으므로, 그동안은 이 추정을 증명하기가 어려웠다.

Whitman(2011: 112)은 한국의 구결자와 일본의 고대 가타카나 중에서 자형뿐만 아니라 음가까지도 완전히 일치하는 것이 20개밖에 되지 않는다고 했다. 이처럼 음가까지 일치하는 글자가 많지 않은 것은 사실이므로 일본의 가타카나가 한국의 구결자에 기원을 두고 있다고 함부로 단정해서는 안 된다.

그런데 비교언어학에서 널리 알려져 있듯이, 특수한 예에서의 일치는 오히려 질적으로 높은 가치를 가진다. Whitman(2011: 112)에서 다루지 않은 하나의 表音字를 들어 보기로 하자. 한자 '止'에서 비롯된 'と'가 어찌하여 /*to/를 표음하는가 하는 문제는 일본의 언어 자료만으로는 설명할 수 없다(犬飼隆 2005: 83~84). 그런데 한국의 구결자 'ㅿ'가 '止'에서 온 구결자이고 /*tjə/를 표음한다는 (李丞宰 1993) 점을 참고하면, 이 문제를 해결할 수 있다. 한국의 /*tjə/와 일본의 /*to/는 모음에서 다소 차이가 있지만, 頭音 /*t/를 가진다는 점에서 동일하다. 따라서 한자 '止'가 고대에 두음 /*t/를 가지는 때가 있었고, 이때에 한국의 'ㅿ'와 일본의 'と'가 표음문자로 사용되기 시작했다고 가정할 수 있다. 이것은 비록 하

나의 예에 불과하지만 한국의 구결자와 일본의 가타카나의 상관관계를 논의할 때에 빠뜨리면 안 되는 예이다. 상관관계를 논의할 때에 양적인 것도 중요하지만 질적으로 결정적인 예도 중요하다는 점을 지적해 둔다.

한편, 일본 학자들은 구결자와 가타카나의 문자론적 차이에 주목한다. 가타카나는 일상적인 일본어 작문에 두루 사용되었지만 한국의 구결자는 한국어 작문에 사용된 적이 없었다는 것이다. 그리하여 가타카나가 일반적인 문자인 데에 비하여 한국의 구결자는 한문 독법에만 한정하여 사용한 특수 문자라고 한다.

(11) 석가탑 重修文書에 사용된 구결자

雜鐵合四百余斤乙集乎ㄅ工匠乙良□▣寺成造大匠等乙界官ㄋ中白受(ㄅ)當寺依止工巧僧人乙合ㄋ大平四年(甲)[子]二月十七日吉日擇定爲塔破ㄅ (佛國寺无垢淨光塔重修記 9-10행, 1024년)[8]

잡철 합계 400여 근을 모았다. 관료에게 사뢰어 □▣ 절을 지은 큰 기술자 등을 기술자로 받고, 이 절에 머무는 기술 있는 승려를 합류시켜, 1024년 2월 17일 길일을 택하여 탑을 해체하였다.

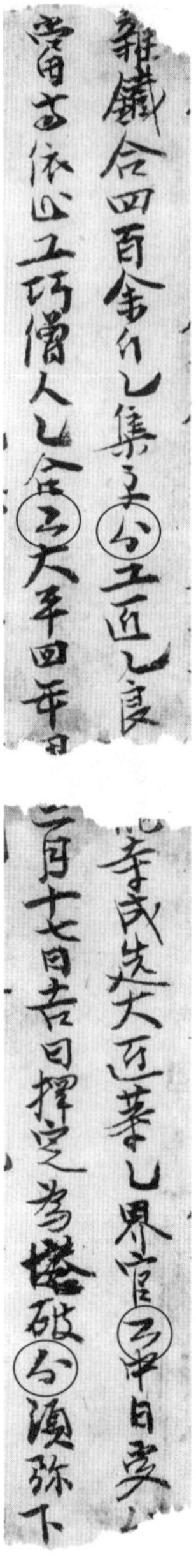

11

그러나 석가탑에서 나온 오른쪽 사진 11의 중수문서에서는 구결자가 한국어로 작문할 때에 이미 사용되었다. 구결자 'ㄅ[며]'와 'ㄋ[아]'가 이두문에 사용된 것이다. 이 문서는 1024년에 작성된 것이므로 구결자가 한국어 작문에 사용된 적이 없다는

8 밑줄은 이두로 표기된 글자임을 가리킨다.

주장은 더 이상 성립하지 않는다. (11)과 같은 이두문은 한국인이 처음부터 끝까지 한국어 어순으로 작문한 문장이기 때문이다.

吏讀는 좁은 의미로는 관리들이 공적으로 문서를 작성할 때에 사용한 표기법을 지칭한다. 그런데 우리가 거론한 목간 표기의 예들이 사실은 대부분 이두로 표기되었다. 목간 표기에서는 한국어 문법 형태가 상대적으로 적게 표기되지만, 그렇다고 하여 목간 표기를 이두 표기가 아니라고 할 수는 없다. 그러므로 지금까지 '木簡'이라고 막연하게 지칭해 온 것을 구체화하여 '나무토막에 기입한 이두 텍스트'라고 하여도 잘못될 것이 거의 없다. 이에 따르면 목간의 이두 표기에 사용된 韓國字와 이두 텍스트에 사용된 口訣字를 서로 구별할 필요가 없어진다. 차이가 있다면 한국자는 고대의 목간 표기에 나타나고 구결자는 11세기의 이두 텍스트에 나타난다는 차이밖에 없다. 그렇다면 이두 표기에 일부의 구결자가 사용되었고, 그 기원은 6세기의 목간 표기로 거슬러 올라간다고 가정할 수 있다.

이 가설을 지지해 주는 논거 중에서 가장 중요한 것은 구결자의 자형이 韓半字의 자형과 일치한다는 점이다. 위의 사진 A에서 예시한 구결자 '言, 丨, 亇, ȝ' 등의 자형이 목간 표기에 나오는 한반자 '這, 丨, 亇, ȝ'의 자형과 각각 같다. 이 두 계열의 문자가 표음하는 음가도 같다. 구결자 'ȝ'가 /*a/만을 표기하는 데에 비하여 한국자 'ȝ'은 /*ryaŋ/도 표기한다는 점에서 차이가 나지만, 전자가 한자 '良'의 훈독이고 후자가 음독임을 감안하면 하나의 글자 '良'으로 묶을 수 있다. 실제로, 미륵사지 1호 목간의 '以?如巳ȝ 十'에 사용된 한반자 'ȝ'는 구결자처럼 /*a/를 표기한다. 따라서 구결자의 기원을 목간 표기의 韓半字에서 찾아도 잘못될 것이 없다.

이 결론에 따르면, 구결자의 용례가 일본 가타카나의 용례보다 시기적으로 앞서게 된다.[9] 이것을 증명하기 위해, 小林芳規(2003)은 신라의 元曉가 저술한 『判比量論』에 각필로 기입된 구결자를 그 논거로 들었다. 그러나 이 각필 흔적이 뚜

9 8세기 말엽과 9세기 초엽의 자료에 이미 가타카나가 간헐적으로 나타나지만, 절대연도가 명확한 첫 번째 가타카나 자료로는 828년의 奧書가 있는 『成實論』을 든다(築島裕 1985: 194).

렷하지 않아서 이 주장을 인정하는 학자가 많지 않다.

반대로, 한국의 고대 목간에 눈을 돌리면 구결자가 일본의 가나보다 먼저 사용되었다는 사실이 금방 드러난다. 鄭在永(2008)과 金永旭(2008)이 제기한 구결자 '丨'가 경주 월성해자 2호 목간(7세기 전반기)에 쓰인 바 있고, 李丞宰(2011다)가 해독한 익산 미륵사지 1호 목간(7세기 말엽 또는 8세기 초엽)에는 구결자 연쇄인 '氵 +'가 나온다. 위의 8장에서 거론한 韓半字 '這, 丨, 个, 氵, 刂' 등은 구결자 '𠉑, 丨, 个, 氵, 刂' 등과 사실상 같다. 한반자 '這'은 8세기 3/4분기 자료인 경주 월지 목간에 나오고, '丨, 个, 氵, 刂' 등은 6세기 중엽에 제작된 함안 성산산성 목간에 이미 나온다. 이 점을 강조하면 구결자의 기원이 6세기 중엽까지 거슬러 올라간다.

그런데 후대의 구결자로 이어진 韓半字가 대부분 신라목간에서 사용된 글자라는 점이 아주 중요하다. 백제목간에 사용된 한반자 중에서 후대의 구결자로 이어진 것은 미륵사지 1호 목간의 '- 氵 +'밖에 없다. 이 목간은 백제인의 후예가 백제의 표기법으로 작성한 것이지만(Lee SeungJae 2012a), 통일신라 시대에 제작된 것이므로 여기에는 신라의 표기법이 부분적으로 반영될 수 있다. 이 '氵 +'가 그 예가 될 것이다. 이 '氵 +'가 신라의 표기법을 따른 것이라고 하면, 韓半字에서 口訣字로 발전하게 된 글자들은 모두 신라에서 사용한 한반자로 한정된다. 이것은 구결이 신라에서 발생했음을 의미한다. 또한, 薛聰이 "以方言讀九經"했다는 역사 서술은 신라에서만 보이고 백제에서는 보이지 않는다. 그러므로 구결이 신라에서 독자적으로 발생했다는 사실을 믿어도 될 것이다.

앞에서 논의한 것처럼, 백제에서 제작하여 사용한 韓國字 중에서 일부가 일본에 전해졌다. 일본 학자들은 'マ/*be/, ツ/*tu/, ム/*mu/' 등을 그 예로 든다. 『古事記』나 『日本書紀』가 편찬된 8세기 전반기까지 이 글자들이 萬葉假名와 어울려 사용되었다. 이것은 일본의 고대 목간에서도 바로 증명된다. 반면에, 7세기 말엽의 히토마로(人麻呂)로부터 시작하여 8세기 후반기에 이르면, 萬葉歌 표기가 訓字爲主의 표기로 바뀌게 된다.[10] 이 표기법은 신라의 訓主音從 표기와 다를

10 도해인으로 추정되는 히토마로(人麻呂)는 특이하게도 7세기 말엽에 이미 훈자 위주의 표기로도 노래를 표기했다(稻岡耕二 1976, 康仁善 2004).

것이 없다. 8세기 말엽이 되면 불경에 훈점을 달기 시작하는데, 이것도 신라 구결의 영향을 받은 것이라고 할 수 있다.

그렇다면 일본의 고대 표기법은 8세기 중엽까지는 백제의 영향을 받았지만, 8세기 초엽부터는 신라의 영향도 받았다고 할 수 있다. 후지와라(藤原) 궁터에서 발굴된 목간 표기 중에서 7세기 말엽까지의 목간에서는 지방 행정조직의 명칭이 '評'으로 표기되었다. 이것은 한국어 단어 '* ㄱ뵬(コホリ)'로 훈독되므로(沖森卓也·佐藤 信 1994: 93, 135) 백제에서 비롯된 글자임이 분명하다. 그런데 8세기 초엽의 목간부터는 '評' 대신에 '郡'이 사용되었다.[11] 이것은 8세기 초엽부터 백제의 영향력이 줄어들기 시작했음을 의미한다.

그런데도 歌木簡에서는 백제의 표기법이라 할 수 있는 音假名 위주의 표기가 8세기 중엽까지 이어진다. 그러다가 8세기 후반기에는 신라식 표기인 訓字爲主의 표기로 바뀐다(Lee SeungJae 2012a). 이러한 사실을 종합하면, 8세기 초엽에서 중엽까지의 시기는 백제 영향권에서 신라의 영향권으로 옮겨 가는 과도기가 된다.

한국과 일본의 고대문자를 논의할 때에, 지금까지는 백제 자료와 신라 자료를 구별하지 않고 논의하는 경우가 많았다. 백제의 문자 자료가 거의 없었기 때문에 신라 자료를 마치 고대 한국어 전체 자료인 것처럼 이용해 왔다고 해도 틀린 말이 아니다. 그러나 백제목간이 발견됨으로써 사정이 달라졌다. 백제목간의 양이 많지 않아서 단정할 수 없지만, 백제목간의 표기법은 신라목간의 표기법과 다르다.

신라의 함안 성산산성 목간에서는 '文尸, 蒜尸' 등의 예에서 '尸'가 /*-r/을 표기하는 말음첨기자로 쓰였다. 반면에 백제목간에는 아예 '尸'의 용례가 보이지 않는다. 마찬가지로 음절말 자음을 표기하는 데에 사용되었던 '只 /*-k/, 乙 /*-r/, 音 /*-m/, 叱 /*-s/' 등의 표음자들이 신라목간에서는 보이지만, 백제목간에서는 보이지 않는다. 이것은 백제의 표기법과 신라의 표기법이 서로 달랐음을 증명한다(7장 참조).

---

11 7세기 말엽까지 사용되던 '評'이 『일본서기』(720년)에서는 律令을 좇아 예외 없이 모두 '郡'으로 바뀐다(岸俊男 2011: 111).

따라서 『삼국사기』의 백제 지명 표기에 이들 표음자가 사용되었다 하더라도, 이것은 8세기 중엽의 신라 표기법에 오염된 것이라는 가정이 성립한다. 나아가서 말음첨기자를 이용한 표기법이 백제에는 없었고 신라에만 있었다는 가정도 성립한다.

7장의 논의에 따르면 백제의 표기법은 音字 위주의 표기법이므로, 말음첨기자가 원천적으로 봉쇄된다. 신라의 표기법에서 볼 수 있듯이, 말음첨기자는 訓字 뒤에 덧붙는 것이 일반적이기 때문이다. 이것은 일본의 표기법에서 오쿠리가나(送り假名)가 訓字에만 덧붙는 것과 같다. 결론적으로, 백제의 표기법은 기본적으로 일본의 音假名 위주의 표기와 통하고 신라의 표기법은 일본의 訓假名 위주의 표기와 통한다.

한국에서 고대 목간이 언어학적 연구 대상이 된 것은 2000년대에 들어서서의 일이다. 연구 대상으로 부상한 것은 늦었지만, 목간의 표기는 고대 한국어 연구에 결정적인 역할을 담당하게 되었다. 목간 표기는 6세기에서 9세기까지의 실물 자료이기 때문에 언어학적 연구뿐만 아니라 문자학적 연구의 길도 열어 준다. 이 장에서는 목간 표기가 한국과 일본의 고대 표기법에 대해 함의하는 바를 중심으로 논의를 진행했다.

韓國字 중에서 일본에 전해져 사용된 것이 적지 않다. '畠, 椋, 卩, 㐰, 迲, ㇁' 등이 있다. 이것은 고대 한국의 문자 문화가 일본에 전해졌다는 사실을 증명해 주는 결정적인 증거이다. 초창기 일본의 문장작성을 백제 계통의 渡海人이 담당했다고 해야만 이 사실을 설명할 수 있다. 6세기 3/4분기에는 일본에서 訓字 표기가 시작되는데, 이것도 백제의 영향일 가능성이 크다. 부여 능산리사지 목간은 6세기 3/4분기에 제작되었는데, 여기에 이미 훈자 표기가 나오기 때문이다.

한국자에서 발견되는 두 번째 특징은 한국자 중에는 후대의 구결자와 자형이 일치하는 것이 많다는 점이다. 한국자 '㇁, 十, 丨, 尸, 亇, 㑒, 這, 刂' 등이 구결자 '㇁, 十, 丨, 尸, 亇, 㑒, 這, 刂'와 각각 자형이 같다. 이 일치를 토대로, 한국 구결자의 기원이 고대의 韓半字에 있다는 가설을 세웠다. 이 가설에 따르면 한국 구결자의 용례가 일본 가나의 용례보다 시기적으로 앞서게 된다. 한반자에서 나중에 구결자로 발전하게 된 글자들은 모두 신라에서 사용한 한반자로 한정되므로 구결이 신라에서 발생했다고 할 수 있다.

8세기까지의 일본 문자와 표기법은 고대 한국의 영향을 크게 받은 것이었다. 'マ /*be/, ツ /*tu/, ム /*mu/' 등은 백제에서 수용한 것이라고 해 왔는데, 한국의 목간 표기에서 그 일부가 증명되었다. 그런데 백제가 멸망하고 나서 8세기 초엽부터는 신라의 영향도 받기 시작한다. 그리하여 8세기 중엽 이후에는 신라에서 발생한 訓主音從과 末音添記의 표기가 『萬葉集』에서 자리를 잡게 되고, 8세기 말엽에는 신라의 口訣과 형태 및 기능이 유사한 訓點이 등장한다. 그런 다음 9세기부터는 일본이 독자적인 길을 걷는다.

10. 音韻論

이 章은 목간 자료에 나타나는 고대 한국어의 音韻論的 特徵을 논의하는 데에 목적을 둔다. 음운론 연구에서는 목간에 나오는 表音字가 주요 연구 대상이다. 이들을 대상으로 삼아 古代語의 音韻體系를 재구하는 것이 아마도 궁극적인 연구 목표가 될 것이다.

그런데 목간에 나오는 표음자가 많지 않아서 음운체계를 재구하는 것은 불가능하다. 백제목간에 기록된 표음자는 147자에 불과하고(이승재 2013다: 43), 신라목간의 표음자는 154자 정도에 지나지 않는다(이승재 2013다: 56). 우리는 백제어와 신라어 자료를 엄격히 구별하여 정리하므로, 이 정도의 분량으로는 음운체계를 재구할 수 없다. 아무리 적어도 한 언어당 340자 이상의 표음자가 있어야만 音素를 빠짐없이 찾아낼 수 있기 때문이다.[1] 따라서 목간 자료만으로 음운체계를 재구하는 작업은 포기한다.

그 대신에 우리는 고대어에 音節末 子音이 있었는가의 여부와 漢語의 入聲韻尾

1 백제목간의 표음자를 여타 백제어 자료의 표음자에 합하여, 이승재(2013다)에서 백제어 자음체계를 재구한 바 있다. 이승재(2016)에서는 340자 정도의 표음자를 대상으로 삼아 고구려어 음운체계를 재구하였다.

/*-t/가 한국 한자음에서 '-ㄹ'로 반영된 원인과 그 시기에 대해서만 논의한다.

많은 일본학자들이 일본어와 마찬가지로 고대 한국어에도 CVC 음절구조 즉 閉音節이 없었다고 주장한다. 고대 한반도의 남부 지역에서도 凡日本語(the Japonic language)가 사용되었다고 주장하면서 이 음절구조제약을 그 논거로 든다. 그런데 목간에 기록된 자료를 살펴보면 이 주장이 옳지 않다는 것이 금방 드러난다.

고대에는 한자를 수용하여 언어를 표기했다. 따라서 古代 漢字音에 대한 연구가 불가피하다. 그런데 한어 중고음의 입성운미 /*-t/가 한국 한자음에서는 모두 '-ㄹ'로 바뀐다. 이 대체 수용이 왜 일어났고, 언제 일어났는지를 목간 자료를 통하여 논의할 수 있다. 한국의 목간 자료에는 /*-t 〉 *-r/의 변화가 아직 일어나지 않았음을 알려 주는 語形이 기입되어 있으므로, 이것을 중심으로 이 변화의 시기를 자세하게 논의할 것이다.

1. 음절말 자음

한국어와 일본어가 음운론적으로 가장 크게 차이가 나는 것이 있다면 그것은 바로 音節構造에서의 차이일 것이다. 일본어에는 없는 閉音節 즉 CVC 음절이 한국어에는 아주 많다.

그런데도 일부의 일본어 연구자들은 고대 일본어와 마찬가지로 고대 한국어에도 폐음절이 없었다고 가정한다. 이 가정에서는 고대 한국어의 음절구조 CV_1CV_2에서 V_2가 탈락하여 중세 한국어의 CV_1C가 형성되었다고 기술한다. 예컨대, 고대 한국어의 '*고마(熊)'와 '*드르(野)'에서 V_2가 탈락하여 중세 한국어의 ':곰'과 ':들'이 도출되었다고 기술한다.

그러나 이 기술을 일반화하여 모든 한국어 단어에 적용하는 것은 옳지 않다. 이 기술은 上聲을 가지는 일부의 1음절 단어에만 한정되어 적용되기 때문이다. 중세 한국어에는 平聲이나 去聲을 가지는 1음절 단어가 아주 많은데, 이들의 고대어 음절구조는 CV_1CV_2보다 CV_1C로 가정하는 것이 바람직하다. 따라서 고대 한국어 시기부터 이미 CVC 음절이 있었음을 논증할 필요가 있다.

1.1. 목간 표기에 나타나는 음절말 자음

이것을 논증하기 위하여, 다음의 세 가지 논거를 들 수 있다. 첫째, 각종의 고대 한국어 표기에서 CVC 음절을 얼마든지 찾아낼 수 있다. 둘째, 전통적 韓國字 표기법에서 음절말 자음을 표기하기 위한 글자가 따로 설정되어 있었다. 셋째, 한국 한자음에서는 고대로부터 현재에 이르기까지 음절말 자음 /-p, -r, -k, -m, -n, -ŋ/이 유지되고 있다.

첫째 논거의 CVC 음절이 목간 표기에는 아주 많이 나온다. 먼저 음절말 자음이 /*-p/인 것을 들어 보면 다음과 같다.

(1) 음절말 자음 /*-p/를 가지는 목간 표기

1. 及: 及伐城 (함안 11, 42, 71, 76, 148, 149, 167, 211, 214), ▣及酒丁一 (현내들 1)
2. 急: 文尸伊急伐尺 (함안 149), 急明 (능사 4), [云]迷急得條 (월지 4)
3. 習: 伊▣習 (함안 177), 習肹村 (함안 178), 習利 (쌍북280 1)
4. 甲: 甲蒲子只扌 (하남 1), 上一石未一石甲, 上石未石甲 (쌍북280 1)
5. 法: 右▣法師 (능사 4), 法戶匊次 (나주 3), 法利源 (궁남 1), 法次朼七件 (월지 11)

음절말 자음 /*-p/를 가지는 글자는 위의 '及, 急, 習, 甲, 法'의 다섯 자에 불과하다. 그러나 이처럼 적은 수에 불과한 것은 入聲韻尾 /*-p/를 가지는 漢字가 애초부터 아주 적다는 데에서 그 원인을 찾을 수 있다.

중요한 것은 (1.5)의 '法'이 후술할 (2.20)의 '伐'이나 (2.21)의 '發'과 운미의 최소대립을 이룬다는 점이다. '法'의 한어 중고음은 [非中C入凡]인데, 이것이 '伐'의 [奉中C入元] 또는 '發'의 [非中C入元]과 음운대립을 이룬다. 고대 한국어에서는 脣重

音과 脣輕音의 구별이 없으므로 '法'의 非母 [*f]는 幇母 /*p/에 편입되고, '伐'의 奉母 [*v]는 並母 /*b/에 편입된다(이승재 2013다, 2016). 이에 따르면 (1.5)의 '法'은 /*pep/의 음가를 가지고, '伐'과 '發'은 각각 /*bet～*ber/과 /*pet～*per/의 음가를 갖는다. 결국, '法'의 /*pep/과 '發'의 /*pet～*per/이 운미의 최소대립 쌍이다. 따라서 고대어의 음절말 자음에 /*-p/와 /*-t～*-r/가 있었다고 보아야 한다.

이처럼 논의할 때에 주의할 것이 있다. (1)의 韓國字를 훈독했을 가능성이 없는가 하는 점이다. (1.1)의 '及伐城'은 함안 성산산성 목간에 아주 많이 나오는데, 이곳의 '及'은 훈독하지 않고 음독했을 것이다. (1.2)의 관명 '急伐尺'에 나오는 '急伐'과 (1.1)의 '及伐'이 동일한 어원을 가진다고 할 수 있기 때문이다. 그렇다면 (1.1)의 '及'과 (1.2)의 '急'을 모두 음독할 수 있다. (1.3)의 '習'도 음독했을 것이다. '習肹村'의 '習'을 '닉히-'로 훈독하면 '*닉힐村'이 되므로 이곳의 '習'은 훈독 가능성이 없지 않다. 그런데 이때 '*닉힐村'의 'ㄱ'은 거꾸로 음절말 자음 /*-k/가 신라어에 있었음을 말해 주는 자료가 된다. '伊▣習'과 '習利'의 '習'은 훈독할 만한 근거가 없으므로 음독자로 간주해 둔다. (1.4)의 '甲蒲子只'는 막연하지만 식물명의 일종이 아닐까 한다. 이곳의 '甲'은 뒤에 'ㅂ/ㅍ'으로 시작하는 '蒲'가 오므로 음독했음이 분명하다. (1.4)의 '上一石未一石甲'과 '上石未石甲'은 부여 쌍북리 280번지 1호 목간에 기록되었다. 이 목간은 佐官貸食記라는 文書名을 가지고 있는데, 이곳의 '甲'은 1/4을 뜻한다고 한다. (1.5)의 '法'에 해당하는 고유어는 찾기가 어렵다. 따라서 '法'을 음독했다고 본다.

위의 여러 예들에서 음절말 자음 /*-p/가 고대 한국어에 있었다고 할 수 있다. 다음으로, 음절말 자음 /*-t～*-r/을 가지는 목간 표기를 정리해 본다.

(2) 음절말 자음 /*-t～*-r/을 가지는 목간 표기

1. 必: 本波<u>必</u>村 (함안 6)
2. 乞: <u>乞</u>負支 (함안 7), <u>乞</u>利 (함안 13), 小巳<u>乞</u> (월지 5)
3. 骨: 古陀伊<u>骨</u>利(함안 21, 28), 古陀伊<u>骨</u>村(함안 123)

4. 末: 末那 (함안 22, 31, 52, 101, 136, 139, 158), 末甘村 (함안 109), 末■ (함안 155), 斗之末※ (능사 12)

5. 屈: 屈仇■■村 (함안 27), 屈斯旦利 (함안 181)

6. 弗: 上弗刀弥村 (함안 32), 上弗刀你村 (함안 185)

7. 肹: 肹谷村 (함안 33), 習肹村 (함안 178)

8. 舌: 舌只稗石 (함안 51)

9. 沒: 弘■沒利 (함안 56)

10. 勿: 勿利乃亢藏支 (함안 57), 勿利村 (함안 103), 勿思伐 (함안 140), 伊勿■ (함안 157), 勿大兮 (함안 182), 勿礼利 (함안 184), 乙勿■ (해자 12)

11. 密: 密鄒加尒支 (함안 82), 波陀密村 (함안 154), 蘇智密村 (함안 186)

12. 乙: 居珎尺乙支 (함안 65), ■乙稗石 (함안 193), 不行遣乙 (함안 221), 乙勿■ (해자 12), 入市乙入戈巾 (해자 13)

13. 列: 烏列支■ (함안 197), 廚典列先■ (해자 9)

14. 卒: 卒史村 (함안 198)

15. 七: 七斯 (함안 202), 七冠村 (함안 219)

16. 率: 奈率 (능사 4, 현내들 1, 구아 1), 奈率, 扞率, 德率 (나주 3), 德率 (나주 12), 德率 (현내들 4)

17. 吉: 吉西支 (함안 111), 文吉■ (해자 13), 南吉次 (관북 5)

18. 悅: 行悅 (나주 7)

19. 漆: 漆道 (나주 7)

20. 伐: 仇利伐 (함안 1, 13, 25, 26, 33, 34, 116, 143, 156, 178, 180, 203, 208), 仇尸伐 (함안 121), 仇伐 (함안 10, 51, 131, 145, 152, 162, 196), 丘伐 (함안 132, 173), 及伐城 (함안 11, 42, 71, 76, 148, 149, 167, 211, 214), 須伐 (함안 73), 烏多伊伐 (함안 108), 勿思伐 (함안 140), 小伊伐支村 (함안 171), 赤伐 (함안 179), 比思伐 (함안 218), 赤居伐 (해자 8), 一伐 (함안 24, 25, 26, 69, 70, 84, 133, 156, 해자 4), 急伐尺 (함안 149), 阿伐支 (함안 143), 伊伐支 (함안 168), 六只伐支 (함안 195)

21. 發: 稗發 (함안 21, 28, 123, 216)

위의 21자는 漢語 中古音에서 입성운미 /* -t/를 가진다. 이것이 한국 중세 한자음에서는 '-ㄹ'로 반영되지만, 삼국시대까지는 /* -t 〉* -r/의 변화가 아직 일어나지 않았다고 본다. 이 변화가 언제 일어났는지는 뒤에서 다시 논의하기로 하고 여기에서는 이처럼 /* -t/를 가지는 韓音字가 많이 사용되었다는 점만 먼저 강조해 둔다. 이것만으로도 음절말 자음이 고대 한국어에 있었다는 증거가 되기 때문이다. 대표적인 예가 (2.20)의 '伐'이다.

위의 21자 중에서 바로 뒤에 '利'가 연결된 것이 적지 않다. '乞利, 伊骨利, 弘▣沒利, 勿利' 등이 그 예이다. 이 예들은 공통적으로 함안 성산산성 목간 즉 신라 목간에만 나온다. 백제목간에는 음절말 자음 /* -t/를 가지는 표음자의 바로 뒤에 '利'가 연결된 것이 없다. 이 '-利'를 末音添記의 일종이라 할 수 있으므로, 신라에는 말음첨기 표기법이 있었지만 백제에는 없었다는 논의가 성립한다.[2]

한편, '乞利, 伊骨利, 弘▣沒利, 勿利'의 표기를 보고 한어 중고음의 /* -t/가 함안 성산산성 목간이 제작된 6세기 중엽에 이미 /* -r/로 바뀌었다는 가설을 세울 수 있다. 즉, '乞, 骨, 沒, 勿'의 한어 입성운미 /* -t/가 이미 /* -r/로 바뀌었고 이 /* -r/을 정확하게 전사하기 위하여 '-利'를 첨기했다고 가정할 수 있다.

그러나 이와는 정반대의 가설도 성립한다. 신라어에 음절말 자음 /* -r/이 있었는데, 한자를 빌려 이것을 표기할 때에 /* -t/를 가지는 舌內 入聲字를 사용할 수밖에 없었다는 가설이다. 한어 중고음에는 음절말 자음 /* -r/이 없으므로 신라어의 /* -r/을 설내 입성자로 표기하되, 표기의 부정확성을 보완하기 위하여 '-利'를 덧붙였다고 할 수 있다. '乞, 骨, 勿'의 바로 뒤에 '-利'가 오지 않는 표기가 있으므로 이 가설이 성립한다.

이 두 가설 중에서 어느 것이 옳은지 확정하여 말하기가 어렵다. 분명한 것은 음절말 자음 /* -t/ 또는 /* -r/이 신라어에 있었다는 사실이다.

2 이것은 7章의 표기법에서 이미 논의한 바 있다.

백제어에 /*-t/ 또는 /*-r/이 있었음을 증명해 주는 자료로는 (2.4)의 '斗之末米'이 있다. 이것을 우리는 "(쌀을 계량할 때의) 斗인 末"로 해독한다. '末'의 좌하에 조그마한 글자로 기입된 '米'가 앞에 온 '斗'와 '末'이 도량형 단위명사임을 증명해 준다. 따라서 '斗'는 현대어의 단위명사 '말'에 해당하는 韓訓字 표기이고 '末'은 韓音字 표기이다. 다만, 이곳의 '末'이 /*mat/일지 /*mar/일지 분명하지 않다.

다음으로, 음절말 자음 /*-k/에 대한 논의로 넘어간다.

(3) 음절말 자음 /*-k/를 가지는 목간 표기

1. 卜: 卜兮 (함안 8), under智卜利古支 (함안 28), 阿卜智村 (함안 40)
2. 得: 仇得支 (함안 21), 奈率得進 (구아 1)
3. 息: 伊息知 (함안 24)
4. 德: 已德知 (함안 26), 對德 (능사 3), ▣德 (능사 13), 德 (능사 29, 나주 13), ▣德率▣ (나주 3), 德率 (나주 12, 현내들 4)
5. 夕: 比夕智奴 (함안 38), 欠夕 (능사 5)
6. 攵: ▣攵天支 (함안 130)
7. 昔: 本▣破昔福▣ (함안 134)
8. 福: 本▣破昔福▣ (함안 134)
9. 尺: 一尺 (함안 29), 居珎尺 (함안 65), 卄尺仍 (함안 93), 器尺一石 (함안 119), 急伐尺 (함안 149), 古尸沙阿尺夷, 仇伐尺 (함안 218), 郎席長十尺 (월지 11)
10. 辶: 文辶 (월지 3)
11. 丑: 丑牟 (능사 5)
12. 若: 追存耳若▣ (능사 13)
13. 藥: 支藥児食米記 (능사 25), 應藥見 (화왕 4)
14. 食: 支藥児食米記, 食米, 食 (능사 25), ▣午?食?兒?▣ (하남 4), ▣助在?食前 (하남 5), 食二丨 (해자 3), 奈食常▣ (해자 20), 佐官貸食記 (쌍북280 1), 椋食▣內之, 仲椋有食 (황남 1)

15. 祝: 无祝 (해자 8)

16. 喙: 夷喙 (함안 218), 旦■喙仲里 (해자 8), 中沙喙巳分屯? (해자 13), 喙凡, 負喙 (해자 14)

17. 匊: 法戶匊次 (나주 3)

18. 錫: 錫非頭 (나주 3)

19. 莫: 上莫村 (함안 9, 44), 莫山所■ (하남 2)

위의 19자는 한어 중고음에서 입성운미 /*-k/를 가진다. (3.12)의 '若'과 (3.19)의 '莫'은 운미가 없는 음으로도 읽히는 多音字이므로 위의 목록에서 제외하는 것이 나을 것이다. (3.16)의 '喙'은 신라 六部名의 일종인 '喙部, 沙喙部' 등에 자주 사용된 韓國字로서 이에 대응하는 고유어 단어가 '돍(鷄)'이다.[3] 이 '喙'을 포함하여 (3)의 17자는 음절말 자음 /*-k/를 가지는 음절이 고대 한국어에 있었음을 증명해 준다.

중요한 것은 (3.19)의 '莫'이 운미를 가진다고 하면 이 '莫'이 (2.4)의 '末'과 운미의 최소대립을 이룬다는 점이다. 이들의 한어 중고음 음가 莫[明中1入唐]과 末[明中1入桓]에서 음절말 자음 /*-k/와 /*-t/가 최소대립을 이룬다. 따라서 고대 한국어에 음절말 자음 /*-k/와 /*-t/가 있었다고 보아야 한다.

다음으로, 한어 중고음의 陽聲韻尾 /*-m/을 가지는 목간 표기를 찾아보자.

(4) 음절말 자음 /*-m/을 가지는 목간 표기

1. 甘: 甘文 (함안 6, 17, 63, 100), 末甘村 (함안 109), 甘■城 (함안 170)

2. 彡: 上彡者村 (함안 13, 34), 六十巳? 丨彡 (함안 221)

3. 今: 今你次人人 (함안 180), 今部牟者足 (함안 181), 今毋 (능사 5), 阿今里 (해자 8), 今沙 (쌍북280 1)

4. 任: 任伐支 (함안 137)

---

3 '喙'의 훈이 '부리'이므로, '돍'이 '喙'의 훈인지 아직 확실하지 않다. 따라서 뒤의 韓訓字에서 다루지 않고 임시방편으로 여기에 넣었다.

5. 欠: 欠夕 (능사 5), ▣作欠和內 (해자 18)
6. 南: 南漢城 (하남 1), 南罡上里 (해자 8), 南吉次 (관북 5), 南瓮 (월지 15)
7. 金: 金?有和? (함안 221), 金老 (월지 5), 金侯?公 (인용사지 1)

위의 7자는 음절말 자음 /*-m/을 가진다. 양성운미 /*-m/을 가지는 한자가 중국에서도 흔하지 않으므로 목간 표기에서도 /*-m/을 가지는 표음자가 많지 않은 편이다. 그렇더라도 (4)의 7자는 고대 한국어에 음절말 자음 /*-m/이 있었음을 보여 주는 예로서 손색이 없다.

특히 (4.3)의 '今'과 (4.7)의 '金'은 한어 중고음으로 각각 今[見中B平侵]과 金[見中B平侵]의 음가인데, 이 음가가 후술할 (5.32)의 斤[見開C平欣]과 운미의 최소대립 쌍일 가능성이 크다. 이들의 開合과 等이 서로 다른 것처럼 보이지만 음운론적으로는 이 차이가 중요하지 않기 때문이다. 따라서 고대 한국어에 음절말 자음 /*-m/과 /*-n/이 있었을 것이다.

다음으로, 한어 중고음의 양성운미 /*-n/을 가지는 목간 표기를 제시한다.

(5) 음절말 자음 /*-n/을 가지는 목간 표기

1. 干: 上干支 (함안 3), 干尓 (능사 13)
2. 文: 甘文 (함안 6, 17, 63, 100), 鄒文村 (함안 39, 53, 120, 177), 至文 (능사 5), ▣文 (능사 5), 文吉▣ (해자 13), ▣▣文丁 (나주 2), ▣文 (구아 5)
3. 旦: 旦利村 (함안 6), 內旦利 (함안 120), 屈斯旦利 (함안 181), 麻旦斯之 (함안 200), 旦▣喙仲里 (해자 8)
4. 欣: 烏欣弥村 (함안 8), 尓欣弥支 (함안 141), 內欣買子 (함안 162)
5. 陳: 陳城 (함안 20, 41)
6. 栗: 栗智卜利古支 (함안 28)
7. 津: 夷津支阿那 (함안 30), 夷津本波 (함안 101), 夷津支城 (함안 169)
8. 印: 只印智奴 (함안 36)
9. 晏: 晏▣ (함안 186)

10. 千: 千竹利 (함안 66, 67)

11. 天: ■夊天支 (함안 130), ■天文凡■ (현내들 3)

12. 分: 乃次分 (함안 131), 沙喙㔾分乇? (해자 13), ■■分 (나주 10), 藍實三分 (월지 16), 阿膠廿分 (월지 22)

13. 云: 支云稗石 (함안 134)

14. 元: 太元礼密?奴 (함안 138), 元方 (월지 5)[4]

15. 言: 一古利村言■ (함안 142)[5]

16. 本: 本波 (함안 6, 17, 73, 100, 101, 182, 216),[6] 訛?本礼支 (함안 203), 本宜城 (해자 1), 本來? (慶州博物館터 1)

17. 冠: 七冠村 (함안 219)[7]

18. 漢: 漢城下部 (능사 3), 南漢城 (하남 1), 漢廿四上, 漢 (현내들 5), 漢谷■ (현내들 8)

19. 暈: 慧暈 (능사 11)

20. 民: 二裏民■行 (능사 21), 主民渙?次 (인용사지 1)

21. 川: 川■■ (능사 28), 志川人有■ (해자 17), 久川■■ (나주 10)[8]

22. 淳: 耳淳辛 (백령산성 와명 2), 固淳多 (쌍북280 1)

23. 辛: 耳淳辛 (백령산성 와명 2), 辛番洗宅 (월지 4), 辛■ (월지 18), ■辛 (월지 21), 辛番■■ (월지 34)

24. 丹: 九負三丹 (하남 5)

25. 典: 廚典列先■ (해자 9), 典太等教事 (해자 11)

26. 先: 尓先利支 (함안 38), 古先斯弥干 (함안 117), 先能支 (함안 121), 廚典列先■ (해자 9)

27. 仁: 上里仁?來?, 仁 (해자 16)

---

4 '■元十二'(월지 43)의 '元'은 곡명 '밀(小麥)'일 것이다.

5 '■言以聞■成'(쌍북102 1)의 '言'은 훈독 가능성이 크다. "말로 듣고 ~ 이루었다."

6 이곳의 '本波'를 훈독하여 '믿믈, 믿결' 등으로 읽을 수도 있다.

7 이곳의 '冠'을 '갓'으로 훈독할 수도 있다.

8 이들의 '川'을 '나리' 또는 '내'로 훈독할 수도 있다.

28. 閒: 夜之閒?徒 (나주 3)

29. 扞: 扞率麻進 (나주 3)

30. 進: 扞率麻進 (나주 3), 奈率得進 (구아 1)

31. 遠: 行遠 (나주 7)

32. 斤: 麻中練六四斤 (나주 9), 玉石六?十斤 (쌍북119 1), ▣斤?買 (월지 43)

(5)의 32자는 음절말 자음 /* -n/을 가지고 있었을 것이다. /* -n/의 용례가 아주 많기 때문에 이것을 바로 믿을 수 있지만, 운미의 최소대립 쌍으로도 이것이 확인된다. (5.1)의 '干'은 한어 중고음에서 干[見開1平寒]의 음가인데, 이것이 (4.1)의 甘[見中1平談]과 운미의 최소대립 쌍이라 할 수 있다. '干'이 開口이고 '甘'이 개합에서 중립인 것은 음운론적 변별력이 없는 데에 반하여, 운미가 寒韻의 /* -n/과 談韻의 /* -m/인 것은 음운론적으로 아주 중요한 차이이기 때문이다. 따라서 고대 한국어에서 음절말 자음 /* -n/과 /* -m/이 음운론적으로 대립했다는 것을 믿을 수 있다.

마지막으로, 한어 중고음의 양성운미 /* -ŋ/을 가지는 목간 표기를 열거해 본다.

(6) 음절말 자음 /* -ŋ/을 가지는 목간 표기

1. 孕: 加古波孕 (함안 32)

2. 永: 豆永 (함안 42), 㓛永奴 (함안 131)[9]

3. 陽: 陽村 (함안 43), 陽 㣺 村 (함안 102), 陽?▣部 (화왕 1)[10]

4. 弘: 弘▣沒利 (함안 56)

5. 藏: 勿利乃亢藏支 (함안 57), 冶ㅊ五藏 (월지 13)

6. 敬: 敬麻古稗石 (함안 185)

7. 中: 中夫支城 (함안 153, 165), 中沙喙巳 (해자 13), 中方 (관북 1), 中卩 (관북 5,

9 이들의 '永'을 '길'로 훈독할 수도 있다.

10 이들의 '陽'을 '볕'으로 훈독할 수도 있다.

구아 1), 中部 (관북 5), 中口四 (궁남 1)

8. 登: 登奴稗石 (함안 167)

9. 王: 王私烏多伊伐 (함안 7), 甘文本波王■ (함안 17), 下麥王■■珎兮村 (함안 169)

10. 能: 奴先能支 (함안 121), 能■礼 (함안 171)

11. 氵/良: 陽氵村 (함안 102), 次氵支村 (함안 118), 陀氵支 (함안 216), 氵 (능사 5), 氵肉瓮一 (월지 2), 重兮朩處二氵 (월지 19)

12. 寧: 此負刀寧負 (함안 219)

13. 亮: 智亮 (능사 10)

14. 丁: 益丁四 (함안 127), ■爲資丁 (능사 13), 丁一 (해자 8), 文丁 (나주 2), 丁, 倡丁 (나주 6), 牟氏丁, 寂信不丁, ■及酒丁 (현내들 1), 受丁石 (월지 22), ■丁■ (월지 49)[11]

15. 定: ■七定便死■ (능사 15)

16. 兩: ■立廿兩 (능사 16), 天雄二兩, 漆利一兩 (해자 21), 代綿十兩 (쌍북280 3), 大黃一兩, ■角一兩, 靑袋一兩, 升麻一兩, 靑木香一兩, 支子一兩 (월지 16)

17. 行: 二裏民■行 (능사 21), ■行二 (백령 1), 可行白丨 (해자 2), ■行還去 (해자 3), 行遠, 行悅, 行麻 (나주 7), 佃首行 (쌍북280 1)

18. 生: 生不長九負 (하남 5), 奈生城 (해자 1), 生耶死耶 (해자 4), 生鮑十丨 (월지 9)

19. 上:[12] 上彡者村 (함안 1, 13, 34), 上干支 (함안 3), 上莫村 (함안 9, 44), 上弗刀弥村 (함안 32), 上弗刀你村 (함안 185), 上里, 南罡上里, 乃上里, 上里 (해자 8), 上里仁?來? (해자 16), 上去三石 (나주 8), 上夫三石 (쌍북280 1), 上卩 (현내들 2)

20. 岡/罡: 南罡上里, 岡■ (해자 8)

21. 仲: 旦■喙仲里 (해자 8), 仲椋 (황남 1)

---

11 이들 용례 중에서 '丁'을 훈독했을 가능성이 큰 것이 적지 않다. 그렇다고 하여 '丁'을 모두 훈독했다고 할 수는 없다.

12 '陽村上入尸只'의 '上'은 '웃들기'의 '웃'으로 훈독했을 것이다.

22. 等: 大舍卄等 (해자 9), 典太等教事 (해자 11), 半[?]那比高墻人等▣ (나주 3), ▣等 (구아 3)

23. 墻: 半[?]那比高墻人等▣ (나주 3)

24. 倡: 倡丁一 (나주 6)

25. 遠: 行遠 (나주 7)

위의 25자는 고대 한국어에 음절말 자음 /*-ŋ/이 있었음을 증명해 준다. 특히 (6.20)의 '岡/罡'은 [見開1平唐]의 음가인데, 이것이 (5.1)의 '干'의 음가 [見開1平寒]과 운미에서 최소대립을 이룬다. 이 최소대립 쌍으로 고대 한국어에 음절말 자음 /*-ŋ/과 /*-n/이 있었음을 증명할 수 있다. 또한 (6.20)의 '岡/罡'은 (4.1)의 '甘'과도 운미의 최소대립을 이룬다. '甘'의 한어 중고음은 [見中1平談]인데, 이것이 '岡/罡'의 [見開1平唐]과 운미에서만 음가 차이가 난다. 이 둘의 개합은 음운론적으로 중요하지 않으므로 이 둘은 실질적으로 談韻과 唐韻에서 음가 차이가 난다. 이 두 운모의 운복은 공통적으로 1등이므로 동일하고 운미만 서로 다르다. 여기에서 음절말 자음 /*-m/과 /*-ŋ/이 최소대립을 이루므로 고대 한국어에서 음절말 자음 /*-m/과 /*-ŋ/을 독자적인 음소라고 할 수 있다.

(6.16)의 '兩'은 도량형의 일종이다. (6.18)의 '生耶死耶'와 '生鮑十丨'의 '生'은 훈독했을 가능성이 있다. 그렇더라도 '生'을 음독한 예가 없다고는 말할 수 없다. 이와 같이 개별적인 예에서 음독하지 않고 훈독해야 할 예가 (6)에 포함되어 있지만, 그렇다고 하여 /*-ŋ/와 /*-n/의 최소대립 쌍과 /*-m/과 /*-ŋ/의 최소대립 쌍을 무시할 수 없다.

지금까지 韓音字 위주로 목간 표기의 음절말 자음 유무를 논의하였다. 설정한 음절말 자음 상호 간의 최소대립 관계를 정리해 보면 다음과 같다. 최소대립 쌍이 확인되는 음절말 자음 사이에는 실선을 그었고, 확인되지 않는 자음 사이에는 점선을 그었다.

(7) 입성운미 상호 간의 최소대립

/*-p/ —— /*-t/(~/*-r/)

/*-k/

(8) 양성운미 상호 간의 최소대립

/*-m/ —— /*-n/

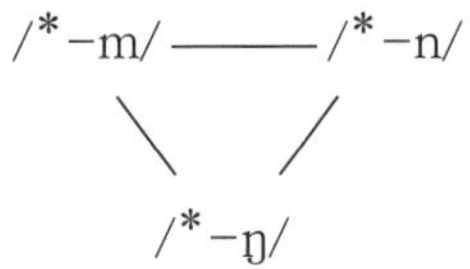

/*-ŋ/

(7)에서 볼 수 있듯이, 음절말 자음 /*-p/와 /*-k/의 최소대립 쌍은 찾을 수가 없다.[13] 이것은 음절말 자음 /*-p/을 가지는 한자가 적은 데에서 그 원인을 찾을 수 있다. 이것을 제외하면 6개의 음절말 자음이 목간 표기에서 음운론적으로 대립한다. 따라서 CVC 음절 즉 폐음절이 고대 한국어에 없었다는 주장은 옳지 않다. 이것을 증명해 준다는 점에서 목간 표기는 음운사적으로 아주 중요하다.

1.2. 訓讀에서의 음절말 자음

위에서는 음독해야 하는 韓音字를 중심으로 고대 한국어에 음절말 자음이 있음을 논증하였다. 이제, 훈독해야 하는 韓訓字를 중심으로 이것을 논증해 보기로 한다.

(9) 한훈자 '珎'의 {*돌/*돌}

巳珎兮城 (함안 58), 居珎尺乙支 (함안 65), 古先斯珎于 (함안 117), 王■■珎兮

13 이와 관련되는 음운현상으로 이른바 '/P/ : /K/' 대응 현상을 들 수 있다. '거품 : 버쿰', '거붑 : 거북', '새갱이 : 새뱅이' 등의 예를 들 수 있다(李秉根 1977).

村 (함안 169), 㺿碍智 (함안 172)

(10) 한훈자 '谷'의 {*실}

前谷村 (함안 15), 肹谷村 (함안 33), 買谷村 (함안 117, 184), ■■谷 (함안 208), 漢谷■ (현내들 8), ■谷村 (경주박물관터 2)

(11) 한훈자 '赤'의 {*븕/붉}

赤伐 (함안 179), 赤里, 赤居伐 (해자 8), 赤米二石 (구아 4), 白赤 (월지 29)

(12) 한훈자 '髟/毛'의 {*털}

首髟■■ (능사 8), 矣毛巳, 今毛巳 (미륵사지 1)

(13) 한훈자 '件'의 {*벌/볼}

細次朼三件法次朼七件 (월지 11)

(14) 한훈자 '火'의 {*블/*볼/*벌}

麻火 (해자 8), 加火魚 (월지 7, 35)

(15) 한훈자 '形'의 {*골}

涇水田二形, 畠一形, 麥田一形 (나주 6), 畓五形 (궁남 1)

(16) 한훈자 '麻'의 {*삼}

敬麻古稗石 (함안 185), 麻古稗石 (함안 200), 麻火 (해자 8), 大亼麻新 (해자 20), 扞率麻進 (나주 3), 行麻 (나주 7), 麻中練六四斤 (나주 9), 佃麻那, 素麻 (쌍북280 1), 升麻一兩 (월지 16)

(17) 한훈자 '負'의 {*짐}

九負三丹 (하남 5)

(18) 한훈자 '畓'의 {*논}

法利源畓五形 (궁남 1)

(19) 한훈자 '田'의 {*밭}

■■田 (함안 55), 田■■ (함안 157), 田汝外稗石 (함안 211), 梨田 (능사 2), 椋內上田 (능사 6), 涇水田, 畠一形, ■■耕麥田 (나주 6), 宅敎禾田ヽ (동남 1)

(9~15)의 예는 음절말 자음 /*-r/의 예이다. (9)에서 '珎'이 {*돌/돌}로 읽히는데, 이들은 모두 신라목간의 예이고 백제목간의 예가 아니다. 따라서 '珎'을 훈독하여 {*돌/돌}로 읽는 것은 신라 특유의 독법이라 할 수 있다.

반면에 (10)에서 '谷'이 {*실}로 읽히는 것은 三國 전체에서 발견되는 것 같다. 백제목간의 지명 '漢谷■'(현내들 8)에서도 '谷'을 {*실}로 읽을 수 있기 때문이다. '谷'을 {*실}로 읽어야 한다는 것은 慕竹旨郎歌의 작자인 '得烏'를 '谷'이라고도 한 데에서 잘 드러난다. (11)에서 '赤'을 {*븕/붉}으로 훈독한 것도 백제와 신라에 공통된다.

(12)에서 '髟/毛'를 {*털}로 훈독하는 것은 분명하다. 그러나 다음 예의 '毛'를 훈독해야 할지 음독해야 할지는 분명하지 않다.

(20) '毛'의 용례

1. 毛羅次尸智 (함안 31), 毛利只 (함안 100), 毛利支 (함안 133, 156), 沙毛 (함안 154), 之毛智稗 (함안 199)
2. 毛羅 (나주 3)

(20)의 '毛' 뒤에 '羅'나 '利'가 온 예가 많으므로 '毛'를 {*털}로 훈독했을 가능성

이 있지만 인명 '沙毛, 之毛智'에서는 그 가능성이 줄어든다. 특히 (19.2)의 '毛羅'는 '村'에 해당하여 고대 일본어의 /*mura/에 대응하는 것 같으므로, 이곳의 '毛'는 음독해야 한다. 따라서 '毛'의 용례에 관한 한, 개별적인 용례에 따라 훈독과 음독이 결정되는 것으로 보는 것이 좋을 것이다.

(13)의 韓訓字 '件'은 {*벌/볼}로 훈독한다. 이것은 '朼' 즉 나무 숟가락을 셀 때의 단위명사로 사용되었기 때문에 확실하다. 이 '件'은 『삼국사기』 지리지 권제37의 '七重縣一云難隱別'의 '別'에 해당한다. 이곳의 '重'은 '중첩'의 의미를 가지고 이에 대응하는 고구려어가 '別'이기 때문이다(李基文 1968).

(14)에서 '火'를 {*블/*볼/*벌}로 훈독하는 것도 확실하다. 지명 '麻火'은 {*삼블/*삼볼/*삼벌}로 훈독했을 가능성이 크고, 魚名 '加火魚'는 현대어의 '가오리'에 해당하므로 '火'를 {*블/*볼}로 훈독했을 것이다.

(15)의 '形'은 경작지를 계량하는 단위명사로 사용되었다. 이 단위명사는 백제목간에만 나오고 신라목간에서는 예가 보이지 않는다. 이 '形'을 '얼골/얼굴(形)'의 {*골}로 읽을 수 있다. 이 {*골}은 '세모꼴, 네모꼴, 꼴 좋다, 꼴이 뭐니?' 등의 '꼴'과 기원이 같을 것이다.

(9~15)의 예들은 모두 음절말 자음 /*-r/을 가진다. 여타의 음절말 자음에 비하여 /*-r/을 가지는 단어가 유독 많다. 이 음절말 자음 /*-r/을 가지는 단어를 韓音字 표기의 방법으로는 표기하기가 어렵다. 한자음에는 /*-r/을 가지는 것이 없기 때문이다.[14] 따라서 고대 한국어에서 /*-r/을 가지는 단어를 韓音字로 표기하지 않고 韓訓字로 표기하는 관습이 일찍부터 자리를 잡았던 것 같다.

음절말 자음 /*-m/을 표기한 韓訓字로는 (16)의 '麻'와 (17)의 '負'가 있다. (16)의 지명 '麻火'과 '麻中練六四斤' 등의 '麻'는 植物名이므로 {*삼}으로 훈독했을 것이다. 여기에서 음절말 자음 /*-m/을 확인할 수 있다. 그러나 '升麻一兩' 등의 여타 용례에서는 '麻'을 음독하는 것이 좋다. '麻'는 백제와 신라에서 /*ma/를 표기할 때에 두루 사용된 韓音字이기 때문이다.[15]

14 한어 상고음에는 자음 운미 /*-l/을 가지는 한자가 있지만 한어 중고음에는 없다.
15 고구려에서는 /*ma/의 표기에 '馬'를 사용하는 것이 원칙이다.

(17)의 '負'는 '지-' 동사의 파생명사 {*짐}으로 읽는다. 함안 성산산성 목간에 '負'가 아주 많이 나오는데, '新村▣利兮負'(함안 17)처럼 '負'가 문장의 끝에 온 것이 많다. 이 예를 '新村의 ▣利兮가 지고 옴'으로 해독하면 '負'가 動詞 '지고 오다'로 해독된다. 그러나 이것을 '新村의 ▣利兮(가 부친) 짐'으로 해독하면 '負'가 명사가 되어 '짐'으로 해독된다. 이 둘 중에서 명사적 해독이 올바른 것임을 증명해 주는 자료가 (17)의 '九負三丹'(하남 5)이다. 이것은 현대어의 '아홉 짐 세 단'에 해당하는 것으로서 '負'와 '丹'이 단위명사이다. 여기에서 '負'가 '丹'보다 큰 단위인데, 이것은 현대어에서도 같다. 이 단위명사의 용례가 있으므로 '負'를 {*짐}으로 해독한다. 이 해독이 맞다면 명사파생접사 '*-음'이 6세기 중엽에 이미 발생했음을 뜻하므로 국어사 기술에 매우 중요한 예가 된다.

(18)의 '畓'과 (19)의 '田, 畠'은 농경지를 가리킨다. '畓'과 '畠'은 각각 '水田'과 '白田'을 상하로 결합한 合字로서, 각각 현대어의 '논'과 '밭'에 대응한다. 여기에서 음절말 자음 /*-n/과 /*-t/ 등이 고대 한국어에 있었음을 확인할 수 있다. 현대어의 '논'은 방언 차이가 거의 없지만, '밭'은 방언에 따라 음절말 자음이 'ㅌ'뿐만 아니라 'ㅅ'으로 변이한다는 점을 덧붙여 둔다.

韓訓字에 대한 지금까지의 논의에서 확인된 음절말 자음은 /*-r, *-m, *-n, *-t/ 등이다. 韓訓字 표기에서는 /*-p, *-k, *-ŋ/ 등의 음절말 자음이 확인되지 않지만, 韓音字 표기에서 이미 이들이 확인된 바 있으므로 이들 음절말 자음도 고대 한국어에 있었다고 보아야 한다.

1.3. 음절말 자음 表記字

고대 한국어에 이미 CVC 음절이 있었음을 증명해 줄 두 번째 논거로 음절말 자음 表記字를 들 수 있다. 韓國字 표기법에서는 음절말 자음을 표기하기 위하여 옛날부터 독특한 글자들을 사용해 왔다. 이들을 鄕札, 吏讀, 口訣로 나누어 정리해 보면 다음과 같다.

(21) 음절말 자음 表記字

	*-k	*-n	*-r	*-m	*-p	*-s	*-ŋ
鄕札	只	隱, 焉	乙, 尸	音	(邑)	叱	(應)
吏讀	只		乙	音	邑	叱	(應)
口訣	ㅅ	ㄱ	ㄹ, 尸	ㅎ	(邑)	ㄷ	(應)

(21)은 고려시대까지의 자료를 정리한 것인데, 조선시대의 자료도[16] 포함한다면 이 표의 /*-p/와 /*-ŋ/ 자리에 각각 '邑'과 '應'을 추가할 수 있다. 이들은 모두 音節頭音 즉 初聲을 표기한 적이 없고 항상 음절말 자음만 표기했다. (21)의 글자들은 고대로부터 조선시대에 이르기까지 문자론적으로는 마치 音素文字(alphabet)인 것처럼 사용되었다. 이러한 글자가 일찍부터 사용되었으므로, 고대 한국어에 음절말 자음이 있었다고 보아야 한다.

이제, 목간 표기에서 (21)의 여러 韓國字를 확인해 보기로 한다.

(22) 목간 표기의 '只'

阿足只▣ (함안 15), 斯只一石 (함안 18), 六只伐支 (함안 195)

(22)의 '阿足只▣'와 '六只伐支'에서 '只'는 각각 '足'과 '六'의 뒤에 왔다. 따라서 '足'과 '六'을 음독하면, 그 뒤에 온 '只'는 末音添記의 용법으로 사용된 글자가 된다. '只'의 전체 용례 중에서 (22)처럼 말음첨기의 용법으로 사용된 것은 많지 않다. 그렇더라도 '只'가 말음첨기의 용법으로 사용된 적이 있다는 것만은 분명하다. (22)의 '▣斯只一石'에서 수사 '一'과 단위명사 '石'의 앞에 오는 것은 대부분 穀名이므로, 이곳의 '斯只'이 앞서 본 (3.14)의 '食'과 동일한 곡명일 가능성이 크다. '斯只=食'의 관계에서 '只'가 말음첨기의 용법으로 사용되었다고 할 수 있다. 따라서 (22)의 '只'는 고대 한국어에 음절말 자음 /*-k/가 있었음을 증명해 주는 결정적인 예가 된다.

16 (21)에서는 ( )를 쳐서 이들을 구별하였다.

(23) 목간 표기의 'ㄱ'

■ 阝 <u>ㄱ</u> (함안 115), ■■ 阝 + <u>ㄱ</u> (하남 4)

위의 목간에서 '阝 ㄱ[안]'과 '阝 + ㄱ[아긔는]'을 확인한 논의는 아직 없다. 글자의 흔적이 희미하여 이것을 확인하기가 어렵고 더욱이 이들 자형에 익숙하지 않은 학자들이 목간을 판독하다 보니 정확히 판독하기가 어려웠다. 그러나 우리는 후대의 口訣字 자형이 목간 표기에 자주 등장한다는 점을 강조하여 이들을 위와 같이 판독해 보았다. 아직 의심의 여지가 남아 있지만 이처럼 판독할 수 있다면, (23)의 'ㄱ'은 고대 한국어에 음절말 자음 /*-n/이 있었음을 증명해 주는 자료가 된다. 이 'ㄱ'은 '*은'으로 읽히는 '隱'에서 비롯된 글자이기 때문이다.

(24) 목간 표기의 '乙'

居珎尺<u>乙</u>支 (함안 65), ■<u>乙</u>稗石 (함안 193), 不行遣<u>乙</u>白 (함안 221), <u>乙</u>勿■ (해자 12), 入市<u>乙</u>入戈巾 (해자 13)

(25) 목간 표기의 '尸'

比<u>尸</u>稗石 (함안 10), 竹<u>尸</u>■ (함안 14), 毛羅次<u>尸</u>智 (함안 31), 比<u>尸</u>河村 (함안 39), 陽村上入<u>尸</u>只 (함안 43), 蒜<u>尸</u>子 (함안 80), 文<u>尸</u>只 (함안 102), 仇<u>尸</u>伐 (함안 121), 文<u>尸</u>伊 (함안 148, 149), 文<u>尸</u>■ (함안 214), 於勞<u>尸</u>兮 (함안 198), 古<u>尸</u>沙 (함안 218)

(24)의 '乙'이 음절말 자음 '*-ㄹ'을 표기한 대표적인 예는 '不行遣乙白'의 '乙'이다. '不行遣乙白'은 현대어의 '가지 못했음을 사뢰니다'에 해당하므로 이곳의 '乙'이 대격조사 '*-을'을 표기한 것이 분명하다. 또한 '入市乙入戈巾'의 '市乙'은 현대어의 '실(絲)'에 대응하는 듯하다. '入市乙入戈巾'은 '실을 들이고 창수건을 들입니다' 정도로 해독되기 때문이다. 그렇다면 이곳의 '乙'은 말음첨기의 용법으로 사용된 것이라고 할 수 있다. 따라서 '乙'이 고대어의 음절말 자음 '*-ㄹ'을 표기한다고 말할 수 있다.

(25)의 '尸'가 음절말 자음 '*－ㄹ'을 표기한 대표적인 예는 '蒜尸子'의 '尸'이다. '蒜尸子'는 중세 한국어의 '마늘씨'에 대응하므로, '尸'가 '*－ㄹ'을 표기하기 위한 末音添記字로 사용된 것이 분명하다. 또한 '文尸只, 文尸伊, 文尸伊, 文尸▣'에서는 '文'의 바로 뒤에 '尸'가 왔다. '文'을 훈독하여 '*글'로 읽고, 이것의 음절말 자음 '*－ㄹ'을 표기하기 위하여 '尸'를 덧붙였다고 기술할 수 있다. 즉 이곳의 '尸'도 말음첨기자의 일종이라 할 수 있다. 따라서 '尸'는 고대 한국어에 음절말 자음 '*－ㄹ'이 있었음을 증명해 주는 결정적인 자료가 된다.

그런데 (24)의 '乙'과 (25)의 '尸'가 모두 동일한 음절말 자음을 표기한 것이라면, 어찌하여 이 두 韓國字를 구별하여 사용했는가 하는 의문이 뒤따른다. 예컨대, '文{*글}'의 말음첨기에는 항상 '尸'가 사용되었고 '乙'이 사용된 예가 없다. 이 구별을 강조하면 고대 한국어의 음절말 자음에 /*－l/뿐만 아니라 /*－r/도 있었다는 논의가 가능하다.

그러나 우리는 당분간 '尸'과 '乙'을 구별하지 않고 둘 다 /*－r/을 표기한 것이라고 간주한다. 표기법에 대한 더 심층적인 고찰이 필요하기 때문이다. 하나의 동일 목간에서 '尸'과 '乙'이 동시에 사용되었다면, 이것은 '尸'과 '乙'이 음운론적으로 구별되었다는 결정적 증거가 될 것이다. 그런데 그런 예를 찾을 수 없다. 함안 성산산성 목간에서는 '尸'과 '乙'이 서로 다른 목간에 사용되었다. 더욱이 '尸'이 함안 성산산성 목간에서만 사용되었고, 그 뒤의 목간에서는 '尸'의 예가 전혀 보이지 않는다. 이것은 '尸'로 표기되던 것이 후대에는 '乙'로 교체되었을 가능성을 암시한다. 이런 몇 가지를 고려하여 여기에서는 '尸'과 '乙'의 관계를 음운론적인 차이로 이해하지 않고 표기법적 차이로 이해하기로 한다. 즉 /*－r/을 '尸'로 표기하던 방법이 '乙'로 표기하는 방법으로 교체되었다고 기술해 둔다.

(26) 목간 표기의 '音'

有史音叱? 丨 (경주박물관터 1)

(26)의 '有史音叱? 丨'는 '*이심ㅅ다' 정도로 읽을 수 있다. '有'는 '이시－'에 해당

하는 동사 어간이고, '史'는 '이시-'의 '시'를 말음첨기의 방법으로 표기한 것이다. 이 뒤에 온 '-音叱?丨'는 향가의 '-音叱如'와 구결의 '-ㅠ ㄴ 丨'에 대응하고, 이곳의 '-音叱-'와 '-ㅠ ㄴ -'는 當爲의 서법 선어말어미에 해당한다(박진호 2008). 이 예에서 음절말 자음 /*-m/을 확인할 수 있다.

(27) 목간 표기의 '巴'

1. 兮刀巴稗 (함안 11), 巴兮支稗 (함안 20, 41), 巴珎兮城 (함안 58), 六十巴?丨彡 (함안 221), 丨?沙巴月? (하남 6), 中沙喙巴分屯? (해자 13), 三巴, 小巴乙 (월지 5), ▣禾卌一?巴缶 (월지 41)
2. 新台巴, 日古巴, 刀士巴, 坐伽第巴, 以?如巴 氵 十, 二▣口巴, 今毛巴, 矣毛巴 (미륵사지 1)

(27.2)의 '巴'이 음절말 자음 /*-p/를 표기한 것이라는 점은 3장의 數詞에서 이미 말한 바 있으므로 이에 대한 논의는 생략하기로 한다. '巴'이 /*-p/에 해당한다는 논거는 (27.1)의 '六十巴?丨彡, 丨?沙巴, 三巴, 卌一?巴' 등의 수사에서도 찾을 수 있다. 이들은 각각 '*육십다솜, *다삽, *사됩, *사십ㅎ됩' 등으로 읽을 수 있다. 뿐만 아니라 신라목간에서는 '邑'이 전혀 보이지 않고 '巴'만 사용되었으므로,[17] '巴'이 '邑'에 해당하는 韓國字라고 할 수 있다. 따라서 '巴'으로 표기되는 음절말 자음 /*-p/가 고대 한국어에 있었음이 분명하다.

(28) 목간 표기의 '叱'

口叱世貝(하남 2), ▣▣叱時四(해자 9), 有史音叱?丨(경주박물관터 1), 馬叱下(월지 5)

(28)의 '叱'은 음절말 자음 /*-s/를 표기할 때에 두루 사용되었다. '口叱世▣'

17 백제목간에서는 '刀 ㆍ 邑佐'(쌍북280 1)에 '邑'이 사용된 바 있다.

는 '口'와 '世▣'의 사이에 들어간 속격조사이고, '▣▣叱時四'의 '叱'은 '時'의 바로 앞에 온 속격조사일 가능성이 있다. '馬叱下'의 '叱'도 이와 마찬가지 용법으로 사용되었다. 따라서 이들은 음절말 자음 /*-s/가 고대 한국어에 있었음을 증명해 주는 자료가 된다.

지금까지의 논의를 종합해 보자. '只'가 고대 한국어의 음절말 자음 /*-k/를, '隱'이 /*-n/을, '乙'과 '尸'이 /*-r/을, '音'이 /*-m/을, '邑'이 /*-p/를, '叱'이 /*-s/를 표기한다. 訓民正音의 八終聲 중에서 '-ㄷ'과 '-ㆁ' 즉 /-t/와 /-ŋ/을 표기한 글자가 보이지 않을 뿐이고, 나머지 6가지 종성을 표기하는 글자가 목간 표기에서 두루 확인된다. '乙'과 '尸'을 구별하여 표기함으로써 /*-r/과 /*-l/을 구별한 것처럼 보이기도 하지만, 아직 확실하지 않다.

무엇보다도 중요한 것은 '只, 隱, 乙, 尸, 音, 邑, 叱'의 7자가 마치 음소문자인 것처럼 사용되었다는 점이다. 이들은 모두 종성 위치에 온 자음을 표기한 것이므로 고대 한국어에 음절말 자음이 있었음을 증명해 주는 결정적인 자료이다.

1.4. 한국 한자음의 음절말 자음

韓國 漢字音도 고대 한국어에 음절말 자음이 있었음을 증명해 준다. 널리 알려져 있듯이 한국 한자음은 음절말 자음을 유지하고 있는 대표적인 한자음이다. 河野六郎(1968/79)에 따르면 한국 중세 한자음은 8세기의 長安音을 기반으로 형성되었다고 한다. 이 시기의 漢語는 /*-p, *-t, *-k/와 /*-m, *-n, *-ŋ/ 등의 음절말 자음을 가지고 있었지만, 현대 한어에서는 음절말 자음이 약화·탈락하여 /-n, -ŋ/의 두 자음만 음절말 위치에서 발음된다. 반대로, 한국어에서는 약화·탈락이 일어나지 않았으므로 음절말 위치의 6개 자음이 고대로부터 현대에 이르기까지 계속 유지된다. 따라서 고대 한국어에 음절말 자음이 없었다는 주장은 성립하기 어렵다.

이에 대한 자세한 논의는 이승재(2013라)의 『漢字音으로 본 백제어 자음체계』로 미루기로 하고, 여기에서는 생략한다. 다만, 入聲韻尾 /*-t/가 한국 한자음에서 일률적으로 /*-r/로 변하는데, 이 변화에 대해서만 논의하기로 한다.

2. 入聲韻尾에서의 /*-t 〉*-r/ 변화

한국 한자음의 특징 중에서 아주 중요한 것은 入聲韻尾 /*-t/가 예외 없이 '-ㄹ'로 수용되었다는 점이다.[18] 예컨대, '鐵'은 일본 한자음에서 /tetsu/로 실현되지만, 한국 한자음에서는 '텰(〉철)'로 실현된다. 이처럼 漢語 中古音의 舌內 입성운미 /*-t/가 일본 한자음에서는 /*-ts(u)/나 /*-ts(i)/로, 한국 한자음에서는 한결같이 '-ㄹ'로 반영된다는 것은 널리 알려져 있다.

2.1. '/*-t 〉 *-r/' 변화의 원인

일본 한자음에서는 개음절인 일본어 음절구조의 특성에 맞게 설내 입성운미 /*-t/의 뒤에 /*u/ 또는 /*i/가 먼저 첨가된 다음, 이어서 이 /*-tu/나 /*-ti/가 각각 /*-tsu/나 /*-tsi/로 바뀌게 된다. 차용어는 차용하는 언어의 음운목록과 음운구조에 맞게 대체하여 차용한다는 借用音韻論의 기본 원리로 이 두 가지 음운론적 과정을 쉽게 설명할 수 있다.

반대로, 한국 한자음에서는 상황이 아주 다르다. 예컨대, 6세기 중엽에 기록된 함안 성산산성 목간의 인명 '乞負支'의 '乞'이 /*ket/을 표기한 것인지 /*ker/을 표기한 것인지 분명하지 않다. 뿐만 아니라, 한어 중고음의 운미 /*-t/가 한국 한자음에서 어찌하여 '-ㄹ'로 수용되었는지, 그리고 이 변화가 언제 일어났는지를 밝히기가 어렵다. 한국어 내부의 언어 자료만으로는 이 두 가지 의문을 해결하기가 어려웠기 때문에, 李基文(1981)은 중국의 북방 방언에서 먼저 /*-t/가

18 현대 한국어에는 /r/과 /l/의 음운론적 구별이 없다. 이 두 자음이 고대한국어에서 음운론적으로 대립했는지는 아직 확실하지 않다. 여기에서는 일단 한국어의 유음을 /*r/ 하나로 전사하기로 한다.

/* -r/로 변화했고 한국 한자음은 이 /* -r/을 차용한 것이라고 주장했다. 몽골어 계통을 사용했던 北魏에서 이미 이 변화가 일어났고 북위의 한자음을 한국이 수용한 것이라고 하므로, 이 주장에 따르면 한국어 내부에서 /* -t 〉 * -r/의 변화가 일어난 것이 아니다.

이와는 달리 河野六郞(1968/79)는 한국어 내부에서 이 변화가 일어났다고 보고, 그 논거로 다음과 같은 예를 들었다.

(29) /-t- > -r-/의 예

1. 次第: ᄎᆞ뎨 > ᄎᆞ례
2. 牧丹: 모단> 모란
3. 道場: 도댱 > 도량
4. 菩提: 보뎨 > 보리

그런데 (29)의 변화는 음절말 위치에서의 변화가 아니라, 음절 두음에서의 변화 더 정확히 말한다면 두 모음 사이에서 일어난 변화이다. 따라서 이것을 음절말 위치의 /* -t/가 /* -r/로 바뀌는 변화와 동일시할 수가 없다. 뿐만 아니라 이 변화를 경험한 단어는 소수의 몇몇 단어에 한정되므로 (29)의 변화는 小數 규칙에 해당한다. 이에 반해, 한국 한자음에서 /* -t/가 /* -r/로 바뀌는 변화는 모든 한자음에 적용되므로 多數 규칙으로 분류된다. 그러므로 (29)와 같은 예들을 논거로 들어, /* -t/가 /* -r/로 바뀌는 변화의 원인과 시기를 논의하는 것은 옳지 않다.

그렇다면, (29)의 예들을 입성운미 /* -t 〉 * -r/ 변화의 논거에서 제외하고, 이 변화가 왜 일어났는지와 언제 일어났는지를 새로운 실증적 증거를 들어 다시 논의할 필요가 있다. 우선, 이 변화가 왜 일어났는지를 논의하기로 한다.

한국 고유어의 음절을 유심히 살펴보면, 음절말 자음 /-ㄹ/을 가지는 단어는 아주 많은 데에 반하여 음절말 자음 /-ㄷ/을 가지는 단어는 극소수에 불과하다는 사실이 드러난다. 인체명사를 예로 든다면, 음절말 자음 /-ㄹ/의 예로는 '털,

골(髓), 볼, 플, 슬(膚), 발' 등이 있으나 음절말 자음 /-ㄷ/의 예로는 '사타구니(股)'의 '샅' 하나뿐이다.

이 경향은 韓國字 표기에 사용되는 글자에 그대로 반영되어 있다. 위의 (21)에서 이미 예시한 것처럼, 음절말 자음 /*-r/은 '尸'이나 '乙'로 표기하고 음절말의 /*-s/는 '叱'로 표기했지만, 음절말 /*-t/를 표기하는 글자는 설정된 바가 없다. 韓國字 표기는 6세기 중엽까지 거슬러 올라가는데, 유독 음절말 자음 /*-t/만 표기 대상에서 제외된 것이다.[19] 이것은 고대 한국어에 /*-t/로 끝나는 음절이 많지 않았음을 말해 준다. 이러한 상황에서 한자음을 받아들인다면 한자음에서도 음절말 자음 /*-t/를 기피할(朴炳采 1971: 234~235) 가능성이 크다.

기저형에서 /*-t/를 회피하는 현상은 현대 한국어에 차용되어 들어온 영어 단어에서도 확인된다. 영어의 'foot'을 한국어에서는 '풋' 또는 '푸트'로, 일본어에서는 /futto/(フット)로 받아들인다. 이 예에서 볼 수 있듯이 차용어는 受容語의 음운목록과 음절구조에 맞게 대체하여 수용된다. 특히 한국어에서는 영어의 음절말 자음 /-t/를 기피하여 '-ㅅ'과 '-트'의 두 가지로 받아들여 주목된다.

(30) 영어의 음절말 자음 /-t, -d/의 한국어적 수용

단어 / 음절	shoot	shot	set	cut	bat	net	that	food	good
CVC	슛	샷	셋	컷	뱃	넷	댓	풋	굿
CVCV			세트	커트	배트	네트	대트	푸드	

(30)의 CVC 즉 1음절 어형은 주격조사 '-이', 계사 '-이-', 대격조사 '-을' 등이 뒤따를 때에 주로 사용되고 (30)의 CVCV 즉 2음절 어형은 영어 원음에 가깝게 발음할 때에 주로 사용된다. 이때 중요한 것은 1음절에서 영어의 음절말 자음 /-t/가 한국어의 '-ㅅ'으로 수용된다는 점이다. 한국인에게는 이것이 매우 자연스러운 수용이다. 기본형이 '-ㄷ'으로 끝나는 한국어 단어는 많지 않지만 '-ㅅ'으

19 앞에서 이미 지적한 것처럼 /*-ŋ/을 표기한 것도 보이지 않는다.

로 끝나는 단어는 현대 한국어에 아주 많기 때문이다. 그리하여 영어 'set'의 기본형을 /ses/(셋)으로 설정하고 여기에 中和 규칙을 적용하여 자연스럽게 표면 음성형 [set]을 도출한다.

이처럼 외국어를 수용할 때에 類推가 적용되어 기저형이 바뀌는 현상이 적지 않으므로, 유추가 촉발한 기저형의 변화가 고대 시기에도 있었다고 가정할 수 있다. 고대 한국의 고유어에는 음절말 자음 /*-t/는 별로 없었지만 음절말 자음 /*-r/은 아주 많았다. 따라서 우리는 대체 차용의 일종인 類推的 轉移(analogical shift)가 일어나 한어 중고음의 /*-t/를 /*-r/로 수용했다고 본다. 예컨대, 한자 '達'을 차용할 때, 고대 한국에서는 이 한자음의 기본형을 /*dat/ 대신에 /*dar/로 인식했을 것이다. 이처럼 기본형이 /*dat/에서 /*dar/로 전이된 것은, 현대 차용어에서 영어의 /set/가 /ses/로 전이된 것과 같다. 현대 차용어에서는 /t → s/ 전이가 일어난 데에 비하여 고대 차용어에서는 /*t → *r/의 전이가 일어난 것이다.[20]

(31) 중국 한자음을 티베트 문자로 표음한 자료

節 tser, 切 ts'er, 鬱 gur, 密 'bir, 勿 'bur, 滅 'byar, 厥 kwar, 悅 war, 弗 p'ur, 逸 yir, 察 c'ar (羅常培 1933)

(32) 터키어 단어를 중국 한자로 표음한 자료

1. Turkic Monuments: bilgä 苾伽, bolmis 沒密施, tarqan 達干, türk 突厥
   Uigur: pusar 菩薩, cirki/sirki 節氣, bir/biir 筆, mir 密 (宋基中 1995: 519~531)
2. Turkic: tar 達, Uigur : bur 佛 (李敦柱 2006: 276)

(31)은 한자음을 티베트 문자로 표음한 자료인데, 시기적으로는 8세기 중엽에

20 현대의 차용어 /ses/과는 달리, 고대의 차용어 /*dar/에 음절말 자음의 폐쇄음화가 일어나 [*dat]로 발음했는지 여부는 확인할 수 없다. 이 둘 사이에 차이가 있다면, 바로 이 음운과정이 확인되는지 안 되는지의 차이밖에 없다.

서 9세기 중엽의 자료에 해당한다. 이것은 이 시기의 중국 서북 방언에서 /*-t > *-r/의 변화가 일어났음을 암시한다(羅常培 1933). (31)과는 달리 (32)는 터키어 단어를 중국 한자로 표음한 자료이다. 이것을 보고 '沒'이 /*-l/을 표음하고 '達'이 /*-r/을 표음한 것이라고 함부로 단정할 수 없다. 중고음 시기의 漢語音에는 음절말의 /*-l/과 /*-r/을 정확히 표음할 한자가 없어서 한어 중고음의 입성운미 /*-t/를 사용하여 전사했을 가능성이 크기 때문이다. 그런데 한어의 /*-t/로 외국어의 /*-l/이나 /*-r/을 표음한 것도 궁극적으로는 유추적 전이의 일종이다. 한어에 없는 음절말 자음 /*-l/이나 /*-r/을 한어의 음절구조에 맞추어 /*-t/로 재해석한 것이기 때문이다.

지금까지 한국 한자음에서 /*-t → *-r/의 변화가 일어나게 된 원인을 유추적 전이에서 찾아보았다. 유추적 전이를 이용하면, 한국 한자음의 음절말 자음 /*-p/와 /*-k/는 고대로부터 현재까지 제 음가를 그대로 유지하는 데에 반하여, 유독 /*-t/만 /*-r/로 바뀌게 된 원인을 잘 설명할 수 있다. 한국 고유어에는 /*-p/와 /*-k/로 끝나는 음절이 아주 많으므로 한어의 입성운미 /*-p/와 /*-k/를 수용할 때에 아무런 수정 없이 그대로 받아들일 수 있었다. 반면에 고대 한국어에는 /*-t/의 예가 거의 없었던 데에 비하여 /*-r/의 예는 아주 많았으므로, 한어의 /*-t/를 한국어의 /*-r/로 재해석하는 유추적 전이가 일어났다고 설명할 수 있다.[21]

21 이와는 달리 魏國峰(2012)는 /*t → *r/ 변화의 원인을 간극동화에서 찾았다. 고대 한국인이 한어 중고음의 설내 입성운미 /*-t/를 'CVtV'로 받아들였고 'CVtV>CVrV>CVr'의 변화를 거쳤다는 것이다. 그러나 이 간극동화가 /*-p/와 /*-k/에서는 일어나지 않고 /*-t/에서만 일어났는지를 설명하지 않았고, 'CVtV'는 가정하면서도 왜 'CVpV'와 'CVkV'는 가정하지 않았는지를 설명하지 않았다. 이에 반해 유추적 전이를 이용하면 /*-p/와 /*-k/에서는 일어나지 않았던 변화가 왜 /*-t/에서만 일어났는지를 설명할 수 있고, 나아가서 'CVp'나 'CVk'와 다르게 2음절이면서 추상적인 'CVtV'를 설정할 필요도 없어진다.

2.2. /*-t〉*-r/ 변화의 시기

이제, 한국 한자음에서 이 유추적 전이가 언제 일어났는지를 논의하기로 한다. 이 전이가 한국어 내부에서 일어났다면 한국어 내부의 증거를 제시할 수 있어야 한다. 우리는 그 실증적 논거를 목간 표기에서 찾는다. 이때에 주목되는 표기는 함안 성산산성 목간에 기록된 '夲'과 '原'이다.

(33) 함안 성산산성 목간의 穀名 '夲'과 '原'

1. [鄒文■■■村以■夲石　>] (함안 53)
   {鄒文■의 ■■村에 사는 以■가 밀 (한) 섬}
2. [<■■■■六只伐支原石　　] (함안 195)
   {■■■■의 六只伐支가 밀 (한) 섬}

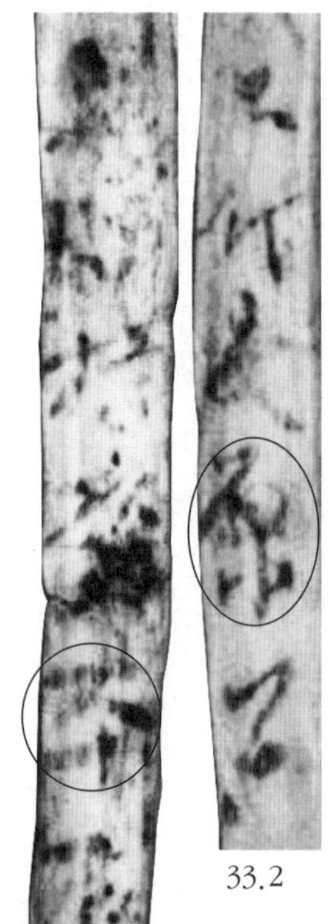

33.1　33.2

위의 '夲'과 '原'의 앞에 온 '以■'와 '六只伐支'는 인명이고 뒤에 온 '石'은 '*셤'으로 읽히는 單位名詞이다. 함안 성산산성 목간에서 인명과 단위명사 사이에 온 것은 거의 대부분 穀名이므로 '夲'과 '原'을 곡물의 일종이라 할 수 있다. 단위명사 '石' 앞에는 數詞가 오는 것이 원칙이지만, '一石'의 '一'은 생략될 때가 많고 '二'나 '三' 등의 수사는 항상 기록된다. 따라서 (33)의 '石'은 '一'을 보충하여 '*ᄒᆞᆫ 셤'으로 읽는다. 한국어에서는 '수사 # 단위명사'의 통사구조에는 이처럼 훈독을 적용하는 것이 원칙이다(李丞宰 2011다).

중요한 것은 이 數量詞句에서 인명과 단위명사 '石' 사이에 온 '夲'과 '原'이 어느 곡물을 표기한 것인지를 밝히는 일이다. 우리는 이들이 모두 '밀(小麥)'을 표기한 것으로 간주한다. 즉 (33)의 '夲石'과 '原石'을 중세 한국어의 '밀 ᄒᆞᆫ 셤'으로 해독한다. 이 해독은 언뜻 보아 아주 이상한 것처럼 보이지만, 사실은 그렇지 않다. 중세 한국어에서 '夲'과 '原'을 훈독하면 바로 '밑/믿'이 되기 때문이다. '本'과 '原'을 동일하게 /*mit/으로 훈독하는 것은 일본어에서 이 둘을 동일하게 /moto/로 훈독하는 것과 같다.[22] '夲'과 '原'의 한국어 훈 '밑/믿'을 논거로 삼아 우리는 '夲'과 '原'을 모두 /*mit/으로 재구한다.

그렇다면 (6)의 '夲'과 '原'은 한국 한자음에서 /*-t/가 /*-r/로 유추적으로 전이했다는 것을 논의할 때에 둘도 없이 귀중한 자료가 된다. 재구형 /*mit/은 후대의 '밀'에 대응하므로 한국어에서 독자적으로 유추적 변화가 일어났음을 함의한다. 이러한 변화를 드러내 주는 자료가 지금까지 전혀 발견된 바 없으므로 성산산성 목간의 '夲'과 '原'의 중요성은 더욱 커진다.

그런데, '夲'과 '原'이 정말로 /*mit/ 즉 후대의 '밀'을 표기한 것이라고 믿을 수 있을까? 이 의문을 불식하기 위한 논의가 필요하다. 한국에서는 일찍부터 곡물 '밀'과 '보리(麥)'를 재배해 왔다. 그런데 12세기 초엽에 저술된 『鷄林類事』에서는 '麥曰密'이라 하여 '麥'에 해당하는 한국의 고유어를 /*mir/이라 했고, 16세기에 저술된 『訓蒙字會』에서도 '麥'의 훈을 '밀'이라 했다.

현대 한국어에서는 일반적으로 '밀'을 '小麥'으로, '보리'를 '大麥'으로 표기한다. 따라서 그냥 '麥'으로 표기하면 '밀'을 지칭하는 것인지 '보리'를 가리키는 것인지 얼른 구별되지 않는다. 고대에서도 이처럼 두 곡물을 혼동할 가능성이 있으므로 함안 성산산성 목간의 '夲'과 '原'이 현대어의 '밀'에 대응하는지 '보리'에 대응하는지 논의할 필요가 있다.

결론부터 말하면 함안 목간에서는 '夲'과 '原'으로 '밀'을 지칭했고, '麥'으로 '보리'를 지칭했다. 이것을 증명하기 위하여 목간에 적힌 '麥'의 예를 모두 모아 보면 다음과 같다.

(34) 목간에 기록된 '麥'의 예

1. [可初智■負一麥石　　ㅈ] (함안 47)

22 한국어의 '믿'과 일본어의 /moto/가 同源語라는 것은 일찍부터 알려져 왔다.

{可初智가 ■ 짐 하나, 보리 (한) 섬}

2. [■利■麥石] (함안 126)

{■利■가 보리 (한) 섬}

3. [大村末那麥 >] (함안 52)

{大村의 末那에서 보리}

4. [得耕麥田一形半] (나주 6)

{得耕을 간 보리밭 한 골 반}

(35) 목간에 기록된 '面++里'의 예

[⁞ ■行還去收面++里石 食二 |] (해자 3)

{… 겉보리 (한) 섬, 食 두 갓}

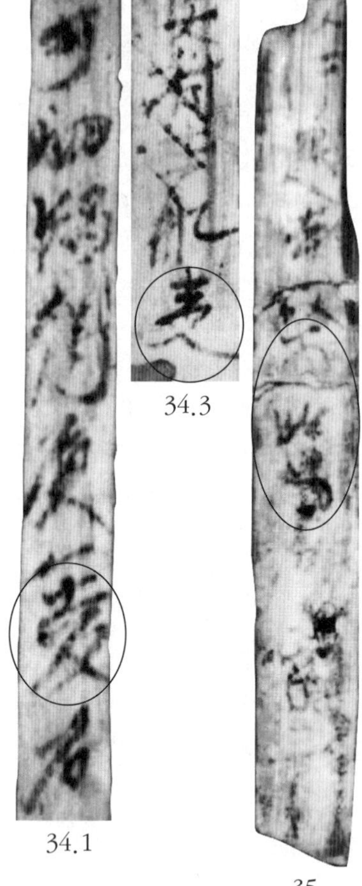

34.3

34.1

35

(34.1～2)의 예에서 '麥'이 단위명사 '石' 앞에 왔으므로 곡물의 일종임을 알 수 있다. (34.4)의 '麥田'은 복합명사 '보리밭'일 것이다. 고대 한국어에도 곡명 '보리'가 있었다는 사실은 (35)의 예로 다시 확인된다. (35)의 '++'는 '菩'에 기원을 둔 한자이므로 '*보'로 읽히고, '里'는 音字이므로 '*리'로 읽힌다. 이 '++里'가 현대 한국어의 '보리'에 대응하는 것이 분명하다. 더욱이 '++里'의 바로 앞에 온 '面'을 '겉'으로 훈독하면 '面++里'는 자연스럽게 '겉보리'를 표기한 것이라 할 수 있다. 따라서 (33)의 '夲'과 '原'은 곡물 /*mit/을 표기한 것이고 (34)의 '麥'은 '*보리'를 표기한 것이다. 이처럼 두 곡물을 엄격하게 구별하여 표기했으므로 '夲'과 '原'이 곡물 /*mit/을 표기한 것이라고 할 수 있다.

그런데, 이 /*mit/이 어느 때에 기록된 것일까? /*mit/을 '夲'과 '原'으로 표기한 목간은 모두 함안 성산산성에서 출토되었다. 이곳에서 출토된 목간은 성산산성의 축조와 긴밀한 관계를 가진다. 성산산성을 축조하는 과정에서 인부들이 먹을 곡물이 필요했다. 외지에서 성산산성으로 이 곡물을 보낼 때에 곡물에 부착했던 것이 바로 함안 성산산성 목간이다. 즉 이들은 대부분 荷札이다. 따라서 성산산성의 축조 시기를 문헌자료를 통하여 밝힐 수 있다면 성산산성 목간의 제작 시기도 추정할 수 있다. 이 築城 기사가 한국의 史料에는 보이지 않고 『日本書紀』에만 나타난다.

(36) 성산산성의 축성을 기록한 史料

故新羅築城於阿羅波斯山以備日本 (日本書紀 卷19 欽明紀 22年, 561年)

그러므로 (561년에) 신라가 阿羅의 波斯山에 성을 쌓아 일본에 대비했다.

이 기사에 따르면 阿羅(지금의 함안)의 波斯山(지금의 성산)에 성의 건축을 완료한 시기는 561년 정도가 된다. 대부분의 역사학자들이 이것을 믿고 있다. 더욱이, 일부의 함안 목간에는 '一伐, 一尺, 上干支' 등의 신라 지방 관등명이 기록되어 있다. 李成市(2000)은 '上干支'가 후대에 '上干'으로 바뀐 것으로 가정하고, '上干支'가 최초로 기록된 시기인 545년에 주목했다. 그리하여 함안 목간은 545년과 561년 사이, 즉 6세기 중엽에 제작된 것이라고 했다. 이에 따르면 곡물 '밀'을 가리키는 고대 한국어 /*mit/이 6세기 중엽까지 사용되었다는 결론이 나온다.

그런데 이것이 중세 한국어에서는 '밀'로 표기된다. 우리는 한국 한자음에서 6세기 중엽 이후에 일어난 /*-t 〉 *-r/의 유추적 전이에 휩쓸려 고유어 /*mit/이 '밀'로 변화했을 것으로 추정한다. /*mit/이 유추적 전이에 휩쓸리게 된 것은 아마도 /*mit/이 마치 차용어인 것처럼 인식되었기 때문일 것이다. 한반도의 남부 지방에서는 주로 '보리'를 재배하고 있었는데, 북부 지방에서 재배되던 /*mit/이 새로 들어오면서[23] 이 단어가 차용어로 인식되었을 가능성이 크다. '밀'의 원산지가 서남아시아이기 때문이다. 이와는 반대로, '低, 下'의 의미를 가지는 /*mit/은

23 북부 산간 지방에서는 밭에 밀을 재배하고, 남부 평야 지방에서는 논이나 밭에 보리를 재배한다.

차용어가 아니므로 현재까지도 '밀/믿'으로 본래의 음가를 유지한다.

이 해석에 따르면 한국 한자음이 한어 上古音을 수용한 것이라는 주장은 일단 설 자리를 잃게 된다. '筆'과 '墨'을 차용한 한국어 단어 '붇/붓'과 '먹'이 음절말 /*-t/와 /*-k/을 그대로 유지하고 있다는 사실을 기술할 때에는 이 상고음 기반설이 가장 좋은 학설이지만, 나머지 대부분의 한자에서 /*-t 〉 *-r/의 유추적 전이가 일어났다는 사실을 기술할 때에는 가장 설득력이 없는 학설이다. 그렇다고 하여 有坂秀世(1936/57)처럼 한국 한자음의 기반을 10세기로 늦춰 잡는 것도[24] 河野六郎(1968/79) 등이 이미 비판한 바 있듯이 옳지 않다.

앞에서 /*-t/가 유추적으로 전이하여 /*-r/이 된 시기의 상한을 6세기 중엽이라 했으므로 이제 그 하한을 논의하기로 한다. 李丞宰(2011다)는 익산 미륵사지 1호 목간의 표기를 분석하여 7세기 말엽이나 8세기 초엽 이전에 이 전이가 일어났다고 주장한 바 있다. 이 유추적 전이의 시기를 논증할 때에 이 목간의 표기가 매우 중요하므로 다시 거론하기로 한다. 이 목간의 표기는 아래의 (37)과 같이 판독되고 해독된다.

이해의 편의를 위하여 이 수사 목간의 표기법을 간단히 언급해 둔다. 이 표의 둘째 列과 다섯째 열을 대비해 보면 '毛, 新, 今, 如'의 네 글자를 제외한 나머지 글자가 모두 음독자로 사용되었음이 드러난다. 신라의 향가와는 달리 漢數詞 '一, 二, 千' 등을 사용하지 않고, 韓音字 위주로 숫자를 표기한 것이다. 이것은 이 목간의 표기법이 고대 일본의 音假名 위주의 표기법과[25] 같음을 뜻한다. 3장에서 이미 거론한 바 있지만, 이 일치를 바탕으로 일본의 音假名 위주의 표기법이 백제의 표기법에 기원을 두고 있다는 가설을 세울 수 있다.

(37)에서 주목되는 것은 고대 한국어 수사 7을 '日古巳'과 '二▣口巳'으로 표기했다는 점이다. 이들을 모두 음독하면 중세 한국어의 '닐굽, 닐곱'이 되므로 '日'과 '二▣'이 /*nir/에 대응한다. 이 대응에서 '日'이 /*nir/을 표음한 것이 분명하

24 伊藤ちゆき(2002)도 이처럼 늦춰 잡았다.

25 音假名를 이용하여 표기한 것으로는 『古事記』나 『日本書紀』에 실린 萬葉歌가 가장 유명하다.

므로, 漢語 中古音의 입성운미 /*-t/가 한국 한자음에서는 이미 /*r/로 대체되어 수용되었다고 할 수 있다.

(37) 미륵사지 1호 목간의 판독과 재구

	목간 표기	한어 중고음	중세어 어형	고대형 재구
1	(坐) 伽第巳	伽[群開C平戈] 第[定開4去齊]	(ᄌᆞ) *ᄒᆞ 듭	*gadəp
2	矣毛巳	矣[云開C上之] 毛{*털}	*이틀읍	*iterəp
3	新台巳	新{*새} 台[透開1平咍]	*사듭	*saidəp
5	刀士巳	刀[端中1平豪] 士[崇開C上之]	*다습	*tasəp
7	日古巳	日[日開AB入眞] 古[見中1上模]	*닐곱	*nirkop
	二■口巳	二[日開AB去脂] 口[溪中1上侯]	*닐굽	*ni■kup
8	今毛巳	今{*엳} 毛{*털}	*여둷	*jeterəp
	以?如巳 (氵 +)	以[羊開C上之] 如{*다/더}(氵 +)	*이덥 (agəi)	*jətep *jətap

이와는 달리, '日'이 음절말 자음 /*-t/를 가지는 /*nit/이었다면 고대 한국어의 수사 7은 /*nitkup/이나 /*nitkop/으로 재구될 것이다. 그런데 한국어 音韻史에서 장애음 /*k/ 바로 앞에 온 /*t/가 /*r/로 바뀌는 변화가 아예 없으므로 (37.7)의 '日'을 /*nit/으로 재구해서는 안 된다.

정반대의 길을 택하여 /*nir/로 재구하면 정확하게 한국어 음운사 기술과 맞아떨어진다. 그러므로 /*-t/가 유추적 전이로 말미암아 /*-r/로 바뀐 시기는 7세기 말엽 또는 8세기 초엽 이전의 시기이다. 미륵사지에서 함께 출토된 유물 중에는 이 시기 이전에 제작된 것이 많기 때문이다.

(33)과 (37)의 목간 표기를 논거로 삼으면, 한국 한자음에서 /*-t/가 /*-r/로 유추적으로 전이한 시기는 6세기 중엽에서 8세기 초엽 사이라고 범위를 좁힐 수 있다. 이것이 필자가 가지고 있는 잠정적 결론이다. 『삼국사기』에 나오는 여러 지명을 분석해 보더라도 거의 동일한 결론을 끌어낼 수 있다.

6세기 중엽으로부터 약 100년 후에 동북아시아에서 대규모 국제 전쟁이 벌어졌다. 신라는 당나라와 연합하여 백제와 고구려를 공격했다. 백제는 일본과 함께 이에 맞서 싸웠지만 660년에 멸망했고, 뒤를 이어 고구려가 668년에 멸망했다. 이 전쟁에서 50만이나 되는 당나라 병사가 한반도에 들어왔으므로, 많은 신라인들이 전에는 들어보지 못했던 唐代의 漢語를 직접 체험할 수 있었을 것이다. 이 과정에서 당시의 한어 중고음과 중국식 표현을 새로 익혔을 가능성도 충분하다. 그리고 약 100년이 흐른 뒤인 757년에 신라의 景德王은 한국 고유어 지명을 모두 한자어 방식의 지명으로 바꾼다. 예컨대, '吉同'을 '永同'으로, '推火'을 '密城'으로, '德勿'을 '德水'로, '勿居'를 '淸渠'로, '毛乙冬非'를 '鐵圓'으로 바꾼 것이다.

(38) 삼국사기 지리지의 지명

1. 永同郡 本吉同郡 景德王改名 今因之 (삼국사기 권제34)
2. 密城郡 本推火郡 景德王改名 今因之 (삼국사기 권제34)
   密津縣 本推浦縣[一云竹山] 景德王改名 今未詳 (삼국사기 권제34)
3. 泗水縣 本史勿縣 景德王改名, 今泗州 (삼국사기 권제34)
   德水縣 本高句麗德勿縣 景德王改名 今因之 (삼국사기 권제35)
4. 淸渠縣 本百濟勿居縣 景德王改名 今因之 (삼국사기 권제36)
5. 鐵城郡 本高句麗鐵圓郡 景德王改名 今東州 (삼국사기 권제35)
   鐵圓郡{一云毛乙冬非} (삼국사기 권제37)

(38)의 예들은 /*-t/가 유추적으로 /*-r/로 전이한 것을 논의할 때에 매우 중요한 예이다. (38.1)의 '吉'은 한어 중고음으로 [見開A入眞]의 음가 즉 /*kit/인데,

이것은 韓訓字 '永'의 고유어 '*길'에 대응한다. 이러한 대응 관계는 (38.2)의 韓音字 '密' /*mit/과 한훈자 '推'의 '*밀', (38.3)의 한음자 '勿' /*mut/과 한훈자 '水'의 '*믈', (38.4)의 한음자 '勿' /*mut/과 한훈자 '淸'의 '*ᄆᆞᆰ'의 대응에서도 확인된다. 이들에서 한훈자로 표기된 것은 각각 형용사 '*길-(永)', 동사 어간 '*밀-(推)', 명사 '*믈(水)', 형용사 '*ᄆᆞᆰ-(淸)' 등의 한국 고유어이다.

이 한국 고유어는 (38)의 예에서처럼 각각 韓音字인 '吉', '密', '勿', '勿'로 표기되기도 했는데, 이들의 음절말 자음으로 한어 중고음의 /*-t/를 택해야 할까 그렇지 않으면 한국 한자음의 /*-r/을 택해야 할까? 한국 한자음에서 /*-t/가 /*-r/로 전이된 시기가 10세기경이라고 주장하는 학자들은 당연히 /*-t/를 선택해야 한다.

그런데 이들의 선택이 올바른 것임이 입증되지 않는다는 데에 문제가 있다. 한국의 고유어 '*길-', '*밀-', '*믈', '*ᄆᆞᆰ-' 등이 각각 /*kit-/, /*mit-/, /*mɨt/, /*mʌt(g-)/으로 소급한다는 경험적 증거를 제시할 수 없다. 이들 단어가 기원적으로 음절말 자음 /*-t/를 가진다는 증거는 한국의 어떤 문헌 자료에서도 발견되지 않기 때문이다. 이들 한국 고유어의 음절말 자음을 한어 중고음의 /*-t/로 전사했으므로 이 고유어들을 /*kit-/, /*mit-/, /*mut/, /*mut(g-)/으로 재구해야 한다고 주장하는 것은, (32.1)의 터키어 'tarqan'을 중국인이 '達干'으로 전사한 것을 보고 터키어에 음절말 자음 /*r/이 없었다고 주장하는 것과 같다. 이 두 가지 주장 다 잘못된 것이다.

반대로, 우리는 이들 한국 고유어를 각각 '*길-', '*밀-', '*믈', '*ᄆᆞᆰ-' 등으로 재구한다. 이들은 15세기의 문헌 자료에서 확인되므로 실증적이다. 한국어에는 음절말의 /-t/보다 /-r/이 훨씬 많다는 사실을 앞에서 이미 거론한 바 있는데, 이들은 이 음운론적 조건도 충족한다. 우리의 음절말 자음 /*-r/을 지지해 주는 결정적 논거로는 (38.5)의 '鐵'과 '毛乙'을 들 수 있다. '鐵'은 韓音字 표기로, '毛乙'은 訓字와 音字의 결합 방식으로 즉 訓主音從의 방식으로 한국의 고유어 '*털'을 표기했다. 이 고유어도 고대로부터 현대까지 줄곧 음절말 자음 /-r/을 가지는 단어이다. '鐵'의 고대 한국 한자음이 /*t^het/ 또는 /*t^hjet/이었다면 '鐵'은 고유어 '*털'을 표기하는 데에 충분하지 않다. 음절말의 /*-t/와 /*-r/은 한국어에서는 아주 차이가 큰 음가이기 때문이다. 그러므로 (38.5)의 '鐵'은 이미 유추적 전이가 일어난 뒤의 어형 /*t^{h}er/ 또는 /*t^{h}jer/을 표기한 것이라고 보아야 한다.

지금까지 한국의 고유어를 음차의 방식으로 표기한 (38)의 '吉, 密, 勿, 鐵, 乙' 등의 음절말 자음이 /*-r/이었음을 논의했다. (33)에서 훈독자 '本'과 '原'으로 표기된 한국의 고유어 /*mit/ (*밑)은 음절말 /*-t/를 가지고 있다. 반대로 (37)에서는 '毛'가 /*t^{h}er/을 표기하고 '日'이 /*nir/을 표기한다. 이 세 가지 자료를 하나의 표로 정리해 보면 다음과 같다.

(39) /*-t → *-r/의 유추적 전이 시기 추정 자료

재구형 \ 시기		6세기	7세기	8세기	15세기 중세어
33.1	*mit	本訓[26]			밑
33.2	*mit	原訓			밑
37.2	*t^{h}er		毛訓		털
37.7	*nir		日音		닐
38.1	*kir-		吉音	永訓	길-
38.2	*mir-		推訓	密音	밀-
38.3	*mur		勿音	水訓	믈
38.4	*mur(g-)		勿音	淸訓	묽-
39.5	*t^{h}er		鐵音 毛訓乙音	鐵音	털

(33)의 함안 성산산성 목간에 기입된 표기는 6세기 중엽에, (37)의 미륵사지 목간에 기입된 표기는 7세기 말엽 또는 8세기 초엽에 기록되었다. (38)에서 신라 경덕왕이 새로 지명을 개명한 것은 8세기 중엽의 일이다. 이 개명 이전에 사용된 舊地名이 지리지에 기록되어 있는데, 이 구지명은 7세기 중엽까지 사용된 것으로 간주한다. 이 구지명에는 백제와 고구려가 멸망하기 이전에 사용했던 지명이

26 아래첨자 '訓'은 韓訓字임을, 아래첨자 '音'은 韓音字임을 나타낸다.

포함되었기 때문이다. 7세기 중엽까지 사용되었던 구지명은 한자어화하기 이전의 상태를 보여 주기 때문에 8세기 중엽의 新地名보다 훨씬 중요하다. 바로 이 구지명의 표기에 '吉, 勿, 鐵, 乙' 등의 韓音字가 사용되었다. 그렇다면, 7세기 중엽에 /*-t/가 /*-r/로 전이했을 가능성이 크다.

목간에 기록된 단어와 『삼국사기』의 지명을 종합하면, 이 유추적 전이가 6세기 중엽에는 일어나지 않았지만 늦어도 7세기 중엽에는 일어났다는 결론이 나온다. 이 결론에 따르면 현재까지 전승되고 있는 한국 한자음은 640년대에 저술된 玄應의 『一切經音義』에 기반을 두었을 가능성이 가장 크다.

중국의 한자는 기본적으로 표의문자이면서 形·音·義의 세 가지 요소로 구성된다. 한자의 字形이나 字義를 기술한 책은 기원전의 先秦시대와 漢代에 나왔다. 『爾雅』와 『說文解字』가 대표적인 예이다. 그러나 한자의 字音을 기술한 책은 6세기 중엽에 와서야 비로소 나오기 시작했다. 543년에 나온 梁나라 顧野王의 『玉篇』과 582년부터 편찬된 陸德明의 『經典釋文』에서 反切로 한자의 음가를 기술하였고, 601년이 되어서야 비로소 陸法言 등이 최초의 韻書인 『切韻』을 편찬했다. 640년대에는 佛家 최초의 언어사전이라 할 수 있는 玄應의 『一切經音義』가 편찬되었다. 『說文解字』와 같은 字書나 『爾雅』와 같은 類書에 비하여 韻書의 편찬이 이처럼 늦다는 것은 표준이 될 만한 한자음을 중국에서도 정하기 어려웠음을 뜻한다. 이것은 한국의 고대 삼국에서도 마찬가지였을 것이다. 6세기까지만 하더라도 어느 것이 표준적인 한자음인지 결정되지 않은 상태였으므로, 한국에서 독자적으로 한자음을 결정했다는 것은 선뜻 믿을 수가 없다.

7세기가 되면 중국 대륙이 통일되어 상황이 달라진다. 한자음의 표준을 제시했다는 점에서, 『切韻』은 중국의 지식인뿐만 아니라 고대 한국의 지식인에게도 중요한 지침이 되었을 것이다. 이때에는 삼국 모두가 불교 국가였으므로 玄應의 『一切經音義』가 끼친 영향도 무시할 수가 없다. 육법언의 『切韻』과 현응의 『一切經音義』를[27] 학습함으로써 한국 지식인들의 언어학적 소양이 높아졌다는 것은

27 音義는 텍스트 의존적인 언어 사전을 가리킨다. 텍스트에 나오는 어려운 한자나 한자어에 그 발음이나 의미를 알기 쉽게 풀이하여 텍스트 전체 내용을 정확하게 이해하도

분명하다.

예컨대, 신라 승려 順璟은 667년에 중국에 건너가 玄奘 문하에서 수학한 후에 귀국하여 여러 불경에 언어학적 註釋을 달았고, 백제 출신의 신라 승려 璟興(681년에 신라의 國老가 됨) 역시 수많은 언어학적 기술을 남겼다. 이 중의 일부가 順璟音義, 璟興音義라는 이름으로 일본의 古辭書에 인용되었다(南豊鉉 2003나). 특히 『无量壽經』에 경흥이 주석을 베푼 連義述文贊에서는 자형 주석이 13개, 자음 주석이 53개, 자의 주석이 230여 개 등 총 300개 가까운 항목에 사전학적 기술을 베풀었다(李丞宰 2008다). 대표적인 예를 하나 들어 둔다.

(40) 경흥의 사전학적 기술

1. **綜**子送反習也 陸法言切韻云機縷也 音並同也 (无量壽經 連義述文贊, 卷上25)
   '**綜**'은 反切로 '子送'의 발음이다. '習'의 뜻이다. 陸法言은 切韻에서 '베틀 실'의 뜻이라고 했다. 발음은 위와 같다.
2. **汚**{烏臥反}泥著物也 說文穢也 宜從初也 (无量壽經 連義述文贊, 卷下73)
   '**汚**'는 反切로 '烏臥'의 발음이다. '흙이 묻은 물건'의 뜻이다. 說文에서는 '더럽다'의 뜻이라고 했다. 첫째 뜻을 따라야 마땅하다.

경흥이 한자음을 기술한 것은 모두 53개인데, 이 중에서 23개의 예는 경흥이 독자적으로 反切을 단 것이고 27개의 예는 玄應音義의 반절을 그대로 인용한 것이다(李丞宰 2008다). 여기에서 경흥이 가장 많이 이용했던 텍스트가 玄應의 『一切經音義』임을 알 수 있다. 이 텍스트는 7세기 후반기의 신라 지식인들에게 가장 중요한 한자음 텍스트였다.

경흥이 표음한 53개 한자 중에서, 23개는 중국의 텍스트를 그대로 인용하지 않고 독자적인 反切로 한자음을 전사했다. 이 독자적 반절자는 모두 신라의 鄕札에서 생산적으로 사용되었던 글자이다. 이것은 경흥이 향찰 표기법을 정확하

록 도와주는 기능을 가진다.

게 알고 있었고, 나아가서 독자적으로 한국 한자음을 정확히 분석할 수 있었음을 암시한다(李丞宰 2008다). 한자음 분석이 완료되지 않은 상태에서는 독자적으로 개별 한자의 음가를 기술할 수가 없으므로, 경흥이 살았던 7세기 후반기에는 한국 한자음에 대한 분석이 완료되어 있었다고 보아야 한다. 이 음가 분석은 앞에서 말한 것처럼 玄應音義에 기반을 두었을 가능성이 가장 크다.

지금까지의 논의를 모두 종합하여, /*-t/가 유추적으로 /*-r/로 전이한 것은 7세기 후반기에 일어났다고 결론지을 수 있다. 이 결론은 기존의 논의와 다른, 새롭고도 독창적인 결론이다. 널리 알려져 있듯이, 한국 한자음은 일시에(단번에) 형성된 것이 아니다. 예컨대, '筆'과 '墨'에서 비롯된 '붇/봇'과 '먹'은 한어 上古音에 기반을 두고 있고, 12세기에는 '賜'나 '自'의 모음 /*i/가 한국 한자음에서도 /*ʌ/로 바뀌었으며, '分'을 '분'으로 읽지 않고 '푼'으로 읽는 독법은 중국 근대음에 기반을 두고 있다. 이처럼 한국한자음에 여러 층이 있는 것이 사실이지만, 음절말 /*-r/은 7세기 중엽 이후에 형성된 한국 한자음이다. 한국 한자음의 음절말 자음 /*-r/에는 예외가 없으므로 7세기 중엽 이후에 아주 많은 한국 한자음이 형성되었다고 해도 지나친 과장은 아닐 것이다.

이 결론을 이용하면, 한어 중고음의 입성운미 /*-t/가 일본 한자음에 /*-ts(i)/나 /*-ts(u)/로 반영된 것을 정확하게 기술할 수 있다. 일본 한자음에는 적어도 吳音과 漢音의 두 층이 있는데, 이 /*-ts(i)/나 /*-ts(u)/는 어느 층에서 형성된 것일까? 이 두 층 중에서 가장 오래된 일본의 吳音은 불교 용어에서 많이 쓰인다고 하고, 중국에서 직접 수입한 것이 아니라 한반도의 백제를 거쳐 수용한 것이라고 한다.

여기에서 주목해야 할 것이 百濟 漢字音이다. /*-t > *-r/의 유추적 전이가 7세기 후반기에 일어났으므로, 백제 한자음에서는 예전의 /*-t/가 그대로 유지되었다. 일본의 오음 /*-ts(i)/는 이 /*-t/를 수용한 것이라고 기술할 수 있다. 백제 한자음의 /*-t/를 수용하되 일본의 開音節 구조에 알맞게 /*-i/ 또는 /*-u/를 첨가하여 /*-ti/나 /*-tu/가 되고, 이것이 일본어의 음운구조에 맞게 파찰음 /*-tsi/ 또는 /*-tsu/로 바뀌었을 것이다.

반면에 일본의 漢音은 당 나라 때에 중국으로부터 직접 유입된 한자음이라고 한다. 일본에서 당에 遣唐使를 파견한 것은 630년대의 일이므로 7세기 중엽 이후에 일본의 한음이 형성되었다고 할 수 있다. 이때에 당 나라에서는 입성운미 /*-t/가 유지되었음이 분명하므로 일본의 한음에서 음절말 자음 /*-t/가 /*-ti/나 /*-tu/로 반영되는 것도 매우 자연스럽다. 이와 같이 해석하면, 한어 중고음의 /*-t/가 일본의 오음이나 한음에서 /*-ti/나 /*-tu/로 반영되는 현상을 자연스럽게 설명할 수 있다.

달리 말하면, 일본 한자음은 삼국통일 이후에 신라에서 일반화된 음절말 /*-r/을 수용하지 않았는데, 그 원인을 자연스럽게 설명할 수 있다. /*-t 〉 *-r/의 유추적 전이가 백제에서는 일어나지 않고 통일신라에서만 독자적으로 일어났기 때문이다.

지금까지의 논의를 간단히 정리해 보자. 한국에서 고대 목간이 언어학적 연구 대상이 된 것은 2000년대에 들어서서의 일이다. 연구 대상으로 부상한 것은 늦었지만, 목간 표기는 고대 한국어 연구에 결정적인 역할을 담당하게 되었다. 특히 음운론 연구의 길을 열어 준다는 점이 중요하다.

음운론적 관점에서는, 첫째로 일본어와는 달리 고대 한국어에 CVC 음절 즉 폐음절이 있었음을 강조했다. 목간에 표기된 고대 한국어 단어에서 많은 수의 CVC 음절을 찾아낼 수 있다. 한국의 전통적 韓國字 표기법에서는 음절말 자음을 표기하기 위한 글자가 따로 마련되어 있었다. 뿐만 아니라 한국 한자음에서는 고대로부터 현재에 이르기까지 음절말 자음 /-p, -r, -k, -m, -n, -ŋ/ 등이 유지되고 있다. 그러므로 고대 일본어와 마찬가지로(평행적으로) 고대 한국어에 개음절만 있었다는 가설은 옳지 않다.

둘째로, 한어 중고음의 入聲韻尾 /*-t/가 한국 한자음에서 /*-r/로 반영되는 현상의 원인과 시기를 논의했다. 한국어 단어에서는 고대로부터 현재까지 기저형에서 음절말 /*-t/를 기피하는 경향이 강하다. 이 점에 주목하여 /*-t/가 유추적으로 전이하여 한국 한자음에서 /*-r/이 된 것이라고 주장했다. 함안 성산산성 목간의 '夲'과 '原'은 훈독하여 /*mit/(*믿)으로 재구할 수 있는데, /*mit/이 이 유추적 전이에 휩쓸려 후대에는 '밀'로 변화했다. 익산 미륵사지 목간에서는 수사 7을 '日古巳'과 '二■口巳'으로 표기했는데, '日'과 '二■'은 /*nir/을 표음한 것이 분명하다. 함안 성산산성 목간은 6세기 중엽에, 미륵사지 목간은 7세기 말엽이나 8세기 초엽에 제작되었으므로, 한국 한자음에서의 유추적 전이는 7세기 중엽 이후에 일어난 것으로 추정된다. 이 추정은 7세기 후반기에 독자적으로 한자음을 기술할 수 있었을 정도로 신라의 언어학적 수준이 올라가 있었다는 사실과도 부합한다. 이 논의는, 일본의 오음이 백제에서 유입되고 한음이 7세기 중엽 이후의 당 나라에서 유입되었다는 기존의 논의와도 맞아떨어진다.

11. 系統論

목간 자료는 古代 三國의 言語系統論을 논의할 때에 반드시 거론하여야 할 자료이다. 대부분의 고대 목간은 10세기 이전에 작성되었다는 점에서 시기가 이를 뿐만 아니라 모두가 1차 자료이다. 따라서 목간은 언어계통론 자료 중에서 가장 신빙성이 높은 자료이다. 특히 백제목간이 언어계통론을 논의할 때에 가장 중요한 자료로 부각된다. 백제 자료의 희소성 때문이다.

삼국의 언어를 계통론의 관점에서 정리할 때에는 『三國史記』 地理誌의 지명이 가장 널리 이용된다. '城'을 뜻하는 단어를 예로 들어 설명하기로 한다. '城'을 뜻하는 고구려어 '忽[*홀]'은 백제어의 '夫里[*부리]'와 신라어의 '火{*블}, 伐[*벌]' 등과 대응된다. 이 대응에서 음상의 차이가 적다고 판단하면 고구려어는 백제어나 신라어와 더불어 南方系 언어에 속한다.

그런데 『三國志』 魏志 東夷傳의 '溝漊者 句麗名城也'라는 주석에서 '城'을 뜻하는 고구려어 '溝漊[*구루]'를 찾을 수 있다. 이에 대응될 만한 단어를 백제어나 신라어에서는 찾을 수 없다. 이 점을 강조하면 고구려어는 백제어나 신라어와 계통이 다른 北方系 언어가 된다. 이처럼 고구려어는 남방의 韓語와도 가까우면서도 北方의 알타이 諸語와 관계가 있다는(李基文 1998: 47) 중층성을 보인다.

여기에서 고구려어를 백제어나 신라어 등의 原始韓語 계통으로 볼 것인가 그렇지 않으면 原始夫餘語 계통으로 볼 것인가 하는 문제가 제기된다. 또한 백제어와 신라어를 하나로 묶어서 남방의 韓語라고 지칭할 수 있을지도 논증의 대상이다.

1. 백제어와 신라어의 관계

백제어와 신라어의 관계를 논의할 때에 목간 자료는 대단히 중요한 실마리를 제공한다. 나주 복암리 3호 목간의 '毛羅'가 그것이다. 이 목간의 후면에 나오는 '奈率, 扞率, 德率' 등의 관명으로 보아 이 목간이 백제 때에 작성된 것임을 쉽게 알 수 있다. 출토지가 나주 복암리 유적이라는 점에서 이것은 더욱 신빙성이 커진다. 작성 시기 추정에는 1행의 '□午年'을 참고할 수 있다. 이 목간의 서체를 감안한다면 이것은 庚午年(610년) 또는 壬午年(622년)일 가능성이 크다.

(1) 나주 伏岩里 목간 제3호

[전면] 1행: [(⦚ 午[?]年自七月十七日至八月卄三日 ⦚]

2행: [(⦚ 十 毛羅 ⦚]

3행: [(⦚ 半[?]那比高墻人等■■■ ⦚][1]

[후면] 1단: [(⦚ 尤[?]戶智次[2] 2단: 前巷奈率烏胡留[3]

夜之間[?]徒[4] 錫非頭扞率麻進[5]

■將法戶匊次 ■德率■ ⦚]

1 이곳의 '墻'을 '土席'으로, 또는 '鏑'의 '金'변 자리에 '石'이 온 것으로 판독할 수도 있다.
2 이 '次'를 '淚' 또는 '伏'으로 판독할 수도 있다.
3 이 '留'가 字形으로는 '甾'에 가깝다.
4 이곳의 '間'을 '問'으로 판독할 수도 있다.
5 이곳의 '錫'을 '鈞'으로 판독할 수도 있다.

여기에서 주목되는 것은 전면 2행 끝의 '毛羅'이다. 이 '毛羅'가 '村'을 뜻하지 않을까 하여 눈길이 간다. 전면 3행의 '半那比高墻人'이 3인의 인명일 가능성이 큰데 인명 앞에는 대개 지명이 오는 경우가 많으므로 '毛羅'가 '村'의 의미를 가진다고 추정할 수 있다. 이 추정이 옳다면 나주 목간의 '毛羅'는 울진 봉평비의 6행과 7행에 나오는 '牟羅'와 같은 것이 된다.

南豊鉉(2003가)에서 이미 울진 봉평비의 '牟羅', 제주도의 옛 명칭 '躭牟羅'의 '牟羅', 일본어의 /mura/(村)가 서로 대응한다고 논의한 바 있다. 여기에 나주 목간의 '毛羅'를 새로 추가하면, '村'을 지칭하는 단어 '毛羅'와 '牟羅'가 한반도의 남부 지역에서 두루 사용되었다는 결론이 나온다.

이것은 백제어와 신라어가 서로 큰 차이가 없었음을 보여 주는 훌륭한 자료이다. 나주 복암리 3호 목간은 7세기 초반의 자료로, 울진 봉평비는 6세기 초반의 자료로 추정되고 있기 때문에 이 둘은 시기적으로 100여년 정도의 차이밖에 나지 않는다. 또한 목간 자료와 금석문 자료는 필사 당시의 모습을 그대로 간직하고 있는 1차 자료이므로 신빙성이 가장 크다. 따라서 백제어와 신라어가 동일한 언어에 속하였음을 논의할 때에 나주 복암리 목간의 '毛羅'와 울진 봉평비의 '牟羅'보다 더 나은 자료는 없다. 이들은 原始 韓語를 논의할 때에 필수적인 자료인 것이다.

백제어와 신라어의 계통이 동일하다는 것을 논의할 때에 가장 중요한 자료는 아마도 數詞가 될 것이다.

3장의 數詞에서 이미 논의한 것처럼 익산 미륵사지 1호 목간에는 '伽第巳, 矣毛巳 新台巳, 刀士巳, 日古巳, 二■口巳, 今毛巳, 以?如巳' 등의 수사가 나온다. 이들의 어형을 재구하면 아래의 (2)와 같다.

미륵사지 1호 목간의 편년은 7세기 말엽에서 8세기 초엽에 걸치므로, 이 목간이 백제목간인지 신라목간인지를 먼저 밝힐 필요가 있다. 이것을 위하여 우리는 7장에서 표기법을 논의하면서 이 목간에 기록된 수사 표기가 韓音字 위주의 표기임을 들어, 여기에 백제어가 기록된 것이라 하였다. 이것을 논거로 삼아 (2)의 최종 재구형인 '*가둡(1), *이더릅(2), *새둡(3), *다솝(5), *닐곱/*닐굽(7), *여더릅/*읻덥(8)' 등이 백제어 수사라고 할 수 있다.

(2) 익산 미륵사지 1호 목간의 數詞 표기와 그 再構

	목간의 표기	漢語 中古音 중심 재구	韓國 資料 중심 재구	수사의 최종 재구
1	伽第巳	*gwadeip	*ᄒᆞᄃᆞᆸ	*gadəp/*가ᄃᆞᆸ
2	矣毛巳	*ɦɪəiterəp	*이틀읍	*iterəp/*이더릅
3	新台巳	*saitʰəip	*사ᄃᆞᆸ	*saidəp/*새ᄃᆞᆸ
5	刀士巳	*tauʤɪəip	*다ᄉᆞᆸ	*tasəp/*다ᄉᆞᆸ
7	日古巳	*nitkop	*닐곱	*nirkop/*닐곱
	二▣口巳	*ni▣kʰup	*닐굽	*ni▣kup/*닐굽
8	今毛巳		*여덟	*jeterəp/*여더릅
	以?如巳 (氵+)	*jɪəitep, *jɪəitap(*agəi)	*읻덥 (*아긔)	*jətep/*jətap/*읻덥 *읻답(*agəi/*아긔)

백제와 신라의 표기법이 서로 다르다는 사실은 아래 (3)에 열거한 신라목간의 수사 표기에서 바로 확인된다.

(3) 신라목간의 數詞[6]

1. 四刂 = *너리(>네)

   酒四刂瓮 (함안 218)

2. 三巳 = *사ᄃᆞᆸ

   [氵東門迲三巳在] (월지 5)

3. 一巳 = *ᄒᆞᄃᆞᆸ

   [(▣己▣禾卌] [(一?巳缶卌六龍] (월지 41)

4. 丨彡 = *다ᄉᆞᆷ

   人丁六十巳?丨彡 (함안 221)

---

6 이해의 편의를 위하여 韓訓字 밑에는 실선을, 韓音字 밑에는 점선을 그었다.

5. 丨沙巳 = *다숩

丨?沙巳月? (하남 6)

(3.1~3)에서는 '一, 二, 三' 등의 漢數詞를 사용하여 수사를 표기했고, 訓主音從의 표기법을 적용했다. (3.1)의 '刂'와 (3.2~5)의 '巳'은 분명히 말음첨기의 용법으로 사용되었기 때문에, 이들에는 분명히 신라의 표기법이 적용되었다. 따라서 이들 수사는 신라어 수사라고 해야 한다. 실제로 이들의 출토지는 모두 신라에 속해 있었다.

(2)의 백제어 수사와 (3)의 신라어 수사를 대비해 보면 상호 간에 일치하는 것이 적지 않다.

수사 1의 백제어 재구형 /*gadəp/ 즉 '*가댭'은 신라어 재구형 '*ᄒᆞ둡'에 대응한다. 어두 자음에서 백제어는 /*g/이고 신라어는 '*ㅎ'이라는 차이가 있지만 이것은 사소한 차이이다. 더욱이, 백제어의 어두 자음 /*g/는 변이음 [*ɦ]를 포괄하는 음소이므로(이승재 2013다) 신라어 '*ᄒᆞ둡'의 '*ㅎ'과 얼마든지 대응할 수 있다. 12세기 초에 편찬된 『二中曆』에 '一日'을 /*katana/로 전사한 예가 나온다. 이 예를 감안하면 '*ᄒᆞ둡'의 'ᄒᆞ'를 백제목간에서 '伽'로 전사한 것은 전혀 문제가 되지 않는다.[7]

수사 2의 백제어 재구형은 /*iterəp/ 즉 '*이더릅'이다. 이에 대응하는 신라어 수사가 목간에서는 발견되지 않는다. 그러나 鄕歌에는 '二肸隱'(처용가)의 '二肸'과 '二尸掌音毛乎支內良'(도천수대비가)의 '二尸'이 나온다. 석독구결 자료인 『華嚴經疏』 권제20에도 '二ㄕ'이 나오고, 『鷄林類事』에서는 '二曰途孛'이라 하였다. 이들의 '二肸, 二尸/二ㄕ, 途孛' 등을 종합하여 신라어 수사 2를 '*두블' 정도로 재구할 수 있다. 이 '*두블'과 백제어 재구형 '*이더릅'은 전혀 일치하지 않는다.

그러나 수사 2와 관련되는 단어로 우리는 15세기의 복합어 '이듬ᄒᆡ(翌年)'와

7 수사 1을 표기한 것으로는 鄕歌의 '一等'과 『鷄林類事』의 '河屯'이 유명하다. 이들의 語中 '*ㄷ'이 'ㄹ'로 바뀌는 통시적 변화가 일어나면, '*ᄒᆞ둡'이 현대어의 '하릅'이 된다. 이 '하릅'이 "하룻강아지 범 무서운 줄 모른다"는 속담에서는 '하룻'으로 바뀌었다.

표준어 및 함북 방언의 '이듭' 등의 어형을 알고 있다. 석독구결 자료인 『瑜伽師地論』 卷第20에 '二㐃 第七 ㆆ' 즉 '*이듬 자힛 ㆆ'(26장 14행)가 나온다. 이들의 '이듭, 이듬'과 백제어의 재구형 '*이더릅'은 語基가 동일한 '*읻'이다. 따라서 이것이 한반도의 중부와 남부 지역에서 두루 사용되었으리라 추정할 수 있다. 결론적으로, 수사 2의 語基에는 '*읻'과 ('*두블'의) '*둡', 두 가지가 있다. 백제목간에서 '*읻'이 확인되고 신라어 자료에서 '*둡'이 사용되어 상호 배타적으로 사용되었던 것처럼 보이지만, 이 두 어기가 백제와 신라에서 공통적으로 사용되었을 가능성을 배제할 수 없다.

수사 3의 백제어 재구형 /*saidəp/ 즉 '*새듭'은 신라어 재구형 '*사듭'과 일치한다. 하향 활음 /*-i/의 유무에서 차이가 있지만, 이것은 아주 작은 방언 차이로 이해할 수 있다. '新'의 훈이 중세 한국어에서는 '새'이지만, 백제어에서는 '*사'였을 가능성도 있다. 따라서 이 둘의 대응관계를 믿기로 한다.

수사 5의 백제어 재구형 /*tasəp/ 즉 '*다숩'과 신라어의 '*다舍/*다숩'의 대응도 믿을 만하다. 문제가 되는 것은 오히려 백제어 '刀士巳'의 '刀'가 豪韻 1등에 속하고 豪韻 1등은 한국 한자음에서 /*a/가 아니라 /*o/로 반영된다는 점이다. 이것을 강조하면 백제어를 /*tasəp/보다는 /*tosəp/으로 재구하는 것이 나을 것이다. 이러한 문제가 있기는 하지만, 이것과 신라어 '*다舍/*다숩'의 차이는 역시 언어의 차이가 아니라 방언의 차이에 불과할 것이다.

가장 중요한 일치는 수사 8에서 찾을 수 있다. 백제목간의 '今毛巳'에 '今毛'이 나오는데, 이것은 華嚴經寫經造成記(755년)의 旨語에 나오는 '今毛大舍'의 '今毛'과 정확히 일치한다. 이 '今毛'은 韓訓字 표기이므로 '*엳털/여덜'로 읽을 수 있고, 수사 8에서 비롯된 인명임이 분명하다. 따라서 수사 8에서 백제어와 신라어가 공통됨을 알 수 있다.

위에서 본 수사의 일치를 통하여 우리는 백제어와 신라어를 하나의 공통어로 묶을 수 있다. 수사 1, 3, 5, 8의 네 가지 수사에서 백제어와 신라어가 일치하기 때문이다. 수사 2에서는 백제어와 신라어가 불일치하지만, 그렇다고 하여 이 불일치가 나머지 수사에서의 일치를 무너뜨릴 정도는 아니다. 수사에서의 일치를 논거로 삼아 우리는 백제어와 신라어를 하나의 언어로 묶는다. 이 언어를 李基文(1972)에서 남방의 韓系語라 했음은 주지의 사실이다.

중부와 남부 방언의 수사 7은 중세어의 '닐곱/닐굽'으로 소급하고 수사 10은 '열/엻'로 소급한다. 그런데 북부 방언에서는 독특하게도 수사 10을 '담불'이라고도 한다. 이 '담불'은 아마도 남방 韓系語에서 유래한 것이 아니라 북방의 夫餘系語에서 유래했을 것이다.

2. 남방 韓系語와 북방 夫餘系語의 수사

위에서 정리한 것은 모두 남방 韓系語 계통의 수사이다. 이제 북방 夫餘系語 계통의 수사를 정리해 보기로 한다. 널리 알려져 있듯이 『삼국사기』 지리지 권제37에는 高句麗語의 수사가 들어가 있는 지명이 나온다.

(4) 고구려 지명의 수사

1. 三峴縣一云密波兮
2. 五谷郡一云于次云忽[8]
3. 七重縣一云難隱別
4. 十谷縣一云德頓忽 (이상 『삼국사기』 지리지 권제37)

(4.1)에서 수사 3(三)에 대응하는 고구려어가 '密'이고, (4.2)에서 수사 5(五)에 대응하는 것은 '于次'임을 알 수 있다. 또한 (4.3)에서 수사 7(七)이 '難隱'에 대응하고 (4.4)에서 수사 10(十)이 '德頓'에 대응한다.

3의 '密'은 한어 중고음으로 [明中B入眞]이므로 /*mit/으로 재구된다.

5의 '于次'에서 '于'는 한어 중고음으로 [云中C平虞]이고, '次'는 [淸開AB去脂]이

---

8 이곳의 '于'를 '弓'으로 판독하기도 한다.

다. 그런데 고구려어 자음체계에서는 '于'의 聲母인 云母가 影母에 편입되어 하나의 음소 影母·云母 /*ʔ/가 된다. '于'의 韻母인 虞韻은 한어 중고음에서 /*ɥo/의 음가를 가지는데, 이때의 /*ɥ/는 전설 원순 활음이다. /*ɥ/가 고구려어 음운체계에 없는 음소이기 때문에 이것을 고구려어에서 수용할 때에는 음운론적 환경에 따라 두 가지로 나누어 수용한다. 舌齒音의 뒤에서는 /*j/로 수용하고 脣音이나 牙喉音의 뒤에서는 /*w/로 수용한다. '于'는 성모가 云母이므로 아후음의 뒤에 虞韻이 온 '于'의 음가는 /*ʔwu～*ʔu/이다.[9] '次'의 한어 중고음은 성모가 淸母이므로 [*ʦʰ]이지만 고구려어의 파찰음에서는 유기음과 무기음의 구별이 없으므로 /*ʦ/로 수용된다. '次'의 脂韻 3등 AB는 고구려어에서 */ji～*i/로 수용된다. 따라서 수사 5에 대응하는 고구려어 '于次'는 /*ʔuʦi/ 정도로 재구할 수 있다. 이것을 고대 일본어의 수사 5 즉 /*itu/와 대비하면, 고구려어에서 /*t/ 구개음화가 일어났음을 알 수 있다(金完鎭 1968/71).

수사 7의 '難隱'에서 '難'과 '隱'의 한어 중고음은 각각 [泥開1平寒]과 [影開C上欣]이다. '難'의 泥母는 한어 중고음에서 /*n/이고 寒韻은 /*an/이므로 '難'은 /*nan/으로 재구할 수 있다. '隱'의 성모인 影母는 /*ʔ/이고 欣韻 3등 C는 고구려어에서 /*jən/으로 수용된다. 따라서 '難隱'은 /*nanʔjən/이라 재구할 수 있다. 이것이 고구려어 수사 7의 음가라고 추정된다.

廣開土大王碑에 2회 사용된 '那旦城'에서도 수사 7을 찾을 수 있다. 이곳의 '那旦'이 수사 7을 뜻하는 원시 퉁구스어의 /*nadan/과 대응된다고(李基文 1972: 26) 한다. 한어 중고음으로 '那'는 [泥開1平歌]의 음가이고, '旦'은 [端開1去寒]의 음가이다. 이 중고음 음가를 강조하면 那旦을 /*nadan/보다는 /*natan/으로 재구하는 것이 나을 것이다. 李基文(1972: 35)에서는 이들의 어중 /*d/ 또는 /*t/가 '難隱'에서는 /*n/으로 변화했다고 보았다.

수사 10의 '德頓'에서 '德'은 한어 중고음으로 [端開1入登]이다. 고구려어에서는 '德'의 한어 중고음 [端開1入登]이 /*tək/으로 수용된다. '頓'은 [端合1去魂]의 음

9 고구려어의 음운체계에 대한 자세한 기술은 李丞宰(2016)을 참고하기 바란다.

가이므로 /*ton/으로 수용된다. 따라서 고구려어 수사 10을 /*təkton/으로 재구할 수 있다.

그런데 흥미로운 것은 고구려어 수사 4종이 고대 일본어의 수사와 대응한다는 점이다(Lee Ki-Moon 1963). 즉, 고구려어의 수사 3 즉 '密 = /*mit/'이 고대 일본어의 /*mi/에, 수사 5 즉 '于次 = /*ʔutsi/'가 /*itu/에, 수사 7 즉 '難隱 = /*nanʔjən/'이 /*nana/에, 수사 10 즉 '德頓 = /*təkton/'이 /*töwö/에 각각 대응한다고 한다. 이 대응은 믿을 만하므로 고구려어의 수사와 고대 일본어의 수사가 동일 계통이라고 말할 수 있다.

지금까지 논의한 백제어, 신라어, 고구려어의 수사를 하나의 표로 정리해 보면 아래의 (5)와 같다.

이 표를 통하여 고구려어 수사와 고대 일본어 수사가 현저하게 유사함을 알 수 있다. 이것을 논거로 삼아 고구려어와 고대 일본어의 言語分化의 연대가 그다지 오래지 않음을 알 수 있다(李基文 1972: 36). 이와 마찬가지로, 백제어 수사와 신라어 수사가 현저하게 유사하다. 따라서 이 두 언어를 남방의 韓系語로 묶는 것이 가능하다.

그런데 무엇보다도 중요한 것은 백제어나 신라어의 남방 韓系語 수사가 북방 夫餘系 언어의 일종인 고구려어의 수사와는 전혀 일치하지 않는다는 점이다. 수사 3에서 韓系語는 /*saidəp~ *sadəp/인 데에 반하여 북방의 고구려어와 고대 일본어는 /*mit~*mi/이다. 수사 5에서 남방어는 /*tasəp~*tasap~*tasəm/인 데에 반하여 북방어는 /*ʔutsi~*itu/이다. 수사 7에서 남방어는 /*nirkop~*ni■kup/인 데에 반하여 북방어는 /*natan~*nanʔjən~*nana/이다. 이 3종의 수사에서 남방어와 북방어가 전혀 일치하지 않는다.

이 차이를 강조하면, 남방의 韓系語와 북방의 夫餘系語는 수사에서 서로 차이가 나는 별개의 언어였다고 말할 수 있다. 따라서 목간 표기의 수사는 남방의 韓系語와 북방의 夫餘系語가 서로 다른 언어였음을 주장할 때에 가장 핵심적인 자료가 된다.

(5) 백제어, 신라어, 고구려어, 고대 일본어의 數詞 대비

수 \ 언어	백제어	신라어	고구려어	고대 일본어
	목간표기 재구형	목간표기 재구형	삼국사기 재구형	재구형
1	伽第巳 *gadəp	一巳 *hədəp 一等[10] *hədən		
2	矣毛巳 *iterəp	二尸[11] *tubər		
3	新台巳 *saidəp	三巳 *sadəp	密 *mit	*mi
4		四刂 *neri		
5	刀士巳 *tasəp	丨沙巳 *tasap 丨彡 *tasəm	于次 *ʔutsi	*itu
6				
7	日古巳 *nirkop 二▣口巳 *ni▣kup		難隱 *nanʔjən 那旦 *natan	*nana
8	今毛巳 *jeterəp 以如巳 *jətep	今毛[12] *jeter		
9				
10			德頓 *təkton	*töwö

10 이것은 鄕歌에 나온다.

11 이것도 鄕歌에 나온다.

12 이것은 신라목간이 아니라 華嚴經寫經造成記(754년)에 나온다.

서양과 동양을 막론하고 수사에서의 일치는 언어계통론을 논의할 때에 아주 중요한 자료가 된다. 그런데 기존의 고대어 자료만으로는 한국어 수사에 어떤 것이 있는지조차 파악할 수가 없었다. 우리가 연구 대상으로 삼은 木簡에는 다행히도 백제어 수사와 신라어 수사가 적잖이 나온다. 이들을 논의 대상으로 삼으면, 백제어와 신라어는 하나의 언어로 묶일 정도로 가까운 사이이다. 李基文(1972: 41)는 이것을 남방 韓系語라고 불렀다. 반면에 고구려어의 수사는 이 남방 한계어의 수사와 전혀 일치하지 않는다. 따라서 고구려어를 북방 夫餘系語의 일종이라 하여 남방 韓系語와 구별할 필요가 있다.

李基文(1972: 41)는 한국어의 형성 과정을 다음과 같은 표로 요약한 바 있다.

(6) 한국어의 형성

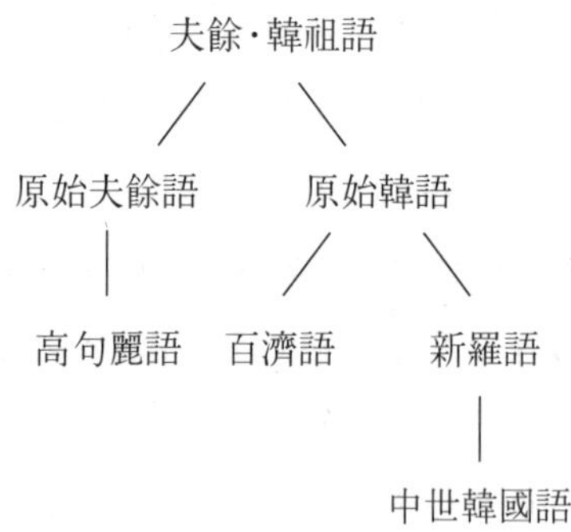

백제어와 신라어는 동일 계통의 수사를 사용했으므로 이 둘을 하나로 묶어 原始韓語라고 할 수 있다. 이 원시한어의 수사가 고구려어의 수사와 크게 다르므로 이에 대립하는 原始夫餘語를 설정할 수 있다. 이것을 가장 확실하게 증명해 주는 자료가 목간 자료의 수사임을 다시 한 번 강조해 둔다.

그런데 흥미롭게도 고구려와 백제의 수사 표기법이 유사한 데에 비하여 신라의 수사 표기법은 크게 차이가 난다. 신라목간에서는 單자리 숫자를 표기할 때에 韓訓字가 앞에 오고 韓音字가 뒤따른다. 비록 4개의 용례에 불과하지만 이 원칙을 어기는 것은 없다. 이것은 신라의 末音添記와 訓主音從의 표기법이 신라

고유의 것임을 말해 준다. 신라는 중국으로부터 멀리 떨어져 있어서 독자적인 표기법을 고안하기에 알맞은 환경이었다. 이 지리적 환경 덕택에 고도의 표기법인 말음첨기와 훈주음종의 표기법을 독자적으로 개발할 수 있었다고 추정한다.

이에 비하여 미륵사지 1호 목간의 8개 수사에는 이 표기법이 적용되지 않았다. 이것은 신라목간과 미륵사지 수사목간의 표기법이 서로 다르다는 것을 의미한다. 미륵사지의 수사 목간에서 '巳'를 첨기한 것은 신라 표기법의 영향을 받은 것이 분명하다. 그러나 미륵사지 수사목간에서는 韓訓字가 앞에 오고 韓音字가 뒤따르는 표기법이 아니라는 점에서 신라목간이 아니라 백제목간이라고 할 수 있다.

이에 따르면 고구려와 백제의 표기법이 유사하고, 신라의 표기법은 독특하다고 말해야 한다. 고구려와 백제의 표기법이 韓音字 위주의 표기법이라면 신라의 표기법은 訓主音從이 대세이다. 백제가 언어적으로는 신라와 가까웠지만, 표기법에서는 오히려 고구려와 가깝다.

12. 결론

2003년에 『韓國의 古代木簡』이 간행된 이후로 늦게나마 한국에서도 목간 연구가 다방면에서 크게 활성화되었다. 어문학 분야에서도 장족의 발전이 있었는데, 그 효시는 金永旭(2003)이라 할 수 있다. 百濟木簡에서 백제 詩歌를 하나 찾아냄으로써 언론에 대서특필되었고, 이를 계기로 목간에 주목하는 학자들이 많아졌다.

주지하다시피 목간은 기록 당시의 실물 자료이므로, 고대의 각종 金石文이나 古文書와 더불어 기록 당시의 書寫文化를 생생하게 전해 준다. 이 점에서 후대에 편찬된 각종 문헌과는 근본적으로 자료의 성격이 다르다.

新羅는 一次 實物 자료인 금석문이 적지 않은 편이다. 이 점에서 신라의 언어가 금석문에 적지 않게 기록되었을 것이라 예상할 수 있으나 실상은 그렇지 않다. 국가적 기록물이나 판결문을 금석에 새겨 넣었지만 고유명사를 제외하면 언어 자료라고 할 만한 것이 많지 않다. 반면에 신라의 목간에는 각종 物名이 적지 않게 기록되었고 일부의 목간에는 詩歌나 文書 등이 기록되었다. 이들을 통하여 금석문이나 문헌 자료에 등장하지 않는 신라어의 모습을 생생하게 엿볼 수 있다.

백제목간이 출토되기 이전에는 백제어를 기록한 실물 자료가 거의 없었다. 백제의 금석문과 고문서가 거의 전해지지 않으므로 실물 자료 중심의 백제어 연구는 거의 불가능한 상태였다. 이 점에서 새로 발굴된 백제목간은 모두가 백제어 연구의 핵심적 자료가 된다. 백제어에 어떤 단어가 있었는지, 백제어의 語順은 어떠했는지, 訓讀과 音讀의 표기법이 있었는지 등의 언어학적 사실을 말해 주는 백제어 자료로는 백제목간이 유일하다고 해도 과언이 아니다.

文化財廳·國立加耶文化財硏究所(2011)의 『韓國 木簡字典』을 기준으로 삼으면 한국에서 발굴된 목간 형태는 558점이고, 문자가 기록된 목간은 440점이다.[1] 중국이나 일본에 비하면 턱없이 적은 수치이다. 그렇다 하더라도 이들이 가지는 언어학적 가치는 작지 않다. 목간에 기록된 고대어를 정리하고, 이것을 이용하여 목간의 국어사적 가치를 밝히는 것이 우리의 연구 목표이다.

우리는 이 목간을 모두 판독·해독하여 연구 자료로 삼았다. 목간은 언제 작성된 것인지 불명확할 때가 많으므로 그 시기 추정에 국어학적·고고학적·역사학적·서예사적 정보를 총동원하였다. 그런 다음에 목간의 형태를 어떻게 표시할 것인지도 간단히 논의하였다.

1. 單語

먼저, 單語 단위에서 거둔 성과를 요약해 보기로 한다. 목간에 기록된 단어 중에서 특기할 만한 것은 數詞와 單位名詞가 많다는 점이다. 이것은 목간의 여러 유형 중에서 발송하는 물건에 부착하는 꼬리표 목간이 가장 많이 발굴되었기 때문이다.

1 高句麗 목간이 발굴되었다는 보고를 지금까지 듣지 못했다.

1.1. 數詞

익산 미륵사지 1호 목간에는 고대 한국어 數詞가 기록되어 있다.

(1) 익산 미륵사지 1호 목간 판독

1면: [__光幽五月二日■]

2면 1행: [■新台巳日古巳刀士]

3면: [巳以?如巳ㄋ十二■]

4면: [口巳今毛巳■■■]

2면 3행: [坐伽第巳______]

2면 2행: [______矣毛巳___]

(1)의 판독문에서 '光幽'는 陷沒年號이고, '五月二日'의 뒤에 온 '■■'는 기록자의 인명일 것이다. 나머지 부분은 모두 '巳' 단위로 분절된다. 비록 8개 항목에 불과하지만 이들이 고대 한국어에 대해 암시하는 바는 자못 크다. 첫째, 해독의 열쇠를 쥐고 있는 접미사 '巳'이 무엇인가? 둘째, '以?如巳ㄋ十'의 'ㄋ十'는 무엇인가? 셋째, 이들에 적용된 표기법은 어떤 것인가? 넷째, '巳'의 앞에 온 어형은 무엇인가? 이런 문제를 하나씩 풀어내어, 이들이 고대 한국어의 數詞 語族이라는 결론에 도달했다(李丞宰 2011다).

아래의 (2)에서 볼 수 있듯이, 가축의 나이를 셀 때에 생산적으로 사용된 접미사로 '-ㅂ/읍'이 있다. 이것이 익산 미륵사지 1호 목간에서 접미사로 사용된 '巳'에 대응한다. '巳'은 字形의 관점에서 무척 흥미롭다. '巳'이 吏讀에서 '福, 伏, ㅏ, 巴' 등의 인명 접미사에 대응하는 것에 초점을 맞추면 '巳'를 /*po/로 읽고 그 字源을 '包'에서 찾게 된다(南豊鉉 1985). 그러나 '巳'이 '巴'의 小篆體와 흡사하다는 점을 고려하면(南豊鉉 1985: 19, 權仁瀚 2007) '巳'은 '邑'의 '口'가 생략된 韓半字라고 할 수 있고 그 음가를 /*(ə)p/이라 할 수 있다. (2)의 再構形은 이것을 택한 것인데, 이에 따르면 '巳'은 /*(ə)p/으로 읽히는 수사 접미사가 된다. '巳'처럼 목간에 기록된 韓半字가 적지 않다는 점에 주목할 필요가 있다.

(2) 數詞 語族

어형 / 수	목간 표기	재구형[2]	소의 나이			날짜 (중세)
			표준어	제주 방언	함북 방언	
1	(坐) 伽第巳	*(dzwa) gadəp	하릅	금승	하릅	ᄒᆞᄅᆞ
2	矣毛巳	*iterəp	이듭	다간	이듭, 이들비	이틀
3	新台巳	*saidəp	사릅	사릅	사릅	사ᄋᆞᆯ
4			나릅	나릅	나릅	나ᄋᆞᆯ
5	刀士巳	*tasəp	다습	다습	다습	닷쇄
6			여습	여습	여습	엿쇄
7	日古巳	*nirkop	이릅	일곱		닐웨
	二■口巳	*ni■kup				
8	今毛巳	*jeterəp	여듦	여답, 여덥		여ᄃᆞ래
	以?如巳 ㇌ +	*jətep (agəi)				
9			아습	아홉		아ᄒᆞ래
10			열릅, 담불	열		열흘

(2.8)의 '以?如巳 ㇌ +'에서 '㇌ +'는 후대의 이른바 口訣字와 자형이 같다. 널리 알려져 있듯이, 구결자 '㇌'의 字源은 '良'이고 '+'의 자원은 '中'인데, 이것은 두 가지 문제를 제기한다.

첫째, 이 목간은 기존의 텍스트에 조사나 어미 등의 吐를 부가한 것이 아니므로 이곳의 '㇌'와 '+'를 口訣字라고 지칭하는 것은 부적절하다. 따라서 '㇌'나 '+'는 위의 '巳'과 더불어 韓半字의 일종이라 하는 것이 정확하다.

둘째, 이 목간의 韓半字가 백제 기원인지 신라 기원인지를 밝혀야 한다. 이 목간이 백제 지역이었던 익산 미륵사지에서 출토되었다는 점에서는 百濟木簡이라

2 여기에 제시한 재구형은 백제어의 음운체계를 고려한 것이다.

할 수 있지만, 목간의 작성 시기를 기준으로 하면 新羅木簡이라 할 수 있다. 함께 출토된 유물 중에 開元四年(716년)銘 瓦片이 있으므로(국립부여문화재연구소 1996: 170) 이것을 기준으로 말하면 이 목간은 신라목간이 된다. 660년에 백제가 멸망한 이후로 50년가량 경과한 다음에 이 목간이 제작되었다고 보아야 하기 때문이다. 이 'ȝ +'는 백제 멸망 이후에 신라 표기법의 영향을 받은 것이 분명하다. 'ȝ'와 '+'를 신라목간에서는 찾을 수 있지만 백제목간에서는 찾을 수 없기 때문이다.

그렇다고 하여 이 목간을 신라목간의 일종이라고 단정할 수 없다. '伽第巳, 矣毛巳 新台巳, 刀士巳, 日古巳, 二■口巳, 今毛巳, 以[?]如巳' 등은 고대 한국어의 수사를 표기한 것인데, 이들에 적용된 표기법이 신라의 표기법이 아니기 때문이다.

향가의 '一等(*ᄒᆞᄃᆞᆫ), 二尸/二肸(*두블), 千隱(*즈믄)' 등의 예에서 볼 수 있듯이, 신라에서는 수사를 표기할 때에 漢數詞를 앞에 놓고 그 뒤에 고유어의 말음을 첨기한다. 이른바 末音添記와 訓主音從의 표기법을(金完鎭 1980) 적용하여 수사를 표기한다. 이것은 일본에서 訓字爲主의 표기법 또는 訓假名 표기법을 적용하여 '一つ, 二り' 등으로 표기하는 것과 같다. 이 표기법의 전형적인 예는 한국의 鄕歌와 일본의 『萬葉集』에 수록된 歌謠에서 찾을 수 있다.

그러나 (2)의 수사 표기에는 漢數詞가 전혀 없다. 이것은 이 목간의 표기법이 韓音字 표기법 또는 日本의 音假名 표기법에 해당함을 말해 준다. 비유하면 (2)의 표기법은 고대 일본어에서 수사 '一, 二'를 각각 '比登[ひと], 布多[ふた]' 등으로 표기한 것과 같다. 이러한 표기법의 대표적인 예는 『古事記』나 『日本書紀』에 수록된 가요에서 찾을 수 있다. 記紀歌謠에서는 音假名를 사용하여 音字爲主로 표기하는 것이 원칙이다. 일본의 고대 목간에 기록된 17首의 萬葉歌도 마찬가지이다. 신라에서는 수사를 이 표기법으로 적지 않고 末音添記와 訓主音從의 표기법으로 적었으므로, 미륵사지 1호 목간의 수사 표기는 신라의 표기가 아니다.

그렇다면 미륵사지 1호 목간의 '伽第巳, 矣毛巳 新台巳, 刀士巳, 日古巳, 二■口巳, 今毛巳, 以[?]如巳' 등의 어근은 백제의 표기법으로 기록되었다고 할 수 있다. 다만, 접미사 '-巳'과 '以[?]如巳ȝ +'의 'ȝ +'는 백제가 멸망한 이후에 신라의 통치하에서 신라 표기법을 수용한 것이다.

韓音字 표기에서는 모든 글자를 음독하는 것이 원칙이지만, 예외적인 훈독이 허용된다. '毛, 新, 今, 如'의 네 글자는 각각 /*t^her, *sai, *jet, *te(ta)/ 등으로 훈독해야 한다. 이것은 일본의 音字爲主(音假名)의 표기에서 '田, 津, 眞' 등을 예외적으로 훈독하는 것과 같다.

셋째, (2)의 '日古巳, 二▣口巳'은 중세 한국어의 /*nirkop, *nirkup/(七)에 대응하는 고대 한국어 수사이다. 목간의 '日'과 '二'는 日母字에 속하고 이 日母가 /*nirkop, *ni▣kup/의 어두 /*n/에 대응한다. 이것은 8세기 이전의 고대 한국어에서 日母가 /*n/의 음가를 가진다는 것을 말해 준다. 기존의 고대어 연구에서는 日母를 /*n/으로 해석하지 않고 중세 한국어에 이끌려 /*z/로 해석할 때가 많았다. 그러나 이 목간 표기를 기준으로 하면 日母의 음가가 8세기 초엽까지 /*z/가 아니라 /*n/이었다.

넷째, (2)의 목간 표기는 백제어가 신라어와 거의 차이가 없었음을 말해 주는 결정적인 증거가 된다. 따라서 백제어와 신라어가 남방의 韓系語에 속한다고 할 수 있다. 이 남방 韓系語의 수사를 高句麗語 수사와 비교해 보면 크게 차이가 난다. 이 점에서 목간의 수사는 남방의 한계어와 북방의 夫餘系語가 서로 달랐음을 논의할 때에도 결정적인 역할을 담당한다. 달리 말하면 목간의 수사는 남방어와 북방어가 서로 달랐다는 李基文(1972)의 학설을 지지해 주는 대표적인 자료이다.

위와 같은 문제를 제기해 주므로, 익산 미륵사지 1호 목간은 고대 한국어 연구에 시사하는 바가 가장 많은 목간이다. 이 목간이 한국어학사에서 국보적 가치를 가진다고 해도 지나친 말이 아니다.

1.2. 單位名詞와 普通名詞

한국과 일본의 고대 목간에는 荷札木簡이나 附札木簡이 아주 많다. 이 꼬리표 목간에는 '보통명사 # 수사 # 단위명사'의[3] 數量詞句가 아주 많이 나온다. 예컨대,

3 단위명사는 영어의 classifier, 漢語의 量詞에 해당한다. 이들을 분류사 또는 수량사로 번역하기도 하지만 우리는 단위명사를 택한다.

‘米一石’과 ‘細次朼三件’에서 ‘米’와 ‘朼’는 보통명사이고, ‘一’과 ‘三’은 수사이며, ‘石’과 ‘件’은 단위명사이다.

한국에서는 옛날부터 지금까지 이 수량사구에서 口語(口述文化)와 文語(記錄文化)가 서로 일치하지 않는다. 기록할 때에는 ‘米一石’이라 쓰면서도 이것을 읽을 때에는 [*미일석]으로 음독하지 않고 {쌀 한 섬}으로 훈독한다. 따라서 다음의 수량사구에서도 훈독한 것이 적지 않을 것이다.

(3) 목간의 수량사구

1. 稗一石 (함안 140, 153)
   {피 한 섬}
2. 器尺一𥐟[4] (함안 119)
   {기장 한 섬}
3. 送鹽二𥐟 (능사 10)
   {소금 두 섬(을 보냄)}
4. 太子四石, 召彡代 (월지 39)
   {알콩 네 섬, 조 석 되}
5. 斗之末[*] (능사 12)
   {(쌀의) 斗인 말}
6. 食四斗, 食米四斗小升一, 食三斗大升二 (능사 25)
   {食 너 말, 食米 너 말 작은되 하나, 食 서 말 큰되 둘}
7. 太一缸 (함안 127)
   {콩 한 항아리}
8. [(▣己▣禾卌] [(一[?]㔾缶卌六龍] (월지 41)
   {▣己▣벼, 사십ᄒᆞᆫ 됩 缶 사십여슷 龍}
9. 醢汢[5] (월지 4)
   {젓갈 (한) 갓}

---

4 9장의 사진 5.1~5.3에 나오는 자형을 참고하기 바란다. 韓製字의 일종이다.
5 이것은 ‘邊’을 ‘卞+辶’으로 쓴 것이다. 韓國字의 일종인 韓半字이다.

10. 加火魚助史三丨 (월지 7)

{가오리 음식 세 갓}

11. 生鮑十丨 (월지 9)

{생전복 열 갓}

12. 郎席長十尺, 細次朼三件 (월지 11)

{남자용 돗자리 길이 열 자, 가는 숟가락 세 벌}

13. 㸦一二亇[6] (해자 2)

{종이 열두 매}

14. ■立卄兩 (능사 16)

{■立 스무 냥}

15. 天雄二兩 (해자 21)

{天雄 두 냥}

16. 大黃一兩, 藍實三分 (월지 16)[7]

{大黃 한 냥, 藍實 세 푼}

17. 重兮朩 處二氵 (월지 19)

{重兮朩을 두 냥 처방함}

18. 麻中練六四斤 (나주 9)

{中練한 삼 예순네 근}

19. 畓五形[8] (궁남 1)

{논 다섯 골}

20. 涇水田二形, 畠一形, 麥田一形半 (나주 6)

{무논 두 골, 밭 한 골, 보리밭 한 골 반}

21. 是二人者 (인용사지 1)

{이 두 사람은}

李丞宰(2011가)에서 위의 수량사구를 거론했지만 (3.8)의 경주 월지 41호 목간

---

6 '亇'를 '个'로 판독하는 견해도 있다.

7 경주 월지 16호 목간에는 이 밖에도 藥材名이 아주 많이 나온다.

8 '畓'을 상하합자로 보지 않고 '水田'이라 판독하기도 한다.

에 대한 논의가 누락되었다. 우리는 이 목간의 전면을 '▣己▣禾卌'으로, 후면을 '一?巳缶卌六龍'으로 판독한다. 전면에 穀名 '▣己▣禾'가 오고, 그 뒤에 수량사구 '卌一?巳缶'와 '卌六龍'이 이어진다. '卌一?巳缶'의 '缶'는 원래 소화용 물을 담아 두는 용기의 일종인데 이 목간에서는 '禾(벼, 나락)'를 담는 용기를 지칭한다.

이 '缶'와 (3.9)의 맨 끝 자인 '辻'은 자형이 서로 다르다. 따라서 이 둘을 서로 다른 글자로 보아야 하는데, '辻'을 '缶'로 판독한 학자들이 적지 않다. '卌六龍'의 '龍'도 용기의 일종이므로 이 '龍'은 '籠'의 通假字일 것이다. 그렇다고 '龍'을 음독할 수 있을까?

(3)의 여러 예에서 石/石{*셤}, 斗{*말}, 升{*되}, 代[*ᄃᆡ], 缸[*항], 缶(??), 龍(??), 辻{*곳}, 丨{*곳}, 尺[*작], 件{*벌}, 亇[*마/ᄆᆡ], 兩[*량], 分[*분], 氵(*량/아), 斤[*근], 形{*골}, 人{*사ᄅᆞᆷ} 등의 단위명사를 찾을 수 있다. 여기에서 { }를 친 것은 훈독하고 [ ]를 친 것은 음독한다. ( )는 독법을 알 수 없거나 훈독과 음독의 두 가지 독법이 섞여 있음을 가리킨다. 음독하는 것 중에는 중국에서 차용한 것이 많다.

도량형 단위명사는 서사문화가 전파되는 양상을 잘 보여 준다는 점에서 아주 중요하다. 고대의 중국에서는 곡물을 계량하는 도량형으로 '斛, 斗, 升'의 단위를 사용했지만, 한국의 고대 목간에서는 '石, 斗, 升'의 단위를 사용했고 이들이 각각 후대의 '섬, 말, 되'에 해당한다.

일본의 지방 목간에서는 '斛' 대신에 '石'을 주로 사용하되(平川南 2003) 둘 다 /koku/로 읽었다. 이때에 '石'이라 표기한 것은 중국에서 직접 차용한 것이 아니라 고대 한국에서 차용한 것이다. 고대 한국의 도량형이 일본에 전파되었다는 것을 결정적으로 증명해 주는 것이 韓國字 '石'이다. '石'은 부여 능산리사지 10호 목간에서 볼 수 있듯이 '石'의 첫 획 '一'이 없는 자형인데, 이것이 일본 平城宮 목간에 그대로 전파되었다.[9] 이것은 고대 한국의 서사문화가 고대 일본에 그대로 전파되었음을 증명해 주는 가장 결정적인 예이다.

---

9 2011년의 '地下の正倉院展 － コトバと木簡'(奈良文化財研究所)에서는 이 韓國字를 '口'로 잘못 읽었다. 이것은 이 한국자의 존재를 일본학자들이 모르고 있음을 말해 주고, 이것은 역설적으로 이 특이한 글자가 한국자임을 증명해 준다.

(3)에서 볼 수 있듯이 목간의 수량사구는 대개 '보통명사 # 수사 # 단위명사'의 구성인데, 보통명사와 수사만 기록되고 단위명사가 없는 수량사구도 적잖이 눈에 띈다.

(4) 단위명사가 없는 보통명사

1. 丆十一, 丆卄二, 益丁四 (함안 127)
   {마 열하나, 마 스물둘, 더덕 넷}
2. 中口四, 小口二 (궁남 1)
   {中口 넷, 小口 둘}
3. 歲卅, 歲卅五 (인용사지 1)
   {나이 서른, 나이 서른다섯}
4. 斑綿衣一 (능사 16)
   {얼룩무늬 솜 옷, 하나}

(4.1)의 '丆'는 韓半字의 일종으로서 현대어의 곡명 '마'를 표기하고, (4.1)의 '益丁'은 '더덕'을 표기한 것이다. 중요한 것은 이들에 단위명사가 덧붙지 않았다는 점이다. '마'나 '더덕'과 같은 곡물을 계량할 때에는 단위명사를 붙이기 어렵기 때문에 '보통명사 # 수사'의 구성을 택한 것 같다.

漢語에서는 '보통명사 # 수사'의 구성이 기원적인데, 수사 뒤에 보통명사가 중복된 '보통명사 # 수사 # 보통명사'의 구성이 甲骨 시대에 이미 등장하고, 여기에서 수사 뒤의 보통명사가 단위명사로 바뀌는 변화가 일어난다. 위의 (3)과 (4)에 든 여러 예는 한국어 수량사구의 기원적 어순을 논의할 때에 결정적인 역할을 한다. '명사 # 수사 # 단위명사'의 主述構造가 한국어의 기원적 어순이고, '수사 # 단위명사 # 명사'의 修飾構造는 기원적 어순이 아니다.

현재는 단일명사이지만 고대 목간에서는 명사구로 표기된 것이 있어 눈길을 끈다. 아래의 '汲上汁'과 '第二汁'이 무엇을 지칭하는지 한동안 전혀 몰랐다. 그런데 北魏의 『齊民要術』에 '豉汁'이 많이 나오고 일본어에서 '汁'을 'しる'로 훈독한

다는 것이 힌트가 되어 '汲上汁'과 '第二汁'을 해독할 수 있었다. 경주 월지 15호 목간의 '汲上汁'은 현대어의 '장'을 지칭하고 23호의 '第二汁'은 '된장'을 가리킨다고 말할 수 있다. '장'은 메주를 담근 독의 위쪽에서 길어 올린(汲上) 액체를 달여 내어 빚고, '된장'은 장을 긷고 남은 메주 찌꺼기로 즉 이차적으로(第二) 빚기 때문이다.

(5) 명사구 '汲上汁'과 '第二汁'

1. 南瓮汲上汁十三斗 (월지 15)

{南瓮, 위에서 길어 올린 즙(즉 醬) 열세 말}

2. 辛卯年第二汁八斗 (월지 23)

{辛卯年 제2의 즙(즉 된장) 여덟 말}

신라목간에 자주 등장하는 명사로 '助史'이 있다. 5번이나 사용되었고, 모두 경주 월지에서 출토된 목간에 나온다. 이 중에서 가장 먼저 논의의 대상이 된 것은 다음의 (6.1)이다. 金永旭(2007)이 '加火魚'를 현대의 '가오리'로 해독하여 정곡을 찌른 바 있다. 그 이후로 '加火魚助史'으로 판독하여 이것을 '가오리 젓'으로 해독하는 것이 일반화되었다. 그러나 '助史'의 '助'는 '助'를 잘못 판독한 것이다. 신라목간에서는 이 두 글자의 운필이 확연히 다르므로 이 둘을 구별해야 할 것이다.

(6) '음식(물)'을 뜻하는 신라어 '助史(맛)'

1. 加火魚助史三｜ (월지 7)

2. 猪水助史這 (월지 2)

3. 猪助史汦 (월지 26)

4. 獐助史汦 (월지 36)

5. 單助史本言 (월지 29)

'助史'에 대해 (6.5)에서 작은 글자로 '本言'이라 주석을 단 것이 주목된다. 이

'本言'은 후대의 '方言, 鄕言'과 같은 것으로서 '한국어'를 지칭하므로 '助史'이 신라의 고유어임을 증명해 준다. '助'는 韓製字의 일종으로서 '旨'와 같은 글자이고, '史'는 여기에 첨기되어 말음을 표기한다. '助'의 훈은 '맛'이고, 이 신라어 '맛'의 'ㅅ'을 첨기하기 위하여 '史'를 덧붙였다. 그렇다면 (6)의 '助史'은 신라어 '맛'을 訓主音從의 원리로 표기한 단어라고 할 수 있다. 이 '맛'은 중세 한국어에서 '味(taste)'의 뜻뿐만 아니라 '음식(물)'의 뜻도 가진다. (6)의 '助史' 자리에 '음식(물)'을 대입해 보면 의미가 잘 통하므로, 우리는 이 해독을 택한다.

(6)에서 동일한 위치에 온 'ㅣ, 這, 迲'도 주목의 대상이다. (6.2)의 韓半字 '這'이 해독의 실마리가 된다. 후대의 이두에서 '這這'으로 표기한 것을 'ᄀᆞᆺᄀᆞᆺ, 갓갓'으로 읽는데, 이 'ᄀᆞᆺ'을 (6.1)에서는 'ㅣ'로 표기하고 (6.3~4)에서는 '迲'으로 표기했다. (6.1)의 'ㅣ'이 '之'에 字源을 두고 있다는 논의가 있지만, 우리는 'ㅣ'의 字源으로 '如'를 택한다. '如'의 훈에 '다(ᄒᆞ)-'뿐만 아니라 'ᄀᆞᆮ(ᄒᆞ)-'도 있는데, 이 훈의 'ᄀᆞᆮ'이 (6.1)에서 'ㅣ'으로 표기되었다고 이해한다. 이처럼 이해하면 (6.3~4)의 '迲'을 '邊'에서 비롯된 韓半字라고 할 수 있다. '邊'의 훈도 'ᄀᆞᆺ'이기 때문이다. 이처럼 해독하면 (6)의 'ㅣ, 這, 迲'을 모두 'ᄀᆞᆺ/ᄀᆞᆮ'으로 읽을 수 있다. 이 'ᄀᆞᆺ/ᄀᆞᆮ'이 용기의 일종임은 두말할 필요도 없다. 기원적으로는 보통명사였던 것이 (6)에서는 마치 단위명사인 것처럼 사용되었다.

1.3. 목간에 기록된 고대어 單語

위에서 기술한 바와 같은 방법으로 목간에 기록된 고대어 단어를 재구할 수 있다. 기존의 고대어 연구에서 거론된 바 없는 고대어 어휘 및 문법 형태를 한국의 고대목간에서 100개 정도 찾아낼 수 있다. 이들을 모두 정리해 보면 아래의 (7~11)과 같다. 아주 적은 양이지만, 기존의 고대어 연구에서 거론된 백제어와 신라어의 어휘가 100개 정도에 지나지 않는다는 점을 감안하면 결코 적다고 할 수 없다.

(7) 수사

1. 伽第巳[*가ᄃᆞᆸ, 1]
2. 矣毛巳(*이더릅, 2)
3. 新台巳(*새ᄃᆞᆸ, 3)
4. 刀士巳[*다ᄉᆞᆸ, 5]
5. 日古巳[*닐곱, 7]
6. 二■口巳[*닐굽 7]
7. 今毛巳(*여더릅, 8)
8. 以?如巳(*읻덥/읻답, 8)
9. 一?巳(*ᄒᆞᄃᆞᆸ, 1)
10. 三巳(*사ᄃᆞᆸ, 3)
11. 彡{*석, 3}
12. 四刂(*너리, 4)
13. 丨彡(*다ᄉᆞᆷ, 65)
14. 丨?沙巳(*다ᄉᆞᆸ, 5)

(8) 단위명사

1. 石{*셤}
2. 斗{*말}
3. 末[*말]
4. 升{*되}
5. 代[*ᄃᆡ]
6. 缸[*항]
7. 瓮{*독}
8. 辻/這{*ᄀᆺ}
9. 丨{*ᄀᆺ/*다}
10. 缶(??)
11. 龍(??)
12. 尺[*작]
13. 件{*ᄇᆞᆯ}
14. 亇[*ᄆᆡ]
15. 兩[*량]
16. ȝ [*량]
17. 分[*분]
18. 斤[*근]
19. 形{*골}
20. 瓪(??)
21. 藏[*장]
22. 疊[*뎝]
23. 丹[*단]
24. 發[*발]

(9) 보통명사[10]

1. 食(??)
2. 米{*ᄇᆞᄉᆞᆯ}
3. 面++里(*겉보리)
4. 買子{*메ᄡᅵ}
5. 稗{*피}
6. 召[*조]
7. 器尺[*기작]
8. 太{*콩}
9. 亇[*마]
10. 並丁(*더뎡)
11. 蒜尸(*마ᄂᆞᆯ)
12. 悚(??)
13. 加火魚(*가ᄫᆞ리)
14. 醢{*젓}
15. 助史(*맛)

10 여기에 '竹利(*다리), 旦利(*서리), 仇利(*여리)' 등을 포함할 수도 있다.

16. 汁(??) 17. 席{*돍} 18. 朼{*술}
19. 支子[*지즈] 20. 畓{*논} 21. 畠{*밭}
22. 扌{*털가족} 23. 負{*짐} 24. 歲{*낳}
25. 文尸(*글) 26. 糸利(*시리) 27. 彡利(*터리)
28. 椋(??) 29. 琹(??) 30. 教事{*이신일}
31. 豬耳{*돝귀}

(10) 동사류

1. 入尸(*들) 2. 赤居(*블거) 3. 多{*하-}
4. 是{*옳/이-} 5. 在{*겨-} 6. 白{*숣-}
7. 走{*ᄃᆞᆮ-} 8. 治{*다술-} 9. 置{*두-}
10. 行{*가/니-} 11. 去{*가-} 12. 垂(??)
13. 盡{*다ᄋᆞ-} 14. 使{*ᄇᆞ리-} 15. 立{*셔-}
16. 有史(*이시-) 17. 三[*삼-] 18. 爲{*ᄒᆞ-}
19. 從{*좇-} 20. 叢{*몯-} 21. 放{*놓-}
22. 作{*짓-}

(11) 문법 형태

A. 조사류

1. 亦[*-이] 2. 者{*-은} 3. 乙[*-을]
3. 阿[*-아] 4. 中{*-긔} 5. 十{*-긔}
6. 氵{*-아} 7. 此{*-이} 8. 耶[*-여]

B. 선어말어미류

7. 賜/時[*-시-] 8. 在{*-겨-} 9. 遣[*-견]
10. 內{*-안/ᄂᆞ-} 11. 音叱[*-음ㅅ-]

C. 어말어미류

12. 旀[*-며] 13. 哉[*-지] 14. ㅣ/之/如/也{*-다}

2. 文章

목간 중에서 문장 단위를 표기한 것으로는 文書木簡과 詩歌木簡이 있다. 특히 백제어 문장을 기록한 것으로는 목간 자료밖에 없으므로 백제어 문장을 논의할 때에는 목간이 결정적인 역할을 담당한다.

2.1. 文書

행정문서 중에서 국어학자들이 최초로 주목한 것은 경주 월성해자 2호 목간이다. 4면 목간이라서 처음에는 어느 면이 1면인지조차 알기 어려웠지만 현재는 아래의 (12)와 같이 이해하고 있다.[11] 작성 시기는 7세기 전반기설이 유력하다.

(12) 경주 월성해자 2호 목간의 해독

1면: [大烏知郎足下可行白 |]

大烏知郎 足下(께) 可行(이) 사룁니다.

2면: [經中入用思買白不雖紙一二亇]

經에 들여 쓸 생각(으로) 白不雖 종이 열두 매(를) 사라고

3면: [牒垂賜教在之 後事者命盡]

牒(을) 내려 주신 教(가) 있습니다. 뒷일은 목숨이 다하도록

4면: [使內]

부리겠습니다.

이 목간은 글씨가 비교적 선명한데도 판독이 서로 일치하지 않는다. 1면의 인명 '可行'을 '万拜'로, 2면의 '亇'를 '个'로 판독하는 견해가 있는데, 우리는 운필을 중시하여 이들을 각각 '可行'과 '亇'로 판독한다. 이 '亇'는 韓半字로서, 향가

11 이 목간에 대한 국어학적 논의로는 朴盛鍾(2007), 鄭在永(2008), 金永旭(2010, 2014), 權仁瀚(2013) 등이 있다.

의 '-每如'가 석독구결의 '-亇丨'에 대응하는 것을 참고하면 '亇'의 字源은 '每'이다. 漢語 中古音에서 '每'는 [明中1上灰](武罪切)의 음가인데, 성조를 제외하면 이 음가가 '枚'의 음가 [明中1平灰](莫杯切)과 일치한다.[12] 이 음가의 동일성을 활용하여 '枚'를 '亇(=每)'로 표기한 것이라고 이해한다.

이 목간의 어순은 대부분 한국어 어순이지만, '買白不雖絺一二亇'는 漢語 어순이다. 이 목간에서 '-中'은 처격조사 '*-긔'를, '-者'는 주제 보조사 '*-은'을, '-丨'와 '-之'는 단락 종결사 '*-다'를 각각 표기한 것이다. 그런데 韓半字 '丨'의 字源을 '之'로 보는 견해가 있지만, 이 목간에 '丨'와 '之'의 두 글자가 동시에 사용되었다는 점을 감안할 필요가 있다. 종결사의 표기에 두 가지 글자가 동시에 사용된 신라어 자료로는 戊戌塢作碑(578년)와 華嚴經寫經造成記(755년)가 있는데, 이 두 자료에서 '之'와 '如'가 사용되었다. 이것을 중시하면 '丨'의 자원을 '如'에서 찾는 것이 나을 것이다.

신라목간 중에서 가장 이른 시기에 작성된 문서는 함안 성산산성 221호 목간이다. 발신인은 어느 '村主'이고, 수신인은 명시되지 않았으나 아마도 성산산성 축조의 총책임자였을 것이다. 이 문서는 성산산성을 축조할 인력을 보내라는 명령을 받았으나 軍役에 동원되고 귀족의 장례를 치르느라 제때에 인력을 보내지 못했음을 어느 '村主'가 해명하는 사유서 또는 시말서에 해당한다.

(13) 함안 성산산성 221호 목간의 해독

1면: [六月中▣孟?馮?成?▣邦?村主敬白之▣▣禡?成?行?之 ㅈ]

6월에 ▣孟?馮?成?▣邦? 촌주가 삼가 사룁니다. "▣▣ 군대 제의를 이루러 갔습니다.

2면: [兜▣來?昏?▣▣也爲六甌大城?従人丁六十巳? ㅈ]

투구와 ▣도 오고, 저물녘에 ▣▣했습니다. 6백의 벽돌을 위하여 大城?을 좇아서 성인 남자 육십

12 이 음가는 이토 지유키(2011)을 따랐다. 이곳의 灰韻은 韻目에 해당한다.

3면: [丨彡走在日來此■■■金?有和?■　ㅈ]

다섯이 서둘러 가려는 날에, 와서 이 ■■■ 金?有和? ■

4면: [卒日治?之[13]人此人嗚磚?藏?置不行遣乙白　ㅈ]

죽어서 喪을 치렀습니다. 사람들이 슬피 울고 벽돌로 감추어 두느라고 못 갔음"을 사룁니다.

이 목간에서 漢語 어순인 것은 '爲六瓨'밖에 없고 나머지는 모두 한국어 어순이다. 문장은 1면의 '-之'와 '-之', 2면의 '-也', 4면의 '-之'를 단위로 끊어지고, 이들은 모두 종결어미에 해당한다. 마지막에 보고를 뜻하는 동사 '白'을 두었는데, 이것은 1면 '白之'의 '白'과 같다. 즉 1면의 '白之' 다음부터 4면 끝의 '白' 바로 앞까지가 보고의 내용이다. 목간 중에서 이처럼 보고서의 격식을 두루 갖춘 것은 이 목간밖에 없다.

이 목간에는 두 가지 격조사가 사용되었다. '六月中'의 '-中'이 처격조사일지 그 여부에 대해서는 견해가 일치하지 않지만 '不行遣乙'의 '-乙'이 대격조사임은 분명하다. 대격조사의 용례로는 이것이 가장 오래된 예이다. 3면 '走在'의 '-在'는 석독구결의 선어말어미 '-ナ[겨]-'에 대응하는데, 동명사어미 '-ㄴ/은'은 표기에 반영되지 않았다. 반면에, 4면 '不行遣乙'의 '-遣-'은 석독구결의 '-ナ 1[견]-'에 대응하므로 동명사어미 '-ㄴ/은'도 갖추어 표기한 것이라 할 수 있다. 4면 '人此人'의 '此'는 석독구결에만 나오는 '佛 刂 菩薩'의 '刂[이]'에 대응하는 것으로서, '-과/와'의 의미를 가지는 접속조사이다(박진호 2008). 이와 같이 각종의 조사와 어미가 표기되었으므로 이 신라목간은 吏讀로 기록된 最古의 문서이다.

백제목간 중에서 문서 목간으로 분류할 수 있는 것으로는 부여 능산리사지 7호 목간을 들 수 있다. 이 목간은 다음과 같이 분절된다.

---

13 李丞宰(2013가)에서 '卒日始?之'로 판독했던 것을 '卒日治?之'로 수정한다.

(14) 부여 능산리사지 7호 목간

1. 書亦從此法爲之

書(式) 또한 이 법을 좇아야 한다.

2. 凡六卩五方又行之也

무릇 六卩五方 또한 그것을 행한다.

3. 凡作形丶ㆍ中了具

무릇 짓는 형식들에 갖추었다.

이 목간은 행정문서의 서식에 대한 내용인 것 같다. 이 서식을 갖추었다는 것은 6세기 3/4분기에 이미 백제에서 문서행정이 이루어졌음을 의미한다. 이것은 부여 능산리사지 25호 목간의 문서명 '支藥兒食米記'와 부여 쌍북리 280번지 1호 목간의 문서명 '佐官貸食記'에서 두루 확인된다. 신라목간에서는 '~記'로 명명한 문서 형식을 찾을 수 없다는 점에서, 현재로서는 '~記'가 백제목간 고유의 특징이라 할 수 있다.

(14)의 목간과 '支藥兒食米記', '佐官貸食記' 등의 문서명으로 보아 백제에서는 6세기 3/4분기에 이미 문서 행정이 시행되었고 말할 수 있다. 國立扶餘博物館(2007: 255)은 부여 능산리사지 24호 목간의 2면에 '伏願'이 나오는 것으로 보아, 이 목간을 국왕에 올리는 상소문이나 외교문서라고 했지만 일종의 청원서일 가능성이 더 크다. 이 목간도 문서 행정의 증거가 된다.

백제목간은 무엇을 기록한 것인지 확정하기가 아주 어려울 때가 많다. 한문으로 작성된 문장이 많고 그 문장을 해독하기가 대단히 어렵다는 것이 백제목간의 중요한 특징이다. 이 난해성은 末音添記와 訓主音從의 표기가 백제목간에서는 발견되지 않는다는 사실과 관련이 있다.

신라목간과 백제목간의 공통점이 없는 것은 아니다. 공통적으로 '-之'와 '-也'가 분절의 단위가 되고 '-中'이 처격조사일 가능성이 있으며 '-者'가 주제 보조사 '-은/는' 또는 조건·가정의 어말어미 '-면'에 대응한다. 그런데 '-之, -也'와 '-中, -者'는 한국에서 처음으로 사용된 것이 아니라 중국의 목간에서 이미 사용되었음이 확인된다(金秉駿 2009). 따라서 '-之, -也, -中, -者' 등이 한국 목간에 사용되었다고 해서 그 문장이 바로 한국어 문장이 되는 것은 아니다.

한국어 문장이 되려면 우선 한국어 어순에 따른 표기가 확인되어야 한다. 신라의 壬申誓記石에 나오는 '今自三年'의 '今自'는 한국어 어순을 드러낸 것으로 유명한데, 부여 관북리 5호 목간에도 이와 동일한 것이 보인다. 이 목간의 후면에 기록된 '晨自'와 '▣▣城自'가 각각 '새벽부터'와 '▣▣城부터'로 해독되기 때문이다. 이 목간의 '晨自'와 '▣▣城自'는 아래의 (17)에 제시한 宿世歌 목간의 轉句·結句와 더불어 백제어 어순이 현대의 한국어 어순과 같았음을 말해 주는 결정적인 증거가 된다.

(15) 부여 관북리 5호 목간[14]

전면: [攻栗嵎城 ○ 中卩朱?軍 ┌]
　　　[攻㮨▣城中卩▣使? ┌]
　　　[▣ ┌]
후면: [晨自中部▣ └]
　　　[○南吉次 ▣▣城自▣▣ └]

이 목간은 전면의 '攻栗嵎城 ○ 中卩朱?軍'이나 '攻㮨▣城中卩▣使?' 등의 내용을 통하여 군대의 작전명령을 기록한 것이라 할 수 있다. 이것은 상단에서 1/5 정도의 위치에 뚫은 구멍에서도 확인된다. 이 구멍은 보통의 편철 구멍과는 달리 중앙에 오지 않고 전면의 오른쪽(후면의 왼쪽)으로 치우친 위치에 왔으므로, 我軍이 보낸 기밀문서임을 확인할 때의 封緘 기능을 가진다고 할 수 있다. 하단에서 'ㄱ'字 모양으로 나무를 독특하게 깎아낸 것도 봉함 기능을 위하여 고의적으로 깎아낸 것 같다.

백제의 문장 표기에서는 '-之, -也, -中, -者, -以'[15] 등이 핵심적인 연구 대상

14 이것은 文化財廳·國立加耶文化財硏究所(2011)의 판독에 의거했다.
15 '以'의 용례 중에서 '恩以'(능사 4), '▣言以'(쌍북102 1)의 '以'를 이 부류에 넣을 수 있다.

이다. 이들이 백제어의 문법 형태를 표기한 글자라는 결정적 증거는 없다. 이들이 중국에서도 虛辭로 사용되었고 이들의 백제어 독법을 확인할 수 없기 때문이다. 반면에 신라목간에서는 후대의 자료에서 그 독법이 확인된다. 이런 차이가 있기는 하지만 '-之, -也, -中, -者, -以' 등이 가장 이른 시기의 신라 자료에서도 공통적으로 사용되었다는 점이 주목된다. 이들이 漢語의 허사 용법에서 발달한 것이라는 공통점을 강조한다면 6~7세기의 문장 자료를 대상으로 했을 때에 백제와 신라의 문장표기가 서로 일치한다고 할 수 있다. 이것은 우연의 일치가 아니라 아마도 체계적 일치일 것이다.

백제어 문장과 신라어 문장의 공통점을 강조할 때에는 아마도 부여 동남리 1호 목간을 들어야 할 것이다. 이 목간은 문서목간에 해당하고 서풍으로 보아 백제 멸망 바로 직전에 작성된 것 같다.

(16) 부여 동남리 1호 목간

[〻宅教禾田丶犯▣兄害爲教事]

宅이 관할하는 禾田들을 범한 ▣兄을 害하라고 명령하신 일

신라 이두문에 익숙한 연구자라면 (16)을 신라 이두문이라고 말할 것이다. 이 목간의 '爲教事'가 신라 이두문에서 흔히 볼 수 있는 문장 표현이기 때문이다. 신라 독법에 따르면 이것을 '*ᄒᆞ이신 일'로 읽을 수 있다. 그러나 이 목간은 부여 동남리에서 출토된 것이므로 백제목간일 가능성을 배제해서는 안 된다. 따라서 백제어 문장과 신라어 문장이 별로 차이가 없었음을 논의할 때에 이 목간이 결정적인 자료가 된다.

그런데 (16)의 '爲教事'를 백제에서도 '*ᄒᆞ이신 일'로 읽었으리라는 보장이 없다. 백제가 멸망함으로써 후대의 백제어 자료가 절멸되었으므로 백제에서도 '*ᄒᆞ이신 일'로 읽었다는 증거를 제시할 수 없는 것이다.

이보다 더 중요한 것은 (16)에서도 백제어 문법 형태를 표기한 것이 눈에 띄지 않는다는 점이다. 신라목간에서는 '-丨/如{*다}, -賜[*시]-, -在{*겨}-, -此{*이},

-遣[*견], -乙[*을]' 등의 實辭가 신라어 문법 형태를 표기한 것이 확인되지만 백제목간에서는 문법 형태를 표기한 실사가 전혀 눈에 띄지 않는다. 이것은 아마도 백제 표기법에 말음첨기나 훈주음종의 원리가 없었던 것과 관계가 있을 것이다.

2.2. 詩歌

金永旭(2003)이 부여 능산리사지 11호 목간에서 백제의 詩歌를 찾아낸 것은 목간 연구의 출발점이자 기폭제 역할을 하였다. 우리는 金永旭(2003)의 판독과 宿世歌라는 명명에 동의하지만, 시가의 내용을 남녀 간의 구애나 사랑을 노래한 것으로 해석한 것에는 동의하지 않는다. 이 목간의 후면에 '慧暈師藏?'이 기록되어 있으므로 이 목간은 승려였던 '慧暈師'와 관련된 기록이라고 판단한다. 이에 따라 '慧暈師'의 偈頌이나 入寂偈가 기록되었다고 본다.

(17) 부여 능산리사지 11호 목간 (宿世歌 목간)

起: 宿世結業　　전생에 맺은 인연으로
承: 同生一處　　한곳에 같이 났으니
轉: 是非相問　　是非를 서로 묻되
結: 上拜白來　　위로 절하고 사뢰러 오라

중요한 것은 이 시가의 어순이다. 起句와 承句에서는 漢語의 語順이지만 轉句와 結句에서는 한국어의 어순이다. 이러한 混成語順이 아래 (18)의 신라목간에 기록된 憂辱歌에서도 확인된다. 憂辱歌에서도 起句와 承句는 한어 어순이지만 轉句와 結句에서는 한국어 어순이다.

(18) 경주 월지 20호 목간 (憂辱歌 목간)

起: [剋熟犯指耕慰　]
　熟犯을 이겼다고 밭간(진압한) 것을 가리켜 위로하며

承: [璧□琴現碧]

둥근 玉 [ ] 거문고 소리 푸르게 울린다.

轉: [憂辱□送日壬]

시름과 수치 [ ] 지는 해를 짊어지고

結: [是法念□宿]

이 법을 염송하며 [ ] 잠든다.

백제의 宿世歌나 신라의 憂辱歌에서는 押韻法이나 平仄法을 지키지 않았다. 이 점에서 이 둘을 不完全漢詩라 부를 수 있을 것이다. 백제의 宿世歌는 6세기 3/4분기에, 신라의 憂辱歌는 8세기 3/4분기에 기록되었으므로 약 200년의 시차가 있다. 이것은 混成語順으로 漢詩 형식을 흉내 낸 시가가 오랜 기간 동안 지속되었음을 말해 준다.

언어학적으로 중요한 것은 한국어의 문법 형태가 이 두 시가에 전혀 기록되지 않았다는 점이다. '是非相問, 上拜白來'와 '憂辱□送日壬, 是法念□宿'은 어순이 비록 한국어 어순이지만 문법 형태가 전혀 기록되지 않았다. 이 점에서 이들 표기는 기존의 誓記體 표기와 같다. 서기체라는 명칭은 壬申誓記石에 서기의 내용이 나오기 때문에 붙은 것인데, 이 명칭으로는 위의 두 시가 표기를 포괄할 수 없다. 따라서 이러한 표기를 韓訓字 문장표기라고 지칭하는 것이 좋을 것이다.

한편, 國立慶州博物館 미술관 터 1호 목간에 鄕歌가 기록되어 주목된다. 향가에서는 한국어 어순을 따르되 문법 형태도 표기 대상이 된다. 이 점에서 이 향가는 불완전 한시보다 국어학적 가치가 훨씬 더 크다. 비록 10행체 향가의 8~10행의 3행만 기록되었다 하더라도 그 가치를 무시할 수가 없다. 기록 시기는 722년 정도로 추정된다.

(19) 국립경주박물관 미술관 터 1호 목간 (万身歌 목간)

8行: 万本來?身中有史音叱? | [16]

16 Lee SeungJae(2013)에서 '音□'로 판독했던 것을 '音叱? | '로 수정한다.

골 本來 몸긔 이심ㅅ다.

9行: 今日□三時爲從?支?

오ᄂᆞᆯ [ ] 삼ᄋᆞ 시ᄒᆞ(ㄴ) 좇

10行: 財?叢?旀?放賜哉

財 몯ᄋᆞ며 놓ᄋᆞ시ᄌᆡ.

우리는 이것을 万身歌라 명명하고 '-中'을 처격조사 '*-긔', '-音叱?-'을 당위의 선어말어미 '*-음ㅅ-', '-ㅣ'를 종결어미 '*-다', '-時-'를 존경법 선어말어미 '*-시-', '-旀?'를 연결어미 '*-며', '-賜-'를 존경법의 선어말어미 '*-시-', '-哉'를 감탄법 종결어미 '*-ᄌᆡ'라고 본다. 이 중에서 특히 눈길을 끄는 것은 선어말어미 '-音叱?-'인데, 이것은 향가의 '-音叱-'나 석독구결의 '-ㅎ ㅅ-'와 정확히 일치한다. 또한 '有史-'는 존재동사 어간 '*이시-'에 대응하는 訓主音從의 표기이고, '支?'는 향찰에 많이 나타나는 指定文字이다(金完鎭 1980). 이처럼 많은 문법 형태가 표기되었고 훈주음종의 원리가 적용되었으며 지정문자가 사용되었으므로 이 목간은 鄕歌를 기록한 것임이 분명하다.

3. 목간의 국어학적 의의

한국의 고대목간에 기록된 단어와 문장을 통하여 우리는 고대 목간의 국어학적 의의를 기술할 수 있다. 고대의 표기법, 韓國字뿐만 아니라 고대 한국어의 음운론과 계통론도 거론할 수 있다.

3.1. 表記法

앞에서 '助史(맛)'이 말음첨기와 훈주음종의 원리로 표기된 것임을 논의했다. 이 원리가 신라 표기법을 대표하는 것임은 이미 간단히 말한 바 있다. 이것은 신라의 향가를 해독하는 과정에서 설정한 것인데(金完鎭 1980), 향가가 문헌에 기록된 것은 11세기 이후의 일이다. 이보다 시기가 앞서는 이두 자료에서는 말음첨기와 훈주음종의 표기를 좀처럼 확인하기 어려우므로 이 원리가 언제부터 적용되었는지를 알 수 없었다. 그런데 목간 자료에서 다수의 말음첨기와 훈주음종 표기가 발견되므로 이 표기법의 등장 시기를 새로 밝힐 수 있다.

(20) 목간의 말음첨기와 훈주음종 표기

1. '文尸' = '*글+ㄹ' = '글'
2. '蒜尸' = '*마늘+ㄹ' = '마늘'
3. '糸利' = '*시리+리' = '*시리' > '실'
4. '四刂' = '*너리+리' = '*너리' > '네'
5. '彡利' = '*터리+리' = '*터리' > '털'
6. '赤居' = '*븕+거' = '블거'
7. '有史' = '*이시+시' = '이시'

위의 여러 예에서 밑에 실선 '_'을 그은 것은 韓訓字이고 그 뒤에 점선 '......'을 그은 것은 韓音字이다. 한훈자를 사용하여 신라어 단어를 표기하되, 이 단어의 말음이나 말음절을 韓音字로 첨기한다. 따라서 (20)의 예들은 訓主音從의 표기임이 분명하다.

(20.1~5)의 표기는 모두 함안 성산산성에서 출토된 목간에 나온다. 함안 성산산성 목간의 작성 시기를 561년 이전으로 보는 것이 일반적이므로 신라에서 훈주음종의 표기가 시작된 시기를 6세기 중엽이라 할 수 있다.

(21) 함안 성산산성의 축성을 기록한 史料

故新羅築城於阿羅波斯山以備日本 (日本書紀 卷19 欽明紀 22年, 561年)

그러므로 (561년에) 신라가 阿羅의 波斯山에 성을 쌓아 일본에 대비했다.

이 기사에 따르면 阿羅(지금의 함안)의 波斯山(지금의 城山)에 성의 건축을 완료한 시기는 561년이다. 대부분의 역사학자들이 이것을 믿고 있다. 더욱이, 일부의 함안 성산산성 목간에는 '一伐, 一尺, 上干支' 등의 신라 지방 관등명이 기록되어 있다. 李成市(2000)은 '上干支'가 후대에 '上干'으로 바뀐 것으로 가정하고, '上干支'가 최초로 기록된 시기인 545년에 주목했다. 그리하여 성산산성 목간은 545년과 561년 사이, 즉 6세기 중엽에 제작된 것이라고 했다.[17]

이 학설에 따르면 신라에서 말음첨기와 훈주음종의 표기법이 널리 유행한 것은 6세기 중엽이 된다. 이처럼 이른 시기에 말음첨기와 훈주음종의 표기법이 자리를 잡았다는 것을 과연 믿을 수 있을까? 우리는 향가 자료를 논거로 들어 이것을 믿기로 한다.

13세기의 문헌인 『삼국유사』에 수록되어 전하는 향가는 모두 배경설화를 가지고 있다. 이 설화를 통하여 노래가 불린 시기를 추측할 수 있는데, 시기적으로는 신라 眞平王(재위 579~632년) 때의 노래인 薯童謠와 彗星歌가 가장 이르다. 서동요는 서동이 백제 武王(재위 600~641년)으로 즉위하기 이전에 불린 동요이므로 6세기 4/4분기의 노래이다. 혜성가는 7세기 1/4분기의 노래라고 추정할 수 있다. 그런데, 아래의 (22)에서 볼 수 있듯이 서동요와 혜성가에 훈주음종의 표기가 아주 많이 나온다. 6세기 4/4분기와 7세기 1/4분기에 불린 노래에 이미 말음첨기와 훈주음종의 표기법이 적용된 것이다.

(22) 서동요와 혜성가의 말음첨기와 훈주음종 표기

1. *ㄱ: 密只 = '*그슥+ㄱ' = '그슥~그슥' (서동요)
2. *ㄹ: 道尸 = '*길+ㄹ' = '긿' (이하 혜성가)
3. *ㅁ: 岳音 = '*오ᄅ+ㅁ' = '오롬'

17 이와는 달리, 성산산성의 축성 시기를 7세기 전반기로 보는 학설도 있다(이주헌 2015). 목간과 더불어 출토된 盌과 土器의 편년이 7세기 전반기로 추정된다는 점을 그 논거로 들었다. 그러나 대비 자료로 삼은 완과 토기의 편년이 불확실하므로 이 학설을 따르지 않는다. 서풍을 논거로 활용하면 성산산성 목간의 작성 시기를 6세기 중엽이라고 확신할 수 있다.

4. *ㅅ: 城叱 = '*잣+ㅅ' = '잣'

有叱如 = '*잇+ㅅ+다' = '잇다'

有叱故 = '*잇+ㅅ+고' = '잇고'

5. *리: 舊理 = '*녀리+리' = '*녀리' 〉 '녜'

倭理 = '*여리+리' = '*여리' 〉 '예'

星利 = '*벼리+리' = '*벼리' 〉 '별'

6. *아: 望良古 = '*ᄇᆞ라+아+고' = 'ᄇᆞ라고'

7. *ᄇᆞᆫ: 白反也 = '*ᄉᆞᆲ+ᄇᆞᆫ+여' = 'ᄉᆞᆯᄇᆞᆫ여~ᄉᆞᆯᄫᆞᆫ여'

그런데 (22)와 같은 훈주음종 표기가 신라 진평왕 때에 이루어진 것이 아니라고 의심할 수 있다. 서동요는 동요의 일종이고 혜성가는 화랑도와 관련된 노래이므로, 처음에는 구전되다가 후대에 와서 즉 13세기 중엽의 『삼국유사』에서 문자화되었다고 주장할 수 있다. 『삼국유사』가 일차 실물 자료가 아니기 때문에 이 문헌에 수록된 향가 표기는 숙명적으로 후대의 표기일 가능성을 안고 있다.

그러나 목간 자료를 포함하여 논의하게 되면 향가에서 6세기 말엽부터 말음첨기와 훈주음종 표기가 나타난다는 사실을 믿을 수 있다. 6세기 중엽의 성산산성 목간에서 이미 (20)의 훈주음종 표기가 나타나기 때문이다. 이것을 필두로 하여 6세기 4/4분기의 서동요, 7세기 1/4분기의 혜성가, (20.6)에 제시한 7세기 전반기의 경주 월성해자 목간, (20.7)에 제시한 8세기 전반기의 국립경주박물관 미술관 터 목간 등으로 훈주음종의 표기가 이어지기 때문이다. 이것은 신라의 말음첨기와 훈주음종 표기법이 6세기 중엽에 발생하여 그 이후로 꾸준히 이어진다는 것을 의미한다. 일차 실물 자료인 6세기 중엽의 성산산성 목간 덕택에, 13세기에 기록된 서동요와 혜성가의 훈주음종 표기도 6세기 말엽과 7세기 1/4분기의 표기를 그대로 전재한 것이라고 믿을 수 있다.

그런데 백제목간에서는 말음첨기와 훈주음종의 표기가 눈에 띄지 않는다. 신라목간에는 말음첨기자 '只[ㄱ]'의 예가 아주 많지만, 백제목간에서는 '只'가 전혀 사용되지 않았다. 신라목간에서는 '尸[ㄹ]'이 말음첨기자로 사용된 예가 아주 많지만, 백제목간에서는 '尸[ㄹ]'이 전혀 눈에 띄지 않는다. '乙'도 마찬가지이다. 신라목간에서는 말음첨기자의 대표격이라 할 수 있는 '叱[ㅅ]'이 4회 사용되었지만, 백제목간에서는 '叱'의 예를 전혀 찾을 수 없다. 신라목간에서는 용례가 60회에 이를 정도로 '利[리]'가 많이 사용되었고, 이 중에는 말음첨기의 용법으로 사용된 것이 적지 않다. 반면에 백제목간에서는 인명 '習利'와 지명 '法利源'의 단 두 곳에만 '利'가 사용되었다. 용례가 적을 뿐만 아니라 '習利'와 '法利源'의 '利'가 말음첨기의 용법으로 사용된 것이 아니다.

위에서 열거한 것처럼, 신라목간과 백제목간의 표기법이 크게 차이가 난다. 신라목간에서는 말음첨기와 훈주음종의 원리가 적용되었지만 백제목간에서는 이러한 표기법이 없었다. 이처럼 기술하는 것이 둘 사이의 차이를 가장 간단하고도 정확하게 기술하는 방법이다.

이와 같이 결론을 내릴 때에 익산 미륵사지 1호 목간의 '伽第巳, 矣毛巳 新台巳, 刀士巳, 日古巳, 二▣口巳, 今毛巳, 以?如巳' 등의 수사에 사용된 '巳'이 문제가 된다. 이들의 '巳'은 분명히 말음첨기의 용법으로 사용되었기 때문에, 미륵사지 1호 목간이 백제목간이 아니라 신라목간이라고 주장할 수 있다. 그러나 신라목간에서는 수사를 표기할 때에 漢數詞를 사용한다는 점에 주의해야 한다.

(23) 신라목간의 數詞

1. 四刂 = *너리(>네), 酒四刂瓮 (함안 218)
2. 三巳 = *사돕, [⺀東門迲[三巳在]] (월지 5)
3. 一巳 = *ᄒᆞ돕, [(▣己▣禾卌] [(一?巳缶卌六龍] (월지 41)
4. 丨彡 = *다솜, 人丁六十巳? 丨彡 (함안 221)
5. 丨沙巳 = *다솝, 丨?沙巳月? (하남 6)

(23.1)의 '四刂'는 4에, (23.2)의 '三巳'은 3에, (23.3)의 '一?巳'은 1에, (23.4)의 '丨彡'은 5에, (23.5)의 '丨?沙巳'은 5에 해당하는 수사이다. '四刂', '三巳', '一?巳'은 훈독하는 漢數詞가 앞에 오고 그 뒤에 말음을 첨기한 것이 분명하므로, 말음

첨기뿐만 아니라 훈주음종의 원리도 지킨다. 5에 대응하는 '丨彡'과 '丨?沙巳'에서도 '丨'가 韓訓字이고 그 뒤에 첨기한 것은 韓音字이므로 이 둘도 훈주음종 표기의 예에 넣을 수 있다. 신라목간에 나오는 5개의 수사에서 훈주음종 표기가 두루 확인된다.[18]

신라목간에서는 單자리 숫자를 표기할 때에 韓訓字가 앞에 오고 韓音字가 뒤따른다. 비록 5개의 용례에 불과하지만 이 원칙을 어기는 것은 없다. 이에 비하여 미륵사지 목간의 8개 수사 표기에는 이 원칙이 적용되지 않았다. 이것은 신라목간과 미륵사지 수사목간의 표기법이 서로 다르다는 것을 의미한다. 미륵사지의 수사 목간에서 '巳'를 첨기한 것은 신라 표기법의 영향을 받은 것이 분명하다. 그러나 미륵사지 수사목간에서는 한훈자가 앞에 오고 한음자가 뒤따르는 표기법이 아니라는 점에서 신라목간이라고 단정할 수 없다.

(24) 백제목간과 신라목간의 표기법 차이

표기 / 언어	韓訓字	韓音字	말음첨기 훈주음종
백제어	○	○	×
신라어	○	○	○

그렇다면 백제목간과 신라목간의 표기법 차이를 위와 같이 요약할 수 있다. 한마디로 말하여, 말음첨기와 훈주음종의 표기법 유무에서 백제어 표기법과 신라어 표기법이 차이가 난다.

그런데 미륵사지 수사목간의 韓音字 표기를 강조하다 보니, 백제목간에 정말로 (24)의 韓訓字 표기도 있느냐고 반문할 수 있다. 문장표기의 일종인 宿世歌 목간에서 '是非相問, 上拜白來'을 훈독했다는 것은 이미 말한 바 있지만, 백제어 단어표기에서 韓訓字로 표기한 예는 아직 거론하지 않았다.

도량형 단위명사를 거론하면서 백제목간의 '斗之末[米]'(능사 12), '畓五形'(궁남 1),

18 표기법에서 말음첨기가 더 넓은 개념이고, 훈주음종은 말음첨기보다 더 한정된 개념이라는 것은 두말할 필요도 없다.

(3.20)의 '逕水田二形, 畠一形, 麥田一形半'(나주 5) 등을 예시한 바 있다. '斗之末米'의 '米'는 오른쪽 아래에 작은 글씨로 적어 넣은 것이므로 일종의 註釋에 해당한다. 이것을 활용하면 '斗之末'은 쌀(米)을 계량할 때에 사용하는 '斗인 /*mat/(末)'으로 해석된다. 즉 '斗'는 韓訓字 표기이고, '末'은 韓音字 표기이다. 이 '斗'를 통하여 백제어 단어를 한훈자로 표기한 예가 있음을 알 수 있다.

'水田'을 韓製字 '畓'으로 판독하면 고유어 '논'을 표기한 것이므로, 이것도 한훈자로 표기한 단어가 된다. '畠'은 일본에서만 사용하는 글자로 알려져 있으나 백제목간에서 확인되어 주목된다(金聖範 2010). 나주 복암리 5호 목간은 7세기 1/4분기에 제작된 것이므로 이 목간의 '畠'은 일본의 어느 용례보다도 사용 시기가 이르다. 이것을 강조하면 '畠'을 韓製字의 일종이라 할 수 있다. 한국어 훈은 '밭'이고 일본어 훈은 /hata(ke)/이므로, 이것도 韓訓字 표기의 예가 된다. 더욱이, 자형과 어형이 동시에 일본에 전해져 무척 흥미롭다. 金永旭(2011가)는 부여 능산리사지 25호 목간(支藥兒食米記)의 '豬耳'를 '*돋귀'로 재구했는데, 이것도 한훈자로 단어를 표기한 예이다.

위의 여러 예는 백제어 단어를 표기할 때에도 韓訓字 표기법이 적용되었음을 증명해 준다. 그렇다면 백제목간과 신라목간의 표기법 차이를 위의 (24)처럼 정리하는 것이 가장 무난할 것이다. 韓訓字 표기와 韓音字 표기가 발생한 시기는 아마도 비슷했을 것이다. 부여 능산리사지의 백제목간은 6세기 3/4분기에, 함안 성산산성의 신라목간은 6세기 중엽에 작성된 것으로 추정되는데, 여기에 한훈자 표기와 한음자 표기가 동시에 나타나기 때문이다.

3.2. 古代 韓國字와 그 日本 傳播

위에서 논의한 여러 목간 표기 중에는 한국에서만 독자적으로 사용한 韓國字가 유난히 많다. 한국자의 일종인 韓半字는 漢字의 자형을 고대 한국에서 독자적으로 생획하거나 간단히 변형하여 사용한 글자를 가리키고, 韓製字는 고대 한국에서 독자적으로 만들어 사용한 글자를 가리킨다. 목간 자료는 고대에 필사한 실물 자료이기 때문에 韓國字 연구의 보고가 된다.

(25) 合字로 제작한 古代 韓國字

1. 畓{*논} 〈 水+田 (백제)
2. 畠{*밭} 〈 白+田 (백제)
3. 巭(??) 〈 功+夫 (백제, 신라)
4. 太{*콩} 〈 大+豆 (신라)
5. 扌{*털가족} 〈 彡+丨 (신라)
6. 㥾(??) 〈 小+吏 (백제)
7. 瓸(??) 〈 百+瓦 (신라)
8. 椋(??) 〈 木+京 (백제, 신라)

(26) 생획하거나 자형을 간단히 변형한 古代 韓國字

1. 巳[*읍] 〈 邑 (신라)
2. 卩[*부] 〈 部 (백제)
3. 石{*셤} 〈 苫 (백제, 신라)
4. 助{*맛} 〈 旨? (신라)
5. 這/辶{*갓} 〈 邊 (신라)
6. 丨{*다/곧} 〈 如 (신라)
7. ケ[*마/믹] 〈 每 (신라)
8. ㄋ(*아/량) 〈 良 (신라)
9. 彡{*터리?} 〈 ?? (신라)
10. 刂[*리] 〈 利 (신라)

목간 자료에 나오는 韓國字를 모두 모아 보면 (25~26)과 같다. (25.1~4)의 韓國字는 上下合字에서 비롯된 韓製字이다. (25.6~8)은 左右合字의 예에 해당한다. (25.5)의 '扌'을 어떻게 읽었을지 확실하지 않지만 짐승의 '털가죽'을 뜻할 것이다. 이 글자는 第二新羅帳籍(또는 正倉院 佐波理加盤 附屬 新羅文書)에도 나온다. 이 자료의 '𠀋'을 동물 이름으로 해석하기도 하지만 '(짐승의) 털이 달린 가죽' 즉 毛皮를 가리킬 것이다. 金永旭(2007다)는 (25.6)의 '㥘'가 하급 관리를 뜻하는 '小吏'라고 해석했는데, '㥘'의 왼쪽 아래에 작은 글씨로 '治'라는 註釋이 달려 있으므로 이 해석이 맞을 것이다. (25.7)의 '瓸'은 기와나 벽돌 등의 건축재를 100장 단위로 셀 때의 단위명사이다.

현대 字典에서는 (25.8)의 '椋'을 '푸조나무'라 하여 수목의 일종으로 풀이한다. 그러나 백제목간과 신라목간에 두루 쓰인 이 '椋'은 공공기관이 관리하는 곡물 창고를 의미한다(金永旭 2008). 중국에서 '京'은 기원적으로 곡물을 보관하는 창고를 의미했는데, 창고 주변에 사람들이 많이 모여 살게 되면서 도읍 또는 수도의 의미가 새로 생겼다. '椋'은 이 '京'에 '桴'의 '木'이 덧붙은 자형이라 판단하여(李成市 2005) 左右合字의 부류에 넣었다. 이 '椋'이 일본의 고대 목간에서도 창고의 의미로 사용되었는데, 이것은 韓製字[19] '椋'이 고대 일본에 전파되었다는 것을 보여 준다는 점에서 매우 중요하다(李成市 2005, 金永旭 2008).

(26)은 생획하거나 일부만을 따서 자형을 변형한 古代 韓半字이다. 그런데 이 중에서 후대의 이른바 口訣字와 자형이 같은 것이 적지 않다. '𠂉, 丨, 辶/這, 氵, 十, 尸, 㑒, 刂'의 8자는 구결에서 사용되는 '𠂉, 丨, 這, 氵, 十, 尸, 㑒 刂'와 자형뿐만 아니라 독법도 같다. 이 자형과 독법의 동일성을 논거로 삼아 후대 구결자의 기원이 고대 목간의 한반자에 있다고 할 수 있다.

후대의 구결에서도 사용된 韓半字는 모두 신라목간에만 기록되었고 백제목간에는 기록되지 않았다. 이 점을 강조하면 한문을 자국어로 번역할 때에 다는 구결이 신라에서만 독자적으로 발달했다고 추정할 수 있다.

백제목간의 韓國字 중에서 '𥐓, 畠, 椋, 卩, 氵'의 5자가 고대 일본에 전해져 주목된다. 백제목간에서 발견된 韓國字 7자 중에서 5자가 일본에 전해졌으므로, 그 전파 비율이 아주 높은 편이다. '𥐓{*셤}, 畠{*밭}, 椋(??)'에 대한 논의는 생략하

19 李成市(2005: 42~43)에서는 '椋'자의 기원이 고구려에 있다고 했다. 이 점에서 韓製字라는 용어가 부적절하다고 여길 수 있으나 우리의 韓製字는 韓國製字의 약칭이다.

고 여기에서는 '部'를 생획하여 만든 '卩'[*부]만 논의하기로 한다.

고대 일본의 萬葉假名 표기에서 독특하게도 생획한 자형을 사용한 것으로 'マ/*be/, ッ/*tu/, ム/*mu/' 등이 있는데, 이 중에서 대표적인 것이 '卩/マ'로 기록된 자형이다. 이것은 '物卩, 矢卩, 丈マ' 등의 예에서 모두 /*be/로 읽힌다. 일본 학자들은 이 '卩'와 'マ'를 上代의 特殊文字라고 지칭해 왔다. 이들의 자형을 일본의 假名 발달 과정으로 설명하기가 어렵기 때문에 특수문자라는 명칭을 붙이고, 이들의 기원이 백제 문자로 거슬러 올라간다고 추정해 왔다.[20] 이 추정이 올바른 것이었음을 증명해 준다는 점에서 백제목간의 '六卩, 西卩, 中卩, 下卩' 등의 '卩'는 매우 귀중한 가치를 가진다. 목간의 '卩'는 백제에서 '卩'가 사용되었음을 증명해 주는 실증적이고도 결정적인 증거이기 때문이다.

그렇다면, 반도 특유의 韓國字가 고대 일본에서도 사용되었다는 사실을 어떻게 설명해야 할까? 초창기 일본의 문장작성을 백제 계통의 渡海人(渡來人)이 담당했다고(三上喜孝 2008: 209, Tsukimoto 2011: 46) 하면 이 사실이 쉽게 이해가 된다. 일본은 七支刀 銘文에서 볼 수 있듯이 372년 이후로 백제와 동맹 관계였고, 서사문화를 백제로부터 수용했다. 일본어를 音字로 표기한 최초의 예는 稻荷台一号墳鐵劍銘(471년)인데, 이 문장은 백제에서 건너간 문장작성 전문가가 지은 것이라고 한다(沖森卓也 2009: 14).

일본어를 訓字로 표기한 최초의 예로는 岡田山一号墳鐵刀銘(6세기 3/4분기)의 '各田マ臣'을 든다. 이곳의 'マ'가 '部'의 우변 '卩'에서 비롯된 것인데, 사실은 '各'도 '額'의 획을 생략한 글자이고 훈독하여 /nuka/(ヌカ)로 읽는다(沖森卓也 2009: 22). 그렇다면 이 생획자 '各'도 'マ'처럼 백제로부터 일본에 전해진 韓半字일 가능성이 크고, 나아가서 백제계 도해인이 이 鐵刀銘을 작성했을 가능성이 더욱 커진다. 도량형 표기에 사용된 韓國字 '石'이 平城京 목간에서도 사용되었으므로, 백제계 문장 작성자의 관습이 8세기 전반기까지 이어진다.

한편, 신라목간에는 漢字의 의미와는 관계없이 音相이 유사하면 서로 통하여

20 犬飼隆(2005)는 그런 예로 '止'에서 온 'と/ト'를 든 바 있다.

사용한 글자, 즉 通假字가 많이 나온다.

(27) 신라목간의 通假字

1. 𥿻一二枚 → 𥿻一二亇 (해자 2)

   枚[明中1平灰]=믹^{L} → 亇(每)[明中1平灰]=믹^{L}

2. 醯邊 → 醯辻 (월지 4)

   邊[幫中4平先]=변^{L} → 辻(卞)[並中B去仙]=변^{R}

3. 藏醯?瓮一 → 臧醯?瓮一 (월지 4)

   藏[從開1平唐]=장^{L} → 臧[精開1平唐]=장^{L}

5. 冊六籠 → 冊六龍 (월지 41)

   籠[來中1上東]=롱^{R} → 龍[來中C平鍾]=룡^{L}

5. 處二兩 → 處二丶 (월지 19)

   兩[來開C上陽]=량^{R} → 丶(良)[來開C平陽]=량^{L}

(27)의 '亇(每), 辻, 臧, 龍, 丶(良)' 등은 각각 '枚, 邊, 藏, 籠, 兩' 등으로 표기해야 맞다. (27.1)의 '亇(每)'와 '枚'는 음가가 완전히 동일하므로 '枚'를 '亇(每)'로 대체했다고 믿을 만하다. (27.2)에서 '邊'을 '辻'으로 대체한 것도 '邊'과 '卞'의 음상이 유사했기 때문일 것이다. (27.3∼5)에서도 음상이 유사하면서 필획이 단순한 글자로 대체했다. 이들 通假字가 신라목간에만 유난히 많이 나오는데, 그 원인이 무엇인지 궁금해진다.

그런데 正字와 通假字의 한어 중고음을 서로 대비해 보면 동일한 음가가 아니다. (27.1)의 '亇(每)'와 '枚'에서만 동음이고, 나머지 쌍은 성모, 운, 성조의 세 음운론적 요소 중에서 어느 하나는 반드시 차이가 난다. 그런데도 통가자 관계가 성립한다면, 8세기 3/4분기의 신라어에서 이들 음운론적 요소가 변별력을 잃었을지도 모른다.

3.3. 音韻論과 系統論

고대 한국어의 음운구조를 논의할 때에 가장 먼저 논의해야 할 것은 고대 한국어에 CVC의 閉音節이 있었는가 하는 문제이다. 일부의 일본어 연구자들은 고대 일본어와 마찬가지로 고대 한국어에도 폐음절이 없었다고 가정한다. 그리하여 고대 한국어의 음절구조 CV_1CV_2에서 V_2가 탈락함으로써 중세 한국어의 폐음절 CV_1C가 새로이 형성되었다고 기술한다.

일본학자들의 이러한 기술은 맞지 않다. 익산 미륵사지 1호 목간의 수사는 항상 /*-p/(즉 ㅌ)로 끝나므로 고대 한국어에 폐음절이 있었음을 보여 주는 결정적인 증거가 된다. 또한 백제목간에 사용된 표음자 147(148)자를 대상으로 入聲韻尾를 가지는 표음자의 점유 비율을 계산해 보면 19.6%가 된다. 이것은 조선시대 한자음 중에서 입성운미자가 점유하는 비율 17.9%보다 더 큰 수치이다. 따라서 백제어에도 조선조 한자음과 마찬가지로 CVC의 폐음절이 있었다고 보아야 할 것이다.

(28) 백제목간 표음자의 韻尾字별 점유 비율

운미 / 언어	-p	-t	-k	-m	-n	-ŋ
백제목간 표음자 (148자)	3.4% (5)	5.4% (8)	10.8% (16)	2.7% (4)	15.5% (23)	8.8% (13)
	19.6% (29)			27.0% (40)		
	46.6% (69)					
조선시대 한자 평균	2.3%	5.2%	10.4%	5.1%	15.5%	16.5%
	17.9%			37.1%		
	54.9%					

(28)은 백제목간 자료만을 대상으로 한 것이지만 각종의 백제어 자료를 전부 하나로 모아 통계를 내어 보아도 비슷한 결과가 나온다(이승재 2013다 참조).

(29) 백제어 표음자 694(702)자의 운미자별 점유 비율 (%)

언어 \ 운미	-p	-t	-k	-m	-n	-ŋ
백제어 표음자 (702자)	2.4% (17)	5.8% (41)	10.8% (76)	4.6% (32)	15.4% (108)	14.2% (100)
	19.1% (134)			34.2% (240)		
	53.3% (374)					

일본의 『古事記』나 『日本書紀』에 수록된 가요에서 音假名(表音字)만을 모아 입성운미자의 점유 비율을 계산해 보면 1%가 채 되지 않는다. 따라서 고대 일본어에 폐음절이 없었다고 기술하는 것이 정확하다. 그러나 백제어 표음자에서는 입성운미자의 점유 비율이 19%를 넘는다.[21] 따라서 백제어에 CVC의 폐음절이 있었다고 보아야 할 것이다.

고대 한국어에 폐음절이 있었다는 것은 익산 미륵사지 수사목간의 '日古巳'과 '二▣口巳'에서도 확인된다. 15세기의 수사 '닐곱, 닐굽(七)'과 한어 중고음 음가를 참고하여 이들을 각각 /*nirkop/과 /*ni▣kup/으로 재구할 수 있다. 이들의 /*-r-/과 /*-▣-/는 고대 한국어에 폐음절이 있었음을 말해 주는 자료가 된다.

그런데 '日古巳'을 /*nirkop/이 아니라 /*nitkop/으로 재구해야 한다고 주장할지도 모른다. 한어 중고음에서 '日'의 입성운미는 /*-r/이 아니라 /*-t/이기 때문이다. 그러나 이 수사는 한국 고유어이므로 古來로부터 /*-r/을 가지고 있었다고 보아야 한다. 중고음에는 운미 /*-r/이 없었으므로 한국 고유어의 음절 /*nir/을

21 고구려어 표음자의 입성자 점유 비율은 다음과 같다. 역시 큰 차이가 없다.

언어 \ 운미	-p	-t	-k	-m	-n	-ŋ
고구려 표음자 (712자)	1.8% (13)	8.1% (58)	9.4% (67)	4.8% (34)	14.2% (101)	14.9% (106)
	19.4% (138)			33.8% (241)		
	53.2% (379)					

入聲字 '日'로 대체하여 표기한 것이다.

고대 漢字音에서 日母의 음가가 /*n/이었는지 /*z/였는지 하는 문제는 매우 중요하다. 이 문제를 풀 때에 '日古巳'과 '二■口巳'이 결정적인 역할을 한다. 15세기의 수사 '닐곱, 닐굽'은 어두에 /*n/을 가지고 있는데, 이것이 '日'과 '二'의 성모인 日母와 대응한다. 이것을 중시하면 고대 한국어에서 日母가 /*n/의 음가를 가졌으리라 추정할 수 있다.

고대 일본의 한자음에는 吳音과 漢音이 있는데, 吳音은 백제를 거쳐 수용했고 漢音은 唐에서 직접 수용한 것이라고 한다. 백제어에서는 全濁音(유성자음) 계열이 있었고 日母의 음가가 /*n/이었다(이승재 2013다). 이것이 일본의 吳音에 그대로 전해진다. 반면에 漢音에서는 유·무성 대립이 없어지고 日母의 음가가 /*z/로 바뀌는데, 이것은 한어 중고음에서 일어난 변화를 그대로 수용한 것이다.

한국 한자음에서 입성운미 /*-t/가 /*-r/로 반영되었다는 것은 널리 알려져 있다. 이 변화가 언제 일어났는지에 대해서는 학자들의 견해가 일치하지 않는다. 河野六郎(1968/79)는 '次第 > ᄎᆞ례', '牧丹 > 모란', '道場 > 도량', '菩提 > 보리' 등의 예를 들어 10세기경에 한국 한자음에서 /*-t > *-r/의 변화가 일어났다고 보았다. 李基文(1981)은 중국의 서북 방언에서 먼저 /*-t/가 /*-r/로 변화했고 한국한자음은 이 /*-r/을 차용한 것이라고 했다.

목간 자료에 따르면, 6세기 중엽까지는 한국 한자음에서 /*-t > *-r/의 변화가 일어나지 않았다.

(30) 함안 성산산성 목간의 곡명 '夲'과 '原'

1. [鄒文■■■村以■夲石 >] (함안 53)
2. [<■■■■六只伐支原石] (함안 195)

함안 성산산성 목간 중에는 하물을 발송할 때에 다는 荷札 목간이 아주 많다. 그 내용은 대체적으로 '지명 # 인명 # 곡명 # 수사 # 단위명사'의 형식이고, 수량이 하나일 때에는 수사 '一'을 자주 생략한다. 이 형식에 따르면 (30.1)의 '■■村'

은 지명, '以▣'은 인명, '夲'은 곡명, '石'은 단위명사이다. (30.2)의 '六只伐支'는 인명, '原'은 곡명, '石'은 단위명사이다.

'夲'과 '原'이 곡명의 자리에 온 것이 확실한데, 이들이 정말로 곡명일까? '夲'과 '原'으로 표기되는 곡명이 얼른 떠오르지 않으므로 이처럼 의심하게 된다. 그러나 '夲'과 '原'의 한국어 훈에 '믿'이 있고 이것이 일본어의 /moto/와 同源이라는 점을 고려하면 '夲'과 '原'을 /*mit/으로 재구할 수 있다. 이에 따르면 한국의 곡명 '밀(小麥)'을 목간에서는 '夲'과 '原'으로 표기한 것이 된다.

이 재구형 /*mit/이 후대에 한국 한자음에서 일어난 /*-t 〉 *-r/의 유추적 전이에 휩쓸려 /mir/로 바뀐다. 小麥이 중국 북방으로부터 유입된 곡물이기 때문에 /*mit/이 마치 차용어인 것처럼 인식되었다. 그런데 차용어인 漢字音에서 /*-t 〉 *-r/의 전이가 일어남에 따라 이 변화에 휩쓸려 /*mit/이 /*mir/로 바뀌었고, 그 결과로 후대의 한국어에서는 小麥이 '밀'로 표기된다. 반면에, '夲'과 '原'의 한국 고유어인 '밑(低, 下)'에서는 /*-t 〉 *-r/의 변화가 일어나지 않았다. 이것은 차용어가 아니므로 이 변화가 적용되지 않았다. 그리하여 '低'나 '下'를 뜻하는 고대어는 중세 한국어에서도 古形인 '밑' 즉 /mit^h/을 유지한다.

위의 목간 자료에 따르면 함안 성산산성 목간이 작성된 6세기 중엽까지는 /*-t 〉 *-r/의 전이가 일어나지 않았다고 보아야 한다. 한국 한자음에서 /*-t 〉 *-r/의 전이가 일어난 것은 7세기 중엽 이후의 일이 아닌가 한다. 백제와 고구려가 멸망한 이후에 /*-t 〉 *-r/의 전이가 일어났을 것이다. 유독 신라어 자료에서만 이 전이가 적용된 표기가 자주 등장하므로 이렇게 말할 수 있다. 『삼국사기』의 '奈麻/奈末'에 『일본서기』의 '奈麻禮'가 대응하는 예(河野六郎 1968/79), 『삼국사기』의 '達'이 일본의 여러 자료에서 /tari/로 표기되는 예, 『삼국사기』의 '毛末'이 『일본서기』에 나오는 '毛麻利叱智'의 '毛麻利'에 대응하는 예(藤井茂利 1996: 57) 등은 모두 신라어 자료이다.

목간 자료는 한국어의 계통론을 논의할 때에도 아주 귀중한 정보를 제공해 준다. 언어 계통론을 논의할 때에 동서양을 막론하고 가장 중요한 것은 數詞이다.

(31) 백제어, 신라어, 고구려어, 고대 일본어의 數詞 대비

<table>
<tr><th>언어
수</th><th>백제어
목간표기 재구형</th><th>신라어
목간표기 재구형</th><th>고구려어
삼국사기 재구형</th><th>고대 일본어
재구형</th></tr>
<tr><td rowspan="2">1</td><td rowspan="2">伽第巳
*gadəp</td><td>一巳
*hədəp</td><td rowspan="2"></td><td rowspan="2"></td></tr>
<tr><td>一等
*hədən</td></tr>
<tr><td>2</td><td>矣毛巳
*iterəp</td><td>二尸
*tubər</td><td></td><td></td></tr>
<tr><td>3</td><td>新台巳
*saidəp</td><td>三巳
*sadəp</td><td>密
*mit</td><td>*mi</td></tr>
<tr><td>4</td><td></td><td>四刂
*neri</td><td></td><td></td></tr>
<tr><td rowspan="2">5</td><td rowspan="2">刀士巳
*tasəp</td><td>丨沙巳
*tasap</td><td rowspan="2">于次
*ʔuʦi</td><td rowspan="2">*itu</td></tr>
<tr><td>丨彡
*tasəm</td></tr>
<tr><td>6</td><td></td><td></td><td></td><td></td></tr>
<tr><td rowspan="2">7</td><td>日古巳
*nirkop</td><td rowspan="2"></td><td>難隱
*nanʔjən</td><td rowspan="2">*nana</td></tr>
<tr><td>二▣口巳
*ni▣kup</td><td>那旦
*natan</td></tr>
<tr><td rowspan="2">8</td><td>今毛巳
*jeterəp</td><td rowspan="2">今毛
*jeter</td><td rowspan="2"></td><td rowspan="2"></td></tr>
<tr><td>以?如巳
*jətep</td></tr>
<tr><td>9</td><td></td><td></td><td></td><td></td></tr>
<tr><td>10</td><td></td><td></td><td>德頓
*təkton</td><td>*töwö</td></tr>
</table>

위의 (2)에서 정리한 익산 미륵사지 1호 목간의 수사와 (23)에 정리한 신라목간의 수사를 대비해 보면 재구형이 거의 같다. 위의 (31)에 다시 보인 것처럼 백제어와 신라어의 1, 3, 5, 8의 네 수사가 同源語임을 알 수 있다. 이들의 음상은

방언 차이 정도에 불과할 정도로 비슷하므로, 이것을 논거로 삼아 백제어와 신라어가 單一語였다고 할 수 있다. 李基文(1972: 41)는 백제어와 신라어를 하나로 묶어 原始韓語를 재구했는데, 이 학설을 지지해 주는 결정적 증거가 목간에 기록된 수사이다.

『삼국사기』 지리지에는 高句麗語 수사인 '密, 于次, 難隱/那旦, 德頓' 등이 기록되어 있다. 이 네 수사가 古代日本語의 수사와 유사하므로 Lee Ki-Moon(1963)이 비교 대상으로 삼은 바 있다. 고구려어와 고대 일본어의 비교언어학적 연구에서 이보다 더 확실한 대응 짝은 제시하기가 어렵다.

중요한 것은 고구려어 수사인 '密, 于次, 難隱/那旦, 德頓' 등이 南方韓語의 수사와 일치하지 않는다는 점이다. 李基文(1972: 41)는 고구려어가 原始夫餘語에서 유래하고 백제어와 신라어가 原始韓語에서 유래한다고 했는데, 수사에 관한 (31)에서 볼 수 있듯이 원시부여어와 원시한어가 서로 달랐음이 분명하다. 따라서 李基文(1972)의 한국어 계통론을 증명해 주는 가장 중요한 자료가 목간 자료의 수사라고 해도 지나친 말이 아니다.

한편, 경주 월지 11호 목간에 나오는 '細次朼三件'의 '件'이 '*벌/벌'에 대응하는 단위명사이다. 이두에서는 물명과 그 수량을 죽 열거하여 적은 목록을 '件記'라 적고 '벌긔'라 읽는데, 이것은 '件'을 '벌'로 읽는 대표적인 예이다. 이 '벌'에 대응하는 고구려어를 『삼국사기』 권제37의 '七重縣一云難隱別'에서 찾을 수 있다. 이 지명의 '重'은 '別'에 대응한다. 이 '別'이 신라목간에서 '件'으로 표기된 '*벌'에 해당한다. '別'의 한자음과 '*벌'의 음가가 유사할 뿐만 아니라, '重'과 '件'이 모두 중첩의 의미를 가지기 때문에 이 대응을 믿을 만하다(이승재 2015). 小川環樹(1980)은 北魏의 『齊民要術』과 『洛陽伽藍記』에서 '別'이 '-마다'의 의미를 가지는 예들을 찾아내고 이 '別'이 蒙古語의[22] 후치사 /*büri/에 대응한다고 했다. 이에 따르면 北魏의 /*büri/, 고구려의 '別', 신라목간에서 '件'으로 표기된 '*벌'이 동일 계통의 단어가 될 것이다.

---

22 北魏는 몽고어 계통에 속하는 언어를 사용했던 선비족이 세운 나라라고 한다.

參考文獻

姜信沆(1987), 韓國 漢字音內 舌音系 字音의 變化에 대하여,『東方學志』54-56, 서울: 東方學會.

姜信沆(2011가), 韓國漢字音(15·16世紀 現實音)과 魏晉南北朝時代音과의 比較,『震檀學報』112, 서울: 震檀學會.

姜信沆(2011나), 南·北系 漢語와 韓國漢字音,『韓國語硏究』8, 서울: 韓國語硏究會.

康仁善(2004),『萬葉集』의 人麻呂 表記에 관한 한 문제,『일본어학연구』11, 서울: 일본어학회.

姜鍾元(2009), 扶餘 東南里와 錦山 栢嶺山城 出土 文字資料,『木簡과 文字』1, 서울: 한국목간학회.

高敬姫(1993), 新羅 月池 出土 在銘遺物에 對한 銘文 硏究, 동아대학교 석사학위논문.

고광의(2008), 6~7세기 新羅 木簡의 書體와 書藝史的 의의,『木簡과 文字』1, 서울: 한국목간학회.

고바야시 요시노리[小林芳規](2003), 新羅 經典에 記入된 角筆文字와 符號,『口訣硏究』10, 서울: 口訣學會.

국립가야문화재연구소(2007),『함안성산산성 출토목간』, 창원: 국립가야문화재연구소.
국립경주문화재연구소(2006), 『月城垓子(発掘調査報告書 II)』, 경주: 國立慶州文化財研究所.
국립경주박물관(2002가), 『文字로 본 新羅』, 경주: 국립경주박물관.
國立慶州博物館(2002나), 『國立慶州博物館敷地內 發掘調査報告書』, 경주: 국립경주박물관.
국립경주박물관(2010), 『우물에 빠진 통일신라 동물들』, 경주: 국립경주박물관.
국립국어연구원(1999), 『표준국어대사전』, 서울: 두산동아.
국립문화재연구소(2001), 『고고학사전』, 대전: 국립문화재연구소.
국립부여문화재연구소(1996), 『미륵사 유적발굴조사보고서 II』, 부여: 국립부여문화재연구소.
國立扶餘博物館(2000), 『능산리사지 1~5차 발굴조사 보고서』, 부여: 國立扶餘博物館.
국립부여박물관(2003), 『百濟의 文字』, 부여: 국립부여박물관.
國立扶餘博物館(2007), 『陵寺』(부여 능산리사지 6~8차 발굴조사 보고서), 부여: 國立扶餘博物館.
국립부여박물관(2008), 『백제목간』, 국립부여박물관.
국립부여박물관·국립가야문화재연구소(2009), 『나무 속 암호 목간』, 서울: 예맥.
國立昌原文化財研究所(2004), 『韓國의 古代木簡』, 昌原: 國立昌原文化財研究所.
國立昌原文化財研究所(2006), 『(개정판) 韓國의 古代木簡』, 昌原: 國立昌原文化財研究所.
국립청주박물관(2000), 『한국 고대의 문자와 기호유물』, 청주: 국립청주박물관.
權仁瀚(1997가), 한자음의 변화, 『國語史研究』, 서울: 태학사.
權仁瀚(1997나), 고려시대 한국한자음에 대한 일고찰, 『冠嶽語文研究』 22, 서울: 서울대 국어국문학과.
權仁瀚(2005), 고대국어의 i-breaking 현상에 대한 일고찰, 『震檀學報』 100, 서울: 震檀學會.
權仁瀚(2007), 正倉院藏 第二 新羅文書의 正解를 위하여, 『口訣研究』 18, 서울: 口訣學會.
權仁瀚(2008가), 咸安 城山山城 木簡 속의 固有名詞 表記에 대하여, 『東아시아 資料學의 可能性 摸索: 出土 資料를 중심으로』, 성균관대학교 동아시아학

술원 인문한국사업단.
權仁瀚(2008나), 百濟式 俗漢文을 찾아서, 口訣學會 월례발표회 원고.
權仁瀚(2009가), 『中世 韓國漢字音의 分析的 硏究』, 서울: 박문사.
權仁瀚(2009나), 함안 성산산성 목간 속의 고유명사 표기에 대하여, 『동아시아 자료학의 가능성』, 서울: 성균관대학교 출판부.
權仁瀚(2013), 木簡을 통해서 본 신라 寫經所의 풍경, 『震檀學報』 119, 서울: 震檀學會.
김경호(2011), 한·중·일 동아시아 3국의 목간 출토 및 연구 현황, 『죽간·목간에 담긴 고대 동아시아』, 서울: 성균관대학교 출판부.
金斗燦(1987), 高麗版 南冥集의 口訣 硏究, 단국대학교 박사학위논문.
金秉駿(2009), 낙랑의 문자생활, 『동아시아의 문화 교류와 소통』, 서울: 동북아역사재단.
金星奎(1984), 國語 數詞體系의 一考察, 『冠嶽語文硏究』 9, 서울: 서울대 국어국문학과.
김성규(2016), 향가의 구성 형식에 대한 새로운 해석, 『국어국문학』 176, 서울: 국어국문학회.
金聖範(2009), 羅州 伏岩里 유적 출토 백제목간과 기타 문자 관련 유물, 『木簡과 文字』 3, 서울: 韓國木簡學會.
金聖範(2010), 羅州 伏岩里 木簡의 判讀과 釋讀, 『木簡과 文字』 5, 서울: 韓國木簡學會.
김영심(2009), 扶餘 陵山里 출토 '六ア五方' 목간과 백제의 術數學, 『木簡과 文字』 3, 서울: 한국목간학회.
金永旭(2003), 百濟 吏讀에 대하여, 『口訣硏究』 11, 서울: 口訣學會.
金永旭(2004), 漢字·漢文의 韓國的 收容, 『口訣硏究』 13, 서울: 口訣學會.
金永旭(2007가), 古代 韓國 木簡에 보이는 釋讀表記, 『口訣硏究』 19, 서울: 口訣學會.
金永旭(2007나), 古代國語의 處所格助詞 '-中'에 대한 通時的 考察, 口訣學會 發表原稿.
金永旭(2007다), 和化漢文의 起源에 關한 一考察, 『古代 韓日의 言語와 文字』, (2007 韓日 國際 워크샵 發表論文集), 서울대 奎章閣韓國學硏究院·口訣學會.
金永旭(2008), 西河原森ノ内 遺跡址의 椋直 木簡에 대한 語學的 考察, 『木簡과

文字』 2, 서울: 韓國木簡學會.
金永旭(2010), 古代國語의 處所格 助詞에 對하여, 『國語學』 57, 서울: 국어학회.
金永旭(2011가), 木簡에 보이는 古代國語 表記法, 『口訣硏究』 26, 서울: 口訣學會.
金永旭(2011나), 傳仁容寺祉 木簡에 대한 어학적 접근, 목간학회 2011년 봄철 발표회 원고.
金永旭(2011다), 三國時代 吏讀에 대한 기초적 논의, 『口訣硏究』 27, 서울: 口訣學會.
金永旭(2012), 古代國語의 處所格 '-良'에 對한 硏究, 『口訣硏究』 28, 서울: 口訣學會.
金永旭(2014), 木簡 資料와 語彙: 月城垓子 149號 木簡을 中心으로, 『口訣硏究』 33, 서울: 口訣學會.
金完鎭(1968/71), 高句麗語에 있어서의 t 口蓋音化 現象에 대하여, 『國語音韻體系의 硏究』, 서울: 一潮閣.
金完鎭(1971), 『國語音韻體系의 硏究』, 서울: 一潮閣.
金完鎭(1980), 『鄕歌解讀法硏究』, 서울: 서울대학교 출판부.
金完鎭(2005), 국어학 10년의 앞날을 바라본다(?), 『국어국문학, 미래의 길을 묻다』(서강대학교 국어국문학과 편), 서울: 태학사.
김용민·김혜정·민경선(2008), 부여 왕흥사지 발굴조사 성과와 의의, 『木簡과 文字』 1, 서울: 한국목간학회.
김재홍(2009), 창녕 화왕산성 龍池 출토 木簡과 祭儀, 『木簡과 文字』 4, 서울: 한국목간학회.
金泰均(1986), 『咸北方言辭典』, 서울: 경기대학교 출판부.
南豊鉉(1975), 漢字借用 表記法의 發達, 『國文學論集』 7·8, 서울: 단국대학교 국어국문학과.
南豊鉉(1981), 『借字表記法硏究』, 서울: 檀國大出版部.
南豊鉉(1985), 借字表記法의 '巳'字에 대하여, 『歷史言語學』, 서울: 金芳漢先生回甲紀念論文集 編輯委員會.
南豊鉉(1991), 新羅時代 吏讀의 '哉'에 대하여, 『國語學의 새로운 認識과 展開』(金完鎭先生 華甲紀念論叢), 서울: 민음사.
南豊鉉(1993), 高麗本 瑜伽師地論의 釋讀口訣에 대하여, 『東方學志』 81, 서울: 연세대학교 동방학연구원.

南豊鉉(2000),『吏讀 硏究』, 서울: 太學社.
南豊鉉(2001), 韓國 古代語의 單母音化에 대하여,『韓日語文學論叢』(梅田博之敎授 古稀記念), 서울: 太學社.
南豊鉉(2003가), 居伐牟羅와 耽牟羅,『耽羅文化』 23, 제주: 濟州大 耽羅文化硏究所.
南豊鉉(2003나), 新羅 僧 順憬과 璟興의 法華經 註釋書에 대하여,『口訣硏究』 10, 서울: 口訣學會.
南豊鉉(2003다), 古代國語의 時代 區分,『口訣硏究』 11, 서울: 口訣學會.
문화재관리국(1978),『雁鴨池 發掘調査報告書』, 서울: 문화재관리국.
文化財廳·國立加耶文化財硏究所(2011),『韓國 木簡字典』. 창원: 국립가야문화재연구소.
미카미 요시타카[三上喜孝](2008), 일본 고대 목간의 계보: 한국 출토 목간과의 비교 검토를 통하여,『木簡과 文字』 1, 서울: 韓國木簡學會.
박민경(2009), 百濟 宮南池 木簡에 대한 재검토,『木簡과 文字』 4, 서울: 한국목간학회.
朴炳采(1971),『古代國語의 硏究』, 서울: 고려대학교 출판부.
박성종(1988), 어두 자음 /ㅋ/에 대한 한 연구,『언어』 13-2, 서울: 한국언어학회.
朴盛鍾(2007), 吏讀字 '內'의 讀法,『口訣硏究』 19, 서울: 口訣學會.
박성천·김시환(2009), 창녕 화왕산성 蓮池 출토 木簡,『木簡과 文字』 4, 서울: 한국목간학회.
박정구(2012), 유형론적 관점에서 본 중국어 분류사의 발전 및 그와 한국어의 관련성,『國語學』 63, 서울: 國語學會.
박진호(1997), 借字表記 資料에 대한 통사론적 검토,『새국어생활』 7-4, 서울: 국립국어연구원.
박진호(2008), 향가 해독과 국어 문법사,『國語學』 51, 서울: 國語學會.
朴泰祐·鄭海濬·尹智熙(2008), 扶餘 雙北里 280-5番地 出土 木簡 報告,『木簡과 文字』 2, 서울: 한국목간학회.
朴賢淑(1996), 宮南池 出土 百濟 木簡과 王都 5部制,『韓國史硏究』 92, 서울: 韓國史硏究會.
서정목(2014),『慕竹旨郎歌 연구』, 서울: 서강대학교 출판부.
石宙明(1947),『濟州道方言集』, 서울: 서울신문사.

손호성(2011), 부여 쌍북리 119안전센터부지 출토 목간의 내용과 판독, 『木簡과 文字』 7, 서울: 한국목간학회.
孫煥一(2004), 경주 지역 출토 목간의 석문, 한국고대사학회 2004년 12월, 월례 발표회 발표문.
孫煥一(2006), 판독문, 『(개정판) 韓國의 古代木簡』, 昌原: 國立昌原文化財硏究所.
孫煥一(2008), 百濟木簡 支藥兒食米記와 佐官貸食記의 記錄과 書體, 『백제 좌관대식기의 세계』, 부여: 국립부여박물관·경기대학교 전통문화콘텐츠연구소.
손환일(2011), 『한국 목간의 기록문화와 서체』, 서울: 서화미디어.
宋基中(1995), 唐代 突厥語 假借 表記와 國語漢字音의 終聲, 『國語史와 借字表記』(素谷南豊鉉先生 回甲紀念論叢), 서울: 太學社.
宋基豪(2002), 고대의 문자생활: 비교와 시기구분, 『강좌 한국고대사, 제5권 문자생활과 역사서의 편찬』, 서울: 駕洛國史蹟開發硏究院.
심상육·이미현·이효중(2011), 부여 '중앙성결교회유적' 및 '뒷개유적' 출토 목간 보고, 『木簡과 文字』 7, 서울: 한국목간학회.
安秉禧(1984), 韓國語 借字表記法의 形成과 特徵, 『第三回國際學術會議論文集』, 성남: 韓國精神文化硏究院.
安秉禧(1987), 語學篇, 『韓國學基礎資料選集: 古代篇』, 성남: 韓國精神文化硏究院.
魏國峰(2012), 韓國漢字音 舌內 入聲韻尾에 대한 고찰, 『國語學』 63, 서울 國語學會.
柳鐸一(1989), 『韓國文獻學硏究』, 서울: 亞細亞文化社.
尹武炳(1985), 『扶餘 官北里 百濟遺蹟 發掘調査』, 大田: 忠南大學校博物館.
尹善泰(2000), 新羅 統一期 王室의 村落支配: 新羅 古文書와 木簡의 分析을 中心으로, 서울대학교 博士學位論文.
尹善泰(2005), 월성해자 출토 신라 문서 목간, 『역사와 현실』 56, 서울: 한국역사연구회.
尹善泰(2007가), 『목간이 들려 주는 백제 이야기』, 서울: 주류성.
尹善泰(2007나), 韓國 古代 文字資料의 符號와 空隔, 『古代 韓日의 言語와 文字』, (2007 韓日 國際 워크샵 發表論文集), 서울대학교 奎章閣韓國學硏究院·口訣學會.
尹善泰(2009), 百濟와 新羅에서의 漢字漢文의 受容과 變容, 『동아시아의 문화 교류와 소통』, 서울: 동북아역사재단.

李京燮(2008), 新羅 月城垓子 木簡의 출토상황과 月城 周邊의 景觀 변화, 『韓國古代史研究』 49, 서울: 韓國古代史學會.
李均明(2008), 韓中簡牘 비교연구: 중국 간독의 분류 설명에 의거하여, 『木簡과 文字』 1, 서울: 韓國木簡學會.
李基東(1979), 雁鴨池에서 출토된 新羅木簡에 대하여, 『慶北史學』 1, 대구: 慶北大學校 史學科.
李基文(1968), 高句麗語의 言語와 그 特徵, 『白山學報』 4, 서울: 白山學會.
李基文(1972), 『改訂 國語史概說』, 서울: 民衆書館.
李基文(1977), 『國語音韻史 研究』, 서울: 國語學會.
李基文(1981), 吏讀의 起源에 대한 一考察, 『震檀學報』 52, 서울: 震檀學會.
李基文(1998), 『新訂版 國語史概說』, 서울: 태학사.
李敦柱(2006), 한국 한자음의 몇 가지 특징, 『국어사연구』, 서울: 태학사.
이동주(2009), 月城垓子출토 목간의 제작기법, 『木簡과 文字』 4, 서울: 한국목간학회.
李秉根(1976), 派生語形成과 i 逆行同化規則들, 『震檀學報』 42, 서울: 震檀學會.
李炳鎬(2008), 扶餘 陵山里 出土 木簡의 性格, 『木簡과 文字』 1, 서울: 韓國木簡學會.
李成市(2000), 韓國 木簡研究의 現況과 咸安 城山山城 出土의 木簡, 『韓國古代史研究』 19, 서울: 서경문화사.
李成市(2007), 한국의 문서행정 ― 6세기의 신라, 『함안성산산성 출토목간』, 창원: 국립가야문화재연구소.
이성준(2007), 함안 성산산성 목간집중출토지 발굴조사 성과, 『함안성산산성 출토목간』, 창원: 국립가야문화재연구소.
李崇寧(1956/78), 『濟州道 方言의 形態論的 研究』, 서울: 탑출판사.
李丞宰(1989), 借字表記 研究와 訓民正音의 文字論的 研究에 대하여, 『國語學』 19, 서울: 國語學會.
李丞宰(1992), 融合形의 形態 分析과 形態의 化石, 『周時經學報』 10, 서울: 탑출판사.
李丞宰(1993), 高麗本 華嚴經의 口訣字에 대하여, 『國語學』 23, 서울: 國語學會.
李丞宰(1997가), 借字表記의 變化, 『國語史 研究』, 서울: 태학사.
李丞宰(1997나), 朝鮮初期 吏讀文의 語中 '-叱-'에 대하여, 『국어학 연구의 새 지

평』(성재이돈주선생화갑기념), 서울: 태학사.
李丞宰(2000가), 釋讀口訣의 數詞에 대하여, 『21세기 국어학의 과제』, 서울: 월인.
李丞宰(2000나), 尊敬法 先語末語尾 '-ㅠ/ㅋ[시]-'의 形態音素論的 研究: 口訣資料를 중심으로, 『震檀學報』 90, 서울: 震檀學會.
李丞宰(2006), 『50권본 화엄경 연구』, 서울: 서울대학교 출판부.
李丞宰(2001), 古代 吏讀의 尊敬法 '-在[겨]-'에 대하여, 『語文研究』 112, 서울: 韓國語文敎育研究會.
李丞宰(2007), 釋迦塔 墨書紙片의 紙片 組立과 吏讀 判讀, 『석가탑 발견유물 조사보고서』, 서울: 국립중앙박물관.
李丞宰(2008가), 吏讀 解讀의 方法과 實際, 『한국문화』 44, 서울: 서울대학교 규장각한국학연구원.
李丞宰(2008나), 295번과 305번 木簡에 대한 管見, 『백제목간』, 부여: 국립부여박물관.
李丞宰 (2008다), 七世紀 末葉의 韓國語 資料, 『口訣研究』 20, 서울: 口訣學會.
李丞宰(2009가), 木簡과 國語學, 『고대의 목간, 그리고 산성』(국립문화재연구소 40주년 한국 박물관 개관 100주년 기념, 국제학술심포지엄 논문집), 창원: 국립가야문화재연구소·국립부여박물관.
李丞宰(2009나), 墨書紙片의 語學的 意義, 『불국사 삼층석탑 묵서지편』, 서울: (재)불교문화재연구소.
李丞宰(2011가), 古代 木簡의 單位名詞 解讀, 『동아시아의 구전전통과 문자문화』, 서울: 연세대학교 인문학연구원 HK문자연구사업단.
李丞宰(2011나), 11세기 吏讀資料로 본 符點口訣의 기입 시기, 『口訣研究』 27, 서울: 口訣學會.
李丞宰(2011다), 彌勒寺址 木簡에서 찾은 古代語 數詞, 『國語學』 62, 서울: 國語學會.
李丞宰(2013가), 함안 성산산성 221호 목간의 해독, 『한국문화』 61, 서울: 서울대학교 규장각한국학연구원.
李丞宰(2013나), 新羅木簡과 百濟木簡의 표기법, 『震檀學報』 117, 서울: 震檀學會.
이승재(2013다), 『漢字音으로 본 백제어 자음체계』, 서울: 태학사.
이승재(2015), 고대국어2, 『학문연구의 동향과 쟁점』, 서울: 대한민국학술원.
이승재(2016), 『漢字音으로 본 고구려어 음운체계』, 서울: 일조각.

李丞宰(外)(2009가),『角筆口訣의 解讀과 飜譯 4』, 서울: 태학사.
李丞宰(外)(2009나),『角筆口訣의 解讀과 飜譯 5』, 서울: 태학사.
이용현(1999), 부여 궁남지유적 출토 목간의 연대와 성격,『궁남지』, 부여: 국립부여문화재연구소.
李鎔賢(2003), 경주 안압지(月池) 출토 목간의 기초적 검토: 보고서 분석과 넘버링을 중심으로,『國史館論叢』 101, 서울: 국사편찬위원회.
李鎔賢(2006),『韓國木簡基礎研究』, 서울: 신서원.
이용현(2007), 안압지와 東宮 庖典,『新羅文物研究』 1, 경주: 국립경주박물관.
이용현(2010가), 목간을 통해 본 한국의 문자와 언어,『죽간·목간에 담긴 고대 동아시아』, 서울: 성균관대학교 출판부.
이용현(2010나), 우물 속 용왕에게 빌다,『우물에 빠진 통일신라 동물들』, 경주: 국립경주박물관.
이용현(2016), 국립경주박물관 소장 임신서기석의 文體와 年代의 재고찰,『新羅文物研究』 9, 경주: 경주국립박물관.
李宇泰(2002), 고대 度量衡의 발달,『강좌 한국고대사 제6권』, 서울: 駕洛國史蹟開發研究院.
이재환(2011), 전인용사지 출토 목간과 우물·연못에서의 제사 의식, 한국목간학회 제11회 정기발표회(2011년 4월).
이주헌(2015), 城山山城 浮葉層과 출토유물의 검토, 韓國木簡學會(2015년 1월) 정기 발표문.
이토 지유키(2011)(이진호 역),『한국 한자음 연구: 자료편』, 서울: 역락.
이토 다카요시[伊藤貴祥](2008), 高麗時代 墓誌銘詩 押韻 研究: 高麗 漢字音의 干涉을 중심으로, 서울대학교 석사학위논문.
이판섭·윤선태(2008), 扶餘 雙北里 현내들·北浦 유적의 조사 성과,『木簡과 文字』 1, 서울: 韓國木簡學會.
李熙昇(1961),『국어대사전』, 서울: 民衆書館.
임경희·최연식(2010), 태안 마도 수중 출토 목간 판독과 내용,『木簡과 文字』 5, 서울: 韓國木簡學會.
정동준(2009), 佐官貸食記 목간의 제도사적 의미,『木簡과 文字』 4, 서울: 한국목간학회.
鄭在永(2003), 百濟의 文字 生活,『口訣研究』 11, 서울: 口訣學會.

鄭在永(2008), 月城垓字 148號 木簡에 나타나는 吏讀에 대하여,『木簡과 文字』1, 서울: 韓國木簡學會.
채완(1982), 국어 수량사구의 통시적 고찰,『震檀學報』53, 서울: 震檀學會.
崔孟植·金容民(1995), 扶餘 宮南池內部 發掘調査 概報: 百濟木簡 出土 意義와 成果,『韓國上古史學報』20, 서울: 韓國上古史學會.
忠淸南道歷史文化硏究院·扶餘郡(2007),『扶餘 忠北面 可北里 遺蹟·扶餘 東南里 216-17番地 遺蹟』, 대전: 忠淸南道歷史文化硏究院·扶餘郡
忠淸南道歷史文化院·錦山君(2007),『錦山 白嶺山城: 1·2차 발굴조사 보고서』, 대전: 忠淸南道歷史文化院·錦山郡.
하시모토 시게루[橋本繁](2007), 雁鴨池 木簡 判讀文의 再檢討,『新羅文物硏究』1, 경주: 국립경주박물관.
漢陽大學校博物館(1991),『二聖山城: 三次發掘調査報告書』, 서울: 漢陽大學校博物館.
漢陽大學校博物館(1992),『二聖山城: 4次發掘調査報告書』, 서울: 漢陽大學校博物館.
漢陽大學校博物館·河南市(2000),『二聖山城: 4차 발굴조사보고서, 서울: 漢陽大學校博物館·河南市.
홍승우(2009), 佐官貸食記 木簡에 나타난 百濟의 量制와 貸食制,『木簡과 文字』4, 서울: 한국목간학회.
히라카와 미나미[平川南](2007), 함안 성산산성 출토목간,『함안성산산성 출토목간』, 창원: 국립가야문화재연구소.

有坂秀世(1957/80),『國語音韻史の硏究』, 東京: 明世堂書店.
池田證壽(2011), '寂'の異體: HNGによる考察,『訓点語と訓点資料』127, 東京: 訓点語學會.
伊藤智ゆき(2002),『朝鮮漢字音硏究』, 東京: 東京大 博士學位 論文.
稻岡耕二(1976),『萬葉表記論』, 東京: 塙書房.
乾善彥(2012), 古代の仮名使用と万葉歌木簡, 第43回 口訣學會 發表論文集.
犬飼隆(2005), 七世紀の萬葉假名,『古代日本 文字の來た道』, 東京: 大修館書店.
小川環樹(1980), 稻荷山古墳の鐵劍銘と太安万侶の墓誌の漢文におけるKoreanismについて,『京都産業大學國際言語科學硏究所所報』1-3, 京都産業

大學.
沖森卓也(2009),『日本古代の文字と表記』, 東京: 吉川弘文館.
沖森卓也·佐藤信(2009),『古代木簡資料集成』, 東京: おうふう.
小倉進平(1944),『朝鮮語方言の研究』, 東京: 岩波書店.
岸俊男(1977/2011),『宮都と木簡』, 東京: 吉川弘文館.
藏中進(1995),『則天文字の研究』, 東京: 翰林書房.
河野六郎(1968/79),『朝鮮漢字音の研究』, 東京: 平凡社.
李成市(1997), 韓國出土の木簡について,『木簡研究』19, 奈良: 木簡學會.
李成市(2005), 古代朝鮮の文字文化,『古代日本 文字の來た道』, 東京: 大修館書店.
李成市(2005), 朝鮮の文書行政: 6世紀の新羅,『文字と古代日本』, 東京: 吉川弘文館.
藏中進(1995),『則天文字の研究』, 東京: 翰林書房.
河野六郎(1968/79),『朝鮮漢字音の研究』, 東京: 平凡社.
榮原永遠男(2011),『万葉歌木簡を追う』, 大阪: 和泉書院.
滋賀縣立安土城考古博物館(2008),『古代地方木簡の世紀』, 大津: 滋賀縣立安土城考古博物館.
深津行德(2006), 古代東アジアの書體·書風,『文字と古代日本: 文字表現 獲得』5.
近つ飛鳥博物館(2011),『倭人と文字の出會い』, 大阪: 近つ飛鳥博物館.
築島裕(1977/85),『國語の歷史』, 東京: 東京大出版部.
平川南(2003),『古代地方木簡の研究』, 東京: 吉川弘文館.
平川南(2009), 兵庫縣朝來市山東町 柴遺跡出土木簡,『朝來市所在 柴遺跡』, 兵庫縣立考古博物館.
平川南(編)(2005), 古代日本 文字の來た道, 東京: 大修館書店.
藤井茂利(1996),『古代日本語の表記法研究』, 東京: 近代文藝社.
藤本幸夫(1986), '中'字攷,『論集 日本語研究(二) 歷史編』, 明治書院.
三上喜孝(2006), 文書樣式'牒'の受容をめぐる一考察,『歷史地理·人類學論集』(山形大) 7.
森博達(1999),『日本書紀の謎を解く』, 東京: 中央公論社.
木簡學會編(1994),『日本古代木簡選』, 東京: 岩波書店.
諸橋轍次(1984),『大漢和辭典』, 東京: 大修館書店.
編輯部(2007),『大書源』, 東京: 二玄社.

安田尙道(2005), 古代日本の漢字文の源流: 稻荷山鐵劍の'七月中'をめぐつて, 『文字とことば』, 東京: 靑山學院大學文學部日本文學科.

羅常培(1933), 『唐五代西北方言』, 上海: 國立中央硏究院歷史語言硏究所.
趙聲良(2000), 早期敦煌寫本書法的分期硏究, 『1994年敦煌學國際硏討會文集(石窟藝術卷)』, 甘肅民族出版社.

Karlgren, Bernhard (1954), *Compendium of Phonetics in Ancient and Archaic Chinese*, Stockholm: Bulletin of the Museum of Far Eastern Antiquities.
Kiley, Cornelius J. (1969), A Note on the Surnames of Immigrant Officials in Nara Japan, *Harvard Journal of Asiatic Studies* 29.
Lee, Ki-Moon (1963), A Genetic View of Japanese, *Chōsengakubo* vol.27, Nara: the Chōsengakgai.
Lee, Pyeong-geun (1990), The system of syllable-initial and -final sounds in Hunmin jeongeum, *Understanding Hunmin-jeongeum*, Seoul: Hanshin Pub. Co.
Lee, SeungJae (2012a), On the Old Korean Numerals Inscribed on Wooden Tablet no.318, *Scripta* 4, Seoul: the Hunmin jeongeum Society.
Lee, SeungJae (2012b), Some Korean/Japanese linguistic implications of Korean wooden tablet writing, *Proceedings of the 22nd Japanese/Korean Linguistics Conference*, Tokyo: NINJAL.
Lee SeungJae (2013), A deciphering of two Silla poetry fragments inscribed on wooden tablets, *Seoul Journal of Korean Studies* 26-1, Seoul: The Kyujanggak Institute for Korean Studies.
Lee SeungJae (2014a), Old Korean writing on wooden tablets and its implications for Old Japanese writing, *Seoul Journal of Korean Studies* 27-2, Seoul: The Kyujanggak Institute for Korean Studies.
Lee SeungJae (2014b), Some Korean/Japanese linguistic implications of Korean wooden tablet inscriptions, *Japanese/Korean Linguistics* 22, Stanford University: CSLI Publications.
Lee SeungJae (2016), Developing a terminology for pre-Hangeul Korean

transcription, *Scripta* 8, Seoul: The Hunmin jeongeum Society.

Harris, Edward C. (1989), *Principles of archaeological stratigraphy*, Academic Press.

Ramstedt, G. J. (1939), A Korean Grammer, *Mémoires de la Finno-Ougrienne* LXXXII. Helsinki: the Société Finno-Ougrienne.

Tsukimoto Masayuki (2011), The development of Japanese Kana, *Scripta* 3, Seoul: the Hunmin jeongeum Society.

Whitman, John, Miyoung Oh, Jinho Park, Valerio Luigi Alberizzi, Masayuki Tsukimoto, Teiji Kosukegawa, and Tomokazu Takada (2010), Toward an international vocabulary for research on vernacular readings of Chinese texts (漢文訓讀 Hanwen Xundu), *Scripta* vol.2, Seoul: the Hunmin jeongeum Society.

Whitman, John (2011), The ubiquity of the gloss, *Scripta* 3, Seoul: the Hunmin jeongeum Society.

〈Abstract〉

The Old Korean language inscribed on wooden tablets

Lee, SeungJae
(Seoul National University)

Following the publication of *Hanguk-eui godae mokgan* "Ancient wooden tablet writings of Korea" in 2003, research on wooden tablet writings (hereafter, *mokgan* 木簡) began in earnest from a variety of viewpoints in Korean scholarship. For the fields of linguistics and literary studies, while there have been some remarkable developments, Kim Young-uk 金永旭 (2003) might be considered the fountainhead. Through his identification of a Baekje 百濟 verse on a Baekje wooden tablet, he not only captured a number of headlines in the press, but also inspired many scholars to turn their attention to *mokgan*.[1]

It is widely known that *mokgan,* along with epigraphical materials and ancient documents, are primary materials from the time when they

1 Note on romanization: all modern personal names, place names, and terminology (e.g., *mokgan*) are given in the Revised Romanization system. To the extent possible, Old Korean and Middle Korean words are transliterated in the International Phonetic Alphabet. Romanization of Japanese is according to the Hepburn system (for Old Japanese, a slightly modified Hepburn is used, where /h/ is replaced with /*f/); Chinese is romanized according to the *pinyin* system.

were inscribed, and as such present a vivid picture of the written culture of that period. In this regard, they differ fundamentally from the various documentary sources on ancient Korea compiled in later eras.

Silla 新羅 is relatively rich in primary materials in the form of epigraphical sources. While one might assume that the Silla language would be transcribed not infrequently in these sources, such is not the case. Official documents such as state records or legal rulings might be inscribed on stone steles, but outside of proper nouns, there is little fodder for linguistic study within these sources. Conversely, Silla *mokgan* contain transcriptions of a variety of local names for things, and in some cases feature verses or documents. As a result, they offer a means of peering at the Silla language not possible through epigraphical or documentary sources.

Before the unearthing of Baekje *mokgan*, there were very few available primary materials that featured transcriptions of the Baekje language. Because virtually no epigraphical or documentary sources survived from Baekje, research on the Baekje language through primary source materials was nearly impossible. Therefore, all newly excavated Baekje *mokgan* are vital materials for the study of the Baekje language. In fact, Baekje *mokgan* are the only source which offer insight into basic questions about the Baekje language, including words, word order, and transcription methods (use of phonograms/semantograms).

According to the *Hanguk mokgan jajeon* 韓國木簡字典 [Korean Mokgan Dictionary] issued by National Research Institute of Cultural Heritage and Gaya National Institute of Cultural Heritage (2011), 596 specimens of *mokgan* have been unearthed in Korea, while 440 of these have confirmable inscriptions.[2] Compared to *mokgan* specimens in China or Japan, this is an extremely low number. However, we cannot discount the value of these few specimens for linguistic research. This study compiles the data on the Old Korean language found on *mokgan*, and using these

2 To my knowledge, there have not yet been any reports of the excavation of *mokgan* from Goguryeo 高句麗 sites.

data attempts to highlight the value of *mokgan* for the study of the history of the Korean language.

This study takes as its basis decipherings and interpretations of all *mokgan*. Because in many cases it is unclear exactly when a given *mokgan* was inscribed, all available information from linguistic, archaeological, historical, and calligraphic research was mobilized to speculate on a given *mokgan*'s dating. Thereafter, the question of how to indicate the forms of *mokgan* is also briefly discussed.

1. Words

First off, I will aim to summarize the results attained herein in the realm of words. Worthy of special mention among the lexical items inscribed on *mokgan* are numerals and a large number of classifiers. This is due to the fact that among the different *mokgan* shapes, tag *mokgan*, which were attached to various goods in transit, have been excavated in the largest numbers to date.

1.1. Numerals

Old Korean numerals are inscribed on Mireuksa Temple Site Mokgan No. 1, recovered from the Mireuksa Temple Site 彌勒寺址 in Iksan, North Jeolla province.

(1) Mireuksa Temple Site Mokgan No. 1 decipherment

First Side: [__光幽五月二日▣]
Second Side Line 1: [▣新台巳日古巳刀士]
Third Side: [巳以?如巳氵十二▣]
Fourth Side: [口巳今毛巳▣▣▣]
Second Side Line 3: [坐伽第巳_______]
Second Side Line 2: [______矣毛巳__]

In (1), 光幽[Gwangyu] is a lost era name, while the ■■ that follows the date 五月二日 "fifth month second day" should be the name of the scribe. The remaining text can be segmented based on the recurrence of the character 巳. While these number a mere eight segments, what these eight segments may intimate about Old Korean is of paramount significance. First, what is the suffix 巳, which would seem to be the key to interpretation? Second, how can we understand the ㇌ + in the sequence 以? 如巳㇌ +? Third, what sort of transcription system has been applied here? Fourth, what word form occurs prior to the suffixation of 巳? In answering these questions, Lee SeungJae (2011) concluded that these segments represent numerals of Old Korean.

As we can see in Figure (2) below, when counting the age of livestock, the suffix /-p(ɨp)/ is used. This suffix can be seen as corresponding to the suffix 巳 as used on the Mireuksa Temple Site Mokgan No. 1. The character 巳 also takes a highly unusual form. It is possible to find commonality with characters such as 福, 伏, 卜, and 巴, which served as personal name suffixes in *idu* 吏讀, and thus conclude that 巳 may have originated from 包 and thus would have been read /*po/ (Nam Punghyeon 南豊鉉 1985). However, if we consider that the form 巳 closely resembles the Lesser Seal Script form of 巴 (Nam Punghyeon 南豊鉉 1985: 19, Gwon Inhan 權仁瀚 2007), 巳 might also be understood as a Korean half character (*hanbanja* 韓半字) version of 邑 where the 口 radical has been omitted, and its phonetic value can then be understood as /*(ə)p/. The reconstructions presented in (2) reflect this conclusion, allowing us to understand 巳 as the numerical suffix /*(ə)p/. It should be noted that Korean half characters such as 巳 often appear on *mokgan*.

The characters ㇌ + which appear in the sequence 以?如巳㇌ + in (2.8) take the same form as what came to be called *gugyeolja* 口訣字 (*gugyeol* characters; used for annotating Sinitic texts to be read in Korean) in later ages. It is widely known that the original form of the character ㇌ was 良, while the original form of + was 中. This presents us with two major problems. First, this *mokgan* is not annotating an existing text with grammatical particles or endings, and so we cannot properly call 阝 and 十 *gugyeol* characters in this case. Therefore, both 阝 and 十 would seem to also belong to the category of Korean half characters.

(2) Numeral word family

Source / Numeral	Mokgan Transcription	Reconstruction[3]	Counter for Age of Cow: Standard Korean	Counter for Age of Cow: Jeju dialect	Counter for Age of Cow: Hamgyeong-buk-do dialect	Day Counter (Middle Korean)
1	(坐) 伽第巳	*(tswa) gadəp	harɨp 하릅	kɨmsɨŋ 금승	harɨp 하릅	hʌrʌ ᄒᆞᄅᆞ
2	矣毛巳	*iterəp	itɨp 이듭	takan 다간	itɨp 이듭, itɨrpi 이들비	itʰɨr 이틀
3	新台巳	*saidəp	sarɨp 사릅	sarɨp 사릅	sarɨp 사릅	saʌr 사ᄋᆞᆯ
4			narɨp 나릅	narɨp 나릅	narɨp 나릅	naʌr 나ᄋᆞᆯ
5	刀士巳	*tasəp	tasɨp 다습	tasɨp 다습	tasɨp 다습	tasswai 닷쇄
6			jəsɨp 여습	jəsɨp 여습	jəsɨp 여습	jəsswai 엿쇄
7	日古巳 二■口巳	*nirkop *ni■kup	irɨp 이릅	irkop 일곱		nirwei 닐웨
8	今毛巳 以?如巳 阝 十	*jeterəp *jətep (agəi)	jətɨrp 여듧	jətap 여답, jətəp 여덥		jətʌrai 여ᄃᆞ래
9			asɨp 아습	ahop 아홉		ahʌrai 아ᄒᆞ래
10			jərrɨp 열릅, tampur 담불	jər 열		jərhɨr 열흘

3 The reconstruction presented here is based on a consideration of the Baekje phonological system.

Second, it is important to determine whether the Korean half characters on the *mokgan* are of Baekje or Silla origin. Because this *mokgan* was found at the Mireuksa Temple site in Iksan, in what had been Baekje territory, we might rightly say it is a Baekje *mokgan*, but if we consider the likely date of the *mokgan*'s inscription, we might also rightly say it is a Silla *mokgan*. Among the artifacts found in the same layer was a fragment of a ceramic roof tile bearing a date of Gaewon 開元 4 (716CE) (Buyeo National Research Institute of Cultural Heritage 1996: 170). If we assume the *mokgan* was deposited at a similar time, we must consider this to be a Silla *mokgan*, because it would have been manufactured more than fifty years after the destruction of Baekje in the year 660. Therefore, it is clear that the usage ㇋ 十 is the result of the influence of Silla transcription practice. While ㇋ and 十 can be seen elsewhere on Silla *mokgan*, no such examples exist among Baekje *mokgan*.

However, it is not possible to conclude on this basis alone that this *mokgan* should be classified as a Silla *mokgan*. This is because while the sequences 伽第巳, 矣毛巳, 新台巳, 刀士巳, 日古巳, 二▣口巳, 今毛巳, and 以? 如巳 transcribe Old Korean numerals, they do not follow Silla transcriptive practice.

Several examples found among the Silla *hyangga*[4] 鄕歌, including 一等 (*hədən), 二尸/二肹(*tubər), and 千隱(*tsəmən), attest to the fact that numerals were transcribed in Silla by first invoking the Sinitic character corresponding to that numeral, and then appending the appropriate final sound in the vernacular. This is the so-called practice of "final sound affixation" (末音添記 *mareum cheomgi*), or "semantogram-centric phonogram-affixed" (訓主音從 *hunju eumjong*) transcription of Silla (Kim Wanjin 金完鎭 1980). This is similar to transcription of Japanese which prioritizes semantograms (*kun* characters) and then attaches *okurigana* to indicate a vernacular ending, such as in 一

4 A term for the Silla songs found in the thirteenth century text *Samguk yusa* 三國遺事.

つ (*hitotsu*, "one (thing)") or 二り (*futari,* "two (people)").[5] Examples of this sort of transcriptive practice can be found in both the Silla *hyangga* corpus and among the songs recorded in the eighth century Japanese poetry anthology *Man'yōshū* 萬葉集.

However, among the numerals seen in (2), none use the corresponding Sinitic numerals in their transcriptions. This tells us that this *mokgan*'s style of transcription belongs to the category of Korean phonogram(*haneumja* 韓音字)-based transcription, which shares much with the *ongana*(音假名)-based transcription found in Japan. The transcription style we see in (2) closely resembles the way in which the Old Japanese numerals one and two were transcribed as 比登[*fito], and 布多[*futa], respectively. Representative examples of this type of transcription are found among the vernacular songs included in the early eighth century texts *Kojiki* 古事記 and *Nihon shoki* 日本書紀. Generally, these songs are transcribed in a phonogram-based transcription using *ongana* (phonograms). The seventeen examples of poetry found on ancient Japanese *mokgan* are all also transcribed in this manner. In Silla, numerals were not transcribed in this way, but rather according to final-sound affixation or semantogram-centric phonogram-affixed transcription. Therefore, the numeral transcription seen on Mireuksa Temple Site Mokgan No. 1 is not Silla transcription.

We might then say that the numerals transcribed on this *mokgan*, including 伽第巳, 矣毛巳, 新台巳, 刀士巳, 日古巳, 二▣口巳, 今毛巳, and 以[?]如巳 were transcribed according to Baekje transcriptive practice. However, the usage of both ㇁十 in the sequence 以[?]如巳㇁十 and the suffix 巳 suggests the adoption of some aspects of Silla transcription after the fall of Baekje.

In Korean phonogram (*haneumja*) transcription, generally characters should be read out in a manner closely reflecting their Sino-Korean pro-

5 The first characters in each sequence indicate "one" and "two," respectively, through the use of an appropriate Sinitic character with such a meaning, and the second character provides phonetic guidance which finishes the construction of the word in vernacular Japanese.

nunciation (*eumdok* 音讀); however, there are some exceptional cases of certain characters being read out according to a vernacular semantic gloss (*hundok* 訓讀). In (2), these include 毛, 新, 今, and 如, which should be glossed as /*tʰer/, /*sai/, /*jet/, and /*te(ta)/, respectively. This is similar to the manner in which characters such as 田, 津, and 眞 are read according to their semantic glosses /ta/, /tsu/, and /ma/, rather than their Sino-Japanese phonetic values, in Old Japanese *ongana* 音假名 based transcription.

The numeral transcribed as 日古巳 and 二■口巳 is the Old Korean equivalent of the Middle Korean /nirkop, nirkup/ "seven." The characters 日 and 二 on the *mokgan* share the same initial /*n-/ 日母,[6] which corresponds to the /*n/ of /*nirkop, *ni■gup/. This suggests that the phonetic value of the 日-initial was /*n/ in pre-eighth century Old Korean. In previous research on Old Korean, the 日-initial was not generally understood as /*n/ but rather as /*z/ in accordance with its value in Middle Korean. However, based on the transcription on this *mokgan*, the value of the 日-initial was /*n/, and not /*z/, at least until the beginning of the eighth century.

Finally, the numeral transcription on this *mokgan* as deciphered in (2) serves as decisive evidence that the difference between the Baekje and Silla languages was minimal. Accordingly, both the Baekje and Silla languages might be understood to be Han languages 韓系語 of the southern peninsula. A stark difference emerges, however, when one compares the numerals of these southern Han languages and the numerals of the Goguryeo 高句麗 language. The numerals on this *mokgan* can thus assume a decisive role in the debate over how the Han languages of the south and the Buyeo languages 夫餘系語 of the north differed. In other words, this *mokgan*'s numerals are a representative piece of evidence in support of Lee Ki-Moon 李基文 (1972)'s theory that the languages of south and north were fundamentally different.

Because Mireuksa Temple Site Mokgan No. 1 suggests all of the above,

6 According to the standard way of classifying initials for Sinitic, they both have the 日-initial.

it is by far the most valuable *mokgan* for the research on Old Korean. It would be far from an overstatement to say that this *mokgan* holds a national treasure-like value for the Korean historical linguistics.

1.2. Classifiers and Common Nouns

Among both ancient Korean and Japanese *mokgan*, tag 荷札 and label 附札 *mokgan* are especially abundant. On these tag *mokgan*, the pattern 'common noun + numeral + classifier' recurs frequently. For example, in the sequences 米一石 "rice one *səm*" and 細次朼三件 "thin spoons three *pər*", 米 "rice" and 朼 "spoon" are both common nouns, while 一 "one" and 三 "three" are numerals, and 石{*səm*} and 件{*pər*} are both Korean classifiers.

In Korea, traditionally there has remained a difference in how numeric phrases occurred in the spoken language (vernacular) versus in the written language (traditionally Sinitic). Although 米一石 is written in what appears to be Sinitic, it would not have been read out in Sino-Korean as [*mi ir sək], but rather was likely glossed in the vernacular as {s'al han səm}. Therefore, among the following quantitative phrases from *mokgan*, it is likely that many would have been glossed in the vernacular (*hundok*).

(3) Quantitative phrases on *mokgan*

1. 稗一石 (Haman Seongsan Sanseong Mokgan No. 140)
   "(barnyard) millet one *səm*"
2. 器尺一石[7] (Haman Seongsan Sanseong Mokgan No. 119)
   "(broomcorn) millet one *səm*"
3. 送鹽二石 (Neungsan-ri Temple Site Mokgan No. 10)
   "(sent) salt two *səm*"
4. 太子四石, 召彡代 (Wolji Pond Mokgan No. 39)
   "beans four *səm*, (foxtail) millet three *toi*"

---

7 石 is one type of Korean-made character (*hanjeja* 韓製字).

5. 斗之末* (Neungsan-ri Temple Site Mokgan No. 12)

“(rice) *tu's mar*”

6. 食四斗, 食米四斗小升一 (Neungsan-ri Temple Site Mokgan No. 25)

“meal four *mal,* meal rice four *mal* small *toi* one”

7. 太一缸 (Haman Seongsan Sanseong Mokgan No. 127)

“beans one jar”

8. [(■己■禾卌] [(一?巳缶卌六龍] (Wolji Pond Mokgan No. 41)

“_ki_millet, forty-one *pu*, forty-six *roŋ*”

9. 醢辻[8] (Wolji Pond Mokgan No. 4)

“salt-cured seafood (one) *kas*”

10. 加火魚助史三丨 (Wolji Pond Mokgan No. 7)

“prepared ray three *kas*”

11. 生鮑十丨 (Wolji Pond Mokgan No. 9)

“live abalone ten *kas*”

12. 郎席長十尺, 細次朼三件 (Wolji Pond Mokgan No. 11)

“mat for man length ten *tsa*, thin spoons three *pər*”

13. 帋一二亇[9] (Wolseong Moat Mokgan No. 2)

“paper twelve *mai*”

14. ■立卄兩 (Neungsan-ri Temple Site Mokgan No. 16)

“■rip twenty *njaŋ*”

15. 天雄二兩 (Wolseong Moat Mokgan No. 21)

“Aconitum root two *njaŋ*”

16. 藍實三分 (Wolji Pond Mokgan No. 16)[10]

“indigo seeds three *pun*”

17. 重兮朩 處二〻 (Wolji Pond Mokgan No. 19)

“heavy flax, prescribe two *njaŋ*”

18. 麻中練六四斤 (Naju Bogam-ri Mokgan No. 9)

---

8 Here the character ‘邊’ has been written in the abbreviated form ‘卞+辶’ (辻). This is one type of Korean half character (*hanbanja* 韓半字).

9 ‘亇’ is sometimes deciphered instead as ‘个’.

10 Wolji Mokkan No. 16 also features the names of several other medicinal substances.

"medium-fine ramie sixty four *kɨn*"

19. 畓五形[11] (Gungnamji Pond Mokgan No. 1)
"wet fields five *kor*"

20. 涇水田二形, 畠一形, 麥田一形半 (Naju Bogam-ri Mokgan No. 6)
"overflowing wet fields two *kor*, dry field one *kor*, barley dry field one *kor* half"

21. 是二人者 (Inyongsa Temple Site Mokgan No. 1)
"these two people"

While Lee SeungJae (2011a) discussed most of the above quantitative phrases, Wolji Mokgan No. 41 in (3.8) was left out. I have now deciphered the inscription on the front of this *mokgan* as ■己■禾卌, and the back inscription as 一[?]巳缶卌六龍. On the front, the name of a grain is transcribed as ■己■禾, and followed by the quantitative phrases 卌一[?]巳缶 "forty-one *pu*" and 卌六龍 "forty-six *rong*", which continue onto the back. The character 缶[*pu*] was originally one type of container for holding water meant for the dousing of fires, but on this *mokgan* it appears to be used to describe a container for holding millet (禾).

This 缶 and the final character of (3.9), 辻, are clearly distinct characters. However, there are many scholars who have deciphered 辻 as 缶. The character 龍 in the sequence 卌六龍 also appears to be a type of container, and so is likely best understood as having been substituted for the character 籠 "basket."

In the various examples found in (3), we can identify a number of classifiers: 石/㕣{sjəm}, 斗{mar}, 升{toi}, 代[tʌi], 缸[haŋ], 缶(??), 龍[roŋ], 辻{kʌs}, 丨{kʌs}, 尺[tsak], 件{pər}, 亇[ma/mʌi], 兩[rjaŋ], 分[pun], ㇋(rjaŋ/a), 斤[kɨn], 形{kor}, and 人{sarʌm}. Here, those enclosed in curly brackets are read according to their semantic gloss (*hundok*), while those enclosed in square brackets are read according to their Sino-Korean phonetic value (*eumdok*). Parentheses indicate either an uncertain reading or a mixture of gloss and phonetic

11 The sequence '畓' is sometimes deciphered as two characters, '水田'.

readings. Among those that are read according to their Sino-Korean phonetic value, many have been adapted from their original Chinese usage.

Measurement classifiers are important indicators of how transcriptive culture spread. In ancient China measurements for grain were expressed in units of 斛, 斗, and 升, while on ancient Korean *mokgan* these correspond to 石, 斗, and 升, which in later ages became *səm* (섬), *mar* (말), and *toi* (되), respectively.

In Japan, provincial *mokgan* often use 石 in place of 斛, and both have been traditionally read as /koku/ (Hirakawa Minami 平川南 2003). In this case, the use of 石 cannot be understood as a direct borrowing from China, but rather as a usage adopted from ancient Korea. The presence of 𠮦 (where the character 石 is missing the first stroke) on Japanese *mokgan* is decisive evidence of the spread of ancient Korean measurement units to Japan. Above, 𠮦 can be seen in Neungsan-ri Temple Site Mokgan No. 10, and this same character form can also be observed among the Heijō-kyō 平城京 *mokgan* recovered from eighth century sites in Nara.[12] This is a decisive example of transcriptive practice from ancient Korea being transmitted in a largely unaltered form to ancient Japan.

As can be seen in (3), quantitative phrases on *mokgan* largely take the form of 'common noun + numeral + classifier', but several examples stand out where a classifier is omitted and only the common noun and numeral are transcribed.

(4) Common nouns without classifiers

1. 亇十一, 亇廿二, 益丁四 (Haman Seongsan Sanseong Mokgan No. 127)
   "yam twelve, yam twenty-two, bellflower root four"

---

12 In the 2011 special exhibition "The Underground Shōsōin – Words and Mokkan" at the Nara National Institute for Cultural Properties, 𠮦 was misidentified as 口. This tells us that Japanese scholars are largely unaware of this particular Korean character, and paradoxically also corroborates the fact that this unusual character is indeed uniquely Korean.

2. 中口四, 小口二 (Gungnamji Pond Mokgan No. 1)
   "adolescents four, children two"
3. 歲卅, 歲卅五 (Inyong Temple Site Mokgan No. 1)
   "age thirty, age thirty-five"
4. 斑綿衣一 (Neungsan-ri Temple Site Mokgan No. 16)
   "spot-patterned floss-silk robe, one"

The 亇 in (4.1) is one type of Korean half character and is used to transcribe the word *ma* "yam." The sequence 益丁 transcribes the word *tətək*, the edible root of the lance asiabell (*Codonopsis lanceolata*). It is noteworthy, however, that neither of these have a classifier attached. This may be because such cultivars did not easily fit into established measurement categories, and so the scribe seems to have opted for a simple 'common noun + numeral' pattern.

In Sinitic, the 'common noun + numeral' structure was the original pattern. Examples of this pattern where the common noun is also repeated after the numeral, i.e. 'common noun + numeral + common noun,' can be seen among oracle bone 甲骨 inscriptions, and it is in this context one begins to see the transformation of the common noun that follows the numeral into a classifier. The examples included in (3) and (4) above play a decisive role in the debate over the original word order of quantitative phrases in Korean. The subject-predicate structure 'noun + numeral + classifier' appears to have been the original word order in the Korean language, while the modifying structure 'numeral + classifier + noun' was not.

There are some words that are single nouns in the modern language that appear in the form of noun phrases on ancient *mokgan*. It was unclear to me for a long time what was being referred to by the sequences 汲上汁 and 第二汁 included in (5) below.

(5) Noun phrases 汲上汁 and 第二汁

1. 南瓮汲上汁十三斗 (Wolji Pond Mokgan No. 15)

"south jar, scooped-out sauce *jang* thirteen *mar*"

2. 辛卯年第二汁八斗 (Wolji Pond Mokgan No. 23)
"Sinmyo year, secondary sauce *doenjang* eight *mar*"

However, the frequent occurrence of the word 豉汁 "black bean sauce" in the Northern Wei 北魏 text *Qimin Yaoshu* 齊民要術 (c.544), and the fact that the character 汁 is semantically glossed as *shiru* "sap, juice, soup" in Japanese served as hints toward my understanding of the two phrases 汲上汁 and 第二汁. The phrase 汲上汁, found on Wolji Pond Mokgan No. 15, refers to what is known in modern Korean as *jang* "soy sauce" while 第二汁, found on Wolji Pond Mokgan No. 23, refers to *doenjang* "fermented soybean paste." *Jang* is made by a process of simmering liquid that has separated from fermented soybeans, by first "scooping out" (汲上) that liquid from the fermentation jar, while *doenjang* is made from the remaining dregs of the fermented soybeans, i.e., as a "secondary" (第二) process.

On Silla *mokgan*, the noun 肋史 appears frequently. It occurs five times in total, all on *mokgan* discovered at Wolji pond in Gyeongju. Among these, that which has attracted the most attention is Wolji Pond Mokgan No. 7 featured in 6.1 below. Kim Young-uk 金永旭 (2007) hit the nail on the head in interpreting 加火魚 as equivalent to the modern word *gaori* "ray." Thereafter, it became the norm to decipher the entire phrase as 加火魚助史 and understand it as *gaori jeos* "salted ray." However, the deciphering 助史 inaccurately identifies the first character as 助, while 肋 is actually correct. On Silla *mokgan*, the stroke flow for each of these two characters is clearly distinct with regard to the connection between the left and right parts of the character, and it is therefore necessary to distinguish them.

(6) The Silla word for "food (item)," 肋史(mas)

1. 加火魚肋史三 | (Wolji Pond Mokgan No. 7)
"ray food three *kas*"
2. 猪水肋史這 (Wolji Pond Mokgan No. 2)
"pig water food (one) *kas*"

3. 猪助史迲 (Wolji Pond Mokgan No. 26)
"pig food (one) *kas*"
4. 獐助史迲 (Wolji Pond Mokgan No. 36)
"deer food (one) *kas*"
5. 單助史本言 (Wolji Pond Mokgan No. 29)
"*tan* food vernacular language"

What is of particular note with regard to the word 助史 /mas/, is the annotation 本言 provided in smaller-size characters in (6.5). This 本言 "vernacular speech" can be understood as equivalent to the terms 方言 "local speech" and 鄕言 "country speech" found in later ages, and therefore this annotation can be understood as corroborating that the word 助史 belongs to the Silla vernacular. The character 助 is a Korean-made alternate character form of 旨, while 史 here is affixed as the transcription of the final sound, /-s/. The semantic gloss of the character 助 is {*mas*}, and therefore the character 史 is appended here to transcribe the final /-s/. Accordingly, the recurring sequence 助史 in (6) can be seen as the transcription of the Silla word *mas* according to the rule of semantogram-centric phonogram-affixed transcription. The word *mas* in Middle Korean carries not only the sense of "taste," as it does in the modern language, but also the meaning of "food (item)." Because each of the examples in (6) makes sense when we plug in the meaning "food (item)" where 助史 occurs, this deciphering is optimal.

In (6), the characters 丨, 這, and 迲 all occur in the same position, following the word *mas*. The Korean half character (韓半字) 這 that occurs in 6.2 is an important clue here. In *idu* texts of later periods, 這這 is glossed as a transcription of /kʌskʌs/ or /kaskas/, meaning "various." In (6.1), this same word is written 丨, while in (6.3) and (6.4) it is transcribed as 迲. The character 丨 in (6.1) is thought to be an abbreviated form of 之, but this study argues its origin can rather be found in the character 如. The character 如 is glossed not only as {ta(hʌ)-} but also as {kʌt(hʌ)-} "to be the same." Therefore, the character 丨 can be understood as transcribing {kʌt} based on this gloss (*hundok*). Likewise, the character 迀 seen in (6.3) and (6.4) can be seen as a Korean half character originating from the character 邊, because the semantic gloss for 邊 is {kʌs}. Accordingly, we might be able to understand all three characters that recur after *mas* in (6), 丨, 這, and 迀, as transcribing the same word, i.e., {kʌs} or {kʌt}. It hardly seems necessary to reiterate that {kʌs} or {kʌt} must refer to a type of container. In (6), then, we can also see the transformation of what was likely originally a common noun into a classifier.

1.3. Old Korean Words Recorded on *Mokgan*

Following similar methods as presented above, it is possible to reconstruct some Old Korean words that are recorded on *mokgan*. About one hundred previous unknown Old Korean words and grammatical forms can be identified on ancient *mokgan*. These are arranged in (7) through (11) below. Although still few in number, if we consider that those lexical forms of the Baekje and Silla languages previously known to researchers from other materials number fewer than one hundred, these new additions are hardly insignificant.

(7) Numerals

1. 伽第巳[*gadəp] "one"
2. 矣毛巳(*iterəp) "two"
3. 新台巳(*saidəp) "three"
4. 刀士巳[*tasəp] "five"
5. 日古巳[*nirkop] "seven"
6. 二■口巳[*nirkup] "seven"
7. 今毛巳(*jeterəp) "eight"
8. 以?如巳(*jətep) "eight"
9. 一?巳(*hədəp) "one"
10. 三巳(*sadəp) "three"
11. 彡[*sek] "third"
12. 四刂(*neri) "four"
13. 丨彡(*tasəm) "five"
14. 丨?沙巳(*tasap) "five"

(8) Classifiers

1. 石{*sjem}
2. 斗{*mar}
3. 末[*mat]
4. 升{*toi}
5. 代[*təi]
6. 缸[*haŋ]

7. 㕛{*tok}	8. 𨑳/這{*kəs}	9. 丨{*kəs/ta}
10. 缶(??)	11. 龍(??)	12. 尺[*tsak]
13. 件{*pər}	14. 亇[*mai]	15. 兩[*rjaŋ]
16. ㇁[*rjaŋ]	17. 分[*pun]	18. 斤[*kən]
19. 形{*kor}	20. 瓺(??)	21. 藏[*tsaŋ]
22. 疊[*tjep]	23. 丹[*tan]	24. 發[*par]

(9) Common nouns[13]

1. 食(??)
2. 米{*pəsər} "rice"
3. 面++里(*ketpori) "unhulled barley"
4. 買子{*meipsi} "nonglutinous rice"
5. 稗{*pʰi} "(barnyard) millet"
6. 召[*tso] "(foxtail) millet"
7. 器尺[*kitsak] "(broomcorn) millet"
8. 太{*kʰoŋ} "bean"
9. 亇[*ma] "yam"
10. 盆丁(*tetjeŋ) "bellflower root (deodeok)"
11. 蒜尸(*manər) "garlic"
12. 㥻(??) "low level bureaucrat"
13. 加火魚(*kabəri) "ray"
14. 醢{*tsjes} "salted seafood"
15. 助史(*mas) "food (item)"
16. 汁(??) "sauce"
17. 席{*tosk} "mat"
18. 朼{*sur} "spoon"
19. 支子[*tsitsə] "gardenia seeds"
20. 畓{*non} "wet field/paddy"
21. 畠{*pat} "dry field"
22. 扌{*tʰerkatsok} "pelt"
23. 負{*tsim} "load, cargo"
24. 歲{*nah} "age"
25. 文尸(*kər) "writing"
26. 糸利(*siri) "fiber, thread"
27. 彡利(*tʰeri) "fur, hair"
28. 椋(??) "storehouse"
29. 𥝱(??) "laborer"
30. 豬耳{*totkui} "pig ear"
31. 教事{*isin ir} "a matter ordered/taught"

(10) Verbs

1. 入(*tər–) "enter"
2. 赤居(*pərkə) "red"
3. 多{*ha–} "many"
4. 是{*orh–} "right, proper," {*i–} "to be"

---

13 We might also include here lexical items such as '竹利(*tari),' '旦利(*seri),' and '仇利(*jeri).'

5. 在{*kje-} "to be (at)"
6. 白{*sərp-} "speak [humbly, up to]"
7. 走{*təd-} "run"
8. 治{*tasər-} "preside, administer"
9. 置{*tu-} "put, leave"
10. 行{*ka/ni-} "go"
11. 去{*ka-} "go"
12. 垂(??) "hang"
13. 盡{*taə-} "exhaust"
14. 使{*pəri-} "employ"
15. 立{*sje-} "stand"
16. 有史(*isi-) "exist, be"
17. 三[*sam-] "make, consider"
18. 爲{*hə-} "do"
19. 從{*tsotsʰ-} "follow"
20. 叢{*mot-} "gather"
21. 放{*noh-} "release"
22. 作{*tsis-} "make, build"

(11) Grammatical forms

A. Particles

1. 亦[*-i] subject marker
2. 者{*-ən} topic marker
3. 乙[*-ər] object marker
4. 阿[*-a] locative marker
5. 中{*-kəi} locative marker
6. 十{*-kəi} locative marker
7. 丿{*-a} locative marker
8. 此{*-i} conjunctive marker
9. 耶[*-je] conjunctive particle

B. Pre-final endings

7. 賜/時[*-si-] honorific
8. 在{*-kje-} honorific
9. 遣[*-kjen] honorific + nominalizer
10. 內{*-an/nə-} temporal
11. 音叱[*-əms-] modal

C. Final endings

12. 旀[*-mje] connective
13. 哉[*-tsəi] exclamatory
14. 丨/之/如/也{*-ta} terminal declarative

2. Sentences

Among extant Korean *mokgan*, those which contain fragments of sentence transcription belong to the categories of Document *mokgan* and Poetry *mokgan*. Especially in the case of the Baekje language, *mokgan* are our only source on sentence transcription, and therefore assume a definitive role in our discussion of Baekje writing.

2.1. Document *mokgan*

Among administrative documents featured on *mokgan*, that which first attracted the attention of historical linguists was Wolseong Moat Mokgan No. 2, recovered from the site of the former Silla royal palace in Gyeongju. As a four-sided *mokgan*, initially it was difficult to determine which side should be read first; however, research has led to the current understanding of the *mokgan*, presented in (12) below.[14] The inscription was most likely composed in the former half of the seventh century.

(12) Deciphering and interpretation of Wolseong Moat Mokgan No. 2

First Side: [大烏知郎足下可行白ㅣ]
Kahaing 可行 humbly speaks at the feet of his honor Taio-tsirang 大烏知郎.

Second Side: [經中入用思買白不雖紙一二个]
Wishing to copy out from the sutra, buy white untarnished paper twelve *mai*.

Third Side: [牒垂賜教在之 後事者命盡]
There was an order (to buy it) by bestowing a document. This matter I will exhaust my life

Fourth Side: [使內]
to complete for (them).

While the inscription on this *mokgan* is comparatively clear, there are a number of different opinions on its deciphering. The personal name that features on the first side, here rendered 可行, has elsewhere been read as

14 Discussions of this *mokgan* concerned with its value for historical linguistics include Park Seongjong 朴盛鍾 (2007), Jeong Jaeyeong 鄭在永 (2008), Kim Young-uk 金永旭 (2010, 2014), and Gwon Inhwan 權仁瀚 (2013).

万拜, while on the second side 亇 has also been read as 个. However, if one pays close attention to the stroke flow, it is clear that 可行 and 亇 are the correct readings. The 亇 here is a Korean half character: if we look to the usage of '-每如[*-mata]' in *hyangga,* which corresponds to '-ㄚㅣ[*-mata]' in elucidatory *gugyeol* (*seokdok gugyeol* 釋讀口訣), it would seem that 亇 is an abbreviated form of 每. The Middle Chinese phonetic value of 每 is [明中1上灰](武罪切). With the exception of the tone (rising vs. level), its phonetic value is equivalent to 枚 [mai] (classifier for sheets of paper) [明中1平灰](莫杯切).[15] Therefore, I understand 亇(=每) to have been substituted here for 枚 based on phonetic equivalence.

Most of the text on this *mokgan* is in Korean word order, with the exception of the phrase 買白不雖�一二亇, which follows the word order of Sinitic (with the verb followed by the object). In this *mokgan* the locative marker /*-kəi/ is transcribed '-中', while the topic marker /*-ən/ is transcribed '-者', and both '-ㅣ' and '-之' transcribe the declarative terminal ending /*-ta/. However, while there are some who see the Korean half character ㅣ as an abbreviated form of 之, we must take into account that both ㅣ and 之 are used here as part of the same inscription. Silla inscriptions that utilize two different characters for the transcription of a declarative sentence-final ending are noted elsewhere: both the Musul Year Ojak Stele 戊戌塢作碑 (dated 578) and the "Record on the Completion of a Copy of the *Flower Garland Sutra*" 華嚴經寫經造成記 (dated 755) feature both 之 and 如 as endings. Therefore, the original form of ㅣ is best sought in 如 and not 之.

The earliest dateable document *mokgan* from Silla is Haman Seongsan Sanseong Mokgan No. 221. The sender is a village head (村主), and while the recipient is not clearly stated, he may have been someone in charge of the construction at the Seongsan Sanseong fortress. This document takes the form of a written explanation/letter of apology where the village head

15 These phonetic values are based on Ito Chiyuki (2011). Here 灰 indicates the major class of rhyme.

relates the circumstances surrounding his inability to send adult men to assist in the construction of the fortress: while he had received an order to send laborers to Seongsan Sanseong, laborers from the village had also been mobilized for military service, and further, the carrying out of funerary rituals for an elite member of the village had resulted in a lack of laborers to send.

(13) Deciphering and interpretation of Haman Seongsan Sanseong Mokgan No. 221

First side: [六月中■孟?馮?成?■邦?村主敬白之■■禡?成?行?之 ㅈ]
In the sixth month, the village head of ■孟?馮?成?■邦? respectfully reports. "■ ■ to perform the ceremony for the military force we went

Second side: [兜■來?■■也爲六甌大城?従人丁六十巳? ㅈ]
with helmets ■ also came, and at nightfall we ■■. In order to deliver the six hundred bricks toward the Great Fortress, adult men sixty

Third side: [丨彡走在日來此■■■金?有和?■ ㅈ]
five planned to hurry, but on that day, this ■■■ Kim Yuhwa ■ [died.]

Fourth side: [卒日治?之[16]人此人鳴磚?藏?置不行遣乙白 ㅈ]
[They] performed rites of mourning. The people were all grieved and cried out, and so they stashed away the corpse with bricks, unable to go," [I] report.

On this *mokgan*, the only part that maintains Sinitic word order is 爲六甌 "in order to deliver six hundred bricks", while the rest is entirely in Korean word order. Sentences are completed through the use of 之 twice on the first side, 也 on the second side, and 之 again on the fourth, which can

16 I have here revised my previous reading from Lee SeungJae (2013a), from 卒日始?之 to 卒日治?之.

all be identified as sentence-final declarative endings. At the end of the fourth side, the verb 白 "report" completes the inscription, echoing the 白之 seen on the first side. That is, based on the placement of the two 白, we can conclude that following the 白之 on the first side until just before the second occurrence of 白 on the fourth, is the content of the "report" being made by the village head. This *mokgan* is the only example of an extant document which carries the established form of a "report" throughout.

This *mokgan* contains usages of two different relational case markers. There are still a number of opinions on whether or not 中 as it occurs in 六月中 is in fact a locative marker, but it is clear that 乙 in 不行遣乙 is an accusative marker. This is the oldest extant example of its usage. The character 在 as it appears in the sequence 走在 on the third side corresponds to the pre-final ending ㅊ /kje/ seen in elucidatory *gugyeol*, but the nominalizer /-n/ is not reflected in the transcription. On the other hand, on the fourth side we find 遣 in the sequence 不行遣乙, which corresponds to the pre-final ending ㅊ ㄱ /kjen/ in elucidatory *gugyeol*. We can see that this transcription, by contrast, has included the nominalizer /-n/. On the fourth side, 此 in the sequence 人此人 corresponds to 刂 /i/, which appears only in the elucidatory *gugyeol* corpus in the sequence 佛刂菩薩, as a conjunctive particle meaning "and" (Park Jinho 2008). Based on the presence of these various grammatical elements in the inscription, this *mokgan* can be considered the oldest Silla document composed in *idu* 吏讀 script.[17]

Among those Baekje *mokgan* that can be classified as document *mokgan*, we might here take as an example Neungsan-ri Temple Site Mokgan No. 7. We can divide up the content of the inscription as follows.

17 *Idu* is defined as a type of sentence-length transcription wherein, for the most part, Korean word order is adhered to, vernacular words are transcribed with Korean semantograms (*hanhunja*), and grammatical forms are transcribed with Korean phonograms (*haneumja*) (although there are exceptions to this rule). See Lee SeungJae (2016).

(14) Buyeo Neungsan-ri Temple Site Mokgan No. 7

1. 書亦從此法爲之

   Writing [style] must also follow this rule.

2. 凡六卩五方又行之也

   Generally, in the Six districts and Five provinces [they] also carry out this.

3. 凡作形ヽ々中了具

   Generally, all forms composed in this way are completely equipped.

This *mokgan* seems to feature content related to the composition style of administrative documents. That Baekje was conscious of document composition styles in the third quarter of the sixth century means that they were already carrying out document-based administration by that time. This fact can also be confirmed in the document *mokgan* known as the "Jiyaga Meal Rice Record" 支藥兒食米記 (Neungsan-ri Temple Site Mokgan No. 25), and in the document *mokgan* titled "Record of the Lending of Food by the Jwagwan" 佐官貸食記, recovered from Buyeo Ssangbuk-ri District 280. Because the document form clearly prefaced with '～記' "～record" is not found among Silla *mokgan*, it would seem that, for the moment, '～記' style documents are unique to Baekje *mokgan*.

Based on the content of Neungsan-ri Temple Site Mokgan No. 7 outlined in (14) above, as well as the "Jiyaga Meal Rice Record" and the "Record of the Lending of Food by the Jwagwan" *mokgan*, we can say definitively that document-based administration had been instituted in Baekje by the third quarter of the sixth century. In addition, Buyeo National Museum (2007: 255) identifies the sequence 伏願 "prostrate oneself and wish" on the second side of Neungsan-ri Temple Site Mokgan No. 24, which they argue may mean it was a memorial submitted to the king or some sort of diplomatic document. However, it is more plausible that it is a request letter of some sort. Nevertheless, this *mokgan* too serves as evidence of document-based administration in Baekje.

There are many cases in which it is difficult to determine exactly what is inscribed on Baekje *mokgan*. While there are many sentences that appear to be composed in Sinitic, these nevertheless present many problems in interpretation, and this is one of the unique aspects of Baekje *mokgan*. These difficulties in interpretation are connected to the fact that neither final-sound affixation (*mareum cheomgi*) nor semantogram-centric phonogram-affixed (*hunju eumjong*) transcription appear in the Baekje *mokgan* corpus.

There are some commonalities between Baekje and Silla *mokgan*. For instance, they both use '-之' and '-也' as sentence-finals, both use '-中' in a manner that seems to support the possibility that it represents a locative marker, and '-者' occurs both as the topic marker '-ɨn/nɨn' and as the conditional/subjunctive suffix '-mjən.' However, there is some evidence that these characters were used in similar manners on Chinese *mokgan* (Kim Byeongjun 金秉駿 2009). Therefore, just because such characters (之, 也, 中, and 者) appear on Korean *mokgan*, the sentences contained therein are not necessarily in "Korean."

For a sentence to be in "Korean," the transcription must first of all be confirmed to be in Korean word order. On the Silla Imsin Year Vow Record Stele 壬申誓記石, the sequence 今自三年 "from now three years" features what is undoubtedly Korean word order with 今自 "from now", where the word 自 "from" follows 今 "now". Buyeo Gwanbuk-ri Mokgan No. 5 features a similar case. On the back of this *mokgan*, the two sequences 晨自 and ▣▣城自 appear, glossed as "from early morning" and "from ▣▣ fortress," respectively. In these two phrases, the character 自 serves as a postposition, as in Korean, rather than as a preposition like in Sinitic. This *mokgan*, along with the third and final lines of the verse "Song of Karmic Bonds from a Previous Life" 宿世歌 inscribed on Neungsan-ri Temple Site Mokgan No. 11 and outlined in (17) below, serve as decisive evidence that the word order of the Baekje langauge was the same as that of modern Korean.

(15) Buyeo Gwanbuk-ri Mokgan No. 5[18]

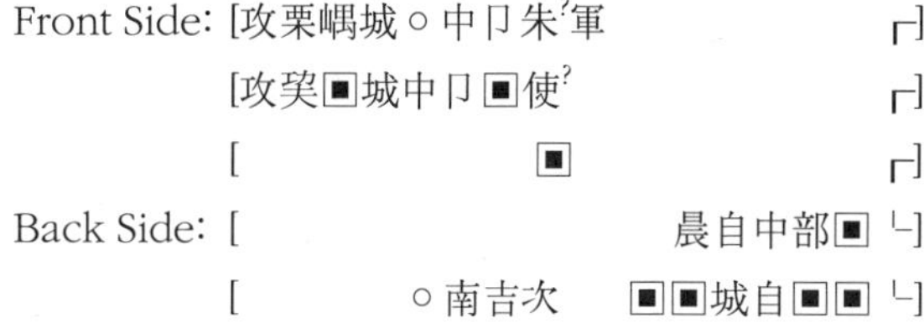

Based on the content of the front side, this particular *mokgan* seems to be a record of orders related to military strategy. This can be further confirmed by the presence of a hole drilled through at about one fifth of the way down from the top edge. This hole differs from the standard holes drilled in order to facilitate the attachment of the *mokgan* with a thread to something else (e.g., other *mokgan,* or a shipment of some kind), in that it occurs not in the center but toward the right side of the front (the left side of the back). This may indicate the hole served a seal-like function confirming the document's status as confidential. Further, toward the bottom a 'ㄱ' shape seems to have been carved out of the wood deliberately in order to serve a seal-like function.

As for Baekje sentence transcription, the use of the characters 之, 也, 中, 者, and 以 is the focus in this study. There is no definitive evidence that these are characters used for transcribing grammatical elements of the Baekje language. These were also used as syntactic expletives in China, and furthermore it is impossible to confirm how they might have been read out in Baekje. By contrast, the readings of these characters that appear on Silla *mokgan* can be confirmed through materials from later periods. However, it is noteworthy that on even the earliest Silla materials, the characters 之, 也, 中, 者, and 以 fulfill similar roles as in Baekje materials. If we are to emphasize the common element that these developed from syntactic expletives in Sinitic, then when we look at sixth and seventh

18 This is based on the deciphering by National Research Institute of Cultural Heritage/Gaya National Research Institute of Cultural Heritage (2011).

century sentence-length materials, we might conclude that sentence transcription in Baekje and Silla was essentially the same. This is not a coincidental equivalence, however, but likely the result of the systematic development of sentence transcription in both contexts.

In emphasizing the similarities between Baekje language sentence transcription and Silla language sentence transcription, it is necessary to look at Buyeo Dongnam-ri Mokgan No. 1. This *mokgan* belongs to the category of document *mokgan*, and based on the calligraphic style, likely dates to just before the destruction of Baekje (i.e., mid-seventh century).

(16) Buyeo Dongnam-ri Mokgan No. 1

[ㅿ宅教禾田ㆍ犯▣兄害爲教事]

The matter [they] ordered for the harming of ▣兄 who encroached on the fields controlled by the house 宅.

To those researchers familiar with Silla *idu* texts, it is clear that (16) is unmistakably a Silla *idu* text. This is because the sequence 爲教事 is a typical expression found in the transcription of Silla sentences in *idu*. If we follow Silla reading practice, this can be read out as /hʌisin ir/. However, this *mokgan* was unearthed at Dongnam-ri in Buyeo, and so we cannot discount the possibility that it is in fact a Baekje *mokgan*. Accordingly, this *mokgan* is a decisive document in making the argument that there were few differences in sentence transcription between Baekje and Silla.

However, there is of course no definitive proof that the sequence 爲教事 in (16) was read out as /hʌisin ir/. Following Baekje's destruction, all Baekje written materials were completely destroyed, and so it is impossible to put forward any supporting evidence that 爲教事 would have been read as /*həisin ir/ in Baekje.

What is perhaps more important in (16) is that there does not appear to be any transcription of grammatical elements of the Baekje language. On Silla *mokgan*, we find lexical items of Sinitic such as '-丨/如{*ta}, -賜[*si]-, -在{*kje}-, -此{*i}, -遣[*kjen], and -乙[*ər]' being used to transcribe Silla language grammatical elements; however, on Baekje *mokgan*, no such lexical items used to transcribe grammatical elements can be observed. This may be due to the fact that Baekje transcriptive practice did not make use of principles such as final-sound affixation or semantogram-centric phonogram-affixed transcription.

2.2. Poetry

Kim Young-uk 金永旭 (2003)'s discovery of a Baekje poem on Neungsan-ri Temple Site Mokgan No. 11 proved a point of departure that galvanized the field of *mokgan* studies in Korea. I agree with Kim Young-uk (2003)'s deciphering and with his naming of this piece 宿世歌 "Song of Karmic Bonds from a Previous Life"; however, I take issue with his interpretation of the song's content as relating to romantic love between a man and a woman. On the back side of the *mokgan* is inscribed 慧暈師藏?, meaning this *mokgan* was somehow connected to a Buddhist priest by the name of Hyehunsa 慧暈師. Therefore, this study takes the view that this song is in fact either a Buddhist gāthā, or an elegy composed upon the death of an eminent priest.

(17) Buyeo Neungsan-ri Temple Site Mokgan No. 11 ("Song of Karmic Bonds from a Previous Life")

Introduction:	宿世結業	In a previous life we forged a karmic bond
Development:	同生一處	And we were born in the same place
Transition:	是非相問	Asking each other right and wrong
Conclusion:	上拜白來	Bow above and come to report

Here, what is most important is the word order. While the introduction and development lines adhere to Sinitic word order, the transition and conclusion revert to Korean word order. This sort of mixed word order can also be seen in (18), the "Song of Grief and Shame" 憂辱歌, inscribed on a Silla *mokgan* found at Wolji Pond in Gyeongju. In "Song of Grief and Shame" as well, both the introduction and development lines feature

Sinitic word order, while the transition and conclusion are in Korean word order.

(18) Gyeongju Wolji Pond Mokgan No. 20 ("Song of Grief and Shame")

Introduction: [剋熟犯指耕慰]
Winning over familiar crimes, directing consolation to plowed over fields

Development: [璧□琴現碧]
Round gem [ ] zither's sounds azurely echo

Transition: [憂辱□送日壬]
Grief and shame [ ] bearing the setting sun

Conclusion: [是法念□宿]
Reciting a prayer, [ ] fall asleep.

Neither Baekje's "Song of Karmic Bonds from a Previous Life" nor Silla's "Song of Grief and Shame" follow standard Sinitic rhyme schemes or make use of tonal variation. On this point, we may refer to them as "incomplete" works of Sinitic verse 漢詩. While "Song of Karmic Bonds from a Previous Life" was composed in Baekje in the third quarter of the sixth century, "Song of Grief and Shame" was composed in Silla in the third quarter of the eighth century, meaning there is about two hundred years between them. This suggests that the practice of creating poetry in mixed word order that imitated Sinitic verse forms continued over a long period.

Of linguistic importance here, however, is that neither verse includes any transcription of Korean grammatical elements. While the word order of the lines 是非相問 and 上拜白來 from "Song of Karmic Bonds from a Previous Life" and 憂辱□送日壬 and 是法念□宿 from "Song of Grief and Shame" is clearly Korean, no grammatical elements are included in the transcription. In this respect, these two verses' transcription style is close to *seogi* script 誓記體. The term "*seogi* script" originates with the Imsin Year Vow Record Stele, where the phrase 誓記 "vow record" appears. However, we might also categorize these two verses' transcription as *seogi* script, despite the fact that the term 誓記 does not appear. Therefore, this sort of transcription is better called Korean semantogram sentence transcription 韓訓字 文章表記.

On a related note, the Gyeongju National Museum Site Mokgan No. 1 is noteworthy because it contains a *hyangga* 鄕歌 inscription. In *hyangga,* the text not only follows Korean word order, but grammatical elements are also transcribed. As a result, this *hyangga* is of substantially higher value for historical linguistics than the two "incomplete" Sinitic verses. Although only the final three lines (lines 8~10) of a ten-line *hyangga* are inscribed, its value as a resource on Old Korean is undeniable. The inscription likely dates to around the year 722.

(19) Gyeongju National Museum Site Mokgan No. 1 ("Song of the Marrow and the Body")

8th line: 万本來?身中有史音叱?丨[19]

The marrow must naturally be in the body

9th line: 今日□三時爲從?支?

Today, [he] follows what is taken as [ ]

10th line: 財?叢?旀?放賜哉

Gathering riches, brings them forward!

This study has given this *hyangga* fragment the name "Song of the Marrow and the Body" (*Mansin'ga* 万身歌), and understands '-中' as the locative marker /*-kəi/, '-音叱?-' as the pre-final modal ending /*-əms-/, '-丨' as the final ending /*-ta/, '-時-' as the honorific pre-final ending /*-si-/, '-旀?' as the conjunctive ending /*-mje/, '-賜-' as the honorific pre-final ending /*-si-/, and '-哉' as the exclamatory ending /*-tsəi/. Among these, that which is of particular interest is the modal ending '-音叱?/*əms/-,' because this ending can also be confirmed among the extant *hyangga* from

19 Lee SeungJae (2013) originally deciphered these three characters as '音□', but I am amending this deciphering to '音叱?丨' here.

documentary sources and in the corpus of elucidatory *gugyeol* materials (where it is written with the *gugyeol* characters '-ㅎㄷ-'). Further, '有史-' is a semantogram-centric phonogram-affixed transcription that corresponds to the existential verb stem /isi-/, and '支?' is a designatory character that recurs often in *hyangchal* 鄕札 script (Kim Wanjin 金完鎭 1980).[20] Thus, because we can see that not only have grammatical elements been transcribed, but the principle of semantogram-centric phongram-affixed has been applied, and the designatory character 支 utilized, it seems clear that the inscription on this *mokgan* is indeed a *hyangga* verse.

3. The Significance of *Mokgan* for the Study of the Korean Language

Based on the words and sentences inscribed on ancient Korean *mokgan*, we can now begin to outline the significance of ancient *mokgan* for Korean historical linguistics. *Mokgan* offer potential insight into not only ancient orthography and the development of Korean characters (*hangukja* 韓國字), but also the phonology and linguistic genealogy of Old Korean.

3.1. Orthography

Above, I argue that 助史(*mas) is an example of transcription according to the principles of final-sound affixation and semantogram-centric phonogram-affixed transcription. Further, I mention that these two principles are the basis of Silla's orthographic practice. Our understanding of these two principles was first established through the process of deciphering Silla *hyangga* (cf. Kim Wanjin 金完鎭 1980); however, *hyangga*

20 "*Hyangchal*" is the term traditionally used to describe the transcription system used in the corpus of extant *hyangga* verses. According to Kim Wanjin 金完鎭 (1980), 支 designates characters or sequences within *hyangchal* script that should be read according to their semantic value (*hundok*) rather than their phonetic value (*eumdok*).

are only included in documentary sources that postdate the eleventh century. Because of the continued difficulty in confirming the presence of final-sound affixation or semantogram-centric phonogram-affixed transcription in *idu* materials from earlier ages, it was unknown exactly when these sorts of practices began. However, because some examples of final-sound affixation and semantogram-centric phonogram-affixed transcription have been discovered on *mokgan*, we are now able to clarify the age in which this orthographic practice emerged.

(20) Examples of final-sound affixation and semantogram-centric phonogram-affixed transcription from *mokgan*

1. 文尸 = {*kər}+[r] = *kər > kɨr "writing"
2. 蒜尸 = {*manər} + [r] = *manər > manʌr "garlic"
3. 糸利 = {*siri} + [ri] = *siri > sir "thread"
4. 四刂 = {*neri} + [ri] = *neri > nəi "four"
5. 彡利 = {*t^{h}eri} + [ri] = *t^{h}eri > t^{h}ər "fur"
6. 赤居 = {*pərk}+[ke] = *pərke > pɨrkə "red"
7. 有史 = {*isi} + [si] = *isi > isi "to exist"

In (20), a straight underline indicates a character is a Korean semantogram (韓訓字 *hanhunja*), while the dotted underline indicates a character is a Korean phonogram (韓音字 *haneumja*). Because a Korean semantogram is used to transcribe a Silla word, the final sound or syllable is then attached in the form of a Korean phonogram. Therefore, it is clear that all the examples in (20) follow the principle of semantogram-centric phonogram-affixed transcription.

Examples (20.1) through (20.5) all come from *mokgan* unearthed at the Seongsan Sanseong site in Haman county, South Gyeongsang province. Because the inscription date for the Seongsan Sanseong *mokgan* is generally agreed to fall around 561, it is possible to surmise that semantogram-centric phonogram-affixed transcription began in Silla by the middle of the sixth century.

(21) On the construction of the Haman Seongsan Sanseong Fortress

故新羅築城於阿羅波斯山以備日本 (日本書紀 巻19 欽明紀 22年, 561年)

Therefore Silla built a fortress on Mount Pasa in Ara as a defence against Japan. (*Nihon shoki* Vol. 19, Kimmei 22 [561])[21]

If this excerpt from the *Nihon shoki* is to be believed, construction of a fortress on Mt. Pasa 波斯山 (now known as Seongsan 城山) in former Ara Gaya territory (modern day Haman) was completed in the year 561. The majority of historians subscribe to the veracity of this account. Moreover, some of the Seongsan Sanseong *mokgan* feature the names of Silla provincial ranks, including 一伐, 一尺, and 上干支. Lee Seongsi 李成市 (2000) argues that 上干支 later became shortened into the title 上干, but because the first mention of the title 上干支 is in 545, the Seongsan Sanseong *mokgan* must have been manufactured in the period between 545 and 561, or just about the middle of the sixth century.[22]

If we follow this theory, then we can say that the use of final-sound affixation and semantogram-centric phonogram-affixed transcription was widespread in Silla by the mid-sixth century. Is it truly possible that these two transcriptive practices could have become established by such an early date? This study affirms this possibility through recourse to *hyangga* materials.

---

21 English translation modified from W.G. Aston, trans., *Nihongi: Chronicles of Japan, from the Earliest Times to A.D. 697*, (London: The Japan Society, 1896; North Clarendon, VT: Tuttle Publishing, 1972), 2:80.

22 In opposition to this generally-accepted view, there is a theory that argues the construction of the Seongsan Sanseong fortress occurred in the first half of the seventh century (Lee Juheon 2015). This view takes as its basis pottery typology for earthenware fragments excavated alongside the *mokgan* at the site, arguing that the pottery chronology better supports an early seventh century date for the fortress' construction. However, the chronology of the pottery used for comparison lacks certainty, and so I do not follow this theory here. Moreover, if we turn to the calligraphic style of the *mokgan* inscriptions as a basis, we can be confident in a mid-sixth century date for the manufacture of the Seongsan Sanseong *mokgan*.

The *hyangga* verses contained in the thirteenth century work *Samguk yusa* are all accompanied by anecdotal accounts related to the circumstances of their composition. It is possible to speculate on the date of a song's composition based on these anecdotes. According to the anecdotes, the two earliest works date from the reign of the Silla's King Jinpyeong (r. 579–632), "Song of the Yam Boy" 薯童謠 and "Song of the Comet" 彗星歌. Because the "Song of the Yam Boy" was a children's song supposedly sung prior to the Yam Boy's ascension to the throne as King Mu 武王 of Baekje (r. 600–641), we might conclude that this song belongs to the final quarter of the sixth century. "Song of the Comet" likely dates to the first quarter of the seventh century. However, as is apparent in (22) below, both verses feature abundant examples of final-sound affixation and semantogram-centric phonogram-affixed transcription. In these songs sung in the last quarter of the sixth and the first quarter of the seventh century, we can see that these two transcriptive principles were already being put to work.

(22) Final-sound affixation and semantogram-centric phonogram-affixed transcription in "Song of the Yam Boy" and "Song of the Comet"

1. *-k: 密只 = {*kəsək}+[k] > kɨsɨk~kɨzɨk "clandestine"
(Song of the Yam Boy)
2. *-r: 道尸 = {*kir}+[r] > kir "path, road" (Song of the Comet, hereafter)
3. *-m: 岳音 = {*orəm}+[m] > orom "hill"
4. *-s: 城叱 = {*tsas}+[s] > tsas "fortress"
有叱如 = {*is}+[s]+[ta] > ista "exists"
有叱故 = {*is}+[s]+[ko] > isko "exists"
5. *-ri: 舊理 = {*njeri}+[ri] = *njeri > njəi "long ago"
倭理 = {*jeri}+[ri] = *jeri > jəi "Wa (Japanese)"
星利 = {*pjeri}+[ri] = *pjeri > pjər "star"
6. *-a: 望良古 = {*pəra}+[a]+[ko] > pʌrako "gaze"
7. *-pʌn: 白反 = {*sərp}+[pən] > sʌrbʌn "speaks (humbly)"

However, it is possible to doubt that the semantogram-centric phonogram-affixed transcription seen in (22) actually dates to the reign of King Jinpyeong. It would be reasonable to argue that because "Song of the Yam Boy" was a children's song, and "Song of the Comet" a song composed by an attendant priest to the *hwarang* 花郞, that these songs were largely transmitted orally and only written down in the mid-thirteenth century when they were finally included in the *Samguk yusa*. Because the *Samguk yusa* is not a primary source, the *hyangga* transcription contained therein is destined to be called into doubt for possibly belonging to a later age than that to which the song itself is dated.

A comparison with *mokgan* materials allows us to take as legitimate the appearance of final-sound affixation and semantogram-centric phonogram-affixed transcription in *hyangga* from the end of the sixth century. This is because semantogram-centric phonogram-affixed transcription appears already on the Seongsan Sanseong *mokgan* dated to the middle of the sixth century. From there, we see this style of transcription make appearances in "Song of the Yam Boy" in the last quarter of the sixth century, "Song of the Comet" in the first quarter of the seventh, on the Wolseong Moat *mokgan* from Gyeongju dated to the first half of the seventh century (20.6), and on the Gyeongju National Museum Mokgan No. 1 dated to the first half of the eighth (20.7).

This suggests that after first developing in the middle part of the sixth century, Silla's final-sound affixation and semantogram-centric phonogram-affixed transcription continued and flourished for some time thereafter. Thanks to the primary sources that are the mid-sixth century Seongsan Sanseong *mokgan*, it is possible to take stock in the notion that the versions of "Song of the Yam Boy" and "Song of the Comet" recorded in semantogram-centric phonogram-affixed transcription in the thirteenth century are authentic transmissions of the songs as they would have been transcribed in the last part of the sixth and first part of the seventh centuries.

Meanwhile, final-sound affixation and semantogram-centric phonogram-affixed transcription are not observable on Baekje *mokgan*. On Silla *mokgan*, there are many examples of the final-sound affixation character 只 /k/, but there are no such examples among Baekje *mokgan*. On Silla *mokgan*, there are many examples of the final-sound affixation character 尸 /r/, but no such examples can be found in Baekje materials. The same can be said of 乙 /ɨr/. The prototypical final-sound affixation character 叱 /s/ can be found on Silla *mokgan* four times, but no examples exist on Baekje *mokgan*. On Silla *mokgan*, usages of 利 /ri/ number almost sixty, and in a large number of these it serves as a final-sound affix. By contrast, on Baekje *mokgan* 利 /ri/ is found just twice, in the personal name 習利 and in the place name 法利源. Not only is the number of examples remarkably fewer, neither usage qualifies as final-sound affixation.

As specified above, the differences in transcriptive practice between Silla and Baekje *mokgan* are significant. On Silla *mokgan*, the principles of final-sound affixation and semantogram-centric phonogram-affixed transcription were adopted, while no such practice can be found on Baekje *mokgan*. This is the simplest and yet most accurate way of characterizing the difference between Silla and Baekje *mokgan*.

In reaching this sort of conclusion, the recurring character 巳 from Mireuksa Temple Site Mokgan No.1 remains a problem. In the sequences 伽第巳, 矣毛巳, 新台巳, 刀士巳, 日古巳, 二■口巳, 今毛巳, and 以?如巳, the character 巳 is clearly being used as a final-sound affix. Therefore, one might argue, Mireuksa Temple Site Mokgan No. 1 is best characterized as a Silla *mokgan*, and not a Baekje *mokgan*. However, we must keep in mind that the transcription of numerals on Silla *mokgan* makes use of the Sinitic characters for each numeral.

(23) Numerals on Silla *mokgan*

1. 四刂 = *neri > nəi (Haman Seongsan Sanseong Mokgan No. 218)
   [酒四刂瓮] "liquor four jars"
2. 三巳 = *sadəp (Wolji Pond Mokgan No. 5)
   [⺀東門迠三巳在] "'*sadəp' [a personal name] guarded at the east

gate"

3. 一巳 = *hədəp (Wolji Pond Mokgan No. 41)
   [(… 禾卌] [(一?巳缶卌六龍] "… millet, forty-one *pu*, forty-six *roŋ*"
4. 丨彡 = *tasəm (Haman Seongsan Sanseong Mokgan No. 221)
   [人丁六十巳? 丨彡] "adult men sixty five"
5. 丨沙巳 = *tasap > tasəs (Hanam Yiseong Sanseong Mokgan No. 6)
   [丨?沙巳月?] "fifth month"

The sequence 四刂 in (23.1) corresponds to the number "four," 三巳 in (23.2) to "three," 一?巳 in (23.3) to "one," 丨彡 in (23.4) to "five," and 丨?沙巳 in (23.5) to "five" as well. The numerals in (23.1)~(23.3) all feature a Sinitic numeral character that is read semantically (*hundok*) followed by a final-sound affix; in this regard, all three follow both the principle of final-sound affixation as well as that of semantogram-centric phonogram-affixed. Both 丨彡 and 丨?沙巳 begin with the Korean semantogram 丨, and are followed by Korean phonograms, and so can be considered examples of the principle of semantogram-centric phonogram-affixed. This principle can thus be observed throughout the five examples of numeral transcription that occur on Silla *mokgan*.[23]

On Silla *mokgan*, when a single numeral is transcribed, a Korean semantogram (*hanhunja* 韓訓字) comes first, and is followed by a Korean phonogram (*haneumja* 韓音字). Although there are only five examples on *mokgan*, none of them break this rule. By contrast, the eight numerals transcribed on Mireuksa Temple Site Mokgan No. 1 do not adhere to this rule. This means that the transcription styles of Silla *mokgan* and Mireuksa Temple Site Mokgan No.1 are indeed different. It is clear that the affixation of the final sound 巳 /*-p/ throughout the numerals on Mireuksa Temple Site Mokgan No. 1 is due to the influence of Silla-style trans-

23 In terms of orthography, it should be apparent that final-sound affixation is a concept of a much wider scope than semantogram-centric phonogram-affixed, which is a much more specific transcriptive method.

criptive practice. However, because the transcriptive pattern of a Korean semantogram followed by a Korean phonogram is not observable on this *mokgan*, it cannot be judged to be a Silla *mokgan*.

(24) Differences in transcription between Baekje and Silla *mokgan*

Transcription / Language	Korean semantograms (*hanhunja*)	Korean phonograms (*haneumja*)	Final-sound affixation; semantogram-centric phonogram-affixed
Baekje	○	○	×
Silla	○	○	○

The differences in transcriptive practice between Baekje and Silla might be summed up as in (24). In sum, the difference between transcriptive practice for the Baekje language and that for the Silla language lies in the presence or absence of the principles of final-sound affixation and semantogram-centric phonogram-affixed transcription.

However, due to my emphasis on the Korean phonogram-based transcription of the Mireuksa Temple Site Mokgan No. 1, it might now seem doubtful that Baekje *mokgan* feature Korean semantograms as claimed in (24). As noted above, there can be no doubt that at least the lines 是非相問 and 上拜白來 from "Song of Karmic Bonds from a Previous Life" would have been read out semantically (*hundok*), but I have not yet touched upon any examples that feature the use of Korean semantograms for the transcription of Baekje words.

In my dicussion of measurement classifiers above, I raised the examples 斗之末* (Neungsan-ri Temple Site Mokgan No. 12), 畓五形 (Gungnamji Pond Mokgan No. 1), and 涇水田二形, 畠一形, 麥田一形半 (Naju Bogam-ri Mokgan No. 6) from the Baekje *mokgan* corpus. As indicated in superscript, to the bottom right of the main text 斗之末 on Neungsan-ri Temple Site Mokgan No. 12, is a small 米 that would appear to be some sort of annotation. With this in mind, it is possible to interpret 斗之末 as an explanation of the term 斗 as a measurement used for rice (米) pronounced /*mat/ (末), i.e. "tu

斗, which is *mat* 末 (for rice)." Therefore, 斗 is a Korean semantogram in this case, whereas 末 is a Korean phonogram. By means of this 斗, we can confirm that there were examples of Korean semantograms transcribed in Baekje contexts.

The character 畓 on Gungnamji Pond Mokgan No.1 is deciphered as a single Korean-made character 畓, which would imply its reading as a Korean semantogram representing the native word {*non}, meaning "rice paddy." The character 畠 had been understood to be a character only used in Japan, so its discovery on a Baekje *mokgan* has attracted attention (Kim Seongbeom 金聖範 2010). The *mokgan* unearthed at Naju Bogam-ri were manufactured in the first quarter of the seventh century, and so its usage there predates any extant Japanese examples of 畠. If we emphasize this point, 畠 may in fact be one type of Korean-made character (*hanjeja* 韓製字). The Korean semantic gloss (*hundok*) would be {pat^{h}}, while the Japanese semantic gloss (*kundoku*) is /hata(ke)/. Therefore, it is likely that not only would this have originally been read as a Korean semantogram, but both the character form and its reading seem to have been transmitted to Japan together. Kim Young-uk 金永旭 (2011) has proposed that the sequence 豬耳 on Neungsan-ri Temple Site Mokgan no. 25 ("Jiyaga Meal Rice Record") be reconstructed as /*totkui/, which would be yet another example of Korean semantogram usage for the transcription of Baekje words.

The above examples corroborate the usage of Korean semantogram transcription in order to write Baekje words. Accordingly, the summary of the differences in transcription between Baekje and Silla *mokgan* laid out in (24) holds true. The development of Korean semantogram and Korean phonogram transcription probably occurred at similar times in both kingdoms. The Neungsan-ri Temple Site *mokgan* from Baekje date to the third quarter of the sixth century, while the Seongsan Sanseong site *mokgan* date to the middle of the sixth century; *mokgan* from both sites show the simultaneous emergence of Korean semantogram and Korean phonogram transcription.

3.2. Ancient Korean Characters and Their Transmission to Japan

Within the context of *mokgan* transcription discussed above, the number of Korean characters (*hangukja* 韓國字) developed uniquely on the Korean peninsula is remarkably large. One type of *hangukja* is the Korean half character (*hanbanja* 韓半字), characters that were uniquely abbreviated or their original Sinitic form altered for use in ancient Korea; Korean-made characters (*hanjeja* 韓製字) are characters that were uniquely created for use within ancient Korea. Because *mokgan* are primary transcribed materials from ancient Korea, they constitute a treasure house for the study of these Korean characters.

(25) Ancient Korean characters created by combining existing characters

1. 畓{*non} "wet field" 〈 水 "water" + 田 "paddy" (Baekje)
2. 畠{*path} "dry field" 〈 白 "white" + 田 "paddy" (Baekje)
3. 㚇(??) "laborer" 〈 功 "labor" + 夫 "able-bodied male" (Baekje, Silla)
4. 太{*khoŋ} "bean" 〈 大 "large" + 豆 "bean" (Silla)
5. 㐅{*therkatsok} "(fur) pelt" 〈 彡 "fur" + 丨 "hide" (Silla)
6. 㛅(??) "low-level official" 〈 小 "small" + 吏 "bureaucrat" (Baekje)
7. 瓸(??) "hundred tiles" 〈 百 "hundred" + 瓦 "roof tile" (Silla)
8. 椋(??) "storehouse" 〈 木 "wood" + 京 "storehouse" (Baekje, Silla)

(26) Ancient Korean characters with abbreviated or altered character form

1. 巳[*əp] 〈 邑 (Silla)
2. 卩[*pu] 〈 部 (Baekje)
3. 𠮷{*sjem} 〈 苫 (Baekje, Silla)
4. 助{*mas} 〈 旨? (Silla)
5. 這/辻{*kəs} 〈 邊 (Silla)
6. 丨{*ta/*kəs} 〈 如 (Silla)
7. 个[*ma/mai] 〈 每 (Silla)

8. ʒ (*a/rjaŋ) 〈 良 (Silla)
9. 彡[*səm] 〈 ?? (Silla)
10. 刂[*ri] 〈 利 (Silla)

The examples in (25) and (26) contain all of the Korean characters that appear on ancient *mokgan*. The characters in (25.1) through (25.4) are Korean-made characters created by combining two Chinese characters as top and bottom radicals. The characters in (25.6) through (25.8) combine two Chinese characters as left and right radicals. It is not clear how the character in (25.5) might have been read, but its meaning would seem to be an "animal hide." This character also makes an appearance on the second Silla Village Register 新羅帳籍 held in the Shōsōin 正倉院 repository at Tōdaiji in Nara, Japan. In that context, 丯 is sometimes interpreted as the name of an animal, but it should be understood as "[animal] hide with fur attached," or, in other words, a pelt. Kim Young-uk 金永旭 (2007c) has interpreted 㑌 in (25.6) as meaning a low-level (小 "small") official (吏); this interpretation would appear to be correct, as to the bottom left of this character there is an annotation in the form of a small character 治 "administration." The character 瓸 in (25.7) appears to be a classifier for counting building materials such as ceramic roof tiles and stone bricks in units of one hundred pieces.

A modern character dictionary will define 椋 in (25.8) as a type of tree, the *Aphananthe aspera*. However, the character 椋 as it appears throughout Baekje and Silla *mokgan* does not refer to a tree, but to a grain storehouse managed by a public institution (Kim Young-uk 金永旭 2008). In the Chinese context, the original meaning of the character 京 was a "storehouse for grain," and because many people came to gather and live in the vicinity of the storehouse, it then acquired the meaning of "capital." Thus, in the context of Baekje and Silla *mokgan*, the character 椋 is understood as combining 京 in its original sense with the radical 木 "tree, wood" (Lee Seongsi 李成市 2005), and belongs to the category of left-right combination characters. The fact that the character 椋 also appears on ancient Japanese *mokgan* with the meaning of "storehouse" is an important indication of the spread of Korean-made characters such as 椋 from ancient Korea into ancient Japan (Lee Seongsi 李成市 2005, Kim Young-uk 金永旭 2008).[24]

Those characters in (26) are ancient Korean half characters (*hanbanja*) where some strokes may have been omitted or the character's form has been altered by using just one part of the original form. Among these, there are many Korean half characters that share their forms with the *gugyeol* 口訣 characters of later ages. These include the seven half-characters 亇, 丨, 㐊/這, 彡, 十, 尸, 刂, and 仐, which correspond to the *gugyeol* characters 亇, 丨, 這, 彡, 十, 尸, 刂, and 仐 in not just form but in reading. On the basis of these perfect correspondences, it is possible that the origin of *gugyeol* characters can be traced to these half-characters of ancient *mokgan*.

However, those Korean half characters that correspond to the *gugyeol* characters of later periods are found only on Silla *mokgan*, and not on Baekje *mokgan*. Accordingly, we might speculate that *gugyeol*, a method of annotating Sinitic texts so that they might be read out in the vernacular language, was a development unique to Silla.

Among the uniquely Korean characters on Baekje *mokgan*, it is notable that five of these, including 石, 畠, 椋, 卩, and 彡, can also be found on ancient Japanese *mokgan*. With five out of seven of known Korean characters from Baekje *mokgan* making their way to Japan, the proportion of transmission is notably high. Here I will omit discussion of the characters 石{*sjem}, 畠{*path}, and 椋(??) and instead direct my focus to the character 卩[*bu], created through the omission of the entire left side of the character 部.

Ancient Japanese *man'yōgana* transcription makes use of a number of peculiarly abbreviated character forms, including マ /*be/, ツ /*tu/, and ム /*mu/, but perhaps most representative among these is 卩/マ /*be/. In the surnames 物卩 /mononobe/, 矢卩 /yanobe/, and 丈マ /hasetsukabe/, it is

---

24 Lee Seongsi 李成市 (2005: 42~43) argues that the character 椋 originated in Goguryeo.

consistently read /*be/. Japanese scholars have long referred to 卩/マ /*be/ as an "early historic special character." Because it was difficult to explain this character in the context of the development of *kana* script, it was relegated to the category of "special character," and scholars speculated its origins likely stretched back to Baekje script.[25] This speculation proved to be correct, with valuable supporting evidence being offered by inscriptions inclusive of this "special character" 卩 discovered on Baekje *mokgan*, including 六卩, 西卩, 中卩, and 下卩. These Baekje *mokgan* inscriptions are demonstrable proof and decisive evidence that the character 卩 was indeed used in Baekje.

How do we explain the fact that Korean characters, unique to transcriptive practice on the peninsula, were also used in early historic Japanese contexts? If we take into account that those who took charge of written composition in the early stages of the adoption of writing in Japan were allochthonous groups of Baekje origin, this question is easily answered. The Seven-Branch Sword inscription illustrates that Japan had forged an alliance with Baekje by the year 372, and some time thereafter Japan inherited transcriptive culture from Baekje. The earliest example of the Japanese language being transcribed in phonograms can be found in the Inariyama Tumulus Sword inscription (dated to 471), and it is likely that the inscription was composed by a specialist who had come over from Baekje (Okimori Takuya 沖森卓也 2009: 14).

The earliest example of the Japanese language being transcribed through semantograms can be found on the Okadayama Tumulus Sword inscription (dated to the third quarter of the sixth century), in the personal name 各田マ臣 /nukatabe no omi/. The マ is derived from the right side of 部 (i.e., 卩), while 各 also seems to be an abbreviated character derived from 額 and read semantically as /nuka/ (Okimori Takuya 沖森卓也 2009: 22). If this is the case, there is a high possibility that 各, like マ, is also an abbreviated character

25 Inukai Takashi (2005) cites と/ト, deriving from 止, as another possible such case.

form (a Korean half character or *hanbanja*) originally transmitted to Japan from Baekje, and the possibility that this inscription too was composed by an allochthonous personage of Baekje origin further increases. In addition, because the measurement unit Korean character 石 is found inscribed among the Heijō-kyō 平城京 *mokgan* from Nara, Baekje sentence composition customs must have continued into the early part of the eighth century in Japan.

Silla *mokgan* feature many examples of "interchangeable characters" 通假字, Sinitic characters which are homonymous with another, simpler character which may be used in its place.

(27) Interchangeable characters on Silla *mokgan*

1. ⿰巾舌一二枚 → ⿰巾舌一二亇 (Wolseong Moat Mokgan No. 2)
   枚[明中1平灰]=mʌi^{L} → 亇(每)[明中1平灰]=mʌi^{L}
2. 醢邊 → 醢⿺辶卞 (Wolji Pond Mokgan No. 4)
   邊[幫中4平先]=pjen^{L} → ⿺辶卞(卞)[並中B去仙]=bjen^{D}
3. 藏醢?瓮一 → 臧醢?瓮一 (Wolji Pond Mokgan No. 4)
   藏[從開1平唐]=dzaŋ^{L} → 臧[精開1平唐]=ʦaŋ^{L}
4. 卌六籠 → (禾 …) 卌六龍 (Wolji Pond Mokgan No. 41)
   籠[來中1上東]=roŋ^{R} → 龍[來中C平鍾]=rjoŋ^{L}
5. 處二兩 → (重兮朩) 處二ȝ (Wolji Pond Mokgan No. 19)
   兩[來開C上陽]=rjaŋ^{R} → ȝ(良)[來開C平陽]=rjaŋ^{L}

The characters 亇(每), ⿺辶卞, 臧, 龍, and ȝ(良) in (27) would be more properly written as 枚, 邊, 藏, 籠, and 兩, respectively. The phonetic value of 亇(每) and 枚 in (27.1) is identical, and so it seems the character 亇(每) was substituted for 枚. The substitution of ⿺辶卞 for 邊 in (27.2) seems to have also been the result of phonetic similarity. In (27.3) through (27.5), while similar phonetic value plays a part, a character with a simpler form is substituted in each case. In the case of Silla *mokgan* alone, the use of interchangeable characters is particularly pronounced; why might this be so?

When we look at the Middle Chinese reconstructions for each of the sets of interchangeable characters, not all are exactly alike. While 亇(毎) and 枚 are indeed phonetically identical, the remaining pairs each differ in one key phonological component—either their initials, rimes, or tones do not form an exact match. However, since all of the examples after (27.1) date to the third quarter of the eighth century, it is possible that by the time such correspondences between interchangeable characters had been established, these distinctions in initial, rime, or tone were no longer observed in the context of the Silla language.

3.3. Phonology and Linguistic Genealogy

In discussing the phonological structure of Old Korean, the question that looms first is that of whether or not Old Korean possessed closed syllables (CVC). Some Japanese researchers have hypothesized that Old Korean, like Old Japanese, did not allow for closed syllables. This theory argues that Old Korean syllabic structure CV_1CV_2 was transformed into the closed syllabic structure of CV_1C seen in Middle Korean through the deletion of the second vowel V_2.

(28) Distribution of closed-syllable finals in phonograms on Baekje *mokgan*

<table>
<tr><th>Final / Language</th><th>-p</th><th>-t/r</th><th>-k</th><th>-m</th><th>-n</th><th>-ŋ</th></tr>
<tr><td rowspan="3">Baekje mokgan phonograms (148 characters)</td><td>3.4% (5)</td><td>5.4% (8)</td><td>10.8% (16)</td><td>2.7% (4)</td><td>15.5% (23)</td><td>8.8% (13)</td></tr>
<tr><td colspan="3">19.6% (29)</td><td colspan="3">27.0% (40)</td></tr>
<tr><td colspan="6">46.6% (69)</td></tr>
<tr><td rowspan="3">Joseon Period Sino-Korean (Average)</td><td>2.3%</td><td>5.2%</td><td>10.4%</td><td>5.1%</td><td>15.5%</td><td>16.5%</td></tr>
<tr><td colspan="3">17.9%</td><td colspan="3">37.1%</td></tr>
<tr><td colspan="6">54.9%</td></tr>
</table>

This account advanced by Japanese researchers is incorrect. The fact that all the numerals transcribed on Mireuksa Temple Site Mokgan No. 1 end in /*−p/ (巳) attests to the presence of closed syllables in Old Korean. Furthermore, on Baekje *mokgan*, out of a total of 147 (possibly 148) phonograms, 19.6% (or 29 characters) have rimes in entering tone (i.e., syllables ending in a stop consonant in Sinitic). This is a larger ratio than even the percentage of entering tone rimes among Joseon 朝鮮 period Sino-Korean readings (17.9%). Therefore, we must take the view that the Baekje language, like Joseon period Sino-Korean, allowed for CVC closed syllables.

While table (28) is based only on material from Baekje *mokgan*, an analysis based on all extant Baekje materials yields a similar result (see Lee SeungJae 2013).

(29) Distribution of closed-syllable finals among Baekje phonograms

<table>
<tr><th>Final
Language</th><th>−p</th><th>−t/r</th><th>−k</th><th>−m</th><th>−n</th><th>−ŋ</th></tr>
<tr><td rowspan="3">Baekje phonograms
(702 characters)</td><td>2.4%
(17)</td><td>5.8%
(41)</td><td>10.8%
(76)</td><td>4.6%
(32)</td><td>15.4%
(108)</td><td>14.2%
(100)</td></tr>
<tr><td colspan="3">19.1% (134)</td><td colspan="3">34.2% (240)</td></tr>
<tr><td colspan="6">53.3% (374)</td></tr>
</table>

By means of comparison, if we calculate the percentage of entering tone rime characters among the *ongana* phonograms used to transcribe the songs included in the *Kojiki* and *Nihon shoki*, they do not even amount to 1% of the total. Therefore, it is accurate to state that Old Japanese did not allow for closed syllables. However, the percentage of entering tone rime characters among Baekje phonograms amounts to more than 19%. As a result, we must acknowledge the fact that the Baekje language did feature CVC closed syllables.

That closed syllables were indeed a feature of Old Korean[26] is further confirmed by the transcriptions 日古巳 and 二■口巳 from the Mireuksa Numeral Mokgan. Based on the fifteenth century numeral transcriptions /nirkop/ and /nirkup/ "seven," and on the Middle Chinese phonetic values reconstructed below, we are able to reconstruct these two as /*nirkop/ and /*ni■kup/, respectively. The /*-r-/ and /*-■-/ in these two transcriptions serve as further evidence of the existence of closed syllables in Old Korean.

However, someone might argue that it is necessary to reconstruct 日古巳 not as /*nirkop/ but as /*nitkop/. This is because the Middle Chinese reconstruction of the character 日 has a final /*-t/ as the entering tone rime, not final /*-r/. However, since these numerals are transcriptions of vernacular Korean words, we must see them as having possessed a final /*-r/ from an early date. Because Middle Chinese lacked any closed syllables with final /*-r/, the entering tone character 日 was selected to transcribe the vernacular Korean syllable /*nir/.

It remains an important question whether the phonetic value of the 日-initial was /*n/ or /*z/ in ancient Sino-Korean. In answering this question, the transcriptions 日古巳 and 二■口巳 can play a decisive role. In the fifteenth century, the native numeral "seven" is known to have been /nirkop/ and /nirkup/, with an initial /n/. This corresponds to the 日-initial of both 日 and 二 in the *mokgan* inscription. On this basis, we might speculate that the phonetic value of the 日-initial was /*n/ in Old Korean.

26 The distribution of entering tone rime characters among Goguryeo 高句麗 phonograms is as follows. The difference as compared to the Baekje distribution is minimal.

Final / Language	-p	-t/r	-k	-m	-n	-ŋ
Goguryeo phonograms (712 characters)	1.8% (13)	8.1% (58)	9.4% (67)	4.8% (34)	14.2% (101)	14.9% (106)
	19.4% (138)			33.8% (241)		
	53.2% (379)					

Ancient Sino-Japanese pronunciations are of two main types, the *go on* 呉音 "Wu sounds" and the *kan on* 漢音 "Han sounds." Among these, the *go on* are said to have been adopted via Baekje, while the *kan on* were adopted directly from the Tang 唐. In the Baekje language, not only were there voiced consonants, but, as noted, the phonetic value of the 日-initial was /*n/. Both of these aspects of Baekje phonology are preserved in the Japanese *go on*. On the other hand, the distinction between voiced and voiceless consonants breaks down among the *kan on*, and the 日-initial acquires the value /*z/, reflective of the changes that had occurred in Late Middle Chinese.

It is well known that the syllable final /*-t/ in the entering tone was reflected in Sino-Korean as the final /*-r/. Scholars do not agree as to when exactly this shift from /*-t/ to /*-r/ occurred in Sino-Korean. Kōno Rokurō 河野六郞 (1968/79) argued that the phonological change occurred around the tenth century, based on the examples '次第 〉 tsʰʌrjəi', '牧丹 〉 moran', '道場 〉 torjaŋ', and '菩提 〉 pori.' Lee Ki-Moon (1981) argued that the final /*-t/ first changed into a final /*-r/ in the dialects of northwest China, and that Sino-Korean adapted to this change.

According to *mokgan* materials, however, the phonological shift from /*-t/ to /*-r/ had not occurred in Sino-Korean by the middle of the sixth century.

(30) Cultivar names 夲 and 原 on the Haman Seongsan Sanseong site *mokgan*

1. [鄒文■■■村以■夲石 >] (Haman Seongsan Sanseong Mokgan No. 53)
2. [<■■■■六只伐支原石] (Haman Seongsan Sanseong Mokgan No. 195)

Among the Haman Seongsan Sanseong *mokgan*, the number of tag *mokgan*, which would have been attached to shipments of goods, is exceedingly large. The content of these *mokgan* generally takes the form 'place name + person's name + cultivar name (agricultural product being sent)

+ numeral + classifier.' When the number of items being sent is just one, the numeral 一 "one" is often omitted. On this basis, we can parse (30.1) as follows: ■■村 is a place name "■■village", 以■ is a person's name, 夲 is the name of an agricultural product of some kind, and 石 is a classifier. Likewise, (30.2) can be parsed as: 六只伐支 is a personal name, 原 is the name of an agricultural product, and 石 is a classifier.

The characters 夲 and 原 both occur in a position that suggests they are an agricultural product of some kind. Yet, no product that would be transcribed 夲 and 原 immediately comes to mind. However, both of these characters can be read semantically in Korean as the word /*mit/, and there is also a related Japanese word, /moto/, with which both characters can be glossed. As a result, it is possible to reconstruct the readings of both 夲 and 原 as /*mit/. This suggests that both characters were used as transcriptions of the modern Korean word /mir/ "wheat."

This reconstructed form, /*mit/, would be swept up in the shift from /*−t/ to /*−r/ undergone in the context of Sino−Korean in a later age, and become the modern word form /mir/. Because wheat was a crop introduced from the northern part of China to the Korean peninsula, the word /*mit/ too must have been understood as an import. Therefore, when "borrowed" Sino−Korean words underwent analogical shift from /*−t/ to /*−r/, this word too shifted from /*mit/ to /*mir/, and as a result was recorded as /mir/ "wheat" in Middle Korean. Conversely, the vernacular Korean equivalent of 夲 and 原, /mit^h/ "below, bottom", did not undergo this shift from /*−t/ to /*−r/. Because this word was not a foreign borrowing, it seems this shift was not applied. As a result, this Old Korean word meaning "below" or "bottom" retains its old form, /mit^h/, in Middle Korean.

Based on the evidence from the Haman Seongsan Sanseong *mokgan* presented above, we must take the view that analogical shift from /*−t/ to /*−r/ had not occurred by the middle of the sixth century. However, there is reason to believe that this shift occurred after the middle of the seventh century. The change from /*−t/ to /*−r/ must have followed the destruction of Baekje and Goguryeo, because transcription reflecting this change can only be observed frequently among Silla materials. For instance, the transcription of the official name 奈末(奈麻) /*namar(*nama)/ in *Samguk sagi* corresponds to 奈麻禮 /namare/ in the *Nihon shoki* (Kōno Rokurō 1968/79); the character 達, when it appears in names, is often glossed as /tari/ in Japanese sources; the person's name 毛末 /momar/ that appears in *Samguk sagi* is transcribed in *Nihon shoki* as both 毛麻利叱智 /momarishichi/ and 毛麻利 /momari/ (Fujii Shigetoshi 藤井茂利 1996: 57).

Mokgan can also provide valuable insight for the study of the genealogy of the Korean language. In research on linguistic genealogy, numerals are of the utmost importance not only in the Western languages but also in the Eastern.

If we compare the reconstructions presented for Mireuksa Temple Site Mokgan No. 1 in (2) with the numerals from Silla *mokgan* organized in (23) above, they are nearly identical. These have been re-presented in (31) below, which makes clear that the four numerals 1, 3, 5, and 8 share a common origin in the Baekje and Silla languages. The phonetic values differ no more than as if between two dialects of the same language, and so it may be possible to argue that the Baekje and Silla languages were indeed one and the same. The numerals recorded on *mokgan* thus offer support for the theory of Lee Ki-Moon (李基文) (1972: 41) that the languages of Baekje and Silla could be grouped together as descendant from a single proto-Han language.

The treatise on geography in the *Samguk sagi* contains transcriptions of what appear to be Goguryeo numerals, including 密, 于次, 難隱/那旦, and 德頓. These four numerals closely resemble those of Old Japanese, and so Lee Ki-Moon (1963) attempted a comparison. For the purposes of comparative linguistic research on the Old Japanese and the Goguryeo language, it is difficult to put forward a more definite set of corresponding pairs than these numerals, as shown in (31) below.

(31) Numerals in the Baekje, Silla, Goguryeo, and Old Japanese languages

Language / Numeral	Baekje *Mokgan*	Silla *Mokgan*	Goguryeo *Samguk sagi*	Old Japanese Reconstruction
1	伽第巳 *gadəp	一巳 *hədəp 一等 *hədən		
2	矣毛巳 *iterəp	二尸 *tubər		
3	新台巳 *saidəp	三巳 *sadəp	密 *mit	*mi
4		四刂 *neri		
5	刀士巳 *tasəp	丨沙巳 *tasap 丨彡 *tasəm	于次 *ʔuʦi	*itu
6				
7	日古巳 *nirkop 二■口巳 *ni■kup		難隱 *nanʔjən 那旦 *natan	*nana
8	今毛巳 *jeterəp 以?如巳 *jətep	今毛 *jeter		
9				
10			德頓 *təkton	*töwö

What is important for our purposes here, however, is that the Goguryeo numerals 密, 于次, 難隱/那旦, and 德頓 do not at all match their Southern Han language counterparts. Lee Ki-Moon (李基文) (1972: 41) argued that the Goguryeo language derived from a proto-Buyeo language, while the Baekje and Silla languages derived from a proto-Han language. We can see, based on the numeral data presented in (31), that proto-Buyeo and proto-Han were clearly different languages. Therefore, it would not be an exaggeration to say that the transcriptions of numerals on *mokgan* serve as the most important supporting evidence for Lee Ki-Moon (李基文) (1972)'s theory of the genealogy of the Korean language.

On another note, the character 件 that appears in the sequence 細次朼三件 on Wolseong Moat Mokgan No. 11 corresponds to the classifier /pʌr/ 볼. In *idu*, a list that enumerates things and their amounts is known as a 件記, which is read as /pʌrkɨi/. This is a representative example of the semantic glossing of 件 as /pʌr/. In volume 37 (treatise on geography 4) of the *Samguk sagi*, the line 七重縣一云難隱別 contains a Goguryeo word which corresponds to this /pʌr/. This line gives two names for the same place, 七重縣 and 難隱別, and in this equivalence 重 seems to correspond to 別. This 別 is the equivalent of the word /pʌr/ transcribed as 件 on Silla Wolseong Moat Mokgan No. 11. Not only is there a resemblance between the Sino-Korean sound of 別 /pjər/ and the phonetic value of /pʌr/, but both 重 and 件 have the sense of "to pile atop one another," creating a semantic correspondence as well (Lee SeungJae 2015). Ogawa Tamaki 小川環樹 (1980) identifies several examples in the Northern Wei texts *Qimin yaoshu* 齊民要術 and *Luoyang qielanji* 洛陽伽藍記 where 別 is used as an postpositional suffix meaning "-every, -each," and suggests that this usage corresponds to the postposition /*büri/ in Mongolian.[27] Accordingly, we might regard the Northern Wei suffix /*büri/, the Goguryeo 別, and the classifier 件 from Wolseong Moat Mokgan No. 11 as all possessing of a common etymology.

—translated by Marjorie Grace Burge
(UC Berkeley)

27 The Northern Wei dynasty was supposedly founded by the Xianbei 鮮卑 people, who would have spoken a Mongolic language.

<日文抄錄>

木簡に記録された古代韓国語

李丞宰

(ソウル大学言語学科)

1. はじめに

2003年に『韓国の古代木簡』が刊行されて以降、遅まきながら韓国においても木簡研究が多方面において大きく活性化した。語文学分野においても長足の発展があったが、その嚆矢は金永旭(2003)であるといえる。百済木簡から百済詩歌を一首発見し、マスメディアに大きく取り上げられ、これがきっかけで木簡に注目する研究者が増えた。

周知の通り、木簡は記録当時の実物資料であり、古代の各種金石文や古文書と同様に記録当時の書写文化をありのままに伝えてくれる。この点において、後世に編纂された各種文献とは資料の性格が根本的に異なる。

新羅は一次実物資料である金石文が少なくない。この点において、新羅の言語が金石文に少なくなく記録されているだろうと予想され得るが、実情はそうではない。国家的記録物や判決文は金石に刻んだが、固有名詞を除くと言語資料と呼べるものは多くない。一方、新羅の木簡には各種物名が多く記録されており、一部の木簡には詩歌や文書が記録されている。これらを通じ、金石文や文献資料には現れないありのままの新羅語の姿を観察することができる。

百済木簡が出土する前には、百済語を記録した実物資料がほとんど無かった。百済の金石文と古文書がほとんど残っていないため、実物資料中心の百済語研究はほとんど不可能な状態であった。よって、新しく発掘された百済木簡はすべて百済語の核心的資料となる。百済語にどのような名詞があったのか、百済語の語順はどうだったのか、訓読と音読の表記法があったのかといった言語学的事実を伝えてくれる百済語の資料としては、木簡が唯一であるといっても過言ではない。

新羅のものと百済のものを合わせても、文字が記録された韓国の木簡は500点を超えない。[1] 中国や日本に比べると微々たる数である。しかし、だからと言ってこれらが持つ言語学的価値が少ないわけではない。本稿ではこれらを対象に、言語学的分野において得られた研究結果を整理してみることにする。特に言及のないものは、全て筆者の見解である。

2. 単語

この章では単語を記述の単位とする。木簡に記録された単語の中で特記すべきものは数詞と単位名詞であるので、これらを中心に木簡研究の成果を要約することにする。

2.1. 数詞

2009年9月から2010年8月までの1年間、筆者は研究休暇を利用して東京

---

1 高句麗木簡が発掘されたという報告を今まで聞いたことがない。

大学訪問教授として白金台の国際宿所に滞在していた。この時に手元にあったのは、『韓国の古代木簡』(2006、縮小版)1冊のみであった。2010年春のある日、筆者はこの宿所で夜の静寂を破って喝采を叫んだ。益山弥勒寺跡1号[2]木簡を新しく解読したのである。この解読をきっかけに本格的に木簡研究に足を踏み入れたため、この木簡は筆者にとって非常に意味深いものである。

(1) 益山弥勒寺跡1号木簡判読

1面: [__光幽五月二日▣]

2面1行: [▣新台巳日古巳刀士]

3面: [巳以?如巳ㄋ十二▣]

4面: [口巳今毛巳▣▣▣]

2面3行: [坐伽第巳______]

2面2行: [_____矣毛巳___]

(1)の判読文の「光幽」は陥没年号であり、「五月二日」の後ろの「▣▣」は記録者の人名であろう。残りの部分はすべて「巳」単位で分節される。たった8つの項目にすぎないが、これらが古代韓国語に投げかける問題は大きい。一つ目、解読の鍵を握っている接尾辞「巳」は何なのか? 二つ目、「以?如巳ㄋ十」の「ㄋ十」は何なのか? 三つ目、これらに適用された表記法はどのようなものか? 4つ目、「巳」の前に来る語形は何なのか? 筆者はこのような問題を一つずつ解いていき、これらが古代韓国語の数詞語族であるという結論に達した(李丞宰2011b)。

2 本稿では2011年に刊行された『韓国木簡字典』を基準に木簡の番号を付ける(以下同様)。この木簡は『韓国の古代木簡』の番号では318号木簡である。

(2) 数詞語族

<table>
<tr><th rowspan="2">語形 / 数</th><th rowspan="2">木簡表記</th><th rowspan="2">再構形[3]</th><th colspan="3">牛齢</th><th rowspan="2">日付
(中世)</th></tr>
<tr><th>標準語</th><th>済州方言</th><th>咸北方言</th></tr>
<tr><td>1</td><td>(坐)伽第巳</td><td>*(dzwa)
gadəp</td><td>harɨp</td><td>kɨmsɨŋ</td><td>harɨp(i)</td><td>hʌrʌ</td></tr>
<tr><td>2</td><td>矣毛巳</td><td>*iterəp</td><td>itɨp</td><td>takan</td><td>itɨp, itɨrpi</td><td>itʰɨr</td></tr>
<tr><td>3</td><td>新台巳</td><td>*saidəp</td><td>sarɨp</td><td>sarɨp</td><td>sarɨp(i)</td><td>saʌr</td></tr>
<tr><td>4</td><td></td><td></td><td>narɨp</td><td>narɨp</td><td>narɨp(i)</td><td>naʌr</td></tr>
<tr><td>5</td><td>刀士巳</td><td>*dasəp</td><td>tasɨp</td><td>tasɨp</td><td>tasɨp(i)</td><td>tasswai</td></tr>
<tr><td>6</td><td></td><td></td><td>jəsɨp</td><td>jəsɨp</td><td>jəsɨp(i)</td><td>jəsswai</td></tr>
<tr><td rowspan="2">7</td><td>日古巳</td><td>*nirkop</td><td rowspan="2">irɨp</td><td rowspan="2">irkop</td><td rowspan="2"></td><td rowspan="2">nirwəi</td></tr>
<tr><td>二▣口巳</td><td>*ni▣kup</td></tr>
<tr><td rowspan="2">8</td><td>今毛巳</td><td>*jeterəp</td><td rowspan="2">jətɨrp</td><td rowspan="2">jətap
jətəp</td><td rowspan="2"></td><td rowspan="2">jətʌrai</td></tr>
<tr><td>以?如巳 ぅ +</td><td>*jətep(agəi)</td></tr>
<tr><td>9</td><td></td><td></td><td>asɨp</td><td>ahop</td><td></td><td>ahʌrai</td></tr>
<tr><td>10</td><td></td><td></td><td>jərrɨp,
tampur</td><td>jər</td><td></td><td>jərhɨr</td></tr>
</table>

接尾辞として使用された「巳」は字形の観点からも興味深い。「巳」が吏読で「福、伏、卜、巴」などの人名接尾辞に対応することに焦点を当てると、「巳」を/*po/と読み、字源を「包」と考えることができる(南豊鉉1985)。しかし「巳」が「巴」の小篆体に似ているという点を考慮すると(南豊鉉1985: 19、權仁瀚2007)、「巳」は「邑」の「口」が省略された韓半字(韓国半字)[4]であると見ることができ、音価を/*əp/とすることができる。上の解読はこの案を採択したものであり、これによれば(2)の「巳」は/*(ə)p/と読む数詞接尾辞となる。(2)の表で見られるように、/*(ə)p/は家畜の年齢を数えるときに生産的に用いられる。「巳」のように木簡に記録された韓半字が少なくないという

3 ここで提示された再構形は百済語の音韻体系を考慮したものである。
4 韓半字は、韓国の読法で読むが韓国で独自に字形を大きく変形させた文字を指す(李丞宰2015b)。

点に注目する必要がある。

「以?如巳⺀十」の「⺀十」は後世の所謂口訣字と字形が一致する。周知のように「⺀」の字源は「良」であり、「十」の字源は「中」であるが、これは二つの問題を提起する。一つ目、この木簡は既存の漢文テキストに助詞や語尾などの吐を付加したものではないため、この「⺀」や「十」を口訣字と呼ぶのは不適切である。「⺀」や「十」は上の「巳」と共に韓半字の一種とすべきである。二つ目、この韓半字が百済起源なのか新羅起源なのかを明らかにせねばならない。この木簡が百済地域であった益山弥勒寺跡から出土したという点から百済木簡であると言えるが、木簡の作成時期を基準にすると新羅木簡であるといえる。一緒に出土した遺物の中に開元4年(716年)銘の瓦片があるため(国立扶餘文化研究所1996: 170)、これを基準にするとこの木簡は新羅木簡となる。660年に百済が滅亡してから50年以上が経過した後にこの木簡が制作されたと見なければならないためだ。この「⺀十」は、百済滅亡以後に新羅表記法の影響を受けたものであることが明らかだ。「⺀」と「十」が新羅木簡にのみ見られ、百済木簡には見られないためだ。

だからと言って、この木簡を新羅木簡の一種であると断定することはできない。「伽第巳、矣毛巳、新台巳、刀士巳、日古巳、二■口巳、今毛巳、以?如巳」などは古代韓国語の数詞を表記したものであるが、これらに適用された表記法が新羅の表記法ではないためだ。

「一等[*hədən]、二尸[*tubər]、千隱[*tsəmən]」などの例から分かるように、新羅では数詞を表記するときに漢数詞を前に置き、後ろに固有語の末音を添記する。いわゆる末音添記と訓主音従の表記法(金完鎭 1980)を適用し、数字を表記するのである。これは日本で訓字為主の表記法、または訓仮名表記法を適用して「一つ、二り」などと表記するのと同じだ。この表記法の典型的な例は韓国の郷歌と日本の『万葉集』に収録された歌謡に見ることができる。

しかし、(2)の数詞表記には漢数詞が全く無い。これはこの木簡の表記法が韓音字表記法、または日本の音仮名表記法に該当することを物語っている。言うなれば、(2)の表記法は古代日本で数詞「一、二」をそれぞれ「比登[ひと]、布多[ふた]」などと表記したのと同じである。このような表記法の代表的な例は、『古事記』や『日本書紀』に収められた歌謡から探すことができる。記紀歌謠では音仮名を用いた、音字為主の表記が原則である。木簡に記録された万葉歌も同様である。新羅時代には数詞をこの表記法で記さず、末音添記と訓主音従の表記法で記したが、この木簡の数詞表記は新羅の表記ではない。よって、この木簡の数詞は百済の表記法で記録されたということができる。

とすると、弥勒寺跡1号木簡の「伽第巳、矣毛巳、新台巳、刀士巳、日古巳、二■口巳、今毛巳、以[?]如巳」等の語根は、百済の表記法で記録されたということができる。ただし、「以[?]如巳ʒ十」の接尾辞「-ʒ十」の用法は、百済が滅亡した後に新羅の統治下において新羅の表記法を受容したものである。

韓音字表記においては全ての文字を音読することが原則であるが、例外的に訓読が許容される。「毛、新、今、如」四字はそれぞれ/*t^{h}er、*sa(sai)、*jet、*te(ta)/と訓読しなければならない。これは日本の音字為主の表記において「田、津、眞」などを例外的に訓読することと同じだ。

(2)の「日古巳、二■口巳」は中世韓国語の/nirkop、nirkup/(数字の7)に対応する古代韓国語の数詞である。木簡の「日」と「二」は日母字に属し、日母が/nirkop、nirkup/の語頭の/n/に対応する。これは8世紀以前の古代韓国語で日母が/*n/の音価を持つということを示している。既存の古代語研究では、日母を/*n/で読まず、中世語に引かれて/*z/で読むことが多かった。しかし、この木簡の表記を基準とすると、日母の音価が8世紀初葉まで/*z/ではなく/*n/だったことになる。

上のような問題を提起してくれるため、益山弥勒寺跡1号木簡は古代韓国語研究に示唆するところが多い木簡である。この木簡は韓国語学史において国宝的価値を持つと言っても過言ではない。

2.2. 単位名詞と普通名詞

韓国と日本の古代木簡には荷札木簡や附札木簡が非常に多い。この荷札木簡には「普通名詞#数詞#単位名詞[5]」の数量詞句が非常に多く現れる。例えば「米一石」と「細次枇三件」において「米」と「枇」は普通名詞であり、「一」と「三」は数詞であり、「石」と「件」は単位名詞である。

韓国では過去から現在まで、数量詞句の口語(口述文化)と文語(記録文化)が一致しない。記録するときには「米一石」と書くが、[mi ir sək]と音読せずに{s'al han səm}と訓読する。よって次の数量詞句でも訓読したものが少なくない。

(3) 木簡の数量詞句

1. 稗一石 (咸安城山山城140) → {稗1石}
2. 器尺一石 (咸安城山山城119) → {黍1石}
3. 送鹽二石 (扶餘陵山里寺跡10) → {塩2石(を送る)}
4. 太子四石 召彡代 (慶州月池39) → {剥いた豆4石、粟3升}
5. 斗之末[※] (扶餘陵山里寺跡12) → {(米の)斗であるmar}
6. 食四斗、食米四斗小升一、食三斗大升二 (扶餘陵山里寺跡25) → {食4斗、食米4斗小さな升1つ、食3斗大きな升2つ}
7. 太一缸 (咸安城山山城127) → {剥いた豆、一つの瓷}
8. [(■己■禾卌] [(一[?]巳缶卌六龍] (慶州月池41) → {■己■稲、41缶、46籠}
9. 醯辻[6] (慶州月池4) → {塩辛(1)条}
10. 加火魚助史三丨 (慶州月池7) → {エイ食物3条}
11. 生鮑十丨 (慶州月池9) → {生鮑10条}
12. 郎席長十尺細次枇三件 (慶州月池11) → {ゴザ長さ10尺、細い匙3つ}

---

5 単位名詞は英語のclassifier、漢語の量詞に該当する。
6 「卞」の下に「辶」がある字体である。

13. 䍊一二亇[7] (慶州月城垓子2) → {紙12枚}

14. ▣立卄兩 (扶餘陵山里寺跡16) → {▣立20両}

15. 天雄二兩 (慶州月城垓子21) → {天雄2両}

16. 大黄一兩、藍實三分 (慶州月池16)[8] → {大黄1両、藍實3分}

17. 重兮朩 處二3 (慶州月池19) → {重兮朩を2両処方する}

18. 麻中練六四斤 (羅州伏岩里9) → {中練した麻64斤}

19. 畓五形[9] (扶餘宮南池1) → {田5kor}

20. 涇水田二形、畠一形、麥田一形半 (羅州伏岩里6) → {水田2kor、畑1kor、麦畑1kor半}

21. 是二人者 (慶州傳仁容寺跡1) → {この二人は}

李丞宰(2011a)で上の数量詞句に関して述べたが、(3.8)の慶州月池41号木簡に関する論議が抜け落ちていた。この木簡は上段部を「⌒」のように加工してある。この部分の一部は破損しているが、残りはそのままである。本稿ではこの木簡の表面を「▣己▣禾卌」、裏面を「一[?]巳缶卌六龍」と判読する。表面に穀名「▣己▣禾」が来て、その後に数量詞句「卌一[?]巳缶」と「卌六龍」が続く。

「卌一[?]巳缶」の「缶」は元来消火用の水を貯めておく容器の一種であるが、この木簡では「禾(稲)」を入れる容器として使用された。この「缶」と(3.9)の「辻」は字形が異なる。よって、この二つを異なる文字と見なければならないが、「辻」を「缶」と判読した研究者も少なくない。「卌六龍」の「龍」も容器の一種であり、この「龍」は「籠」の通仮字であろう。

(3)の様々な例から「石/乇{*sjem}、斗{*mar}、升{*toi}、代[*təi]、缸[*haŋ]、缶[*pu]、龍[*roŋ]、辻{*kəs}、丨{*kəs}、尺[*tsa]、件{*pər}、亇[*mai]、兩

7 ここの「亇」を「个」と判読する見解もある。
8 慶州月池16号木簡にはこの他にも薬剤名が非常に多く現れる。
9 「畓」は「水」と「田」の上下合字である。

[*rjaŋ]、分[*pun]、㇋[rjaŋ]、斤[*kən]、形{*kor}、人{*sarəm}」などの単位名詞を見つけることができる。この中で訓読するものは「石{*sjəm}、斗{*mar}、升{*toi}、迏{*kʌs}、丨{*kʌs}、件{*pər}、形{*kor}、人{*sarʌm}」などであり、音読するものは「代[*təi]、缸[*haŋ]、缶[*pu]、尺[*tsa]、ケ[*mai]、兩[*rjaŋ]、分[*pun]、㇋[*rjaŋ]、斤[*kən]」などである。音読するものの中には中国語から借用したものが多い。

度量衡単位名詞は、書写文化が伝播する様相をよく見せてくれるという点で非常に重要である。古代中国では穀物を量る度量衡として「斛、斗、升」の単位を使用したが、韓国の古代木簡では「石、斗、升」の単位を使用し、それぞれ/*sjem、*mar、*toi/と訓読する。日本の地方木簡では「斛」の代わりに「石」を主に使用したが(平川南 2003)、両方共/koku/と読んだ。この時「石」と表記したのは、中国から直接借用したものではなく、韓半島から借用したものだ。古代韓国の度量衡が日本に伝播したことの決定的な証明が、韓製字「𠙵」である。「𠙵」は扶餘陵山里寺跡10号木簡で見ることができるように、「石」の最初の画「一」がない字形であるが、これが日本平城京木簡にそのまま伝わっている。[10]

(3)から分かるように木簡の数量詞句は大抵「普通名詞#数詞#単位名詞」の構成であるが、一部の数量詞句では数詞が省略されることもある。(3.9)の「醢」のように数詞が明示されていないものは大抵数詞「一」が省略されているものと理解される。

一方で、普通名詞と数詞のみ記録され、単位名詞がない数量詞句も多く目に留まる。

10 2011年の「地下の正倉院展−コトバと木簡」(奈良文化財研究所)ではこの韓製字を「口」と誤読した。これはこの韓製字の存在を日本の学者たちが知らなかったことを物語っており、逆説的にこの特異な文字が韓製字であることを証明する。

(4) 単位名詞のない普通名詞

1. 亇十一、亇廿二、益丁四 (咸安城山山城127) → [山芋11、山芋22、蔓人参4]
2. 中口四、小口二 (扶餘宮南池1) → [中年4、少年2]
3. 歳卅、歳卅五 (慶州傳仁容寺跡1) → [歳30、歳35]
4. 斑綿衣一 (扶餘陵山里寺跡16) → [斑模様の綿衣1]

(4.1)の「亇」は韓半字の一種であり、穀名「ma(山芋)」を表記し、「益丁」は「tətək(蔓人参)」を表記したものだ。重要な事はこれらに単位名詞がついていないという点である。「ma」や「tətək」のような穀物には単位名詞をつけにくいために「普通名詞#数詞」の構造を選んだようである。

漢語においては「普通名詞#数詞」の構造が起源的であるが、数詞の後ろに普通名詞が重複する「普通名詞#数詞#普通名詞」の構成が甲骨時代に既に登場しており、ここで数詞の後ろの普通名詞が単位名詞に変わる変化が起こった。例えば、「鞄二」が起源的であり、「鞄二鞄」を経て「鞄二個」のような数量詞句に変化する。よって、(4)の例は起源的な数量詞句に該当し、(3.21)を除いた(3)の残りの例は全て数詞の後ろに普通名詞が単位名詞として文法化した段階に該当する。(3.21)の二人は具体的には貴族の「所貴公」と「金侯?公」であるが、(4.2)の「中口」と「小口」は「中年」と「少年」のように年齢による区別と考えられる。

上の(3)と(4)の例は韓国語数量詞句の起源的語順を論じる上で決定的な役割をする。蔡琬(1982)は韓国語の数量詞句の起源的語順を「数詞#名詞」としたが、この語順は(3.21)にのみ表れ、残りは全て「名詞#数詞#単位名詞」の語順である。よって「名詞#数詞#単位名詞」の主述構造が韓国語の起源的な語順であり、「数詞#単位名詞#名詞」の修飾構造は起源的な語順ではない。中世韓国語の諺解文において修飾構造があたかも韓国語の起源的な語順のように見えるが、この修飾構造の語順はパク・チョング(2012: 402～404)が指摘したように漢文の語順の影響をうけたものである。漢語では魏晋時代に既に目的語の位置に「数詞＃単位名詞＃名詞」の語順が一般化していたという(パク・チョング2012: 398～399)。にも関わらず、6～8世紀の韓国木簡においてほとんどの数量詞句が「名詞＃数詞＃単位名詞」の語順をとる。よって、韓国語の数量詞句の起源的な語順は、まさにこの語順であると言える。木簡テキストは中世韓国語の諺解文のように既存の漢文テキストを翻訳したものではなく、新たに創作したテキストであるため、自然言語の数量詞句の語順がそのまま反映されている。そのため、木簡資料の語順は信頼に値する。

しかし、下の(5)の「瓮、瓷」が数詞の前に来たものはどのように理解すべきだろうか？ (5)の「瓮、瓷」は、単位名詞ではなく普通名詞であろう。これらが単位名詞であれば当然数詞の後に来るべきであるが、数詞の前に来ているためだ。「臧醢瓮」と「ㇾ肉瓷」は複合語と見るべきであろう。

(5) 特殊な数量詞句

1. 臧醢?瓮一 (慶州月池4) → [漬けの醢の瓷ひとつ]
2. ㇾ肉瓷一[11] (慶州月池2) → [良い肉の瓷ひとつ]

現在は単一名詞であるが古代木簡では名詞句として表記されたものがあり、注目される。下の「汲上汁」と「第二汁」が何を示しているのか、長い間分からなかった。しかし日本で「汁」を「しる」と訓読することがヒントとなり、「汲上汁」と「第二汁」を解読できるようになった。

(6) 名詞句「汲上汁」と「第二汁」

1. 南瓮汲上汁十三斗 (慶州月池15) → [南瓮、上から汲みあげた汁(＝醤)13斗]

11 この「ㇾ」は「良」に対応する韓半字である。

2. 辛卯年第二汁八斗 (慶州月池23) → [辛卯年第二の汁(=味噌)8斗]

「汁」は北魏の賈思勰が編纂した『齊民要術』に頻繁に登場する。ここに「豉汁、石榴汁、研米汁、鹽汁」等の例が表れ、これらを量る際には「升、合」などの単位名詞を使用する。この中で「豉汁」すなわち「味噌玉の汁」が最も多く現れるため、木簡の「汁」は「豉汁」の省略である可能性が高い。『齊民要術』には「豉汁濃者二升」も現れるが、ここで「濃者」を特別に加えたところから見て、「豉汁」すなわち「味噌玉の汁」には濃いものと薄いものがあったことが分かる。「味噌玉」を材料とした加工品の中で薄いものとしては「醤油」があり、濃いものには「味噌」がある。よって月池15号木簡の「汲上汁」は現代語の「醤油」を表し、23号の「第二汁」は「味噌」を示すということができる。「醤油」は味噌玉麹を入れた甕の上方から汲んだ(汲上)液体を煮出し、「味噌」は残った味噌玉のカス、すなわち二次的に(第二)作るものであるためだ。

新羅木簡に頻繁に登場する名詞として「助史」がある。5回も使用され、すべて慶州月池で出土された木簡に登場する。

(7)「食べ物」を表す新羅語「助史[mas]」

1. 加火魚助史三丨 (慶州月池7)
2. 猪水助史這 (慶州月池2)
3. 猪助史䢀 (慶州月池26)
4. 獐助史䢀 (慶州月池36)
5. 單助史本言 (慶州月池29)

この中で最初に議論の対象となったのは(7.1)である。金永旭(2007)が(7.1)の「加火魚」を現代語の「kaori(エイ)」と解読したが、これは正鵠を射たものであった。その後「加火魚助史」と判読し、これを「kaori tsəs(エイの塩辛)」と解読するのが一般的である。しかし「助史」の「助」は「助」を間違って判読したものである。新羅木簡ではこの二つの文字の運筆がはっきりと異なっており、二つは区別されなければならない。

「助史」に関して(7.5)で小さな字で「本言」と注釈していることが注目される。この「本言」は後世の「方言、鄕言」と同じく「韓国語」を意味し、「助史」が新羅の固有語であることを証明している。「助」は韓製字の一種であり、「旨」と同じ字であり、「史」はここで添記され末音を表記する。「助」の訓は「mas」であり、新羅語「mas(味)」の「s」を添記するために「史」を追加した。よって、(7)の「助史」は新羅語の「mas」を訓主音従の原理によって表記したと言える。この「mas」は中世韓国語において「味」(taste)の意味だけではなく、「食べ物」の意味も持っている。(7)の「助史」の位置に「食べ物」を代入すると、意味がうまく通るので、本稿ではこの解読を採用する。

(7)で同じ位置に来た「丨、這、辻」も注目される。(7.2)の韓半字「這」が解読の手がかりとなる。後世の吏読で「這這」と表記を「kʌskʌs、kaskas」と読むが、この「kʌs」を(7.1)では「丨」と表記し、(7.3～4)では「辻」と表記している。(7.1)の「丨」が「之」に字源を持つとする研究もあるが、本稿では「丨」の字源を「如」とみることにする。「如」の訓に「ta(hʌ)-」だけでなく、「kʌt(hʌ)-」もあるが、この訓の「kʌt」が(7.1)で「丨」によって表記されたものと考えられる。こう考えると、(7.3～4)の「辻」を「邊」に起源を持つ韓半字とすることができる。「邊」の訓も「kʌs」であるからだ。このように解読すると(7)の「丨、這、辻」を全て「kʌs/kʌt」と読むことができる。この「kʌs/kʌt」が容器の一種であることは言うまでもない。起源的に普通名詞だったものが、(7)ではまるで単位名詞のように使用された。

3. 文章

文章を単位として表記した木簡には、詩歌木簡と文書木簡がある。特に百済語文章を記録したものは木簡資料しかないため、百済語の文章を論じる際には木簡資料が決定的な役割を果たす。

3.1. 詩歌

金永旭(2003)が扶餘陵山里寺跡11号木簡から百済の詩歌を発見したことは、木簡研究の出発点であり起爆剤の役割を果たした。本稿は金永旭(2003)の判読と、宿世歌という命名には同意するが、詩歌の内容を男女間の求愛や恋愛だとする解釈には同意しない。この木簡は裏面に「慧暈師藏?」と記録されており、僧侶「慧暈師」と関連のある記録とみられる。であるならば、男女間の恋愛や家門間の婚姻に関する記録ではないだろう。この木簡には「慧暈師」の偈頌や入寂偈が記録されていると考えるのが妥当である。

(8) 扶餘陵山里寺跡11号木簡(宿世歌木簡)

判読	解読
起 : 宿世結業	前世に結んだ縁によって
承 : 同生一處	一処に同じく生まれ
轉 : 是非相問	是非を互いに問い
結 : 上拜白來	上に拝し申し上げて来い

重要なのはこの詩歌の語順である。起句と承句では漢語の語順をとっているが、転句と結句では韓国語の語順をとっている。このような混成語順が(9)の新羅木簡に記録された憂辱歌でもみられる。憂辱歌でも起句と承句は漢語の語順であるが、転句と結句は韓国語の語順だ。

(9) 慶州月池20号木簡(憂辱歌木簡)

	判読	解読
起	[剋熟犯指耕慰　]	熟犯に克ったと畑を耕したことを示し慰め
承	[璧□琴現碧　　]	璧[　　]琴の音が碧く響く
轉	[憂辱□送日壬　]	憂いと辱め[　　]暮れる日を背に
結	[是法念□宿　　]	是の法を念じ[　　]宿る

百済の宿世歌や新羅の憂辱歌では押韻法や平仄法を守らなかった。この点において二つを不完全漢詩と呼ぶことができるだろう。百済の宿世歌は6世紀3/4分期に、新羅の憂辱歌は8世紀3/4分期に記録されたため、約200年の差がある。これは、混成語順で漢詩形式を真似た時期が長い期間続いたことを物語っている。

言語学的に重要なことは、韓国語の文法形態がこの二つの詩歌に全く記録されていないという点だ。「是非相問、上拜白來」と「憂辱□送日壬、是法念□宿」は語順が韓国語の語順であるものの、文法形態が全く記録されていない。この点において、これらの表記は既存の誓記体表記と同じである。誓記体という名称は、壬申誓記石に誓記の内容が登場するためにつけられた名称であるが、この名称では上の二つの詩歌の内容を包括することが出来ない。よって、このような表記は韓訓字文章表記と呼ぶのが妥当であろう。

一方、国立慶州博物館美術館跡1号木簡に郷歌が記録されており、注目される。郷歌では韓国語の語順に従い、文法形態も表記対象となる。この点においてこの郷歌は不完全漢詩より言語学的価値が遥かに高い。10行体郷歌の8～10行目の3行だけ記録されたといっても、この価値を無視することが出来ない。記録時期は722年前後と推測される。

(10) 国立慶州博物館美術館跡1号木簡(万身歌木簡)

判読[12]	解読
8行 : 万本來?身中有史音叱?丨[13]	腦髓は本來体にあるべし
9行 : 今日□三[14]時爲從?支?	今日[　　]なされて従う
10行 : 財?叢?於?放賜哉	財を叢(あつ)め放たれる

Lee(2013)ではこれを万身歌と名付け、「-中」を後世の処格助詞「-gɨi(〜に)」、「-音叱?-」を当為の先語末語尾「-ɨms-(〜べし)」、「-丨」を終結語尾「-ta(〜だ)」、「-時-」を尊敬法先語末語尾「-si-(〜られる)」、「-於?」を連結語尾「-mjə(〜し)」、「-賜-」を尊敬法の先語末語尾「-si-(〜られる)」、「-哉」を感嘆法終結語尾「-tsʌi」とした。この中で特に目を引くのは先語末語尾「-音叱?-」であり、これは郷歌の「-音叱-」や釋讀口訣の「-ㅎ ㅌ-」と正確に一致する。また「有史-」は「isi-」に対応する訓主音従の表記法であり、「支?」は郷札に多く現れる指定文字である(金完鎭1980)。このように多くの文法形態が表記され、訓主音従の原理が適用され、指定文字が使われているため、この木簡は郷歌を記録したものであることが明らかだ。

3.2. 文書

行政文書の中で韓国語研究者たちが最初に注目したのは、慶州月城垓子2号木簡である。4面木簡であるため、どの面が1面であるのかさえ分からなかったが、現在は次の(11)のように理解されている。[15] 作成時期は7世紀

12 実線「_」で下線を引いたものは訓読字であり、点線「…」で下線を引いたものは音読字である。

13 Lee(2013)では「音□」と判読したが、「音叱?丨」と修正する。

14 李鎔賢(2010)では「□三」を「龍王」と判読したが、これは全体の文脈と一致しない。

15 この木簡に対する国語学的論議には鄭在永(2008)、朴盛鍾(2007)、權仁瀚

前半説が有力である。

(11) 慶州月城垓子2号木簡の解読

1面 : [　大烏知郎足下可行白｜]

大烏知郎足下に可行が申し上げます

2面 : [　經中入用思買白不雖帋一二ケ]

経に入れて用いる思いで白不雖紙を12枚を買えと

3面 : [　牒垂賜教在之 後事者命盡]

牒を垂された教がございます。後の事は命どおりに行います

4面 : [　使内　　　　　　　　　　]

(命どおりに) させる

この木簡は文字が比較的鮮明であるが、判読が研究者ごとに異なる。1面の人名「可行」を「万拜」、2面の「ケ」を「个」と判読する見解があるが、本稿では運筆を重視し、これらをそれぞれ「可行」、「ケ」と判読する。この「ケ」は韓半字であり、郷歌の「-毎如」が釈読口訣の「-ㄘ｜」に対応することを考慮すると、「ケ」の字源は「毎」となる。漢語中古音において「毎」は[明母中立1等平声灰韻](武罪切)の音価を持つが、この音価は「枚」の音価[明母中立1等平声灰韻](莫杯切)と一致する。[16] 発音の同一性を利用して「枚」を「ケ(=毎)」で表記したと理解できる。

この木簡の語順は大部分韓国語の語順であるが、「買白不雖帋一二ケ」は漢語の語順である。この木簡で「-中」は後世の処格助詞「-gɨi(〜に)」を、「-者」は主題補助詞「-ɨn(〜は)」を、「-｜」と「-之」は終結語尾(または段落終結詞)「-ta(〜だ)」を、それぞれ表記したものである。韓半字「｜」の字源を「之」とする見解があるが、この木簡に「｜」と「之」の二つの文字が同時に使用さ

(2013)、金永旭(2010、2014) などがある。

16 この音価は伊藤智ゆき(2011)に従った。ここの灰韻は韻目に該当する。

れたという点を勘案する必要がある。終結語尾の表記に二つの文字が同時に使われた新羅の資料としては戊戌塢作碑(578年)と華厳経写経造成記(755年)があるが、この二つの資料において「之」と「如」が使用された。これを重視すれば、「丨」の字源を「如」に求めるのが妥当であろう。

新羅木簡の中で最も早い時期に作成された文章は、咸安城山山城221号木簡だ。発信者はある村の村主であり、受信者は明示されていないが、おそらく城山山城の築造の総責任者だろう。この文書は、城山山城を築造する人力を送れという命令を受けたが軍役に動員され貴族(金?有和?)の葬儀を執り行ったために期日通りに人力を送れないことを、ある村長が解明する事由書もしくは始末書に相当する。

(12) 咸安城山山城 221号木簡の解読

1面 : [六月中□孟?馮?成?□邦?村主敬白之□□禡?成?行?之 ≍]

6月に□孟?馮?成?□邦?の村長が申し上げます。「□□軍隊祭儀を成しに行きました。

2面 : [兜□來?昏?□□也爲六瓿大城?従人丁六十巳? ≍]

兜と□も来て、昏時に□□しました。6百の煉瓦のために大城?を追い成人男子65

3面 : [丨彡走在日來此□□□金?有和?□ ≍]

人が急いで行こうとした日に、来てこの□□□ 金?有和?□

4面 : [卒日治?之[17]人此人鳴磚?藏?置不行遣乙白 ≍]

葬儀を行いました。人々が悲しく泣き煉瓦で隠して置いたために行けなかった」ことを申し上げます。

この木簡で漢語語順のものは「爲六瓿」しかなく、残りは全て韓国語の語

17 李丞宰(2013a)では「卒日始?之」と判読したが、本稿では「卒日治?之」と修正する。

順である。木簡は1面の「-之」と「-之」、2面の「-也」、4面の「-之」を単位として区切られており、これらは全て終結語尾に該当する。最後に報告を表す動詞「白」を置いたが、これは1面の「白之」の「白」と同じである。即ち1面の「白之」の後から4面の最後の「白」の前までが報告の内容である。このように報告書の格式をすべて備えたものは、この木簡の他にない。

この木簡には二種類の格助詞が用いられている。「六月中」の「-中」が処格助詞であるのかどうかに関しては見解が一致しないが、「不行遣乙」の「-乙」が対格助詞であることは明らかである。対格助詞の用例としてはこれが最古の例に該当する。3面「走在」の「-在」は釈読口訣の先語末語尾「-ナ[kjə]-(〜られる)」に対応するが、動名詞語尾「-n/ɨn」は表記に反映されていない。一方、4面「不行遣乙」の「-遣-」は釈読口訣の「-ナ 1 [kjən]-」に対応しているので、動名詞語尾「-n/ɨn」を伴って表記したものだということができる。4面「人此人」の「此」は釈読口訣にのみ現れる「佛リ菩薩」の「リ[i]」に対応するものであり、「-gwa/wa(〜と)」の意味を持つ接続助詞である(朴鎭浩2008)。このように各種の助詞と語尾が表記されているため、この新羅木簡は吏読で記録された最古の文書であるといえる。

百済木簡の中で文書木簡に分類することのできるものとしては、扶餘陵山里寺跡7号木簡があげられる。この木簡は次のように分節される。

(13) 扶餘陵山里寺跡7号木簡

判読	解読
1. 書亦從此法爲之	書(式)また此の法に従って為す
2. 凡六卩五方又行之也	凡そ六卩五方また之を行う
3. 凡作形﹅ㄹ中了具	凡そ作る形式に備わった

この木簡は行政文書の書式に関する内容のようである。この書式を備えたということは6世紀3/4分期に既に百済に文書行政が行われていたこと

を意味する。これは扶餘陵山里寺跡25号木簡の文書名「支薬児食米記」と扶餘双北里280番地1号木簡の文書名「佐官貸食記」から広く確認することができる。新羅木簡では「～記」と命名された文書形式が存在しないという点から、現時点では「～記」が百済木簡固有の特徴だといえる。

百済語文章表記の重要な特徴としては、漢文で作成されたものが多く、何を記録したものなのか解読の難しい物が多いということがあげられる。扶餘陵山里寺跡24号木簡を例に上げる。

(14) 扶餘陵山里寺跡24号木簡[18]

1面 : [▣▣ … ▣▣言▣▣ … ▣▣]

言葉

2面 : [則憙拜而受之伏願常上此時]

(～れば)喜び拝し受けるでしょう。伏して願います、常に此を上げる時

3面 : [道▣▣ … ▣▣死▣▣礼礼]

道 ▣▣ … ▣▣ 死 ▣▣ 礼ごと

4面 : [經徳此幸値員因故▣灼除八永仰者斷四地]

経と徳、此れは幸いに値ある人員の原因の故に灼いて除いた8つを▣して永く仰げば四地を断つでしょう。

国立扶餘博物館(2007: 255)は、(14)の2面に「伏願」が現れることを根拠に、この木簡を国王に出す上疏文や外交文章だったと推測した。文書の一種であることは明らかだが、内容は一種の請願書ではないかと考えられる。[19] これからみて、百済で文書行政が6世紀の3/4分期にすでに施行され

18 孫煥一(2011: 112)の判読に依拠したが、面の順序は変更した。

19 判読が不可能な文字が多く、断定することはできないが、請願の内容は二つの内一つだろう。一つ目は地位を剥奪された8人を赦免してくれと請願するもの

ていたということができる。

この木簡は漢文で作成された。4面の判読が正しいのかはっきりとしないが、この部分が漢文であることは明らかである。しかし、何を記録したものなのかはっきりしない。この木簡から分かるように、百済木簡には漢文で作成された文章が多く、その文章を解読することが非常に難しいということだけは明らかである。

(13)でも「-之」と「-也」が分節の単位となり、(14)でも「-之」が分節単位である。(13.3)に現れる「-中」が処格助詞である可能性があり、(14)の4面に現れる「-者」は条件・仮定の語末語尾「-mjən」に対応するようである。しかし「-之、-也」と「-中、-者」は韓国で初めて使用したものではなく中国の木簡で既に使用されていたことが確認される(金秉駿 2009)。よって「-之、-也、-中、-者」等が韓国木簡に使用されたからといって、この文章がすぐに韓国語の文章になるわけではない。

韓国語文章になるためには、まず韓国語の語順に沿った表記が確認されなければならない。新羅の壬申誓記石の中の「今自三年」の「今自」は韓国語の語順を示したものとして有名であるが、扶餘官北里5号木簡にもこれと同じものが見える。この木簡の裏面に記録された「晨自」と「▣▣城自」はそれぞれ「明け方から」、「▣▣城から」と解読されるためだ。

(15) 扶餘官北里5号木簡[20]

表面 : [攻栗嵎城○中卩朱?軍 ㄱ]

[攻案▣城中卩▣使? ㄱ]

[▣ ㄱ]

であり、ふたつ目は焼いて失くした経典8種を復元してくれと請願するものである(李丞宰2013b)。一つ目は4面の「員」に、二つ目は「経」に重点を置いた解読である。

20 これは文化財庁・国立加耶文化財研究所(2011)の判読に依拠したものだ。

裏面 : [　　　　　　　　　晨自中部▣ ㄴ]
　　　[　　　○南吉次　▣▣城自▣▣ ㄴ]

この木簡は表面の「攻栗嵎城○中卩朱?軍」や「攻奚▣城中卩▣使?」などの内容を通して軍隊の作戦行動を記録したものといえる。これは、木簡の形態からも確認される。上下段を鋭く削らず、紐をかけるためのV字の溝も掘っていないため、この木簡は荷札木簡ではない。より重要なのは、上段から約1/5の位置に空いた穴である。この穴は表面の綴り穴とは異なり中央に来ず、表面の右側(裏面の左側)に偏った位置に来ており、自軍が送った機密文書を確認するときの封緘機能を持っているといえる。下段で「ㄱ」字の変わった形に刻まれたものも、封緘機能のために故意に刻んだものだと思われる。

この木簡の「晨自」と「▣▣城自」は(12)の宿世歌木簡の転句・結句と共に百済語の語順が現代韓国語の語順と同じであったことを示す決定的な証拠となる。

上記の複数の木簡を通じて、百済の文章表記では「-之、-也、-中、-者、-以」[21]などが核心的な研究対象であることが分かる。これらが百済語の文法形態を表記した文字であるという決定的な証拠はない。これらが中国でも虚辞として使用され、これらの百済語の読法を確認することが出来ないためだ。一方、新羅木簡には後世の使用からその読み方が確認される。このような違いがあるにはあるが、これらが最も早い時期の新羅の資料でも同じように使用されたという点が注目される。「-之、-也、-中、-者、-以」の文法的用法には百済木簡と新羅木簡の違いがないのである。これらが漢語の虚辞用法から発達したという共通点を強調するとすれば、6~7世紀の文章資料を対象とした時に百済語と新羅語の文章表記が一致するということ

21 「以」の用例の中で「恩以」(扶餘陵山里寺4)、「▣言以」(扶餘双北里102 1)の「以」をこの分類に含めることができる。

とができる。これは偶然の一致ではなく、おそらく体系的な一致であろう。

百済語の文章と新羅語の文章の共通点を強調する際には、扶餘東南里1号木簡を上げなければならない。この木簡は文書木簡に該当し、書風からみて百済滅亡の直前に作成されたものだ。

(16) 扶餘東南里1号木簡

[〤宅教禾田〻犯■兄害爲教事]

宅が管轄する禾田々を犯した■兄を害せよと命じた事

新羅の吏読文に慣れた研究者であれば、(16)を新羅の吏読だというだろう。この木簡の「爲教事」が新羅の吏読文によく見られる文章表現であるためだ。新羅の読み方では、これを「*həisin ir(命じた事)」と読むことができる。しかし、この木簡は扶餘東南里で出土したものであり、百済木簡である可能性を否定してはならない。この木簡が百済木簡であることが証明されれば、百済語の文章と新羅語の文章が違いが別になかったという主張をする際に、この木簡が決定的な資料となるだろう。

しかし、(16)の「爲教事」を百済でも「*həisin ir」と読んだという保証はない。百済が滅亡することによって後世の百済語の資料が断絶したため、百済でも「*həisin ir」と読んだという証拠を提示することができない。

より重要なことは、(16)でも百済語の文法形態を表記したものが見当たらないという点である。新羅木簡には、「-丨/如[*ta]、-賜[*si]-、-在[*kje]-、-此[i]、-遣[*kjen]、-乙[*ər]」などの実辞が新羅語の文法形態を表記したことが確認されるが、百済木簡には文法形態素を表記した例が全く見当たらない。これは恐らく、百済の表記法に末音添記や訓主音従の原理があったこと(5章参照)と関係があるのだろう。

4. 音韻

古代韓国語の音韻構造を論じるときに最も最初に論じなければならないことは、古代韓国語にCVCの閉音節があったのかという問題だ。一部の日本語研究者たちは、古代日本語と同じように古代韓国語にも閉音節がなかったと仮定している。そして、古代韓国語の音節構造CV_1CV_2からV_2が脱落することによって韓国語の閉音節CV_1Cが新しく形成されたと記述する。

日本の研究者たちのこのような記述は正しくない。益山弥勒寺跡1号木簡の数詞は常に/*-p/(すなわち「巳」)で終わるため、古代韓国語に閉音節があったことを示す決定的な証拠となる。また、百済木簡に使用された147(148)字を対象に入声韻尾を持つ表音字の占有比率を計算してみると、19.6%になる。これは、朝鮮時代漢字音の中で入声韻尾字が占める比率の17.9%よりも高い数値だ。よって、百済語にも朝鮮時代漢字音と同じようにCVCのパターンがあったと見なければならない。

(17) 百済木簡表音字の韻尾字占有比率(%)

韻尾 言語	-p	-t/r	-k	-m	-n	-ŋ
百済木簡	3.4(5)	5.4(8)	10.8(16)	2.7(4)	15.5(23)	8.8(13)
表音字	19.6 (29)			27.0 (40)		
(148字)	46.6 (69)					
朝鮮時代	2.3	5.2	10.4	5.1	15.5	16.5
漢字	17.9			37.1		
平均	54.9					

(17)は百済木簡資料だけを対象にしたものであるが、各種百済語資料を全て一つに集めて統計を出しても類似の結果が得られる(李丞宰2013c参照)。

(18) 百済語表音字694(702)字の韻尾占有比率(%)

韻尾 言語	−p	−t/r	−k	−m	−n	−ŋ
百済語 表音字 (702字)	2.4	5.8	10.8	4.6	15.4	14.2
	19.1			34.2		
	53.3					

日本の『古事記』や『日本書紀』に収録された歌謡から音仮名(表音字)だけを集めて入声韻尾字の比率を計算すると、1%にも満たない。よって、古代日本語に閉音節がなかったという記述は正しい。しかし、百済語の表音字では入声韻尾字の占有比率が19%を超える。[22] よって、百済語にCVCの閉音節があったと見なければならない。

古代韓国語に閉音節があったということは、益山弥勒寺跡数詞木簡の「日古巳」と「二▣口巳」からも確認できる。15世紀の数詞「nirkop、nirkup」(数字の7)と下の漢語中古音音価を参考し、これらをそれぞれ/*nirkop/と/*ni▣kup/と再構することができる。これらの/*−r/と/*−▣/は古代韓国語に閉音節があったことを物語る資料である。

(19)「日、二、古、口」の漢語中古音音価

1. 日[日開AB入眞] = nit
2. 二[日開AB去脂] = ni^R

---

22 高句麗語の表音字の入声字占有比率(%)は次のようである。やはり大きな違いはない。

韻尾 言語	−p	−t/r	−k	−m	−n	−ŋ
高句麗 表音字 (712字)	1.8	8.1	9.4	4.8	14.2	14.9
	19.1			33.8		
	53.2					

3. 古[見中1上模] = ko^R
4. 口[溪中1上侯] = k^hu^R

「日古巳」を/*nirkop/ではなく/*nitkop/と再構すべきだという主張があるかもしれない。漢語中古音において「日」の入声韻尾は/–r/ではなく/–t/であるためだ。しかし、この数詞は韓国固有語であるため、古来より/*–r/を持っていたと見なければならない。漢字音には韻尾/*–r/がなかったため、韓国固有語の/*nir/を仕方なく入声字「日」で表記したのである。

古代漢字音において日母の音価が/*n/だったのか/*z/だったのかという問題は非常に重要だ。この問題を解く時に「日古巳」と「二▣口巳」が決定的な役割を果たす。15世紀の数詞「nirkop、nirkup」は語頭に/n/を持っていたが、これが「日」と「二」の声母である日母に対応する。これを重視すると古代韓国語で日母が/*n/の音価を持っていたと推測することができる。

古代日本の漢字音には呉音と漢音があったが、呉音は百済を通して、漢音は唐から直接受容したものであるという。百済語では全濁音(有声音)系列があり、日母の音価が/*n/だった(李丞宰2013cを参照)。これが日本の呉音にそのまま伝えられた。一方、漢音には有無声の対立がなくなり、日母の音価が/*z/に変わったが、これは漢語中古音で起こった変化をそのまま受容したものだ。

韓国漢字音において入声韻尾/–t/が/–r/で反映されていることは広く知られている。この変化がいつ起こったのかに関しては研究者の間で見解が割れている。河野六郎(1968/79)は「次第 /ʦʰʌtjəi/ 〉 /ʦʰʌrjəi/」、「牧丹 /motan/ 〉 /moran/」、「道場 /totjaŋ/ 〉 /torjaŋ/」、「菩提 /poti/ 〉 /pori/」などの例を挙げ、10世紀頃に韓国漢字音において/–t 〉 –r/の変化が起こったと見た。李基文(1981)は中国の西北方言において/–t/が/–r/に変わり、韓国漢字音はこの/–r/を借用したものだったとした。

木簡資料によれば、6世紀中葉までは韓国漢字音で/*–t 〉 *–r/の変化が起きていない。

(20) 咸安城山山城木簡の穀名「本」と「原」

1. [… 六▣▣村以▣本石 >] (咸安城山山城53)

2. [… 六只伐支原石] (咸安城山山城195)

咸安城山山城木簡の中には、貨物を発送する際につける荷札木簡が非常に多い。この内容は大体の場合、「地名＃人名＃穀物名＃数詞＃単位名詞」の形式であり、数量が1であるときには数詞を頻繁に省略した。この形式によれば(20.1)の「▣▣村」は地名、「以▣」は人名、「本」は穀物名、「石」は単位名詞である。(20.2)の「六只伐支」は人名、「原」は穀物名、「石」は単位名詞だ。

「本」と「原」が穀物名の位置に来ているのははっきりしているが、これらは本当に穀物名なのだろうか？「本」と「原」で表記される穀物が思い浮かばないため、このような疑問が浮上する。しかし、「本」と「原」の韓訓に「mit」があり、これが日本語の/moto/と同源であるという点を考慮すると、「本」と「原」を/*mit/と再構することができる。これによると、韓国の穀物名「*mit(小麦)」を木簡では「本」と「原」で表記したことになる。

この再構形/*mit/が韓国漢字音で起きた/*-t 〉*-r/の変化に巻き込まれ、/mir/に変わった。小麦は中国北方から流入した穀物であるため、/*mit/が借用語と認識された。そして、借用語である漢字音において/*-t 〉 *-r/の変化が起きることによって、この変化に巻き込まれ、/*mit/が/mir/に変化し、その結果として後世の中世韓国語では小麦が「mir」と表記される。しかし、「本」と「原」の韓国固有語である「mit^h」(下、底)では/*-t 〉 *-r/の変化が起こらなかった。これは借用語ではないので/*-t 〉 *-r/の変化が適用されなかったのである。そして「下」や「底」を表す古代語は/mit^h/を維持する。

上の木簡資料によれば、咸安城山山城木簡が作成された6世紀中葉には/*-t 〉 *-r/の変化が起きていなかったと見ることができる。韓国漢字音において/*-t 〉 *-r/の変化が起きたのは、7世紀中葉以降ではないかと考えられる。百済と高句麗が滅亡した後に/*-t 〉 *-r/の変化が起こったのである。新羅語の資料でのみこの変化が適用された表記が頻繁に登場するため、このように言える。『三国史記』の「奈麻/奈末」に『日本書紀』の「奈麻禮」が対応する例(河野六郎 1968/79)、『三国史記』の「達」が日本の多くの資料で/tari/と表記される例、『三国史記』の「毛末」が『日本書紀』に現れる「毛麻利叱智」の「毛麻利」に対応する例(藤井茂利 1996: 57)などは全て新羅の資料だ。

5. 表記法

先に「助史[mas]」が末音添記と訓主音従の原理による表記であると論じた。この原理が新羅の表記法を代表するものであることは既に簡単に述べた。これは新羅の郷歌を解読する過程で設定されたものであるが(金完鎮 1980)、郷歌が文献に記録されたのは11世紀以降のことである。これよりも時期の早い吏読資料においては末音添記と訓主音従の表記をまったく確認することができないため、この原理がいつから適用されていたのかを知ることができなかった。しかし、木簡資料から末音添記と訓主音従表記が発見され、この表記法の登場時期が明らかになった。

(21) 木簡の末音添記と訓主音従表記

1. 「文尸」=「*kər + r」〉「kɨr」
2. 「蒜尸」=「*manər + r」〉「manɨr」
3. 「糸利」=「*siri + ri」=「siri」〉「sir」
4. 「四刂」=「*neri + ri」=「neri」〉「nəi」
5. 「彡利」=「*t^{h}eri + ri」=「t^{h}eri」〉「t^{h}ər」
6. 「赤居」=「*pərk + kə」=「pərkə」〉pɨrkə

7.「有史」=「*isi + si」=「isi」

上の例において実線の下線「_」を引いたものは訓字であり、その後ろに点線「 」を引いたものは音字である。訓字を使用し新羅語の単語を表記したが、この単語の末音や末音節を音字で添記した。これを訓主音従の表記法という。

(21.1～5)の木簡は全て咸安城山山城から出土した。咸安城山山城木簡の作成時期を561年以前と見ることが一般的であるため、新羅で訓主音従の表記法が始まった時期を6世紀中葉と見ることができる。

(22) 咸安城山山城の築城を記録した史料

故新羅築城於阿羅波斯山以備日本 (日本書紀巻19欽明紀22年、561年)

故に(561年に)新羅が阿羅の波斯山に城を築き日本に備えた。

この記事によれば、阿羅(現在の咸安)の波斯山(今の城山)に城の築造を終えた時期は561年である。ほとんどの歴史研究者たちはこれを支持している。その上、一部の咸安城山山城木簡には「一伐、一尺、上干支」等の新羅の地方官等名が記録されている。李成市(2000)は「上干支」が後世に「上干」になったと仮定し、「上干支」が初めて記録された時期である545年に注目した。そのため城山山城木簡は545年から561年の間、すなわち6世紀中葉に制作されたものだとした。[23]

この説によれば、新羅で末音添記と訓主音従の表記法が広く流行したのは6世紀中葉となる。このように早い時期に末音添記と訓主音従の表記法

23 これとは異なり、城山山城の築城時期を7世紀前半期と見る学説もある(イ・ジュホン2015)。木簡と一緒に出土した盌と土器の破片が7世紀前半期と推測されたという点をその根拠として挙げた。しかし、対比資料として用いた盌と土器の編年が確実ではないために、この学説には従わない。書風を論拠とすると、城山山城の木簡の作成時期を6世紀中葉と確信することができる。

が定着したと信じてよいのだろうか？ 本稿では郷歌資料を論拠にこれを信じることにする。

13世紀の文献である『三国遺事』に収録されて伝わっている郷歌は、全て背景説話を持っている。この説話を通じて歌が歌われた時期を推測することができるが、時期的には新羅真平王(在位579〜632年)の時の歌である薯童謠と彗星歌が最も古い。薯童謠は薯童が百済の武王(在位600〜641年)に即位する以前に歌われた歌であり、6世紀4/4分期の歌である。彗星歌は7世紀1/4分期の歌であると推定することができる。しかし、下の(23)のように、薯童謠と彗星歌に訓主音従の表記が非常に多く現れる。6世紀4/4分期と7世紀1/4分期に歌われた歌に既に末音添記と訓主音従の表記法が適用されているのである。

(23) 薯童謠と彗星歌の末音添記と訓主音従表記

1. *k　密只 =「*kəsək + k」=「kɨsɨk〜kɨzɨk」(薯童謠)
2. *r　道尸 =「*kir + r」=「kir」(以下 彗星歌)
3. *m　岳音 =「*orəm + m」=「orom」
4. *s　城叱 =「*tsas + s」=「tsas」
　　有叱如 =「*is + s + ta」=「ista」
　　有叱故 =「*is + s + ko」=「isko」
5. *ri　舊理 =「*njeri + ri」=「njeri」〉「njəi」
　　倭理 =「*jeri + ri」=「jeri」〉「jəi」
　　星利 =「*pjeri + ri」=「pjeri」〉「pjər」
6. *a　望良古 =「*pəra + a + ko」=「pərako」〉「pʌrako」
7. *pən　白反也 =「*sərp + pən + je」〉「sʌrpʌnjə〜sʌrbʌnjə」

しかし、(23)のような訓主音従表記が新羅の真平王の時になされたものではないという主張も成り立つ。薯童謠は童謡の一種であり、彗星歌は花郎徒と関連した歌であり、最初には口伝され、後世すなわち13世紀中葉の『三国遺事』において文字化されたという主張が可能である。この文献が一次実物資料でないために、この文献に収録された郷歌の表記は宿命的に後世の表記である可能性を抱えている。この主張によれば、訓主音従の表記が6世紀末葉から現れたというのは早急である。

しかし、木簡資料を含めて論議すると、郷歌において6世紀末葉から末音添記と訓主音従が現れたという事実を信じることができる。6世紀中葉の城山山城木簡に既に(21.1～6)の訓主音従表記が現れているためだ。これを筆頭に、6世紀4/4分期の薯童謠、7世紀1/4分期の彗星歌、(21.7)に示した8世紀前半期の慶州国立博物館美術館跡木簡などで訓主音従の表記が続くためである。これは新羅の末音添記と訓主音従表記法が6世紀中葉に発生し、その後ずっと続いたことを意味する。一次実物資料である6世紀中葉の城山山城木簡のお陰で、13世紀に記録された薯童謠と彗星歌の訓主音従表記も6世紀末葉と7世紀1/4分期の表記をそのまま転載したものであると解釈できるようになった。

しかし、百済木簡では末音添記と訓主音従の表記が見られない。新羅木簡には末音添記字「只[k]」の例が非常に多い。一方、百済木簡では「只」が全く使用されない。上で既に見たように、新羅木簡では「尸[r]」が末音表記字として使用された例が非常に多い。一方、百済木簡では「尸」が全く見られない。「乙」も同様である。新羅木簡では末音添記字の代表格だといえる「叱[s]」が4回登場する。一方、百済木簡では「叱」の例を見つけることができない。

新羅木簡には用例が60回に達するほど「利[ri]」が多く使用され、その中には末音添記の用法で使用されたものが少なくない。一方、百済木簡では人名「習利」と地名「法利源」の二カ所だけで「利」が使用された。用例が少ないだけでなく「習利」と「法利源」の「利」が末音表記の用例で使用されていない。

上に列挙したように、新羅木簡と百済木簡の表記法が大きく異なっている。新羅木簡では末音添記と訓主音従の原理が適用されるが、百済木簡ではこのような表記法がなかった。このように記述することは、二つの間の違いを最も簡単かつ正確に記述する方法だ。

このような結論を下すとき、益山弥勒寺跡1号木簡の「伽第巳、矣毛巳、新台巳、刀士巳、日古巳、二■口巳 、今毛巳、以[?]如巳」などの数詞に使用された「巳」が問題となる。これらの「巳」は明らかに末音添記の用法で使用されたため、弥勒寺跡1号木簡が百済木簡ではなく新羅木簡だと主張することができる。しかし新羅木簡では数詞を表記する時に漢数詞を使用するという点に注意しなければならない。

(24) 新羅木簡の数詞

1. 酒四刂瓮 (咸安城山山城218) → {四刂 〉*nəri (〉nəi)}
2. [■東門迲[三巳在]] (慶州月池5) → {三巳 〉sadʌp}
3. [(■己■禾卌] [(一[?]缶卌六龍] (慶州月池41) → {一巳 〉hʌdʌp}
4. 人丁六十巳[?]丨彡 (咸安城山山城221) → {丨彡 〉tasʌm}
5. 丨[?]沙巳月[?] (河南二城山城6) → {丨沙巳 〉tasap}

(24.1)の「四刂」は4に、(24.2)の「三巳」は3に、(24.3)の「卌一[?]巳」は41に、(24.4)の「六十巳[?]丨彡」は65に、(24.5)の「丨[?]沙巳」は5に該当する数詞だ。この中で5に対応する「丨彡」と「丨[?]沙巳」は訓主音従表記の例に入れることができないが、末音表記の例に入れることができる。一方、「四刂」、「三巳」、「一[?]巳」は訓読する漢数字が前に来てその後ろに末音を添加したことが明らかであり、末音添記だけではなく、訓主音従の原理も守っている。新羅木簡に現れる5つの数詞において末音添記が共通しているが、訓主音従表記に該当するものは(24.1〜3)の3つに限られている。ここで末音添記の方が広い概念であり、訓主音従は末音添記よりも限定された概念であることを知ることができる。

新羅木簡では一桁の数字を表記する時に、訓読字が先に来て音読字が後に続いた。4つの用例しか無いが、この原則を破ったものはない。これに比べ、弥勒寺跡の木簡の8つの数詞表記はこの原則が適用されていない。これは新羅木簡と弥勒寺跡の数詞木簡の表記法が互いに異なっていることを意味する。弥勒寺跡の数詞木簡において「巳」を添加したものが新羅表記法の影響を受けたものであることは明らかである。しかし、弥勒寺跡の数詞木簡は訓読字が先に来て音読字が後に来る表記法ではないため、新羅木簡であると断定することはできない。

(25) 百済木簡と新羅木簡の表記法の違い

表記＼言語	韓訓字	韓音字	末音添記 訓主音従
百済語	○	○	×
新羅語	○	○	○

とすれば、百済木簡と新羅木簡の表記法の違いを上のように要約することができる。しかし、弥勒寺跡数詞木簡の韓音字表記を強調したことによって、百済木簡に本当に(25)の韓訓字表記もあるのかと反問するかもしれない。文章表記の一種である宿世歌木簡において「是非相問、上拜白來」を訓読したということは既に述べたが、百済語の単語表記において韓訓字で表記した例は未だに報告されていない。

度量衡の単位名詞を記録する時に(3.5)の「斗之末*」(扶餘陵山里寺跡12)、(3.19)の「畓五形」(扶餘宮南池1)、(3.20)の「涇水田二形、畠一形、麥田一形半」(羅州伏岩里6)などを例示した。「斗之末*」の「米」は右下に小字で書いたものであり、一種の注釈に該当する。これを活用すると、「斗之末」は米を計量するときに使う「斗の/*mat/(末)」であると解釈される。すなわち、「斗」は韓訓字表記であり、「末」は韓音字表記である。この「斗」を通して百済語の単語を韓訓字で表記した例があったことを知ることができる。(3.19)の韓製字「畓」は固有語「non(田)」を表記したものであり、これも韓訓字で表記した単語となる。(3.20)の「畠」は日本でだけ使用される文字として知られているが、百済木簡で確認され、注目される(金聖範2010)。羅州伏岩里木簡は7世紀1/4分期に制作されたものであるため、この木簡の「畠」は日本のどの用例よりも使用時期が早い。これを強調すると、「畠」を韓製字の一種ということができる。韓訓は「pat^h」であり、日訓は/hata(ke)/であり、これも韓訓字表記の例となる。その上、字形と語形が同時に日本に伝わっておりとても興味深い。金永旭(2011)は扶餘陵山里寺跡25号木簡(支薬児食米記)の「豬耳」を「*totkwi」と再構したが、これも韓訓字で単語を表記した例である。

上の様々な例は、百済語の単語を表記するときにも韓訓字表記法が適用されたことを証明してくれる。とすれば、百済木簡と新羅木簡の表記法の違いを(25)のように整理するのが最も無難であろう。韓訓字表記と韓音字表記が発生した時期は大きな違いがないと考えられる。咸安城山山城の新羅木簡と扶餘陵山里寺跡の百済木簡は6世紀中葉と3/4分期に作成されたものと推測されるが、ここに韓訓字表記と韓音字表記が同時に現れるためだ。

6. 古代韓国字とその日本伝播

これまでに論じた木簡の表記の中には、韓半字と韓製字が多い。韓半字は漢字の字形を古代韓国で独自に省画したり、変形して使用した文字を示し、韓製字は古代韓国で独自に作られ使用された文字を示す。この二つを合わせて呼ぶときには韓国字、もしくは韓字という用語を使用することにする。木簡資料は古代に筆写された実物資料であるために字形研究の宝庫となる。

(26) 合字として制作された古代韓国字

1. 畓[*non] ＜ 水 + 田 (百済)
2. 畠[*pat] ＜ 白 + 田 (百済)
3. 巭[*pu] ＜ 功 + 夫 (百済、新羅)
4. 太[*kʰoŋ] ＜ 大 + 豆 (新羅)
5. 丯 [*tʰerkatsok] ＜ 彡 + 丨 (新羅)
6. 㥶[??] ＜ 小 + 吏 (百済)
7. 𤭐[??] ＜ 百 + 瓦 (新羅)
8. 椋[*kos?] ＜ 木 + 京 (百済、新羅)

(27) 省画したり字形を変形した古代韓国字

1. 巳[*əp] ＜ 邑 (新羅)
2. 卩 [*pu] ＜ 部 (百済)
3. 㕕[*sjem] ＜ 苫 (百済、新羅)
4. 助[*mas] ＜ 旨 (新羅)
5. 辻/這[*kəs] ＜ 邊 (新羅)
6. 丨 [*ta/kət] ＜ 如 (新羅)
7. 亇 [*ma] ＜ 每 (新羅)
8. ㇋ [*a/rjaŋ] ＜ 良 (新羅)
9. 彡[*tʰeri?] ＜ ?? (新羅)
10. 刂 [*ri] ＜ 利 (新羅)

木簡資料に現れる韓国字を全て集めたものが(26～27)である。(26.1～4)の韓国字は、上下合字に起源を持つ韓製字である。これらは、新羅の官名「柰末」を「枽」と表記するのと同じだ。「枽」は「奈」と「末」を上下合わせて書いた文字で、韓国の古代史学者たちの間では広く知られている。(26.6～8)は左右合字の例である。金永旭(2007)は(26.6)の「㥶」が下級官吏を示す「小吏」であると解釈したが、「使」の左下に小字で「治」と注釈が書かれていることから、この解釈は妥当であろう。(26.5)の「䒤」をどう読んだのかは明らかではないが、獣の「毛皮」を意味するようである。この文字は第二新羅帳籍(または正倉院佐波理加盤付属新羅文書)にも現れる。この資料の「䒤」を動物名と解釈することもあるが、[24]「(獣の)毛のついた皮」を示すものである。(26.7)の「瓧」は、瓦や煉瓦のような建築材を100枚単位で数える時の単位名詞である。

現代の字典では(26.8)の「椋」を「ムクノキ」とし、樹木の一種と解釈する。しかし百済木簡と新羅木簡の両方に用いられるこの「椋」は、公共機関が管理する穀物倉庫という意味である(金永旭2008)。中国で「京」は起源的に穀物を保管する倉庫を意味したが、倉庫周辺に人が集まって住むようになったので都邑または首都という意味が新しくできたのである。「椋」はこの「京」に「桴」の「木」がついた字形だと考えられ(李成市2005)、左右合字の部類に含めた。この「椋」が日本の古代木簡でも倉庫の意味で使用されたが、これは韓製字[25]「椋」が古代日本に伝播したことを見せるという点で非常に重要である(李成市2005、金永旭2008)。

(27)は省画したり字形を変形させた古代韓半字である。この中には後世の所謂口訣字と字形が一致するものが少なくない。「這、丨、亇、㇏、刂」の4字は口訣で用いられる「这、丨、亇、㇏、刂」と字形だけではなく読み方も同じである。この字形と読み方の一致を根拠に、所謂口訣字の起源を古代木簡の韓半字に求めることができる。

後代の口訣でも使用された韓半字は全て新羅木簡にだけ記録されており、百済木簡には記録されていない。この点を強調すると、漢文を自国語

---

24 これに対する様々な見解に関しては權仁瀚(2007)を参照。

25 李成市(2005: 42〜43)では「椋」字の起源が高句麗にあるという。この点において韓製字という用語が不適切であると感じるかもしれないが、本稿の韓製字は韓国製字の略称である。

に翻訳する時につける口訣が新羅でだけ独自に発達したと推測できる。

百済木簡の韓国字の中で「台[*sjem]、畠[*pat]、椋[*kos?]、卩[*pu]」の4字が古代日本に伝わっており、注目される。百済木簡で発見された韓国字5字の中で4字が日本に伝わったため、この伝播比率が非常に高いといえる。「台[*sjem]、畠[*pat]、椋[*kos?]」は既に簡単に触れたので、ここでは「部」を省画して作った「卩[*pu]」のみを論じることにする。

古代日本の万葉仮名表記に独特に省画した字形を用いたものとして、「マ/*be/、ツ/*tu/、ム/*mu/」などがあるが、この中で代表的なものが「卩/マ」で記録された字形だ。これは「物卩、矢卩、丈マ」などの例で全て/*be/と読まれる。日本の学者たちはこの「卩」と「マ」を上代特殊文字と呼んできた。これらの字形を日本の仮名の発達過程によって説明することが難しいために特殊文字という名称をつけ、これらの起源が百済文字に遡ると主張してきた。[26] この推論が正しかったことを証明してくれるという意味で百済木簡の「六卩、西卩、中卩、下卩」などの「卩」は非常に貴重な価値を持つ。木簡の「卩」は百済において「卩」が使用されたことを証明してくれる、実証的かつ決定的な証拠であるためだ。

であれば、韓半島特有の韓国字が古代日本でも使用されたという事実をどのように説明するべきだろうか？ 初期の日本の木簡作成を百済系の渡海人(渡来人)が担当した(三上喜孝2008: 209、Tsukimoto2011: 46)とすれば、この事実を簡単に理解できる。日本は七支刀銘文に見られるように、372年以降より百済と同盟関係にあり、書写文化を百済から受容した。日本語を音字で表記した最初の例は稲荷台一号墳鉄剣銘(471年)であるが、この文章は百済から渡った文章作成専門家が作ったものであるという(沖森卓也2009: 14)。日本語を訓字で表記した最初の例としては岡田山一号墳鉄刀銘(6世紀3/4分期)の「各田マ臣」を挙げられる。ここの「マ」が「部」の偏「卩」に

26 犬飼隆(2005)はそのような例として「止」に由来する「と/ト」を挙げている。

起源があることは既に述べたが、実は「各」も「額」の画を省略した文字であり、訓読し/*nuka/と読む(沖森卓也2009: 22)。とするとこの省画字「各」も「マ」のように百済から日本に伝わった韓半字である可能性が高く、ひいては百済系渡来人がこの鉄刀銘を作成した可能性が更に高まる。度量衡表記に用いられた韓字「石」は平城京木簡でも用いられたため、百済系文章作成者の慣習が8世紀前半まで続いたことになる。

一方、新羅木簡には漢字の意味とは関係なく音相が似ていれば互いに通じ使用された文字が多く現れる。上で既に記録した例の中から通仮字を挙げると次のようである。

(28) 新羅木簡の通仮字

1. 絺一二枚 → 絺一二𠂉 (慶州月城垓子2)
   枚[明中1平灰] = $m\Lambda i^{L}$ → 毎[明中1平灰] = $m\Lambda i^{L}$
2. 醞邊 → 醞⿺辶卞 (慶州月池4)
   邊[幇中4平先] = $pj\partial n^{L}$ → 卞[並中B去仙] = $bj\partial n^{R}$
3. 藏醞$^{?}$瓮一 → 臧醞$^{?}$瓮一 (慶州月池4)
   藏[從開1平唐] = $dza\eta^{L}$ → 臧[精開1平唐] = $tsa\eta^{L}$
4. 卌六籠 → (禾…) 卌六龍 (慶州月池41)
   籠[來中1上東] = $ro\eta^{R}$ → 龍[來中C平鍾] = $rjo\eta^{L}$
5. 處二兩 → (重兮木) 處二ろ (慶州月池19)
   兩[來開C上陽] = $rja\eta^{R}$ → ろ(良)[來開C平陽] = $rja\eta^{L}$

(28)の「𠂉(毎)、⿺辶卞、臧、龍、ろ(良)」などはそれぞれ「枚、邊、藏、籠、兩」などと表記するのが正しい。(28.1)の「𠂉(毎)」と「枚」は音価が完全に同じなので「枚」を「𠂉(毎)」と代替したと信じるに値する。(28.2)で「邊」を「⿺辶卞」で代替したのも「邊」と「卞」の音相が似ているためだ。(28.3〜5)でも音相が似ていて筆画が単純な文字で代替した。これらの通仮字が新羅木簡に特に多く現れるが、その原因が何なのか気になるところである。

しかし、正字と通仮字の漢語中古音を対比すると、同一の音価ではない。(28.1)の「𠂉(毎)」と「枚」でだけ同音であり、残りのペアは声母、韻母、声調の3つの音韻論的要素の中で一つ以上が異なっている。であるにも関わらず、正字と通仮字の関係が成立するためには、8世紀3/4分期の新羅語においてこれらの音韻論的な要素が弁別力を失っていたからかもしれない。

7. 系統論

木簡資料は韓国語の系統論を論じるときにも非常に貴重な情報を提供してくれる。言語系統論を論じる際には、洋の東西を問わず数詞が重要である。

上の(2)でとりあげた益山弥勒寺跡1号木簡の数詞と、(24)で整理した新羅木簡の数詞を比べてみると、再構形がほとんど同じである。下の(29)に再掲したように、1、3、5、8の4つの数詞が同源語であることが知れる。これらの音相は方言の違い程度のものに過ぎない程に似ており、これを根拠に百済語と新羅語が同系であったということができる。木簡に記録された数詞は、百済語と新羅語を一つに結んで原始韓語を再構した李基文(1972: 41)の学説を支持している。

『三国史記』地理誌には高句麗語数詞である「密、于次、難隱/那旦、德頓」などが記録されている。この4つの数詞が古代日本語の数詞と似ているため、Lee(1963)が比較対象としたことがある。高句麗語と古代日本語の比較言語学的研究でこれより確実な対応は提示することが難しいだろう。

大事なことは、高句麗語数詞である「密、于次、難隱/那旦、德頓」などが南方韓語の数詞と一致しないということである。李基文(1972: 41)は高句麗語が原始夫餘語に起源を持ち、百済語と新羅語が原始韓語に起源を持つとしたが、数詞に限って言えば、(29)に見られるように原始夫餘語と原始韓語は異なっていたことが明らかだ。よって、李基文(1972)の韓国語系統論を証明してくれるもっとも重要な資料が木簡資料であると言っても過言ではない。

(29) 百済語・新羅語・高句麗語・古代日本語の数詞対比

言語 / 数	百済語	新羅語	高句麗語	古代 日本語
	木簡表記	木簡表記	三国史記 地理誌	再構形
1	伽第巳 *gadəp	一巳 *hədəp 一等[27] *hədən		
2	矣毛巳 *iterəp	二尸[28] *tubər		
3	新台巳 *saidəp	三巳 *sadəp	密 *mit	*mi
4		四刂 *neri		
5	刀士巳 *tasəp	丨彡 *tasəm 丨沙巳 *tasap	于次 *ʔutsi	*itu
6				
7	日古巳 *nirkop 二▣口巳 *ni▣kup		難隱 *nanʔjən 那旦 *natan	*nana
8	今毛巳 *jeterəp 以如巳 *jətep	今毛[29] *jeter		
9				
10			德頓 *təkton	*töwö

27 これは郷歌に現れる。
28 これは郷歌に現れる。
29 これは新羅木簡ではなく、華厳経写経造成記(754年)に現れる。

興味深いことに、高句麗と百済の数詞表記法が類似しているのに対し、新羅の数詞表記法は大きな違いがある。(29)に整理したように、高句麗と百済の表記法が韓音字表記法であるとすれば、新羅の表記法は訓主音従が主である。百済は言語的には新羅と近かったが、表記法ではむしろ高句麗と近かった。これは新羅の末音添記と訓主音従の表記が独特なものであることを物語っている。新羅は中国から遠く離れているために、独自の表記法を考案するのに適した環境である。この地理的環境のおかげで、高度の表記法である訓主音従の表記法を独自に開発することができたのである。

一方、(3.12)の「細次朼三件」(慶州月池11)の「件」が「pər」に対応する単位名詞であることは既に論じた。吏読では物名とその数量を列挙する際には小さな目録を「件記」と書いて「pʌrki」と読むが、これは「件」を「pʌr」と読む代表的な例である。この「pʌr」に対応する高句麗語を『三国史記』巻第37の「七重縣一云難隱別」に見ることができる。この地名の「重」は「別」に対応する。この「別」が(3.12)で「件」と表記された「*per」に相当する。「別」の漢字音と「*pər」の音価が似ているだけではなく、「重」と「件」が共に「重疊」の意味を持っているためにこの対応を信じることができる(李丞宰2015a)。小川環樹(1980)は北魏の『齊民要術』と『洛陽伽藍記』において「別」が「-ごとに」という意味を持つ例を発見し、この「別」がモンゴル語[30]の後置詞/*büri/に対応するとした。これによると、北魏の/*büri/、高句麗の「別」、新羅木簡の「件」と表記された「*pər」が同一系統の単語となる。

—翻訳、伊藤貴祥

(龍谷大 教授)

30 北魏はモンゴル語系統に属する言語を使用していた鮮卑族が建てた国だという。

[부록]

한국의 고대 목간 판독 안

<일러두기>

1. 목간의 배열 순서는 발굴지의 건축 시기를 기준으로 한다. 학자에 따라 발굴지의 건축 시기를 다르게 추정하지만, 여기에서는 제일 먼저 咸安 城山山城이 축성되고, 그 다음에 扶餘 陵山里寺가 건축된 것으로 본다.
2. 발굴지 바로 뒤에는 발굴 순서에 따라 목간 번호를 붙인다. 예컨대 '慶州 月池 1'은 경주 안압지에서 출토된 목간 중에서 첫째 번 목간을 가리킨다. 이 목간 번호는 『韓國 木簡字典』(2011)에서 부여한 번호를 따랐다.
3. 목간 번호 바로 뒤에는 面次와 行次를 수치로 제시한다. 예컨대 '성산 1-1'은 함안 성산산성 1호 목간의 1면을 뜻하고, '복암 2-1-3'은 '나주 복암리 2호 목간의 1면 3행'을 뜻한다. 부여 陵山里寺址의 5호 목간처럼 다단으로 기록된 목간도 있는데, '능사 5-1=4'의 '5-1=4'는 '5호 목간의 1면 4단'을 뜻한다. 즉, 셋째 번 수치는 원칙적으로 行次를 가리키지만 다단으로 기록되었을 때에는 '='으로 기록하여 段次를 가리킨다.
4. 雙行夾註인 것처럼 두 줄로 배열한 것은 위첨자와 아래첨자로 표시했다.
5. 나무토막의 형태 기술을 위해 다음과 같은 약호를 사용한다.
   ▣ : 글자는 있으나 판독이 불가능한 글자
   … : 글자가 있으나 몇 글자인지 알 수 없는 부분
   ? : 추독한 글자나 분별이 확실하지 않은 글자
   ⦚ : 나무토막의 상단이나 하단이 훼손되어 없어졌음
   / : 나무토막의 상단이나 하단을 비스듬하게 이 모양으로 깎았음
   < : 목간을 물건에 꽂을 수 있도록 끝을 뾰족하게 깎았음
   (: 나무토막의 상단이나 하단을 둥그렇게 깎았음
   ✕ : 끈을 맬 수 있게 홈을 팠음
   ○ : 구멍을 뚫은 곳

1. 咸安 城山山城 出土 木簡

함안 1-1: [仇利伐[上彡者村 波婁]]

함안 2-1: [⸾ 村尔▣利 ○]

함안 3-1: [⸾ 知上干支 Ⅹ]

함안 4-1: [Ⅹ]

함안 5-1: [⸾ ○]

함안 6-1 : [甘文本波必村旦利村伊竹伊]

함안 7-1: [王私烏多伊伐支乞負支Ⅹ]

함안 8-1: [<烏欣弥村卜兮稗石 Ⅹ]

함안 9-1: [<上莫村居利支稗 Ⅹ>]

함안 10-1: [仇伐于好▣村比尸稗石 ○]

함안 11-1: [及伐城兮刀巳稗 Ⅹ]

함안 12-1: [▣羅▣▣▣▣ Ⅹ]

함안 13-1: [仇利伐[上彡者村]]
함안 13-2: [乞利]

함안 14-1: [<竹尸▣牟√ 干支稗一 Ⅹ>]

함안 15-1: [⸾ 前谷村 阿足只▣ ⸾]

함안 16-1: [<火▣▣ ⸾]

함안 17-1: [<甘文城下麥甘文本波王▣)(]
함안 17-2: [< 新村▣利兮負)(]

함안 18-1: [⌇▣斯只一石 >]

함안 19-1: [⌇ ▣▣)(]
함안 19-2: [⌇)(]

함안 20-1: [<陳城巳兮支稗)(]

함안 21-1: [古陀伊骨利阿那]
함안 21-2: [仇得支稗發]

함안 22-1: [夷▣支末那尓利知⌇]

함안 23-1: [⌇家村▣▣▣)(]

함안 24-1: [<大村伊息知一伐)(]

함안 25-1: [仇利伐 ▣阤▣一伐 / ▣▣▣一伐)(]

함안 26-1: [<仇利伐 已德知一伐奴人 鹽⌇]

함안 27-1: [屈仇▣▣村▣▣⌇]
함안 27-2: [稗石 ⌇]

함안 28-1: [<古阤伊骨利村阿那衆智卜利古支○]
함안 28-2: [<稗發 ○]

함안 29-1: [古阤新村智利知一尺▣▣>]
함안 29-2: [豆亏利智稗石 >]

함안 30-1: [夷津支阿那古刀羅▣豆支)(]
함안 30-2: [稗)(]

함안 31-1: [<古阤一古利村末那×>]
함안 31-2: [<毛羅次尸智稗石 ×>]

함안 32-1: [上弗刀弥村 ×]
함안 32-2: [加古波孕稗石 ×]

함안 33-1: [仇利伐 肹谷村 仇礼支 負 ×>]

함안 34-1: [仇利伐 上彡者村 波婁 ×]

함안 35-1: [<內恩知 奴人居助支 負 ×]

함안 36-1: [<■■■ 只印智奴 大非支稗 ×>][1]

함안 37-1: [內只次奴 須礼支負 ×>]

함안 38-1-1: [⁞ 比夕智奴 >]
함안 38-1-2: [⁞ 尔先利支負 >]

함안 39-1: [鄒文比尸河村尔利牟■×]

함안 40-1: [阿卜智村尔■負 ×]

함안 41-1: [<陳城巳兮支稗 ×>]

함안 42-1: [<及伐城豆永稗石 ×]

함안 43-1: [陽村上入尸只 ×]

함안 44-1: [上莫村居利支 稗 ×>]

함안 45-1: [夷■阿那休智 稗 ×]

1 只印智奴의 왼쪽이 비어 있고, 그 빈 곳 아래에 大非支稗가 적혀 있다.

함안 46-1: [▣▣▣▣▣▣支 X]
함안 46-2: [▣▣ X]

함안 47-1: [可初智▣負一麥石 X]

함안 48-1: [⌇ ▣鐵十之 X]

함안 49-1: [▣▣ X>]

함안 50-1: [▣▣▣▣▣稗石 X]

함안 51-1: [<仇伐阿那舌只稗石]

함안 52-1: [大村末那麥 >]

함안 53-1: [鄒文▣▣▣村以▣夲石 >]

함안 54-1: [▣▣▣ ▣▣▣▣▣▣>]

함안 55-1: [▣▣▣▣▣▣田>]
함안 55-2: [>]

함안 56-1: [<弘▣沒利負]

함안 57-1: [石蜜日智私]
함안 57-2: [勿利乃亢藏支 稗○]

함안 58-1: [巨珎兮城下 ⌇]
함안 58-2: [巨珎兮村 ⌇]

함안 59-1: [大部七家書夫鄒只▣]
함안 59-2: [書稗石]

함안 60-1: [⌇ ▣▣▣支村 ○]
함안 60-2: [⌇ ▣▣妾稗石 ○]

함안 61-1: [⌇ ▣▣力尸▣　　　)(>]
함안 61-2: [⌇ 鄒 ▣　　　　　)(>]

함안 62-1: [<▣伊伐支▣▣ ⌇]
함안 62-2: [<　　　　稗石 ⌇]

함안 63-1: [甘文▣▣ ⌇]
함안 63-2: [居▣▣　 ⌇]

함안 64-1: [⌇ 加礼 ⌇]
함안 64-2: [⌇ 刀稗 ⌇]

함안 65-1: [⌇ 居珎尺乙支 ⌇]

함안 66-1: [千 ○ 竹利 ⌇]

함안 67-1: [⌇ 千竹利　　)(]

함안 68-1: [⌇ 利次稗石　)(]

함안 69-1: [⌇ ▣一伐稗　)(]

함안 70-1: [⌇ ▣伐 稗石　]

함안 71-1: [及伐城只智稗石　　)(]

함안 72-1: [⌇ 伐 夫知居兮 ⌇]

함안 73-1: [須伐本波居須智　]

함안 74-1: [⌇ 休村 啓?史尓支　　)(>]

함안 75-1: [⌇ 伊伐支㒷?利次稗)(]

함안 76-1: [及伐城以▣▣稗石　　)(]

함안 77-1: [伊智支石>]

함안 78-1: [≀智支   >]

함안 79-1: [≀▣▣▣>]

함안 80-1: [≀蒜尸子   ]

함안 81-1: [伊夫兮村▣▣ ≀]

함안 82-1: [密鄒加尔支石>]

함안 83-1: [≀八   ≀]

함안 84-1: [▣▣▣▣支一伐≀]

함안 85-1: [▣亏利沙▣ ≀]

함안 86-1: [≍>]

함안 87-1: [≀▣蔦知支   ]

함안 88-1: [▣▣   ≍]

함안 89-1: [≀▣一   ≍]

함안 90-1: [≀▣ ≀]

함안 91-1: [≀石   ○]

함안 92-1: [≀▣▣▣   ≍]

함안 93-1: [≀卄尺仍≀]

함안 94-1: [　　　][2]

함안 95-1: [⌇▣　]

함안 96-1: [⌇村　▣⌇]

함안 97-1: [⌇▣伊▣⌇]

함안 98-1: [⌇▣▣▣▣⌇]

함안 99-1: [⌇▣▣ … ▣▣⌇]

함안 100-1: [甘文城下麥本波大村毛利只　≍]
함안 100-2: [一石　≍]

함안 101-1: [<≍夷津本波只那公末那稗]

함안 102-1: [陽ㄋ村文尸只 稗　≍]

함안 103-1: [勿利村 倦益尔利≍]
함안 103-2: [　稗石　≍]

함안 104-1: [▣▣▣▣▣▣▣支▣▣　≍]

함안 105-1: [好親[?]錢[?]六入　≍]

함안 106-1: [前站[?]▣歆▣利稗≍]

함안 107-1: [▣刑白汝⌇]
함안 107-2: [⌇ ▣ ▣　]

함안 108-1: [三私烏多伊伐支卜烋 ○ >]

2 이것은 제첨축 형태이다.

함안 109-1-1: [⌇末甘村 ○]
함안 109-1-2: [借刀▣支負 ○]

함안 110-1: [▣▣ … ▣乂▣]
함안 110-2: [▣▣ … ▣乂▣]

함안 111-1: [▣▣▣▣▣ 乂]
함안 111-2: [吉西支負 乂]

함안 112-1: [▣▣▣▣ >]

함안 113-1: [⌇ ▣▣▣▣ ⌇]

함안 114-2: [▣▣ … ▣▣ 乂]

함안 115-1: [▣▣十▣ … ▣〻 ㄱ ⌇]
함안 115-2: [居所?只▣▣▣ ⌇]

함안 116-1: [<仇利伐▣外▣▣▣ 乂]

함안 117-1: [買谷村 古先斯珎干乂]
함안 117-2: [稗石 乂]

함안 118-1: [次〻支村知弥留 乂]
함안 118-2: [稗石 乂]

함안 119-1: [⌇器尺一石]

함안 120-1: [<鄒文村內旦利負 乂]

함안 121-1: [仇尸伐 比夕智奴先能支負 ○ >]

함안 122-1: [大▣▣▣]

함안 123-1: [古陀伊骨村阿那 乂]

함안 123-2: [仇利酒?支稗發　≍]

함안 124-1: [丈▣利村▣▣▣十合　　≍]

함안 125-1: [▣▣▣ ⌇]
함안 125-2: [▣▣▣ ⌇]

함안 126-1: [▣利▣麥石]

함안 127-1: [<　　　　　　　　　太一缸亇十一　村]
함안 127-4: [<　　　　　　　　　亇卄二益丁四　村]

함안 128-1: [⌇ ▣▣烋弥支 稗石　　≍]

함안 129-1: [呵盖次尓利▣尓稗　≍]

함안 130-1: [⌇ ▣攵天支石　　≍]

함안 131-1: [仇伐未那旀永奴　　≍]
함안 131-2: [乃次分 稗　　　　　≍]

함안 132-1: [丘伐稗　　]

함안 133-1: [<十▣▣　▣▣▣一伐奴人毛利支負　　≍]

함안 134-1: [⌇ 本▣破昔福▣百卄 ⌇]
함안 134-2: [⌇　支云稗石　　　⌇]

함안 135-1: [古陁新村呵亻▣▣　]
함안 135-2: [沙爪　　　　　　　]

함안 136-1: [古陁一古利村末那>]
함안 136-2: [殆利夫智負　　　>]

함안 137-1: [任伐支烏利礼 稗石　　⌇]

함안 138-1: [太元礼密?奴那智石 ><]

함안 139-1: [<古陀一古利村 末那仇智 ⌇]
함안 139-2: [<▣▣ … ▣▣ ⌇]

함안 140-1: [勿思伐 豆只稗一石 ><]

함안 141-1: [<呵盖尔欣弥支稗 ><>]

함안 142-1: [<古陀一古利村言▣]
함안 142-2: [<乃兮支稗石]

함안 143-1: [仇利伐 ▣▣只▣ 阿伐支負 >]

함안 144-1: [▣城▣大▣石▣><]

함안 145-1: [仇伐 ▣▣▣▣智▣▣ ○]

함안 146-1: [⌇ ▣豆留只 石 ><]

함안 147-1: [<呵盖奈▣利稗 ><]

함안 148-1: [及伐城文尸伊稗石 ><]

함안 149-1: [及伐城文尸伊急伐尺稗石 ><]

함안 150-1: [<古陀一古利村阿那弥伊▣▣><]
함안 150-2: [<稗石 ><]

함안 151-1: [古止▣村 ▣稗石 ><]

함안 152-1: [仇伐 部豆▣奴人 ▣支負 ><]

함안 153-1: [中夫支城夫酒只 >]
함안 153-2: [稗一石 >]

함안 154-1: [<波陀密村沙毛　　ᚷ]

함안 155-1: [夷阿支士▣石村末▣▣休　ᚷ]
함안 155-2: [麥入　　　　　　　　　ᚷ]

함안 156-1: [<仇利伐 仇陀知一伐 奴人 毛利支負 ᚷ>]

함안 157-1: [<伊勿▣▣▣▣▣　　　　ᚷ]
함안 157-2: [<　　田▣▣　　　　　　ᚷ]

함안 158-1: [<古陀一古利村末那沙見　ᚷ]
함안 158-2: [<日糸利稗石　　　　　　ᚷ]

함안 159-1: [<伊大兮村 稗石　ᚷ >]

함안 160-1: [<秋彡利村　　　ᚷ >]
함안 160-2: [<　須只稗石　　ᚷ >]

함안 161-1: [< 栗村稗石　　]

함안 162-1: [ᚷ仇伐阿那內欣買子]
함안 162-2: [ᚷ一石買稗石　　　]

함안 163-1: [　　古陀▣村▣ ⦚]
함안 163-2: [　　▣▣　　　 ⦚]

함안 164-1: [▣▣　　　　　　　>]

함안 165-1: [<中夫支城▣▣支稗一　ᚷ >]

함안 166-1: [⦚ 居利烏人　　　ᚷ]

함안 167-1: [<及伐城登奴稗石　　　　　ᚷ]

함안 168-1: [<伊伐支▣▣只稗石　　　　ᚷ>]

함안 169-1: [夷津支城下麥王▣▣㳽兮村　Ⅹ>]
함안 169-2: [　弥次二石　　　　　　　Ⅹ>]

함안 170-1: [甘▣城▣▣米▣▣▣▣▣▣只次持丨一　Ⅹ]

함안 171-1: [小伊伐支村能▣礼>]
함안 171-2: [　稗石　　　　　>]

함안 172-1: [㳽碍智▣仇以稗石　　　Ⅹ]

함안 173-1: [Ⅹ丘伐稗石　]

함안 174-1: [≀▣尔利稗　　Ⅹ]

함안 175-1: [▣▣ … ▣▣　　　　≀]

함안 176-1: [○前▣▣▣支　　　Ⅹ]

함안 177-1: [<鄒文前那牟只村　　　Ⅹ>]
함안 177-2: [<伊▣習　　　　　　　Ⅹ>]

함안 178-1: [<仇利伐　習肹村 牟利之負　　　Ⅹ]

함안 179-1: [赤伐▣入呵村助史支稗　Ⅹ>]

함안 180-1: [仇利伐今你次人人　Ⅹ]

함안 181-1: [<屈斯旦利今部牟者足 ▣]

함안 182-1: [<古陀本派豆▣▣▣▣　　Ⅹ>]
함안 182-2: [<勿大兮　　　　　　　Ⅹ>]

함안 183-1: [伊智支村烏▣礼　Ⅹ]
함안 183-2: [　　稗　　　　Ⅹ]

함안 184-1: [買谷村勿礼利 ○ >]
함안 184-2: [斯珎于稗石 ○ >]

함안 185-1: [上弗刀你村 ○]
함안 185-2: [敬麻古稗石 ○]

함안 186-1: [蘇智密村晏▣]

함안 187-1: [⌇ 稗石]

함안 188-1: [伊▣▣▣▣▣▣]

함안 189-1: [⌇ ▣支負稗 ⌇]

함안 190-1: [⌇ ▣▣▣▣▣ ⌇]
함안 190-2: [⌇ 稗 ⌇]

함안 191-1: [⌇ ▣牟智 ⌇]

함안 192-1: [⌇ ▣尺▣ ⌇]

함안 193-1: [⌇ ▣乙稗石 ⌇]

함안 194-1: [⌇ ▣▣ … ▣▣稗石 >]

함안 195-1: [<▣▣▣▣六只伐支原石]

함안 196-1: [仇伐$^{▣▣▣▣▣}_{▣▣▣▣}$]

함안 197-1: [夷▣▣▣下麥烏列支▣ ≍]
함안 197-2: [▣▣▣石 ≍]

함안 198-1: [卒史村 於勞尸兮 ≍]

함안 199-1: [⌇ 之毛智稗 ≍>]

함안 200-1: [麻旦斯之 ≍]
함안 200-2: [麻古稗石 ≍]

함안 201-1: [▣▣▣▣▣▣ ≍]

함안 202-1: [▣▣▣村七斯 ≍]

함안 203-1: [仇利伐 訛?本礼支 負 ≍]

함안 204-1: [▣▣ … ▣▣ ○]

함안 205-1: [ ]

함안 206-1: [>]

함안 207-1: [⌇▣智負 ≍]

함안 208-1: [<仇利伐 ▣▣ ≍ >]
함안 208-2: [<▣▣谷竹伊酉比支負 ≍ >]

함안 209-1: [▣▣村▣▣負≍>]
함안 209-2: [稗石 ≍>]

함안 210-1: [▣▣▣ ▣▣▣]
함안 210-2: [▣▣▣]

함안 211-1: [及伐城田汝外稗石 ≍]

함안 212-1-1: [<▣▣ … ▣▣ ≍]
함안 212-1-2: [<▣▣ … ▣▣人 ≍]

함안 213-1: [⌇ ▣▣▣▣▣ ⌇]

함안 214-1: [及伐城文尸▣稗石≍ >]

함안 215-1: [呵盖奈⌇]

함안 216-1: [<古陀一古利村本波 〤>]
함안 216-2: [<陀ㄋ支稗發 〤>]

함안 217-1: [▣▣ … ▣▣〤]

함안 218-1: [正月中 比思伐古尸沙阿尺夷喙 〤]
함안 218-2: [羅兮▣仇伐尺幷作前▣酒四刂〤瓮]

함안 219-1: [<〤此負刀寧負盜人有 >]
함안 219-2: [<〤▣▣日七冠村 >]

함안 220-1: [< 帶支村 烏多支米一石 〤]

함안 221-1: [六月中▣孟?馮?成?▣邦?村主敬白之▣▣禡?成?行?之 〤]
함안 221-2: [兜▣來?昏?▣▣也爲六瓸大城?従人丁六十巳? 〤]
함안 221-3: [丨彡走在日來此▣▣▣金?有和?▣ 〤]
함안 221-4: [卒日治?之人此人嗚磚?藏?置不行遣乙白 〤]

함안 222-1: [▣▣▣▣ >]

함안 223-1: [▣▣奇▣ ▣▣ … ▣▣耳▣久▣▣▣▣▣▣▣▣丨]
함안 223-2: [▣共▣ ▣▣▣]
함안 223-3: [ ]
함안 223-4: [▣月十日▣▣▣十月卄月十一三又]

함안 224-1: [<▣▣▣▣▣ >]

2. 扶餘 陵山里寺址 出土 木簡

능사 1-1: [(天〻在 奉 義 十 道緣立立立 ○]
능사 1-2: [道緣 〻)][3]
능사 1-3: [(〻 无奉 用 天 ○]
능사 1-4: [(〻 門?徒日五十六]

능사 2-1: [三月十二日梨田 ⁝ 之胅■■■勝■■■]
능사 2-2: [广淸麥靑靑用留窩開力用■■■]

능사 3-1: [漢城下部對德疏加鹵]

능사 4-1: [○奈率加■白加之恩以■淨]
능사 4-2: [○急明 靜腦右■法師■八]

능사 5-1=1: [三貴·丑牟·■■]
능사 5-1=2: [至文·至夕·大貴]
능사 5-1=3: [今毋·安貴]
능사 5-1=4: [欠夕·■文]
능사 5-1=5: [ㇲ·■■·■■]
능사 5-2-1: [巛·巛·巛 ·巛·巛·巛·巛·巛·巛]

능사 6-1: [〻三月緣椋內上田]
능사 6-2: [〻■■■]

능사 7-1: [書亦從此法爲之凡六卩五方]
능사 7-2: [又行之也凡作形ヽ⁝中了具]

능사 8-1: [■大大聽成歲++首彭■■]

능사 9-1: [<廿六日上來事 竹山六 眠席四][4]

3 이 면은 서사 방향이 바뀌었다.

4 좌측면의 결실로 하단 제3행의 전부와 제2행의 좌변 일부가 확인되지 않는다(國立扶

능사 10-1: [四月七日寶憙寺[智亮]華▣]
능사 10-2: [▣送鹽二石][5]

능사 11-1-1: [宿世結業同生一處是]
능사 11-1-2: [非相問上拜白來]
능사 11-2-1: [慧暈師藏?]

능사 12-1: [   ]
능사 12-2: [斗之末[米]晟入下]
능사 12-3: [与也   ]
능사 12-4: [   ]

능사 13-1-1: [⌇▣德干尒⌇]
능사 13-2-1: [⌇▣爲資丁⌇]
능사 13-2-2: [⌇追存耳若▣⌇]

능사 14-1: [⌇▣三月十五日   )]
능사 14-2: [⌇▣   ▣▣   )]

능사 15-1: [⌇▣七定便死▣⌇]
능사 15-2: [⌇▣出再拜▣⌇]

능사 16-1: [⌇▣立廿兩斑綿衣一/]
능사 16-2: [⌇ 己   ▣   \]

능사 17-1: [百者▣⌇]

능사 18-1: [此是▣⌇]

능사 19-1: [×子基寺   ]
능사 19-2: [×▣▣▣▣]

餘博物館 2007: 245).

5 1면의 필체와 완전히 다르고, 필사 방향도 뒤집혔다.

능사 20-1: [▣飮广 >]
능사 20-2: [▣▣▣▣▣▣>]

능사 21-1: [⦚二裏民▣行⦚]
능사 21-2: [⦚▣▣知 ⦚]

능사 22-1: [(馳聖辛露隋憲壞醞强▣⦚]
능사 22-2: [(▣▣ … ▣▣⦚]
능사 22-3: [(▣▣ … ▣▣⦚]
능사 22-4: [(▣▣ … ▣▣⦚]

능사 23-1: [牟己兒▣▣]
능사 23-2: [ ]
능사 23-3: [ ]
능사 23-4: [▣▣ ▣▣▣]

능사 24-1: [▣▣ … ▣▣言▣▣ … ▣▣]
능사 24-2: [則憙拜而受之伏願常上此時]
능사 24-3: [道▣▣ … ▣▣死▣▣礼礼]
능사 24-4: [經德此幸值員因故▣灼除八永仰者斷四地]

능사 25-1: [〆支藥児食米記 初日食四斗 二日食米四斗小升一 三日食米四斗]
능사 25-2: [五日食米三斗大升一 六日食三斗大二 七日食三斗大升二 八日食米四斗大]
능사 25-3: [食道邊▣▣次如逢怏$_{\text{治}}$豬耳其身者如黑也 道使後後彈耶方^{牟氏}$_{\text{牟殺}}$ 椶耶]
능사 25-4: [又十二石 又十二石 又十四石十二石 又十一石 又十二石 又十二石]

능사 26-1: [一▣江]
능사 26-2: [▣▣▣▣▣]
능사 26-3: [來壽▣將]
능사 26-4: [▣]

능사 27-1: [┌ ▣大▣▣ |]
능사 27-2: [旨]

능사 27-3: [ㄱ ■■]
능사 27-4: [ㄱ ■■■]

능사 28-1: [化之■ 一 川■■ ■]
능사 28-2: [■■ … ■■ ■]

능사 29-1: [見 公 土 德 道 道 士][6]

3. 錦山 栢嶺山城 出土 木簡

백령 1-1-1: [⁞ ■行二]
백령 1-1-2: [⁞ 以傭]

백령 瓦銘 1: 上水瓦五十九 夫瓦九十五 作人?那魯城移文

백령 瓦銘 2: 栗峴 丙辰瓦 耳淳辛 丁巳瓦 耳淳辛 戊午瓦

4. 河南 二城山城 出土 木簡

하남 1-1: [戊辰年正月十二日朋南漢城道 ⁞]
하남 1-2: [須城道使村主前南漢城執火■ ⁞]
하남 1-3: [城上甲蒲子只才■■■賜■ ⁞]
하남 1-4: [⁞]

하남 2-1: [口叱世貝歲五十三莫山所■ ⁞]

하남 3-1: [(庚子年 ■■■■]

6 글자의 방향이 불규칙하고 각기 독립적이다.

하남 3-2: [(　　■■■　　　　　　　　　　]

하남 4-1: [■■ 氵 ＋ 丁 ■大舍■六■■ 氵 ⦚]
하남 4-2: [■■■■■■■■午?食?兒?■■ ⦚]

하남 5-1: [單率公向三弓奨■■■助在?食前作蓀課知　　　九]
하남 5-2: [　　　郎■蓀二■公■九負生不長九負三丹■■一]
하남 5-3: [　　　■■　　　　　…　　　　　■■十]
하남 5-4: [　　　　　　　　■■■蓀丶商?長九負　■　⦚]

하남 6-1: [<丨?沙巳月?　　]

하남 7-1: [(　有■■)]

5. 慶州 月城垓字 出土 木簡

해자 1-1: [⦚ ■■　　　　　…　　　　　■■]
해자 1-2: [⦚ ■流石奈生城上此本宜城今受不受郡■]
해자 1-3: [⦚ ■■■　　主■　　　　　　　　]
해자 1-4: [⦚　　　　　　　　　　　　　　　]

해자 2-1: [　　大烏知郎足下可行白丨]
해자 2-2: [　　經中入用思買白不雖紙一二亇　]
해자 2-3: [　　牒垂賜教在之 後事者命盡]
해자 2-4: [　　使內　　　　　　　　　]

해자 3-1: [⦚ ■行還去收面艹里石　食二丨]
해자 3-2: [⦚　　　　　■　　　　　　]
해자 3-3: [⦚　■　　■■　　　　■■]
해자 3-4: [⦚　■　　　　　　　　　]

해자 4-1: [■■■■一伐■使內 生耶死耶]

해자 5-1: [問首?板卅五×>]

해자 6-1: [▣ 朔 朔 朔 朔 朔 ⌇]
해자 6-2: [朔十▣日▣▣▣▣▣▣▣▣ ⌇]
해자 6-3: [▣▣ … ▣▣ ⌇]

해자 7-1: [▣ ▣ 藏]
해자 7-2: [ ]

해자 8-1: [▣▣上里昇[受] 南罡上里▣[受] 阿今里[不] 乃上里[不]]
해자 8-2: [▣▣▣丁一[受] 无祝[受] ▣▣[受] 岡▣[受] 赤里[受] ▣▣[受] ▣▣▣▣▣▣]
해자 8-3: [▣▣ … ▣▣]
해자 8-4: [▣▣里[受] 代宿▣[受] 赤居伐[受] 麻火[受] 旦▣喙仲里[受] 新里[受] 上里[受] 下里[受]]

해자 9-1: [▣▣ … ▣▣叱時四]
해자 9-2: [▣▣ … ▣▣]
해자 9-3: [還不后▣]
해자 9-4: [▣▣▣▣]
해자 9-5: [▣▣大舍卄等敬白 廚典列先▣]
해자 9-6: [▣▣ … ▣▣]

해자 10-1: [▣▣]
해자 10-2: [▣▣]
해자 10-3: [▣▣▣二]
해자 10-4: [▣▣]

해자 11-1: [四月一日典太等教事]
해자 11-2: [內告曰▣▣ … ▣▣正]
해자 11-3: [ ]

해자 12-1: [乙勿▣]

해자 13-1: [< 文吉▣入市乙 入戈巾>]
해자 13-2: [<中沙喙巳分屯? >]

해자 14-1: [▣六　　▣▣　喙凡 負喙　⌇][7]
해자 14-2: [▣左人　万人入　也　　　⌇]

해자 15-1: [吙字差作之　　ㅈ]

해자 16-1: [▣▣▣▣上里仁?來?]
해자 16-2: [白兮 ▣▣ 仁 ▣▣]
해자 16-3: [　　　　　　　　]

해자 17-1-1: [▣▣▣▣ 禿石城 ▣▣ ⌇]
해자 17-1-2: [　　　▣ 志川人有▣ ⌇]
해자 17-2-1: [　　　▣月卄九日作▣ ⌇]
해자 17-2-1: [▣▣▣▣ㇷ▣　　　⌇]

해자 18-1: [⌇子年十月]
해자 18-2: [⌇▣作欠和內]

해자 19-1: [<▣▣ … ▣▣居▣▣卽]
해자 19-2: [<▣▣　　…　　▣▣]

해자 20-1: [<第八巷　第卄三大仝麻新立在節草辛/]
해자 20-2: [<奈食常▣▣▣　…　▣▣巷第▣▣▣大仝\]

해자 21-1: [天雄二兩 ▣▣▣▣▣>]
해자 21-2: [漆利一兩 ▣ ▣/]
해자 21-3: [　　　　　　/]
해자 21-4: [　　　　　　\]

해자 22-1: [　　　　　　)]
해자 22-2: [　　　　　　)]

해자 23-1: [⌇▣道稱 稱毛 道 道使 答然然▣]
해자 23-2: [⌇　　　　　　　　　　　]

7 글자의 방향이 나무토막의 방향과 다르다.

해자 24-1: [   ]
해자 24-2: [   ]

해자 25-1: [   ]

해자 26-1: [⌇   ⌇]
해자 26-2: [⌇   ⌇]

해자 27-1: [⌇   ]
해자 27-2: [⌇   ]

해자 28-1: [(   ]
해자 28-2: [(   ]

해자 29-1: [○ 六   ▣   ]

해자 30-1: [⌇ ▣ ⌇]

해자 31-1: [(年   ]
해자 31-2: [(   ]

6. 羅州 伏岩里 出土 木簡

나주 1-1-1: [⌇ 午?三月中監數髮人]
나주 1-1-2: [⌇ 出背者得捉得工奴]

나주 2-1-1: [<   ▣▣   ▣▣▣▣除九十斗▣▣四二 小口四   ⌇]
나주 2-1-2: [<   定 ⌇]
나주 2-1-3: [<   ▣▣文丁   ⌇]

나주 3-1-1: [(⌇ 午?年自七月十七日至八月卄三日   ⌇]
나주 3-1-2: [(⌇   十   毛羅 ⌇]

나주 3-1-3: [(⦚ 半?那比高墻人等■■■ ⦚]
나주 3-2=1: [(⦚ 尤?戶智次
夜之閒?徒
■將法戶匊次]
나주 3-2=2: [前巷奈率烏胡留
錫非頭扞率麻進
■德率■ ⦚]

나주 4-1-1: [受米■■八月八日高嵯支■記遣■之好二■西又兩告日■■][8]
나주 4-1-2: [貢之 … 酒 … 八月六日 …]
나주 4-2-1: [郡佐賢 …]

나주 5-2: [○ ■■■■■ ○]

나주 6-1=1: [大礼○村 弥首山
나주 6-1=2: 丁一 小口十一 ■呂一 倡丁一 牛一]
나주 6-2-1: [涇水田二形得七十二石 在月三十日者]
나주 6-2-2: [○畠一形得六十二石]
나주 6-2-3: [得耕麥田一形半]

나주 7-1: [ㅈ 弁五]
나주 7-2=1: [ㅈ行遠]
나주 7-2=2: [行悅 行麻 漆道]

나주 8-1: [○ 上去三石]

나주 9-1: [麻中練六四斤]

나주 10-1: [ㅈ■■州久川■■ >]
나주 10-2: [ㅈ■■■分 >]

나주 11-1: [⦚ ○庚午四月]
나주 11-2: [⦚ ○]

---

8 이 목간의 판독은 손환일(2011)을 그대로 인용했다.

나주 12-1: [(　○軍那德率至安　　　　　)]

나주 13-1-1: [　道 衣 平　　]
나주 13-1-2: [道道　平平平]
나주 13-1-3: [▣▣▣▣▣　]
나주 13-2-1: [▣▣德德德　]
나주 13-2-2: [衣　▣衣衣衣]
나주 13-2-3: [道道道道▣　]

나주 14-2: [　○　　　　　　>]

나주 15-2: [< ≍　　　　　　⌇]

나주 16-1: [⌇ ≍　　　　　　)]
나주 16-2: [⌇ ≍　　　　　　)]

나주 17-1: [⌇　　　　　　>]
나주 17-2: [⌇　　　　　　>]

나주 18-1-1: [⌇ 之　▣▣▣]
나주 18-1-2: [⌇ ▣▣▣▣▣]
나주 18-2-1: [⌇ ▣▣▣▣▣]

나주 19-1: [　　　　　　]
나주 19-2: [　　　　　　]

나주 20-1: [　　　　　　]
나주 20-2: [　　　　　　]

나주 21-1: [⌇　　　　　　>]
나주 21-2: [⌇　　　　　　>]

나주 22-1: [　　　　　]
나주 22-2: [　　　　　]

나주 23-1: [■■]
나주 23-2: [ ]

나주 24-1: [ ]
나주 24-2: [■■■■■]

나주 25-1: [ ]
나주 25-2: [ ]

나주 26-1: [⌇ ⌇]
나주 26-2: [⌇ ⌇]

나주 27-1: [⌇]
나주 27-2: [⌇]

나주 28-1: [ ]
나주 28-2: [ ]

나주 29-1: [⌇ >]
나주 29-2: [⌇ >]

나주 30-1: [(⌇]
나주 30-2: [(⌇]

나주 31-1: [⌇ >]
나주 31-2: [⌇ >]

나주 32-1: [<]
나주 32-2: [<]

나주 33-1: [ ]
나주 33-2: [ ]

나주 34-1: [/]
나주 34-2: [\]

나주 35-1: [   ]
나주 35-2: [   ]

나주 36-1: [⌇   ⌇]
나주 36-2: [⌇   ⌇]

나주 37-1: [   ]
나주 37-2: [   ]

나주 38-1: [   ]
나주 38-2: [   ]

나주 39-1: [⌇   ]
나주 39-2: [⌇   ]

나주 40-1: [   ]
나주 40-2: [   ]

나주 41-1: [○   )]
나주 41-2: [○ 又▣)]

7. 扶餘 雙北里 出土 木簡

쌍북280 1-1=1: [戊寅年六月中
佐官貸食記]
쌍북280 1-1=2: [固淳多三石
上夫三石上四石
佃目之二石上二石未一石]
쌍북280 1-1=3: [佃麻那二石
▣至二石上一石未二石
習利一石五斗上一石未一]
쌍북280 1-2=1: [素麻一石五斗上一石五斗未七斗半

今沙一石三斗半上一石未一石甲]
쌍북280 1-2=2: [佃首行一石三斗半上石未石甲
刀ㆍ邑佐三石与]
쌍북280 1-2=3: [幷十九石　得十一石]

쌍북280 3-1: [外椋卩鐵]
쌍북280 3-2: [代綿十兩]

쌍북280 3-1: [卩　　　■■]

쌍북102 1-1: [⧘■來時伎兄來■■■]
쌍북102 1-2: [⧘■言以聞■成　　　]

쌍북102 2-1: [ⵅ那■■連公　　]
쌍북102 2-2: [ⵅ　　　　　　　]

쌍북뒷개 1-1: [⧘■慧草而開覺⧘]
쌍북뒷개 1-2: [⧘■人■■直■⧘]
쌍북뒷개 1-3: [⧘　　　　　⧘]
쌍북뒷개 1-4: [⧘　　　　　⧘]

쌍북현내들 1-1-1: [奈率牟氏丁一]
쌍북현내들 1-1-2: [寂○信不丁一]
쌍북현내들 1-1-3: [⧘■及酒丁一]
쌍북현내들 1-2-1: [⧘■九■■]
쌍북현내들 1-2-2: [冥■○■■■]
쌍북현내들 1-2-3: [吳加宋工已■]

쌍북현내들 2-1: [　○上卩]

쌍북현내들 3-1: [⧘■爲丸四月■■]
쌍북현내들 3-2: [⧘■天文凡■大き]

쌍북현내들 4-1: [ⵅ德率首?比　　]

쌍북현내들 5-1: [<三春　　私　■■■■■■]
쌍북현내들 5-2: [<■■■■■■　　　　　　　]
쌍북현내들 5-3: [<　　　　　　　　　　　　　]
쌍북현내들 5-4: [漢卄四上 漢 比　　嘗面正絅則 耂■>]

쌍북현내들 6-1: [大大好記一不■]
쌍북현내들 6-2: [　○ ∥ ○　　　][9]

쌍북현내들 7-1: [■■■■■■■■■ㅈ]

쌍북현내들 8-1: [○ 漢谷■ ⦚]

쌍북현내들 9-1: [○　　　　　]

쌍북현내들 10-1: [○　　　　　]

쌍북현내들 11-1: [○　　　　　]

쌍북현내들 12-1: [○　　　　　]

쌍북현내들 13-1: [　　　　　]

쌍북현내들 14-1: [ㅈ　■■■■■■■]

쌍북119안전센터터 1: [ㅈ玉石六?十斤　]

8. 扶餘 官北里 出土 木簡

관북 1-1: [(二月十一日兵与詔 ⦚]
관북 1-2: [(中方向■　■ ⦚]

9 '○ ∥ ○' 부분은 봉함 기능을 위해 뚫어 놓은 것이다.

관북 2-1: [○ 嵎或 (烙印) ▣▣▣▣▣][10]
관북 2-2: [○ ▣▣]

관북 3-1: [丑 ○)]

관북 4-1: [○ 下賤相]

관북 5-1-1: [攻栗嵎城 ○ 中卩 朱?軍 ┌]
관북 5-1-2: [攻癸▣城中卩 ▣使? ┌]
관북 5-1-3: [▣ ┌]
관북 5-2-1: [▣晨自中部▣ └]
관북 5-2-2: [○ 南吉次 ▣▣城自▣▣ └]

관북 6-1: [冂]

관북 7-1: [○]
관북 7-2: [○]

관북 8-1: [>]

9. 扶餘 宮南池 出土 木簡

궁남 1-1-1: [西卩 ○ 後巷已達已斯卩 依活▣▣▣▣]
궁남 1-1-2: [歸人 ○ 中口四 小口二 邁羅城法利源畓五形]
궁남 1-2-1: [卑丨 ○ 卩夷]

궁남新 2-1: [蘇君節軍曰今敬?白有之心▣▣▣]
궁남新 2-2: [死所可依故皆▣三弓▣日間▣]

궁남新 3-1: [⌇ 文文文文文文文文文文]

10 (烙印)은 이 자리에 낙인이 찍혀 있음을 뜻한다.

궁남新 3-2: [⌇ 書文▣▣文入令入文二也也文也文]
궁남新 3-3: [⌇ 又　▣㇀入二人之之之　　　　　　]
궁남新 3-4: [⌇　　　　進文之也也也也也也]

10. 扶餘 舊衙里 出土 木簡

구아 1-1: [⌇ 者 中卩奈率得進 下卩韓牟礼　　　]
구아 1-2: [⌇　　　小口▣▣▣▣▣▣]

구아 2-1: [所▣信來以敬辱之於此貧薄]
구아 2-2: [一无所有不得仕也 莫睄好耶荷陰之後 永日不忘]

구아 3-1: [⌇ ▣等　　堪波▣牟]
구아 3-2: [⌇ ▣▣　…　▣▣]

구아 4-1: [　大一中一實前卩 赤米二石　　×]
구아 4-2: [　　　　　　　　　　　　　　]

구아 5-1-1: [⌇ ▣文　烏▣▣]
구아 5-1-2: [⌇ ▣雀磨 烏古滿]
구아 5-1-3: [⌇ 牟多　烏乎留]

구아 6-1: [⌇ ▣▣▣　▣眞]

구아 7-1-1: [×▣▣　　▣卅枚]
구아 7-1-2: [×▣▣▣▣　幷▣]
구아 7-1-3: [×　　　▣▣　]

구아 8-1: [▣▣ …　▣▣]

구아 9-1: [　　　　　　]
구아 9-2: [　　　　　　]

구아 10-1: [ㄨ]
구아 10-2: [ㄨ]

구아 11-1: [ ]

구아 12-1: [○]

구아 13-1: [○ ⦚]

11. 扶餘 東南里 出土 木簡

동남 1-1: [ㄨ宅教禾田ㄟ犯▣兄害爲教事]

12. 益山 彌勒寺址 出土 木簡

미륵사지 1-1: [光幽五月二日▣]
미륵사지 1-2-1: [▣新台巴日古巴刀士]
미륵사지 1-2-2: [矣毛巴]
미륵사지 1-2-3: [坐伽第巴]
미륵사지 1-3: [巴以?如巴ㄋ十二▣]
미륵사지 1-4: [口巴今毛巴▣▣▣]

미륵사지 2-3: [⦚▣不]

13. 國立慶州博物館 미술관터 出土 木簡

경주박물관터 1-1: [万本來?身中有史音叱?丨今日▣三時爲従?支?]
경주박물관터 1-2: [財?叢?旀?放賜哉]

경주박물관터 2-1: [< ▣谷村沙州▣ ⌇]
경주박물관터 2-2: [< ▣▣村沙州 ⌇]

14. 慶州 皇南洞 出土 木簡

황남 1-1: [(五月卄六日椋食▣內之 下椋▣ ⌇]
황남 1-2: [(仲椋有食卄二石 ⌇]

황남 2-1: [⌇ 石 叉米 ⌇]

황남 3-1: [(⌇]

15. 慶州 月池 出土 木簡

월지 1-1: [寶應四秊]
월지 1-2: [崇事]
월지 1-3: [壹 貳 參 肆 伍]

월지 2-1: [< ⩈ … ▣月卄一日上▣▣ ⌇]
월지 2-2: [< ⩈猪水助史這氵肉瓮一入 ⌇]
월지 2-3: [< ⩈五十五▣▣ … ▣▣ ⌇]

월지 3-1-1: [\ 舍 舍 舍 舍 韓舍 天寶十一載壬辰十一月]

월지 3-1-2: [\韓舍 韓舍 韓舍 韓舍 天寶 寶■■寶]
월지 3-2-1: [/韓舍 韓舍 韓舍 文辶 (面像)[11]]

월지 4-1: [< ≍^{云}迷急得條高城醞迮]
월지 4-2: [< ≍辛番洗宅臓醞瓮一品仲上]

월지 5-1=1: [⸾ 隅宮北門迲$^{\text{阿召}}_{\text{才者在}}$]
월지 5-1=2: [閤宮衛迲$^{\text{元方在}}_{\text{馬叱下在}}$]
월지 5-2=1: [⸾ 東門迲^{三巳在}]
월지 5-2=2: [開義門迲$^{\text{小巳乙在}}_{\text{金老在}}$]

월지 6-1-1: [(有 凡 月函 >]
월지 6-1-2: [(是諸史■教歲之朝夕 >]
월지 6-1-3: [(■飛風■■案連宮處宮 >]
월지 6-2-1: [(■■■ >]
월지 6-2-2: [(■■■ >]

월지 7-1: [(≍丙午年四月]
월지 7-2: [(≍加火魚助史三 |]

월지 8-1: [(≍庚午年二月卄七日■■]
월지 8-2: [(≍■■■■■■■■■]

월지 9-1: [⸾ ■ 生鮑十 | 仇利■■■]
월지 9-2: [⸾ 良■■■■]

월지 10-1: [曺洗宅家]
월지 10-2: [■■■■]

월지 11-1: [郞席長十尺細次朼三件法次朼七件■]

월지 12-1: [≍ ■■■■■ |)]

11 이 자리에 사람의 얼굴이 그려져 있다.

월지 13-1: [<× 甲辰三月二日治キ五藏]

월지 14-1: [<×　朔三日作▣醢瓮百)]

월지 15-1: [×南瓮汲上汁十三斗　]

월지 16-1-1: [乃大黃一兩 乃▣▣一兩 乃▣角一兩 乃青袋一兩 升麻一兩]
월지 16-1-2: [乃▣▣一兩 乃▣▣▣兩 乃麥門一兩 乃▣▣三兩　　　]
월지 16-2-1: [乃▣▣一兩 乃青木香一兩 乃支子一兩 藍實三分　　]

월지 17-1-1: [⌇　　　　大豆　　大豆　　大豆　　　>]
월지 17-1-2: [⌇ 大豆 大豆 大豆 大豆 大豆 大豆 大豆 ▣▣ 大豆 >]
월지 17-1-3: [⌇　　乙酉十月卄三日▣▣子▣▣　　三人▣▣　　>]
월지 17-2: [⌇　　　　　　　　　　　　　　　　>]

월지 18-1-1: [○ 辛▣　　　　]
월지 18-1-2: [○ ▣▣　　　　]

월지 19-1: [重兮朩 處二ﾐ]
월지 19-2: [▣▣　　　　　]
월지 19-3: [前　　　　　]
월지 19-4: [　　　　　秋]
월지 19-5: [大▣衆　　　　]
월지 19-6: [　　　　　　]

월지 20-1-1: [剋熟犯指耕慰　]
월지 20-1-2: [璧▣琴現碧　　]
월지 20-2-1: [憂辱▣送日壬　]
월지 20-2-2: [是法念▣宿　　]

월지 21-1: [⌇ ▣坪捧キ百卄二疊]
월지 21-2-1: [⌇ 九月五日▣知五十六▣]
월지 21-2-2: [⌇ ▣辛　　　　　　　]

월지 22-1: [阿膠卄分受丁石外? ⌇]

월지 22-2: [▣▣▣▣▣▣▣▣ ⌇]

월지 23-1: [廣河辛卯年第二汁八斗　]
월지 23-2: [　　辛卯年第二汁八斗　]

월지 24-1: [≍乙巳年正月十九日習書]
월지 24-2: [≍▣▣▣▣　　　　　]

월지 25-1-1: [≍辛▣▣正月十▣]
월지 25-1-2: [≍日作▣猪助史　]
월지 25-2-1: [≍百十二石　　]

월지 26-1: [≍庚子年五月十六日]
월지 26-2: [≍辛番猪助史逑]

월지 27-1: [(≍策事門思易門金]
월지 27-2: [(≍策事門思易門金]

월지 28-1: [⌇▣四日作]
월지 28-2: [⌇▣留　　]

월지 29-1: [(十一月卄七日入白赤⌇]
월지 29-2: [(單助史$_{\text{本言}}$ ⌇]

월지 30-1: [<三月▣日作]
월지 30-2: [<▣醢　　]

월지 31-1: [⌇▣中　　]

월지 32-1: [≍丙　⌇]
월지 32-2: [≍　▣⌇]

월지 33-1: [⌇▣▣▣⌇]
월지 33-2: [⌇▣▣女⌇]

월지 34-1: [×丁亥年二月八日辛番▣▣]

월지 35-1: [<甲寅年三月九日作加火魚▣ ⌇]

월지 36-1: [<三月卄一日作獐助史祛▣ ⌇]

월지 37-1: [⌇ ▣大 ⌇]

월지 38-1: [⌇ 七月十七▣ ⌇]

월지 39-1: [奉太子四石 ×]
월지 39-2: [前實粬酒 ×]
월지 39-3: [召彡代 ×]
월지 39-4: [×]

월지 40-1: [⌇ ▣▣ ⌇]
월지 40-2: [⌇ ▣▣ ⌇]

월지 41-1: [(▣己▣禾卌]
월지 41-2: [(一[?]巳缶卌六龍]

월지 42-1: [⌇ 城]
월지 42-2: [⌇ ▣▣事]

월지 43-1: [⌇ ▣元十二]
월지 43-2: [⌇ ▣斤[?]買]

월지 44-1: [\▣ ⌇]
월지 44-2: [/▣ ⌇]

월지 45-1: [×▣▣ … ▣▣×]
월지 45-2: [×▣▣ … ▣▣×]

월지 46-1: [⌇ ▣也 ○]

월지 47-1: [< 一□一 ⌇][12]

월지 48-1: [▣▣ … ▣▣ ⌇]
월지 48-2: [▣▣…▣▣石入 ⌇]

월지 49-1: [三▣▣▣▣丁▣▣一▣]
월지 49-2: [▣▣ … ▣▣]

16. 慶州 (傳)仁容寺址 出土 木簡

인용사지 1-1: [大龍王中白主民渙?次心阿多乎去亦在?]
인용사지 1-2-1: [众者所貴公歲卅金侯?公歲卅五][13]
인용사지 1-2-2: [是二人者歲▣是?亦在如奚与日?]

17. 昌寧 火旺山城 出土 木簡

화왕산성 1-1-1: [< 辛卯×陽?▣部六月十九日眞族]
화왕산성 1-1-2: [龍王爲祭?]
화왕산성 1-2-1: [(그림)]

화왕산성 2-1: [○擧○▣▣]
화왕산성 2-2: [○▣○]

화왕산성 3-1: [○力?○見]
화왕산성 3-2: [○▣○北▣]

12 '□'는 봉인용 구멍이다.
13 이 둘째 행은 필사 방향이 반대이다.

화왕산성 4-1: [應 ○ 藥 ○ 見]
화왕산성 4-2: [主 ○ ▣ ○ 長▣]

찾아보기

ㄱ

ㅂ

ㅅ

ㅇ

ㅈ

ㅎ

저자 소개

1955년 전남 구례 출생.
서울대학교 인문대학 국어국문학과 문학사, 동 대학원 문학석사 및 문학박사.
전북대학교와 가톨릭대학교 국어국문학과 교수를 역임하고
현재 서울대학교 인문대학 언어학과 교수로 재직 중.
『高麗時代의 吏讀』, 『50권본 화엄경 연구』, 『방언 연구』,
『角筆口訣의 解讀과 飜譯』(공저, 전 5권), 『漢字音으로 본 백제어 자음체계』,
『아이마라어 어휘』(공저), 『아이마라어 연구』(공저), 『漢字音으로 본 고구려어 음운체계』 등
21권의 저서(공저, 편저 포함)와 120여 편의 논문을 발표.

木簡에 기록된 古代 韓國語

1판 1쇄 펴낸날 2017년 9월 25일

지은이 | 이승재
펴낸이 | 김시연

펴낸곳 | (주)일조각
등록 | 1953년 9월 3일 제300-1953-1호(구 : 제1-298호)
주소 | 03176 서울시 종로구 경희궁길 39
전화 | 02-734-3545 / 02-733-8811(편집부)
02-733-5430 / 02-733-5431(영업부)
팩스 | 02-735-9994(편집부) / 02-738-5857(영업부)
이메일 | ilchokak@hanmail.net
홈페이지 | www.ilchokak.co.kr

ISBN 978-89-337-0736-4 93700
값 45,000원

* 이 도서의 국립중앙도서관 출판예정도서목록(CIP)은 서지정보유통지원시스템 홈페이지 (http://seoji.nl.go.kr)와 국가자료공동목록시스템(http://www.nl.go.kr/kolisnet)에서 이용하실 수 있습니다. (CIP제어번호 : CIP2017023747)